Hermenautik — Hermeneutik

Peter Horst Neumann Foto: Glasow

Hermenautik — Hermeneutik

Literarische und geisteswissenschaftliche Beiträge
zu Ehren von Peter Horst Neumann

Herausgegeben von
Holger Helbig – Bettina Knauer – Gunnar Och

Königshausen & Neumann

Die Deutsche Bibliothek — CIP-Einheitsaufnahme

Hermenautik – Hermeneutik : literarische und
geisteswissenschaftliche Beiträge zu Ehren von Peter Horst
Neumann / hrsg. von Holger Helbig ... – Würzburg :
Königshausen und Neumann, 1996
ISBN 3-8260-1217-8
NE: Helbig, Holger [Hrsg.]; Neumann, Peter Horst: Festschrift

Gedruckt auf säurefreiem, alterungsbeständigem Papier
Umschlag: Hummel / Homeyer / Lang, Würzburg
Bindung: Rimparer Industriebuchbinderei GmbH

Printed in Germany
ISBN 3-8260-1217-8

TABULA GRATULATORIA

Karin B. Adam, Lauf a. d. Pegnitz

Ilse Aichinger, Wien (Österreich)

Bernd Auerochs, Altdorf

Aura Maria Axente, Agnita (Rumänien)

Klaus Batz, Herzogenaurach

Gerhart Baumann, Freiburg i. Br.

Thomas Beck, St. Gallen (Schweiz)

Bettina Behle, Hamburg

Georg Behütuns, Aschaffenburg

Hendrik Birus, München

Günter Blamberger, Köln

Helga Bleckwenn, Flensburg

Hartmut Bobzin, Erlangen

Mariella von Boch, Wiesbaden

Bernhard Böschenstein, Genf (Schweiz)

Renate Böschenstein, Genf (Schweiz)

Rudolf Braun, Herrliberg (Schweiz)

John Wolf Brennan, Weggis/ Luzern (Schweiz)

Christine Burckhardt-Seebass, Basel (Schweiz)

Victor R. Castro, San Juan (Puerto Rico)

Anika Davidson, Erlangen

Günther Debon, Neckargemünd

Friedrich Denk, Weilheim

Walter Dimter, Würzburg

Birgit Egner-Hoffmann, Erlenbach

Theo Elm, Erlangen

Bernhard Emer, Fürth

Ingeborg und Bernhard Forssmann, Erlangen

Ulrich Fülleborn, Erlangen

Walter Gebhard, Bayreuth

Susanne Georg, Hamburg

Hubertus von Gemmingen, Villars sur Glâne (Schweiz)

Rüdiger Görner, Birmingham (England)

Uwe Grüning, Neumark

Helmut Haberkamm, Spardorf

Kolbrún Haraldsdóttir, Erlangen

Christiaan L. Hart-Nibbrig, Epesses (Schweiz)

Eberhard Haufe, Weimar

Franz Heiduk, Würzburg

Manfred Peter Hein, Karakalliontie (Finnland)

Holger Helbig, Erlangen

Elisabeth Helbling, Chur (Schweiz)

Titus Heydenreich, Hemhofen

Silvia Hildesheimer, Poschiavo (Schweiz)

Walter Hinck, Rösrath

Mechtild Hobl-Friedrich, Donnersdorf

Otto Höschle, Therwil (Schweiz)

Karsten Huschke, Nürnberg

Christine Ivanović, Erlangen

Ernst Jandl, Wien (Österreich)

Nathali Jückstock, Erlangen

Gerhard R. Kaiser, Jena

Werner Keller, Köln

Friedrich Kießling, Erlangen

Wulf Kirsten, Weimar

Bettina Knauer, Erlangen

Alfred Kolleritsch, Graz (Österreich)

Helmut Koopmann, Augsburg

Severin Koster, Erlangen

Hans Joachim Kreutzer, Regensburg

Michael Krüger, München

Hartmut Kugler, Erlangen

Gudrun Kuhn, Nürnberg

Gerhard Kurz, Gießen

Mariana-Virginia Lazarescu, Bukarest (Rumänien)

Jürgen Lehmann, Erlangen

Walter Levin, Basel (Schweiz)

Andreas Lorenczuk, Erlangen

Christina Lotz, Bad Homburg

Paul Michael, Lützeler, St. Louis (USA)

Hans-Joachim Mähl, Schwedeneck

Klaus Manger, Jena

Peter von Matt, Zürich (Schweiz)

Friederike Mayröcker, Wien (Österreich)

Elke Mehnert, Aue

Rolf Michaelis, Hamburg

Peter Michelsen, Wilhelmsfeld

Renate Moering, Frankfurt a. M.

Dagmar von Mutius, Heidelberg

Gunnar Och, Erlangen

Ingrid und Günter Oesterle, Gießen

Oskar Pastior, Berlin

Christoph Perels, Frankfurt a.M.

Karl Pestalozzi, Allschwil (Schweiz)

Helmut Pfotenhauer, Würzburg

Lothar Pikulik, Trier

Fritz Reckow, Nürnberg

Engelbert Reul, Brig (Schweiz)

Ulfert Ricklefs, Erlangen

Manfred Riedel, Halle

Alfred Riemen, Solingen

Klaus-Dieter Schlüer, Erlangen

Günther Schneider, Fribourg (Schweiz)

Günter Schnitzler, Freiburg i.Br.

Hans-Jürgen Schrader, Aïre/Genf (Schweiz)

Wolfgang Schraml, Bayreuth

Hubert Seelow, Erlangen

Wulf Segebrecht, Bamberg

Harald Seubert, Nürnberg

Erich Wolfgang Skwara, San Diego (USA)

Ulrich Stadler, Zürich (Schweiz)

Sibylle von Steinsdorff, Grasbrunn

Jürg Stenzl, Wien (Österreich)

Rudolf Stephan, Berlin

Martin Stern, Basel (Schweiz)

Matthias Stieß, Lauf a.d. Pegnitz

Siegfried Thiele, Leipzig

Peter Utz, Lausanne (Schweiz)

Guntram Vesper, Göttingen

Michael Vonau, Fellbach

Nike Wagner, Wien (Österreich)

Harald Weinrich, München

Gérard Wicht, Au-Wädenswil (Schweiz)

Barbara Wiedemann, Regensburg

Hans Wollschläger, Bamberg

Albert-Ludwigs-Universität, Deutsches Seminar II, Freiburg i.Br.

Deutsches Literaturarchiv, Bibliothek, Marbach a.N.

Universität Göttingen, Seminar für Deutsche Philologie, Göttingen

Institut für neuere deutsche Literatur, Justus-Liebig-Universität, Gießen

Institut für Deutsche Philologie, Universität München, München

Ruprechts-Karls-Universität Heidelberg, Germanistisches Seminar, Heidelberg

Inhalt

III.

Vorwort

Die Herausgeber dieser Festschrift, Schüler und Mitarbeiter von Peter Horst Neumann am Lehrstuhl für Neuere deutsche Literaturgeschichte in Erlangen, wollten ihrem Lehrer im Verein mit seinen Freunden und Symphatisanten ein öffentliches Zeichen ihrer Zuneigung geben. Eine Textsammlung rein akademischen Charakters kam dafür aber nicht in Betracht.

Neumann begann seinen Weg als Sänger und Musiker, und er hat sich zu dieser Herkunft und Prägung immer wieder, nicht nur in seinen Studien zum Zusammenwirken von Musik und Dichtung, bekannt. Als Literaturwissenschaftler und Kritiker versteht er sich als Vermittler und als „Agenten der Kunst". Daß er ein Lyriker ist, hat er erst spät zu erkennen gegeben. Gleichzeitig mit dieser Festschrift erscheint im Residenz-Verlag sein zweiter Gedichtband „Pfingsten in Babylon"; für seinen ersten erhielt er soeben den Eichendorff-Preis der Gesellschaft für Literatur und Kunst, Wangen.

Diese gelebte Einheit von Poesie und Kritik, Musik und Gelehrsamkeit mußte, so fanden wir, auch den Charakter dieser Festschrift bestimmen. Ihre Beiträger sind Schriftsteller, Musiker und Gelehrte. Mit ihren Texten und Noten grüßen sie Peter Horst Neumann zu seinem 60. Geburtstag.

Die Herausgeber

Erlangen, im April 1996

I.

An Peter Horst Neumann

Als ich zur See fuhr, bekam ich viele Ratschläge. Einer von ihnen hieß, die stetigste Art zu fischen, sei die Sintflut und ihr Ende. Daran läge alles. Und je rascher man diesen Vorgang wiederhole, desto reicher sei der Fischzug. Es waren manche, die mir so rieten, Du nicht. Jeder deiner Ratschläge war so, daß ich die oft verzweifelt gesuchte Spur im Rat fand. Und das geschah deshalb, weil in jedem Deiner Ratschläge die Sprache war.

Wann auch immer ich etwas lese, denke ich, das hat Sprache und das hat keine. Daraufhin befragt, was das heissen solle, wurde mir klar, daß es hieß, das hat Schweigen in sich und das nicht.

Derjenige, der schreibt, ist der, dessen Ratschläge ~~xxx~~ nicht zur Vernichtung führen. Alle Mitteilungen sind heute gefährdet.Aber derjenige, der schreibt, ob beredt oder unberedt, setzt das Schweigen dagegen. Das bedeutet für mich immer wieder, das Ergebnis des genauesten, stillsten Hinhörens, das Ergebnis des Schweigens, das Schweigen selbst.

Für einen, der schreibt, glücklich darüber, daß es ihn gibt –

Ilse Aichinger

Oskar Pastior

geleit

festschrift – wie schafft es die? locker!
blockschrift? nein, lackmus-
osmose, ein lift

wasserprobe
hexen-durft
orphelinata

mühelos? näßt ihr nest? form-
maus späht sie
eben kantholz
lockedieguck, puck

minimaldruck, logo
noch ballsam
die neigung semikolonar
wie beiläufig
bis zur zeh
an curcubita

curcubita!

curcubita? komm fürbaß
lockschrift – wie
schafft sie es bloß?

für peter horst neumann mit dem geburtstagsgruß
von einem im kürbisgehäus herzlich geneigten
oskar pastior

hermenautik

(ein gimpelstift, für p.h.n.)

etwas das in schwärmen äuge doch hethitisch heu
bedeute während es doch hermesartig also thermo-
pylisch fermentiere läute (oder läutere) in tö-
nenden fontänen schirme her mit schwer metallen
aufgestemmten heulern aus der themenschwemme die
ein heer melonen (taucherglocke) zur fermate ih-
rer gar medusen-hermelin-procura-maris-mähne hoch-
gespeuzter thermenschwämme so enterbt wie jene
bürgschaft stirne (thetis) aus dem ärmel germe
der parmäne menetekel diese oder maulend aus dem
haar meliere (nemos firmament am gurmus von mer-
lin): beutelhäutig etwa streute etwa das dem in-
determinären thule oder und beziehungsweise aus
neptunvertäuten eulen esmeralden scheuer turmali-
ne beule (zeuge) wenn kehraus kehrrein die rhombe
zu der raute seiner enterhelme noch im kreise par-
menider quecken silberspäne (säume gurten boten-
spiele) mähend vor der namensgleiche etwas sehr
mäander sich enigme bis delphine

ernst jandl

kleine körperliche biografie

für peter horst neumann
zu seinem 60. geburtstag

nun habe ich in meinem mund
keine zehe mehr (keine eigene
eine fremde schon garnicht)
meine füße in meinen händen
sind vergangene gymnastik
meine hände salben vergeblich
die schmerzenden. mein halbschlitten
hindert mich am knien. doch ich beuge mich
ohne anstrengung – meine übliche
haltung. mein glied, täglich gewaschen
hat verlernt
den täglichen aufstand. rebellion
geschieht in meiner seele
um die ich kämpfe

4.4.95

Friederike Mayröcker

die Schlachtbärin

beim musikalischen
Tee ich sasz gegen die schräg einfallende
Wintersonne die heftig wärmte
hob schirmend die Hand
stülpte die dunkle Brille über
meinem Gegenüber ungehindert ins Auge blicken zu können

an diesem
Januarnachmittag sie bohrte sich mir ins Auge ins Herz
schien sich nicht fortzubewegen
oder je unterzugehen
rückte vielmehr unablässig
näher und tiefer
ich vergosz Schweisz
die Haare klebten an Stirn und Schläfe
wahllos die Töne
im Wortgebrauch –
es blendete auch die Gedanken, so
war ich schon
verstört wie besiegt, vor mir
der Tee in der Tasse längst kalt

für Peter Horst Neumann

Klaus-Dieter Schlüer

Sisyphos, lesend

Halb von der Furche befragt,
halb vom gekrümmten Gehölz,
steinbehauptetes Hier.
Die Inschrift der Flechte:
Wasser wälzte den Stein,
Du wachse an ihm.

Ich zog mit dem Zugvogelschrei
rollend den Stein auf die Berge
dort in den Bogen des Lichts.
Keilschrift des Kranichs!
Ein Schatten –
so warf mich das Licht
von den Bergen.

Spät, wenn die Sonne das Tal sucht,
erschimmert im Herbsthauch
das Steinlicht, furchtlos
schlägt sich der Falter ihm auf,
still wächst der Schatten am Stein.
Schlußstein im Bogen,
Lichtstein, du über dem Lid,
so nah die Inschrift der Flügel.

Helmut Haberkamm

Zwischen Aischgrund und Oberseminar

Das Dialektgedicht ernährt sich von Wurstbändeln und Wurzel-
Bürsten und Nachtigallenzungen. Etz du wennstmer net gehst!
Max fei halblang! Das Dialektgedicht liebt Stiefmütterchen
Spiegelkarpfen und strunzbleede, blunzenschwere Brocken.
Etz sagmer bloß, wie kommt ein so einer zum Dialektgedicht?

Da ist ein Gehöft mit Lindenbaum und Mistgrube.
Da hält ein Volkswagen für mein Herz.
Da summen die Käfer wie gesprungene Glocken.
Der herzhelle, himbeergrüne Heuweg der Kindheit.
Die Fuhre Grummet auf dem Ladewagen Marke Mengele.

Der Mann in der Wiege wedelt mit Stift und Stutzen.
Di Hebamm doomools hadd di Händ zammbatschd un broffezeid:
Schaud eich bloß amoll denn sei Finger doo oo!
Des werd amoll ka Bauer nedd, des Guude habbder!
Des gibbi eich schrifdli mid Brief un mid Siegl!

Der Doggder hadd wos vo Achnrindn un Eisnsafd brummld
Haddmer Landlufd un Zedderle voller Buchstoom verschriem
Un a Rezebbd rieberglangd mid Hirrogliefn fier kinfdia Dooch.
Di glaadruggde Woor is bis heid mei Droosdpflasder bliem.
A Strohfeier im Kopf. A Lichd auf der Zunga.

Schwazzweiß kummi vor aufm Babbier
Un geh in Dood langsam aufn Leim.
Is Leem fraali stehd auf an annern Bladd
Obber Fetzn un Zeddl sinns, wosmer am End bleim.
Drumm duddi nedd oo, kumm, duddi nedd oo.

Den Maulwürfen entgehst du nicht.
Grundlose Wege, alles hohl da unten.
Beizender Sturm, die Furten der Nacht.
Sind hier die Brücken heil? Geh ich auf gutem Grund?
Sind hier die Häuser grün, so geh ich ein ins Haus.

Ein Fenster, dem Gewöhnlichen geöffnet. Fallen. Komm.
Fall ins Dialektgedicht. Kümmernisse sprechen sich aus.
Da gehen die Zeiten hin und her, das ist genau mein Fall.
Eine Möglichkeit, die Zeit zu begreifen, geballt und ortbar.
Die tausend Stimmen im Grunde. So golden die Sterne.

Und manchmal, Herr Doktor, so nen Charakter, so ne Struktur.
Und dem Geier gleich schwebt einem ein Satz in den Sinn.
Frankn lichd nedd am Meer. Obber des baßd scho. Es werd scho.
Etwas wächst in der hohlen Hand. Nicht Stift, nicht Stutzen.
Faustgroße Worte. Geeicht und gebüchnert.

Deinen Maulwürfen entgehst du nicht. Ihre Brocken treffen.

Guntram Vesper

Eisentorbezirk

Nebeltag ich
durch die ausgenommene
Mitte der Stadt
bröckelnde Einschußlöcher
sandige Antifaluft
Lenin beizeiten verschalt

und all die Hausmeister
Pförtner Fahrer
mit dem Mörtelgesicht und den
Adressen in Friedrichshain Lichtenberg
nach Tarif jetzt
minus zwanzig Prozent.

Gegen Abend am Straßenrand
auf dem Büchertisch Jorge
Amado: Das Land
der goldenen Früchte
Verlag Volk und Welt als

Anerkennung für den Einsatz
zum Schutze unseres Betriebes
während des faschistischen
Putschversuchs
im Juni.

Zwölf Mark die geliebte
Scharteke die Altpapierbotschaft
aus Leseland vom Zeitstrom
ans Ufer
gedrückt vor der Humboldtuni
November
Berlin vierundneunzig.

Manfred Peter Hein

DÜNENPISTE
Hiddensee, 1994

Im Drehkreuz
entlassene Wörter
Wald Düne See

Und wie ich
in Blicken
das Dunkel

Wir sind uns
zuviel am Grab
des Dichters

Zeilen abhanden
Treibgut Tretminen
Minengefahr

Ins Drehkreuz
entlassener
Vers

Wulf Kirsten

kniestück

für Peter Horst Neumann

wie leuchtet die sonne, wie lacht die flur
am flußknie, wo sich das wasser
in die kurve legt, treibholz
und schmückendes beiwerk im wiesengewell.

unter der brückenwölbung schlammbeißer gefangen,
hie prallhang, da sandbank, dazwischen
schlingert und schlängelt das wasser
im ausgewaschenen bett, weidengesäumt.

granitbrüche im tiefsten bienenfrieden,
uferzone mäandrisch gerandet, erlenschatten,
zu überspringen am dorfrand fortfließenden ort,
hic Rhodus, hic salta, elbwärts der flußlauf.

am schulweg eingebaut die herausforderung:
anlauf nehmen und springen übers flußknie,
wir schaufelten staub, wie lacht die flur,
steh auf, erdenwurm, steh auf und wandle.

der sprung übers wasser, schulheimwärts,
nie bestanden die tägliche mutprobe,
eingefrorener augenblick landläufigen lebens,
die entwürfe des jahrgangs gleichlautend verbrieft.

absprungbereit alle, außer einem.
die landschaft steht unverrückt am selben fleck
im wetterwinkel der nachtreter auf leisen sohlen,
einst obstreiche gegend, das zubrot im füllhorn.

an der Silberstraße zwei jungen im schützengraben,
gefallen im letzten rückzugsgefecht, straßenrandgräber,
eines wurde am flußknie geschaufelt, schmucklos
und flüchtig, kein erdhügel blieb, kein kreuz.

jetzt gewerbegebiet, breitflächig ausufernd,
durch den Flachsgrund wälzt sich der landverbrauch,
überbautes gelände, wie leuchtet, wie lacht,
die zeit läßt nicht ab von der flur.

Michael Krüger

Auf der Galerie, mit Hobbes

Von oben gesehen, in der dünneren Luft,
gleichen sie Pilzen, soeben dem Boden entsprungen
und plötzlich erwachsen, die Erde noch
an den klumpigen Füßen. Sie bewundern die Kunst,
weil nichts mehr zu loben sich lohnt.
So schöpfen sie Hoffnung. Doch die Schwermut,
der sie so angespannt lauschen, ist leicht
nicht zu haben: In jedem der schönen, erhabenen Worte
tickt eine Uhr, die den Beifall der Zuhörer
spaltet. Später, im Weggehn, vor dem Theater
im griesigen Dunkel, spürt der Besucher,
daß sein Klatschen geteilt war: Gerechtigkeit,
summen die Hände, hängt vom Gutsein nicht ab.

für Peter Horst Neumann

Alfred Kolleritsch

DER ABSCHIED belebt, das Reifen glückt,
der Tod beginnt zu erzählen, nie schöner
sind die Farben. Er zieht den Weg.

Sein Name: der Herbst, das Rauschen
der Früchte dringt in das Leben,
er liebt diese Grenze.

Farben zerstören, ihre Trauer versöhnt,
das Wechselspiel überstürzt sich im Rest,
der Rest rettet, was zugeteilt war.

Er ist die Fülle, sein Name verschwindet,
er bringt das Schauen, das Angeschautsein.
Das ist der Rausch, das Überströmen.

Er zieht uns hin, tausendfach sammelnd
sind wir Zeugen, es ist Gereiftes,
sich zu zeigen und zu verschwinden.

Schläge des Wechsels, Abgrund, das Leben
zu sterben. Die Ernte schäumt. Wechsel
und Leben übertreiben die Lust: das Schöne.

Zerrissen in Buntes, in dieser Gestalt
entzieht sich die Nähe, die Wege
gehen heim, die Kehren sind fort.

Überall Überschwang, was sich ins Ende
bewegt, trägt den Widerglanz der Maske.
Der Wein gärt. So beginnt das Erinnern.

Die heitere Luft behält sie, so klar,
daß die Sehnsucht beharrt.
Der Blick ist die Weite.

für Peter Horst Neumann

LETZTE NOT

Durch die Bilder:
sie reichen hinaus,
näher dem Übriggebliebenen,

ohne Wohlgefallen bestürzt,
daß das Verschwinden Raum hat,
den Abschied,

Totenkammer,
in die sich die Welt zurückzieht.

für Peter Horst Neumann

Erich Wolfgang Skwara

Fünf Gedichte für Peter Horst Neumann

FREI DAHIN

Die kleinsten Schritte
gelingen nicht mehr.
Ein Stau drängt sich an,
der den langen Tag zum Augenblick macht,
manchmal zum schönen.
Hast du dir nicht
die Umarmung gewünscht,
bist nicht bereit und offen gewesen
fast schon jeder wärmenden Nähe?

Jetzt, wo du Zeit und Mauern erfährst,
und, versteinernd, die Freiheit im Gehen,
wo du anstehst mit Haut und Herz
voller Abendangst und der Panik
des Glücklichen, laß dich gehen,
wenn du schon selber nicht gehst.
Und keine Entschuldigungen mehr
vor dem alles durchdringenden
vorletzten Licht.

LETZTER ABEND IN ROM,

ein letztes Vergeuden der Stunden,
die du schlecht genützt hast,
auch hier, wo die Reinheit der Tage
dich hätte ernst machen können,
wer weiß. Du hast die Worte im Ohr,
aber bist derselbe geblieben,
und der Worte nicht wert, die,
dich zu retten, dir gesagt worden sind
von deinem Engel: Du hast nicht mehr Zeit,
du hast genügend gespielt,
du darfst nicht mehr spielen.
Du spürst, die Zeit wird dir knapp.
Aber daß du die Glocken noch hörst,
daß sie sich deinem Ohr nicht verweigern,
das ist kostbar, wie ihre Hand
in deinem Haar, und ein Zeichen
vielleicht, daß du auf Gnade
noch hoffen darfst. Also weine.

Anflug auf Wien

Viel ist da nicht.
Ein paar Felder eben,
die Donau
wie jedes Wasserband,
nur der Name: so groß,
aber was ist Größe?
Über Felder fliegst du hinweg,
eine Ahnung von Langeweile.
Warum bist du hier,
bist zurückgekommen
ins Belastende, Schwere?
Wie müde du bist.
Du könntest in Wettbewerb treten
mit der Stadt mit dem Land.
Wer von euch beiden
ist müder und wer
heißt den anderen
weniger noch
willkommen?

Wenn Du sterben wirst

Am schönsten war es
mit den Frauen zu schlafen
und unter allen
mit der einen am besten
die so gut wußte
wer du bist,
daß sie zu Stein wurde
unter dir
und nichts mehr fühlte
weil du fühltest für zwei
und für Tausende.

Bilanzen

Wie nie zuvor in einem Jahr
habe ich mich
nach der Liebe gesehnt
und nach neuen Gedichten.

Was jetzt zu Ende geht,
denn es besteht kein Anlaß
zur Hoffnung auf Wunder,
ist ein Jahr ohne die Liebe
und ohne ein Gedicht.

Mehr als irgendeiner
habe ich mich verlaufen
in meiner Gier
nach dem geraden Weg,
so daß ich glauben muß
mein Hunger nach Klarheit
sei eine Lüge wie meine Sehnsucht.

Wie darf ich mir für morgen
erhoffen, was mir gestern
nicht glückte. Wie dürfte ich
„heute" sagen, wenn ich doch weiß,
daß ich den Tag
nicht bestanden habe.

Erich Wolfgang Skwara

Der Schatten einer Frau, eine Straße in Rom
In Erinnerung an Ingeborg Bachmann

In der Via del Corso habe ich mein Ziel plötzlich auf die leichte Schulter genommen und bin, eine Ampel stand auf Rot, aus dem Städtischen Bus gesprungen. Als dieser anfuhr, lachte ich den Passagieren zu, als sei ich gerettet. Die freundliche Geste war eine Lüge, ich gönnte es den Römern nicht, hier in Rom zu Hause zu sein. Es erschien mir unvorstellbar, in dieser Stadt im Bus zur Arbeit zu fahren und hier zu leben, als wäre Rom irgendeine Stadt. Noch war ich im falschen Pathos befangen.

Ich ging hinter einer geschmackvoll gekleideten Dame einher, folgte ihr und folgte ihr nicht, bis ich mich vor der Via di Bocca di Leone befand, wo im Hause numero sessanta die oft als spröde bezeichnete dottoressa Bachmann einmal gelebt hatte, ja dort ihren blutjungen Bewunderer sogar flüchtig empfangen hatte, bevor sie in anderen Anschriften untertauchte.

Dieses ihr dunkles Verschwinden bedenkend, das so wenig zu meinem pathetischen Rom passen wollte, ließ ich die anderen Wohnungen der Bachmann in meinem Kopf vorüberziehen, und kam zu der Überzeugung, daß die in der Via di Bocca di Leone am klarsten, am besten, am gerechtesten zur Dichterin gepaßt hatte, diese alte und lebendige Volk- und Aristokratenstraße.

Kaum war ich einige Schritte weitergegangen, als mir fröhlicher Lärm entgegen schlug. Ich fand mich gedrängt und gestoßen von einer lebhaften Gruppe von Frauen, die auf dem Gassenmarkt um die Ecke die schönsten Kirschen, die herrlichsten Pfirsiche und sinnlichsten Feigen kauften. Bäuerinnen wogen das Obst auf recht primitiven Handwaagen, mich begann der Trubel aufzuhellen, ich ging zwischen Frauen und Früchten hindurch und erreichte das Haus Nummer 60.

Welche Reise war das gewesen, vom Klagenfurt der grauen Mäuse über so viele eher häßliche Umwege hierher, in diesen Inbegriff einer Ankunft! Kühl ist die Via di Bocca di Leone, kühl ist das Spröde, kühl und spröde der Marmor der Eingangshalle, und klar wie die Spuren der dottoressa.

Zum zweiten Mal, und nicht minder atemlos, bin ich eingetreten in die saubere, steinkühle Vorhalle, dachte: hier ist *sie* gegangen, hier hat sie, so lange ist das her, den Fastnochknaben begrüßt und zerstreut ermutigt, bis ich die Alte erreichte, die im Halbdunkel das Treppenhaus wusch, diese schimmernden Marmorplatten, die keiner Waschung bedurften und sie nur als ein Ritual empfingen. Ich fragte die Alte, um meine Anwesenheit – ungeschickt – zu rechtfertigen, ob Ingeborg Bachmann hier einst gewohnt hätte. Ich gierte nach der Bestätigung dessen, was ich wußte, aus einem fremden Mund.

Die Alte blickte prüfend zu mir hoch, meinte, sie könne sich nur schwer an Namen erinnern, doch ihre Tochter wüßte Bescheid. Die Tochter aber sei nicht zuhause. Sie selber, fügte die Alte hinzu, hätte sich nie um die Mieter gekümmert, auch nicht um diese *bravissima donna*. Warnend, fast ärgerlich, murmelte sie, es werde so viel geschwätzt, was die Bewohner des Hauses, eines jeden Hauses, ob sie nun anwesend oder abwesend seien, doch stören müsse. Mieter, wohnten sie erst in *diesem* Haus, hätten Anspruch auf Verschwiegenheit, und wenigstens sie, die Alte, werde diese zu wahren suchen, solange sie lebe.

Da verstand ich, daß die Frau, die mir da eine Predigt hielt, die dottoressa gut gekannt haben mußte, und daß sie mich für einen frechen Neugierigen hielt, dem keine Auskunft zustand. Ich stand beschämt am Treppenabsatz, stammelte meinen Dank und verließ dieses Haus der Erinnerung. Draußen schien die blendende Straße mit einem Schlag stiller geworden.

Wie wir alle, so hatte auch ich die Bachmann seit Anbeginn für jene große Autorin gehalten, die sie war und damit ist. Aber jetzt und in Rom, ein Vierteljahrhundert später, wo ihr Name nicht länger gleich jedem geläufig sein mag, lernte ich, daß die Berühmte hier aufgenommen worden war und weiterhin auf Schutz hoffen darf. Eine römische Alte unterstrich das Anrecht der Toten – abwesend, so ihr Wort – auf private Ruhe. Die Frau sagte nicht, daß die Bachmann eine große Dichterin war, sie sprach von einer *bravissima donna*.

Die dottoressa hatte also wirklich gelebt in Rom, Erinnerungen brauchen Bestätigung, eine Alte gießt Wasser über den Marmorboden, und ich, den gereinigten Spuren folgend, bin weitergegangen zur Via dei Condotti, bin links abgebogen und ins Caffè Greco eingetreten, wo *sie* mir ja hätte begegnen können wie damals, ein zweites Mal heute, regelmäßig ohne Gesetz, wäre die *bravissima donna* gerade nicht abwesend, aber nicht tot, natürlich nicht tot.

Hans Wollschläger

„POMMERLAND IST ABGEBRANNT"

Kindheit bei Kriegsende. Kleine Erinnerungen an Große Zeiten

Das gewaltige stahlblecherne Zifferblatt vom Turm der Johanniskirche lag zerknüllt vor dem Portal, dessen schwere Türflügel aus den Angeln gerissen waren, und die Hämelingerstraße zeigte sich, je weiter man kam, mit immer mehr Trümmern übersät: Dachpfannenschutt und Fensterklein; das Eckhaus zum Holland war wie weggeblasen, nur noch ein gestrüppartiger Haufen Balkenwerk, und das gegenüber, Steinmeyers „Hotel zur Post" an der Bowerre, mit seinem eleganten Türmchen, wirkte wie von einer Riesenfaust zusammengeschlagen: der schwere Erkerbalkon hing noch an einem Mauerrest; von der aufgerissenen Flußseite konnte man in die wie ausgeblasenen weißgefliesten Wirtschaftsräume im Keller sehen. Es war kalt und totenstill; kaum ein halbes Dutzend Menschen kamen des Weges, zwei mit einem Bollerwagen voll mickriger Habe; entsinne ich mich recht, so lag Rauhreif oder ganz dünner Frühschnee auf den Trümmern, und über der Stadt hing tief und unbewegt das gewohnte westfälische Grau...

Die Stadt, meine Kindheitsstadt – das war Herford in Westfalen, Anfang November 1944, im Jahre 9 nach meiner Geburt. Herford ist – oder war, das alte nämlich, das damals nach 1200 Jahren immer noch alte, nicht das jetzige – eine zurückhaltende Stadt von bäurischer, etwas schmuddelig düsterer Schönheit, Ergebnis einer stur und langsam entwickelten Ackerbürgerkultur, mit einem spätromanischen Münster, drei gotischen Kirchen, bescheiden gekrümmten engen Gassen und einem riesigen Häuserbestand aus dem 16. Jahrhundert – und mit einer gar nicht schlechten Geschichte, die man sogar ruhmreich nennen sollte, wegen der weitgehenden Abwesenheit von allem, was sonst Geschichtsruhm ausmacht: ein Etwas, woran das Herz hängen konnte, solange man es ließ. Es hat viele Große Zeiten geschickt geduckt überstanden, ohne schlimm aufzufallen, und seine Façon erst zu verlieren begonnen, als das Industriezeitalter hereinbrach und die Fabrikschornsteine den Kirchtürmen Konkurrenz machten. Wir wohnten ein bißchen ober- und außerhalb, „auf dem Berge", dem Stiftberg, im alten Kantoren- und nun Pfarrhaus aus dem 16. Jahrhundert, gegenüber der Marienkirche, Nr. 23. Aber das klingt romantischer, als es darf: es war kalt und feucht und muffig in dem klobigen Kasten, und während er für mich, wieviel Frieren und Erkältung meine Erinnerung mir auch aufzählt, doch immer noch ein zärtlich bedachtes Heimat-Gehäuse ist, grauste es meine Mutter mit jedem Jahr mehr davor, und sie verdankte ihm ein lebenslanges und schmerzensreiches Rheuma. Unser Keller, kaum über mannshoch, lag ganz unter der Erde und hatte Grundwasser, das im Winter bis auf Kinderhandbreite stieg und mit Backsteinen und Laufbrettern überbrückt wurde; die Stühle, auf denen wir zuletzt die halben Nächte zubrachten, standen darin wie Inseln aus kleinem Binsengestrüpp. Die Balkendecke war von „Herrn Bexten", unserm Tischler-Nachbarn, den das Handwerk, uns zum heimlichen Grauen, mehrere Finger gekostet hatte, mit massiven Stempeln abgestützt; das Zimmer darüber war leergeräumt, und so fühlten wir uns, den Schutz Gottes dazugerechnet, zuverlässig sicher. Meine Mutter hatte sich zudem Gedanken über die Strategie der Royal Air Force gemacht und meinte, daß „die Feinde" ein Pfarrhaus bestimmt nicht angreifen würden, und so war sie eine Woche vorher beruhigt zur Rheumakur nach Gütersloh gefahren, zu „Herrn Güthenke", der dort – sehr erfolgreich – ein kleines Natursanatorium betrieb. Sie hörte die Nachricht vom Angriff auf Herford dort und kam sofort Hals über Kopf zurück (und als sie eine Woche später noch einmal hinfuhr, um ihr Gepäck zu holen, fand sie den Seitenflügel, in dem sie untergebracht gewesen war, ebenfalls in Trümmern). Alarm und Nachtstunden im Keller hatte es seit dem Frühjahr immer häufiger gegeben, auch den drohenden Ton der nächtens tief und langsam in Richtung Berlin ziehenden Bombergeschwader. Aber dies hier, in der Nacht auf den Mittwoch, es muß der 8. November gewesen sein, war der erste schwere Angriff auf Herford selbst, und er schlug auch in unser aller Bewußtsein wie eine Bombe ein. Das Licht ging aus, der Putz kam von der Decke, die ganze dumpfe Höhle schwankte wie bei einem Erdbeben, und was alles sonst noch dazukam, Panik und Hysterie, ist in meinem Gedächtnis um das eine gräßliche Geräusch gebündelt, für das der Name „Luftmine" steht: ein Ungeheuer von einem Gewaltlaut, angekündigt von einem Rauschen wie von Flügeln; ich höre es heute noch in seiner monströsen Leibhaftigkeit, wenn auf Dächern oder auf dem Bildschirm die Vollalarm-Sirene heult – oder wenn im öffentlichen Geschwätz von „konventionellen Waffen" die Rede geht. Als ich in der Frühe danach, im ersten Morgengrauen, von fast kühler Katastrophenneugier getrieben in die Stadt hinunterlief, an der Johanniskirche vorbei, zum Münster, dessen gewaltige Fenster herausgeschlagen waren, über den Alten Markt, und dann vor den Trümmerhaufen der Rennstraße stand, wo man nicht mehr weiterkonnte, begann mein Nachdenken über „meine Zeit"; es war eine wichtige Stunde.

Erinnerungen aus so frühen Jahren liegen im Einzugsbereich der Rückblicks-Verklärung, und ich muß diese Schicht, eine polierte Oberfläche gleichsam, bewußt abtragen, um an sie heranzukommen, die gesiebten Brocken zu finden, die darunter liegen. Das fängt bei der seltsamen Vorstellung an, daß eigentlich immer Sommer war in den vielen Kinderjahren, sehr schöner Sonnensommer sogar, wie er nie wiederkehrte: jener November brachte die erste, mir noch genau sichtbare Finsternis an den Himmel. Und bis dahin war das ganze „Dritte Reich“, in dem ich aufwuchs, eigentlich ohne Wolken, obwohl auf dem untersten Gedächtnisgrund auch eine trampelnde Haussuchung liegt, die allerlei Ängste über uns ausbreitete – und mich später die Vernunftslist meines Vaters bewundern ließ, der in den Bücherregalen neben die Hausbibeln in schon ironischer Fülle die des Reiches plaziert hatte, „Kampf“ und „Mythos“, mit ebenso zahl- wie wahllosen Anstreichungen und Ausrufezeichen wohlversehen. Was ich hier, aus den ganz verschwommenen Frühjahren, heraufhole, steht ohne Recherchen da; es mag nicht immer ganz genau und historisch sein, ist dafür aber um so genauer wahr. Mein Vater war „im Krieg“, dann irgendwann, in Frankreich, in Rußland; aber ich wartete auf seine Rückkehr, wie ein Kind heute auf die von einer Dienst- oder Geschäftsreise warten mag, und sonderlich ernst konnte ich nicht nehmen, was „unsere Helden“, wie sie gelegentlich in den Redensarten auch meiner Mutter hießen, alles zu leisten hatten; da meine frühe Lektüre aus wundersamen Heldensagen und Rittergeschichten bestand (und anschließend aus gierig verschlungenen alten Teubner-Geschichtsbüchern), kamen mir Kriege, die ohne Schwert und Schild geführt wurden, ohnehin ganz langweilig vor, und allmählich beschlich mich sogar das beschämend undeutsche Gefühl, daß auch die mit Schwert und Schild eigentlich besser unterblieben wären; – ein vernünftiger Rest davon erleichtert mir noch heute den Mangel an Begeisterung für heroische Taten. Erinnerungen aus so frühen Jahren: es ist ja nicht wahr, daß „das Gedächtnis“ mit dem vierten Jahr schlagartig einsetzt und alles abspeichert; es setzt nur hier und da seine Punktmarkierungen, und deren Dichte nimmt zu, je mehr das vegetative Leben an Durchkreuzungen erfährt; es waren bei mir, von den Grundschädigungen vor der Amnesie-Schwelle abgesehen, nur wenige, und entsprechend wenig läßt sich jenen Jahren abfragen. Sie sind für mich erfüllt von lauter bunten kleinen Nebensachen, die damals die Hauptsachen waren, und „ernst“ waren sie nur, weil ich, doppelt prädestiniert, „ganz im Ernst“ lebte; sie hatten kaum Dunkles, Finsteres herzugeben, so hochnotpeinlich ich sie später auch examiniert habe.

Im Jahre 6 war ich „in die Schule“ gekommen, heimlich schon ausgerüstet mit der selbsterlernten Lesekunst, weshalb ich meine ersten Schritte in das lärmend düstere Gebäude nicht ganz ohne Zuversicht tat. Ich war zur Wissensaufnahme fest entschlossen und ließ deshalb kein einziges Wort ungelesen auf meinem Weg: „Bürgerschule Stiftberg“ stand da, darunter, etwas unvermittelt, mit einem Pfeil das Rätselwort „Luftschutzkeller“; es gab überhaupt an sämtlichen Ecken und Enden Schilder, quer durchs ganze Leben, und sogar der Schulhof hatte eins, auf dem „Schulhof“ stand. Im ersten Stock auf dem Flur hing das Bildnis eines uniformierten Mannes, der aussah wie „Schlachter Eisbrenner“, ein von uns Kindern gefürchteter und durch die Lebensmittelrationierung ergrimmter Mann, dessen Miene wie von selbst im Zusammenhang des dauernden Hungerhabens stand, und daneben, goldgerahmt und in wuchtiger Reichs-Fraktur, ein Spruch: „Du bist nichts, dein Volk ist alles. Adolf Hitler.“ Ich fühlte mich gefährlich angesprochen und fragte, kaum wieder daheim und die Schultüte noch im Arm, meine Mutter nach der Bedeutung. Das sei „Weltanschauung" und mehr philosophisch gemeint, sagte sie unbefangen; wir müßten alle „Opfer bringen", und „unser Volk" sei eben die Hauptsache. So etwas mochte ein Kind, das eben Ich werden wollte, nun gar nicht finden, nur Erwachsene konnten auf so eine Idee kommen, und der Philosoph, der das gesagt hatte, wurde mir ebenso verdächtig wie die ganze Schule gleich mit. Die goldenen Sprüche, die in Pfarrhäusern herumhingen, waren alle recht friedfertig und inhaltsleer und überhaupt schnell zu Ende zu denken; dieser hier klang nach Herrn Eisbrenner und blieb bedrohlich. Da aber niemand sich daran stieß, ging mir ganz unmerklich auf, daß Bedrohliches immer nur bei wenigen bis zur Wahrnehmung vordringt, und heute, wo jener Spruch zwar als Reine Vernunft nicht mehr vertreten, als praktische aber voll praktiziert wird, und ja doch weit unbekümmerter (und vermutlich eines Tages auch folgenreicher) als in jener Volksgenossenschaft, weiß ich, daß noch die Eigenschaft „Dummes Zeug" dazukommen muß, damit der volle Volksapplaus sich einstellt. Es dauerte einige Zeit, bis mir dessen Geräusch mit dem rätselhaft alltäglich gewordenen Silbenfall „Halitla" in Zusammenhang trat (wie, um die gleiche Zeit, jene Philosophie mit dem uniformierten Porträt daneben): das mußte man rufen – und neuerdings auch noch mit dem Hochreißen des rechten Arms begleiten, wenn „Herr Direktor Albers von der Zeitung" des Weges kam – oder „Fräulein Karwen", unsere schon betagte Lehrerin (die außer der Fähigkeit, dem zunehmend glücklosen Krieg täglich mit Strenge eine Begebenheit abzugewinnen, auf die man „stolz" sein sollte, auch die Kunst beherrschte, ihren Klassen innerhalb eines Jahres die absolut sichere Rechtschreibung und Zeichensetzung beizubringen) – oder „Herr Wöhrmann", Vater unserer Spielkameraden von nebenan und im Ensemble der Kasperle-Puppen (mit denen uns „Onkel Voß", ein lieber Freund meines Vaters und lieber Freund aller Kinder, gelegentlich allerlei Possen vorspielte) ein holzschnittiger Typ, der feierlichen Unsinn von sich gab – –: warum war Herr Wöhrmann nicht im Krieg? „Er darf seiner Partei dienen", sagte meine Mutter unbefangen, und ich hatte einen weiteren Zusammenhang zu bewältigen: den nämlich, daß es offenbar vorteilhaft war, Parteien zu dienen, und daß an den vorteilhaften Parteien doch etwas Bedenkliches sein mußte, weil mein Vater sich in ihren Dienst trotz der Vorteile nicht hatte stellen wollen. Er hatte sich sogar „im Krieg" geweigert, Offizier zu werden; nicht einmal Heerespfarrer wollte er mehr sein. Das bestärkte meine ohnehin gewachsene Skepsis gegen das heldische Unternehmen nur noch mehr. Sie war schon nach wenigen Wochen Schule entstanden, wo die Siegesmeldungen einen wichtigen Teil des Lehrplans bildeten: ich mußte immerzu „Halitla" rufen, und niemanden kümmerte meine Besorgnis, daß wir eventuell wegziehen müßten, weil wir doch Frankreich erobert hatten und jetzt noch Rußland erobern wollten als „Lebensraum" –: ich wollte das nicht; mir gefiel's, wo ich war, und zum Glück war auch bald keine Rede mehr davon. Deshalb zögerte ich auch lange, meinen alten – nicht mehr tauglichen, aber doch sehr interessanten – Messingwecker der „Metallspende des deutschen Volkes“ zu opfern; ich fürchtete, den Endsieg damit zu rasch herbeizuführen, und erst als mein Vater, damals gerade „auf Urlaub“, mit vorsichtigem Humor meine Sorge zerstreute, trug ich ihn zur Sammelstelle auf dem Schulhof und bekam dafür eine von „Reichsmarschall Göring“ unterzeichnete Urkunde: – ich habe sie heute noch, um mir mit ihr gelegentlich das Gewicht von Orden und Ehrungen in Erinnerung zu halten. Mein Vater zeigte mir auf dem Atlas das Gebiet, das dort noch „Russisches Reich“ hieß; ich blätterte hin und her und war völlig verwirrt; ich überlegte, ob wohl auch Herr Eisbrenner einen Atlas hätte. Der große Band war mir von da an lieb und wert; er wurde ein wichtiges Utensil meiner kleinen Überlegungen. Wieso mußte man andere Länder erobern? Meine Mutter meinte, das würde ich verstehen, wenn ich groß wäre, und so ist es tatsächlich auch gekommen, obwohl nicht alles eintraf, was meine Mutter meinte; mittlerweile war das Problem der Eroberung außerdem weniger dringlich geworden und in aller Stille in das der „Verteidigung der Heimat“ übergegangen, weil jetzt die Russen uns erobern wollten; darüber machte ich mir aber keine Sorgen, denn ich hielt die Russen für viel zu klug, so etwas Unsinniges zu beabsichtigen. Was wollten sie schon mit dem deutschen Volk anfangen – mit mir zum Beispiel, der nicht sehr stark war und gar nichts hatte, oder mit Herrn Direktor Albers oder Herrn Wöhrmann, weshalb sollten sie die besitzen wollen? Höchstens die Deutschen Dome, das hätte sich gelohnt –: ich hatte von meiner Großmutter ein wunderbares Bilderbuch geschenkt bekommen, das ich noch über Jahre hin gar nicht genug betrachten konnte; aber die wurden nun alle kaputtgebombt, – und bedenke ich's recht, so waren es diese Verlustnachrichten, die mir aus dem „Krieg“ den ersten profunden Schrecken einjagten; noch heute will es mir manchmal scheinen, als seien sie... aber das rede ich lieber nicht zu Ende.

Wir waren schlecht unterrichtet – nicht nur wir Kinder, die schlecht unterrichtet wurden, sondern auch „die Erwachsenen“, diese wunderliche, sich in Autoritätsausübungen unentwegt gegenseitig reglementierende Volksgenossenschaft, die mit kleinen zackigen Bewegungen zwischen Zeitungsparolen und Verordnungen hin und her lief und alle Hände voll zu tun hatte, dabei die persönliche Habgier nicht zu kurz kommen zu lassen. Ich kann mich an kein einziges „politisches Gespräch“ erinnern, das irgendwo aufzuschnappen gewesen wäre; nur daß immer häufiger irgend jemand „gefallen“ war, klingt mir noch heute, in den verschiedensten absurden Tonfällen berichtet, in den Ohren nach. Die Geschichte, wie Kinder sich Zeit-Vorstellungen bilden, muß noch geschrieben werden – und wäre wohl äußerst schwer zu schreiben –: nicht ausgeschlossen, daß dem Erziehungswesen die Augen dabei übergingen. Die Vorurteile steigen aus den dunstigsten Quellen auf und werden dann Urteile, aus denen die Quellen nur scheinbar verschwinden; ich habe später freilich auch immer gefunden, daß man – was die intellektuelle Verifizierung auch an Anstrengungen nachreicht – Glück hat, wenn an ihnen die Vernunft des Kindes beteiligt war. Mir erschien der „Heldentod“ einfach als eine besonders verrückte Bestrebung der Erwachsenen, und ich war erleichtert, daß wenigstens von Kindern nicht erwartet wurde, ihn sich zu wünschen; „der Krieg" überhaupt war etwas für Leute, die nichts Wichtigeres vorhatten, und die Welt sowieso ja randvoll von Unsinn, dem man vorsichtig aus dem Weg gehen mußte. Erst ganz allmählich, unmerklich fast, sozusagen osmotisch, drang ein etwas größerer Ernst daraus in unsere Kindsköpfe vor – allerdings erst parallel zum „Ernst der Lage" –: ich entsinne mich eines Gasmasken-Tests im Keller unserer Schule, der mich schockierte: ein Mädelchen fiel dabei zu meinem Schrecken ohnmächtig um und wurde von NSV-Schwestern hastig in die Oberwelt zurückgebracht. Dann breitete sich die Sorge um meinen Vater, der „an der Ostfront" war, auch in die Täglichkeiten aus: wenn seine Briefe ausblieben, kaufte meine Mutter, sonst genügsame Leserin des Herforder „Kreisblatts", eine „große" Zeitung dazu, und einige der Schlagzeilen blieben mir eingeprägt, obwohl über ihn selber nichts drinstand: „Der Heldenkampf der 6. Armee" zum Beispiel: – der nackte Kämpfer, der darunter abgebildet war, tat mir trotz seiner impertinenten Miene furchtbar leid und führte zu der Überlegung, daß man bei der herrschenden Kohlenknappheit höchstens im Sommer heldisch sein sollte, wenn überhaupt. Ich fror, unterernährt, immer sehr, und meine wintertägliche Aufgabe, unseren einzigen Ofen frühmorgens anzuheizen, mit „Schlammkohle" oder einem in nasses Zeitungspapier gewickelten Brikett, bildete ein vergnügtes Ritual. „Der Osten" wurde für mich zum Inbegriff des Frierens überhaupt und blieb es noch lange danach, als der „kalte Krieg" mit ihm den anderen wie natürlicherweise ablöste. Nachrichten aus dem Süden waren weniger erschreckend: „Italien hat uns verraten!" meldete morgens schon vor der Schule der Spielkamerad Bernd Wöhrmann, so daß wir mit wichtiger Miene im Unterricht erscheinen konnten, wo wir davon dann von einem brüllenden Rektor auf eine Art unterrichtet wurden, daß schließlich alle Klarheiten beseitigt waren. Der heroische Lärm geriet überhaupt – bei allem wachsenden Willen, darauf zu merken – immer mehr in eine Art Inflation; der „Heldentod" wurde zur Alltäglichkeit, und das kindliche Problem, wieso er einerseits eine „Ehre" war und andererseits ein betrauertes Unglück, Gewinn also und Verlust zugleich, mußte als unlösbar beiseite gelegt werden. Es war rundum alles sehr verschwommen, was da irgendwo auf dem Atlas vor sich ging, und auf dem Theater unserer kindlichen Nachspielereien führte es sich ein, daß man einfach laut „Verrat!" schrie, wenn der Lauf der Dinge sich verheddert hatte, – Fund einer fraglos wichtigen Regel der politischen Dramaturgie. Es wimmelte von Verrätern, die an allem schuld waren; außerdem hörte jetzt noch der Feind überall mit, wenn man etwas sagte, obwohl man ihn noch nicht sah, und der „Kohlenklau" ging um, was mich in unserer klammkalten Wohnung besonders erschreckte. Großes Durcheinander: „Die Vorsehung erhielt uns erneut den Führer" meldete das „Kreisblatt" im letzten Kriegssommer, als täglich schon am hellichten Tag die Bombergeschwader über uns weg zogen: – wie war sie nur darauf wieder gekommen? Die Einrichtung hieß bei uns schlicht „Gott" und stand für das vernünftige Weltenregiment; meine Mutter ließ aber durchblicken, daß dessen Ratschluß oft ziemlich unerforschlich sei, und wich – sicher klug in diesem Stadium – allen weiteren Fragen aus, so daß ich mit meinen Erwägungen wieder allein blieb: Hatte jemand eine Bombe auf Herrn Eisbrenner geworfen? Offenbar aber keiner der Feinde, von denen man das hätte erwarten sollen, sondern ein Volksgenosse – der ihn vielleicht mit einem Feind verwechselt hatte? Er hatte es aber mit Absicht getan, und eine Menge Leute hatten ihm dabei geholfen –: was war da los – und ausgerechnet jetzt, so kurz vor dem Endsieg? Meine Mutter „wußte“ schlechterdings nichts, und sie hat auch später Politik immer napoleonisch als „das Schicksal“ verstanden, als die graue Decke des Horizonts, nach der man sich vorsichtig, aber ohne Murren strecken mußte. „Große Sorge macht mir Dein Husten“, schrieb sie an meinen Vater, während er mitten in den östlichen Vernichtungsschlachten steckte: – ich habe diese Briefe, es sind viele hunderte, noch heute und manchesmal mit nicht ungemischten Gefühlen darin gelesen. Freilich hat er sie, meine Mutter, auch immer unwissend gehalten, und nur zum Teil der Zensur wegen; welche Vorstellung sie von seinem Posten am „Scherenfernrohr“ hatte, im vordersten Graben, wo er „die Russen“ nicht nur haarklein sah, sondern sogar hörte, mag ich mir gar nicht ausdenken, – wahrscheinlich eine mit dem Wort „fern“ assoziierte Schreibstuben-Behaglichkeit. „Der Krieg hat uns alle hart genug am Wickel“, schrieb er an uns im Dezember 1944; „wir wollen uns desto mehr von unserem eigenen, unkriegerischen Ergehen erzählen, so gut es gelingen mag, damit unsere Briefe Boten des Friedens werden.“ Er war ein durch und durch friedfertiger Mensch, von dem ich nie im Leben auch nur ein gewalttätiges Wort gehört habe und der das wirklich Erlebte lebenslang in sich verstecken mußte; auch in dem Buch, das er später darüber schrieb, versteckte er es nur. Wie sehr ich wünschte, seinen Aufenthalt genauer zu wissen und auf dem Atlas suchen zu können, und wie sehr sich dahinter Liebe und Entbehrung verbarg, wird mir daran kenntlich, daß mir noch heute unausgelöscht seine sämtlichen „Feldpostnummern“ durchs Gedächtnis schnurren: jene utopischen Adressen, die mit dümmlicher Begründung doch nur einbekannten, daß der Mensch numeriertes Kanonenfutter war: 27424, 19387, 27212/3, 22681, zuletzt 38498...

Erinnerungsspreu, windig verwirbelt, vieles bloß kleine Brocken inmitten von Luft... Mir war der Wunsch, „mein Volk“, dieses bedrohliche „Alles“, möglichst bald besiegt zu sehen, irgendwann ganz selbstverständlich geworden, aus keinem anderen Grund als dem, daß ich um keinen Preis „Nichts“ werden wollte, und lange bevor gewichtige andere Gründe dazukamen; dabei blieb dieses aufgequollene Ding, das so ähnlich aussah wie der Kohlenklau (heute heißt es „die Gesellschaft“), für mich vollkommen getrennt von dem, was „die Leute“ waren; um die machte ich mir natürlich wachsend Gedanken, viel mehr als um mich selbst, der sich – sollte ich's benennen – allmählich geradezu auf der Besieger-Seite fühlte: – so böse kann sich selbst die schlaueste Weltanschauung rächen. „Der Führer kennt nur Kampf, Arbeit und Sorge“, stand auf den alltäglichen Postkarten gedruckt; „wir wollen ihm den Teil abnehmen, den wir ihm abnehmen können“: – davon konnte bei mir keine Rede sein, und wer – ich hatte's mir schon gedacht – wirklich nichts anderes kannte, sollte sehen, wo er blieb. Es sah offenbar nicht gut für ihn aus. Zwar gab es überall „Gefangene", die sonderbar frei herumliefen, aber sie waren schon lange da, und neue kamen nicht dazu. Die meisten waren zudem nur Untermenschen, zu deren Besiegung nicht viel Schneid gehören konnte, und hießen alle „Iwan"; aber ein besonderer Iwan brachte einen nachdenklich freundlichen Klang in den abschätzigen Namen: er arbeitete auf dem Lande, wo uns das bewahrte Ansehen meines Vaters gelegentlich ein paar Naturalien eintrug, bei „Bauer Wetehof", und ließ mich auf dem Pferd reiten, mit dem er die Egge über die Felder zog; einmal gab er mir, dem ewig hungrigen Kind, von seinem Butterbrot ab. Ich fühlte mich auf undeutliche (und schon gar undeutsche) Weise mit ihm solidarisch, ja geradezu verwandt, weil er genauso barsch und streng behandelt wurde wie wir Kinder, und vor einem allzu romantischen Bild bewahrte mich erst, was dann im Winter 45/46 folgte, wo die freigelassenen Gefangenen, meist Polen, in Schwarzenmoor an den bäurischen Herrenmenschen schlimme Rache nahmen; die Eltern von „Else Quest" wurden furchtbar mit Äxten erschlagen. In der Schule wurden wir zunehmend geängstigt: „die Feinde" rückten näher und wollten das deutsche Volk, meinen Ich-Feind, nun nicht mehr bloß besiegen, sondern ganz ausrotten; das war mir einerseits verständlich, andererseits aber auch unheimlich: all die vielen Leute? Auch der flüchtige Gedanke, sie würden vielleicht nur Herrn Wöhrmann ausrotten, weil er seiner Partei gedient hatte, uns aber wohnen lassen, beruhigte mich nicht: was sollten dann Bernd und Wölfer machen? Und was hieß das überhaupt – und speziell für uns? Besonders die Kinder – sie sollten allesamt vergiftet werden; das wußte der Rektor aus sicherer Quelle. Aber zum Glück hatten wir noch die „Wunderwaffen", und jetzt ließen wir die Feinde nur zum Schein heran, um sie alle bequem bei der Hand zu haben und dann zu „vernichten". Das klang wieder wie mehr philosophisch gemeint und kam mir auch gar nicht sehr gut geplant vor; aber mich fragte ja keiner, und es hat dann noch länger gedauert, bis der Begriff „Philosophie" sich in meiner Vorstellung vom Bild eines unsinnredenden Bramarbas am Katheder gereinigt hatte. Lästig war nur, daß wir Schüler tagtäglich gehalten waren, ein bestimmtes Quantum gesammelter „Heilkräuter" abzuliefern, um den Endsieg zu sichern –: die Hagebutten wurden lastwagenweise abgeholt, um an die Front gefahren zu werden, und irgendwie kam daraus zustande, daß ich mir unter den Wunderwaffen, mit denen Herr Eisbrenner auf der Lauer lag, immer so etwas wie eine gigantische Spitztüte mit Huflattich vorstellte, was einerseits natürlich kindisch falsch war, aber andererseits auch wieder kindlich sehr richtig. Viel Spreu in der Erinnerung, wenige Brocken. Natürlich drang mancher Unsinn aus der allgemeinen Gedankenlosigkeit auch unmittelbar in unsere kindliche ein: wir sangen „Es zittern die morschen Knochen", als sie tatsächlich überall schon zitterten, – und das unwiderstehliche „Vor der Laterne" sogar auch später noch, wenn es galt, unser „Pflichtjahrsmädchen" Marlene zu entsetzen; dabei durfte meine Mutter, die uns ausgerechnet dieses Lied aus unerläuterten Gründen verboten hatte, freilich nicht in Hörweite sein... Spreu: ich war sehr lange kindlich, also ahnungsvoll und ahnungslos zugleich, sehr lange schlecht unterrichtet, sehr lange ganz un-schuldig;

die Verhältnisse ließen das leichter zu als heute. Es war eine Zeit archaischer Ich-Schrumpfung, und wo die Erwachsenen kindisch werden, bleiben die Kinder meist ungehudelt. Aber die allgemeine Regression, die aus der immer grelleren Fühlbarkeit des Realitätsverlusts durch die Realität ingang gebracht wurde, überholte die Stufe noch, auf der wir kleinen Wichte uns befanden, und wir fühlten uns manchmal, ganz unerklärlich, im Besitz einer Vernunft, die in der gesamten Umwelt überhaupt nicht mehr zu finden war. Das rigide Befehlsgebell, mit dem jeder über den anderen herfiel, um lautstark zu vertuschen, daß er selber längst im Dunkeln pfiff, kam bei den primordialen Sequenzen an und tauchte kopfüber in die Vorsprachlichkeit: es herrschte auf einmal eine beängstigend dumpfe Stille, in der nur noch das Gekrabbel und Geraschel urgesellschaftlicher Nahrungsjagd zu hören war. Und dann kamen die Bomben.

Im Sommer hatte ich noch ganz müßig „die Flieger“ am Himmel ziehen sehen, im Gras auf dem „Luttenberg“ liegend, einer eichenbestandenen Anhöhe vor unserm Haus und über der Stadt –: die Geschwader flogen in sehr großer Höhe, kleine silberne Vögel, mit dünnen weißen Kondensfäden hinter sich; manchmal kam „Lametta“ gerieselt. Sie blieben aber immer fern, abstrakt sozusagen, weil sie ja auch gar nicht uns suchten, sondern „die Reichshauptstadt“; man hörte sie nicht einmal; die Phantasie konnte sehr leicht und schnell von ihnen zu den Spielen der Tagesordnung übergehen. Nun waren sie nah: Bielefeld und der Viadukt von Brake bildeten strategische Ziele; auch lagen wir an der Bahnlinie Köln-Berlin; es galt uns selber. Die Stille zerriß – mit einem Krach, wie ich ihn noch nie im Leben gehört hatte, und auch meine Mutter war, kaum zurück, zutiefst schockiert; sie packte aber – mit der bewundernswürdigen Tatkraft, die ihr immer blieb – sofort zu und zog mit uns zu meinen Großeltern, ins nur 7 km entfernte Bad Salzuflen, Wellenfeldstraße 8. Aber auch dort gab es Alarm, schon in der zweiten Nacht, und es entstand ein unlösbares Dilemma: mein Großvater, pensionierter Superintendent, weigerte sich nämlich, im Keller Schutz vor den Unerforschlichkeiten der Vorsehung zu suchen; er zog sich lediglich seinen schwarzen Anzug an, wenn die Sirene heulte, und setzte sich gefaßt auf eine Bank im Flur; seine einzige Sorge ging dahin, auf jeden Fall nicht im Nachthemd, sondern voll standesgemäß gekleidet vor seinen Schöpfer zu treten. Es gab sehr philosophische Debatten darüber; aber seine 73 Jahre hatten ihn mit genügend Starrsinn ausgerüstet, so daß unsere kleingläubige Lebensneigung nichts vermochte. Die alten Leute allein zu lassen, ging nun nicht an; auf Selbstschutzmaßnahmen zu verzichten aber ebenfalls nicht –: so fuhren wir denn nach vierzehn Tagen wieder zurück – ich gern, weil es in den ungeheizten Räumen bitterlich kalt gewesen war; die Decke, die mich damals wärmte, tut es bei Bedarf noch heute und hat für mich eine sozusagen geschichtlich gewachsene Behaglichkeit. Von jetzt an brachten wir fast jede Nacht im Keller zu; spätestens um 9 Uhr kam Alarm, und bis zum Vollalarm dauerte es dann oft nur drei Minuten; manchmal krachte es schon, während wir noch schlaftrunken auf der engen Treppe stolperten. Aber ich war aufgewacht. Ganz anders lasen sich jetzt die Nachrichten im

„Kreisblatt", ganz anders etwa die von der Katastrophe der Möhnetalsperre: – „Heinrich vom Dienst" nannten die Leute den Flieger, der das schändliche Bravourstück endlich geschafft hatte, und wo immer in unserer Gegend etwas ähnliches geschafft wurde, stellten sie sich ihn als den Urheber vor: sie wollten gern von einem Spezialhelden besiegt werden, wenn es denn sein mußte, und machten ihn sich selbst nach ihrem Bilde zurecht; manche behaupteten, ihn am Motorengeräusch zu erkennen. Meine Mutter schlief keine Nacht mehr, immer in Angst, einen Alarm zu überhören, und die Handgriffe, mit denen sie mich und meine beiden jüngeren Geschwister weckte, in ihre Kleidung trieb und in den Keller schleppte, waren von panischer Präzision. Ich hatte mich selbst zu versorgen und zwei „Taschen mit Sachen" mitzunehmen, wozu noch als eigene Habe mein winziges blaues Pappköfferchen kam: es enthielt zwei gespitzte Bleistifte und mehrere selbstgemachte Notizhefte, in die ich „schöne Wörter und Ausdrücke" eintrug oder die Grund- und Aufrisse von Burgen und Domen oder auch „Komisches", von Fräulein Karwen und anderen Volksgenossen; dazu kam mein damaliges Lieblingsbuch „Der König von Rothenburg", von Paul Schreckenbach, das unbedingt mit überleben mußte. Einmal lief ich mitten in der Nacht weg und auf den Luttenberg, um das Schauspiel auch vor Augen zu haben –: die ungefügen Bomben flogen auf ihrer Parabel in die Stadt dicht über die Eichenwipfel weg, mit einem böse sausenden Geräusch, und der dumpfe Einschlag dann unten, irgendwo, mit all seiner Zufälligkeit, erschreckte mich sehr. Dabei empfand ich seltsamerweise nicht die geringste persönliche Angst; ich fühlte mich, es muß gesagt sein, irgendwie sogar mit dem Vorgang verbündet; es war einfach notwendig, „mein Volk" wegzusprengen, damit ich Ich bleiben und wir alle wieder „die Leute" werden konnten. Im Keller war ich der Stillste, anfangs aus der Überlegung heraus, daß man auch als Bombenziel möglichst wenig durch Geschrei auffallen sollte; mein Fehlen war den dauernd Schreienden denn auch ganz unbemerkt geblieben, und später habe ich die Vorteile der Unbemerktheit aus imgrunde ganz ähnlichen Erwägungen immer ähnlich gesucht. Ich war aufgewacht und mein konfuses Nachdenken mit mir. Ich betrachtete aufmerksam die Trümmer, die zersplitterten Fachwerkbalken, die verbogenen Eisenträger, und wußte auf einmal, „mit einem Schlag" sozusagen, was Gewalt war; der Tod wurde ein Begriff mit Inhalt. Er ging an uns vorbei, und ganz nah an mir vorbei ging er erst im Frühjahr, als „die Tiefflieger" kamen: sie überraschten uns einmal am hellen Mittag „am Langenberg", wo wir eine kleine Gartenparzelle hatten und Gemüse und Obst zogen; meine Mutter warf sich mit mir in letzter Sekunde unter unseren Sauerkirschenbusch, und die Garbe spritzte in nur Meterentfernung neben uns in das Beet. Es wurde ernst; wir wurden es alle. Das Weihnachtsfest, sonst immer ein Mittelpunkt unserer Kinderfreude, verlief still und bedrückt. Zwar wurde „das Weihnachtszimmer" geheizt, eine ganze Woche lang, und wir hatten aus einer irgendwo eingehandelten Stearinplatte auch fleißig Kerzen gegossen: ihr durch das Wechseltauchen in Wachs und Wasser bedingtes Knistern und Knallen klang wie eine Miniatur des „Krieges", winzig und sehr fern, und das „Friede auf Erden" der Botschaft hatte keine Schwierigkeiten damit. Auch hatte ich aus den Beständen meines Vaters den „Hirschreiter“ geschenkt bekommen, ein erzpatriotisches Jugendbuch aus der Zeit des ersten Weltkriegs, von Heinrich Sohnrey; ich gestehe, es heute noch liebevoll in der Hand zu halten, und war damals entzückt. Aber es war doch dunkel, es war sehr dunkel geworden: keine Nachricht mehr von meinem Vater seit zwei Wochen; Ungewißheit überall, nichts und niemandem mehr zu glauben. Wir hatten eine weitere „Einquartierung“ bekommen, „Langes“ geheißen, moderne jüngere Leute, mit denen ein Radio ins Haus kam –: ich saß oft oben bei ihnen und hörte; ich wußte jetzt, was die „schweren Rückzugskämpfe im Osten“ sein mochten, und bekam auch das System der „Flakzentrale“ schnell heraus: „Starke Verbände im Anflug auf Planquadrat Soundso“. Einmal, an einem sehr kalten Tag, kurz nach Weihnachten, sprach auch Herr Eisbrenner aus dem Kasten, für mich zum erstenmal. Es war eine furchtbar lange Rede, und ich entsinne mich nur noch, daß er jetzt „gesündere Heime für den deutschen Menschen“ bauen wollte; deswegen also ließ er die alten ruhig von den Feinden wegbomben, sie nahmen ihm die halbe Arbeit ab. Es gab fast dauernd nur noch Alarm, auch tagsüber; die Schule fiel schließlich ganz aus; unser Leben stand voll von Löscheimern mit Wasser und Sand. Wer konnte, flüchtete aufs Land – oder auch, besonders geistesgegenwärtig, in irgendeine andere Stadt, die noch nicht bombardiert worden war, um dort bombardiert zu werden. Fräulein Karwen war „Luftschutzwart“ geworden und schritt, wenn am hellichten Mittag die Sirenen heulten und alles in den Kellern zu verschwinden hatte, in ihrem weißen Kittel so gebieterisch über den Stiftberg, daß wir fast wieder beruhigt waren: an sie würden die Feinde sich schwerlich wagen. Aber anderswo waren sie weniger behindert, und ich hörte und las sie vorrücken: Anfang März standen sie an der Oder und am Rhein.

Dann ging und kam alles sehr schnell. Obwohl immerzu von „tapferen Abwehrkämpfen“ und „unerbittlichem Widerstand“ aufgehalten, war „die Front“ auf einmal so nah gerückt wie das Osterfest, und „das Ende“ stand bevor – unter dem sich Volksgenossen und Leute allerdings durchaus verschiedenes vorstellten: die Unschuldigen fegefeurigen Untergang und Tod, die Schuldigen einen vielversprechend neuen Jahrgang ihrer Geschäfte. Natürlich sollte auch Herford „bis zum letzten Blutstropfen“ verteidigt werden; aber da die Schlachtergesellen, die uns dazu aufriefen, anschließend spurlos verschwunden waren und selbst ihre Anverwandten inzwischen mit ihrem Blut zu geizen begonnen hatten, mußte kein großes Drama daraus werden. An den Ausfahrtstraßen waren „Panzersperren“ errichtet, und ich ging sie anschauen: „vor der Unterführung“, nämlich der Bahn, die sich manche als unüberwindliches Hindernis einbildeten, standen sie: runde hölzerne Töpfe, von vielen alten Männern mühsam mit Steinen gefüllt; die Panzer fuhren sie dann beiläufig über den Haufen und unbehindert in die Stadt. Der „Volkssturm“ stand frierend herum, von kaum der Halbwüchsigkeit entwachsenen Uniformträgern angeherrscht; die alten Leute hatten Schilder auf den Ärmeln ihrer fadenscheinigen Mäntel, auf denen „Deutscher Volkssturm Wehrmacht“ zu lesen war; es gab allerlei „Komisches“ aufzuschreiben. Irgendwer Oberkommandierendes war schließlich besonnen genug, unsere kleine Stadt trotz dieser Töpfe und Tröpfe nicht für eine „Festung“ zu halten: wie ein Lauffeuer sprach sich herum, daß „unsere Truppen“ abgezogen wären, und alles stürzte sich auf die Vorräte in ihren Kasernen, nicht weit von uns, an der Vlothoer Straße, um sich für den Weltuntergang zu verproviantieren. Meine Mutter hatte sittliche Bedenken, die mein inzwischen befestigter Wirklichkeitssinn aber leicht überwinden konnte: ich zog unser Handwägelchen hinter den Leuten her, zu denen die Volksgemeinschaft in aller Stille nun rapide wieder geworden war, und brachte einen ganzen Armvoll Fleischdosen, je einen Sack Mehl und Haferflocken und eine Kiste Marmelade mit heim. Die Frauen hatten weiße Fahnen genäht, und Herr Direktor Albers lief vergebens herum, um zu warnen und für den glorreichen Untergang zu werben; sie wurden ausgehängt, und nur ein Bauernhof in Schwarzenmoor verweigerte die Kapitulation mit dem Bettuch und wurde im Vorbeifahren weggeschossen. Und dann standen wir, am Ostertag, herzklopfend hinter den Gardinen und spähten hinaus – –: da kamen die schweren amerikanischen Schwimmtanks beim Luttenberg um die Ecke gefahren, exotische Schwarze obendrauf, die freundlich grinsten und winkten; sie rollten vorüber, und die große Zeitenwende war vorbei, noch ehe wir uns versehen hatten. Sie war auch nur noch eine Nebensache. Denn am Karfreitag war aus Salzuflen eine Nachricht gekommen, die alles überstrahlte: mein Vater lebte; er war zehn Tage zuvor bei Danzig schwer verwundet worden und mit einem letzten Transport ausgerechnet hierher gelangt; er lag in einem Reservelazarett am Forsthaus. Meine Mutter nahm mich sofort, es war später Nachmittag, aufs Fahrrad und fuhr hin; wir durften ihn kurz sehen; da lag er, mit vielleicht hundert anderen, in einer Baracke und lachte uns entgegen. Das war nun wahrhaft „Licht vom unerschöpften Lichte“, wie meine Mutter auch mir aus dem Herzen sagte. Er sah sehr leidend aus, ganz abgezehrt, und hatte ersichtlich Mühe, uns seine Schmerzen zu verbergen (Lungendurchschlag von einem Granatsplitter, Brand an den zerschmetterten Rippen); aber wir wußten, er würde wieder gesund werden. Ich bekam seine Taschenuhr von ihm geschenkt, nur noch ein Fetzen schief zerrissenen Metalls; sie hatte einen tödlichen Splitter von ihm abgehalten. Nun war alles andere wirklich nur noch alles andere und leicht zu bewältigen, wie schwer es auch werden mochte.

Es wurde durchaus ziemlich schwer, auch für mich, der unmerklich in die Rolle der Selbstverantwortlichkeit hineingewachsen war und sie mehrfach zu bewähren hatte, aber meine Erinnerung enthält aus den nachfolgenden Wochen nur Übermut, ja Leichtsinn: eine Art Silvester-Neujahrs-Stimmung, die zu Recht nicht von allen geteilt wurde und so unsinnig war wie die alljährliche. Man hatte den Hereinbruch der Finsternis erwartet, und es wurde im Gegenteil Licht. Die Kapitulation in Herford erfolgte am 1. April, und ich machte viele sicher ziemlich dümmliche Witze darüber; „das Reich“ brauchte noch über fünf Wochen länger, und mir war zumute, als sei ich selbst es, der hier der Klügere gewesen war und rechtzeitig nachgegeben hatte; ich nahm mir vor, meiner Zeit auch in Zukunft immer mindestens fünf Wochen voraus zu sein. Was draußen noch alles passierte, bis die andern nachgekommen waren, ging mich nichts mehr an; wir hörten nicht einmal mehr die Meldungen, nur schließlich die von der endgültigen „Kapitulation der deutschen Streitkräfte an allen Fronten“. Das also war der Endsieg: das bedrohliche Volk war endlich Nichts, und ich konnte nun in Ruhe werden, was ich wollte. Die Maikäfer flogen; mein Vater war nicht mehr im Krieg; die Sonne schien, der Frühling war da, und es mußte sich allesalles wenden. Herrn Eisbrenner gab es nicht mehr; er hatte bis zum letzten Atemzug für sein Volk gekämpft und war folglich darin umgekommen. Das alberne „Halitla“ wurde verboten, und man sagte stattdessen „Morgen“, wenn irgendwer mit etwas Dringlichem erschien oder wenn Fräulein Karwen heute kam. Sie gab mir nach einer Weile aus freien Stücken Privatunterricht, weil ja – sehr richtig und inzwischen längst auch meine Ansicht – die Grammatik unbedingt stabil auf den Beinen bleiben muß, „wenn alles in Scherben fällt“; die Schulen waren geschlossen; an der auf dem Stiftberg hing ein neues Schild „Off limits to all personnel“, dem wir gern gehorchten. Morgenglanz, alles neu; manches allerdings blieb auch beim Alten. Viele Volksgenossen, Befehls-Haber aller Sorten, deren Kinnbacken gestern noch wie Bolzenschneider ausgesehen hatten, drückten sich geschmeidig grinsend bei den Amerikanern herum, und bald standen sie neben ihnen und hatten nicht nur ihre Zigaretten im Mund, sondern ebenda auch die alte befehlshaberische Stimme wieder; die Amerikaner merkten nichts, und ich fühlte mich ihnen, Teil meines euphorischen Übermuts, an Wissen überlegen, was mir freilich auch heute noch passieren kann. Meine Mutter, ehemals Lehrerin gewesen, sprach ziemlich fließend Englisch, eine damals rare Kunst, und wir hatten allerlei Vorteile davon: zum einen wurde sie öfter zum Dolmetschen geholt und mit paradiesischen Naturalien entgolten, zum anderen brachte sie mir rasch die Anfangsgründe bei, und zum Stolz, in der Sprache der „Siegermächte“ mitreden zu können, gesellte sich die freudige Erwartung, eines Tages englische Bücher lesen zu können – die es im Haushalt gab, da mein Vater in London geboren war. Nicht lange allerdings mehr gab es sie: wir wurden von einem Tag auf den andern „evakuiert“, der ganze Stiftberg, weil dort Offiziere mit ihren Familien wohnen wollten; er bekam eine Mauer aus Stacheldraht rundum, mit strengen Sperrposten, und wir verloren für volle vier Jahre fast alle unsere Habe. Das waren nun die Engländer, nach der Zonenregulierung, und sie waren durchaus rabiater als die US-Leute: sprach man sie deutsch an, so zuckten sie die Achseln; versuchte man's auf Englisch, so stellten sie sich taub. Meine Mutter ließ sich aber nicht einschüchtern und brachte noch allerlei nützliche Dinge aus dem Haus durch die Sperren, mit einer List, die sie erst hatte lernen müssen und die sie schnell lernte. Dafür entsprach es andererseits ihrer Art, jenen „Offiziersfamilien“ noch Blumen auf die Tische zu stellen, ehe wir das Haus endgültig verließen; die welkten dann dort wochenlang, und in der Zwischenzeit waren es wieder deutsche Volksgenossen, die nächtens durch die leerstehenden Wohnungen zogen und sie ausplünderten. Es gab wahrhaftig noch viel zu lernen. Aber damit fing ich erst im Herbst wieder an; bis dahin wohnten wir „auf dem Lande“, im Gemeindehaus von Schwarzenmoor, – äußerst frugal und provisorisch und äußerst glücklich im wunderbaren Sommer: – das ist eine Geschichte für sich. Im Herbst kam mein Vater nach mehreren Operationen und vor noch weiteren schwereren aus dem Lazarett „nach Hause“, am 1o. Oktober, und zwei Tage später wurde er sogar mit deutscher Gründlichkeit „aus dem Heer entlassen“, das einstweilen keine Verwendung mehr für ihn hatte und einstweilen selber keine Verwendung mehr fand. Wir zogen in die Stadt zurück, in die Eimterstraße: – vom Fenster aus konnte man den Luttenberg sehen und den Turm der Marienkirche, alles unzugänglich gesperrt nun; ich habe in den folgenden trüben Jahren oft hinaufgeblickt. Und damit begann für mich die eigentliche Nach-Kriegs-Geschichte, die wieder eine Geschichte für sich ist.

Es gibt historisch nach Großen Zeiten immer wieder den Moment, wo alles, was sich als Schicksal aufgeführt hat, zum Nichts in sich zusammenfällt, wo das Schiff endgültig gesunken ist und die Ratten, die es rechtzeitig verlassen haben, sich dem nächsten Fahrzeug zuwenden. Als Alexander beseitigt wurde, war es so, als Wallenstein partisaniert, Napoleon exiliert, Hitler suizidiert wurde –: eine Causa des blutigen Unfugs verläßt spurlos den Tatort, und alles fällt ins Leere. Es ist ein ganz eigenartiger Moment, diese Stille nach dem Sturm, und was man noch sieht vom Schicksal, ist nur der verdächtig regelhafte Tatbestand, daß die meisten Dächer abgedeckt und Leichenberge zuzudecken sind. Die Überlebenden halten den Atem an, und das Aus- und Aufatmen braucht lange; nach dem 30-jährigen Krieg dauerte es fast ein Jahrhundert. Kein solcher Moment hätte eigentlich nachhallender, leere- und lehrenreicher empfunden werden müssen als der vom 8. Mai 1945; keiner war kürzer. Er war vorüber, noch ehe gedacht, selber Vergangenheit, noch ehe er Gegenwart hatte sein können. Die regredierten Erwachsenen vertrösteten sich auf später, wenn sie groß wären, und sagten nichts, und vielleicht blieben wirklich nur die Kinder aufmerksam; tatsächlich war es erst ihre Generation, die später die Erinnerungsarbeit einleitete. Dieses „Nichts-Sagen“ – wer selber Gedächtnishilfe braucht, kann sich beim Nichtssagenden der Kunstproduktionen von damals Metaphern holen, alles dessen, was euphemistisch „die Moderne“ heißt, der Architektur vor allem, einschließlich der gesünderen Heime für den deutschen Menschen – dieses Nichts-Sagen hatte, wie es einmalig war, auch eine einmalige Energie: sie war überall spürbar, und ich habe sie von Anfang an als unwahr, als etwas Eigentliches überlähmend empfunden. Nichts „stimmte“, dies aber auf eine unerhört aktivistische Art. Die deutschen Greuel kamen ans Licht, und das deutsche Gedächtnis fiel einfach in Ohnmacht – bei wachbleibender merkantiler Geschäftigkeit –: wo waren die Zeiten hin, in denen doch gestern noch alle herumliefen? Wenn die Szene zum Tribunal wird und die Opfer endlich reden können, schweigen die Täter; hier schwieg das ganze Volk, so laut es nur konnte. Ich war vollkommen hin und her verwirrt: sollte ich nun meinen Augen trauen wie früher – oder diesmal sehen und doch nicht glauben? Es war vieles unglaublich, und wenn ich's mir auch nicht beweisen konnte, so war mein Instinkt doch sicher genug geworden, es trotzdem zu wissen. Die deutsche Polizei führte sich auf, als hätte sie nie zu etwas anderem als der Verbreitung der Nächstenliebe gedient; auf der kollektiven Unschuldsmiene erschien der Ausdruck eines Biedersinns, wie er in der deutschen Physiognomie so kitschig noch nie vorgekommen war (die Spielfilme der 50er Jahre haben ihn dann steckbrieflich festgehalten). Nichts stimmte: Die goldgerahmten Lücken auf den Schulfluren wurden von den Kirchen nachgefüllt, die den gewesenen Philosophen und Weltanschauer doch so inbrünstig alle Sonntage ins Große Fürbittengebet eingeschlossen hatten, und der Unterricht begann mit einer „Andacht“, in der martialische Leute, die gestern noch „Die Fahne hoch“ gehalten hatten, nun „Ist Gott für mich, so trete“ singen ließen, über die Schnell-Quarantäne der „Entnazifizierung“ auf ihre Posten zurückgekehrt; ein paar Jahre später hatten auch die Generäle ihre Pension wieder, vielfach auch ihre alte Stellung, und konnten ihre Memoiren schreiben wie die Historiker ihre historischen Romane; die Volksgenossen von ehedem sagten im selben Tonfall „unsere amerikanischen Freunde“, wie sie früher „der Führer“ gesagt hatten, und hatten bald dessen Nachfolger für ihren brachliegenden Enthusiasmus, nämlich „die Wirtschaft“, deren Waffen ein weiteresmal mit dem Begriff „Wunder“ zusammenwuchsen; es war wieder vorteilhaft, Parteien zu dienen, und Schlachter Eisbrenner wurde im Lexikon abgelegt, als „Dt. Politiker, Begründer des →Nationalsozialismus“... Es waren Jahre der Unwahrheit, die ich dazu nutzte, Schritt für Schritt an die Wahrheit heranzukommen, bewußter als vor der Zeitenwende, aber immer noch behindert durch die Grenzen meiner Jahre. In dieser Beschäftigung, die viele metaphorische Formen hatte und mir selber als deren gemeinsamer Inhalt erst später aufging, verschwindet die weitere Erinnerungsspreu: der schlimme Winter 1945/46, wo wir zu sechs Personen in einem Zimmer hausten... das ewige „Schlangestehen“ vor dem Fischladen an der Mindener Straße, das nach drei Stunden oft dann doch umsonst gewesen war... die Frostbeulen an Händen und Füßen, die nachts nicht schlafen ließen... das große Hochwasser im Februar... Nur ein Ereignis gehört noch hierher. Im Herbst wurden die Reichs-Gangster hingerichtet: ich war gerade aufs Gymnasium gekommen und lief in der Pause vor den Aushangkasten des „Kreisblatts“ gegenüber, um den Gerechtigkeitslauf genau beschrieben zu sehen. Meine Mutter – wir wohnten neben einem Gefängnis, wo allerlei Kleinkriminelle langwierig einsaßen – war sehr erschrocken, daß man die Großen, die man doch sonst sprichwörtlich laufen läßt, so einfach hängen konnte: „Dürfen die denn das?“ Ich war ganz sicher, daß sie es nicht nur durften, sondern sogar sollten, – so sicher, daß mir noch heute, wenn ich deutsche Politbeamte funktionieren sehe, gelegentlich das „Denkt an den Galgen“ einfällt. Aber sie müssen natürlich längst nicht mehr daran denken, weltweit nicht, und ich bin auch bei weltweitem nicht blutrünstig genug, um die Totenzahl auf diesem Mordsplaneten durch meine Wünsche noch erhöhen zu wollen. Damals war es dennoch eine Sternstunde der deutschen Geschichte: einmal, ein einzigesmal, in einer Leerpause zwischen ihren Zeiten, im utopischen Moment ihres Ausatmens, wurden ihre

Verantwortlichen zur Verantwortung gezogen – ehe sie wieder in deutsche Hände überging. Erwachsenwerden heißt unter manchem anderen, viele liebgewonnene Vorstellungen als Utopien erkennen; ich tat mich damit schwer. Ich wurde sogar irgendwann krank auf dem Weg dorthin, mußte zwei Monate mit unerklärlichen Gelenkentzündungen fast unbeweglich liegen; ich war wohl, ohne den Zusammenhang zu ahnen, ein bißchen überfordert von solchen Fragen – und von „meiner Zeit" überhaupt.

Sie schritt fort wie eh und je, während ich noch lange infantil in jenem Null-Moment stehen blieb, um ihr Fortschreiten zu beobachten. Viele Metaphern kamen geflogen, „Komisches" genug dabei: Während die Abrißbagger sich rüsteten, dem deutschen Gedächtnis mit dem Kahlschlag der Geschichte zu entsprechen, sorgte die Stadt Herford, das im Krieg angenehmerweise eingeschmolzene Wiedukind-Denkmal neu zu produzieren, in jenem Nichts-Sagen-Stil, der jetzt das Sagen hatte; der bürgerliche Sonntagsspaziergang führte weiterhin zum „Bismarckturm" oder zum Gedenkstein für „Kriegsminister Graf Roon", wenn man nicht gleich nach Minden zum Heldenkaiser Wilhelm radeln wollte oder zum Cherusker Hermann nach Detmold. Meine Neugier, irgendwann die feinen Unterschiede zwischen dem Deutschen der Vor-Kriegsend-Zeit und dem der Nachkriegs-Endzeit zu entdecken, blieb unbefriedigt bestehen; sie mußten irgendwo sein, nur war ich möglicherweise noch nicht weit genug herumgekommen, und was die Stadt sonst noch tat, um sich zu verändern, half mir auch nicht weiter. Das Zifferblatt der Neustädter Turmuhr hing zwar bald wieder an seinem Platz, aber das Hotel zur Post – es gibt's nicht mehr; es gibt nicht einmal mehr die Bowerre, an der es lag, so wenig wie das Gymnasium, auf das ich ging, die Gassen, durch die ich lief, die alten Häuser, die ich liebte –: die Stadtverwaltung bombardierte weiter mit der Abrißbirne, schlug Schneisen, durch die sich „der Verkehr" wälzen konnte, das heutige Alias der Volksgenossenschaft, und außer den Kirchen – von tollgewordenen Kunsthistorikern in kahle Markthallen verwandelt – blieb kaum ein alter Stein auf dem andern. Wer heute hinkommt, kann das alte Etwas, an dem das Herz hing, noch in Trümmern liegen sehen, modernen und postmodernen, und in den Bilderchroniken hat er bei allem, was einst schön war, die Wahl zwischen dem rüden „abgebrochen" oder dem feineren „durch einen Neubau ersetzt", womit tod-sicher eine Bank oder ein Kaufhaus gemeint ist. Aber ich komme kaum noch hin; ich habe nichts mehr zu suchen in einer Stadt, die mir meine Kindheit abgerissen hat. Unser Haus ist wohl noch da, der feuchte, muffige, klobige Kasten, inzwischen – weil der Berufsstand meines Vaters wieder zu Ehren und entsprechend höheren Ansprüchen gelangt ist – sogar sehr schön renoviert und wohlbeheizt. Doch all diese Fortschritte hatte ich nicht gemeint in meiner Stunde Null –: wer war dazwischen gekommen? Ich stelle mich manchmal zurück in jenen langen atemlosen Moment, in dem ich damals stand, und sehe mich noch einmal unter den Leuten um –: wer war's? Nichts stimmte –: war es das Nichts, zu dem das Volk geworden war? Gab es Volksgenossen, die schlechterdings, sogar beim besten Willen, keine Leute werden konnten? Zu meinen Beschäftigungen im ersten Nachkriegswinter gehörte – durchaus metaphorisch – das Briefmarkensammeln, und ich besaß – sehr geheim getauscht, denn der Handel mit den Reichsmarken war verboten – auch die seltenen beiden letzten: „Parteiformationen SA und SS", hießen sie vollendet zurückhaltend; sie zeigten pro toto zwei entsprechende Physiognomien, und schon damals ahnte ich, daß ich der Lösung meines Problems ganz nahe war, und stellte mir vor, wie „die Betreffenden" da mitten im Granatenhagel des Endes zum Eisbrenner-Geburtstag Postwertzeichen geplant, entworfen und im ihnen zur Verfügung gestellten Blutrot gedruckt hatten – mit der Legende „Großdeutsches Reich" zu einer Zeit, als dieses nur noch aus dem Potsdamer Platz und Umgebung bestand. Sie liegen jetzt noch einmal vor mir auf dem Tisch, diese Marken, und ich weiß, daß ich damals, ahnungsvoll, die Porträts betrachtet hatte, die ich suchte –: es waren die der künftigen Bagger- und Birnenlenker, Selbstporträts derer, für die der Zusammenbruch nicht galt und die dann, neben Amerika, sofort wieder zur Stelle waren, um – unter anderem – auch die gesünderen Heime für den deutschen Menschen zu bauen. Sie stehen, scheint es, über den Zeiten und sorgen dafür, daß alles immer wieder anders werden muß und dasselbe bleibt, weil sie selber immer dieselben bleiben; sie sind... aber auch das rede ich nun nicht mehr zu Ende.

Als Europa Napoleon überstanden hatte, schrieb Chateaubriand, durch ihn sei „der Krieg" zu groß geworden, als daß er je so wiederkehren könne: „Er hat gebieterisch die Türen des Janustempels hinter sich zugeschlagen und hinter diesen Türen Haufen von Leichen aufgetürmt, damit sie nie wieder geöffnet werden können." Erwachsenwerden heißt, nochmals, Vorstellungen als Utopien erkennen; immerhin mag es lindernd sein, sich in großer Gesellschaft geirrt zu haben. Schon im Sommer 1945 war die „Enola Gay" mit ihrem „Little Boy" gestartet, und eine neue Vorstellbarkeit bildete sich heraus –: die nächste Große Zeit kam in Sicht, Sprößling der vorangegangenen, die aufs Altenteil ging und dort, wenn sie nicht gestorben ist, noch heute lebt. Das Ganze heißt Evolution, und viele könnten sagen, sie seien dabeigewesen. Bei einem ihrer vergangenen Momente war ich's, ganz kurz nur, als Kind. Aber ich werde's wohl bis an mein Lebensende gewesen sein.

Uwe Grüning

SINDBAD DER UNMODERNE

„Wenn Sindbad vom Tigris aus ... in den Indischen Ozean segelt, verläßt er die historische, ja selbst die mythische Welt. Hier beginnt das Reich der Träume, der eigensten Gestaltung; alles ist verboten und alles ist erlaubt“, schreibt Ernst Jünger.

Sein Sindbad ist der zeitgenössische Mensch, der Postmoderne. Die Gewässer, in denen die Gesetze des Mythos' galten, hat er ebenso zurückgelassen wie das Weltmeer Geschichte. Wenn er durch das Reich der Träume fährt, bedrängen ihn deutungslose Gebilde: kaleidoskopische Reihungen unwirklicher Bilder. Verbot und Gewährung besitzen Sinn einzig in einer geordneten Welt, deren Natur notwendig hierarchisch ist. Wo alles gleich wert oder gleich wertlos scheint, wird alles austauschbar, ausgenommen in jenem Zustand, wo allem der gleiche Wert zukommt, weil und solange es seinen ursprünglichen Ort kennt. Verläßt es diesen, verwandelt es sich – nach Überzeugung der Kabbalisten – in ein Surrogat seiner selbst.

Sindbads Reisen haben nur den einen vorgetäuschten Zweck: Gewinn zu erzielen. Mithin sind sie, da Sindbad reich ist, sinnlos. Abenteuerlust heißt seine Triebfeder. Sich weder auf eine Entdeckungs-, noch auf eine Bildungs-, noch auf eine Pilgerreise begebend, schützt er vor, Handel zu treiben. Hinter dieser Maske verbirgt er seinen postmodernen Habitus vor den mittelalterlichen Seefahrern. Wäre er erkannt worden, so hätten sie ihn, Allah zu versöhnen, über Bord geworfen: ein Postmoderner auf einem geschichtlichen oder magischen Meer bringt Unglück. Die Kaufleute ahnen es. Sie lassen ihn auf einer unbewohnten Insel zurück, müssen ihn aber auf einer der nächsten Reisen wieder aufnehmen. Die geschichtliche Welt ist zur Postmoderne verurteilt.

Im ungeordneten Universum Sindbads häufen sich Diamanten, Halbedelsteine und kostbare Hölzer. Dinge, die nur in der geordneten Welt Wert und Symbolkraft besitzen. Er rafft, die Kosten seiner Reise zu bestreiten, auf, was ihm zufällt. Er wird reicher und reicher. Doch gleicht sein Reichtum dem Gold des Midas, weil er durch seine Chaosgaben in der geschichtlichen Welt weder Freuden noch ein Lebensziel gewinnen kann. Sein sinnloser Reichtum wird zum Spiegelbild seiner sinnlosen Reisen. Zugleich gehört er zu seiner Maske, verbergend, daß Sindbad der Fremde schlechthin ist: zu Hause in einer anderen Zeit, einem anderen Empfinden, einem anderen Unverständnis. Sein Reisedrang entspricht der postmodernen Sucht nach Zerstreuung. Der Postmoderne hat der Welt ein Zentrum abgesprochen. Doch daß *sein* Leben keinen Mittelpunkt besitzt, kann er nicht ertragen. Er muß rastlos unterwegs sein in einer ungeordneten Bewegung, damit er weder ein Zentrum noch dessen Verlust wahrnimmt. Ein Seefahrer wie Sindbad verfügt über kein Selbst. Ein Selbst zu haben, bedeutete, sein Wesen nach einem Ideal zu bilden und zu gestalten. Der Postmoderne besitzt zwar kein Selbst, jedoch Identität. Seine Identität ist die Summe derjenigen Vorurteile, von denen er nicht lassen will, auch nicht, um den Preis seiner Vernichtung.

Sindbad repräsentiert nicht die Summe seiner Erfahrungen; er ist nur jeweils das, was er erlebt; verwunderlich, daß er alles, was mit ihm geschah, im Gedächtnis behält. Wie wenig er seine Vergangenheit als Teil seiner selbst begreift, bewiesen seine Entschlüsse, wieder auf Reisen zu gehen. Das Chaos, dem er sich ausliefert, ist von gänzlich anderer Art als das schöpferische Chaos der Frühromantiker. Dieses, von einer Entelechie geleitet, entwirrt sich, wenn eines seiner Geschöpfe stärker ist als die Kraft zu stürzen und zu zerstreuen.

Der Abenteurer Sindbad tritt als ein Nachfahr Herzog Ernsts von Schwaben hervor. Dieser unternimmt eine Buß-, Bildungs- und Verbannungsfahrt, also alles, was vor Anbruch der Moderne den Menschen formt und vollendet. Dabei erleidet er aber den Schiffbruch der Moderne, er gerät in die Nähe eines Magnetbergs, der alles, was von Eisen ist, aus dem Bootsleib herauszieht. Die Eisennägel, welche Rumpf und Planken zusammenhalten, sind das, was die Postmoderne nicht kennt: Sinn. Er bleibt an Herzog Ernsts Magnetberg haften. Dort enden die mythischen Meere. Doch auch der Ozean Geschichte kann nach dem Verlust jedweden Sinns nicht mehr befahren werden.

Dennoch bleibt Sindbad ein erstaunlicher Seefahrer. Sein zuvor durch Nägel gefügtes Schiff hält nun die Adhäsionskraft Gewohnheit zusammen. Erstaunlich stark, doch in der Postmoderne unerneuerbar, täuscht sie mehrere Generationen über den Zustand ihrer Jachten. Heute ermattet auch sie. Schon treiben, hier ein Heck, dort eine Rippe, Schiffstrümmer auf allen Wellen. Wir, die wir uns daran klammern, glauben, unfähig ein Ganzes zu sehen, noch immer an unser heiles tragendes Schiff.

Wolfgang Hildesheimer: Der Kopf des Kamelvogels. Ein Geschenk von Silvia Hildesheimer. Sepiazeichnung (14 x 10 cm).

II.

Ulrich Stadler

DIE UNVERFÜGBARKEIT DES ABSOLUTEN ANFANGS

Über ein Problem in der Geschichte der Philosophie und des Erzählens

> Die meisten Dinge wenn sie uns merklich werden sind schon zu groß wenn wir sie gewahr werden ob ich den Keim in der Eichel mit dem Mikroskop oder den 200jährigen Baum mit bloßen Augen ansehe, so bin ich gleich weit vom Anfang.[1]

Im Dunkeln ist gut munkeln, und über das Dunkle des Anfangs wurde von jeher leidenschaftlich gerne spekuliert. Über den Ursprung allen Seins gibt es unzählbar viele Mythen. Hans Blumenberg, der sich kritisch mit den „Mythenschwärmern" auseinandergesetzt hat, die „zu den Müttern", zu den „Ursprüngen" zurückfinden wollen,[2] hat gezeigt, daß solche Mythen den Anfang nicht aufhellen, sondern bloß unbefragbar machen. Nach Blumenberg spricht der Mythos nicht vom Anfang der Welt, er erzeugt und verdichtet vielmehr nur dessen Dunkel.[3]

Heikel wie die Frage nach dem Ursprung des Seins[4] ist auch das Problem des Anfangs im Methodischen. Womit beginnen wir, wenn wir uns mit et-

---

1 Georg Christoph Lichtenberg: Schriften und Briefe. Hg. von Wolfgang Promies. 1. Bd.. München 1968. S. 213 [C 303].

2 Hans Blumenberg: Arbeit am Mythos. 2. Aufl. Frankfurt/M. 1979. S. 140.

3 Blumenberg (Anm. 2), S. 144. – Blumenberg freilich versucht in seinem Buche dem Mythos vor allem auch positive Seiten abzugewinnen. Er deutet mythische Rede als Reaktion auf eine Übermachtserfahrung, die zur Depotenzierung des Numinosen beitrage.

4 S. hierzu die Meinung des Kantianers Schmidt-Phiseldek: „wir überschauen von dem Weltal einen so kleinen Umfang [...] und dennoch hat man schon seit mehr als einem Jahrtausend gefragt und geforscht, nach dem, was da war, eh denn die Welt war, und wissen wollen, was denn eigentlich das sey, welches der Welt ihre Entstehung gab. Um den Anfang des Daseyns zu begreifen, suchte man ein Daseyn, ehe denn etwas war, und verlegte den Anfang der Zeit in einen Zustand, der vor der Zeit, und ohne Zeit, dennoch sollte gewesen seyn. wenn gleichwol ein Anfang der Dinge war, und eine Existenz vor diesem Anfange, so fragt der Verstand unermüdet aufs neue: warum nicht früher oder später? und versezt so den Uranfang wieder in eine Zeit, so wie er die Grundursache einer höheren unterordnet, bis er unter der Last seiner eigenen Fragen erliegt." ([Konrad Ferdinand] von Schmidt Phiseldek:

was beschäftigen wollen? Daß aller Anfang schwer sei, diese Sprichwort-Weisheit verdeutlicht die prekäre Situation beim Beginn einer jeden Tätigkeit, mit der wir noch nicht vertraut sind. Aber wie immer bei solch eingedickten Erfahrungs-Sätzen ist auch das Gegenteil wahr und läßt sich zu Recht behaupten: Aller Anfang ist leicht. Dieser Ansicht jedenfalls ist Jarno-Montan in Goethes Roman *Wilhelm Meisters Wanderjahre*, und er begründet sie mit dem Hinweis auf die außerordentlich gewachsenen Schwierigkeiten, mit denen erst der Fortgeschrittene bei seinem Unternehmen konfrontiert wird: „die letzten Stufen werden am schwersten und seltensten erstiegen".[5] So wenig die eine Spruchweisheit die andere – von ihr verschiedene – außer Kraft setzt, so sehr gilt auch eine dritte, die in Rilkes *Aufzeichnungen des Malte Laurids Brigge* festgehalten wird: „Es giebt keine Klassen im Leben für Anfänger, es ist immer gleich das Schwierigste, was von einem verlangt wird."[6]

Will man, irritiert durch die scheinbare Beliebigkeit solch gnomischen Sprechens, die Rede vom Anfang begriffsgeschichtlich klären, so muß man sich auf eine Enttäuschung gefaßt machen: Weder das *Historische Wörterbuch der Philosophie* von Joachim Ritter und Karlfried Gründer, noch das *Historische Lexikon der Geschichtlichen Grundbegriffe* von Otto Brunner, Werner Conze und Reinhart Koselleck enthalten einen Artikel zu diesem Stichwort. Vor allem das Fehlen eines Beitrags im Philosophischen Wörterbuch erscheint zunächst als ein kaum verständlicher und verzeihlicher Mangel, da der Begriff in der Geschichte der Philosophie und insbesondere in der des deutschen Idealismus eine zentrale Rolle spielt. Man denke etwa an Kants Erörterung der Anfangsproblematik in der ersten und dritten Antinomie der ‚Transzendentalen Dialektik'[7] und an Hegels Eingangskapitel zur *Wissenschaft der Logik*: „Womit muß der Anfang der Wissenschaft gemacht werden?" Ähnlich wie Kant sieht Hegel „die moderne Verlegenheit um den Anfang"[8] in einer Antinomie begründet, nämlich in der Tatsache, daß dieser entweder ein Vermitteltes oder ein Unmittelbares sein müsse und zugleich weder das eine noch das andere sein könne. Bei aller Verschiedenheit der beiden Denksysteme und unerachtet der jeweils vorgenommenen Differen-

---

Ueber den Ursprung und die Bedeutung der Ideen in der Philosophie. In: Deutsches Museum 17 (1799). S. 545-564. Zitat S. 551f.).

5 Johann Wolfgang v. Goethe: Wilhelm Meisters Wanderjahre. Goethes Werke. Hamburger Ausgabe. Hg. v. Erich Trunz. Bd. 8. 3. Aufl. Hamburg 1957. S. 36f.

6 Rainer Maria Rilke: Die Aufzeichnungen des Malte Laurids Brigge. Sämtliche Werke. Hg. v. Ernst Zinn. Bd. 6. Frankfurt/M. 1966. S. 789.

7 Immanuel Kant: Kritik der reinen Vernunft. B 452ff. Werke in zwölf Bänden [Theorie-Werkausgabe]. Hg. v. Wilhelm Weischedel. Bd. IV. Wiesbaden 1956. S. 412ff. – In dem 1786 erstmals erschienenen Aufsatz *Mutmaßlicher Anfang der Menschengeschichte* beharrt Kant ausdrücklich darauf, seine Überlegungen nicht über den Zeitpunkt hinausführen zu wollen, an dem die Menschen bereits als sprechende, denkende und in einem Paar sich repräsentierende Wesen existierten. S. Bd. XI. S. 86.

8 Georg Wilhelm Friedrich Hegel: Wissenschaft der Logik. Theorie-Werkausgabe. Hg. v. Eva Moldenhauer und Karl Markus Michel. Bd. 5. Frankfurt/M. 1969. S. 65.

zierungen des Begriffs vom Anfang[9] stimmen doch Kant und Hegel in der Auffassung überein, daß man nicht einfach beginnen könne bei einem Uranfang – ganz gleich, ob dieser nun als ein metaphysischer, als Ursprung der Schöpfung, oder als methodischer, als nicht hinterfragbarer Beginn des Denkens und Schreibens, verstanden werde. In der *Kritik der reinen Vernunft* heißt es: „ich kann das Zurückgehen zu den Bedingungen des Existierens niemals vollenden, ohne ein notwendiges Wesen anzunehmen, ich kann aber von demselben niemals anfangen".[10] Und analog hierzu wird in Hegels *Logik*, die Seins- und Denkkategorien kühn ineins setzt, die Wahrheit als ein Ganzes aufgefaßt, dessen Erstes nicht bloß als Grund, sondern immer schon auch als Resultat zu betrachten sei.[11]

Radikaler noch als Kant und Hegel verwirft der junge Marx in seinen *Ökonomisch-philosophischen Manuskripten* die Frage nach dem absoluten Anfang. Für ihn nimmt sie nicht einmal mehr die Gestalt einer Antinomie an, sondern entpuppt sich als Produkt einer unzulässigen Abstraktion:

> Wenn du nach der Schöpfung der Natur und des Menschen fragst, so abstrahierst du also vom Menschen und der Natur. Du setzest sie als nichtseiend und willst doch, daß sie ich als seiend dir beweise. Ich sage dir nun: Gib deine Abstraktion auf, so gibst du auch deine Frage auf, oder willst du an deiner Abstraktion festhalten, so sei konsequent, und wenn du den Menschen und die Natur als nichtseiend denkend denkst, so denke dich selbst als nichtseiend, der du doch Natur und Mensch bist.[12]

Mindestens ebenso entschieden wird die Frage nach dem Anfang in der philosophischen Hermeneutik verworfen. Deren prominentester Vertreter in diesem Jahrhundert, Hans-Georg Gadamer, kommentiert die Hegelsche Beantwortung der Anfangsfrage auf folgende Weise:

> Das Problem des Anfangs ist, wo immer es sich stellt, in Wahrheit das Problem des Endes. Denn vom Ende her bestimmt sich der Anfang als der Anfang des Endes. Das mag unter der Voraussetzung des unendlichen Wissens [...] zu dem prinzipiell unlösbaren Problem führen, womit nun anzufangen sei. Aller Anfang ist Ende und alles Ende ist Anfang. Jedenfalls stellt sich bei solcher runden Vollendung die spekulative Frage nach dem Anfang der philosophischen Wissenschaft grundsätzlich gesehen von ihrer Vollendung her.[13]

Von der Konzeption Hegels setzt sich Gadamer ab mit dem Hinweis auf „die unabschließbare Offenheit des Sinngeschehens",[14] welche der herme-

---

9 S. etwa die Fußnote in der *Kritik der reinen Vernunft* B 481 (Anm. 7), S. 435: „Das Wort: Anfangen, wird in zweifacher Bedeutung genommen. Die erste ist aktiv, da die Ursache eine Reihe von Zuständen als ihre Wirkung anfängt (infit). Die zweite passiv, da die Kausalität in der Ursache selbst anhebt (fit)."

10 Kritik der reinen Vernunft, B 644 (Anm.7), S. 545.

11 S. etwa Hegel (Anm. 8), S. 70.

12 Karl Marx, Friedrich Engels: Werke. Ergänzungsbd. 1. Berlin 1974. S. 545.

13 Hans-Georg Gadamer: Wahrheit und Methode. Grundzüge einer philosophischen Hermeneutik. 3. Aufl. Tübingen 1972. S. 448.

14 Ebd.

neutischen Erfahrung notwendig zugrundeliege. Für diese gebe es „kein mögliches Bewußtsein, und wäre es noch so sehr ein unendliches, in dem die ‚Sache‘, die überliefert wird, im Lichte der Ewigkeit erschiene“.[15] Für die Hermeneutik existiere daher das Problem des Anfangs nicht, ja sie könne ein solches Problem gar nicht kennen.[16]

Bei Odo Marquardt kehrt diese hermeneutische Einsicht wieder als ontologischer Befund. In seinem *Abschied vom Prinzipiellen* – so der schon bezeichnende Titel seiner Aufsatzsammlung – vertritt er die anthropologische These,

> daß die Menschen nie von Anfang an anfangen. Ihr Leben ist ein Interim: wo es aufhört, ist es zu Ende; aber wo es anfängt, ist niemals der Anfang. Denn die Wirklichkeit ist – ihnen zuvorkommend – stets schon da, und sie müssen anknüpfen. Kein Mensch ist der absolute Anfang: Jeder lebt mit unverfügbaren Vorgaben. [...] Wer nach dem Anfang fragt, will der Anfang sein; und wer der Anfang sein will, will kein Mensch sein, sondern das Absolute.[17]

Gadamer und Marquard liefern nicht nur eine mögliche Erklärung, warum im *Historischen Wörterbuch der Philosophie* kein Artikel über den Anfang zu finden ist;[18] ihre Argumentation hat auch eine deutliche ideologische Pfeil-

[15] Ebd.

[16] Ebd. – Wir fangen nicht, ja niemals an, wir sind – um eine Formulierung Peter Sloterdijks zu übernehmen, – „je schon angefangen“. S. Peter Sloterdijk: Zur Welt kommen – Zur Sprache kommen. Frankfurter Vorlesungen. Frankfurt am Main 1988. S. 44. – Sloterdijks Buch überzeugt allerdings nur in einigen Formulierungen; die Argumentation insgesamt ist in sich widersprüchlich. Der Verfasser bemüht sich vergeblich, die Stadt der Kritischen Theorie an den Ganges zu verpflanzen (s. S. 99). Er weiß genau, daß man nicht am Anfang anfangen kann (s. z. B. S. 63). Wenn er auch einsichtige Gründe hat, dieses Faktum bedauerlich zu finden, so hat er doch keine, es dann doch letztlich zu leugnen und die Annäherung an einen Zustand zu versuchen, den er „Geburtlichkeit“ (S. 155 u. ö.) nennt. Dabei muß er unweigerlich in die Nähe dessen geraten, was eingangs von mir als „Munkeln“ gerügt wurde. „Ich könnte ja“ – so formuliert er kokett und beschreibt dann konjunktivisch die hier von mir vertretene Position – „mich modern gebärden und dem Manierismus der Diskontinuität huldigen, dann könnte ich auch dies Neue wieder fallenlassen zugunsten einer anderen Einzelheit, und bei allen diesen Gesten würde sich nachträglich erweisen, daß sie keine Anfänge waren, sondern Sprünge, Abbrüche, Setzungen und andere Arten folgenloser Momenthaftigkeit.“(S. 63) – Analog zu Sloterdijks postmoderner Sinn- und Anfangsnostalgie verhält sich die poststrukturalistische einer Kristeva. Einerseits verwirft sie die Husserlsche Setzung eines transzendentalen Egos als „theologisch“ – ein Prädikat, das offenbar despektierlich gemeint ist (s. Julia Kristeva: Die Revolution der poetischen Sprache. Dt. von Reinhold Werner. Frankfurt am Main 1978. S. 54 u. ö.); andererseits begibt sie sich mit der Bestimmung der „chora“, jenes mütterlichen, der Welt des „Symbolischen“ vorgelagerten Raums, ins Gebiet des „Munkelns“. Mit dem Marxismus, auf den sie sich beruft, läßt sich das wohl kaum vereinbaren. Marx jedenfalls hätte eine solche Position als unzulässige, weil abstrakte Negation von Gesellschaft gerügt (s. oben das Zitat, Anm. 12).

[17] Odo Marquard: Ende des Schicksals? Einige Bemerkungen über die Unvermeidlichkeit des Unverfügbaren. In: O. M.: Abschied vom Prinzipiellen. Philosophische Studien. Stuttgart 1981. S. 76f. – Vgl. hierzu auch Michel Foucault: Die Ordnung der Dinge. Frankfurt/M. 1974. S. 398.

[18] Freilich könnte man die These vertreten, daß das Thema des Anfangs gleichwohl einen Artikel in einem philosophischen und gar in einem philosophiegeschichtlichen Lexikon ver-

spitze. Sie kritisieren beide die historische Aufklärung, genauer deren Vertreter, soweit sie Autorität und Vernunft als einander ausschließende Gegensätze betrachtet und das Eingebundensein der eigenen Erkenntnis in den Traditionszusammenhang, dem das zu Erkennende angehört, geleugnet haben. In der Tat ließen sich manche der Frühaufklärer, wie etwa Christian Wolff, von der Vorstellung leiten, daß alles Existierende dem Schiedsspruch einer als transhistorisch zu verstehenden Vernunft unterstellt werden könne. Jede Veränderung sei nach dem Prinzip des zureichenden Grundes analysierbar und interpretierbar als Glied einer Kette von Ursachen und Wirkungen, die sich bis zu einem „selbständigen Wesen", zu Gott oder einem Uranfang, zurückverfolgen lasse.[19]

Die Erschütterung und schließlich die gänzliche Zerstörung des Glaubens an eine solche Möglichkeit spiegelt sich in der Romantheorie und erst recht im Roman der zweiten Hälfte des 18. Jahrhunderts bis hin zur Gegenwart in verblüffender Deutlichkeit wider. Der Roman steht wie sein Vorgänger, das Epos, „durch Umfang, Anlage und Art seines Inhalts" der empirischen Wirklichkeit am nächsten.[20] Gerade darum will er nicht als deren Folge, deren Resultat erscheinen. Er setzt sich als eigenständiger Bereich und beginnt, um strukturanalog mit einer außerliterarischen Wirklichkeit sein zu können, mit der Erzählung eines Beginns. Solche Strukturanalogie markiert insbesondere der transitorische Romananfang: Die Erzählung hebt an, und mit ihr geht die Sonne auf; der Ablauf der Schilderung und der Ablauf der geschilderten Ereignisse beginnen im selben Atemzuge. Freilich ist damit noch lange kein absoluter Anfang gesetzt, denn dem beginnenden Tag sind andere Tage vorausgegangen, die, selbst wenn sie durch keine sogenannte ‚nachgeholte Vorgeschichte' später veranschaulicht werden, doch stillschweigend für den Beginn der erzählten Romanereignisse vorausgesetzt werden müssen. Selbst der von Horaz im *Brief an die Pisonen* skizzierte ‚ab ovo'-Beginn,[21] der mit einer schöpfungsähnlichen Situation beginnt, kann nicht ohne jegliche Voraussetzung bestehen und alles nur aus sich hervorbringen. Wenn Jean Paul nicht nur den ab ovo-Anfang, sondern den Beginn eines

---

diene, auch wenn es als philosophisches Problem obsolet geworden sein sollte. In der Geschichte der Philosophie war das Thema zweifellos wichtig – ganz zu schweigen von seiner nach wie vor anhaltenden Aktualität im Bereich des Theologischen. Die zentrale Bedeutung dort wird etwa ersichtlich an dem Zitat Odo Marquards (Anm. 17).

19 S. etwa Christian Wolff: Vernünfttige Gedancken Von den Kräfften des menschlichen Verstandes. 5. Aufl. Halle 1727. S. 6 und 124f.

20 Volker Klotz: Muse und Helios. Über epische Anfangsnöte und -weisen. In: Norbert Miller (Hg.): Romananfänge. Versuch zu einer Poetik des Romans. Berlin 1965. S. 23.

21 Horaz: Sämtliche Werke. Lateinisch und deutsch. Hg. v. Hans Färber und Wilhelm Schöne. 8. Aufl. München 1979. S. 239. – Das Problem des Anfangens stellt sich allerdings mit unterschiedlicher Vehemenz je nachdem, wie stark die normative Funktion der Werke gegenüber der außerliterarischen Wirklichkeit ist und/oder wie strikt auf der Mimesis-Forderung bestanden wird.

jeden Romans als „Allmachts- oder Aseitäts-Kapitel“ bezeichnet,[22] so ist diese Charakterisierung nur im Hinblick auf die folgenden Kapitel eines Romans zutreffend: Die dem Autor oder der Autorin offenstehenden Möglichkeiten werden mit der Niederschrift des ersten Kapitels, ja des ersten Satzes, drastisch eingeschränkt. So frei jedoch die schreibende Instanz zu Anfang auch immer sein mag, sie kann nicht verhindern, daß ihr Schreibbeginn auf impliziten Voraussetzungen beruht. Jean Pauls Kennzeichnung des Romananfangs ist jedoch mehr als nur ein indirekter Hinweis auf die eingeschränkte, ja verlorengehende „Aseität“ der nachfolgenden Kapitel; sie unterstreicht zugleich den Vollkommenheitsanspruch, der unweigerlich auf dem Romananfang lastet. Dieser soll latent enthalten, was dann im weiteren Verlauf des Romans detailliert entfaltet wird und auch entfaltet werden kann.[23]

Was die Anfangsproblematik betrifft, so ist für die Romantheoretiker des 18. Jahrhunderts weniger die Poetik des Horaz als die des Aristoteles vorbildlich gewesen. Dieser verlangte für die Tragödie wie für das Epos gleichermaßen, daß deren Fabel ein in sich geschlossenes Ganzes darstelle[24] und ein Ganzes sei, was Anfang, Mitte und Ende habe.[25] Unter Anfang verstand er das, „was zwar nicht notwendig etwas Vorangehendes als Voraussetzung hat, nach welchem jedoch naturgemäß ein anderes da sein muß oder aber entsteht.“[26] An dieser Vorstellung vom Anfang orientierten sich die französischen Theoretiker wie Dacier, Le Bossu, Cailhava und Batteux genau so wie die deutschsprachigen Ästhetiker Ramler, Engel und Sulzer. Dessen Artikel

---

[22] Jean Paul: Vorschule der Ästhetik. (= Werke, 49. Theil), Berlin o.J., 12. Programm, Par. 74, S. 273. – Wenn mit der Setzung des Anfangs bereits eine präformierende Wirkung auf die nachfolgenden Teile gewährleistet ist, so kann diese Setzung auch als eine hilfreiche, den Fortgang vereinfachende Konstruktion verstanden werden. Dieser Auffassung war Fontane, wie aus dem Brief vom 3. Juni 1879 an Mathilde von Rohr hervorgeht: „Der Anfang ist immer das entscheidende; hat mans darin gut getroffen, so muß der Rest mit einer Art von innerer Notwendigkeit gelingen, wie ein richtig behandeltes Tannenreis von selbst zu einer geraden und untadeligen Tanne aufwächst.“ (Theodor Fontane: Werke. Schriften und Briefe. Hg. von Walter Keitel und Helmut Nürnberger. Abt. IV. Briefe. 3. Bd.. München 1980. S. 23). – Die gleiche Auffassung hat sich offenbar auch Franz Kafka zu eigen gemacht, genauer: zu ihr hat er sich selbst – mit mehr oder weniger großem Erfolg – verpflichten wollen, denn seine Tagebücher sind voll von Erzählanfängen, von denen sich dann allerdings nur ein Bruchteil für ihn als ausbaufähig erwiesen hat. S. die Aufzeichnung vom 19. Dezember 1914 in: Franz Kafka: Tagebücher. Hg. von Hans-Gerd Koch u. a.. Frankfurt/M. 1990, S. 711.

[23] Mit Recht weist Michael Mandelartz (Der Textanfang als kosmologischer Entwurf: die Motive des Musenanrufs und des Waldes. In: Euphorion 87 [1993], S. 420-437) darauf hin, daß man den Erzählanfang nicht nur unter dem Gesichtspunkt der Funktion als „Grenze“ betrachten solle, „an der die empirische und die artistisch organisierte Welt aufeinandertreffen“. Mindestens ebenso wichtig sei es, den Beginn auch „nach der anderen Seite hin“ zu analysieren, d. h. sein „Verhältnis zur inneren Organisation des Werkes“ zu ergründen (S. 420).

[24] Aristoteles: Poetik. Dt. v. W. Schönherr. Hg. v. Ernst Günther Schmidt. Leipzig 1945. 23. Kapitel. S. 50.

[25] Aristoteles (Anm. 24), 7. Kapitel. S. 16.

[26] Ebd.

über den Anfang in der *Allgemeinen Theorie der schönen Künste* zeigt unverkennbar das Bestreben, die Aristotelische Forderung mit dem Wolffschen Denksystem in Einklang zu bringen. Sulzer stellte sich die Abfolge der Begebenheiten in der Poesie als eine „Kette" vor, die notwendig einen Anfang haben müsse, weil man sonst nicht begreife,

> warum die Sachen da sind. [...] Weil der Anfang das erste in der Sache ist, dem nichts, was zu derselben gehört, vorhergehen kann, so muß die Handlung mit nichts anfangen, was würklich vor ihr gewesen ist. Dieses wäre ein verwerflicher Überfluß.[27]

Freilich zeigt sich schon in Sulzers Artikel, wenn auch nur auf indirekte Weise, das Überanstrengte, Problematische des Versuchs, alle Begebenheiten nach dem Prinzip des zureichenden Grundes aus einem Anfang abzuleiten. Um dessen Ergiebigkeit als alleinigen Beweggrund der Handlung sicherzustellen, empfahl Sulzer, in Anlehnung an den Abbe d'Aubignac,[28] Anfang und Ende der Fabel möglichst nahe beieinander zu wählen, damit die Stringenz dessen, was sich zwischendurch ereigne, gewahrt werden könne.[29]

Mit der Etablierung des entwicklungsgeschichtlichen Denkens und im Zusammenhang mit der Ausbreitung der organologischen Ganzheits-Konzeption[30] wurde der Erwartungsdruck, der auf dem alles begründen und alles bewegen sollenden Anfang ruht, derart gesteigert, daß ein solcher ganz und gar unrealisierbar erschien. Friedrich von Blanckenburg, der Verfasser des *Versuchs über den Roman* fand in seinen 1796 erschienenen *Literarischen Zusätzen zur Allgemeinen Theorie der schönen Künste* fast nur noch Beanstandenswertes in Sulzers Artikel. Dort sei überdies zu wenig genau der

> Anfang der eigentlichen Begebenheit, welche den Inhalt, oder die Veranlassung eines Gedichtes seyn kann, von dem Anfange des eigentlichen Gedichtes selbst, das heißt, von demjenigen Punkte unterschieden, von welchem der Dichter gleichsam sein Tempo nimmt.[31]

Blanckenburg verlangte also eine deutlichere Scheidung zwischen Dargestelltem und der Darstellung selber, oder auch zwischen Sein und Denken, bzw. Erzählen. Die Anfänge dieser beiden Bereiche seien keineswegs identisch. Schließlich gab er zu bedenken, „ob und woher es Dichtarten giebt, welche einen abgebrochenen Anfang zulassen, und gar natürlich und nothwendig machen?"[32]

Solche Infragestellung eines universellen Beginns nimmt sich freilich bescheiden aus, wenn man sie mit dem vergleicht, was in den zeitgenössischen

---

[27] Johann George Sulzer: Allgemeine Theorie der Schönen Künste. Leipzig 1771. S. 51a.
[28] S. hierzu die Kritik bei Jean-Francois Cailhava de l'Estendoux: De l'art de la comédie. Bd. 1. Paris 1772. S. 174ff.
[29] Sulzer (Anm. 27), S. 51b f.
[30] Vgl. hierzu unten Anm. 43
[31] Friedrich von Blanckenburg: Literarische Zusätze zu Johann Georg Sulzers Allgemeiner Theorie der schönen Künste (1796-1798). Bd. 1. Photomechan. Ndr.. Frankfurt/M. 1972. S. 90a.
[32] Blanckenburg (Anm. 31), S. 90a f.

Romanen längst üblich geworden war. Auch hier ist, wie gewöhnlich, die Praxis der Theorie vorausgegangen. Norbert Miller, dem wir die bisher noch immer gründlichste Untersuchung der Romananfänge des 18. Jahrhunderts verdanken,[33] hebt – trotz der Insistenz auf der individuellen Vielfalt und Differenziertheit der jeweils vorgeschlagenen Lösungen – doch zwei charakteristische Tendenzen des Erzählbeginns bei den von ihm berücksichtigten Werken hervor. Zum einen gibt es den Versuch, den Anfang zu überspielen und ins Innere des Buches hineinzuverlagern.[34] Zum andern wird immer häufiger der Anfang als ein von einem Erzähler gesetzter Beginn markiert.[35] An die Stelle eines absoluten, durch nichts bedingten, aber alles bedingenden Anfangs rückt ein immer schon durch die Vermittlungsleistung des Erzählers (vor)gegebener Einsatz. Ganz in Übereinstimmung mit der von Kant und Hegel gemachten Beobachtung und erst recht im Sinne der hermeneutischen Erfahrung erweist sich auch hier der Grund zugleich als Resultat, das Unmittelbare zugleich als ein Vermitteltes.

Radikaler noch als an diesen generellen Tendenzen ist die Problematik des Anfangs an Romanen wie etwa an Laurence Sternes *Tristram Shandy* ablesbar, in dem der Frage des Beginnens eine solch übertriebene Aufmerksamkeit gewidmet wird, daß zu guter Letzt das Endprodukt ein „Anfang ohne Roman"[36] geworden ist. Henry Mackenzie's *Man of Feeling* von 1771 oder, um ein deutschsprachiges Beispiel zu nennen, E. T. A. Hoffmanns *Kater Murr* sabotieren den Anfang, indem sie ihn als Papierschnitzel neben anderen kenntlich machen, die insgesamt die Vorstellung eines Ganzen verhöhnen. Ludwig Tieck läßt seinen Erzähler räsonieren:

> [...] in unserm Zeitalter, das ganz ohne Zweifel den Namen des viel belesenen verdient, werden die meisten Bücher schon für die meisten Leser so eingerichtet, daß sie anfangen und aufhören können, wo sie wollen [...].[37]

Der Roman, dem dieses Zitat entnommen ist, der 1795 erschienene *Peter Lebrecht*, besitzt auch folgerichtig eine dieser Einsicht gemäße bruchstück-

---

[33] Norbert Miller: Der empfindsame Erzähler. Untersuchungen an Romananfängen des 18. Jahrhunderts. München 1968. – Hingewiesen sei auch auf den Aufsatz von Karl Markus Michel: Das Härlein an der Feder. Romananfänge aus der deutschen Trivialliteratur. In: Miller (Anm. 20). S. 206-272 sowie auf die ältere Arbeit von Fritz Leib: Erzähleingänge in der deutschen Literatur. Phil. Diss. Gießen 1910. Mainz 1913. – Wenig ergiebig trotz des systematischen Anspruchs ist der Aufsatz von Willi Hirdt: Incipit. Zu einer Poetik des Romananfangs. In: Romanische Forschungen 86 (1974). S. 419-436.- Nur im Hinblick auf Hesse von Interesse ist der Artikel von Reso Karalaschwili: Der Romananfang bei Hermann Hesse. Die Funktion des Titels, des Vorworts und des Romaneinsatzes in seinem Schaffen. In: Jahrbuch der Deutschen Schillergesellschaft 25 (1981). S. 446-473.

[34] Miller (Anm. 33), S. 20, 104, 109, 153, 163 und 242f. – Ein extremes Beispiel dieser Technik liefert E. T. A. Hoffmanns Erzählung *Der Sandmann* mit der Devise „Ich beschloß gar nicht anzufangen." (Ernst Theodor Amadeus Hoffmann: Fantasie- und Nachtstücke. Hg. v. Walter Müller-Seidel. Darmstadt 1977. S. 344).

[35] Miller (Anm. 33), S. 23, 38 u. ö.

[36] Ebd., S. 267.

[37] Ludwig Tieck: Peter Lebrecht. In: L. T.: Frühe Erzählungen und Romane. Werke. Hg. von Marianne Thalmann. Bd. 1. S. 136.

hafte Bauart. Bonaventura schließlich, dessen *Nachtwachen* mit dem Ende beginnen, belustigt sich über „ehrliche protestantische Dichter und Schriftsteller", die „recht zusammenhängend und schlechtweg erzählen" können[38] und stets „vom Eie einer Sache anheben wollen".[39] Seinen kritischen Äußerungen läßt er Taten folgen: Er erzählt zusammenhanglos und reißt den Faden mehrfach „ganz ab, um von neuem anzuheben".[40] In seinem Spott über die „Ganzheitsdichter"[41] bestätigt er ex negativo den untrennbaren Zusammenhang zwischen der Möglichkeit, einen Anfang zu finden, und der Existenz einer abschließbaren Ganzheit – ein Zusammenhang, von dem ja Aristoteles ausgegangen war.[42]

Die Erzählungen E. T. A. Hoffmanns und die Romane Tiecks, Jean Pauls und Bonaventuras orientieren sich zweifellos an den großen komischen Romanen der englischen und französischen Literatur. Die Art und Weise, wie sie die Vorstellungen eines in sich geschlossenen – aristotelischen – Ganzen ad absurdum führen, gleicht jedenfalls auf verblüffende Weise den englischen und französischen Romanen von Sterne, Diderot und anderen. Und es scheint mir obendrein berechtigt, den Vorbildcharakter jener nicht-deutschsprachigen Romane auf die deutsche Literatur des 18. Jahrhunderts auch auf die des 20. zu konzedieren, denn der Roman der Avantgarde unseres Jahrhunderts ist keineswegs ohne jegliche Tradition zu denken. Es gibt vielmehr eine Tradition des Antitraditionellen.[43]

Wenn ein Prosatext im 20. Jahrhundert – es ist Thomas Manns 1908 veröffentlichte Erzählung *Das Eisenbahnunglück* – folgendermaßen beginnt: „Etwas erzählen? Aber ich weiß nichts. Gut, also ich werde etwas erzäh-

[38] August Klingemann: Nachtwachen von Bonaventura. Hg. v. Jost Schillemeit. Frankfurt/M. 1974. S. 72.

[39] Ebd., S. 157.

[40] Ebd., S. 111.

[41] Den Ausdruck verwendet Heine in: Die Bäder von Lucca (= Reisebilder III). Kap. IV. Heinrich Heine: Sämtliche Werke. Hg. von Ernst Elster. Bd. 3. Leipzig, Wien o. J.. S. 304.

[42] Die Ganzheitsdefinition des Aristoteles beweist auch dort noch ihre Kraft, wo das Ganze geleugnet und auf einen den Fortgang bedingenden Anfang verzichtet wird: Romane solcher Beschaffenheit tendieren dazu, obendrein kein Ende mehr im Sinne eines wirklichen Abschlusses zu finden. Robert Musils *Mann ohne Eigenschaften*, von dem weiter unten noch die Rede sein wird, wäre hierfür ein Beispiel.

[43] Ihre Linien hat Günter Oesterle kürzlich am Leitbegriff der Arabeske verdeutlicht. S. seinen vorzüglichen Aufsatz: Arabeske und Roman. Eine poetikgeschichtliche Rekonstruktion von Friedrich Schlegels ‚Brief über den Roman'. In: Dirk Grathoff (Hg.): Studien zur Ästhetik und Literaturgeschichte der Kunstperiode. Frankfurt am Main u. a. 1985. S. 233-292. Oesterle zeigt sehr anschaulich, was den komischen Roman der Aufklärung, den frühromantischen und den der Avantgarde dieses Jahrhunderts miteinander verbindet. Die genannten drei nicht-klassischen Spielarten hätten durch die Hereinnahme von Romantheorie in den Roman dessen sukzessive Verlaufsform in eine simultane oder zumindest iterative umwandeln und damit das Problem des Anfangs entschärfen können. Der klassische Roman hingegen habe aus Rücksicht auf eine – wie auch immer geartete – Ganzheit nicht nur an einem „Kausal-, Final- und Telosbezug" seiner Bestandteile festgehalten, sondern auch jede Reflexion über das Problem des Anfangs im Roman selber vermieden. S. hierzu bei Oesterle besonders S. 253, 261, 273f. und Anm. 131 auf S. 290f.

len",[44] dann steht ein solcher Erzählbeginn in der Nachfolge des komischen englischen und französischen Romans. Der vom Autor geschaffene Erzähler bekundet seine Unkenntnis von dem „etwas", das er erzählen soll und das er dann nichtsdestoweniger trotzdem erzählt. Dieses „etwas" steht ihm nicht als ein Ganzes zur Verfügung, er kann es darum auch nicht von seinem wirklichen Beginn an erzählen, sondern muß irgendwo einsetzen und darf dies auch, weil er sich ja gleich zu Beginn als nicht zuständig zu erkennen gegeben hat.

Noch ein weiteres Erzählwerk unseres Jahrhunderts sei hier kurz im Hinblick auf die Anfangsproblematik vorgestellt, um zu zeigen, daß die von Bonaventura geäußerte Skepsis gegenüber einer Praxis, die glaubt, beim Anfang anfangen und alles weitere darauf aufbauen zu können, in unserem Jahrhundert zugenommen hat. Robert Musil hat in seinen Tagebüchern immer wieder gegen einen an der Chronologie orientierten „kausale[n] Scheinzusammenhang" polemisiert.[45] Ein geplantes Vorwort zur Neuausgabe seiner Novellen sollte die folgende Charakteristik der eigenen Schreibweise enthalten:

> Der Fehler dieses Buches ist, ein Buch zu sein. Daß es einen Einband hat, Rükken, Paginierung. Man sollte zwischen Glasplatten ein paar Seiten davon ausbreiten und sie von Zeit zu Zeit wechseln. Dann würde man sehen, was es ist. --- Man kennt nur das kausale Erzählen, die Ammen- und Schauergeschichte oder das Ästhetische, das Gepränge. Als drittes höchstens noch in Prosa verirrte Lyrik. Nichts davon ist dieses Buch.[46]

Geradezu stolz werden hier die Werke, die mit einem Anfang beginnen, der als Fundament für den Fortgang der Erzählung fungieren soll, in den Orkus des Vorgestrigen, Wesenlosen und Trivialen verbannt. Und im Wissen von der potentiellen Unabschließbarkeit der in seinem Hauptwerk entfalteten Welt verzichtet der Autor darauf, seinen Roman mit einem Anfang auszustatten, der als Basis und Exposition eines in sich zusammenhängenden Ganzen mißverstanden werden könnte. Der mit ‚Eine Art Einleitung' betitelte erste Teil des *Mann ohne Eigenschaften* beginnt mit einem Kapitel, das die vertrackte Überschrift trägt: „Woraus bemerkenswerter Weise nichts hervorgeht."[47]

Analog zu unserem philosophiegeschichtlichen Befund ließe sich demnach auch für den Romananfang sagen: Er ist kein ernstzunehmendes Thema mehr. Aber das wäre ein ungenauer Schluß. Gerade die Nöte der Schriftsteller von heute zeigen ja zur Genüge, wie schwierig es ist, einen Roman anzufangen. Hat also Platon – um zum gnomischen Sprechen *meines* Anfangs zurückzukommen – doch recht, wenn er behauptet, daß der Anfang

---

[44] Thomas Mann: Sämtliche Erzählungen. Frankfurt/M. 1963. S. 330.

[45] Robert Musil: Tagebücher, Aphorismen, Essays und Reden. Hg. von Adolf Frisé. Hamburg 1955. S. 201. Vgl. auch S. 259 und das folgende Zitat.

[46] Ebd., S. 188.

[47] Robert Musil: Der Mann ohne Eigenschaften. Hg. v. Adolf Frisé. 4. Aufl. Hamburg 1958. S. 9.

eines jeden Geschäftes das wichtigste sei?[48] Für den Romanautor ist es in der Tat das wichtigste und schwierigste Geschäft. Er steht nicht nur unter dem unausgesprochenen, aber umso nachdrücklicheren Zwang, ein Feld begrenzter Möglichkeiten[49] so zu bestellen, daß eine originelle, möglichst noch nie gefundene Lösung zustandekommt; er muß – und das ist eine, wie ich zeigen wollte, viel grundsätzlichere Schwierigkeit –, er muß den Erzählanfang wagen im Wissen, daß man nicht wirklich von Grund aus anfangen kann,[50] und obendrein muß er so tun, als könne man, was man in Wahrheit ja auch nicht kann: immer wieder von vorne beginnen und niemals enden.

---

[48] Plato: Phaidon/Politeia (= Sämtliche Werke, Bd. 3). Dt. v. Fr. Schleiermacher. Hg. von Walter F. Otto u. a.. 3. Aufl. Hamburg 1959. S. 113 (Stephanus-Zählung 377a).

[49] Auf diese Begrenztheit und die sich daraus ergebenden Konsequenzen verweist vor allem Norbert Miller in der in Anm. 33 genannten Arbeit; s. dort etwa S. 15.

[50] S. hierzu auch die Untersuchung der Erzähleingänge im ‚nouveau roman' von Raymond Jean: Commencements romanesques. In: Michel Mansuy (Hg.): Positions et oppositions sur le roman contemporain. Actes du Colloque organisé par le Centre de Philologie et de Littérature romanes de Strasbourg (Avril 1970), Paris 1971, S. 129-142.

Eberhard Haufe

CARL GUSTAV JOCHMANN, EIN SELBSTDENKER IN FINSTERER ZEIT

Ein Vortrag

„Wo die Wahrheit bekämpft werden muß, da hat sie schon gesiegt." Mit diesem schier unglaublichen Satz lassen Sie mich, meine lieben Zuhörer, beginnen, da ich heute dorthin zurückkehre, wo ich vor siebenunddreißig Jahren um dessentwillen, was ich damals als Wahrheit begriff, auf die Straße geworfen wurde. Das war damals noch die Halbruine der alten Leipziger Universität. Das häßliche Hochhaus stand noch lange nicht. Neben der Universitätsruine mit ihrem legendären Hörsaal 40, in dem Theodor Frings, Hermann August Korff und Hans Mayer lasen, mit ihrem für mich nicht weniger legendären Hörsaal 11 im Erdgeschoß, in dem Heinz Ladendorf seine kunstvollen Kunstgeschichtsvorlesungen hielt, stand noch die ehrwürdige Paulinerkirche, die Universitätskirche, in der unter Friedrich Rabenschlag der Universitätschor sang. Das Universitätshochhaus habe ich bisher nur einmal betreten, im April 1990, als ich im Rektorat auf mein Verlangen hin die Akten zu meinem Rausschmiß vom Februar 1958 einsehen konnte. Daß es dazu anderswo auch noch eine – teilweise gleichlautende – Stasiakte gab, wußte ich damals noch nicht. *Meine* Universität Leipzig war einzig die Halbruine des Universitätsbaus vom Ende des vorigen Jahrhunderts, nicht das Hochhaus, nicht das ebenso häßliche Hörsaalgebäude, in dem ich jetzt stehe. So fällt mir diese Stunde sogar leichter, als wenn ich im Hörsaal 40 sprechen müßte.

Wenn mich etwas bewegt, dann der Zufall, daß ich gerade an diesem denkwürdigen 8. Mai 1995 hier sprechen soll. Wer immer und aus welchem Anlaß an diesem Tag öffentlich zu reden hat, kann über das Datum nicht mit Schweigen hinweggehen. Zu würdelos auch war vieles, was bisher dazu gesagt wurde. Ich erlebte das Kriegsende als eben Vierzehnjähriger in meiner ostsächsischen Heimat. Ich führte damals ein kleines Tagebuch. Darin lese ich unter dem 7. Mai 1945:

> Durch den Rundfunk kam, daß die deutsche Gesamtkapitulation an alle drei Großmächte kurz bevorsteht. Nur die letzten Einzelheiten würden noch beraten. Die Kapitulation könnte stündlich erwartet werden. Da freuten wir uns sehr.

Noch am selben Tage ist vermerkt, daß die „Wachpolizei" des Ortes, bevor sie vor den heranrückenden Russen floh, Strom und Wasser abschaltete. „So konnten wir kein Radio mehr hören." Entsprechend heißt es am 8. Mai:

> Wie erzählt wird, soll durch den Rundfunk gekommen sein, daß heute 24 Uhr die Kapitulation Deutschlands an alle drei Großmächte in Kraft tritt.

„Da freuten wir uns sehr." Dieser eine kleine Satz sei zu dem heutigen Tage zitiert.

Ich kehre zu dem Eingangssatz zurück: „Wo die Wahrheit bekämpft werden muß, da hat sie schon gesiegt." Diesen so mutvollen Satz schrieb in den finsteren zwanziger Jahren des neunzehnten Jahrhunderts, in der frühen Restaurationszeit, ein Mann, der seine Position gleichwohl als „politischen Skeptizismus" definierte, der zudem ein Hypochonder und Melancholiker war, früh leidend, zu frühem Tode bestimmt, Carl Gustav Jochmann. 1789 im fernen Pernau am Rigaer Meerbusen geboren als Sohn eines aus der Lausitz stammenden Stadtsekretärs, 1819 für immer nach Deutschland gegangen, starb er, erst einundvierzigjährig, 1830 in Naumburg, auf der Reise von Karlsruhe nach Köthen zu Samuel Hahnemann, dem Vater der Homöopathie. Er lebte und schrieb im Abseits, in der entschlossensten Anonymität, kaum gekannt, in aller Skepsis und Melancholie doch fähig zu eben solchen Sätzen wie: „Wo die Wahrheit bekämpft werden muß, da hat sie schon gesiegt."

Die kaum glaubhafte Wahrheit dieses Satzes von der Wahrheit haben wir im Osten Deutschlands im Herbst 1989 auf überwältigende Weise erfahren. Ohne diese Erfahrung stünde ich heute nicht vor Ihnen. Ich bin damals, 1958, im Lande geblieben in der Überzeugung, daß es, trotz Demütigung und Schmach, notwendig und sinnvoll sei, dem Unrechtsstaat DDR nicht zu entfliehen, sondern, ohne sich korrumpieren zu lassen, darin immer neu den Versuch lauterer geistiger Arbeit, mit ihr ein unangepaßtes Deutsch zu wagen, – zu wagen für all die zahllosen Menschen, die auch nicht einfach davonlaufen konnten, denen – wie mir – ihre volle Wirklichkeit nicht nur aus der einen Dimension des SED-Staates bestand, sondern auch und immer noch aus Geschichte und Landschaft ihrer Region.

Auch in Weimar heftete sich die Wahrheit des Jochmannschen Wahrheitssatzes im Spätherbst 1989 gleichsam an die Füße, Hände und Lippen von Tausenden, wenn wir an jedem Dienstagabend uns auf jenem Platz versammelten, der einst „Fürstenplatz" hieß und der schon im Mai 1945, noch unter der kurzen amerikanischen Besatzung, den Namen „Platz der Demokratie" erhielt, einen Namen, der bald nur noch wie Spott und Hohn klang und den Bürgern der Stadt fremd blieb. Mit den Demonstrationen des unvergeßlichen Herbstes von 1989 wurden der Spott und der Hohn von dem Namen abgewaschen, trat der Name, nach vierundvierzig Jahren, in den Glanz der Wahrheit. Hier gewann in Weimar das Volk Stimme und Herrschaft in einem Ausmaß wie selbst siebzig Jahre zuvor nicht, als 1919 im bisherigen großherzoglichen Hoftheater die erste demokratische Verfassung Deutschlands beschlossen und das Haus zum »Deutschen Nationaltheater« erhoben wurde. Auf diesem „Platz der Demokratie" erlebten wir in Weimar die größten politischen Augenblicke unseres so lange gedemütigten Lebens.

Es waren Gedanken, Sätze und die Sprache Jochmanns, die mich damals erfüllten und mich ermutigten, auch das Wort zu ergreifen. Keiner von uns hatte das gelernt und geübt: im Dunkeln auf einen Lastkraftwagen zu klettern, hinter ein Mikrophon zu treten und zu Tausenden von Bürgern zu sprechen. Ich weiß es wie heute: beim ersten Mal haben mir die Knie gezittert. Wie ganz anders, wie neu und lebendig wurde mir damals, was ich fünfzehn Jahre zuvor begriffen hatte, daß dieser Schriftsteller – auch in seinem Selbstverständnis – das war, was die deutsche Spätaufklärung mit ihrem schönsten Ehrentitel einen „Selbstdenker" nannte. Ihn auch heute noch so zu nennen, heißt freilich eine dem Deutschen und den Deutschen verlorengegangene Vokabel zu gebrauchen. Als erster verzeichnete sie Campe 1810 in seinem *Wörterbuch der deutschen Sprache* so:

> *Der Selbstdenker*: ein Mensch, welcher selbst zu denken, nachzudenken gewohnt ist, nicht bloß andern nachdenket oder nachbetet.

Der mehr als dürftige Artikel des Grimmschen Wörterbuchs von 1905 belegte die Vokabel mit Zitaten und Zitathinweisen aus Wieland, Schiller, Campe und Fichte, ohne weitere Belege anzuführen, wie sie sich etwa bei Kant, Basedow oder Friedrich Schlegel finden (das sind Zufallsfunde). Zitiert sei nur noch der Schiller-Beleg. In den *Briefe*[n] *über die ästhetische Erziehung des Menschen* heißt es 1795 zu Beginn der Auseinandersetzung mit der Französischen Revolution:

> So nahe dieser große Rechtshandel, seines Inhalts und seiner Folgen wegen, jeden, der sich Mensch nennt, angeht, so muß er, seiner Verhandlungsart wegen, jeden Selbstdenker insbesondere interessieren.

Kaum ein zweiter Satz Schillers darf mit so viel Recht auf das angewandt werden, was wir zweihundert Jahre später, auch in Weimar, erlebt haben. Freilich bleibt die Frage, wo sich die „Selbstdenker" von heute finden. Denn alle neueren Wörterbücher der deutschen Sprache, von Moritz Heyne (1895) bis zum Berliner *Wörterbuch der deutschen Gegenwartssprache* von 1984 und Wahrig 1994, kennen das Wort nicht mehr, einschließlich des neuesten großen Duden von 1994. Zwischen „Selbstdarstellung" und „Selbstdisziplin" hätte der „Selbstdenker" einen so sinnvollen Platz. Während der „Weltbürger", eine andere große Vokabel der Aufklärung, sich in den Wörterbüchern inclusive Duden bis heute gehalten hat, zählt der „Selbstdenker" zu den auf die peinlichste Weise entlarvenden Verlusten unserer Sprache. Ein Wort fällt aus dem Sprachgebrauch und aus den Wörterbüchern gemeinhin heraus, wenn die Sache, die es bezeichnet, nicht mehr existiert. Als Jochmann im finstersten Jahrzehnt der Geschichte des deutschen Bürgertums im 19. Jahrhundert lebte und schrieb, gab es die Sache noch, er war ein „Selbstdenker" im exemplarischen Wortsinn der Aufklärung. Wo Volk und Geist geknebelt werden wie unter den unsäglichen Karlsbader Beschlüssen, da schlägt, wenn auch in der Verborgenheit, die Stunde solchen Selbstdenkertums. Ob Jochmann in seiner Zurückgezogenheit in Karlsruhe und Baden-Baden über den französischen reaktionären Katholizismus oder über den verkommenen Protestantismus, über englische oder französische Verfassungsgeschichte, über den absterbenden Adel oder die ersten Schandmale des Kapitalismus, über die französische Revolution oder die Freiheit Englands, über Naturrecht, Zensur oder Öffentlichkeit schrieb oder zuletzt noch die Homöopathie gegen ihre Widersacher verteidigte oder die Gegenwart mit politischen Glossen und Aphorismen begleitete, – immer war er und blieb er ein später Sohn der Aufklärung, der englischen und französischen vor allem, die er über Swift und Hume, über Diderot, Voltaire und Bayle zurück bis zu ihren Vätern Bacon und Montaigne studierte, aber auch ein Sohn der deutschen Aufklärung, vor allem Kants und seiner Antipoden Hamann und Herder.

Was Jochmann als unabdingbares Erbe unbeschnitten übernahm, war der Glaube an die Macht und Würde der Vernunft als höchstem Vermögen des Menschen. Doch die Vernunft – das war das Neue – blieb bei Jochmann stets auf das konkrete Leben der Gesellschaft gerichtet. Gerade deshalb blieb er in einem hohen Sinn des Wortes ein Moralist, ebenso ein Rationalist, beides völlig undogmatisch, völlig offen, ein Gegner jeder spekulativ-systematischen Philosophie, jeder Scholastik alter oder neuer Observanz, am Ende jeder etablierten und arrangierten Wissenschaft überhaupt. So blieb sein Denken allezeit empirisch-kritisch. So wurde und blieb Jochmann ein „Selbstdenker" in finsterer Zeit, aktuell überall bis heute, wo Volk und Geist geknebelt werden. Als ich den Vergessenen, dessen Wiederentdeckung wir Werner Kraft und Walter Benjamin in den dreißiger Jahren zu danken haben, 1976 in der DDR erstmals mit einem Band seiner gesammelten Aphorismen und Glossen und dem großen Essay *Über die Öffentlichkeit* bekannt machte, da geschah das völlig Unerwartete: Obwohl der Name des Autors außer wenigen Germanisten so gut wie niemand bekannt war, waren die 5000 Exemplare der Auflage nach drei Monaten vergriffen. Als 1980 eine zweite und erweiterte Auflage von 6000 Exemplaren folgte, war sie schon durch die Vorbestellungen des Buchhandels überzeichnet. Die wachen Leser und Käufer im Unterdrückungsstaat DDR hatten die für sie unübersehbare Aktualität und Brisanz dieses ihnen unbekannten Schriftstellers nur allzu rasch bemerkt. Die so grundsätzlichen Sätze Jochmanns, die er wie Blitze in die Finsternis der Metternichära warf, sie wurden in der Finsternis der Honeckerära wie gegen diese geschrieben begriffen, vom Volk der Leser und Buchkäufer nicht weniger als erst recht von den Handlangern und Zensurschergen der Diktatur selbst. Die Zensurbehörde in der Berliner Clara-Zetkin-Straße verlangte vom Verlag telefonisch einen fortlaufenden historischen Kommentar, um der Übertragbarkeit der Texte auf die Gegenwart vorzubeugen, oder es sollte eine Reihe von brisanten Texten herausgenommen werden. Der kleine Gustav-Kiepenheuer-Verlag in Weimar blieb standhaft und berief sich auf die Vollständigkeit der Sammlung als ihren besonderen Wert. So erschien der Band *Die unzeitige Wahrheit* unverändert, wie der Herausgeber ihn konzipiert hatte. Der beispiellose Erfolg des Buches hat gleichwohl zu keiner eigentlichen Renaissance des Autors geführt, so wie auch die verdienstvollen Bemühungen von Werner Kraft, Christian Wagenknecht, Uwe Pörksen, Jürgen Schiewe, Ulrich Kronauer diese nicht bewirken konnten, so daß für den vergessenen „Selbstdenker“ vom baltischen Meer immer noch beinahe alles zu tun ist. Da freilich kaum Aussicht auf eine Zukunft ohne Finsternisse besteht, so wird seine Aktualität so leicht nicht schwinden und Anlaß zu immer neuen Bemühungen um den Vergessenen sein.

Dieses aufklärerische Selbstdenkertum inmitten der Restaurationszeit wäre freilich kein solches Fascinosum noch heute ohne die Leuchtkraft von Jochmanns Sprache. Der strenge Glanz seiner Prosa, ihre asketische, zugleich rhythmisch wohltönende Schönheit faszinieren vor allen Inhalten der Glossen, Aphorismen, Charakterskizzen, Reiseblätter, politischen Essays und Bücher. Die deutsche Prosarede hat damals bei kaum einem zweiten Autor eine solche – oft geradezu ciceronianische – Eleganz, eine solche Kraft auch der weitschwingenden Perioden erreicht wie bei Jochmann. An dieser Prosa als Kunst hat er aufs sorgsamste gefeilt, weil er überzeugt war, daß in seiner Zeit die Prosa als Redeform der fortschreitenden Vernunft den Vers in der Literatur abzulösen habe, eben deshalb aber zu einer eigenen und wirklichen Kunst fortentwickelt und emporgehoben werden müsse. So erhielten vor allem viele seiner Aphorismen eine Bündigkeit, Energie und Frische der Formulierung, die noch heute bestechen. Eines der glanzvollsten Beispiele aus der kleinen Sammlung *Stylübungen* vom Ende des Buchs *Über die Sprache* von 1828 stehe hier für viele:

> Die aufrührerische Wahrheit
> „Das paßt“, so pflegt man zu sagen, „wie die Faust aufs Auge“; aber zuweilen paßt sie dahin. Non amo veritatem seditiosam, die aufrührerische Wahrheit mag ich nicht! wehklagte Erasmus, während Luther sprach. Aber wenn die Lüge herrscht, wie soll die Wahrheit nicht ein Aufruhr sein!

Die Kunst dieses Aphorismus besteht in zweierlei. Zuerst wird ein Satz, der als bildlicher Ausdruck des schlechthin Ungemäßen jedermann vertraut ist, als wörtlich gerade wahr, als wahrhaft passend behauptet. Dieser schockierenden Behauptung folgt nicht die einfache Erklärung, sondern – das ist das zweite Kunstmittel – zunächst und ohne jede Vermittlung ein Beispiel aus der Geschichte. Als Erasmus von Rotterdam seine anfängliche Sympathie für Luther und die Reformation zurücknahm, erklärte er 1521 in zwei lateinischen Briefen: „Hätte Luther auch alles der Wahrheit gemäß geschrieben, so mißfiele mir doch nachdrücklich die aufrührerische Freiheit (seditiosa libertas)“, und: „Mir ist die Zwietracht so völlig verhaßt, daß mir auch die aufrührerische Wahrheit (veritas seditiosa) mißfällt“. Aus beiden Zitaten zog Henry Bayle im Erasmus-Artikel seines *Dictionnaire historique et critique* von 1695 den Satz zusammen, den Jochmann so unvermittelt als Exempel zitiert. Er wird als „Wehklage“ des Erasmus bezeichnet, „während Luther sprach“, wie es lapidar heißt, d. h. während Luther Sätze sprach und schrieb, die Jochmann mit Erasmus als aufrührerische Wahrheit versteht, nur daß er, Jochmann, diese aufrührerische Wahrheit bejaht, wie nämlich die erst jetzt folgende Erklärung zu dem Eingangssatz beweist: „Aber wenn die Lüge herrscht, wie soll die Wahrheit nicht ein Aufruhr sein!“ Wird in einem anderen Aphorismus die Wahrheit ein

„Fremdling" genannt, die schließlich als „Siegerin" durchdringt, so erhält sie hier – gleichsam mit der umgedrehten Zunge des Erasmus – das sachlich und rhetorisch unerhörte Prädikat des „Aufruhrs". Das ist auch rein stilistisch für die Zeit um 1828 eine erstaunliche Kühnheit. Auch dieser Satz war mir 1989 allgegenwärtig.

Was von der Vernunft gesagt wurde, gilt ebenso von der Wahrheit: Nie meint Jochmann die absolute oder ewige Wahrheit, stets vielmehr die je einzelne Wahrheit in Geschichte und Gesellschaft, die konkrete Wahrheit als Trägerin je und je neuen Fortschritts. Das meint noch der kürzeste seiner Aphorismen, von dem ich den Titel meiner kleinen Jochmann-Ausgabe 1976 entlieh:

> Die unzeitige Wahrheit
> Jede Wahrheit kommt dem zu früh, der jede zu spät erkennt.

Man möchte meinen, diesen Satz müßte Gorbatschow gekannt haben. Ebenfalls in den *Stylübungen* steht der Aphorismus

> Wahrheit und Öffentlichkeit
> Wer den Zweck will, muß die Mittel wollen, wer Wahrheit – Öffentlichkeit; denn jene achtet nur der nicht, der es für unmöglich hält, daß sie ihm gesagt werde.

Die je konkrete Wahrheit bedarf der Öffentlichkeit als ihres Lebenselements. Solche Öffentlichkeit als Voraussetzung wie Teil jedes ungezwungenen bürgerlichen Gesellschaftslebens, damit jeder wahrhaft menschlichen Kommunikation, – das war das große Erlebnis, die große politische Erfahrung Jochmanns 1812-1814 in England gewesen, als er dort das englische Kriminalrecht in der Praxis studierte. Dort zuerst hatte er begriffen, daß Wahrheit als konkrete gesellschaftliche Wahrheit nur möglich ist, wo es Öffentlichkeit, ein wahrhaft öffentliches Leben der Gesellschaft gibt, gewiß im bitteren Vergleich zu der Stummheit und Unterdrücktheit des Gesellschaftslebens in der baltisch-russischen Heimat unter dem zaristischen Regime, doch ebenso später im Deutschland der Metternichära. Damals wurde Öffentlichkeit zum eigentlich zentralen Thema von Jochmanns gesamtem politischen Nachdenken. An ihrem totalen Mangel in Deutschland hat er zeitlebens gelitten; sie war das Zentrum seiner politischen Sehnsucht. So schrieb er den großen Essay *Über die Öffentlichkeit*, der zuerst anonym noch in seinem letzten Lebensjahr gedruckt wurde, darin Öffentlichkeit mit einer offenen und freien Presse gleichgesetzt und in dieser das einzige mögliche Instrument begriffen wird, das die öffentlichen Gewalten des Staates – Regierung, gesetzgebende Versammlung und Justiz – im sich ausbalancierenden Gleichgewicht zu halten, den Bürger aber vor ihren Übergriffen zu schützen vermag. Daß der Staat, wo er damit zu rechnen hat, daß ihm öffentlich die Wahrheit gesagt wird, diese nicht unterdrücke, sondern achte, ist freilich ein frühliberaler Glaube, der Jochmann zu seiner Zeit ehrte, den aber die Geschichte nur allzubald widerlegen sollte. Zu schweigen von den Möglichkeiten manipulierter Öffentlichkeit nicht erst heute.

Indem Jochmann Wahrheit und Öffentlichkeit als untrennbar verstand, stieß er auf die Sprache als weiteres Hauptthema seines politischen Nachdenkens. Das war für jemand, der sich als Schüler der beiden ostpreußischen Sprachdenker Hamann und Herder verstehen durfte, naheliegend. Aber den eigentlichen Anstoß zu seinen Überlegungen erhielt Jochmann erst in Paris von dem schon zu Lebzeiten legendären deutschen Emigranten Graf Gustav von Schlabrendorf, der noch die große Revolution als Sympathisant miterlebt hatte. Aus den langen Gesprächen mit diesem edlen Greis, der 1824 starb, trug Jochmann die Impulse für fast alle seine größeren Arbeiten und grundsätzlichen Überzeugungen davon, ohne daß hier näher darauf eingegangen werden kann.

Aus den sprachkritischen Überlegungen, die ohne Schlabrendorf nicht vorstellbar sind, ist Jochmanns bedeutendstes Werk, sein Buch *Über die Sprache* hervorgegangen, das 1828 anonym bei seinem Freund Carl Winter in Heidelberg erschien. Es war kein Buch über den grammatischen Bau der Sprache, kein Buch zu Fragen der Syntax oder des Stils, auch keine philosophische oder historische Grundlegung der Sprache. Es handelte vom Zustand und Bildungsgrad der deutschen Sprache als Ausdruck der deutschen Verhältnisse. Dieser Ansatz war neu und kühn und bei Hamann und Herder bestenfalls in einzelnen Bemerkungen gestreift, aber nicht mit Konsequenz durchgeführt worden. Sprache als Indikator der Gebrechen der Zeit und Gesellschaft zu sehen, das hieß ein zuletzt politisches Buch schreiben, das hieß von den miserablen Verhältnissen der deutschen Gegenwart handeln, damit von einer Sprache, in der man, wie Jochmann so genial wie melancholisch formulierte, „kaum leise zu denken, geschweige denn laut zu schreiben versteht." Das hat eine lange Vorgeschichte, in der diese Sprache mangels jeder Öffentlichkeit schon je und je verkrüppelt wurde, mit der Ausnahme bei Luther im Anfang der Reformationszeit. Als Ursache sah Jochmann offenbar, ohne es deutlich zu sagen, die territorialstaatliche Zersplitterung Deutschlands an, die eine einheitliche deutsche Kultur ebenso verhinderte wie eine einheitliche und ausgebildete deutsche Hochsprache. Auch hier waren es die englischen Erfahrungen, die Jochmanns Sprachkritik konkret werden ließen. Diese Kritik geht vom Charakter der gedruckten Sprachwerke aus. Was im Vergleich zu englischen philosophischen Schriften als Schandmal der deutschen begriffen wird, lautet etwa so:

> Anderswo erfordert ein philosophisches Werk die angestrengtere Aufmerksamkeit seiner Leser doch nur für den Gegenstand, in Deutschland gibt es fast keines, dessen Verfasser nicht unverschämt genug wäre, ihnen auch noch die Mühe des Erlernens einer neuen Sprache zuzumuten, seiner eigenen nämlich.

Auch dieses heute noch nicht beseitigte Schandmal führt Jochmann auf das ältere und schlimmere, auf die der deutschen Sprache seit Jahrhunderten fehlende Öffentlichkeit und öffentliche Redepraxis zurück, wie sie England in der hohen Kunst der Parlaments- und Gerichtsrede seit den Tagen Cromwells exemplarisch besaß. Soweit die deutsche Sprache für Jochmann eine ausgebildete und flexible Sprache ist, ist sie es doch nur als geschriebene Sprache, die stets nur die Sprache einzelner, in der Vereinzelung schreibender Autoren ist und sich ausschließlich wieder von geschriebener Sprache ableitet, – nicht aber von lebendiger Rede als öffentlich gehandhabter Sprache, und so in keiner nationalen und gesellschaftlichen Öffentlichkeit gründet. Als solche versteht Jochmann ausschließlich ein sich in Freiheit entfaltendes bürgerliches Gesellschaftsleben. Nur im gebildeten Mittelstand sieht er die Voraussetzungen für die Entwicklung einer wahrhaft lebendigen und wahrhaft kommunikativen Sprache als zuallererst gesprochener Sprache. Diese Öffentlichkeit fehlte dem deutschen Bürgertum der Restaurationszeit völlig. Das öffentliche Leben der Deutschen vollzog sich nach Jochmann zu seiner Zeit allein „auf den Marterbänken unserer Kanzeleien“, auf „den Arbeitstischen regierender Geschäftsleute“ und – auf den „Paradeplätzen“ des Militärs. Dort konnte die Sprache sich nicht ausbilden, dort konnte sie nur verkrüppelt werden, als Herrschafts- und als Untertanensprache. Weder die eine noch die andere kam für die von Jochmann gemeinte Sprache in Wahrheit in Frage. Denn – so heißt es lapidar – „Herren und Knechte sind selten gute Sprecher“. Wenn er dem deutschen Sprachgebrauch seiner Zeit als Kardinalmängel Unbestimmtheit, Unverständlichkeit und Härte nachsagt, so begreift er auch diese noch als Folgen mangelnder bürgerlicher Freiheit und Öffentlichkeit in Deutschland. Das ist Jochmanns Grundthese: Nur von einer frei und öffentlich gehandhabten Sprache als lebendiger und wohlausgebildeter Rede kann auch die geschriebene Sprache der Schriftsteller immer aufs neue zu Gesundheit, Präzision und Fülle des Ausdrucks gedeihen und zugleich eine allen verständliche Sprache bleiben. Ohne Redefreiheit als politische Freiheit keine entwickelte und gebildete Sprache! So kommt Jochmann zu dem düsteren, in schier hölderlinischer Dimension formulierten Schluß:

> Wir sind ein gemißhandeltes Volk, weil ein stummes, und wir haben keine Stimme im Rate der Völker, weil keine Sprache.

Was Jochmann von der Sprache der Deutschen seiner Zeit sagt, sagt er entsprechend von ihrer Dichtung. Auch der große Schlußessay des Sprachbuchs *Die Rückschritte der Poesie* geht, wie die Untersuchung der Sprache, vom Allgemeinen und Grundsätzlichen aus und zielt wie jene auf die Wirklichkeit der deutschen Verhältnisse. Mit Hamann und Herder die Poesie als Muttersprache des menschlichen Geschlechts, damit die Frühzeit der Völker als die hohe Zeit ihrer Dichtung begreifend, weil allein die Einbildungskraft, der „Dichtergeist“ damals das Ganze des Lebens zu erfassen und auszusprechen vermochte, wird für Jochmann alle neuere Dichtungsgeschichte notwendig zu einer Rückschrittsgeschichte in dem Maße, wie die Vernunft sich von der Einbildungskraft trennt und die fortschreitende Erkenntnis von Leben und Welt ermöglicht. Aus „dem hohen Ernste der früheren Dichtkunst“ wird „ein mehr oder minder offenbarer Spaß“, aus dem Dichter als „Lehrer des Volkes der zeitvertreibende Gesellschafter einiger Leute von guter Erziehung“. Diese „Rückschritte der Poesie“ signalisieren für Jochmann unübersehbar „die Fortschritte unseres Geschlechts“, weil die – auf Kosten der Einbildungskraft – immer weiter ausgreifende Herrschaft der Vernunft. Das meint Poesie allerdings nur im strengen Verstande als Versdichtung, wie sie lange Zeit ausschließlich existierte. Ihr gilt der schonungslos kritische Blick des späten Aufklärers, dem höchster Wert nicht die Poesie, sondern die Vernunft und am Ende das Wohl des Volkes ist. Ohne daß er es ausdrücklich sagt, hat Jochmann von diesem Verdikt des poetischen Rückschritts auch die Mehrzahl der klassisch-romantischen Dichtungen offenbar nicht ausgenommen. Daß er sie bis auf wenige Ausnahmen übergeht, darf schon als Urteil gelten. Die quasi-poetische Form der Vernunft ist für ihn die ausgebildete Prosa, ihre Fortschritte verfolgt er, sie möchte er befördern (davon war schon die Rede). Als Beispiele nennt er kein jüngeres und kein deutsches Prosawerk, sondern die Schriften Rousseaus wegen der „Gewalt ihrer Beredsamkeit" und die damals berühmten englischen Junius-Briefe von 1772 über die Freiheit der Wahlen, der Presse und der Gerichtsbarkeit, mit denen sich ihr anonymer Autor nach Jochmann „wie mit einem Schwerte in das Innerste seiner Leser schrieb". Wo aber Vernunft, Öffentlichkeit und freie Rede sich nicht entfalten können, wird die Phantasie wieder übermächtig, führt sie als nun „kranke Phantasie" auf „Ab- und Irrwege", zu „Auswanderungen aus der Wirklichkeit". Selbst „die schönsten Blüten einer sogenannten höheren Ausbildung" sind dann nicht mehr als bloße „Notbehelfe der verkrüppelten Gesellschaft". Das gilt summarisch für das alte Europa im Vergleich zum jungen Amerika, exemplarisch aber für Deutschland. Hier fand Jochmann schon 1819 fast nichts als angepaßte Schriftsteller, die nur „Meinungen aus der zweiten Hand", die der Regierung, hervorbrachten und ihnen als den erwünschten die Tatsachen anzupassen wußten. Hier, wo „jeder freiere Genuß des Daseins" durch die allgemeine Unfreiheit unterdrückt und alles geistige Vermögen in sich selbst zurückgedrängt wird, ist – auf Kosten des Verstandes – die Einbildungkraft, ja „ein Hang zur Unvernunft" in der Literatur zur Herrschaft gelangt. Damit dürfte Jochmann auch hier kaum nur die Literatur der Restaurationszeit, sondern die klassisch-romantische der Goethezeit überhaupt meinen. Vor allem aber ist die geistige und politische Existenz der Deutschen seiner Tage generell gemeint. Eine kleine Zahl „bevorrechteter Nutznießer der Gesellschaft" hat sich der Öffentlichkeit bemächtigt. So brütet das Volk „in unfruchtbaren Träumereien hin", statt an der „Veredlung seines ganzen lebendigen Daseins" fortarbeiten zu können; sein geistiges Leben ist ein „einziger großer Gedankenfasching". Man liest diese Seiten Jochmanns wie eine Fort- und Höherführung der großen Deutschenschelte Hölderlins vom Schluß des *Hyperion*. Fallen auch keine Namen von Literaten und Politikern, sicherlich der Zensur wegen nicht, so ist doch in aller Entschiedenheit von der deutschen Gegenwart die Rede.

Wenn Jochmann die Prosa zur legitimen Erbin der Poesie, weil als Redeform der fortschreitenden Vernunft erklärt, wenn er das Verbannungsurteil, das Plato in seinem Idealstaat über den Dichter verhängt, „in der wirklichen Welt allmählich aber unwiderruflich" durch die „fortschreitende Zivilisation" vollstreckt werden sieht, so gilt das doch nur mit einer großen, einer gewichtigen Ausnahme, nämlich der lyrischen Dichtung. Wo Versdichtung die angeschaute Wirklichkeit meint, ist sie von den Leistungen der Vernunft, des Verstandes für immer überholt; wo sie – wie allein in der lyrischen Poesie –

Ausdruck „der inneren Welt des Gemütes“ ist, dort bleibt sie allezeit notwendig in ihren Formen, allezeit wahr in ihren Schöpfungen. In dieser Eingrenzung erfährt die Dichtung als ausschließlich lyrische, als Poesie der Empfindungen, durch Jochmann eine Apotheose, wie sie großartiger nicht sein kann. Sie ist für ihn im weiteren Sinn die „romantische“ Poesie, die überholte „Poesie der Anschauungen“ die „klassische“. Diese nur, nicht aber die „Poesie des Gefühles“, hat ihren Zauber für immer verloren. Vollends dort, wo letztere öffentlich wird und sich mit der Musik verbindet, im Lied, erreicht sie ihre größten Triumphe; als vornehmste Beispiele nennt Jochmann, wie könnte es anders sein, die Kirchengesänge Luthers und die Lieder der französischen Revolution.

Indem Benjamin in seinem Neudruck des Essays die gesamte Passage zur Lyrik strich, hat er Jochmanns Intentionen geradezu entstellt. Noch in den Schlußsätzen, in denen Jochmann auf eine „wahrhaft menschliche Gesellschaft“ der Zukunft, jenseits der bürgerlichen, hinausblickt, ohne für sie Begriff oder Name zu haben, ist die lyrische Dichtung mitgemeint:

> Andre Früchte würde die Muße einer wahrhaft menschlichen Gesellschaft hervorbringen, als jener mühselige Müßiggang unsrer bürgerlichen, den wir Gelehrsamkeit nennen; anders müßten die Triumphgesänge des fortschreitenden Glückes lauten, als die Seufzer der unbefriedigten Sehnsucht, anders die Jubellieder des befreiten Prometheus, als die Klagen des gefesselten.

Trotz dieser Worte und ähnlicher vom „wirklichen Anblick des Glückes“ am Schluß des Öffentlichkeitsessays ist Jochmann, was die reale Zukunft der Gesellschaft in Europa betraf, fern von allem Optimismus gewesen. So gewiß er an den zitierten Satz glaubte: „Wo die Wahrheit bekämpft werden muß, da hat sie schon gesiegt“, so düster, so hoffnungslos hat er sich mehrfach in Briefen an seinen Freund Sengbusch in Riga geäußert. Im Mai 1821 schrieb er aus Aarau:

> Ich aber hoffe nichts, denn ich glaube nicht mehr an die Tugend der Wortführer und Faiseurs, welcher Parthey sie auch angehören mögen.

Als seinen eigentlichen Standpunkt hat Jochmann den „politischen Skeptizismus“ bezeichnet, am deutlichsten innerhalb seiner Aufzeichnungen zu den „Französischen Staatsverwandlungen“, in jener mit der Überschrift *Drei politische Schulen*. Es ist die Zusammenfassung eines Gesprächs mit Schlabrendorf. Dessen Gegenüberstellung von politischem Idealismus und politischem Materialismus stellt Jochmann als Drittes, Vermittelndes und Höheres den politischen Skeptizismus entgegen. Von den Idealen und Träumen der Vernunft so unbefriedigt wie von der Wirklichkeit, wirft sich der politische Skeptiker in den „Glauben an Perfektibilität“ des Menschen und seiner Verhältnisse, wenn auch das unsichtbare Reich als letztes Ziel von der Menschheit in allem Fortschreiten nie erreicht wird. Perfektibilität ist ein Erbstück aus der Humanitätsphilosophie Herders und geht über ihn bis auf Leibniz zurück. Woran der politische Skeptiker Jochmann glaubt, sind allein die langsamen Fortschritte der Vernunft, nicht ihr jemals erfolgender Sieg. Dieser Skeptizismus hat ihn vor jeder philosophischen wie politischen Verführung bewahrt. Napoleon war ihm die Verkörperung des pervertierten politischen Materialismus, Robespierre, über den er einen glanzvollen Essay schrieb, als Fanatiker anachronistisch-antiker Tugendideale die Verkörperung des pervertierten politischen Idealismus.

Dieser kritisch-produktive Skeptizismus verbindet sich freilich nicht selten mit einer Melancholie, zu der Jochmann durch seine Krankheit, seine „heillosen Nerven", seine Hypochondrie auch sehr individuellen Anlaß hatte. Sie wurde ihm zu jener „Schwermut der Vernunft", von der schon der junge Hamann schrieb und von der Jochmann in seiner *Malthus*-Glosse bekennt, sie überfalle ihn oft. Sie hat ihm auch den wohl persönlichsten und ergreifendsten Text diktiert, die Glosse *Das Rätsel*, womit das des eigenen Lebens innerhalb einer heillosen Welt gemeint ist; das Schicksal der Völker und das eigene verbinden sich darin auf so dichte wie düstere Art. Hier nur der zweite Teil:

> Die Menschheit schreitet langsam vorwärts, es ist wahr; aber es kostet ihr, wie jedem einzelnen, unglaubliche Mühe, zum gesunden Menschenverstand zu gelangen. Ich habe mir viele Mühe gemacht, ihn zu bekommen, bin aber noch sehr ungewiß, ob ich ihn auch überall ganz rein und gesund habe. Wahn und Irrsinn herrschen unter den europäischen Völkern noch so gewaltig, daß es leibes- und lebensgefährlich wird, gesunden Menschenverstand blicken zu lassen. Es lassen sich in jedem Lande die heiligen Irrtümer, die gesetzlichen Lügen nachweisen, die zu beleidigen daselbst ein Verbrechen wird. Und wenn auch jedermann da weiß, es ist Irrtum, es ist Lüge, bleibt doch jeder dabei und heuchelt einer dem andern. Die Völker sind gute Gewohnheitstiere, hat man sie nur erst einmal recht abgerichtet.
>
> So find ich's unterm Mond hienieden, so in meinem Innern. Wo bin ich also? Ich weiß es wahrlich nicht. Ich gaukle zwischen gaukelnden Täuschungen umher und frage mich fast täglich: Wozu das? Warum das? Wer wird den Schlüssel zum finstern Rätsel des Lebens und der Welt finden? Er soll mein Messias sein. Ich werde schwerlich mein eigener werden.
>
> Im hellen Bewußtsein dieses Zustandes wird er mir zur Qual. Ich fühle mich ein Fremdling in dieser Welt, der gar nicht in sie hinein gehört. Ich vernichte dies Bewußtsein, ich stürze mich mit ganzer Seele in das Meer dieser Täuschungen, nenne sie wahr und recht; und dann erst, wenn ich selber auf dem Kopf stehe, seh' ich, was vorher verkehrt war, aufrecht stehen, und das Leben wird mir wieder erträglich, zuweilen sogar ganz angenehm in dem weiten Irrenhause.
>
> Aber hätte mein eigentliches Ich, mein Geist unter allen diesen Täuschungen, Spiegelfechtereien und Blendwerken nicht irgend etwas Wahres, Festes in sich selber, sein göttliches Vernunftgesetz: er müßte verzweifeln. Aber die heilige Tugend, aber das ewige Recht, sogar der Maßstab der Wahrheit, – sie sind der Trost des Geistes. Und doch gerade durch dies Besitztum wird mir Leben und Welt zum Rätsel. Ich habe ein Maß und Gewicht empfangen, das sich auf Lebenserscheinungen fast nirgends anwenden läßt. Ich muß es, denk' ich, für Welten empfangen haben, die ich noch nicht betreten habe.

Andere Aufzeichnungen Jochmanns sind positiver formuliert. Die mit *Unsterblichkeit der Seele* betitelte setzt mit dem Bekenntnis ein: „Jeder, der sich zum Selbstdenken emporarbeitet, erlebt auch sein atheistisches Jahr. Ich hatte das meinige. Es währte lange, ehe ich mich vom Garn der Zweifelei losstrikken konnte". Die „radikale Heilung" dankte Jochmann, wie er im gleichen Text sagt, „guten Teils auch meinem Freund Zschokke", dessen Gast in Aarau er zuerst im September 1820 war. Bekennt er hier seinen Glauben an die eigene Unsterblichkeit, ja Ewigkeit, weil er „das Geistige im Menschen" als „endloses Werden" versteht, so in anderen Niederschriften ein erklärtes Christentum. Auch dieses war, das kann nicht nachdrücklich genug betont werden, ein zentrales Thema seines Nachdenkens. Christentum war für ihn, den Sohn der Aufklärung, keine „Dogmenreligion", sondern die Einheit von Gewissens-, Vernunft- und Humanitätsreligion, darin Herder und Kant gleichermaßen verpflichtet.

Die so verstandene, aufklärerisch durchleuchtete Lehre Jesu legt Jochmann, der politische Kritiker, als Maßstab an alle geschichtlichen Erscheinungen des Christentums und kommt – zu einem vernichtenden Ergebnis. In äußerster Kürze: Überall dort, wo Kirche ist, ist keine christliche Religion. Mit der leidenschaftlichsten Beredsamkeit, mit dem ausgebreitetsten historischen Wissen hat Jochmann diese radikale These in seinem umfangreichsten Werk, den *Betrachtungen über den Protestantismus* (1826) ausgeführt. Zschokke erklärte das Buch in einem Brief an Jochmann als „eines der gewichtigsten Worte unserer Zeit und zur rechten Zeit gesprochen". Das bezog sich auf den demagogischen Mißbrauch der Religion durch die Herrschenden in den Restaurationsjahren. Was aber Jochmann, darin die sonst ähnliche Position Zschokkes an Radikalität übertreffend, aller Kirche vorwirft, ist die Trennung von Gottesdienst und Sittengesetz, von Religion und Moral. Christus hatte eine sittliche Religion und keine Tempelreligion verkündigt, der ursprüngliche Gottesdienst war das im Geist von Jesu Lehre geführte Leben selbst. Sobald er Sache besonderer Lehre und besonderer Zeremonien wurde, kehrte das Tempel- und Priesterwesen, das Jesus gerade überwinden wollte, schlimmer als in der jüdischen Synagoge zurück. Dafür und für alle Folgen in der Geschichte findet Jochmann Worte der schärfsten Anklage. Die eigentlichen und neuen Märtyrer des Christentums sind die besiegten Feinde seiner Priesterschaft. Wahrhaft revolutionär an Luthers Reformation war der Versuch gewesen, den Priesterberuf aus dem Privileg eines Standes wieder zu einem allgemeinen Menschenrecht zu machen. Aber das geschah nur in den Anfängen der Reformation und später in den Gedanken einzelner reformatorischer Geister wie Hugo Grotius, Jacob Spener und nicht zuletzt Herder in Weimar. Das Furchtbare folgte vielmehr: auch der Protestantismus führte zur Priesterkirche zurück. Schon Luther, Calvin und Knox selbst verrieten, als sie gesiegt hatten, die Reformation, indem sie die Erneuerung der Kirche als Priesterkirche betrieben. Das war freilich Jochmanns bittere Einsicht auch sonst: Auf jede Revolution folgt immer eine Restauration, die bestenfalls die nächste Revolution zur Folge hat. Ein neuer Protestant aus rigoros aufklärerisch-kritischem Geist, ein radikal-kritischer Verteidiger des Christentums in der Reinheit und Unschuld seiner Anfangsgestalt als sittlicher Religion, verstand Jochmann seine kritische Position doch als eine paulinische. Seinem Buch stellte er als Motto das Pauluswort voran:

> So besteht nun in der Freiheit, damit uns Christus befreit hat, und laßt euch nicht wiederum in das knechtische Joch fangen. (5. Galat. 1)

Noch diesen Satz aus dem Neuen Testament las der melancholische Denker als einen – zumindest auch – politischen Satz, als einen Satz für die finstere Wirklichkeit seiner Zeit. Seine zentrale Vokabel hatte er in seinem Namen ständig präsent. Eine freischwebende, bezugslose Wahrheit kannte Jochmann so wenig, wie seine Zeitkritik als Korrektiv ein künftiges Paradies kannte. Was in seinen Schriften als „Entwurf einer demokratischen Politik" (Werner Kraft) gelten kann, das war keine ausgebildete Utopie, keine entfaltete Heilslehre, sondern in den höchsten Momenten nur der seltene und erleuchtete Ausblick auf das wahrhaft Gute und Erstrebenswerte. Die französische Revolution hat Jochmann in Ursachen, Verlauf und Folgen begriffen wie kaum ein anderer in seiner Zeit, aber er hat die Revolution weder gelehrt noch propagiert. Wirklichen Fortschritt versprach er sich nur von der Revolution in den Köpfen. Sein kritisch-produktiver Skeptizismus sicherte noch seinen ausgreifendsten Gedanken jene Offenheit, durch die allein sie noch heute lebendig und aktuell sind, unabgegolten für den heutigen und für jeden künftigen Tag.

Ich schließe mit einer biographischen Notiz. Am 29. April 1805 schrieb sich der erst sechzehnjährige Jochmann als Student der Jurisprudenz in die Matrikel der Universität Leipzig ein. Hier hatte sechsunddreißig Jahre zuvor 1769 schon sein Vater Gottlob Jochmann dasselbe Fach zu studieren begonnen. Da der Vater ein Bauernsohn aus Niederludwigsdorf bei Görlitz war, darf Jochmann als Sachse gelten, der folgerichtig wie der Vater sein Studium an der sächsichen Landesuniversität begann. So gibt es auch sehr naheliegende Gründe, seiner hier in Leipzig zu gedenken. Zur Ehre eines Denkmals oder wenigstens einer Gedenktafel ist Jochmann bis heute nirgendwo gekommen. Nur im Domhof zu Riga steht auf einer Grabsäule noch immer die Urne mit der Aufschrift COR JOCHMANNII. Das hatte er zuletzt verfügt, daß sein Herz in der livländischen Heimat ruhen sollte. Dieses Selbstdenkers bedürfen wir unverändert noch immer und überall, am MARE BALTICUM, in SAXONIA und THUERINGIA, in tota GERMANIA. Seinen mutvollen Satz brauchen wir noch immer: „Wo die Wahrheit bekämpft werden muß, da hat sie schon gesiegt." Setzen wir all unsere wissenschaftliche, all unsere moralische Energie ein, daß der deutschen Sprache und den deutschen Menschen der „Selbstdenker" nicht gänzlich abhanden kommt. Vielleicht ist das ein angemessener Satz an diesem 8. Mai 1995.

Helmut Koopmann

MARSCHLÄNDER VOR SANDGEBIRGE?

Zu Fausts letzter Vision

Das Ende Fausts ist gespenstisch. Die Lemuren heben das Grab aus, und der blinde Faust, der aus dem Palast tritt, tastet sich an den Türpfosten und hört das Geklirre der Spaten. Da er nicht sieht, was geschieht, mißversteht er das Geräusch gründlich: er verwechselt es mit dem Spatengeklirr beim Bau eines Deiches, wähnt, daß Dämme und Buhnen das Meer „mit strengem Band" umziehen werden, während Mephistopheles genau weiß, was das alles bedeutet und sein „Und auf Vernichtung läuft's hinaus" spricht.[1] Faust denkt nicht ans Grab, sondern ans Graben, und mit seinen letzten Worten eröffnet sich eine grandiose Vision:

Ein Sumpf zieht am Gebirge hin,
Verpestet alles schon Errungene;
Den faulen Pfuhl auch abzuziehn,
Das Letzte wär' das Höchsterrungene.
Eröffn' ich Räume vielen Millionen,
Nicht sicher zwar, doch thätig – frei zu wohnen.
Grün das Gefilde, fruchtbar; Mensch und Heerde
Sogleich behaglich auf der neusten Erde,
[...]
Im Innern hier ein paradiesisch Land,
Da rase draußen Fluth bis auf zum Rand,
Und wie sie nascht gewaltsam einzuschießen,
Gemeindrang eilt die Lücke zu verschließen.
Ja! diesem Sinne bin ich ganz ergeben [...].[2]

Wir wissen, was folgt: das „Verweile doch, du bist so schön!", Fausts Genuß des höchsten Augenblicks – und dann sinkt er zurück.

Uns beschäftigt die Landschaftsvision. Ist das ein phantasmagorisches Gelände, wahnhaft wie Fausts Ideen vom Deichbau, der hier in dieser Küstenlandschaft vor sich gehen soll?

---

[1] Goethes Werke. Weimarer Ausgabe I, 15. 1, S. 314 (im folgenden WA).
[2] Ebd., S. 315.

Es gibt eine hinlängliche Zahl von *Faust*-Kommentaren, von denen der Leser eine zureichende Antwort auf diese Frage erwarten könnte. Aber der Blick in sie stimmt trübsinnig, denn sie sagen nichts oder doch so Unzureichend-Vages, daß damit nichts anzufangen ist. Die Jubiläumsausgabe, im allgemeinen mit soliden Erläuterungen aufwartend, schweigt sich aus;[3] die Beutlersche Gedenkausgabe[4] behandelt die Verse als Ausdruck phantastischer Erwartungen: „Das Volk aber, das der erblindete Faust jetzt vor seinem geistigen Auge sieht, ist ein anderes, ist Zukunftsvision“[5] und beläßt es im übrigen dabei. Das gleiche gilt für die Aufbau-Ausgabe.[6] Die gerne als Studienausgabe genutzte Hamburger Ausgabe[7] kommentiert als eine der wenigen Ausgaben, die die Stelle überhaupt für erläuterungsbedürftig halten, die Landschaftsbeschreibung folgendermaßen:

> Fausts großer Schlußmonolog. Faust hat, wie aus der Anfangsszene des Akts hervorgeht, bereits einen beträchtlichen Landstreifen vor dem alten Strande entwässert und dort Bewohner angesiedelt. Doch dies Errungene erscheint ihm wenig im Vergleich zu dem, was er plant. Er denkt an noch weit größere *Räume*, wenn er ein Sumpfgebiet ebenfalls entwässert haben wird. (Anscheinend liegt es am Fuße des alten Landes, denn es liegt neben *Gebirge*, und damit ist doch wohl bergiges Küstengebiet gemeint; das Bild ist, gegen sonstige Goethesche Art, nicht völlig klar; vielleicht spielt hier die Entstehung in verschiedenen Arbeitsperioden mit.) Es ist Zukunftsphantasie. Da er den Meeresstrand zum Lehen erhielt, wäre er Beherrscher auch dieses neuen Marschlandes.[8]

Doch – wo sollen wir uns dieses Land denken? Ein Marschland, das neben *Gebirge* liegt, gibt es zumindest in Deutschland nicht. Der Herausgeber und Kommentator, Erich Trunz, hat über das von Goethe beschriebene Land wenigstens nachgedacht, kann sich aber zu genaueren Bestimmungen nicht entschließen.

So bleibt als vorerst letzte Hoffnung der neueste Kommentar zu Goethes *Faust*.[9] In diesen überall mit Recht hochgelobten Erläuterungen lesen wir zu den Zeilen „Ein Sumpf zieht am Gebirge hin,/ Verpestet alles schon Errungene“:

> Gemeint ist eine Versumpfung der Marschländer, die sich zwischen dem Sandgebirge des alten Dünengürtels und den neuen Seedeichen erstrecken. Ihrer

---

3 Goethes Sämtliche Werke. Jubiläums-Ausgabe. Bd. 14: Faust. Mit Einleitungen und Anmerkungen von Erich Schmidt. Stuttgart/Berlin o. J. (im folgenden JA).

4 Johann Wolfgang Goethe: Die Faust-Dichtungen [...]. Zürich/Stuttgart 1950, ²1962 (Einführung und Textüberwachung von Ernst Beutler).

5 Ebd., S. 745.

6 Goethe: Poetische Werke. Dramatische Dichtungen IV. Faust. Berlin und Weimar ²1973.

7 Goethes Werke. Hamburger Ausgabe in 14 Bänden. Hg. von Erich Trunz. Bd. III: Dramatische Dichtungen I. Hamburg 1949. München ¹¹1981 (im folgenden HA).

8 Ebd., S. 621.

9 Johann Wolfgang Goethe: Sämtliche Werke. Briefe, Tagebücher und Gespräche [...]. Hier: Johann Wolfgang Goethe: Faust. Kommentare von Albrecht Schöne. I. Abteilung: Sämtliche Werke Band 7/2. Bibliothek deutscher Klassiker 114. Frankfurt/M. 1994 (im folgenden DKV).

> Auswässerung dient hier der große, zum Meer hin ableitende *unternommene Graben* [...]. Büsch [...] spricht dabei von „Versumpfungen – man erlaube mir dies vielleicht neue Wort“, und erklärt: wo solche Gebiete „nicht zu allen Zeiten voll Wasser stehen, sondern in troknen Jahreszeiten <...> als ein Morast der Luft offen liegen, so wird der daraus für die Gesundheit der Anwohner zu befürchtende Schaden <neben dem einer eingeschränkten Nutzung des Landes> eine zweite Ursache, warum man sie auszutroknen suchen muß“.

Schöne verweist dann noch auf Goethes „Sachverstand in dieser Frage der ‚Wasserbaukunst‘ und auf den *West-östlichen Divan*, wo auch von Wasser und Kanälen, Gräben und anderem die Rede sei. In Schönes Kommentar heißt es weiter:

> In Unkenntnis (oder absichtsvoller Vernachlässigung) dieser konkreten, durchaus realistischen Begründung des Sumpfes, der *alles schon Errungene* verpestet, hat Mieth [...] ihn als eine geschichtsprophetische Metapher ausgegeben und erklärt, hier gehe es um „die (künftige) Bedrohung“ des von Faust Errungenen „durch den (visionär geschauten) Sumpf“. So wurde in nacheilendem Gehorsam die Auslegung gestützt, die Walter Ulbricht 1962 [...] diesen *Sumpf*-Versen gegeben hatte: „Die antinationalen und reaktionären Kräfte in der westdeutschen Bundesrepublik und in Westberlin haben aus dem von ihnen beherrschten Teil Deutschlands einen Sumpf kapitalistischer Ausbeutung, einen Herd der Kriegs- und Revanchepolitik und einen Sumpf einer schamlosen Korruption gemacht. Dieser Sumpf, der an die Grenzen unseres sozialistischen Deutschland heranreicht, die Sicherung des Friedens hindert und die Atmosphäre verpestet, muß trockengelegt werden. Erst wenn die Ursache des Sumpfes, die Herrschaft der Imperialisten und Militaristen in Westdeutschland, beseitigt ist, wird das deutsche Volk in Frieden leben, arbeiten und sich der Früchte seiner friedlichen Arbeit erfreuen können“.[10]

Was man nicht bereden kann, soll man beschweigen: ob es nützlich, sinnvoll und erhellend war, Ulbrichts unsägliche *Faust*-Zitation überhaupt zu erwähnen, wird der Leser für sich entscheiden können. Zur Landschaft selbst aber erfahren wir nicht mehr, als daß es sich um eine Versumpfung der „Marschländer“ handle, „die sich zwischen dem Sandgebirge des alten Dünengürtels und den neuen Seedeichen erstrecken“. Marschländer? Davon steht kein Wort im Text. Der deutsche Leser kennt Marschländer aus Norddeutschland – aber das dürfte Goethe nun wohl sicherlich nicht vorgeschwebt haben. Noch problematischer ist die Interpretation des Goetheschen „Gebirge“ als „Sandgebirge des alten Dünengürtels“. Kein Küstenbewohner wird einen Dünengürtel je als „Sandgebirge“ bezeichnen, und bei aller Ehrfurcht vor Goethes sprachschöpferischer Phantasie: ein solches dürfte er hier wohl kaum vor Augen gehabt haben. Im Text steht: „Gebirge“, nicht „Sandgebirge“ – ein Dünenwall dürfte also auf keinen Fall gemeint sein. Natürlich kann man der Meinung sein, Goethe habe hier etwas ganz und gar Imaginäres beschrieben, aber jeder Goethe-Leser weiß, wie konkret manchmal Details auch angeblich phantastischer Landschaften sind. Was wollen wir uns vorstellen, wenn wir von dem

[10] Ebd., S. 759ff.

Sumpf lesen, der sich am Gebirge hinzieht? Von einer Entwässerungsaktion, die hier durch einen Graben ins Werk gesetzt werden soll? Hat Goethe sich vielleicht an Schillers Einleitung in seine *Geschichte des Abfalls der vereinigten Niederlande* erinnert, in der zu lesen war:

> Die verlassenen Dämme ergeben sich der Wuth ihrer Ströme und dem eindringenden Ocean wieder. Die Wunder der Menschenhand, die künstlichen Kanäle vertrocknen [...],[11]

und wollte er im *Faust* ein Gegenbild schaffen?

*

Es gibt in der näheren Umgebung dieser Textstelle Hinweise darauf, wie Goethes Landschaftsgemälde vielleicht richtiger zu verstehen ist. Das „Geklirr der Spaten", das Faust hört, ist das Spatengeklirr der Lemuren. Lemuren, so lesen wir schon seit der Jubiläumsausgabe und danach immer wieder, hat Goethe natürlich nicht erfunden, sondern hat sie gesehen, auf einem Basrelief in Cuma, und er hat darüber 1812 einen kleinen Aufsatz mit dem Titel *Der Tänzerin Grab* geschrieben.[12] Lemuren sind, wie sich versteht, nicht Larven oder phantastische Gebilde, sondern Totengerippe, die noch mit ein wenig Muskeln und Sehnen behaftet sind, „daß sie sich kümmerlich bewegen können, damit sie nicht ganz als durchsichtige Gerippe erscheinen und zusammenstürzen".[13] Die Tänzerin ist zu erkennen, wenn man „dieses gegenwärtige lemurische Scheusal mit weiblich jugendlicher Muskelfülle" sich denkt – so hat er seine Erinnerungen an das „von alten griechischen Cumanern" verfertigte Kunstwerk aufgefrischt.[14] Cuma ist in Goethes *Italienischer Reise* zwar nicht erwähnt; er ist über Gaeta gereist, hat sich dann nach Osten gewandt und ist über Capua nach Neapel hereingekommen – aber wenn er Cuma auch nicht gesehen hat, so hat er doch zweifellos gewußt, was es dort zu sehen gab.

Der Hinweis auf Lemuren ist dabei durchaus kein Zeugnis sonderlicher Belesenheit; Goethe hätte in Hederichs Lexikon nachlesen können, was es mit den Lemuren auf sich habe. Aber viel näher liegt die Vermutung, daß Goethe an das dachte, was er von Cuma her kannte: die Lemuren also als Grabfiguren. Das ist ein erster nicht undeutlicher Hinweis darauf, daß das, was Goethe im *Faust II* beschreibt, mit Süditalien in Verbindung zu bringen ist – also alles andere ist als bloße Ausgeburt der Phantasie. Eigene Erfahrung ist offenbar auch die Landschaft, die hier beschrieben wird. Wer immer sich an Marschlandschaften oder Sandgebirge erinnert fühlt, sei daran erinnert, daß es eine Landschaft gibt, in der alles das real erscheint, was die Kommentatoren gerne ins Reich der Phantasie schieben möchten. Genauer: Goethe scheint sich hier

[11] Schillers Werke. Nationalausgabe. 17. Band. Historische Schriften. Erster Teil. Hrsg. von Karl-Heinz Hahn. Weimar 1970, S. 25.
[12] WA I, 48, S. 143-150 (Anm. 1).
[13] Ebd., S. 146.
[14] Ebd., S. 150.

seiner Reise durch die Pontinischen Sümpfe zu erinnern. Er berichtet unter dem 23. Februar 1787:

> Schon früh um drei Uhr waren wir auf dem Wege. Als es tagte, fanden wir uns in den pontinischen Sümpfen, welche kein so übles Ansehn haben, als man sie in Rom gemeiniglich beschreibt. Man kann zwar ein so großes und weitläufiges Unternehmen, als die beabsichtigte Austrocknung ist, auf der Durchreise nicht beurtheilen, allein es scheint mir doch, daß die Arbeiten, welche der Papst angeordnet, die gewünschten Endzwecke wenigstens zum größten Theil erreichen werden. Man denke sich ein weites Thal, das sich von Norden nach Süden mit wenigem Falle hinzieht, ostwärts gegen die Gebirge zu vertieft, westwärts aber gegen das Meer zu erhöht liegt. Der ganzen Länge nach in gerader Linie ist die alte Via Appia wieder hergestellt, an der rechten Seite derselben der Hauptcanal gezogen, und das Wasser fließt darin gelind hinab, dadurch ist das Erdreich der rechten Seite nach dem Meere zu ausgetrocknet und dem Feldbau überantwortet; so weit das Auge sehen kann, ist es bebaut oder könnte es werden, wenn sich Pächter fänden, einige Flecke ausgenommen, die allzutief liegen. Die linke Seite nach dem Gebirg' zu ist schon schwerer zu behandeln. Zwar gehen Quercanäle unter der Chaussee in den Hauptcanal; da jedoch der Boden gegen die Berge zu abfällt, so kann er auf diese Weise nicht vom Wasser befreit werden. Man will, sagt man, einen zweiten Canal am Gebirge herführen. Große Strecken, besonders gegen Terracina, sind mit Weiden und Pappeln angeflogen".[15]

Natürlich ist nicht zu beweisen, daß Goethe sich, als er am *Faust* schrieb, seiner alten Darstellung der Landschaft der Pontinischen Sümpfe besonnen habe. Aber es liegt nur zu nahe, diese damals von ihm gesehene Landschaft hier wiederzuerkennen. Der zweite Kanal, der am Gebirge hergeführt werden soll – setzt nicht Faust visionär dieses Jahrhundertwerk fort? Begonnen hatte es Papst Julius IV., der einen großen Kanal durch den Sumpf ziehen ließ, und fertig geworden ist es sehr viel später: in den 20er Jahren unseres Jahrhunderts. Oder sollen wir sagen: begonnen wurde dieses Urbanisationswerk von Faust zu Beginn des 5. Aktes, wo ebenfalls schon von jenem ersten Kanal die Rede ist, der, zu Philemons und Baucis' Überraschung, eines Morgens fertig ist und den Faust am Ende seines Lebens durch jenen zweiten Kanal zu ergänzen trachtet, von dem der Bericht über die italienische Reise erzählt? Auch hier liegt der Verdacht nahe, daß es sich bei jenem Kanal der ersten Szene des 5. Aktes um einen Kanal in südlichem Gelände handelt – also der Heimat von Philemon und Baucis. Dämme gibt es auch in der Gegend der Pontinischen Sümpfe – Dämme zu Seiten des Kanals oder vielmehr der Kanäle, die verhindern sollen, daß das Meerwasser, vom Westwind hochgedrückt, das urbanisierte Land wieder überflutet. „Linden" sprechen zwar für eine deutsche Landschaft. Aber in allen Landschaften des *Faust* findet sich Heterogenes. Anders gesagt: es sind fast immer „synthetische" Landschaften. Doch hier dominiert zweifellos Südliches.

---

[15] WA I, 31, S. 7f. (Anm. 1).

Auch das Kanalwerk, das am Beginn des 5. Aktes von *Faust II* erwähnt ist, hat die Kommentatoren zu weitschweifigen Anmerkungen veranlaßt. Erich Schmidt schreibt in der Jubiläumsausgabe:

> Fausts Tätigkeit weist nicht bloß auf Friesen und Holländer [...], nicht bloß auf die ‚Biberrepublik' Venedig, Chioggia und die Murazzi, wie denn des Venezianers Cornaro seit 1588 gedruckte, von Goethe vielleicht gelesene ‚Discorsi della vita sobria' im 4. eine verewigende Greisenarbeit durch Austrocknung von Sümpfen erörtern [...]. Sie mahnt auch, wie G. Freytag sagt, an Friedrichs des Großen Kulturschöpfung in Westpreußen, und sie hängt zusammen mit dem lebhaften Interesse, das der greise Goethe an dem Neuland Amerika nahm. Hat er doch, wie er die Engländer im Besitz eines Kanals von Suez zu sehn wünschte, im Anschluß an A. v. Humboldts Reisewerk das Projekt eines Durchstichs der Landenge von Panama und alle kräftige Kolonisationsarbeit der ‚jugendlichen' Vereinigten Staaten eifrig bedacht [...]. Aber auch die neuen Bremischen Hafenanlagen an der Wesermündung interessierten ihn lebhaft; er ließ sich am 14. Juli 1826 durch Eckermann ‚von Hamburg, Stade und den dortigen Anschwemmungen, Einrichtungen, Ansiedelungen' (Marschen; Polder; Inseln wie Lune-Plate) erzählen.[16]

An alles also hat Erich Schmidt gedacht, nur nicht an das vom antik-italienischen Kontext her (Philemon und Baucis) Nächstliegende: an die Pontinischen Sümpfe. Erich Trunz spricht in seiner Hamburger Ausgabe unbestimmt davon, daß der Meeresboden entwässert sei;

> daneben liegt die frühere Stranddüne, dort wohnen zwei alte Leute [...]. Faust traut dem Deichwerk von Menschenhand, sie aber nur dem alten Dünenboden [...]. Die Szene hat den ganzen Zauber des Idylls (darum auch durch die Namen anknüpfend an ein antikes Idyllenmotiv). Als Stimmung und Bild ist sie der völlige Gegensatz zu der weltweiten Herrschaft, zu Willen und Härte der folgenden Szenen.[17]

Wir dürfen denken, an was wir wollen. Schließlich Albrecht Schönes Kommentar im Deutschen Klassiker Verlag. Zum Kanal in dieser Szene lesen wir:

> Nimmt man Baucis' Angaben textintern als Augenzeugenbericht, wird man sie textextern auf das ‚Maschinenwesen' der neuen Zeit beziehen dürfen, von dem die Schöne-Gute der *Wanderjahre* sagt, daß es sich quälend und ängstigend heranwälze [...]. Dessen Inbegriff und der Motor der Industrialisierung waren die Dampfmaschinen, die schon im 18. und frühen 19. Jh. im Bergwesen, bei Kanalbauten und Landgewinnungsarbeiten zur Entwässerung eingesetzt wurden. Über den Gebrauch solcher dampfgetriebenen Schaufelbagger und Schöpfwerke, deren Leistung weit hinausging über das im gewohnten Handbetrieb und für Menschen- oder Pferdekräfte Mögliche, war Goethe sehr wohl informiert [...]. So könnte man sich (sollte man sich nach Absicht des Autors?) Baucis' *Flämmchen* und *Feuergluten* durchaus als den Widerschein dieser ihr unbekannten Maschinen vorstellen, die der Greisin mit ihren aus den Öfen schlagenden Flammen und den feuerrot beleuchteten, hier im nächtlichen

[16] JA 14, S. 389 (Anm. 3).
[17] HA 3, S. 614 (Anm. 7).

> Landwind meerwärts treibenden Dampfwolken als magisches Teufelswerk erscheinen mochten.[18]

„Kann sein, auch nicht“, ist man versucht, mit Kleist zu sagen – aber man erführe doch auch gerne etwas über den „Kanal“. Ein wenig ist freilich verzeichnet:

> In der 1782 veröffentlichten Lebensbeschreibung Friedrich v. Brenkenhofs, der für Friedrich II. die westpreußischen Bruchgebiete trockenlegte, heißt es, daß allein der 36 km lange Kanal zwischen Warthe und Netze, mit Arbeitermassen aus ganz Deutschland binnen 16 Monaten fertiggestellt, 1500 Menschen das Leben kostete [...]. Eckermann am 10. 2. 1829 „fand Goethe umringt von Karten und Plänen in Bezug auf den *Bremer Hafenbau*, für welches großartige Unternehmen er ein besonderes Interesse zeigte“: beim Bau dieses 1826-29 60 km weserabwärts errichteten Hafens waren zeitweise mehr als 900 Arbeiter beschäftigt, sommers von 4.30-20.00 Uhr, mit Hacken und Schaufeln; 60 Pferde mußten die Pumpen in Betrieb halten, weil das ausgehobene Becken sich rasch wieder mit Wasser füllte; „Sumpffieber griff um sich und forderte zahlreiche Opfer“.[19]

Goethes Interesse und das Interesse der Kommentatoren am Bremer Hafenbau in Ehren – aber wollen wir, in eine südliche Landschaft versetzt, das glauben? „Sumpffieber“ gab es reichlich auch in den Pontinischen Sümpfen; es war Malariagebiet.

Der Hinweis auf nord- oder ostdeutsche Entwässerungsunternehmungen wird völlig fragwürdig dort, wo davon die Rede ist, daß die Urbanisation des faulen Pfuhls „vielen Millionen“ Räume eröffne – wo wollen wir die im Bremer Hafengebiet finden? Wo in den westpreußischen Bruchgebieten? In den früheren Pontinischen Sümpfen siedeln heute in der Tat Millionen, „Grün das Gefilde, fruchtbar; Mensch und Heerde/ Sogleich behaglich auf der neusten Erde“.[20] Vor allem aber: wo haben wir das Meer auf der 36 km langen Kanalstrecke zwischen Warthe und Netze? Häfen gab es auch am Rande der Pontinischen Sümpfe: im Norden liegt Gaeta, heute noch Hafen und Kriegshafen, etwas südlich davon Sperlonga mit dem berühmten Schiff des Odysseus.

Ein Blick in das Lesartenverzeichnis der deswegen nach wie vor unverzichtbaren Weimarer Ausgabe verleiht unserer Argumentation noch ein wenig Nachdruck. Für die Verse 11559 bis 11580 stand ursprünglich, die genannten Verse summierend, folgender Text:

> Dem Graben der durch Sümpfe schleicht
> Und endlich doch das Meer erreicht
> Gewinn ich Plaz für viele Millionen
> Da will ich unter ihnen wohnen,
> Auf wahrhaft eignem Grund und Boden stehn.[21]

---

[18] DKV, S. 716 (Anm. 9).
[19] Ebd., S. 716f.
[20] WA I, 15. 1, S. 315 (Anm. 1).
[21] WA I, 15. 2, S. 157 (Anm. 1).

Die Sümpfe, der Graben, der sich bis zum Meer durchzieht, das ist der visionäre Nukleus, den Goethe dann in der endgültigen Fassung ausbaut und erweitert. Mit großer Wahrscheinlichkeit sind also die Pontinischen Sümpfe das, was Goethe vor Augen geschwebt haben mag, als er die Szene „Großer Vorhof des Palasts" schrieb. „Das ist der Weisheit letzter Schluß", ist man versucht zu sagen. Aber es gibt noch einen allerletzten Schluß. Größe und „Hybris"[22] sei hier zu erkennen, meint ein Kommentator der Grablegungsszene. Hier erscheint die Realität des Grabes Fausts Blick in eine Zukunft, die nur in wahnhafter Weise existiert, zu besiegen. Aber wird das Gesicht des blinden Faust tatsächlich durch die Realität zerstört und zum absurden Wahn? Kann die Wirklichkeit der schaufelnden Lemuren Fausts Idee widerlegen? Wie immer man die Vision von der Urbarmachung des Sumpflandes auch verstehen will: sie ist zukunftsorientiert, und diese Vision ist kein Exkurs, sondern steht im Zenit von Fausts Glücksverlangen, beendet die Welt des Mephistopheles, ist die Erfüllung jenes Wunsches vom Augenblick, dem er Ewigkeit verleihen möchte. Die Nähe der Faust-Visionen zu den Visionen des blinden Teiresias ist zu auffällig, als daß sie beiseitegeschoben werden sollte. Nur aus der Perspektive Mephistos ist das, was Faust sieht, ein dummer Wahn des zur Vernichtung Bestimmten; aber auch nur Mephistopheles deutet das „Graben" in ein „Grab" um. Gehen wir davon aus, daß die Teiresias-Parallele gewollt ist und daß damit die Vision Fausts gewissermaßen mythengenealogisch begründet ist, so widerlegt Mephistopheles' geringschätziges Urteil das, was Faust zu erkennen glaubt, keineswegs; hier wird vielmehr Mephistopheles widerlegt. Denn Teiresias hat nicht Wahngesichte gehabt, sondern, eine Gabe Zeus', Zukünftiges richtig prophezeit: er hat die Lebensschicksale des Ödipus und die Belagerung Thebens durch die Sieben vorausgesagt. Das ist nicht wenig. Erscheint hier aber nun der blinde und trotzdem sehende Faust in Nachfolge des antiken Weissagers, so werden auch seine Visionen Realität werden: die Zukunft wird erfüllen, was Faust voraussagt.

Wir wissen: die Zukunft hat sie erfüllt. Der zweite Kanal wurde gegraben, Fausts Prophezeiung hat sich gegen alle mephistophelische Skepsis und Niedertracht als richtig erwiesen. Seit 1923 ist durch die Urbanisation der ungefähr 730 Quadratkilometer großen Küstenebene eine Landschaft entstanden, in der zwischen den Albaner Bergen im Norden und Capo Circeo tatsächlich Millionen leben.

Noch einmal ist vom Kanal die Rede, in der Regieanweisung zur „Palast"-Szene: „Weiter Ziergarten, großer gradgeführter Canal". Albrecht Schönes zunächst sehr einleuchtender Kommentar:

> 1826 dann hatte Karl Friedrich Schinkel im Park von Sanssouci das Schloß Charlottenhof errichtet, dessen nach Vorbildern der Renaissance angelegten

---

[22] HA 3, S. 617 (Anm. 7).

> *Ziergarten* ein *gradgeführter Kanal* begrenzt; eine solche herrscherliche Landschaftsarchitektur mag Goethe für seine *Palast*-Szene vorgeschwebt haben.[23]

Doch auch hier gilt das „Kann sein, auch nicht". Im Park von Sanssouci gibt es keine schiffbaren Kanäle, auf diesen keine Schiffe, die „munter hafenein" ziehen. Daß Goethe „Canal", „Canale" schreibt, ist natürlich Sprachgebrauch seiner Zeit. Aber letzteres ist zugleich italienische Schreibweise, und wer die früheren Pontinischen Sümpfe heute durchfährt, kann mühelos erkennen, daß die Kanäle dort breit genug sind, um kleinere Kähne passieren zu lassen. Das alles mag noch mehr Vision sein als das, was die Schlußszene kurz vor Fausts Hinsinken präsentiert. Aber wenn auch im folgenden in der Rede Mephistopheles' vom Meer die Rede ist, dann sollten wir jeden Gedanken an den Schloßpark von Sanssouci beiseiteschieben. Im Charlottenburger Park gab es im übrigen nichts zu „colonisiren".[24] Davon gab es in den Pontinischen Sümpfen um so mehr. Faust wußte das, und Goethe wußte es auch.

[23] DKV, S. 720 (Anm 9).
[24] WA I, 15. 1, S. 300 (Anm 1).

Ingrid und Günter Oesterle

DIE AFFINITÄT DES ROMANTISCHEN ZUM ZIGEUNERISCHEN

oder die verfolgten Zigeuner als Metapher für die gefährdete romantische Poesie

Der Befund ist eindeutig. Bislang weitgehend ausgegrenzte und diffamierte Randgruppen der Gesellschaft werden in die romantische Dichtung poetisch integriert – mit einer freilich bemerkenswerten Ausnahme, nämlich den Juden.[1]

Die poetische Entdeckung der Geringen, der, wie man damals formulierte, „unehrlichen Leute",[2] war sozial derart wirksam, daß die damalige gesellschaftliche Stigmatisierung, z. B. der Nachtwächter, der Schausteller, der Hirten, der Müller, der Scharfrichter und Abdecker heute kaum mehr nachvollzogen werden kann.[3] Noch um 1800 fühlte sich Bernhardi, der Freund der Romantiker bemüßigt, die stoffliche Wahl seines Einakters, *Seebald oder der edle Nachtwächter*, zu rechtfertigen; er suchte den „Einwurf" zu entkräften, warum er – wenn schon „Vorurteile" zu bekämpfen seien, nicht Stände darstelle, die „noch unter diesem Nachtwächterstand" stünden. Die Antwort gibt Auskunft über das damalige zeitgenössische Tabu:

> Allein diese (so argumentierenden) Männer mögen wohl bedenken, daß in der Kunst doch immer etwas idealisiert werden muß; und daß *bis jetzt sich mir kein Weg entdecken will*, jene erwähnten (niedersten) Stände in ein Kunstwerk, ohne Schaden der feinern Empfindung, zu verflechten.[4]

Die Romantiker brachen mit dem Tabu der Verletzung ‚feiner' Empfindung. Sie wagten es, niederste Stände, unehrliche Leute, ebenso wie die verfehmte und verfolgte Gruppe der Zigeuner darzustellen. Nicht nur edle Ausnahmen wurden poetisch gestaltet, vielmehr eröffnete sich mit der sozialen Grenzer-

---

[1] Vgl. Günter Oesterle: Juden, Philister und romantische Intellektuelle. Überlegungen zum Antisemitismus in der Romantik. In: Athenäum. Jb. für Romantik. Jg. 2, 1992. S. 55-89.

[2] Vgl. Werner Danckert: Unehrliche Leute. Die verfemten Berufe. Bern 1963.

[3] Vgl. Jutta Nowosadtko: Scharfrichter und Abdecker in Bayern (1500-1800). Der Alltag zweier „unehrlicher Berufe" in Theorie, Literatur und Sozialgeschichte. Paderborn 1994.

[4] Johann Christian August Ferdinand Bernhardi: Bambocciaden. 3. Teil. Berlin 1800. S. 227.

weiterung im Ästhetischen ein Spielraum zwischen Häßlichem, Schönem, Komischem und Tragischem bis hin zum Wahnsinnigen, Bösen und Heiligen. Einer solchen ästhetischen Vielgestaltigkeit schienen die Zigeuner entgegenzukommen, nicht nur ihrer ethnokulturellen Fremdheit, sondern ebenso ihres legenden- und mythenumwobenen Eintritts in das Blickfeld des Europäer wegen. Die wissenschaftliche Literatur der Aufklärung hatte die Ursprungslegenden der büßenden und wallfahrenden Zigeunerpilger zunehmend bezweifelt;[5] die Romantiker griffen diese Legenden erneut auf und schufen mythisch überhöhte Bilder. Zu denken ist vornehmlich an Achim von Arnims Novelle *Isabella von Ägypten* und Clemens Brentanos *Romanzen vom Rosenkranz*. Sie übernahmen die am Eindrücklichsten von Grimmelshausen gestaltete Hexen- und Teufelswelt der Zigeuner,[6] wenn auch teils entböst und partial entdämonisiert. Erwähnt sei Arnims *Philander unter den streifenden Soldaten und Zigeunern im dreißigjährigen Kriege* und Eichendorffs *Dichter und ihre Gesellen*. – Vor allem aber verliehen sie Miguel de Cervantes *Preziosa*, dem bildschönen Zigeunermädchen, immer wieder neue Gestalt: als Bella, Mitidika, als Kordelchen, Emanuela und Chiara (E.T.A. Hoffmann), als Erwine bei Eichendorff oder als Elisabeth in Mörikes *Malter Nolten*.

Sucht man, in Anlehnung an die Stereotypenforschung, nach einem „authentischen" oder gar realistischen Bild der Zigeuner in der deutschen Romantik,[7] wird man notgedrungen enttäuscht. Denn die romantische Kritik an der Verfolgung der Zigeuner, die Vergleichung ihres Schicksals gar mit der Passion Christi,[8] hat keineswegs eine im Sinne der Aufklärung mögliche ideologiekritische Destruktion der in Geschichten den Zigeunern unterstellten Schuld zur Folge. Im Gegenteil. Die romantischen Schriftsteller suchen diese legendären Geschichten als poetische Vorgabe in alten Büchern wieder auf, gestalten sie neu, verweben sie in andere Kontexte, entsühnen und entbösen sie, in dem Wissen, daß Gerüchte, Vorurteile, Legenden nicht zerstört, son-

---

5 Der Statistikprofessor H.M.G. Grellmann weist in seiner häufig zitierten und viel gelesenen Studie: Die Zigeuner. Ein historischer Versuch über die Lebensart und Verfassung, Sitten und Schicksahle dieses Volks in Europa, nebst ihrem Ursprunge. Dessau und Leipzig 1783. S. 123, 117 und S. 7, nach, daß die in „Chroniken" verbreiteten Geschichten, meist als „alberne Sagen", diktiert von „Vorurteilen" zu qualifizieren seien. Zu solchen Geschichten zählt er die Legende, „daß die Zigeuner Aegyptische Pilgrime wären, die der Religion wegen außer ihrem Vaterlande wallfahren mußten" und deshalb „heilig" wären.

6 Vgl. die Kontroverse zur These Robert Jüttes über die „heimliche Bewunderung" Grimmelshausens für das Zigeunerleben". (R.J.: Vagantentum und Bettlerwesen bei Hans Jakob Christoffel von Grimmelshausen. In: Daphnis. Bd. 9. H. 1. 1980. S. 109-131.) Dagegen besteht Andreas Solbach (Macht und Sexualität der Hexenfigur in Grimmelshausens Courasche. In: Simpliciana. Bd. VIII, Bern 1986, S. 86) „auf der zigeunerfeindlichen Haltung Grimmelshausens", „die die Zigeunergesellschaft zum Archetyp des organisierten Verbrechens auch im Sinne der Hexenkünste macht."

7 Ines Köhler-Zülch: Die Heilige Familie in Ägypten, die verweigerte Herberge und andere Geschichten von „Zigeunern": Selbstäußerungen oder Außenbilder? In: Daniel Strauß (Hrsg.): Die Sinti/Roma Erzählkunst. Heidelberg 1992. S. 82 und speziell zur Romantik, S. 53f.

8 So z. B. in Achim von Arnims Gedicht *Das Feuerbesprechen*. In: Des Knaben Wunderhorn. Teil I. Heidelberg 1806, S. 21-22. Vgl. Jakob Koeman: Die Grimmelshausen-Rezeption in der fiktionalen Literatur der deutschen Romantik. Amsterdam 1993, S. 356.

dern nur umgelenkt werden können. Die Suche nach einem ,realistischen' Zigeunerbild in der Romantik führt entsprechend in eine Sackgasse. Nicht aus Erfahrung oder gar empirischer Feldforschung (auch wenn sie manchmal dergleichen fingieren)[9] speist sich die romantische Darstellung der Zigeuner, sondern aus *Umschriften der Literatur*, europäischer Literatur der verschiedensten Gattungen, sei es des – italienischen – Volkslieds *La Zingara*, des deutschen Flugblattdrucks *Das Feuerbesprechen*, des rumänisch inspirierten Zigeunerlieds *Mitidika* oder der die meisten Vorurteile gegen die Zigeuner rekapitulierenden Volksballade vom *Star und dem Badewännlein*. Diese Umschriften altüberlieferter Geschichten und Dichtungen über die Zigeuner sind – und das ist die hier vorzustellende These – nicht allein poetisch-artistische Anverwandlungen exotischer Genres in einer poesiearmen Gegenwart, sie sind vielmehr und vor allem Reflexionsmedium der eigenen Dichterexistenz. Die verfolgten Zigeuner werden zum Modell und zur Metapher der gefährdeten romantischen Poesie sowie der prekären Schreibsituation romantischer Schriftsteller. Spätestens seit dem im 17. Jahrhundert einsetzenden Disziplinierungsschub gilt die Freizügigkeit der Studierenden, der Fahrenden, der Schauspieler und eben der Zigeuner als eine poetische Lebensweise, die – wie ein Brief Bettinas an die Günderode nahelegt –[10] der Welt der Philister opponiert. Zum Motiv der Freizügigkeit tritt eine weitere für die Romantik bedeutsame Mentalitätszuschreibung: die vielbeschworene List der Zigeuner, ihre Raffinesse, ihre Tarnung, ja vor allem ihre Fähigkeit, sich, den „Mardern und Füchsen" vergleichbar,[11] *dem Zugriff der Anderen zu entziehen*. Die den Zigeunern zugeschriebenen Eigenschaften des Schweifenden, Nichtfixierbaren, Sich-Entziehenden bleiben nicht an der motivlichen Darstellungsoberfläche haften; sie durchdringen subkutan die gesamte romantische Poesie, so daß zugespitzt behauptet werden kann, das Romantische habe eine Affinität zum Zigeunerischen. Schon früh bemerkt die zeitgenössische Kritik die Infizierung eines gesamten Werkes durch das Motivfeld der Zigeuner. Wilhelm Grimm stört an Achim von Arnims Zigeunerlegende *Isabella von Ägypten*, „verborgene Türen von allen Seiten zu öffnen" und damit die „Begrenzung" „einer geschlossenen in sich

---

9 So heißt es z. B. in der *Anrede an meine Zuhörer im Herbste 1811* (zur Novellensammlung von 1812): Mit kleiner Abänderung kann ich sie auf Euch anwenden Ihr Zuhörer (und Leser) der märchenhaften Geschichten, die ich droben im Gebirge einem Zigeuner abhörte". (Achim von Arnim: Sämtliche Erzählungen 1802 – 1817. Hg. v. Renate Moering. Bd. 3. Frankfurt 1990. S. 119).

10 Vgl. Brief der Bettine an die Gründerode, Offenbach, Mai 1805. In: Bettina v. Arnim: Die Gründerode. Teil I. Grünberg / Leipzig 1840. S. 160. Zur mentalitätsgeschichtlich begründeten Kritik an den fahrenden Müßiggängern vgl. die hervorragende Studie von Ernst Schubert: Die verbotene Existenz der Zigeuner. In: Rainer Erb (Hg.): Die Legende vom Ritualmord: Zur Geschichte der Blutbeschuldigung gegen Juden. Berlin 1993. S. 183f.

11 Schon in Grimmelshausens Roman *Der seltsame Springinsfeld* (Nürnberg 1670) werden die Zigeuner mit „Marder(n) und Füchse(n)" verglichen, „welche in ihrer Freyheit leben und auf den alten Kayser, doch vorsichtig und listig genug, hinein stehlen" (34, 8-13). Eichendorff hat dann in seiner Novelle *Dichter und ihre Gesellen* (Berlin 1834) diese Wendung übernommen. Vgl. Koeman (Anm. 8), S. 344f.

vollendeten Geschichte" zu unterminieren.[12] Die Konjunktur der Zigeunerdarstellung in der Romantik läßt sich also bis in die Produktionsästhetik verfolgen. Die Verwendung des Zigeunermotivs als Medium maskierter poetischer Selbstauslegung tritt bei Clemens Brentano eindringlich zu Tage.

In der 1815 vollendeten Erzählung Brentanos, *Die mehreren Wehmüller*, wird ein Zigeuner geschildert, der zunächst für Chaos in einer geselligen Runde sorgt, um dann „wie ein zweiter Orpheus nach seiner Violine" zu greifen und durch sein rührendes Spiel und seinen Gesang alle dahin zu bringen, „daß niemand wiederstehen konnte und bald alles stille ward." Ein anwesender Dichter „sprang auf den Sänger zu und umarmte ihn mit den Worten: „O, das ist groß, daß ist ursprünglich! Bester Michaly, wollen Sie mir Ihr Lied wohl in die Feder diktieren?" – „Nimmermehr!" sagte der Zigeuner, *„so was diktiert sich nicht* (Unterstreichung, G. Oe.), ich wüßte es auch jetzt nicht mehr, und wenn Sie mir den Hals abschnitten."[13] In diesem, die Oralität noch im Duktus bewahrenden Ausspruch („so was diktiert sich nicht"), ist die Skepsis des Zigeuners Michaly und des Schriftstellers Brentano gegenüber einer Verschriftlichung, und das heißt Verfügbarmachung, „extemporierter" Poesie eingefangen. Es scheint nicht von ungefähr, daß Brentanos im Produktionsumfeld der zitierten Erzählung *Die mehreren Wehmüller* entstandener ‚Entsagungsbrief' vom 15. Februar 1815, den er an Wilhelm Grimm adressiert und in dem er die Verfehlung seiner „dichterischen Bestrebungen" beklagt, im Postscript mit der Bitte endet, Jakob Grimm möge ihm aus Wien, „den alten Trauergesang der Zigeuner" beschaffen – einen Gesang, „den sie aus großer Trauer nicht anders, als durch Gewalt, unter heftigem Leidwesen, zu singen bewogen werden können".[14] Die Zusammenstellung eines Segments der Erzählung und einer Briefstelle legen eine Deutung nahe, die wir im Folgenden ausführlicher erörtern möchten. Die Erneuerung romantischer Poesie erhoffen sich die romantischen Schriftsteller bekanntlich vom Studium der Volkspoesie. Dazu zählt insbesondere auch die improvisierende Kunstausübung der Zigeuner: ihre Verbindung von Musik, Tanz und Lied im Stegreifgedicht. Die Adaption des Fremden zu eigenen Zwecken führt freilich in eine Aporie: die Unmöglichkeit professioneller, auf Schriftlichkeit ausgerichteter Dichter, sich dem Vorbild und Ideal der mündlichen Stegreifdichtung gemäß zu verhalten. Die Klage der Zigeuner über ihr Elend mischt sich mit der romantischen Klage um das Ende der Poesie.

Zur ersten These – die verfolgten Zigeuner würden zur Metapher für die gefährdete romantische Dichterexistenz – tritt konsequent die zweite These. Sie bedient sich der Figur der Übersetzung (bekanntlich hat Clemens Brentano in seinem Roman *Godwi* Romantisieren mit Übersetzen gleichgesetzt) und lautet: Durch die Übersetzung der eigenen Schreibsituation in das als vorbild-

---

[12] Achim von Arnim und Jacob und Wilhelm Grimm. Bearbeitet von Reinhold Steig. Stuttgart und Berlin 1904. S. 188.

[13] Clemens Brentano: Die mehreren Wehmüller. In: ders.: Sämtliche Erzählungen. Hg. v. Gerhard Schaub. München 1984. S. 160.

[14] Clemens Brentano: Briefe. Hg. v. Friedrich Seebaß. Bd. 2. Nürnberg 1951. S. 128f.

haft empfundene Medium der ungezwungenen, extemporierenden Zigeunerdichtung kommt die Prekärität der eigenen romantischen Poesie zur Anschauung; durch die Übertragung in ein extrem Fremdes, Anderes, die Welt der Zigeuner positioniert sich die romantische Poesie gleichsam auf Messers Schneide. Schließlich führt drittens dieser Umweg, die eigene Problematik im Fremden und Anderen der Zigeuner darzustellen zu einer polemischen Reaktion auf ein anderes Paradox, das die Ethnologie der Aufklärung produzierte. Die Sitten, Gebräuche, Lebensweisen und Künste der Zigeuner werden in der Aufklärung erforscht, nicht um sie als Fremdes zu akzeptieren, oder als Anderes zum Medium der Selbsterkenntnis und -produktion zu gestalten, – nein, die Zigeuner sollen dem aufgeklärten Normen angepasst, sie sollen *umerzogen* werden. Die romantischen Schriftsteller studieren diese avancierte Zigeunerforschung des 18. Jahrhunderts, um sie im Kern umzukehren. Wie sie diese Umkehrung zu bewerkstelligen trachten, soll im Folgenden erörtert werden.

Zuvor scheint es allerdings angebracht, ein naheliegendes Vorurteil über die Gründe der Konjunktur des Zigeunermotivs in den romantischen Schriften zu erörtern. Vor aller Selbstreflexion und Übersetzung eigener Problematik scheint folgende Überlegung viel näher zu liegen: Die poetische Aufwertung der bislang marginalisierten Randgruppen und insbesondere der Zigeuner in der romantischen Literatur habe mit der Lust der Romantiker an Extravagantem und Abenteuerlichem, aber auch mit der Notwendigkeit des Exotischen für die romantische Dichtung zu tun. So jedenfalls sieht es Carl von Heister in seinen 1842 erschienenen *Ethnographische(n) und geschichtlichen Notizen über die Zigeuner*. Seine Argumentation lautet, immer schneller werdende Verkehrsverbindungen machen „Europa immer *einförmiger*, *langweiliger*“ und „*unpoetischer*“. Die Künstler müssen sich beeilen, um noch „Zigeunerbanden malen zu können, wie sie sich nur selten noch im südlichen Spanien, in der Moldau und Wallachei, in Ungarn und Siebenbürgen, vielleicht auch noch in Schottland der Betrachtung bieten“. Und nun entwirft er ein uns allen bekanntes exotisches Trivialbild der Zigeuner:

> In einem hohen Eichenwalde zeigt sich, erhellt von gewaltigen Feuern, das seltsame Bild, anziehend durch schöne und kräftige Gestalten, abstoßend durch Schmutz, komisch durch den Kontrast von Flitterstaat und Lumpen. Da lagern schnurrbärtige Männer mit den ausdrucksvollsten Physiognomien, wo sich, man verzeihe den Ausdruck, das Verbrechen noch mit einer gewissen Würde präsentiert; hexenartige alte Weiber rühren in den Kesseln das Verschiedenartigste und Widerwärtigste durch einander; nicht schöne, aber höchst reizende Mädchen, die sich an Körper und Geist frei von unseren gesellschaftlichen Verschiebungen entwickeln konnten, führen in der frischesten Lebenslust und Lebenskraft, voll sinnlichen Muthwillens, graciöse Tänze nach schwermüthigen Melodien aus. Dazwischen nackte Kinder, ringsum Thiere aller Art, Hunde, Esel, Pferde, Maulthiere: das alles bewegt sich bunt und laut und wild durcheinander.

Er beendet dieses malerische Genrebild: „Und eben darin liegt das Anziehende, daß es noch einmal etwas Anderes, etwas Außereuropäisches ist“.[15]

Oberflächlich betrachtet unterscheidet sich die Gegenwarts- und Kunstdiagnose der Romantiker nicht wesentlich von derartigen Aussagen über die moderne, gleichförmig werdende Lebensweise. Die Poesie der Gegenwart, so heißt es einhellig bei Friedrich Schlegel, Ludwig Tieck und Achim von Arnim, sei arm dran. Ihr Fundus, ihre Basis, ihr Rekreationsfeld, nämlich die Feste, die Volkstänze und Volksmusik, die Riten, Zeremonien und Gebräuche, gingen zunehmend verloren.[16] Selbst die Träger jeden mündlichen Erzählens, die wandernden Handwerker, die fahrenden Studenten, die Vaganten, Schausteller und landfahrenden Taugenichtse, „diese ewige Völkerwanderung ohne Grenzverrückung, diese wandernde Universität und Kunstverbrüderung“, würde immer mehr poliziert, reglementiert und gehemmt.[17]

Blieb denn der Poesie überhaupt etwas anderes übrig, als ihr Glück im Exotischen, in „poetischer Ferne“ zu suchen,[18] nachdem die Welt der Gegenwart immer disziplinierter, verrechtlichter, spezialisierter und vor allem, – wie Achim von Arnim schreibt – die „Scheidung zwischen Freude und Bedürfnis“ immer entschiedener vorangetrieben wurde?[19]

Wer aber diese Freude der Romantiker am Kolorit, am Atmosphärischen, am Duft des Fremden verwechselt mit Nostalgie und Flucht aus prosaischer Wirklichkeit der Gegenwart, der mißversteht die romantische Kunst und Poesie. Die poetische Adaption und Aufwertung der ‚Zigeuner‘ in der romantischen Poesie hat wenig zu tun mit der sentimentalen Klage über eine ach so poesiefeindliche, prosaische Welt, sie hat wenig oder nichts zu schaffen mit einer Regression in ferne exotische Welten. Im Gegenteil. Die romantische Aufwertung der Zigeuner ist kein Fall für Kompensation und Nischen; sie führt mitten ins Herz der problematischen Gegenwart – und zwar auf doppelte Weise:

1. Die Romantiker durchschauen, daß die Identität der Einheimischen eine erzwungene ist und sich stabilisiert auf Kosten der ausgegrenzten Randgruppen – insbesondere auch der Zigeuner.

2. Sie begreifen in eigener Sache die Überlebenstaktik der Zigeuner als Modell einer Selbstbehauptung der romantischen Poesie.

Achim von Arnim erhebt nicht den moralischen Zeigefinger, wenn er von der Verfolgung der Zigeuner spricht, sondern bringt die Sehnsucht der Einheimischen nach dem Exotischen, wunderbaren Lebenswandel der Zigeuner in Zusammenhang mit deren Vertreibung. Ich zitiere diese Stelle aus

---

[15] Carl von Heister: Ethnographische und geschichtliche Notizen über die Zigeuner. Königsberg 1842. S. 4f.

[16] Ludwig Tieck: Shakespeare's Vorschule. Bd. 1. Leipzig 1823. S. IX.

[17] Achim von Arnim: Von Volksliedern. In: Des Knaben Wunderhorn. Hg. v. L. Achim von Arnim und Clemens Brentano. Bd. 3. München 1984. S. 242.

[18] Friedrich Schlegel: Geschichte der alten und neuen Literatur. Vorlesungen gehalten zu Wien im Jahre 1812. In: Kritische Friedrich-Schlegel-Ausgabe. Hg. v. Ernst Behler. Bd. 6. Paderborn 1961. S. 275.

[19] Arnim (Anm. 17), S. 241.

Arnims Essay *Von Volksliedern*, die Heinrich Heine so bemerkenswert fand, daß er sie in seine Schrift *Die romantische Schule* aufgenommen hat:

> Warum zieht es uns in Büchern an, was wir von den ersten Entdeckungsreisen, von den Weltfahrten, von ziehenden Schauspielern, insonderheit was wir von dem wunderbarenWandel des *Zigeunerreichs* lesen, im Kriege echte Soldaten, im Frieden zutrauliche Ärzte (dessen die gelernten sich jetzt fast alle entwöhnt); ich erinnere mich noch ihrer nächtlichen Feuer im Walde, wie sie mir aus der Hand wahrsagten: und sagten sie mir etwas Gutes, so sage ich wieder Gutes von ihnen. Wie die kleinen Zwerge, wovon die Sage redet, alles herbeischafften, was sich ihre stärkeren Feinde zu Festen wünschten, sich selbst mit Brotrinden des Mahls begnügend, aber einmal für wenige Erbsen, die sie aus Not vom Felde nächtlich ablasen, jämmerlich geschlagen und aus dem Lande verjagt wurden, wie sie da nächtlich über die Brücke wegtrappelten, einer Schafherde zu vergleichen, wie jeder ein Münzchen niederlegen mußte, und wie sie ein Faß damit füllten: so danken wir die mehrsten unsrer Arzeneien den Zigeunern, die wir verstoßen und verfolgt haben. Durch soviel Liebe konnten sie keine Heimat erwerben![20]

Um die Selbstschädigung der Verfolger eindringlich zu charakterisieren, vergleicht Arnim das Schicksal der Zigeuner mit den Zwergen, von denen eine heimische Volkssage erzählt. Arnim berichtet von dem „kleinen Zwergenvolke", das lange Zeit, „den Großen alles giebt zu ihren Festen für ein paar Brodtrinden" bis sie wegen eines verständlichen Delikts, „jämmerlich" und erniedrigend verjagt wurden.[21]

Wenige Jahre später (1811) hat Ludwig Tieck diese Arnimsche Übertragung der Sage von der Zwergenverjagung auf die Zigeuner aufgegriffen, um eben diese Figur der Selbstschädigung in einem Märchen mit dem Titel *Die Elfen* anschaulich werden zu lassen. Im schärfsten Kontrast zu einer dort geschilderten heiteren, herrlich-lieblichen und fruchtbaren Landschaft liegt, so die Topographie des Märchens, abseits des Dorfes eine „finstere Gegend",[22] wo wahrscheinlich, wie die Einheimischen vermuten, „Zigeunervolk, die in der Ferne rauben und betrügen [...] ihren Schlupfwinkel haben".[23] Wie erstaunt aber ein unschuldiges Bauernkind, als es diesen verlassenen Grund einmal betritt, daß diese „Zigeunerwohnung", diese von außen so erschauernden, „fast zertrümmerten Wirtschaftsgebäude", diese von Ferne erscheinenden „abscheulichen Weiber im zerlumpten Anzuge (...), auf deren Schoß eben so häßliche und schmutzige Kinder sich wälzten",[24] in der Nähe sich plötzlich als ein bunter, fröhlicher Wundergarten der Elfen herausstellt, die Quelle alles Wohlstandes der gesamten Gegend! Der durch Verrat notwendige Auszug der Elfen hat nicht nur die Verödung des Landes zur Folge, sondern stellt zugleich

---

[20] Ebd., S. 242.

[21] Achim von Arnim an Clemens Brentano, 14.1.1805. In: Achim von Arnim und Clemens Brentano. Bearbeitet von Reinhold Steig. Stuttgart 1894. S. 128.

[22] Ludwig Tieck: Die Elfen. In: ders.: Phantasus. Hg. v. Manfred Frank. In: ders.: Schriften. Bd. 6. Frankfurt/M. 1985. S. 208.

[23] Ebd., S. 307.

[24] Ebd., S. 308.

den Auszug des Wunderbaren aus der gemeinen Welt[25] und den Verlust poetischen Lebens dar.

In Tiecks Märchen *Die Elfen* gewinnt die romantische Überzeugung Gestalt, daß, wie bei den Zigeunern, das Außerordentliche nur noch in verkleideter, verhäßlichter, „bizarrer" Gestalt überleben kann;[26] – nur durch Tarnung kann sich die Poesie vor dem Zugriff einer feindlich dominanten Welt retten.

Es lag ja immer schon nahe, die poetische Phantasie mit dem „hochpoetischen Leben der Zigeuner" in Zusammenhang zu bringen und Cervantes' Novelle vom Zigeunermädchen *Preziosa* kann in dieser Richtung gelesen werden. In der romantischen Poesie findet aber eine bedeutsame Verschiebung dieser Übertragungs- und Gleichsetzungsfigur von Poesie und Zigeunerleben statt. Nicht mehr allein die Freiheit und Ungebundenheit der Zigeuner ist das entscheidende Tertium comparationis zur Poesie, sondern die Überlebenstaktik eines nomadenhaften Volkes: List und Raffinesse treten in den Mittelpunkt des Interesses der romantischen Poesie. Die Zigeuner werden zum Modell, zur Maske und Metapher für die von der Prosa der Verhältnisse bedrängte romantische Poesie.

Wie die Zigeuner anerkennt die romantische Poesie keine Obrigkeit, wie diese benötigt sie tausend grenzübergreifende Pässe, wie diese kennt sie viele Sprachen – auch Geheimsprachen –, wie diese verfügt sie über eine Menge geheimer und esoterischer Kenntnisse, Chiromantie, Astronomie, Astrologie, Wahrsagerei –, wie diese nutzt sie den Aberglauben des Volkes. Der alte Friedrich Schlegel behauptet einmal spöttelnd: „Der Begriff des Romantischen [...] falle meistens ganz zusammen mit dem Begriff des Polizeiwidrigen".[27] Recht hat er: die moderne romantische Poesie ist ohne die zigeunerische Verbindung von List und Artistik nicht vorstellbar. Und doch ist die romantische Selbst-suche im Fremden der Zigeuner mit dieser Schule der Überlebenstaktik noch nicht zu Ende.

Der Einsicht in die Selbstschädigung des Agressors, der sich mit der Vertreibung der Zigeuner um sein Bestes – das Reich des Wunderbaren – bringt und der Entdeckung der zigeunerischen Existenz als Modell für die eigene bedrängte Poesie, folgt als drittes die hoffnungsvolle Aussicht auf die Möglichkeit der Erneuerung der eigenen Poesie: durch Rückgriff auf die improvisatorischen Künste der Zigeuner, ihre seltene, mit der italienischen Volkskunst

---

[25] Ebd., S. 328. Vgl. Günter Oesterle: Der Streit um das Wunderbare und Phantastische in der Romantik. In: Phantastische Welten. Märchen, Mythen, Fantasy. Hg. v. Thomas Le Blanc und Wilhelm Solms. Regensburg 1994. S. 115-130.

[26] Vgl. die Diskussion um die Notwendigkeit des Bizarren zwischen Mme. de Stael und Achim von Arnim. Mme. de Stael hatte im Blick auf Bettina Brentano behauptet, „wer das Außerordentliche achten könne, dürfe das Bizarre nicht lieben". Arnim hatte, wie er an Bettina schreibt, darauf geantwortet, „daß, wenn das Bizarre auch das Außerordentliche in der Welt meist nur nachäffe, häufig doch auch das Außerordentliche in dieser Bettlergestalt erscheinen müsse, wie Odysseus, weil ihn die stolzen Freier sonst nicht duldeten." Achim von Arnim und Bettina Brentano. Bearbeitet von Reinhold Steig. Stuttgart 1913. S. 168.

[27] Schlegel (Anm. 18), S. 275.

vergleichbare Verbindung von Tanz, Musik und Stehgreifdichtung, also improvisierte Poesie.

Unbestritten ist, daß die Romantiker die Volkspoesie aus eigenem poetischen Interesse erforschten. Es ist inzwischen ebenso bekannt, daß sie dabei *nicht* empirische Feldforschung betrieben haben – also etwa über Land gezogen sind, um Volkslieder und Märchen unter der Bevölkerung zu finden. Achim von Arnim und Clemens Brentano haben bekanntlich Bibliotheken und Buchhandlungen nach volkspoetischen Quellen – auch nach Zigeunerliteratur – durchstöbert.

Sie werden fündig in der poetischen Literatur, bei Cervantes und Grimmelshausen, gelegentlich auch – so vor allem Eichendorff in Goethes *Götz von Berlichingen* – sie werden nicht weniger fündig in der quasiwissenschaftlichen Denunziationsliteratur von Sebastian Münster, Johannes Adventin, Jacob Thomasius bis Georg Wagenseil. Den entscheidenden Fund tätigen sie aber erst, als sie auf ein im Geist der Göttinger Universitätsreform geschriebenes, ethnologisch interessiertes Werk mit dem Titel: *Die Zigeuner. Ein historischer Versuch über die Lebensart und Verfassung Sitten und Schicksale dieses Volkes in Europa nebst ihrem Ursprunge* von H. M. G. Grellmann stoßen. Das Interesse dieses Werkes an der ethno-kulturellen Besonderheit der Zigeuner, an ihrer Sprache, Kleidung, Nahrung, Lebensweise, Gesundheit, an ihren Wohnverhältnissen, ihren Berufen, Fähigkeiten und Künsten beruht nun keineswegs auf einem von den Romantikern programmatisch formulierten verstehenden Interesse am Fremden, sondern hat ökonomisch-etatistische Gründe. Gemäß dem damals häufig vertretenen kameralistischen Lehrsatz „daß eine größere Volksmenge für ein Land besser sei, als eine geringere“,[28] entdeckt der Aufklärer die Zigeuner als ökonomisch wertvolles Material, um nun mit einem Umerziehungsprogramm ihre Identität zu gefährden.

Das erstmals in der Aufklärung aufkommende Interesse an der Ethnokultur der Zigeuner ist für diese beinahe identitätsgefährdender als die früheren Verfolgungen.

Denn in der Vormoderne hat man die Zigeuner des Landes verwiesen, man hat sie verjagt und schikaniert, wenn nicht gar getötet –, aber man hat ihre Lebensweise unberührt gelassen, ihre Identität nicht in Frage gestellt. Jetzt, in der anvanciertesten aufklärerischen Forschung,[29] will man, den damals modern-

---

[28] Grellmann (Anm. 5), S. 140.

[29] Grellmanns Studie ist bis weit ins 20. Jahrhundert als avancierteste Studie der Aufklärung zur Sprache und Lebensform der Zigeuner angesehen worden. 1984 hat Martin Ruch dies in Zweifel gezogen, indem er nachzuweisen glaubte, daß der „erste Teil des historischen Versuchs“ der Grellmannschen Studie „in geradezu schamloser Weise“ die in verschiedenen Folgen der „kayserlich-königlich privilegierten Anzeigen aus sämtlichen K.K. Erbländern in den Jahrgängen 1775 und 1776 erschienenen Nachrichten über Zigeuner kompiliert habe. Ruch verschweigt dabei, daß Grellmann diese Fortsetzungsserie in seiner Studie 68 (!) Mal zitiert, u. a. ausdrücklich mit folgenden Worten: „Dieses Schreiben findet sich in oft gedachten Anzeigen (6ter Jhg. S. 166-168).“ (S. 151). Martin Ruch und diejenigen, die ihm kritiklos folgen, verkennen die wissenschaftshistorische Situation der Statistik an der Universität Göttingen um Achenwall, Schlözer und eben Grellmann. Empirische Feldforschung war damals nicht Sache der Statistik; Aufgabe der Statistik war hingegen die möglichst vollständige Heranziehung aller

sten ökonomischen Theorien gemäß, die Zigeuner nicht mehr vertreiben, man will sie *umerziehen* und damit ihre Identität zerstören. Versuche der Umerziehung und Ansiedlung der Zigeuner unter Maria Theresia und Joseph II. sind dem Autor Grellmann, Professor der Statistik in Göttingen, detailliert bekannt. Das Scheitern bisheriger Versuche spornt den ehrgeizigen Forscher Grellmann nun aber erst recht an, mit Akuratesse und Detailversessenheit in die Sitten, Gewohnheiten, die Lebensweise und Sprache einzudringen, um diesen Umerziehungsprozeß doch zu einem – aus seiner Sicht – guten Ende und Abschluß zu bringen.

Diese folgenreiche Problematik der aufklärerischen Wissenschaft, die als erste systematisch anthropologische und sprachwissenschaftliche Studien betreibt – mit der sublimen Absicht der Zerstörung dieser Kultur – ist die zentrale Provokation für die beiden Romantiker. Wir haben das erstaunliche Phänomen vor uns – Achim von Arnim und Clemens Brentano benutzen diese materialreiche Quellensammlung Grellmanns wie keine andere – aber sie zerstören die dort gefällten Urteile, Beurteilungen und Denunziationen mit allen Mitteln der Parodie, der Ironie, der Satire, der karnevalesken Verkehrung, ja auch der direkten offenen Umwertung.

Grellmann weiß von der Kunstausübung der Zigeuner in Musik und Poesie folgendes zu berichten:

> Musik ist unter allen die einzige Kunst, an der dieses Volk wirklich einen beträchtlichen Antheil hat. Sie dichten zwar auch, und das nach Weise orientalischer Völker, aus dem Stegreife; und sind in der Walachey sogar die einzigen Inhaber dieser Kunst, wo sie ihre Verse, gleich Italiänischen Improvisatoren, immer mit Gesang und Musik begleiten.[30]

Diesem knappen Bericht folgt die abschätzige Aburteilung des aufklärerischen Poesierichters auf dem Fuße, ganz im Stil und Sinn von Nicolais Polemik gegen Herders Volksliedkonzeption:

> Von welchem Schlage aber die Poesien dieser allzeit fertigen Dichter seyen, ist daraus zu ersehen, daß der Reim dabey die Hauptsache ist, zu dessen Behuf sie oft die *gröbsten Sprachfehler* (Hervorhebung, G. Oe.) begehen; und dann auch der Inhalt ihrer Gedanken gewöhnlich Gegenstände der Unzucht sind, die sie noch überdieß ganz im Ausdruck roher und unschlachtiger Menschen hersin-

---

erreichbaren Schriften. Aus dieser statistikgeschichtlichen, wissenschaftshistorischen Sicht muß es als Grellmanns Leistung angesehen werden, die im norddeutschen Wissenschaftsraum weitgehend unbekannte Fortsetzungsreihe über die Zigeuner in den Wiener „Anzeigen" der internationalen wissenschaftlichen Öffentlichkeit bekannt gemacht zu haben. Vgl. Martin Ruch: Zur Wissenschaftsgeschichte der deutschsprachigen „Zigeunerforschung" von den Anfängen bis 1900. Freiburg 1986. S. 105f. Ruch behauptet übrigens unrichtigerweise, Grellmanns Studie sei nur noch in der 2. Auflage von 1787 in bundesrepublikanischen Bibliotheken zugänglich. Die 1. Auflage von 1783, die u. a. Clemens Brentano in seiner Bibliothek besaß, ist u. a. in der Staatsbibliothek Wiesbaden vorhanden.

[30] Grellmann (Anm. 5), S. 117.

> gen. Man braucht also eben kein großer Meister, kein Wieland, zu seyn, um über ihre Kunst den Stab zu brechen.[31]

Der Wissenschaftler Grellmann läßt natürlich keine Behauptung unbelegt, und so zitiert er in einer Anmerkung den Bericht des damals bekannten Historikers Sulzer aus dessen *Geschichte des transalpinischen Daciens*. Sulzer berichtet dort mit kritisch-distanziertem Ton, die Ausübung von Musik und Dichtkunst sei bei den „alpinischen Walachen" „dem Mutwillen eines Sclaven, eines Zigeuners, preisgegeben. Dieser allein singet, spielet, und reimet; denn Knüttelverse und Zoten aus dem Stegreif hergesungen, kann ich doch wohl" – kommentiert Sulzer – „für keine Gedichte halten." Und nun zitiert er ein „paar Muster" dieser – wie er es spöttisch nennt – „erhabenen Dichtkunst", um daran nun sofort in aufgeklärter Beckmesserei „ein(en) entsetzlich(en) Schnitzer wider die Sprachlehre" zu finden.[32]

Da nimmt sich nämlich solch' ein Zigeuner um des Reimes willen die „kühne poetische Freiheit" und formuliert das Frag- und Antwortwerbespiel um, so daß es nicht mehr lautet, wie es korrekt rumänisch heißen müßte:[33]

> Mitidika, Mitidika, wién üng quatsch
> Ba nu, ba nu n'am tsche se fak

sondern

> Mitidika, Mitidika, wién üng quatsch
> Ba nu, ba nu n'am tsche fatsch

d. h. der Stegreifdichter „macht" „flugs" „aus der ersten Person der verbindenden Art, die dritte in der anzeigenden" – „also" fährt Sulzer übersetzend fort: statt „Kleine, Kleine, komme daher! Nein doch, nein doch ich habe nichts (dort) zu tun, sagt er" (der Stegreifdichter) inkorrekt, wie gesagt um des Reimes willen: „ich habe nichts, was thust du".[34]

Clemens Brentano hat nun das bei Sulzer und Grellman Gerügte rundum positiviert, er hat die Dichtung in den „Rang der Ton-kunst" gebracht, er hat in noch größerer poetischer Freiheit als sein Zigeunervorsänger um des Reimes willen Sprachschnitzer über Sprachschnitzer gehäuft, um den Text aus jeder Art einsinnigen Sinnes zu befreien. Er hat das Werbespiel zweisprachig vorgeführt; er hat es erweitert durch die Abgrenzung des Ich und Du von den Fremden und Anderen, dem Er und Sie und er hat durch das Spiel mit Kinder- und Kochreimen ein züchtig-unzüchtiges Liebeslied geschaffen, einen Zwiegesang nicht nur von ich und du, sondern auch von fremder Sprache und eige-

---

[31] Ebd.

[32] Franz Joseph Sulzer: Geschichte des transalpinischen Daciens, das ist: der Walachey, Moldau und Bessarabiens. Bd. 2, Wien 1781. S. 147.

[33] Ebd.

[34] Ebd., vgl. Adolf Heltmann: Rumänische Verse in Clemens Brentanos Novelle „Die mehreren Wehmüller oder ungarische Nationalgesichter". In: Korrespondenzblatt des Vereins für Siebenbürgische Landeskunde. XLIX Jg. Nr. 8-9. Hermannstadt 1926. S. 91.

ner, sodaß man mit Recht sagen könnte, hier sei die poetische Idee von Novalis in seltener Weise erfüllt worden. Bei Novalis heißt es nämlich: „Gedichte – bloß *wohlklingend* und voll schöner Worte – aber ohne allen Sinn und Zusammenhang – höchstens einige Strophen verständlich."[35] Damit haben wir auf anderer Ebene, nämlich im Schriftlichen selbst, das zuvor in Brentanos Erzählung benannte Problem der mündlichen Improvisationskunst, „so was diktiert sich nicht", eingelöst: wir haben das Romantische als das Zigeunerische, d. h. als das Enthüllend-Verhüllende ausgemacht, etwa in dem Sinne wie Thomas Mann in den *Betrachtungen eines Unpolitischen*, „den Künstler zum Zigeuner, zum Anderssein als die übrigen Menschen" stempelt.[36]

Heraus kommt ein artistischer Text, der nicht nur ein Liebesspiel hinter Kinder- und Kochreimen versteckt, sondern zugleich eine hochpolitische Satire hineingeheimnist. Brentano nutzt nämlich, so hat kürzlich Hans-Jürgen Schrader nachgewiesen,[37] die ersten vier Zeilen in verstümmeltem Rumänisch, um in verstümmeltem Deutsch eine Satire auf die Donaumonarchie, auf Wien und *Ung* – (arn) = Quatsch, auf die Tschechei und ihren Stammvater Libu einzuschwärzen. So gelesen ist das Gedicht zugleich ein Abgesang auf Wien, wo ja Er und Sie auch für Brentano autobiographisch „Schimpf" und „Fremd" sprachen;[38] so gelesen, und Brentanos Briefe aus Wien bestätigen diese Deutung nur allzusehr, bezöge sich das „Saus und Braus" auf die Lebensart der Österreicher und die Zeilen „In dem Topf hat's nimmer Ruh" und „Daß es mir nicht überlauf" wäre, während der Wiener Kongreß tagte, nachgerade eine prophetische Warnung.

An dieser Stelle der Argumentation könnten wir einhalten. Die Verwendung des Zigeunermotivs als Reflexionsmedium der eigenen Schriftstellersituation und Schreibproblematik hat in der Romantik eine Reihe nicht nur poetologisch innovativer Aspekte hervorgebracht. Die Selbstschädigung der Agressoren wurde aufgedeckt; der den Zigeunern unterstellte Teufels- und Hexenpakt wurde entdämonisiert und in burlesk-komische Darstellung überführt; die superiöre Meinung mancher Aufklärer, die Zigeuner seien noch halbe Wilde, wurde durch die poetische Darstellung mignonartiger Naturkinder in sein Gegenteil verkehrt. Schließlich wurde der Sündenfall der Zigeuner, ihre in einer Legende verbreitete Schuldzuweisung gegenüber der notleidenden heiligen Familie, narrativ bewältigt und entsühnt. Am Wichtigsten aber war, daß die romantische Poesie durch die Affinität zum Zigeunerischen aus ihrer bedeutungsschweren didaktischen Verantwortung entlassen und wieder freigesetzt wurde zum Spiel, zur Improvisation und zur Maskierung hintergründiger Wahrheiten. Zusammenfassend könnte man sagen, daß die auf der Handlungsebene dargestellte Raffinesse der Zigeuner, sich den ihnen fremden Ge-

---

[35] Novalis: Briefe und Werke. Hg. V. E. Wasmuth. Bd. 3. Heidelberg 1963. S. 628.

[36] Thomas Mann: Betrachtungen eines Unpolitischen. In: Th.M.: Gesammelte Werke. Frankfurt 1983. S. 403.

[37] Hans-Jürgen Schrader: Brentanos „Die mehreren Wehmüller". Potenzieren und Logarithmisieren als Endspiel. In: Aurora 54 (1994), S. 143.

[38] Günter Oesterle: Die Misere der Romantiker in Wien. In: Joanna Jabkowska, Magorzata Kubisiak: Österreichische Literatur Wie Sie ist? Lodz 1995. S. 82f.

setzen und Konventionen zu entziehen, auf die poetologische Ebene übertragen wurde.

Peter Horst Neumann hat nun aber auf eindrückliche Weise die Zwielichtigkeit dieser romantischen List im Umgang mit modernen prosaischen Verhältnissen, bewußt gemacht. In einer Studie zu Achim von Arnims *Isabella von Ägypten* zeichnet er die „romantische Sakrifikation" von Isabella nach,[39] vergißt aber dabei nicht das Gegenbild dieses zur Heiligkeit verdichteten Zigeunerschicksals gleichzeitig zu unterstreichen.

Denn die Geschichte der *Isabella von Ägypten* erzählt nicht nur eine Zigeuner-Sage und überhöht sie zur Legende; in ihr spielen künstlich geschaffene Gestalten wie Alraune, Golems und Bärenhäuter eine nicht weniger bedeutende Rolle. Ihr Wesen aber ist nicht notwendige List und Raffinesse, sondern Trug und Schein; sie sind vom Geld ausgeheckt und sind selbst wieder getrieben von „schnöder Macht- und Geldlust".[40]

Neumann verschweigt nicht, daß diese ‚unheiligen' Gestalten von einem latenten Antisemitismus geformt und getragen sind und daß der Dichter eben in diesem geld- und machtspekulierenden Verhalten zur Zeit Karls des Fünften *die Anfänge der „deutschen Misere" der eigenen Gegenwart* zu sehen glaubte.[41]

Schlaglichtartig wird klar, daß in der Erzählung Achim von Arnims zwei ethnische Minderheiten, die Zigeuner und die Juden, offen und verdeckt verschiedene, z.T. alternative Aufgaben und Funktionen zugesprochen erhalten. In ihrem Tun und Lassen werden alternative Weltentwürfe, Natürlichkeit und Künstlichkeit, Legende und Historie, Poesie und Prosa, Macht des Poetischen und Macht des Geldes voneinander abgegrenzt und doch zugleich als aufeinander verwiesen dargestellt. Keine romantische zigeunerische poetische Welt, die nicht ihr Gegenteil mitproduzieren würde!

Die romantischen Schriftsteller liebten das Experiment. Sie ersannen, meist im Wettstreit untereinander, die extremsten, unwahrscheinlichsten, künstlichsten Konstellationen und kontrastivsten Konfigurationen. *Isabella von Ägypten* zeugt von einem derart kühnen Unternehmen. Die Versuchsanordnung dürfte in diesem Falle gelautet haben: wie war es poetisch zu bewerkstelligen, daß eine junge Frau von sechzehn Jahren in einem Milieu von Prostitution und Kuppelei sich von einem Manne unbefangen ein Kind wünschen und dabei rein und naiv bleiben konnte? Eine derartige Unwahrscheinlichkeit war nur plausibilisierbar in einer von der Welt gänzlich abgeschnittenen Situation, einer Kaspar-Hauser-Konstellation – eben der einer sich in einem Versteck aufhaltenden Zigeunerkönigstochter. Vergleichbar Kühnes sollte im Bereich des negativ Häßlichen geleistet werden: das Unnatürlichste, Anormalste, ein künstlich hergestelltes kleines Monstrum, ein Alraun, sollte in einem bestimmten gesellschaftlichen Milieu als ganz normal und alltäglich angesehen und

---

39 Clemens Brentano: Die mehreren Wehmüller und ungarische Nationalgesichter. In: ders.: Erzählungen. Hg. v. Gerhard Kluge (C. B. Sämtliche Werke und Briefe). Bd. 19. Stuttgart 1987.

40 Peter Horst Neumann: Legende, Sage und Geschichte in Achim von Arnims „Isabella von Ägypten". In: Jb. der Deutschen Schillergesellschaft 12. Jg. 1968, S. 309.

41 Ebd.

eingestuft werden können! Dieses Kunststück gelingt (leider), indem bei der Gestaltung Anleihen gemacht werden bei der Kollektivvorstellung vom fremdartigen und doch bekannten Habitus der Juden. So werden in Arnims Erzählung die beiden ethnischen Minoritäten in gleicher Weise instrumentalisiert: die Zigeuner dienen als Medium poetischer Selbstreflexion, die Juden als Medium einer problematischen Kritik an der modernen Geldwirtschaft. Daraus erklärt sich, daß mit der poetischen Transformation der Vorurteile gegen die Zigeuner keineswegs die latenten Unterstellungen gegenüber den Juden abgebaut, sondern eher noch gesteigert werden.[42]

---

[42] Ebd.

Günter Blamberger

„EIN ANDERER IST NUN DER WIRKLICHE ANFANG“

Die Weltreisenden Peter Schlemihl und Adelbert von Chamisso

Forschung und Lesepublikum haben, nimmt man einmal *Peter Schlemihls wundersame Geschichte* aus, den Werken Adelbert von Chamissos, vor allem den Beschreibungen seiner Weltreise, bisher wenig Beachtung geschenkt. Thomas Manns Versuch, Chamisso vom Geruch des Biedermeierliteraten zu befreien, ist in der Rezeptionsgeschichte weitgehend folgenlos geblieben. Das Fazit seines 1911 geschriebenen Essays lautet:

> Es ist die alte, gute Geschichte. Werther erschoß sich, aber Goethe blieb am Leben. Schlemihl stiefelt ohne Schatten, ein „nur seinem Selbst lebender“ Naturforscher, grotesk und stolz über Berg und Tal. Aber Chamisso, nachdem er aus seinem Leiden ein Buch gemacht, beeilt sich, dem problematischen Puppenstande zu entwachsen, wird seßhaft, Familienvater, Akademiker, wird als Meister verehrt. Nur ewige Bohemiens finden das langweilig.[1]

Thomas Mann würdigt hier das glückliche Ende eines Selbstfindungsprozesses und damit eine eigentlich singuläre Lebensleistung, bedenkt man die Biographie Chamissos, der die Sprache seiner Dichtung erst mit fünfzehn Jahren mühselig erlernte und bis ins vierte Lebensjahrzehnt ein Umhergetriebener und Heimatloser war: als Aristokrat im revolutionären Frankreich, als französischer Exilant in Preußen, das gerade gegen Napoleon Krieg führte, und als Gelehrter ohne Autorität auf dreijähriger Weltreise mit einem russischen Expeditionsschiff unter militärischem Kommando. Drei Aspekte sind mir an Thomas Manns Urteil wichtig:

1. Thomas Mann begreift die Erzählung von Schlemihl – das leistet der Vergleich mit Goethes Werther – als Selbstverständigungstext. Lösungsmöglichkeiten einer realen Krisensituation seien hier im Fiktionalen erprobt worden.

---

[1] Thomas Mann: Chamisso. In: Leiden und Größe der Meister. Gesammelte Werke in Einzelbänden. Frankfurter Ausgabe. Hg. von Peter de Mendelssohn. Frankfurt/M. 1982. S. 537f.

2. Chamissos Selbstfindung glückt nach Thomas Manns Ansicht gerade deshalb, weil er anders als Schlemihl einmal aufgehört habe, „nur seinem Selbst" zu leben.

3. Zwischen der Lebensform des Reisenden und dem Problem der Selbstfindung wird ein Zusammenhang hergestellt, der den Thomas Mann-Kenner nicht überrascht: Es handelt sich hier offensichtlich um ein durch Chamissos Biographie beglaubigtes Plädoyer für bürgerliche Seßhaftigkeit und Solidität. Bieder oder philiströs ist Chamissos Lebensentscheidung der Jahre 1812-1815 jedoch nicht. Das wird die Analyse dreier Texte zeigen: der Schlemihl-Erzählung von 1814 und der 1821 bzw. 1836 erschienenen Beschreibungen der Weltreise Chamissos von 1815-1818. Sie sind Dokumente einer umfassenden biographischen und poetologischen Neuorientierung Chamissos. Daß sich der Paradigmenwechsel von der Romantik zum Realismus gerade im Medium der Reiseliteratur ausdrückt, in der Schilderung der erfundenen bzw. tatsächlich erfahrenen Weltreisen der Naturforscher Schlemihl und Chamisso, ist kein lebensgeschichtlicher Zufall, was zu beweisen sein wird.

Ich beginne mit der Interpretation der Geschichte von Peter Schlemihl, der dem Teufel nicht seine Seele, aber seinen Schatten verkauft für ein stets mit Gold angefülltes Glückssäckel. Seine Schattenlosigkeit macht ihn allerdings zum Unglücksmenschen – nichts anderes bedeutet der hebräische Name Schlemihl. Aus der menschlichen Gemeinschaft verstoßen, wandert er mit Siebenmeilenstiefeln als einsamer Naturforscher durch die Welt. Das Faszinosum dieser Erzählung, der bei ihrer Veröffentlichung ein sensationeller Erfolg beschieden war, ist, daß sich der Leser beständig fragt, was denn der Schatten selbst eigentlich bedeute, der Text ihm darauf aber keine offene Antwort gibt. Das Wesen des Schattens bleibt unbestimmt, nur seine Funktion ist klar. Er ist ein Tauschobjekt. Er wird ausgetauscht gegen das Glückssäckel und könnte zurückgetauscht werden für Peter Schlemihls Seele. Von der Seele erfährt man, daß sie eine unvorstellbare Größe sei, die der Teufel gegenüber Schlemihl mit dem Buchstaben „X" bezeichnet (SW II. 51).[2] Unbestimmt, d.h. beliebig, ist auch das, was durch den Verkauf der Seele eingetauscht werden könnte. In der Gesellschaft des Herrn John, der ihm seine Seele bereits überlassen hat, führt es der Teufel dem Schlemihl vor. Was auch immer gewünscht wird, zaubert er aus seiner Rocktasche: Wundpflaster, ein Fernrohr, einen türkischen Teppich, ein Zelt, drei gesattelte Pferde. Fragt man nach dieser Demonstration der Beliebigkeit nach Analogien im Text, so erweist er sich als eine Gleichung mit mehreren Unbekannten. So erscheint der Teufel, der die Verführung zur Beliebigkeit inszeniert, selbst als eine gestaltlose Gestalt: indefinit als „grauer Mann" (SW II. 25), unsichtbar unter der Tarnkappe oder wechselnd in seinen körperlichen Erscheinungen. Das ist keine Erfindung Chamissos, sondern traditionelles Teufelsbild. Die Verstellungsfähigkeit des Teufels ist sprichwörtlich.

---

[2] Zitiert wird im folgenden nach: Adelbert von Chamisso: Sämtliche Werke in zwei Bänden. Hg. von Werner Feudel und Christel Laufer. München, Wien 1982.

So heißt es im Grimmschen Wörterbuch: „der teufel als ein tausendköpfiger Protheus weis und kan mancherlei form und manier gebrauchen".[3] Chamissos Freund E.T.A. Hoffmann hat den Coppelius im *Sandmann* als proteische Gestalt gezeichnet, und so hält es auch Thomas Mann in der Teufelsszene seines Romans *Doktor Faustus*.

Schwer zu identifizieren ist auch der Held von Chamissos Erzählung selbst, insofern er sprunghaft die Rollen wechselt. Anfangs erscheint er als ein mittelloser junger Mann, der nach einer „glücklichen", aber für ihn „sehr beschwerlichen Seefahrt" (SW II. 23) – Seemann ist er also offensichtlich nicht – in einer ungenannt bleibenden Hafenstadt ankommt. Was für ein Landsmann der Jüngling ist, woher er kommt, warum er den Seeweg gewählt hat, bleibt uns unbekannt. Chamissos Mann ohne Eigenschaften siedelt sich nach dem Erwerb des Glückssäckels nicht in der Stadt des Herrn John an, sondern zieht, stets in der Furcht vor der Entdeckung seiner Schattenlosigkeit, weiter von Ort zu Ort. Für kurze Zeit hofft er, die Existenzform des Reisenden ohne soziale Bindungen wieder aufheben zu können. Sein Diener Bendel, dem er sich offenbart hat, leiht ihm beim Spazierengehen seinen Schatten, und so gelingt es ihm, sich in einem Badeort niederzulassen, wo man den reichen Anonymus zunächst für den in Verkleidung reisenden König von Preußen hält und ihn ehrfurchtsvoll „Graf Peter" nennt, was sich Schlemihl auch gefallen läßt. Seine Heiratspläne freilich scheitern, weil seine Schattenlosigkeit entdeckt wird und er den vom Teufel angebotenen Tausch von Seele und Schatten auch um der Heirat willen nicht eingehen will. Den vergeblichen Versuch einer Identitätsfindung beschreibt Schlemihl in der Erinnerung mit der Metapher des Schauspielers, der nur Rollen aufführt:

> Ich sollte dort in dem Bade eine heroische Rolle tragieren, schlecht einstudiert, und ein Neuling auf der Bühne, vergaff ich mich aus dem Stücke heraus in ein paar blaue Augen. Die Eltern, vom Spiele getäuscht, bieten alles auf, den Handel nur schnell fest zu machen, und die gemeine Posse beschließt eine Verhöhnung. Und das ist alles, alles!" (SW II. 39)

Verzweifelt wandert Schlemihl danach „allein unstät in der Welt" (SW II. 62) umher, durch den Erhalt der Siebenmeilenstiefel fühlt er sich zum Naturforscher berufen, seine einsamen Expeditionen werden nur durch einen Klinikaufenthalt unterbrochen. Schlemihl liegt in einem von seinem Diener Bendel und seiner ehemaligen Verlobten geführten Hospital, das seinen Namen trägt. Er selbst wird freilich nicht wiedererkannt und nur mit einer Nummer bezeichnet.

Ich ziehe eine Zwischenbilanz:

1. Schlemihls Suche nach dem Schatten repräsentiert die Suche nach seinem wahren Selbst, das ihm unbekannt ist. Der Schatten ist ein Metonym

---

[3] Deutsches Wörterbuch von Jacob und Wilhelm Grimm. Bd. 21. Bearbeitet von Matthias Lexer, Dietrich Kralik und der Arbeitsstelle des Deutschen Wörterbuches. München 1984. S. 267.

für dieses Selbst; eine Abwesenheit verweist hier auf die andere.[4] Chamisso nennt im Vorwort zur französischen Ausgabe des *Schlemihl* den Schatten scherzhaft das „Solide",[5] was die meisten Interpreten dazu verführt hat, den Schatten als Allegorie der bürgerlichen Moral zu deuten.[6] Chamisso erklärt den Vorgang freilich hier rein physikalisch. Damit überhaupt ein Schatten entstehen kann, muß Licht auf einen festen Körper fallen. Ein lichtdurchlässiger Körper dagegen wirft keinen Schatten. Ein Mensch, durch den das Licht wie durch ein Nichts hindurchgeht, ist folglich ein Phantom, ein Trugbild, was sich noch nicht zu einer Gestalt verfestigt hat – in den auf Schlemihl gemünzten Worten des Dieners Bendel: „ein Gaukelspiel" (SW II. 77).

2. Schlemihls Entwicklung ist keine Bildungsgeschichte im Sinne des bürgerlichen Idealismus. Von einer kontinuierlichen Identitätsausbildung, einer organischen Entfaltung seiner geistigen Anlagen kann keine Rede sein, einen Lebensplan hat Schlemihl nicht. Er wechselt nur die Rollen, und auch dies geschieht stets ohne Bewußtsein, ist rationaler Kontrolle immer wieder entzogen: Beim Verkauf des Schattens bekommt er einen Schwindelanfall und vor dem Verkauf seiner Seele rettet ihn nur eine „tiefe Ohnmacht"; sein Kommentar dazu lautet: „Auch hier trat, wie so oft schon in mein Leben, und wie überhaupt so oft in die Weltgeschichte, ein Ereignis an die Stelle einer Tat." (SW II. 60) Diese Einsicht entspricht Chamissos persönlicher Lebenserfahrung in der turbulenten Zeit der Befreiungskriege gegen Napoleon und zugleich den Gesetzen der damals bevorzugten Erzählgattungen, denen *Peter Schlemihls wundersame Geschichte* in der Forschung zugeordnet wird: Novelle und Kunstmärchen. Für beide gilt, daß sie im abbreviatorischen Modell nachspielen, was in der Wirklichkeit der Fall war. Konstitutiv ist für sie die plötzliche Unterbrechung aller kultur-, sozial- und lebensgeschichtlichen Zusammenhänge. Chamissos, Hoffmanns oder Kleists Lebens- und Schreibprojekte sind stets Proben darauf, wie es gelingen kann, das Ereignishafte wieder in eine Ordnung einzubinden, das Diskontinuierliche wieder in ein Kontinuum zu überführen.

3. Die Existenzform des Reisenden, der Weg und Ziel seiner Reise nicht kennt, der auf der Suche nach seinem wahren Selbst ist, auf Ansiedlung,

---

[4] Ich darf hier auf Alice A. Kuzniar: „Spurlos ... verschwunden": „Peter Schlemihl" und sein Schatten als der verschobene Signifikant. In: Aurora 45 (1985). S. 189-204 verweisen, deren lacanistische Interpretation wertvolle Anregungen für meine Analyse des *Schlemihl* vermittelt hat.

[5] Vgl. SW II. 703. Chamisso zitiert hier ein physikalisches Lehrbuch: „Un corps opaque ne peut jamais etre éclairé qu'en partie par un corps lumineux, et l'espace privé de lumière qui est situé du coté de la partie non éclairée, est ce qu'on appelle *ombre*. Ainsi *l'ombre*, proprement dite, représente un solide dont la forme dépend à la fois de celle du corps lumineux, de celle du corps opaque, et de la position de celui-ci à l'égard dur corps lumineux. [...] C'est donc de ce solide dont il est question dans la merveilleuse historie ue Pierre Schlémihl."

[6] Zur Schlemihl-Forschung vgl. u.a. Dagmar Walach: Adelbert von Chamisso: „Peter Schlemihls wundersame Geschichte" (1814). In: Paul Michael Lützeler (Hg.): Romane und Erzählungen der deutschen Romantik. Neue Interpretationen. Stuttgart 1981. S. 285-301.

Geld und Heirat verzichtet, läßt Schlemihl als Gegenbild des Philisters, dessen Seßhaftigkeit die Starrheit seines Denkens widerspiegelt, und als Personifikation des romantischen Künstlers erscheinen. Im Gegensatz zu den romantischen Künstlern jedoch empfindet er kein „Unbehagen an der Normalität“,[7] sondern strebt diese vergeblich an.

4. Schlemihl leidet unter seiner Anormalität und sucht den Zufällen seines Schicksals, der Beliebigkeit seiner Rollen zu entgehen, indem er am Ende der Erzählung eine für sich verbindlich macht. Dazu verhilft ihm das Geschenk der Siebenmeilenstiefel, die ihm die Erforschung aller Länder der Erde ermöglichen. Ich zitiere die entscheidenden Sätze:

> Ich fiel in stummer Andacht auf meine Knie und vergoß Tränen des Dankes – denn klar stand plötzlich meine Zukunft vor meiner Seele. Durch frühe Schuld von der menschlichen Gesellschaft ausgeschlossen, ward ich zum Ersatz an die Natur, die ich stets geliebt, gewiesen, die Erde mir zu einem reichen Garten gegeben, das Studium zur Richtung und Kraft meines Lebens, zu ihrem Ziel die Wissenschaft. Es war nicht ein Entschluß, den ich faßte. Ich habe nur seitdem, was da hell und vollendet im Urbild vor mein inneres Auge trat, getreu mit stillem, strengen, unausgesetzten Fleiß darzustellen gesucht, und meine Selbstzufriedenheit hat von dem Zusammenfallen des Dargestellten mit dem Urbild abgehangen.“ (SW II. 72)

Was hier aufleuchtet, ist die Epiphanie einer – wie es in der Goethezeit heißt – Wieder- oder Neugeburt. Im Gegensatz zur antiken Palingenesie wird die personale Erneuerung hier nicht als zyklisch, sondern als meliorativ begriffen. Das Wiedergeburtskonzept entstammt pietistischer Lehre, in seiner Profanisierung, als metaphorischer Sprechakt, wird es an der Wende vom 18. zum 19. Jahrhundert geradezu inflationär verwendet.[8] Die Identitätsausbildung wird hier nicht linear-prozeßhaft nach dem Muster eines Lebensplanes, sondern sprunghaft gedacht. Sie vollzieht sich zumeist auch nicht innerhalb gesellschaftlicher Institutionen.[9] Das Wiedergeburtserlebnis erschafft zunächst einen von diesen unabhängigen Ich-Entwurf, der so lange Fiktion bleibt, als er sich in der gesellschaftlichen Praxis noch nicht bewährt hat. Schlemihl aber bleibt von der menschlichen Gemeinschaft ausgeschlossen, seine Wiedergeburt als Wissenschaftler stellt nur das letzte Glied in der Kette fiktiver Identitäten dar. Seine Wendung zu den Dingen der Natur dient letztlich nur zum Erhalt des fiktiven „Urbilds“ und verfällt deshalb

---

[7] Vgl. Lothar Pikulik: Romantik als Ungenügen an der Normalität. Am Beispiel Tiecks, Hoffmanns, Eichendorffs. Frankfurt/M. 1979.

[8] Vgl. hierzu Klaus H. Kiefer: Wiedergeburt und Neues Leben. Aspekte des Strukturwandels in Goethes „Italienischer Reise“. Bonn 1978.

[9] Eine Ausnahme davon macht z.B. Kleist in seinem Traktat *Über die allmähliche Verfertigung der Gedanken beim Reden*. Hier sind die gesellschaftlichen Institutionen, exemplarisch repräsentiert durch den Zeremonienmeister Ludwigs XVI. von Frankreich oder den Universitätsprüfer, das Bewährungsfeld, auf dem unmittelbar bewiesen werden muß, ob einer seiner Selbstzeugungsphantasie zum Durchbruch verhelfen kann. Vgl. hierzu Günter Blamberger: Das Geheimnis des Schöpferischen oder: Ingenium est ineffabile? Studien zur Literaturgeschichte der Kreativität zwischen Goethezeit und Moderne. Stuttgart 1991.

Chamissos Kritik. Chamissos Biographen spielen bisweilen mit der Idee, daß Schlemihls Geschichte eine Art Selbstzeugungsphantasie des Autors sei, der hier seinen künftigen Weg als weltreisender Naturforscher vorausentworfen habe.[10] Übersehen wird dabei, daß Chamisso die neue Rolle seines Helden ironisiert. Schlemihl, der ein spekulativer romantischer Naturphilosoph bleiben muß, so lange er mit Siebenmeilenstiefeln die Welt nur überfliegen kann, wird auf recht seltsame Weise zum empirischen Wissenschaftler – er zieht sich Pantoffeln als „Hemmschuhe" über:

> ich hatte erfahren, wie unbequem es sei, seinen Schritt nicht anders verkürzen zu können, um nahe Gegenstände gemächlich zu untersuchen, als indem man die Stiefel auszieht. Ein paar Pantoffeln, übergezogen, hatten völlig die Wirkung, die ich mir davon versprach, und späterhin trug ich sogar deren immer zwei Paar bei mir, weil ich öfters welche von den Füßen warf, ohne Zeit zu haben, sie aufzuheben, wenn Löwen, Menschen oder Hyänen mich beim Botanisieren aufschreckten. [...] Für mangelndes Glück hatte ich als Surrogat die Nicotiana, und für die menschliche Teilnahme die Liebe eines treuen Pudels, der [...] es mich doch menschlich empfinden ließ, daß ich nicht allein auf der Erde sei. (SW II. 74f.)

Die „nützliche Lehre" seines Lebens, die Schlemihl zuletzt Chamisso und dem Leser mitgibt: „Willst Du nur Dir und Deinem besseren Selbst leben, o so brauchst Du keinen Rat." (SW II. 79) ist deshalb meiner Ansicht nach nicht, wie in der Sekundärliteratur üblich, affirmativ, sondern gegen den Strich zu lesen. Metaphorisch gesprochen: Schlemihl mißlingt der Sprung vom romantischen Künstler zum bürgerlichen Realisten, weil er, anders als sein Autor, weiter nur seinem Selbst lebt. In den Worten des Dieners Bendel: „Ein anderer ist nun der wirkliche Anfang" (SW II. 77). Das zeigt die Biographie Chamissos.

Vergleichen wir zum Beweis die erfundene mit der erfahrenen Weltreise, die Naturforscher Schlemihl und Chamisso. Ich fasse die dafür wichtigsten Punkte zusammen:

1. Chamisso hat in den Wirren der französischen Revolution und der preußischen Kriege gegen Napoleon seinen Lebensweg lange Zeit auch als ein Diskontinuum vom Zufall diktierter Rollen erfahren. Nacheinander ist der Emigrant Porzellanmaler, Blumenverkäufer, Page der Königin Friederike Luise, Gymnasiast, preußischer Soldat, Gründer eines romantischen Musenalmanachs. Im Reisetagebuch erinnert er sich an seine seelische Verfassung im Jahre 1806, die charakterisch ist auch für die folgenden Jahre:

> Irr an mir selber, ohne Stand und Geschäft, gebeugt, zerknickt verbrachte ich in Berlin die düstere Zeit. (SW II. 87)

1811/12 ist Chamisso in Coppet, dem Schweizer Exil der von Napoleon verbannten Frau von Stael. Der Aufenthalt dort wird zum Wendepunkt sei-

[10] So selbst Werner Feudel: Adelbert von Chamisso. Leben und Werk. Leipzig 1980. S. 83 und Volker Hoffmann: Nachwort zu Adelbert von Chamisso: Sämtliche Werke. Bd. II. München 1975. S. 683f., deren Arbeiten die neuere Chamisso-Forschung begründet haben.

nes Lebens. Er nimmt „mit Überdruß" Abschied vom Dichtertum und der „müßigen Spekulation" der Romantik, um sich ganz den Erfahrungswissenschaften zuzuwenden.[11] Über die Hintergründe von Chamissos Entscheidung weiß die Forschung bisher wenig.[12] Eine theoretische Auseinandersetzung etwa mit der Kunstauffassung August Wilhelm Schlegels, dessen Wiener Vorlesungen *Über dramatische Kunst und Literatur* er zu dieser Zeit recht widerwillig zu übersetzen versuchte, ist nicht überliefert. Bekannt ist nur, daß Chamisso mit der deutschnationalen und christlich gesonnenen Berliner Spätromantik nichts mehr anfangen konnte. Jedenfalls beschließt der mittlerweile Dreißigjährige, „alle Naturwissenschaften mehr oder weniger [zu] umfassen und in einigen Jahren als ein gemachter Mann" vor sich zu stehen[13] und erkennt: „Ich bin einmal mit mir und der Welt in Eintracht, und aus der Lüge heraus."[14] Auch hier scheint es sich um einen sprunghaften Identitätswechsel, um ein Wiedergeburtserlebnis zu handeln. Zweifel daran darf man freilich haben, wenn man weiß, daß Chamisso sich seit seiner Kindheit für Botanik interessierte.[15] So ist es wohl besser, Chamissos Ausdrucksweise weniger als eigentliche denn als uneigentliche zu werten und deren Funktion zu bedenken: Sie dient der Immunisierung, dem Schutz vor eigenen und fremden Zweifeln an der Lebensentscheidung. Chamisso ist freilich noch kein Naturwissenschaftler in Coppet, er schafft sich nur ein fiktives Identitätsbild, das er dann aber in der Wirklichkeit erprobt. Er beginnt in der Schweiz zu botanisieren, studiert im Jahr darauf in Berlin Anatomie, Botanik und Zoologie und erhält 1815 eine Stelle als Naturforscher auf einem russischen Expeditionsschiff, das der Sohn des Dichters Kotzebue als Kapitän drei Jahre um die Welt führt. Die Reise geht über den Atlantik nach Südamerika, um die Südspitze Chiles durch den Pazifik hinauf zum Nordpol, wo man vergeblich die berühmte Nordostpassage im sibirischen Eismeer zu erkunden versucht.

2. Die reale Reise desillusioniert alle Hoffnungen, die romantische Imagination mit dem Reisen verbunden hat.[16] Chamisso, der sich zu Beginn „an der Schwelle der lichtreichsten Träume" glaubt und „wie die Braut [...] den Myrtenkranz im Haare dem Heißersehnten entgegen sieht" (SW II. 89), muß feststellen, daß es „sich auf so einer Reise eben wie zu Hause" (SW II. 151) lebt, daß das Dasein des Reisenden philiströser sein kann als das des seßhaftesten Bürgers. Der reale Neuanfang gibt ihm wenig Raum zur Selbst-

---

[11] So Chamisso in einem Brief an Rosa Maria Varnhagen vom 17.11.1812, hier zitiert nach der Briefsammlung in: Adelbert von Chamisso's Werke. 5. vermehrte (und berichtigte) Auflage besorgt von Friedrich Palm. Bd. 5. Berlin 1864. S. 377f.

[12] Vgl. hierzu außer Feudels Biographie die ältere Arbeit von Alfred Götze: Frau von Stael, Chamisso und Helmina von Chézy. In: Archiv für das Studium der Neueren Sprachen 189 (1953). S. 145-171.

[13] Chamisso an de la Foye im November 1812, zitiert nach Palm (Anm. 11), Bd. 5. S. 376.

[14] Zitiert nach Palm (Anm. 11), Bd. 5. S. 375.

[15] Vgl. hierzu Hoffmanns Nachwort (Anm. 10), S. 667f.

[16] Zur Konzeption des Reisens in der Romantik vgl. Pikuliks Studie (Anm. 7), vor allem S. 293-410.

bestimmung. Man tauft ihn auf einen russischen Namen, eine eigene Kajüte bekommt er nicht, den Offizieren ist er nachgeordnet, der Kapitän bestimmt, wann er sich den Bart zu rasieren hat, und jedes Mannschaftsmitglied darf ungestraft seine botanischen Schätze über Bord werfen, wenn sie ihm als nutzloser Ballast erscheinen. So definiert Chamisso das Schiff bald als „Gefängnis" oder „Sarg", seine vorherrschenden Gefühle heißen „Enge" und „Langeweile"; selbst angesichts eines schweren Sturmes stellen sie sich ein, den er deshalb in der Beschreibung auch nicht poetisch überhöhen mag.[17] Trotz dieser widrigen Erfahrungen verteidigt Chamisso in einem im Reisebericht abgedruckten Brief an seinen Freund Hitzig seine jetzige Existenzform und grenzt sich noch einmal von dem „naturphilosophisch-poetischen Kram" der deutschen Dichter ab, die „die Welt aus dem Halse der Flasche betrachten, in welcher sie eben eingeschlossen sind", während er „doch durch alle Poren zu allen Momenten neue Erfahrungen" einatme (SW II. 152). In E.T.A. Hoffmanns Erzählung *Der goldene Topf* von 1814 sitzen noch die Philister in den Flaschen, bei Chamisso sind es die romantischen Dichter. Ihr selbstbezogenes Spekulieren versperrt ihnen den Blick auf die Vielfalt der Dinge. In Chamisso dagegen schließt jeder beobachtete Gegenstand ein neues Organ der Erkenntnis auf. Dieses neue Sehen läßt ihn zum Universalgelehrten werden, dessen Reisebericht geologische, botanische und zoologische Studien ebenso enthält wie ethnologische und sprachkundliche.

3. Der Wechsel von der romantischen Spekulation zur Empirie drückt sich auch in der Form von Chamissos Reisebericht aus, der zweigeteilt ist in ein realistisches Reisetagebuch und wissenschaftliche *Bemerkungen und Ansichten*. Die Trennung von Unterhaltung und Information wird freilich nicht streng eingehalten. Das Tagebuch ist fragmentarischer, impressionistischer, es enthält neben Landschaftsskizzen, Porträts, Anekdoten oder Theaterkritiken aber auch die Daten und Fakten der Reise. Die *Bemerkungen und Ansichten* verfolgen ein mehr enzyklopädisches Interesse, die Darstellung ist weitgehend standardisiert nach einem länderkundlichen Schema. Auf die Untersuchung der Topographie folgt die der physischen und der Kulturgeographie. Ich will nicht verhehlen, daß diese Methode der Addition und Inventarisierung das Lesen gelegentlich etwas öde macht und der Vergleich einer verlassenen Pazifikinsel mit Goethes Arbeitszimmer Zweifel an Chamissos neuem Sehen aufkommen lassen.[18] Die vorurteils- und von allem Exotismus freie Darstellung der Sitten und Bräuche der Südseeinsulaner bleibt dennoch lesenswert. In den Prinzipien des Universalismus, Empirismus und Philantropismus folgt Chamissos Beschreibung ihren Vorbildern, den großen Reiseberichten der Spätaufklärung von Georg Forster und Alexander von Humboldt.[19] Das Werk ist eines der letzten in der deutschen Reiselitera-

---

[17] Vgl. u.a. SW II. 97f., 103, 112f., 136, 281, 361.

[18] Vgl. SW II. 162.

[19] Zur historischen Einordnung vgl. Gisela Menza: Adelbert von Chamissos „Reise um die Welt mit der Romanzoffischen Entdeckungs-Expedition in den Jahren 1815-1818". Frankfurt/M., Bern, Las Vegas 1978.

tur, das wissenschaftliche und literarische Ansprüche, die Funktionen des >prodesse< und >delectare< vereint. Nach der Herausdifferenzierung der Einzelwissenschaften der Erdbeschreibung um die Mitte des 19. Jahrhunderts, der Geographie und der Völkerkunde, bleibt der Reiseliteratur weitgehend nur noch die Unterhaltungsfunktion.

Am Ende seines Reisetagebuchs reflektiert Chamisso noch einmal über den Prozeß seiner Selbstfindung:

> Die Verwandlungen des Insektes lassen sich an dem Menschen nachweisen, nur in umgekehrter Reihenfolge. Er hat in seiner Jugend-Periode Flügel, die er später ablegt, um als Raupe von dem Blatte zu zehren, auf welches er eben beschränkt wird. (SW II. 370)

Über den poetischen Wert dieses Vergleichs mag man geteilter Meinung sein, das Blatt jedenfalls war offensichtlich recht groß. Heimgekehrt nach Berlin findet Chamisso die soziale Anerkennung, die dem Naturforscher Schlemihl versagt bleibt. Er wird am königlichen Herbarium angestellt, zum Ehrendoktor und auf Vorschlag Alexander von Humboldts zum Mitglied der Akademie der Wissenschaften ernannt. Den Vormärzdichtern wird er durch seine realistische und sozialkritische Lyrik ein Vorbild. Heinrich Heine hat deshalb über Chamissos Metamorphose eine andere Meinung als dieser selbst:

> obgleich Zeitgenosse der romantischen Schule, an deren Bemühungen er teilnahm, hat doch das Herz dieses Mannes sich in der letzten Zeit so wunderbar verjüngt, daß er in ganz neue Tonarten überging, sich als einen der eigentümlichsten und bedeutendsten modernen Dichter geltend machte, und weit mehr dem jungen als dem alten Deutschland angehört.[20]

---

[20] Heinrich Heine: Die romantische Schule. In: Sämtliche Schriften in zwölf Bänden. Hg. von Klaus Briegleb. Werkausgabe. Bd. 5. S. 491.

Alfred Riemen

HOLOFERNES ODER DIE VERZWEIFLUNG AN DER ROMANTIK

Zu Friedrich von Sallets *Contraste und Paradoxen*

Auch er war in Neisse geboren, allerdings nicht 1936, sondern schon 1812, und als preußischer Secondlieutenant wurde er 1831 von einem Militärgericht degradiert und zu zehn Jahren, in einem Revisionsverfahren zu einem Jahr Festungshaft verurteilt wegen Verunglimpfung des Militärs. Gewiß hatte er es toll getrieben. In einer Ich-Erzählung, die unter seinem Namen in einer Zeitung[1] erschien, aber wohl dank des Militärgerichts nach der zweiten Fortsetzung abbrach, hatte er das preußische Exerzierreglement und seine praktische Anwendung geistlos genannt, mit deutlicher Kritik an höheren Stellen bedauert, daß er seinen Degen bestenfalls als Zierde trug und ihn nicht gegen revolutionär aufmüpfige Franzosen und Belgier gebrauchen durfte, und er hatte geschildert, wie er aus Unzufriedenheit mit seinem Offiziersleben – Frust würde man das heute nennen – seinen federgeschmückten Hut auf den Boden geworfen und wütend, aber wohl kaum befreiend, zertrampelt hatte. Auch die Verbindung zu einem Geld- und Pfandjuden, der ihm jetzt allerdings den Gewinn des großen Loses auszahlt, dürfte das Ansehen des Militärs in der Öffentlichkeit nicht gefördert haben. Schließlich beschreibt er am Ende des ersten und einzig erschienenen „Abentheuers", wie er die Kapiteleinteilung gut romantisch nennt, eine Champagnerorgie mit seinen Offizierskameraden, die sich in ihren Reden nicht gerade geistreich und in ihrem Verhalten recht ungezügelt zeigen. Derartige literarische Eskapaden konnte eine hohe Generalität einem grünschnabeligen Leutnant nicht durchgehen lassen. Also strenges Gericht! Hatte Friedrich Wilhelm III. Verständnis für den jugendlichen Unmut im eintönigen Garnisonsleben? Oder schien ihm das Militär erhaben über solchen Ausfällen zu stehen? Jedenfalls hob er die Degradierung auf, reduzierte die Festungshaft auf zwei Monate und versetzte den Übeltäter anschließend von Mainz nach Trier.

1 Hessische Blätter. Beiträge zur Unterhaltung und Belehrung. März 1831.

Wie Friedrich von Sallet, so der Name des Delinquenten, seine Erzählung mit dem Titel *Das Leben ist ein Traum*[2] weiterführen und beenden wollte, wird uns unbekannt bleiben. Man braucht das auch nicht zu bedauern. Die Verbindung von Leben und Traum, der Lotteriegewinn als zauberische Überraschung könnten auf romantische Motive zurückgehen; jedenfalls zeigen die um diese Zeit verfaßten Gedichte und Verserzählungen Sallet als Romantikepigonen. Die schon angedeuteten zeit- und gesellschaftskritischen Ansätze weisen auf spätere Schwerpunkte seiner Dichtungen voraus. Zwischen beidem schwankt Sallet, freilich zunächst mit dem Übergewicht der Romantiknachfolge, und beide Momente schließen sich ja nicht gegenseitig aus. Prosadichtungen sind in der Minderzahl. Nach dem verunglückten Erstling nahm er in die Sammlung seiner Lyrik[3] einen Text mit dem Titel *Der Johanniswürmerprinz* auf, Erzählteil in Prosa, die Reden der Naturgeschöpfe in gereimten Versen, allerdings wie Prosa gedruckt. Das Werk steht ganz deutlich in der Tradition der Romantik: Ein Menschenkind wird als Fürst eines verzauberten und verwandelten Elfenvolks erkannt, erlöst sein Volk und wird sein König. Bezeichnend die Wendung zum Orient: das Elfenvolk stammt aus Indien, ist wegen seiner Vergehen verzaubert und in der Gestalt von Johanniswürmern nach Europa versetzt worden. Nach der Erlösung kehren alle nach Indien zurück. Die dritte und letzte Prosadichtung Sallets ist die interessanteste, da sie einen Übergang markiert, und sie soll unser folgendes Thema sein.

Romantisches

Ursprünglich sollte das Werk „Onkel Holofernes" heißen, und dieser Titel sowie seine Änderung sind bezeichnend. Holofernes nämlich heißt der Magier, der auf den Werdegang des jungen Helden Junius den wichtigsten Einfluß ausübt, indem er ihn mit einem Guckglas, das er hergestellt hat, hinter die Fassade der Natur sehen läßt und ihm durch eine Art von filmischem Felsentheater Bilder aus der Geschichte vorführt. Gedacht ist das als Erziehung zum Künstler, und der Anfang der Erzählung läßt das noch deutlich erkennen. Zum Künstler wird Junius auch, aber am Ende der Erzählung ist das ein recht fragwürdiges Künstlertum. Man muß den früheren Betrachtern der Erzählung, angefangen bei dem Freund Sallets, Theodor Paur, recht geben, daß sich zwischen dem Entwurf und der Fertigstellung der Geschichte ein Sinneswandel im Dichter vollzogen hat. Wahrscheinlich hat sich nicht nur die Intention, mit der die Geschichte begonnen wurde, gewandelt, sondern überhaupt die Vorstellung von dem, was ein Schriftsteller um 1840 zu geben habe. Danach jedenfalls schreibt Sallet das Werk, das er als sein

[2] Ob der Titel auf Calderons Schauspiel *Das Leben ein Traum* zurückgeht, ist nicht mehr festzustellen.

[3] Gedichte von Friedrich von Sallet. Berlin 1835.

wichtigstes betrachtet, das *Laien-Evangelium*,[4] in dem er seine neue Religion – wenn man seine religiöse Anschauung so bezeichnen kann – verkündet. Die Prosaerzählung, der er nun den Titel *Contraste und Paradoxen* gegeben hatte, wurde erst ein Jahr nach seinem Tode von Theodor Paur veröffentlicht.[5]

In romantischer Tradition steht die Form der Erzählung. Friedrich Schlegel und seine frühromantische Vorstellung vom Roman wirken nach. In die Prosaerzählung sind andere Genres und Gattungen eingewoben: lyrische Gedichte, in denen vor allem die Naturelemente sprechen, wie schon im *Johanniswürmerprinz*, ein ABC-Buch, das Holofernes seinem Neffen zur Taufe vermacht hat und das neben einem Alphabet in Reimpaaren vor allem Aphorismen und Lebenslehren enthält und mit einer parabelartigen Erzählung schließt, Auszüge aus einem angeblichen Tagebuch des Holofernes, gewöhnlich eingeleitet mit den Kürzeln A.d.T.d.O.H.,[6] ebenfalls Lebensweisheiten und Urteile über die Menschen und die Welt enthaltend, ein Opernlibretto als Parodie auf die Artussagen, ein Märchen von gleichfalls parodistisch moralischem Charakter und schließlich deutende Eingriffe des Erzählers und seine Reflexionen philosophischen, religiösen, moralischen oder pädagogischen Inhalts. Den Schluß der Erzählung bildet der Brief eines reisenden Engländers, der zunächst wie ein unorganischer Appendix wirkt, dessen Inhalt allerdings den Zusammenhang mit der Geschichte erkennen läßt. Ob Friedrich Schlegel Freude an dem Werk gehabt hätte, scheint mir zweifelhaft; jedenfalls aber sind seine Vorstellungen vom Roman und vielleicht auch von der romantischen Universalpoesie zumindest äußerlich erfüllt. Das gilt auch vom gesamten Stil der Erzählung. Einzelne Begebenheiten und Motive werden immer wieder deutlich ironisiert, und neben dem Erzähler selbst bringt vor allem Onkel Holofernes die Farben ins Spiel, die zur Ironisierung dargestellter Personen dienen und das Urteil des Lesers lenken sollen. Manchmal muß der Erzähler allerdings auf plumpe Weise nachhelfen, damit der Leser nur ja versteht, was gemeint ist, so wenn Junius' Mutter den Hauslehrer anstellt, „ihr aus der Lesebibliothek recht schöne (das heißt möglichst schlechte) Romane zu besorgen". (53) Wie hätte man auch ohne die Parenthese bei der ästhetischen Bildung der Dame, die dem Leser bereits bekannt ist, die ironische Bedeutung des Wortes „schön" erkennen können! Solche überflüssigen Direktheiten kommen gelegentlich vor. Darüber hinaus aber schwebt über dem Stil der ganzen Erzählung ein ironisches Fluidum. Alles Erzählte kann wörtlich genommen werden, das Phantastische wird zur Realität, da es in die erzählte Wirklichkeit eindringt; aber gleichzeitig scheint es sich wieder selbst aufzuheben, indem der Erzähler mehrfach Hinweise auf den Kunstcharakter des ganzen Geschehens gibt; was er erzählt, existiert unter gewissen Umständen, und es existiert auch

---

4 Laien-Evangelium. Jamben von Friedrich von Sallet. Leipzig 1842.

5 Contraste und Paradoxen. Eine Novelle von Friedrich von Sallet. Breslau 1845. – Zitate nach dieser Ausgabe; Seitenverweise im fortlaufenden Text hinter dem Zitat.

6 Das bedeutet: „Aus dem Tagebuch des Onkels Holofernes".

wiederum nicht. So berichtet der Engländer in dem Brief am Schluß der Erzählung, daß er eine merkwürdige Stelle in der Landschaft gefunden habe, die der Leser als Relikt des Schreiberturms des Herrn Habichs identifizieren kann; als der Reisende aber an den folgenden Tagen wieder danach forscht, ist die Stelle nicht mehr auffindbar.

Der romantischen Märchentradition folgen Stil und Motive des Anfangs: „Es war einmal in einer großen Stadt ein sehr reicher Bankherr, der hieß Herr Habichs [...]“. (1) Der weitgehend parataktische Satzbau bevorzugt Anknüpfungen mit der Konjunktion „und“; die meisten Nebensätze sind relativisch, nur selten trifft man auf einen Kausal- oder gar Konsekutivsatz. Sallet imitiert in diesem Anfangsabschnitt den naiven Märchenstil der Grimms. Aus dem Märchen stammt auch die bevorzugte Zahl zwölf. Habichs hält sich zwölf Schreiber; sie sitzen in einem zwölfeckigen Turm, der in zwölf Zellen für die Schreiber geteilt ist, und sie arbeiten zwölf Stunden täglich.

Im Kontrast zu dieser scheinbaren Märchenwelt stehen die Personen der merkantilen Welt. Reichtum, ja, der ist durchaus märchengemäß, aber ein Bankherr und seine Schreiber sind es weniger, und ihre Beschreibung und die ihrer Umgebung ist es am wenigsten. Der Name des Bankherrn mag vielleicht noch als märchenhafte Verschlüsselung gelten; denn er löst sich auf in die bezeichnenden Worte „Hab-ich-es“. Die weitere Beschreibung wirkt mehr realistisch als märchenhaft. Der Bankherr und die Schreiber sitzen rittlings auf ledernen Schreibeseln, „wobei übrigens schwer zu bestimmen, wer am ledernsten gewesen, die Reiter oder die Esel“ (2), vor sich dikke Kontobücher, und sie arbeiten so ruhig und unbeweglich, daß abends ihr Haar noch genau so liegt, wie es „vor zwölf Stunden, mit kunstreichen, säuberlichen Fingern von ihnen angeordnet, geschlichtet, gerichtet, gelichtet, abgetheilt und abgezielt worden war.“ (4) Solche Wortspielereien in humoristisch ironischer Absicht lassen sich auch auf romantische Gepflogenheiten zurückführen. Und schließlich die hier beginnende Philisterkritik! Habichs gehört einer extrem unpoetischen Welt an; man könnte ihn den Exponenten der Antipoetik nennen. Für ihn zählt nur, was sich berechnen läßt, und zwar in Geldeswert. Als ihm während der Bürostunden von einer Magd die Geburt seines Sohnes gemeldet wird, stellt er zwischen den Berechnungen, die er gerade vornimmt, nur lakonisch fest: „Ist mir lieb, sehr lieb [...] kann einmal das Geschäft fortsetzen.“ (4) Aber für die Bewunderung des neuen Erdenbürgers und den Besuch bei der Wöchnerin läßt die Rechenarbeit keine Zeit; das kann am Abend nach den Bürostunden immer noch geschehen. Die gotische Kathedrale, in der Junius getauft wird, ist Habichs zu phantastisch, und erst recht ist ihm der Bau zuwider, wenn er überlegt, „wie viel unnützes Geld auf denselben verwendet worden sei“. (133) Ein Dichter ist für ihn nur „ein großer Narr, [...] der das Edelste, was wir haben, und was uns vom Vieh unterscheidet: die Sprache, anstatt sie zu nützlichem lucrativen Verkehr, wozu sie uns Gott gegeben hat, anzuwenden, dergestalt mißbraucht, daß er sie einer sinn- und zwecklosen Klapperei und Klingelei zu Liebe verzerrt, verschiebt, verdreht und zerfetzt, nur um verrückte Dinge in verrückter Form zu Markte zu bringen“. (125) Die antipoetische Argumentation läßt klassisch-romantische Vorstellungen durchscheinen: die von Gott gegebene Sprache, die den Menschen gegenüber dem Tier auszeichnet, die Form als dasjenige, was die sprachliche Äußerung zur Dichtung macht. Aber für den Bankherrn ist auch Dichtung nur ein Artikel des Marktes. Seine Sprache verrät damit sein Metier. Häufig sind seine Äußerungen ökonomisch verknappt. Als seine Schreiber einen Gesang zu hören glauben, fährt er sie an: „Exaltirtes Wesen! taugt nichts für einen tüchtigen Arbeiter. Gleich aufgehört, sich Unsinn einzubilden! Kann das nicht leiden.“ (6f) Gegenüber seinem Schwager Holofernes äußert er: „Kann überhaupt das viele Schwatzen über unwichtige Dinge nicht leiden.“ (21) Unwichtige Dinge sind in diesem Falle Erziehungsfragen und die das Leben bestimmende Wirkung der Kunst auf die Menschen, insbesondere auf Kinder.

Frau Habichs ist die triviale ästhetische Philisterin. Ihre Damengesellschaft pflegt die ästhetischen Tees, die von den Romantikern oft aufs Korn genommen worden sind. Man schwärmt von der Erhabenheit der Literatur und vom Genie, und weil Genie eigentlich nur ein anderer Ausdruck für Sonderling ist, stellt Frau Habichs den Freundinnen ihren Bruder Holofernes als Genie vor. Er muß sich abgeschmackte Floskeln über Dichtung und dumme Urteile über Byron anhören; aber als er seine Auffassung vom Dichter im allgemeinen und von Byron im besonderen vorträgt, verstehen sie davon nichts und antworten wieder nur mit Höflichkeitsfloskeln. Verübeln kann man das den Damen eigentlich nicht; denn Holofernes hält eine wahre Vorlesung, die sich über mehrere Seiten hinzieht und als Teil einer Erzählung auch den Leser ermüden kann. Immerhin zeigt sich in den Worten Sallets Dichterbegriff. Dessen Unterschied zu der trivialen Auffassung der philiströsen Damen wird in einer Bemerkung der Frau Habichs deutlich, als sie erstmals ein Gedicht ihres Sohnes entdeckt: Er solle seine poetische Veranlagung als „ein schönes, genialisches Talent“ in seiner Freizeit üben und könne „dadurch einst die ästhetische Zierde edlerer Geselligkeit werden und manche angenehme Stunde für schönere Seelen verkürzen helfen.“ (123) So will Frau Habichs auch in ihrer Teegesellschaft glänzen und läßt das Genie, ihren Bruder, von ihren Freundinnen auffordern, eines seiner Werke vorzutragen, und Holofernes rächt sich an den Damen, indem er eine „historisch-romantische Oper“, eine absichtlich grobe Parodie der Artussagen, teils vorträgt und zum Entsetzen der Anwesenden teils vorsingt.

Daß die Philisterkritik auch Sozialkritik ist, wird an der Figur des Hauslehrers deutlich. Wenn es ein vollständiges zoologisches Lexikon gäbe, könnte der Leser die Spezies kennenlernen, indem er „unter der Rubrik: Einheimische Hausthiere, den Artikel: der gemeine deutsche Hauslehrer nachschlage.“ (51) In die Bahnen der romantischen Literaturkritik mündet die Darstellung später wieder ein, als der Hauslehrer ein naturwissenschaftliches Werk mit, wie er glaubt, völlig neuen Erkenntnissen verschiedenen Verlegern anbietet, aber immer Ablehnungen erfährt. Die Vorschläge, die dem Autor gemacht werden, parodieren den zeitgenössischen Literaturbetrieb. So rät ein Verleger, alles Wissenschaftliche wegzulassen und das Buch in eine unterhaltsame Fortsetzungsgeschichte umzuschreiben; ein anderer schlägt vor, daraus Briefe an eine junge Dame oder einen Roman für Frauen zu machen, wobei ein bißchen Wissenschaft als didaktische Episoden eingestreut werden könnte. Wir sind im Zeitalter der beginnenden Frauenemanzipation, die Sallet sehr satirisch behandelt; als sich Frau Habichs gegen die Anordnungen und Ansichten ihres Gatten auflehnt, hält sie ihm eine Rede über die Rechte der Frauen mit vielen verballhornten Fremdwörtern, womit sie zeigt, wie wenig sie von dem versteht, was sie nachplappert.(127f) Welche Bedeutung hatten dagegen die Frauen in den frühromantischen Kreisen, von ihrer emanzipierten Stellung in Friedrich Schlegels *Lucinde* ganz zu schweigen! Allerdings will Sallet in Frau Habichs die Halbgebildete, die nur einer Modeerscheinung folgt, lächerlich machen. Holofernes' Urteile über Frauen sind sarkastisch bis zur Bosheit. Für die Oberflächlichkeit und Neigung zu unehrlicher Koketterie, die er bei ihnen feststellt, macht er die zeitgenössische Mädchenerziehung verantwortlich. Nur einmal im Zusammenhang mit den religiösen Ansichten, die Sallet wenig später im *Laien-Evangelium* und in der Streitschrift *Die Atheisten und Gottlosen unsrer Zeit* ausführt, wird die Frau als harmonisierender gesellschaftlicher Teil „der einigenden, versöhnenden und erhaltenden Milde und Liebe“ und als „Gedanke der Schönheit“ gelobt. (132) Aber auch das ist ein sehr konservatives Frauenbild, und die positive weibliche Gestalt der Erzählung, Junius' Schwester Malvine, entspricht ihm; sie ist die treue und opferfreudige seelische Stütze ihres Bruders und begnügt sich mit der passiv dienenden Rolle.

Ganz im Sinne der romantischen Künstlervorstellung ist die Gestalt des Junius entworfen. Bei seiner Geburt singt ein Schwan über dem Schreiberturm ein Lied, in dem er dem Neugeborenen verkündet, daß er auf der Erde ein Fremdling sein werde, „Bis der von Ost verirrte Strahl / Zurück in seine Heimat flammt, / Und Wonnen aufblühn aus jeder Qual.“ (8) Trotz der verschwommenen Metaphorik, die das ganze Gedicht beherrscht, vermutet der Leser und sieht später bestätigt, daß der „von Ost verirrte Strahl“ eben Junius ist.[7] Er ist wirklich unbrauchbar für die Geschäftswelt, in die er hineingeboren wurde, und schließlich entschwindet er in das Reich der Fee Tausendblüth, auf einem goldenen Vogel reitend. Romantisch ist auch die Naturanschauung. Er hört Tiere und Pflanzen singen, schreibt ein solches Lied auf und wird darüber zum Dichter. Das Guckglas, das Holofernes ihm bei der Taufe vermacht hat, läßt ihn hinter der Fassade das eigentliche Wesen der Natur erkennen; das romantische Thema von den Hieroglyphen der Natur wird wörtlich angesprochen. (59) Seine Umgebung hält seine Naturbegeisterung, die sich für ihn unbewußt mit Kunstbegeisterung paart, für

---

[7] Viele Motive erinnern an das Märchen *Der Johanniswürmerprinz*. Dessen Held heißt Julius, Unterschied eines einzigen Lauts; auch er ist in einer ihm nicht gemäßen Umwelt aufgewachsen, allerdings als Findelkind. Auch er hört die Naturwesen, insbesondere die Johanniswürmchen, in Versen sprechen; auch deren Heimat liegt im Osten – wiederum gut romantisch –, und dorthin kommen sie nach der Entzauberung zurück. – Das Lied des Schwans könnte aus der ersten Arbeitsperiode an der Erzählung stammen; denn der uneingeschränkt positive Ausgang, den es verkündet, will mit dem zwiespältigen Schluß der endgültigen Fassung nicht recht harmonieren.

Verrücktheit, glaubt, er sei mit Tollkirschen vergiftet, und unterzieht ihn einer unangenehmen medizinischen Purgation. Als Lehrling im zwölfeckigen Turm schreibt er wie in Trance ein Gedicht in das Kontobuch, worüber Vater Habichs berechtigterweise in Zorn gerät. Man sieht, Sallet hat so ziemlich alle Attribute des weltentrückten Künstlers, die aus der romantischen Erzählliteratur überliefert sind, auf seinen Junius gehäuft. Auffällig sind Ähnlichkeiten mit Hoffmanns modernem Märchen *Der goldne Topf*. „Ein Märchen aus der neuen Zeit", wie Hoffmann im Untertitel sagt, ist ja auch Sallets Erzählung. Junius gerät wie der Student Anselmus in Konflikt mit seiner realen Umwelt, und wie bei Anselmus wirkt das Surreale in die reale Welt hinein: Als er eines Nachts träumt, daß die Fee Tausendblüth ihm eine Rose gibt, hält er diese beim Erwachen in der Hand. Das Reich der Fee, in das Junius eingeht, ist geradezu ein zweites Atlantis, wo Anselmus sein Rittergut erworben hat und von dem der Archivarius Lindhorst zum Erzähler sagt: „Ist denn überhaupt des Anselmus Seligkeit etwas anderes als das Leben in der Poesie [...]?"[8] Bei Hoffmann erlebt die reale Welt das ihr gemäße bürgerliche Glück, während bei Sallet die Welt des Bankherrn Habichs vernichtet wird, als Junius in das Feenreich entschwindet. Doch davon später.

Schließlich Holofernes. Er ist von ähnlichem Geschlecht wie der Archivarius Lindhorst im *Goldnen Topf*, erscheint, ohne benachrichtigt zu sein, am Vorabend der Taufe seines Neffen, nachdem er sich in Konstantinopel Tabak geholt hat, und verschwindet wieder in einer Tabakwolke – alles in allem: ein Mann mit Zauberkräften. Er lenkt Junius' Jugend nicht nur mit dem ABC-Buch und dem magischen Guckglas, sondern außerdem durch visuelle Geschichtsbilder, die er an einer Felswand erscheinen läßt, vorweggenommene Kino- oder Fernsehvorstellungen. Seine Intention ist es jedenfalls, Junius, dessen besondere Veranlagung ihm auf übersinnliche Weise bewußt geworden ist, dem Bankgewerbe zu entziehen und dem geistesorientierten Lebensbereich, insbesondere dem künstlerischen zuzuführen. Das gelingt ihm erfolgreicher, als ihm am Ende lieb ist. Zwar kann man annehmen, daß Holofernes in Sallets erster Intention eine ähnliche Rolle wie Lindhorst spielen, Junius also in die romantisch-poetische Welt führen sollte. Aber wie bereits angedeutet, hatte sich Sallets Anschauung inzwischen geändert; daher wohl hatte er die Arbeit an der Erzählung eine Zeitlang unterbrochen. Nun sollte Holofernes mit seinen Erziehungsmethoden andere Ziele anstreben, und als eine romantische Gestalt, wie er es von seiner Natur aus ist, gerät er dadurch in Konflikt mit seinem noch romantischeren Schüler und mit sich selbst.

Antiromantisches

„Kräftige deinen Arm fürs Schwert und zum mächtigen Umfassen eines geliebten Wesens, übe deinen Mund zu Rede und Kuß, trinke keinen Mond-

[8] E. T. A. Hoffmann: Fantasie- und Nachtstücke. Hg. von Walter Müller-Seidel. Darmstadt 1978. S. 255.

schein, sondern Rheinwein." (39) Oder: „Iß Beefsteak und fliehe das gedankenlose Brüten!" (42) Oder: „Die Welt soll nicht auf dir spielen, sondern du auf ihr." (39) Solche Warnungen vor Gefühlsschwelgerei und Aufforderungen zur gedanklich gelenkten Aktivität lassen sich aus dem ABC-Buch und aus dem Tagebuch des Onkels Holofernes noch vermehren. Hinter den Lebensregeln verbirgt sich Sallet, und sein Vorbild wird aus einer anderen Stelle des ABC-Buchs deutlich: „Leute, die sich einbilden, oder der Welt weis machen, sie schwämmen in der Luft, ganz nahe beim Monde, auf seligen Inseln, voll süßer Seufzerhauche, umher, nennt man wohl zuweilen Dichter. Aber wer jenen Mann erkannt hat, auf dessen Götterstirn das gewaltigste, geistigste Anschaun, auf dessen attisch lächelnder Lippe das vollste, kekste Genießen der ganzen Welt thronte und der dastand mit festen, markigten Knochen auf der wohlgegründeten, dauernden Erde, wer den erkannt hat, der nennt sie Fasler." (39f) Wenige Jahre nach Goethes Tod schreibt Sallet diese Worte, und es sind nicht die einzigen in der Erzählung, die ihn als Vorbild proklamieren. Hier aber wird deutlich, daß zwar der geistig Aktive, der Dichter als gesellschaftliches Ideal gilt, aber eben derjenige, der nicht in jenseitigen Welten schwebt, sondern sich dem Diesseits, der realen Welt zuwendet. Die fast uneingeschränkte Goethe-Verehrung – Sallet beginnt bereits seine erste unvollendete Erzählung mit einem Zitat aus *Faust* – ist in den dreißiger und vierziger Jahren des 19. Jahrhunderts nicht selbstverständlich; die sehr ambivalenten Urteile Heines und Eichendorffs beweisen das, von der Kritik mancher Jungdeutscher ganz zu schweigen. Holofernes wendet sich gegen ein Dichterbild, das der späteren, vorzüglich der trivialisierten Romantik angehört und von einer schwärmerischen Innerlichkeit geprägt ist. Das ist der Typ des Dichters, für den es keine Welt gibt außer der seiner Erlebnisse und seiner Gefühle, der entweder passiv in einem dauernden Traum, in der inneren Abgeschlossenheit in sich selbst lebt oder an dem unvereinbaren Gegensatz zwischen seinen inneren Erlebnissen und der Realität zugrunde geht. In einer Tagebuchaufzeichnung schreibt Holofernes: „Aber da meinen Viele, der Poet taumle schwebelnd und nebelnd von einer Wolkeninsel zur andern, und was er spende, habe mit dem wirklischen Sein gar nichts zu schaffen [...]." (116) Hier sind zwar die Rezipienten in den Blick genommen, aber ihrer Vorstellung muß ja auch ein Typ des Dichters entsprechen. Als Beispiel, was dagegen Poesie zu sein habe, dient ihm wieder Goethe: er ist „der Eine, der es in Deutschland gewußt und durch die That gezeigt hat [...]". (115) Die Aktivität, das Gestalten, was Holofernes in dem Wort „leben" zusammenfaßt (328), machen den Dichter, nicht das passive Nacherleben. Deshalb rühmt er Shakespeare, weil er „den Sommernachtstraum geschaffen; hätte er ihn aber selbst träumen wollen, dann wär' er ein Duckmäuser geworden [...]". (329) Es ist daher konsequent, wenn er in seinem Tagebuch das bloße Gefühl verurteilt: „Unsre Pflicht ist jetzt das Denken. Nur in klaren, durchsichtigen, hellen Gedanken dürfen wir uns erlauben zu fühlen; sie müssen das Gefühl gestalten [...]." (114) Wahre Poesie dient daher nicht der Erholung von der Wirklichkeit, sie ist vielmehr „die Verkündigung der ächten, das heißt: der geistig verklärten Wirklichkeit." (116)

Junius' Rückzug in die Traumwelt des Feenreiches zeigt, daß er kein Goethe und kein Shakespeare ist. Die Kritik Sallets trifft damit auch poetische Gestalten wie den Studenten Anselmus in Hoffmanns Märchen *Der goldne Topf*; sie verurteilt die Richtung der Romantik, die sich in die Welt der reinen Dichtung glaubte zurückziehen zu können. Gewiß ist Junius ein Dichter; denn trotz seines Vorsatzes, sich in das Bankgeschäft einzuarbeiten, überwältigt ihn die Kraft der Poesie, er schreibt wieder Gedichte und entschwindet wenig später endgültig im Traumreich der Poesie. „Ein guter Vorsatz", so schreibt Holofernes, „ist weiter nichts, als ein moralischer Fieberanfall [...]." (267) Der Erzähler rechnet Junius an einer Stelle zu den „schwachen und zu weichen Charactere[n]" (273), und Holofernes wirft ihm poetischen Selbstgenuß vor; die heroischen Bilder aus der Geschichte, die er ihm an die Felswand projizierte, hätten ihn nur zu schwelgerischem Nacherleben angeregt, nicht zu eigener Aktivität; statt selbst wirken zu wollen, habe er sich nur den Wirkungen der Erlebnisse und Gefühle überlassen. Den poetischen Selbstgenuß verdeutlicht auch das letzte Bild, das dem Leser von Junius vorgestellt wird: „Da schaute von unten Tausendblüth lächelnd und winkend empor, und der Vogel senkte sich mit Junius nieder zu ihr, und Junius lag in ihrer Umarmung." (322f)

Diese poetische Welt aber ist wirklichkeitsfeindlich. Im Kampf mit den Rosen und dem goldenen Vogel der Fee Tausendblüth gehen der Rechnungsturm und das ganze Haus Habichs zugrunde. Der Bankherr wird versteinert, seine Frau zu einem absonderlich geformten Teekessel, die Schreiber werden in Elstern verwandelt, die fehlerhafte Multiplikationen krächzen. Selbst Malvina, die einzige, die in der Familie für Junius Verständnis zeigte, kann den Bruder nicht an seinem selbstsüchtigen Flug in das jenseitige poetische Reich hindern. Von ihm verlassen, versinkt sie in einem Sarkophag in der Erde, wo sie – märchengetreu – der Erlösung harrt. Während in anderen romantischen Erzählungen, beispielsweise bei Hoffmann, die Bereiche der Wirklichkeit und der Poesie nebeneinander bestehen, ohne sich gegenseitig zu stören, wird der poetische Bezirk hier aggressiv, ein Hinweis Sallets, daß der Rückzug in die rein ästhetische Welt das Leben in der Realität nicht nur nicht fördert, sondern sogar behindert.

Als Holofernes die Flucht seines Zöglings Junius in das Feenreich bemerkt, rechnet er mit ihm und insbesondere mit sich selbst ab. Er ruft ihm „glückliche Verschwebelung" nach (327), das Wort, mit dem er vorher schon in seinem Tagebuch die Dichtung bezeichnet hatte, die sich im Gefühl suhlt und sich hochmütig von der Realität abkehrt. Zu einem Adler habe er Junius machen wollen, aber er sei zur Nachtigall geworden. (328) Er wirft ihm vor, im poetischen Selbstgenuß zu versinken, indem er von der Fee willenlos in ihrem Reich spazieren geführt werde. Schöpferisch sollte Junius sein, aber er begnügt sich damit, sich von poetischen Reizen überfluten zu lassen und auf sie lediglich reproduktiv gefühlsselig zu reagieren. Wenn Junius auch selbst Gedichte schreibt, so ähnelt seine Einstellung doch der

Haltung, die Eichendorff in der Satire *Krieg den Philistern* mit dem Einsiedler oder Heine mit seinem Fräulein am Meer verspotten.[9]

Hier setzt Holofernes' Selbstkritik ein. Mit dem Guckglas und den Bildern an der Felswand habe er selbst seinen Zögling dazu verführt, sich dem willenlosen Genuß des poetisch Vorgeprägten hinzugeben und in diesem Genuß den Sinn seines Lebens zu finden. Das Genie könne sich nur durch die Arbeit am rohen Stoff entwickeln; am Fertigen und Harmonischen gehe es unter. (328) Leben ist das Kennzeichen des richtigen Dichters, und leben heißt schöpferisch tätig sein. Vorbild ist Shakespeare; er habe den Sommernachtstraum selbst geschaffen und nicht lediglich empfindsam nacherlebt. Der fortgesetzte Hinweis auf die Verbindung zur Realität bedeutet nämlich keine Verneinung des Dichterberufs. Vielmehr fordert Holofernes, daß der Dichter auf die Wirklichkeit einwirken müsse, wie er es hier an Shakespeare und vorher schon an Goethe glaubt erkannt zu haben.

Zu dieser Überzeugung wollte Holofernes, selbst ein poetischer Mensch, auch seinen Neffen erziehen. Aber er verwendet die falschen Mittel, die der romantischen Zauberwirkung, wie es der Archivarius Lindhorst in Hoffmanns Märchen *Der goldne Topf* tut, und der Erfolg ist derselbe – nur wollte Holofernes gerade das Gegenteil erreichen. Verwunderlich ist jedoch sein Scheitern nicht. Denn auch er ist im Kern Romantiker, und er erkennt an sich verderbliche romantische Krankheitserscheinungen. Innere Zerrissenheit und Selbstbespiegelung haben ihn gehindert, „ein ganzer, voller, einiger Mensch" zu werden, „ohne den Doppelgänger von Kobold, diese schlechte eine Hälfte [...]." (331) Dieser Doppelgänger, der Kobold, ist ein Produkt der Selbstbespiegelung. Denn das meint er mit dem „Selbstbewußtsein", das er verdammt, weil es ihn „um alles gesunde Gefühl" betrogen habe. (330) Wenn sich Empfindungen regten, schrie der Kobold in ihm: „Da sieh' hin! das ist Dein Gemüth. Sieh' doch recht genau zu, wie ungeheuer komisch es da drin rumort und schreib' ein Lustspiel drüber!" (330) Mitgefühl mit dem tiefen Lebensschmerz anderer kann überwältigend wirken; „aber ich Schändlicher riß mich los, schaute mit dem kalten Anatomenlächeln der Beobachtung in's zerrissne, zuckende Herz, und der Kobold in mir kreischte: ‚Sieh! das kannst Du wieder brauchen. Das giebt ein Novellchen [...']." (330) Und selbst der nachträgliche Zorn über das eigene schändliche Verhalten schlägt sofort wieder um in die boshafte Aufforderung: „Schau, schau! dies Dein schönes Entrüsten gegen Dich selbst [...] giebt einen vortrefflichen, originellen Monolog; – nur mit der gehörigen Ironie behandelt! nur drüber steh'n geblieben!" (331) Selbstgenuß in der Poesie hatte Holofernes seinem Neffen Junius vorgeworfen. Was er an sich selbst diagnostiziert, ist dem sehr ähnlich, nur daß Junius sich diesem Selbstgenuß egoistisch und ohne Rücksicht auf Um- und Mitwelt überläßt, während Holofernes sich seiner Schwäche bewußt ist und daraus die Forderung

---

[9] Joseph von Eichendorff: Dramen. Hg. v. Hartwig Schultz. Werke in sechs Bänden. Bd. 4. Bibliothek deutscher Klassiker. Frankfurt am Main 1988. S. 77. – Heinrich Heine: Sämtliche Schriften. Bd. 4. Hg. v. Klaus Briegleb. München 1971. S. 327.

nach menschlicher Ganzheit und schöpferischem Leben ableitet; denn auch die Selbstbespiegelung als poetische Quelle führt nicht zum schöpferischen Wirken in die Welt hinein, sondern nur zur reproduktiven Selbstdarstellung, und das ist ebenfalls eine Art von Selbstgenuß, wenn auch ein schmerzlicher. Sein vergebliches Bemühen um ein Hanswurst-Drama charakterisiert er genau in diesem Sinne: „Alles Umschreibung, nicht That; Sentenz, nicht Schicksal; Selbstanatomie, nicht Gestalt." (332) Holofernes erkennt, daß er gegen seine krankhaft romantische Natur nicht angekommen ist, und er beschließt, die menschliche Gesellschaft zu verlassen und „in die Abyssinischen Hochalpen" zu wandern. (331) „Dort ist er verschollen." (333)

Zeitgenössisches

Wie schon mehrfach angedeutet, scheint Sallets Erzählung von Hoffmanns modernem Märchen *Der goldne Topf* beeinflußt zu sein. Befangen in seinen romantischen Vorstellungen von Dichtung, wie sie bis dahin seinen Werken eigen waren, dürfte er Hoffmanns Märchen zunächst als Vorbild betrachtet haben. Während des Schreibens aber hat sich, wie glaubhaft überliefert ist, seine Ansicht von dem, was Dichtung zu leisten habe, geändert, und nun mußte Hoffmanns Märchen zu einem negativen Vorbild werden. Die längere Unterbrechung deutet auf die Zweifel an dem Werk hin. Wenn er es fortsetzen wollte, konnte er in der Erzählung nur ein Gegenbild entwerfen und ihr ein antiromantisches Gepräge geben. Und so präsentieren sich die *Contraste und Paradoxen* denn auch. Kontraste sind in der Erzählung reichlich vorhanden, und das Paradoxon besteht darin, daß eine romantische Natur wie Holofernes mit romantischen poetischen Mitteln die Romantik überwinden will. Da Sallet selbst die Erzählung nicht veröffentlicht hat, scheint er von ihrem Gelingen nicht überzeugt gewesen zu sein. Allerdings hatte sich sein Interesse offenbar schon seinem „Hauptwerk", dem *Laien-Evangelium*, zugewandt. Es ist bereits kurz nach der Fertigstellung der Erzählung 1842 erschienen.

Hermann Hettner erwähnt in einem kurz nach Sallets Tod verfaßten, allerdings von ihm nicht veröffentlichten längeren Aufsatz über den Dichter mehrfach den Einfluß Hegels insbesondere auf das *Laien-Evangelium*.[10] Die Ansätze dazu zeigen sich schon in unserer Erzählung; denn Sallet deutet gelegentlich seine religiöse Ansicht von der Durchdringung der Welt mit dem göttlichen Geist wie auch seine Herrschaftskritik an, wie er sie kurz darauf in den Gedichten äußert. Er war von 1835 bis 1837 zur Kriegsschule nach Berlin abkommandiert, besuchte bei der Gelegenheit Vorlesungen an der Universität und lernte die Philosophie Hegels kennen. Zu der Zeit arbeitete er an der Erzählung, und man kann annehmen, daß die Erfahrungen in Ber-

[10] Herrmann Hettner: Friedrich von Sallet. In: H. H.: Schriften zur Literatur und Philosophie. Hg. v. Dietrich Schaefer. Nachwort von Ludwig Uhlig. Frankfurt am Main 1967. S. 25-86. Verweise auf Hegel S. 44 u. ö..

lin seine neuen Vorstellungen von der Aufgabe des Dichters und damit seine Kritik an der Romantik verursacht haben.

Mit dieser Kritik steht Sallet am Ende der dreißiger Jahre bekanntlich nicht allein. Der Zerrissene als Zeittyp – und Holofernes ist dazu zu zählen – stammt aus der Romantik. Von Tiecks Lovell über Jean Pauls Roquairol, Eichendorffs Rudolf und Hoffmanns Kreisler schwingt sich der Bogen bis zu Byron, seinem Höhepunkt in der nachromantischen Zeit. Hettner nennt Sallets Gedichte der Zerrissenheit in der Sammlung von 1843 Ergebnisse einer schon überwundenen Zeitkrankheit,[11] der mancher Dichter erlegen sei, und man kennt das Thema auch bei Heine. Holofernes stellt Byron als gefallenen Engel dar, der sich auflehnt gegen das, was er eigentlich liebt. Er begeistere sich für Großes, Edles und Schönes, und wenig später gösse er Hohn und Spott darüber aus. (231) Ähnlich charakterisiert Holofernes am Ende der Erzählung, wie oben dargestellt, sich selbst. Wenn er als Arznei gegen die romantischen Krankheiten, gegen weltabgewandte Poesieseligkeit wie auch gegen Selbstbespiegelung und Zerrissenheit die schöpferische Aktivität und das Wirken in die Welt predigt, so ist das Sallets eigene Meinung, obwohl sein Holofernes am Ende vor dieser Forderung kapituliert. Auch Resignation ist eine Zeiterscheinung, denkt man etwa an Lenau, und wie andere Zeitgenossen ist auch Holofernes europamüde, wenn er in die „Abyssinischen Hochalpen“ wandert. Sallet selbst jedoch folgt der Aufforderung zur aktiven dichterischen Wirksamkeit in der Gesellschaft. Wie sein Sprachrohr Holofernes sagt, ist das eine Forderung der Zeit. Er verfolgt nun Tendenzen wie die Jungdeutschen, wenn diese sich auch mehr auf den spekulativ-prosaischen Bereich konzentrierten, und wie die Vormärz-Poeten. Näher liegt noch, wenn man vom poetischen Qualitätsunterschied absieht, der Vergleich mit Heine, der seine Herkunft aus der Romantik nie bestritten hat. Und selbst Eichendorff, der keineswegs ein Freund des Jungen Deutschland, geschweige denn des Vormärz ist, gestaltet in seinem Roman *Dichter und ihre Gesellen* mit dem Grafen Victor einen Menschen, der sich aus poetischem Selbstgenuß, Selbstbespiegelung und Zerrissenheit zur öffentlichen Wirksamkeit befreit. Freiheit ist dabei immer wieder das Losungswort, und wenn in Victors Vision der Teufel es heuchlerisch verwendet, stellt Victor ihm die freie Entscheidung für Gott entgegen.[12] „Verlorner Posten in dem Freiheitskriege“ nennt sich Heinrich Heine gegen Ende seines Lebens im *Romanzero*.[13] Dabei ist Freiheit nicht nur ein politischer Begriff; vielmehr erstreckt er sich auch bei ihm, wie Hettner es an Sallet rühmt, auf „alle substantiellen Manifestationen des Geistes“.[14] Obwohl Sallet Heine nicht schätzt, verbindet beide in diesem Bereich doch einiges. Die voranstehenden Anspielungen auf sattsam Bekanntes sollen nur zeigen, daß Sallet im Trend der Zeit steht.

---

[11] Ebd., S. 65.
[12] Eichendorff (Anm. 9), Bd. 3. S. 352.
[13] Heine (Anm. 9). „Enfant perdu“. Bd. 6, Erster Teilband. S. 120.
[14] Hettner (Anm. 10), S. 33.

Natürlich ist Freiheit zunächst eine politische Forderung, aber sie gilt auch für philosophisches und religiöses Denken. Und gerade im religiösen Bereich gärt es in dieser Zeit. Das kann hier nicht im einzelnen ausgeführt werden; es sei nur an die Entwicklungen in den Kirchen erinnert, an die katholische Bewegung, die besonders seit den Kölner Wirren (1837) hervortrat, an den in den dreißiger Jahren tobenden Streit um die von der Krone verordnete Kirchenunion in Preußen, auch an kirchliche Erneuerungsbestrebungen wie die Lehre des Bonner Theologen Georg Hermes, der dann als Häretiker verurteilt wurde, an Abspaltungen wie den Deutschkatholizismus (1844). Daß nicht nur die Autorität der Kirchen, sondern auch das Christentum selbst in Zweifel gezogen wurde, verdeutlicht der Hinweis auf David Friedrich Strauß, Ludwig Feuerbach und erst recht Karl Marx. Die Erregung mußte auch die Dichter ergreifen; man denke an die späten Schriften Eichendorffs und an Heines Werk *Zur Geschichte der Religion und Philosophie in Deutschland*. Darin legt Heine ein Bekenntnis zum Pantheismus ab, und er nennt ihn mit einem gewissen Recht für die Zeit „die verborgene Religion Deutschlands".[15] Pantheistisch ist auch die Basis der Überzeugung Sallets, und seine eigene Lehre führt er später im *Laien-Evangelium*, deutlicher in der theoretischen Schrift *Die Atheisten und Gottlosen unsrer Zeit* und in einigen Gedichten aus. In *Contraste und Paradoxen* klingen die Vorstellungen schon an. Wieder treffen wir auf ein Erbe der Romantik, auch wenn die meisten Romantiker sich später wieder den konfessionellen Lehren angeschlossen haben. Bei Sallet mag sich zudem die Goethe-Verehrung ausgewirkt haben. Aber er erweist sich in dieser Überzeugung wieder als Kind seiner Zeit, zumal seine pantheistische Vorstellung ausdrücklich die Basis bildet für die Forderung nach Freiheit und die Kritik an den Herrschaftsverhältnissen. In der Erzählung äußert sie sich zunächst in platonischer Tradition: In allen Menschen „ruht vom Beginn der Dinge her eine eingeschlummerte Allwissenheit" (66), es sei darin auch „das Kleinste wichtig, weil es göttliche Offenbarung ist" (67), und die besondere Fähigkeit, dieses schlummernde Wissen zu aktivieren, mache den Philosophen und den Dichter. (68) Daher verlangt Holofernes als pädagogisches Prinzip, den Kindern Gedanken vorzusetzen, die ihr altersgemäßes Verständnisvermögen überschreiten: „Dadurch allein kann das Ahnungsvermögen, und durch dies allein die Sehnsucht nach dem Göttlichen, [...] kurz: die Einheit des Einzelngeistes mit dem Urgeiste erhalten werden." (30) In der Verbindung von Hegelschen und pantheistischen Gedanken klingt hier bereits Sallets Vorstellung an, daß Gott in jedem Menschen existiere und es daher die Aufgabe jedes einzelnen sei, die Gottesexistenz in seinem Leben möglichst rein auszubilden. So hört Junius in den Naturstimmen die Verkündigung: Gott „ward Mensch in Dir; und in Millionen Deiner Brüder hat er gelebt und gewirkt und in Millionen lebt und wirkt er fort." (131) Daß Junius diese Verkündigung aus den „Laubeskronen" (ebd.) der ihn umgebenden Natur erhält, beweist den pantheisti-

[15] Heine (Anm. 9), Bd. 3. S. 569ff. Zitat S. 571.

schen Grundgedanken: Gott ist nicht nur in der Natur, er spricht auch aus ihr.

Obwohl man solche Vorstellungen mystisch nennen könnte, haben sie doch aufklärerische Qualitäten. Es geht nicht um eine Offenbarungsreligion, sondern Gott wird aus der Natur empirisch erfahren und im Inneren erlebt. Rationale Folgerungen aus empirischer Wahrnehmung sind die Basis aufgeklärter Weltbetrachtung und damit des kritischen Denkens. Jochen Schmidt nennt als ein Kennzeichen jeder Aufklärung, daß sie „überkommene Autoritäten hinterfragt, vor allem die tradierten religiösen Vorstellungen, Dogmen und Institutionen sowie die Legitimation der politischen Herrschaft [...].“[16] Neben der Verkündigung des pantheistischen Gottesbegriffs wird in Sallets Erzählung die Kritik an religiösen Institutionen nicht nur am Verhalten der Frau Habichs gezeigt, sondern noch deutlicher an der Predigt eines Pfarrers, der die Gläubigen auffordert, sich um des jenseitigen Lohnes willen zu demütigen, der den Verstand als irreführend verurteilt und widerspruchslosen Glauben verlangt, auch wenn Einsicht und Erkenntnis ihm widersprechen. (137ff) Die Herrschaftskritik wird in der Erzählung schwächer angedeutet, etwa wenn Holofernes Byron ausdrücklich lobt, weil er sich von „Erdendespoten“ nicht habe beherrschen lassen wollen. (231) Die satirische Darstellung des beginnenden Kapitalismus in der Gestalt des Bankherrn Habichs und seines zwölfeckigen Arbeitsturmes zählt zweifellos auch zu der Kritik an bestehenden Institutionen. Die „Zellen“, wie die durch Drahtgitter abgeteilten Arbeitsräume der Schreiber ausdrücklich genannt werden (1), und in der Mitte derselben das „Bauer“ für Habichs selbst (2) deuten schon semantisch an, daß die Menschen in ihrer Arbeitswelt eingesperrt sind; der Hinweis auf gefangene Tiere bestätigt das nur. Zu den aufklärerischen Grundansichten gehört es auch, daß Holofernes zwar das Gefühl nicht verurteilt, es aber strikt der Lenkung durch klare Gedanken unterwirft: „Nur in klaren, durchsichtigen, hellen Gedanken dürfen wir uns erlauben zu fühlen.“ (114) Gerade das vermag Junius nicht; er gibt sich seinem Gefühl hin, das Leben im weltabgewandten Bereich der Poesie zu genießen. Selbst Holofernes hat am Ende erkannt, daß seine romantische Grundveranlagung im Widerstreit steht zu der Forderung nach dem Primat des Denkens und der Aufklärung, obwohl er ihn in der Theorie vertritt. Die Enttäuschung über sich selbst ist gleichzeitig Verzweiflung an der Romantik und damit auch eine Zeitkrankheit; sie treibt ihn aus der Gesellschaft in eine menschenleere Gegend, wo er verschollen ist. Für Sallet selbst sind diese Überlegungen in der Erzählung offenbar ein Durchgangsstadium; denn in den wenigen Lebensjahren, die ihm nach ihrer Beendigung bis zu seinem Tod im Jahre 1843 noch geblieben sind, suchte er die Forderungen seiner Phantasiegestalt Holofernes zu befolgen.

---

[16] Jochen Schmidt: Einleitung. S. 3. In: Jochen Schmidt (Hg.): Aufklärung und Gegenaufklärung in der europäischen Literatur, Philosophie und Politik von der Antike bis zur Gegenwart. Darmstadt 1989.

Gerhard Kurz

GRAUE ROMANTIK

Zu Walter Flex' *Wildgänse rauschen durch die Nacht*

I.

Von den unzähligen Romanen zum Ersten Weltkrieg ist *Der Wanderer zwischen beiden Welten* von Walter Flex einer der erfolgreichsten, bis heute. Als einer der ganz wenigen unter den Kriegsromanen ist er noch lieferbar. Mag er im Bewußtsein der Gesellschaft nur noch als ungelesene, anonyme Quelle der sprachlich bis heute produktiven Formel „Wanderer zwischen beiden Welten" gegenwärtig sein, in rechten Kreisen wird er noch gelesen und als völkisch-nationales Kultbuch verehrt. Tatsächlich ist die mentalitätsgeschichtliche Tiefenwirkung des 1916 erschienenen Bändchens kaum zu überschätzen. Wegen dieses Buches entstand auch ein Totenkult um Walter Flex, der 1917 als Dreißigjähriger auf der zu Estland gehörenden Insel Ösel gefallen war. 1928 war sein Grab auf dieser Insel als Gedenkstätte für eine Flex-Gemeinde errichtet worden. 1935 wurde von den Nationalsozialisten in Eisenach, wo Flex 1887 geboren wurde, eine Gedenkstätte eingeweiht. Nach dem Zweiten Weltkrieg entstand in einem Offenbacher Vorort eine private Gedenkstätte. Ihre Materialien, einschließlich Uniformröcke, Stahlhelm und Stiefel des Leutnants Walter Flex, sollen jetzt wieder in Eisenach untergebracht werden.[1]

Zur kultischen Aufnahme des Buches vor allem in der bündischen und akademischen Jugend der Weimarer Republik und des Dritten Reiches trug natürlich der Tod des Autors bei, von dem ein Germanist 1937 schrieb, Flex habe als „Priester" sich selbst geopfert.[2] Dieser Totenkult verband sich mit dem Langemarck-Mythos und wurde begleitet von verwandten Büchern wie *Aus den nachgelassenen Schriften eines Frühvollendeten* von Otto Braun (1921) oder *Kriegsbriefe gefallener Studenten* (1928).[3] Der Kult umfaßte bald die ganze Familie Flex.[4]

---

[1] Vgl. Siegfried Stadler: Wanderer zwischen Ösel und Eisenach. In: FAZ 11. Mai 1995. S. 35.

[2] Johannes Klein: Walter Flex. Der Dichter und Mensch. In: Germanisch-Romanische Monatsschrift 26, 1938. S. 206.

[3] Vgl. Heinrich Steinbrinker: Bücher, die uns damals viel bedeutet haben. In: Jahrbuch des Archivs der Deutschen Jugendbewegung 5, 1973. S. 102f.; Raimund Neuß: Anmerkungen

Welche Symbolik der Kult um Walter Flex enthält, geht exemplarisch aus einem Aufruf aus dem Jahre 1925 zur Errichtung einer „Weihestätte" in Eisenach hervor. (Es blieb bei dem Plan.) Darin heißt es:

> Auf der weiten Berghalde des Breitengescheids gegenüber der Wartburg, die wie geschaffen ist für einen Feierplatz der Jugend, soll ein schlichter niedriger Felsstein, in Moos und Heidekraut gebettet, in Schrift und Bildwerk auf Walter Flex hinweisend, die Kuppe des Geländes krönen und den Berg für alle Zeiten zum Berg der deutschen Jugend stempeln. Bei ernsten Feiern soll der Walter Flex-Stein ein loderndes Feuer tragen als Sinnbild dessen, der im Leben und Sterben wie eine Opferflamme sich verzehrte. Hierhin wollen wir wallfahren und bei den Flammen des Flex-Steines angesichts der Wartburg Glauben und Kraft zu reiner Tat für Volk und Vaterland finden.[5]

Der Text bündelt alle Elemente des nationalen Totenkultes.[6] Der Wallfahrtsort liegt auf einem Berg, also in Götternähe, gegenüber der wichtigsten Stätte des protestantischen Deutschlands, der Wartburg. Hergestellt wird dadurch eine Analogie zwischen dem Reformator Luther und dem völkischen Erneuerer Flex. Der schlichte Gedenkstein wird in die Natur direkt eingebettet. Moos und Heide sind Pflanzen zweier Landschaften, die in der Heimatkunst und der völkischen Bewegung bevorzugt werden: Wald und Heide. Zusammen mit dem Stein bilden sie ein Ensemble, das Nordisches, Germanisches, Urzeitliches symbolisiert. Der Stein bedeutet darin Härte. Die Flamme, Symbol der Reinheit, Helligkeit, der völkischen Wiedergeburt und Jugend, soll an germanische Totenkulte erinnern. Sie setzt die Feuersäulen des Bismarck-Kultes fort, der Flex' Elternhaus prägte. In der Feier soll die Gemeinde Kraft finden, um in die Täler zurückzukehren zu völkischer Tat.

Zwischen 1916 und 1940 wurde die Auflage von *Der Wanderer zwischen beiden Welten* nur übertroffen von den *Buddenbrooks*, *Im Westen nichts Neues*, *Die Biene Maja* und zwei parodistischen Büchern. Nach dem Zweiten Weltkrieg wurde die Millionengrenze überschritten.[7] 1917 wurde das zehntausendste Exemplar gedruckt, 1966 die Millionengrenze erreicht.[8]

Der Wanderer zwischen beiden Welten stand neben Bonsels *Die Biene Maja*, Herman Löns' *Wehrwolf* und Rilkes *Die Weise von Liebe und Tod des Cornets Christoph Rilke* im deutschen Bücherschrank nach dem Ersten Weltkrieg. In

---

zu Walter Flex. Schernfeld 1992. S. 102f.; Uwe K. Ketelsen: Literatur und Drittes Reich. Schernfeld 1992. S. 117.

4 Vgl. als Dokument Bernita-Maria Moebis: Wer Gottes Fahrt gewagt. Bilder und Schicksale aus dem Hause Flex. Potsdam 1926. 30. Aufl. 1940.

5 Zit. nach Justus H. Ulbricht: Der Mythos vom Heldentod. Entstehung und Wirkungen von Walter Flex' Der Wanderer zwischen beiden Welten. In: Jahrbuch des Archivs der Deutschen Jugendbewegung 16, 1986/87. S. 154.

6 Vgl. die Analyse von Ulbricht. Ebd., S. 154.

7 Vgl. Donald Ray Richards: The German Bestseller in the 20th Century. Bern 1968. S. 55; K. Eckhard Kuhn-Osius: Ein konservatives Bild des Ersten Weltkriegs: Walter Flex' Der Wanderer zwischen beiden Welten. In: Heinrich Mann-Jahrbuch 5, 1987. S. 190f.; Ulbricht (Anm. 5), S. 125. Anm. 44.

8 1920: 195000; 1929: 419000; 1939: 583000; 1949: 984000. Die aktuelle Auflagenzahl wollte der Verlag nicht mitteilen.

nicht wenigen Wohnungen des Bürgertums hing die dem *Wanderer* entnommene Losung: „rein bleiben und reif werden". Flex gehörte zum Kanon nationalsozialistischer Literatur und zu den empfohlenen Autoren für „Politische Abende", Toten- oder Langemarckfeiern während des Dritten Reiches.[9] Die nationalsozialistische Literaturgeschichte betrachtete ihn durchaus differenziert. Es gab auch kritische Stimmen, Adolf Bartels bezweifelte sogar seine ‚Reinrassigkeit'.[10]

Walter Flex wuchs in der Atmosphäre eines protestantischen, nationalkonservativen Elternhauses auf. Der Vater, ein Gymnasiallehrer, war, wie Ernst Keller schreibt, „deutsch bis in die letzten Poren seines Wesens", bei der Mutter verschmolz „die Jesus-Verehrung eines schwärmerischen Pietismus mit der Kaiserverehrung eines nicht minder schwärmerischen Patriotismus."[11] Der Heros des Elternhauses war der Eiserne Kanzler. Aus dieser Welt des Elternhauses bezog schon der Gymnasiast Flex die Themen und Figuren seiner ersten Werke, Widukind, Heinrich IV., der Bauernkrieg. Sein erster Gedichtband erschien 1910. In Erlangen studierte Flex Geschichte und Germanistik, wurde er Mitglied einer Burschenschaft, deren politisches Programm aus Monarchismus, Bismarck-Verehrung, Kampf gegen Katholizismus und Sozialdemokratie bestand.[12]

Ohne Mitglied zu werden, steht Flex der Wandervogelbewegung nahe. Sein dichterisches Werk hat als erklärte Absicht, den „Geist des Wandervogels" zu verkünden:

> Ich möchte, daß aus meiner Arbeit der lebendige Geist des Wandervogels so lebendig herausleuchtet, wie er mir in ihm entgegentrat. Denn das ist der Geist, den das kommende Deutschland nötig haben wird.[13]

---

9 Vgl. Neuß (Anm. 3), S. 19ff.; Wehrwolf und Biene Maja. Der deutsche Bücherschrank zwischen den Kriegen. Berlin 1986.

10 Vgl. Neuß (Anm. 3), S. 78f. und Ketelsen (Anm. 3), S. 97. Knapp und kritisch wird Flex z.B. erwähnt bei Herbert Cysarz: Zur Geistesgeschichte des Weltkriegs. Halle 1931. S. 51: „Ansätze eigenen Aufbruchstils sind noch am ehesten bei Walter Flex, trotz allem Epigonentum der Flexschen Form." Dagegen Hellmuth Langenbucher: Volkhafte Dichtung der Zeit. 5. Aufl. Berlin 1940. S. 536f.: „Leben und Sterben und dichterisches Werk Walter Flex' bilden einen Zusammenklang, dessen beglückende Reinheit deutscher Jugend stets erneuertes Vermächtnis und Bekenntnis ist." Vgl. auch Klein (Anm. 2), S. 203-220; Wolfgang Franke: Was bleibt von Walter Flex. In: Zeitschrift für Deutschkunde 50, 1936. S. 186 zum *Wanderer*: „Die Nähe des Erlebnisses verhinderte die Klarheit des reinen Kunstwerks, füllte aber mit tiefer Wärme „ein Kriegserlebnis""; Wolfgang Heybey: Walter Flex. In: Zeitschrift für Deutschkunde 51, 1937. S. 495: „Er gehört zu den wenigen Auserwählten, die noch im Sturm des Krieges selbst die Brücke schlugen, auf der die kommende Jugend in ein neues, drittes Reich der Deutschen wandern sollte."

11 Ernst Keller: Nationalismus und Literatur. Langemarck, Weimar, Stalingrad. Bern/München 1970. S. 41f. Zur Biographie von Flex sei nachdrücklich auf die Untersuchung von Neuß (Anm. 3) verwiesen. Wegen des Materials ist immer noch wichtig die hagiographische Biographie des Bruders Konrad Flex: Walter Flex. Ein Lebensbild. Stuttgart 1937.

12 Vgl. Ulbricht (Anm. 5), S. 114ff.

13 Briefe. In Verbindung mit Konrad Flex hg. v. Walther Eggert Windegg. München o.J.. S. 182 (Brief von 1916).

Die Jugend der Wandervogelbewegung verstand sich aus einer Revolte der Jugend gegen die Welt der wilhelminischen Väter. Die Übereinstimmung mit der Welt der Väter war jedoch größer als die Ablehnung. Als jung verstand sich auch der wilhelminische Staat. Der Protest richtete sich nicht gegen die Werte der Väter, sondern gegen ihren vermeintlichen Verlust.[14] Dienst am Vaterland galt auch für den „Wandervogel" als eine der wichtigsten Pflichten deutscher Jugend. Nationalismus und Lebensreform schlossen sich nicht aus. Einer ihrer Führer, Gustav Wyneken, erklärte 1914 in einem Vortrag über *Der Krieg und die Jugend* den Heldentod zur „Bewährung unseres Glaubens an die Jugend."[15]

Sein Studium beendete Flex mit einer Dissertation über *Die Entwicklung des tragischen Problems in den deutschen Demetriusdramen von Schiller bis auf die Gegenwart*. 1913 erschien die Novellensammlung *Zwölf Bismarcks* und das Drama *Klaus von Bismarck*.

Bei Ausbruch des Krieges meldete sich Flex als Kriegsfreiwilliger. 1912 hatte er in einem Brief geschrieben:

> Mir persönlich wäre der Frieden lieber, aber das Volk braucht einen Krieg, der es äußerlich ärmer und innerlich reicher macht.[16]

Solche Ansichten zum Krieg reichten weit in die expressionistische Generation.[17] 1914 erschien der Gedichtband *Das Volk in Eisen*, 1915 der Band *Sonne und Schild. Kriegsgesänge und Gedichte*. Der Titel zitiert Psalm 84,12 und ist Theodor Körners *Leier und Schwert* von 1814 nachgebildet. Körners Kriegslieder bildeten ein wichtiges Form- und Bildarsenal für Flex, wie auch für Flex als den „Körner unseres Krieges" geworben wurde.[18] Hier wie dort findet sich die Sakralisierung des Vaterlandes, der Kult des Heldentodes als Passion und Opfer für Deutschland, der Kampf als Auftrag Gottes, der Krieg als Entsühnung Deutschlands, die Faszination durch die „Wollust" des Kämpfens (Körner: *Aufruf*. V. 33), die „Gier nach dem Schwerte" (Flex: *Das Richtschwert*. V. 15), die lustvolle Auflösung der Individualität im Kämpfen. Die *Gesammelten Werke* von Flex, im C.H. Beck-Verlag erschienen, tragen in schwarzer Prägung auf blauem Einband überkreuz eine Leier und ein Schwert, umkränzt von einem Lorbeerzweig. Die preußische Farbe blau war auch die Einbandfarbe von *Der Wanderer zwischen beiden Welten*. Die Stilisierung zum Körner des Ersten Weltkriegs war ein Topos des Flex- Kults. Wie Körners Tod wurde auch der Tod von Flex als letzte Legitimation der Dichtung durch das Leben verstanden, der eigene Tod in Nachfolge der Dichtung. Für beide wurde immer wieder das Klischee des „Frühvollendeten" bemüht. Noch 1967

---

[14] Vgl. Otto Neuloh, Wilhelm Zilius: Die Wandervögel. Göttingen 1982. Ulrich Aufmuth: Die deutsche Wandervogelbewegung unter soziologischem Aspekt. Göttingen 1977.

[15] Gustav Wyneken: Der Krieg und die Jugend – Ein Vortrag. München 1915. S. 13. Vgl. Ulbricht (Anm. 5), S. 118f. Vor allem wegen dieser Rede sagten sich Walter Benjamin und seine Freunde von Wyneken los. Vgl. Momme Brodersen: Spinne im eigenen Netz. Walter Benjamin. Darmstadt 1990. S. 83ff.

[16] Zit. nach Neuß (Anm. 3), S. 43.

[17] Vgl. Herman Korte: Der Krieg in der Lyrik des Expressionismus. Bonn 1981. S. 94ff.

[18] Vgl. den Abdruck der Verlagswerbung bei Neuß (Anm. 3), S. 6.

schrieb ein Flex-Verehrer, daß Körner und Flex zu den „Besten unseres Volkes“ gehörten, „die als Frühvollendete ihr gläubig gegebenes Versprechen mit dem Opfer des Lebens besiegelten und mit ihrem Gang in den Tod den tiefsten Beweis für die Wahrheit und Lauterkeit ihres Willens antragen.“[19] Kritisch hatte 1925 Soergel in seiner Literaturgeschichte *Dichtung und Dichter der Zeit* geschrieben:

> Es ist ein Irrtum des Lyrikers Flex, wenn er glaubt, Allgemeingefühle des Jahres 1914 in den Formen der Allgemeingefühle von 1813 aussprechen zu können.[20]

Der Wanderer zwischen beiden Welten mit dem Untertitel *Ein Kriegserlebnis* ist im allgemeinen literarischen Bewußtsein heute nur noch als formelhaftes Zitat lebendig. Sein Eingangsgedicht *Wildgänse rauschen durch die Nacht* hat sich in seiner Wirkungsgeschichte als Fahrtenlied von seinem ursprünglichen Ort gelöst.

Den literaturgeschichtlichen Kontext des Buches bilden „rechte Weltanschauungsromane“[21] wie Hermann Poperts *Helmut Harringa* (1910), Hermann Löns' *Der Wehrwolf* (1910), Hermann Burtes *Wiltfeber. Der ewige Deutsche* (1912), Gorch Focks *Seefahrt ist Not!* (1913). Die Form dieser Romane kennzeichnen erbauliche, belehrende, verkündende, räsonierende Partien und eingestreute Losungen und Merksätze.

Der Untertitel *Ein Kriegserlebnis* entsprach dem im nationalen Lager verbreiteten Dichtungsverständnis und dem Muster der Weltkriegsliteratur: Dichtung als Erlebnis, Krieg als Erlebnis.[22] Das „Erlebnis“ versprach Authentizität. Formal ist der *Wanderer zwischen beiden Welten* angelegt als autobiographische Erzählung. Gegen eine kritische Rezension des Buches schrieb Flex: „Ist das Buch lebendiges Leben, dann ist's eben Kunst.“[23] Die erzählenden Passagen münden immer wieder in lehrhafte Dialoge und in Gedichte. Das schreibende Ich bekundet sich als Autor und zitiert eigene Werke. Die Erzählung ist im Felde geschrieben. Aber im Vordergrund steht nicht der Krieg, sondern die Lichtgestalt Wurche und die Freundschaft zwischen dem Ich-Erzähler und Wurche. Der Untertitel ist insofern doppeldeutig: Erlebnis des Krieges, mehr noch ein Erlebnis im Krieg.

Flex sah im Krieg einen „Gipfel“ für den „deutschen Geist“, den „kein Volk vordem gesehen hat.“[24] *Der Wanderer zwischen beiden Welten* kann aber nicht die Spuren einer Erschütterung und Bedrohung verbergen. Anders als später bei Ernst Jünger wird z.B. das Sterben als „häßlich“ zwanghaft tabuisiert. Der Ich-Erzähler läßt den Helden sagen:

---

[19] Hans W. Hagen: Walter Flex – Zu seinem 50. Todestag am 16. Oktober. In: Burschenschaftliche Blätter 82, 1967. S. 205f.

[20] Albert Soergel: Dichtung und Dichter der Zeit. Leipzig 1925. S. 508.

[21] Ketelsen (Anm. 3), S. 106f.

[22] Zum Muster Krieg als Erlebnis vgl. Klaus Vondung (Hg.): Kriegserlebnis. Der Erste Weltkrieg in der literarischen Gestaltung und symbolischen Deutung der Nationen. Göttingen 1980; Korte (Anm. 17), S. 107ff.

[23] Briefe (Anm. 13), S. 247. Vgl. auch Neuß (Anm. 3), S. 23f.

[24] Ebd., S. 281.

> Der Gedanke an den Heldentod eines Volkes ist nicht schrecklicher als der an den Schwerttod eines Menschen. Nur das Sterben ist häßlich bei Menschen und bei Völkern. Aber wenn ein Mann den tödlichen Schuß, der ihm das Eingeweide zerreißt, empfangen hat, dann soll keiner mehr nach ihm hinsehen. Denn was dann kommt, ist häßlich und gehört nicht mehr zu ihm. Das Große und Schöne, das heldische Leben ist vorüber. (39)[25]

Der Titel des Buches *Der Wanderer zwischen beiden Welten* bezieht sich auf den vorbildlichen Helden Ernst Wurche. Eine historische Gestalt stand ihm Modell. Die Erzählung endet mit dem Tod und der Wiederauferstehung des „Wanderers" als Sonnenjüngling. Typisch für die nationalistische Kriegsliteratur werden synkretistisch Elemente der christlichen Eschatologie und germanischen Kriegs- und Feuermythen miteinander verbunden. Wurche stirbt bei der Stadt Kalvarja, eine Anspielung auf den Kalvarienberg, der Erzähler sieht ihn zum letzten Mal unter einem Wegkreuz. Er richtet für Wurche ein „Grab voll Sonne und Blumen" her, über das Kreuz hängt er einen aus „hundert flammenden farbigen Bauernblumen gewundenen Kranz" (84/86).[26] Der Tod Wurches in Abwesenheit des Ich-Erzählers enthält ein Modell für die Leser im Kriege: So wie der Ich-Erzähler schließlich den Tod Wurches als Verpflichtung annimmt, sollen die Daheimgebliebenen den Tod im Kriege annehmen.

Auf weiten Strecken liest sich die Erzählung wie eine Einführung in den „Geist" der Wandervogeljugend.

> „Sind Sie nicht Wandervogel, Wurche?" fragte ich ihn aus meinen Gedanken und Vergleichen heraus, und sieh', da hatte ich an die Dinge des Lebens gerührt, die ihm die liebsten waren! Aller Glanz und alles Heil deutscher Zukunft schien ihm aus dem Geist des Wandervogels zu kommen, und wenn ich an ihn denke, der diesen Geist rein und hell verkörperte, so gebe ich ihm recht.(13)

Diese Figur des „Wandervogels", wie Wurche mehrmals genannt wird, erscheint in ihrer Funktion, die Werte des Wandervogels zu verkörpern, geradezu als eine synthetische Figur.

Die Erzählung propagiert mit dieser Figur den Sinn für „Schlichtheit" und „tiefe Ehrlichkeit" (40), die „sieben ritterlichen Künste der neuen deutschen Jugend: Singen, Wandern, Turnen, Schwimmen, Fechten, Tanzen und Reiten" (33) und die Pädagogik des Wandervogels:

> Die Wandervogeljugend und das durch ihren Geist verjüngte Deutschtum und Menschentum lag ihm vielleicht zutiefst von allen Dingen am Herzen, und um diese Liebe kreisten die wärmsten Wellen seines Blutes. Ihm, dem selber Leib

---

[25] Zitiert wird nach der 22. Aufl. (71.-73. Tausend). München 1918.

[26] Vgl. Bernd Hüppauf: „Der Tod ist verschlungen in den Sieg." Todesbilder aus dem Ersten Weltkrieg und der Nachkriegszeit. In: ders. (Hg.): Ansichten vom Krieg. Vergleichende Studien zum Ersten Weltkrieg in Literatur und Gesellschaft. Königstein/Ts. 1984. S. 87f. – Zur Interpretation des Romans vgl. Neuß (Anm. 3), S. 68ff.; Kuhn-Osius (Anm. 7).; Keller (Anm. 11), S. 51f.; Ulbricht (Anm. 5), S. 122ff.; Gert Sautermeister: Vom Werther zum Wanderer zwischen beiden Welten. Über die metaphysische Obdachlosigkeit bürgerlicher Jugend. In: Thomas Koebner u.a. (Hg.): „Mit uns zieht die neue Zeit." Der Mythos Jugend. Frankfurt a.M. 1985. S. 461ff.

> und Seele frei und ebenmäßig zu natürlicher Schönheit wuchsen, schien die beste Erziehung zu sein, den jungen Baum leicht und geruhig wachsen zu lassen, sich seines Blühens zu freuen und ihm, wenn's not tat, einmal die Blätter zu waschen. (41)

Als Resümee eines nächtlichen Gesprächs wird formuliert: „Rein bleiben und reif werden – das ist schönste und schwerste Lebenskunst." (41) Die Wörter „bleiben" und „werden" sind gesperrt gedruckt. Die Losung „Rein bleiben und reif werden" wurde, wie es in einem Quellenband zur Wandervogelbewegung heißt, zum „Leitwort für ganze Generationen der Jugendbewegung."[27] Sie faßt die asketische Sexualmoral wirkungsvoll, weil zugleich entschieden und unbestimmt formuliert, zusammen. Die Wandervogel-Ideologie forderte ein brüderlich-schwesterliches Verhältnis zwischen den Geschlechtern. Es ist auch eine exklusive Losung, insgeheim eine männliche: Die „Reinen" sind auch die „Starken" (8). Zu ihrer Vorgeschichte gehört nicht nur das Gebot sexueller Enthaltsamkeit als „Reinheit", sondern auch ein elitärer Herrschaftsanspruch, wie ihn Nietzsches *Zarathustra* verkündet: „Die Reinsten sollen der Erde Herr sein".[28] Eine mögliche Anregung[29] für Flex ist auch Hermann Poperts erfolgreicher völkischer Roman *Helmut Harringa* (1910). Er propagiert sexuelle Abstinenz, körperliche Ertüchtigung und Reinheit der germanischen Rasse.[30] Der Kontext der Losung bei Flex enthält keine völkische Auslegung, wegen ihrer Unbestimmtheit kann sie aber mit dieser Bedeutung leicht aufgeladen werden.

Als ein charismatischer Führer wird auch Wurche eingeführt. Die Kämpfe im Schützengraben, der Umgang mit einfachen Soldaten dienen als Vorbereitung der Führerrolle. Leiden beruft zum Führer.[31] Aus Nietzsches *Zarathustra* die Propheten- und Führergeste des Von-den-Bergen-Herabsteigens[32] borgend, läßt Flex Wurche von den lothringischen Bergen herabsteigen. Er soll „Führer" werden. (7) Wurche tritt auf in den Rollen des Priesters und des Wanderers, beide Rollen werden verbunden durch seinen „abgetragenen grauen Rock". Zugleich wird in der Einführungsszene ein Bildungsanspruch formuliert. Bildungsanspruch gehörte zum Selbstverständnis der Wandervogelbewegung. Verglichen wird Wurche mit Nietzsches „Zarathustra" und dem „Goetheschen Wandrer". Wurche, ein „menschgewordenes Bildungsgut", wie

---

[27] Walter Kindt (Hg.): Die Wandervogelzeit. Düsseldorf, Köln 1968. S. 1040. Zur Sexualethik der Wandervogelbewegung vgl. Ulrich Linse: „Geschlechtsnot der Jugend". Über Jugendbewegung und Sexualität. In: Koebner (Anm. 26), S. 230-45.

[28] Friedrich Nietzsche: Werke. Hg. v. Karl Schlechta. 5. Aufl. München 1966. Bd. 2. S. 555. Das trunkne Lied. „Rein" ist eine Schlüsselvokabel in *Zarathustra*.

[29] Vgl. Ulbricht (Anm. 5), S. 145.

[30] Zu Helmut Harringa vgl. Ulrich Herrmann: „Ein Krieger im Heere des Lichts" – Hermann Poperts Helmut Harringa als Spiegel-Bild lebensreformerischen Strebens in der Jugendbewegung. In: Jahrbuch des Archivs der Deutschen Jugendbewegung 16, 1986/87. S. 45-62.

[31] Der Wandervogel war strikt nach dem Führerprinzip organisiert. Vgl. z.B. Kindt, (Anm. 27), S. 7, 21 u. ö. Zur sprachlichen Realisierung des Führerprinzips im Wandervogel vgl. Helmut Henne: Zur Sprache der Jugend im Wandervogel. In: Zeitschrift für Germanistische Linguistik 91, 1981. S. 22ff.

[32] Vgl. Nietzsche (Anm. 28), S. 277f., S. 405.

Sautermeister schreibt,[33] hat nicht nur in seinem Tornister „einen kleinen Stapel zerlesener Bücher: ein Bändchen Goethe, den *Zarathustra* und eine Feldausgabe des Neuen Testaments" (9), er lebt die Bildung, er verkörpert mit „Trotz und Demut", mit „Andacht und Freude" und „Sehnsucht" und Kampfbereitschaft stereotype Werte des Deutschen. Als Führer wird er von den übrigen abgehoben:

> Trotz und Demut, die Anmut des Jünglings, lagen wie ein Glanz über der Haltung des straffen Körpers, dem schlanken Kraftwuchs der Glieder, dem stolzen Nacken und der eigenwilligen Schönheit von Mund und Kinn. Sein Gehen war federnde, in sich beruhende und lässig bewegte Kraft, jenes Gehen, das „Schreiten" heißt, ein geruhiges, stolzes und in Stunden der Gefahr hochmütiges Schreiten. Der Gang dieses Menschen konnte Spiel sein oder Kampf oder Gottesdienst, je nach der Stunde. Er war Andacht und Freude. Wie der schlanke, schöne Mensch in dem abgetragenen grauen Rock wie ein Pilger den Berg hinabzog, die lichten grauen Augen ganz voll Glanz und zielsicherer Sehnsucht, war er wie Zarathustra, der von den Höhen kommt, oder der Goethesche Wandrer. Die Sonne spielte durch den feinen Kalkstaub, den seine und unsere Füße aufrührten, und der helle Stein der Bergstraße schien unter seinen Sohlen zu klingen.
>
> Sein Gang war Wille und Freude. Er ging aus Vergangenheit in Zukunft, aus den Lehrjahren ging er in seine Meisterjahre hinüber. [...] Er hatte sechs Monate hindurch den grauen Rock ohne Knopf und Tressen getragen, und von den härtesten und niedrigsten Diensten war ihm nichts geschenkt worden. Nun schritt er von den Bergen herab, um Führer zu werden. [...] Als ein Wissender an Kopf und Herzen stieg der junge Kriegsfreiwillige von den lothringischen Bergen herab, um Führer und Helfer in seinem Volke zu werden. (6ff.)

Von Nietzsches *Zarathustra* werden die Werte des Stolzes, des Hochmuts und des Spielerisch-Kämpferischen übernommen. Der Wanderer Wurche wird in eine Ahnenreihe gestellt: Zarathustra als „Wanderer",[34] die Wandererfiguren des jungen und späten Goethe, der Wanderer als Figuration des Christen. Der homo viator, der Pilger auf Erden, die Reise und Wanderung sind alte Bilder christlicher Existenz: „Und ob ich schon wanderte im finstern Tal, fürcht ich kein Unglück" (Psalm 23,4). In der Romantik und Spätromantik bei Eichendorff oder Wilhelm Müller wird eine Poesie des Wanderns erfunden, die durch das ganze 19. Jahrhundert bis zu den Liedern der Wandervogelbewegung als romantisches Klischee – von Ausnahmen wie Gottfried Keller abgesehen – fortgesetzt wird.[35] Als Einlösung der romantischen Poesie des Wanderns mit ihren Elementen des Schweifens, des Naturzaubers, der Sehnsucht und der Ferne verstand sich die Wandervogelbewegung. Wie das Beispiel von Flex zeigt, wird nun im Wandervogel Wanderpoesie, Religion und Krieg unmittelbar identifiziert. Bei Eichendorff nähert sich die Poesie dem Leben hingegen nur in einem ‚als ob' an.

---

[33] Sautermeister (Anm. 26), S. 462.

[34] Vgl. Nietzsche (Anm. 28), S. 403ff.

[35] Vgl. Friedemann Spicker: Deutsche Wanderer-, Vagabunden- und Vagangenlyrik in den Jahren 1910-1933. Berlin 1976. S. 14ff.

Die letzten Zeilen des Wandervogellieds *Wir wollen zu Land ausfahren* lauten: „Es rauschen die Bäume, es murmelt der Fluß. Wer die blaue Blume will finden, der muß ein Wandervogel sein.“[36]

Der Name Wandervogel, den ein junger Lehrling 1901 gefunden haben soll,[37] verbindet das Wandern mit der ‚Freiheit‘, die mit den Vögeln stereotyp verbunden wird. Er spielt Natur gegen Kultur aus, das Freie, Schweifende gegen das Bleiben. Aber die Wandervögel kommen wieder zurück. Schon bei Eichendorff verlocken „Wandervögel“ zum Zug in die „schöne, wunderbare Ferne“.[38] Der Name Wandervogel wird im 19. Jahrhundert dann ins Weltanschauliche verschoben: Nietzsche charakterisiert mit dieser Metapher gefährliches, abenteuerliches Leben und Gustav Freytag in *Bilder der deutschen Vergangenheit* (1872-1880) die Deutschen.[39] Die Charakterisierung von Wurche in *Der Wanderer zwischen beiden Welten* integriert diese Bedeutungen in seine religiösen und soldatischen Rollen.

Der Titel der Erzählung *Der Wanderer zwischen beiden Welten* spielt an die religiöse Unterscheidung der diesseitigen und jenseitigen Welt an[40] und wird in der Erzählung erläutert als „Willfährigkeit gegen das Göttliche und Wehrfähigkeit gegen das Menschliche“ (36). Die Formulierung *Wanderer zwischen beiden Welten* impliziert im hypothetischen Vergleich mit einer traditionsgemäßeren Formulierung ‚Wanderer von einer Welt in die andere‘ ein Moment des Unsicheren und Ungewissen, Ziellosen.

Wurches Rollen des Pilgers und des Soldaten werden durch den „abgetragenen grauen Rock“ miteinander identifiziert. Mit dem „grauen Rock“ ist die feldgraue Uniform gemeint, die 1910 als neue, tarnende Uniform eingeführt wurde.[41] Sie enthält zugleich eine höchst bedeutsame symbolische Botschaft. Grau symbolisiert traditionell das Leblose, Unfruchtbare: „Grau, teurer Freund, ist alle Theorie, / Und grün des Lebens goldner Baum“ (*Faust*, V. 2038f.). Zugleich bezieht sich der „graue Rock“ auf die traditionelle Kleidung von Pilgern und Mönchen. Im Artikel *Rock* des Grimmschen Wörterbuchs wird darauf hingewiesen, daß der „graue Rock“ allgemein den geistlichen Stand bezeichnen kann. Der berühmteste graue Rock ist der Rock Christi, um dessen Besitz die Kriegsknechte losten (Johannes 19, 23f.). In der Legende

---

36 Vgl. Sautermeister (Anm. 26), S. 456ff.

37 Vgl. Kindt (Anm. 27), S. 42.

38 Joseph von Eichendorff: Neue Gesamtausgabe der Werke und Schriften. Hg. v. Gerhart Baumann. Bd. 2. Stuttgart 1957. S. 595. Vgl. auch S. 703.

39 Vgl. Nietzsche (Anm. 28), Bd. 1. S. 1193; Gustav Freytag: Gesammelte Werke. 2. Aufl. Leipzig 1898. Bd. 19. S. 4: „Wer in die Seele der Deutschen zu blicken versucht, zu jener Zeit, wo das sechzehnte Jahrhundert emporstieg, der wird in den untern Schichten des Volkes eine geheimnisvolle Unruhe erkennen, etwa wie bei den Wandervögeln, wenn der Frühling herannaht.“

40 Grimms Deutsches Wörterbuch führt im Art. *Welt* aus dem 19. Jahrhundert die Wendung „Bürger zweier Welten“ an und von 1910 „Goethe wußte [...], daß wir zwischen zwei Welten wandeln“. Bd. 28, Sp. 1502f.

41 Vgl. W. Sommerlad: Feldgrau – über 60 Jahre alt! In: Wehrkunde 11, 1962. H. 5. S. 271-273.

wurde er zum „grauen Rock“.[42] Symbolisch wird damit der Soldat als Mönch und Pilger gedeutet und vergegenwärtigt, der Krieg als mönchischer Dienst. Das semantische Element ‚Feld‘ in ‚feldgrau‘ konnotiert in diesem symbolischen Ensemble das Feld als Ort des Grabes. In der Einführungsszene wird diese symbolische Bedeutung durch den „Kalkstaub“ (7) suggeriert. Die ‚feldgraue Uniform‘ und der „graue Rock“ sind daher auch Todessymbole. Durch die Aussparung des Elements ‚Feld‘ betont der „graue Rock“ mehr das Mönchische. Die mönchische Bedeutung von Wurches „grauem Rock“ wird noch durch das Abgetragene verstärkt. Es konnotiert das Anspruchslose, Schlichte, Demütige und Arbeitsame.

Die Wendung vom „grauen Rock“ oder „feldgrauen Rock“ ist im Repertoire der nationalistischen Weltkriegslyrik ein wichtiges Element. Charakteristisch für diese Dichtung ist eine anachronistische, archaisierende Bildlichkeit. In dieser Lyrik wird im grauen Rock, im Harnisch und mit dem Schwert gekämpft, tatsächlich ist der Erste Weltkrieg ein technischer Krieg, geführt mit Massenvernichtungsmitteln. Das Schwert als archaische Waffe und phallisches Symbol wird auch Wurche zugeordnet. Wurches Gott ist mit einem „Schwerte“ (18) gegürtet, der Erzähler vergleicht ihn mit einem Knappen vor der „Schwertleite“ (53).

Hier und in der ganzen Erzählung erhält die Farbe grau die Bedeutung eines Schlüsselsymbols. Es ist die Farbe „zwischen“ Dunkel und Hell. Grau ist die Farbe des Todes. Grau ist nicht nur der Rock oder der „Waffenrock“ (25,51), grau sind auch die Augen von Wurche (7), grau ist der Mensch, grau die Landschaft:

> Mit müden und doch seltsam wachen Sinnen sahen wir im Abstieg noch einmal die schwermütige Schönheit der kahlen, grauen Hänge und Mulden, deren Kalk im Mondlicht tot, fremd und schwer wird, und die lichtlose, graue Einsamkeit der zerschossenen und verlassenen Steinhütten. (3)

Grau sind die Stacheldrahtverhaue, die Kolonnen der Soldaten (27,74). In „langen, grauen Nächten“ kommen die Toten und reden mit den Lebenden (99). Der tote Wurche liegt auf seinem „grauen Mantel“ (82). In diesem Tod hat die „zielsichere Sehnsucht“ (7) seiner grauen Augen ihre Erfüllung gefunden.

Auch in den Gedichten von Flex fungiert grau als ein Schlüsselsymbol. Seine Bedeutungen reichen von Müdigkeit, Schwermut, (z.B. *Müder Ritt*: „die Kompagnie ein grauer Strom, / der müde Wellen rauschend häuft.“) über das Kriegerische (“Mein Volk im grauen Eisenkleid“, *Das Volk in Eisen*) bis zur Darstellung des Todes als Zeugung des Lebens: „Des Lebens grauer Same sein / muß ich im Sterben[...]“, *Der junge Krieger*).

Neben dem Krieg als mönchischem Dienst, dem Soldaten als Pilger im grauen Rock gibt es noch einen zweiten Bildkomplex, der auf das Selbstverständnis der Wandervogelbewegung verweist: Krieg als Abenteuer, als große Fahrt:

---

[42] Grimms Deutsches Wörterbuch. Bd. 14. Sp. 1096f.

> Aber neben dem Wandervogel her, der in Helm und Degen und Ledergamaschen den ausgefahrenen Sandweg hinzog, schritt leicht auf reinlichen Füßen durch feuchtes Wiesengras der Mai und lachte immer heller herüber. (23)

Aus dem ersten Kriegsjahr gibt es viele Zeugnisse aus der Wandervogelbewegung, die den Krieg als große Fahrt, als Kriegsfahrt imaginieren. Darin lag Konsequenz. Die Wandervogelbewegung hatte paramilitärische Züge. ‚Feldmarschmäßig' waren die Fahrten der Wandervögel schon immer.[43] Flex hat in *Wandervogels Kriegslied* gedichtet:

> Wir wandern mit durchs breite Feld,
> Durch hell' und dunkle Stunden,
> Und wissen's wohl: es muß die Welt
> An unsrer Fahrt gesunden!

Die Natur selbst bietet in der Erzählung den Krieg auch als Abenteuer an. Nicht zufällig tritt das „Abenteuer" aus dem „dunklen Walde". Verglichen wird es mit einem „schönen Wild" (28). So erscheint, wie schon bei Körner (*Lützows wilde verwegene Jagd*, *Jägerlied*), der Soldat auch als Jäger.

Eine Urszene geradezu für den Zusammenhang von Naturerlebnis, Jugend- und Körperkult und Kriegserlebnis stellt eine Badeszene dar. Die unio mystica von Mensch und Natur endet in der Formierung eines Soldaten, dessen „Schädel" schon wie ein Todesemblem wirkt. Gegenüber der Offenbarung des Jünglings bleibt der Krieg aber etwas Äußerliches, „Lärm und Glanz". Wieder wird Bildung demonstriert, mit Zitaten aus Goethes *Ganymed* und *Wandrers Sturmlied*, sogar mit einem Pseudozitat aus Nietzsches *Zarathustra*.[44] Die Ursprünglichkeit der Szene ist eine aus Zitaten hergestellte. Die Beschreibung von Wurches Bad setzt ein Kultbild der Jugendkultur der Jahrhundertwende um, das Lichtgebet von Fidus. Die Zuschauer der Szene nehmen sie auch als Bild wahr. Im Bild von Fidus steht auf einem Felsen eine nackte, jugendliche Gestalt. Mit erhobenen, weit ausgebreiteten Armen streckt sie sich dem Himmel entgegen. Die Bildbewegung verkündet die Geste des „Empor zum Licht!", das sich im rituellen Spruch „Flamme empor!" in der Jugendbewegung wiederfindet.[45] Sie gehört in einen Kontext gnostizistischer Vorstellungen um die Jahrhundertwende, die sich u.a. bei Wagner, Karl May, Nietzsche finden.[46] Wurche wird in dieser Szene dargestellt als Sonnenanbeter und Lichtbringer:

---

[43] Vgl. Gudrun Fiedler: Die große Fahrt in den Krieg – Jugendbewegung, Militär und Fronterlebnis. In: Jahrbuch des Archivs der Deutschen Jugendbewegung 16, 1986/87. S. 183-196.

[44] Das Zitat „Tanztüchtig will ich den Jüngling und waffentüchtig" findet sich im *Zarathustra* nicht, wohl aber eine ähnliche Formulierung. Vgl. Nietzsche (Anm. 28). Bd. 2. S. 457 (*Von alten und neuen Tafeln*). Vgl. zu dieser Szene auch Sautermeister (Anm. 26), S. 463ff.

[45] Vgl. Werner Helwig: Die Blaue Blume des Wandervogels. Gütersloh 1960. S. 147f.

[46] Vgl. Klaus Jeziorkowski: Eine Iphigenie rauchend. Aufsätze und Feuilletons zur deutschen Tradition. Frankfurt a.M. 1987. S 152ff.; Jost Hermand: Der Schein des schönen Lebens. Studien zur Jahrhundertwende. Frankfurt a.M. 1972. S. 55ff.

> Der junge Mensch, der auf uns zuschritt, war von diesem Frühling trunken. Mit rückgeneigtem Haupte ließ er die Maisonne ganz über sich hinfluten, er hielt ihr stille und stand mit frei ausgebreiteten Armen und geöffneten Händen da [...] Feucht von den Wassern und von Sonne und Jugend über und über glänzend stand der Zwanzigjährige in seiner schlanken Reinheit da, und die Worte des Ganymed kamen ihm schlicht und schön und mit einer fast schmerzlich hellen Sehnsucht von den Lippen [...] Bald schritt mir der Freund wieder im grauen Waffenrock, der die hohe Gestalt knapp und kleidsam umschloß, und mit eingehenktem Degen zur Seite. Der Helmrand umlief die trotzige Form seines eigenwillig gestreckten und prächtig gewölbten Schädels, und wie er mit frei ausgreifendem Schritt den von fernen Donnern leise erdröhnenden Wäldern entgegenschritt, schien er, von Freude und Kraft bebend, begierig in eine klirrende Zukunft zu horchen. (23ff.)

Im Anblick dieses Jünglings ist der Ich-Erzähler „fast traurig, ohne sagen zu können warum." Diese Traurigkeit deutet auf die latente Erotik der Szene hin, für die auch der Göttername Ganymed ein Signalwort ist. Ganymed ist der schöne Knabe, den Zeus liebt. Wurche ist für den Ich-Erzähler unerreichbar, deswegen seine Trauer. Intendiert soll sich in dieser Trauer eine Ahnung des zukünftigen Todes von Wurche ausdrücken. Wurches „Sehnsucht" gilt dem Tode. Voll „Unruhe" und „spielend" prüft Wurche einmal sein Seitengewehr, sein Schwert, wie es bald heißt. Dieses Schwert ist „schön", wieder gesperrt gedruckt: „Etwas wie Ungeduld und Hunger riß an den Worten, und ich fühlte, wie sein heißes Herz den großen Kämpfen entgegenhoffte." (51ff.) Auch dieses Motiv der Todessehnsucht kennzeichnet die Lyrik Körners (z.B. in *Durch!*, *Reiterlied*, *Schwertlied*, *Friedrichs Totenlandschaft*).

II.

Ich habe die Erzählung deswegen so ausführlich behandelt, weil das Gedicht in dieser Erzählung eine Rahmenfunktion innehat. Die Einlage von Gedichten verweist auf das Modell romantischer Erzählungen und Romane. Mit dem Gedicht *Wildgänse rauschen...* setzt die Erzählung ein, in Erinnerung an die Situation seiner Entstehung endet sie.

Im Gedichtband *Im Felde zwischen Nacht und Tag* hatte Flex das Gedicht unter dem Titel *Nachtposten im März* aufgenommen. Zum beispiellosen Erfolg dieses Gedichts trug vor allem seine Vertonung von Robert Götz in einer getragenen, schwermütigen G-Dur-Melodie bei. Nach seinen Angaben hatte er die Melodie 1916 komponiert.[47] Nicolaus Sombarts Erinnerungen an seine bündische Jugendzeit mögen als Beispiel die Wirkung dieses Liedes belegen. Aus ihnen geht hervor, daß zur Wirkung dieses Liedes wesentlich auch sein applikativer ‚Sitz im Leben' beitrug – und beiträgt! –, eine bestimmte Szene mit bestimmten Werten und Gefühlen: die abenteuerliche Fahrt, das Singen

[47] Vgl. Robert Götz: Ich wollte Volkslieder schreiben. Gespräche mit Ernst Klusen. Köln 1975. S. 122. Götz ist der Komponist so bekannter Liederbücher wie *Aus grauer Städte Mauern* (1924), *Wir fahren in die Welt* (1960).

am nächtlichen Lagerfeuer, das Gemeinschaftserlebnis. Sombart erinnert sich einer

> herben, einem gewissen asketischen Ideal huldigenden Romantik, dessen große Riten die Nächte am Lagerfeuer waren und abenteuerliche, oft wochenlange „Fahrten“, die uns durch ganz Deutschland, aber auch bis nach Schweden und Finnland, „dem Norden“ führten. Gesungen wurde zur Klampfe oder Mundharmonika, schwermütige Lieder wie „Wildgänse rauschen durch die Nacht...“ von Walter Flex, oder „Soldat, du bist mein Kamerad, wenn alle Knochen bleichen“, ein chinesisches Soldatenlied, das Klabund übersetzt hat, oder „Unsere Speere schleudern wir in fremde Meere, schwimmen nach und hol'n sie ein“, das der legendäre Tusk selber gedichtet haben soll.[48]

Das Lied war eines der erfolgreichsten Lieder der 20er und 30er Jahre. Es gehört zum Repertoire in den NS-Liederbüchern[49] und in den Liederbüchern nach dem Zweiten Weltkrieg (z.B. *Unser Liederbuch*, 1982, *Die Mundorgel*, 1984, zuerst 1953, oder Klusens Sammlung *Volkslieder aus 500 Jahren*, 1978).[50] Bis in nüchterne naturwissenschaftliche Abhandlungen dringt die Faszination dieses Gedichtes. Ein Handbuch zu den Wildgänsen Europas beginnt mit dem Satz:

> Nur wenige Vogelstimmen dringen so tief in das Gemüt des Menschen wie die Rufe der Wildgänse, wenn sie im düsteren Grau des Herbstes oft in gewaltigen Scharen über das Land ziehen.[51]

Mit der Plazierung des Gedichts am Eingang der Erzählung soll es in eine Gefühlslage einstimmen und gewissermaßen als ‚augurialer‘ Text auf das Ende vorausdeuten. Damit präsentiert sich der Ich-Erzähler auch als Dichter. Er schreibt das Gedicht spontan, unbewußt, nach dem Klischee der Erlebnisdichtung:

> Ohne im Dunkel die ineinanderlaufenden Zeilen zu sehen, schrieb ich auf einem Fetzen Papier ein paar Verse: [...] (2)

Die Einführung suggeriert, daß im Gedicht das Fronterlebnis selbst zu Wort kommt. Der Ich-Erzähler erzählt von einer „stürmischen Vorfrühlingsnacht“ an der Front, vom „Braus des Nachtsturms“, von der „verflackernden Lichtfülle schweifender Lichtkugeln“, der „zuckenden Luft“, den Scheinwerfern, die durch die Schützengräben „wanderten“, und den wandernden Graugänsen:

> Über Helmspitze und Gewehrlauf hin sang und pfiff es schneidend, schrill und klagend, und hoch über den feindlichen Heerhaufen, die sich lauernd im Dun-

---

[48] Nicolaus Sombart: Jugend in Berlin. In: Merkur 37, 1983. S. 391. Tusk (Eberhard Köbel) war der Gründer der „Deutschen Jugendschaft vom 1. November“.

[49] Vgl. die Aufstellung bei Götz (Anm. 48), S. 125f.

[50] In der „Zeit“ vom 3.6.1983 wird unter dem Titel „Bundespräsident und Lyrik“ eine vom damaligen Bundespräsidenten Carstens herausgegebenen Anthologie kritisch rezensiert, in die das Flex-Gedicht aufgenommen worden war. Der Rezensent bezeichnet es als „Geröchel“.

[51] Erich Rutschke: Die Wildgänse Europas. Berlin-DDR 1987. S. 5.

> kel gegenüberlagen, zogen mit messerscharfem Schrei wandernde Graugänse nach Norden. (1)

Einige Sätze weiter ist dann die Rede vom „wandernden Heer der wilden Gänse", das „gespensterhaft" über die Soldaten hinstreicht.

Das Gedicht nimmt diese Parallelisierung des Natur- und Kriegsgeschehens und die Stimmung des lustvoll Bedrohlichen, Schaurigen und Klagenden auf:

> Wildgänse rauschen durch die Nacht
> Mit schrillem Schrei nach Norden –
> Unstäte Fahrt! habt acht, habt acht!
> Die Welt ist voller Morden.
>
> Fahrt durch die nachtdurchwogte Welt,
> Graureisige Geschwader!
> Fahlhelle zuckt, und Schlachtruf gellt,
> Weit wallt und wogt der Hader.
>
> Rausch' zu, fahr' zu, du graues Heer!
> Rauscht zu, fahrt zu nach Norden!
> Fahrt ihr nach Süden übers Meer –
> Was ist aus uns geworden!
>
> Wir sind wie ihr ein graues Heer
> Und fahr'n in Kaisers Namen,
> Und fahr'n wir ohne Wiederkehr,
> Rauscht uns im Herbst ein Amen!

Das Gedicht ist auf eine beabsichtigte und unbeabsichtigte raffinierte Weise einfach und effektvoll gebaut. Es erzeugt eine komplexe Mischung von Stimmungen und erlaubt unterschiedliche Rezeptionen – die Voraussetzung für seine Wirkung noch heute.

Die Gleichsetzung von Natur und Krieg, die unheilvolle Fahrt durch eine Welt „voller Morden", das Düstere, Schauerliche und Klagende evozieren die schwermütige, schauerliche, naturmagische Welt der Ballade. Zum Effekt des Schauerlichen kommt es, wo Natur sich als unbestimmt bedrohliche Macht äußert. Von Schillers Ballade *Die Kraniche des Ibykus* könnte Flex auch inspiriert worden sein. Auch dort ist der Flug der Kraniche ein „Rauschen" (V. 160), bilden die Vögel ein „Kranichheer", ziehen sie in „graulichtem Geschwader" (V. 16).

Die Form des Gedichts orientiert sich am Volkslied: Strophen mit vier Zeilen, alternierender vier- und dreihebiger Rhythmus, Alternation von männlichen und weiblichen Versschlüssen, Kreuzreim. Wie viele Volkslieder beginnt es mit einem Natureingang. Der Rhythmus ist regelmäßig, die Grundfigur jambisch. Mit der Vertonung im Bewußtsein liest man aber unwillkürlich die Syntagmen „Wildgänse rauschen", „Unstäte Fahrt!", „Fahlhelle zuckt" daktylisch. (Das rhythmische Grundschema der Melodie ist daktylisch.)

Charakteristisch für die Form des Volkslieds sind lexikalische und syntaktische Wiederholungen. Viermal wird das Verbum rauschen, fünfmal das Verbum bzw. Substantiv Fahrt, Fahren, dreimal das Adjektiv grau wiederholt. Syntaktische Wiederholungen sind „Habt acht, habt acht!", „Rausch zu, fahr' zu", „Und fahr'n" – „Und fahr'n". Auffallend sind neben den phonetischen Wiederholungen des Reims auch die Assonanzen: „Fahrt! Habt acht, habt acht!", „voller Morden", „Fahlhelle zuckt und Schlachtruf gellt", „Rausch zu" – „graues Heer", „fahrn" – „Namen"- „Amen", „Wir sind wie ihr". Diese lexikalischen, syntaktischen und phonetischen Wiederholungen teilen in der Weise der Suggestion mit, was das Gedicht explizit formuliert: die Verschmelzung von Kriegsgeschehen und Naturgeschehen.

Eine besondere Funktion haben in diesem Gedicht die Alliterationen: „schrillem Schrei", „nachtdurchwogte Welt", „Graureisige Geschwader", „Weit wallt und wogt der Hader". Diese Alliterationen, zusammen mit archaisierenden Wörtern wie „Graureisige" – der Reisige ist ein altes Wort für den berittenen Krieger –, „wallen" und „Hader", evozieren die Welt der germanischen Heldendichtung mit ihrem Schicksalsglauben. Deren Technik des Stabreims wurde im 19. Jahrhundert durch Wagner wieder populär.[52] Die Gebetsformel „Amen" und das Verbum ‚wallen', das sowohl die Bewegung von Wasser als auch das Wallfahren der Pilger bezeichnen kann, geben dem Gedicht eine religiöse Bedeutungsdimension.

Die Rhetorik des Gedichts ist gegliedert durch indikativische und appellative, expressive Sätze. Hervorgerufen wird durch die appellativen Sätze der Eindruck unmittelbarer Gegenwart, einer unmittelbaren Handlungssituation. Das redende Subjekt zeigt sich als unmittelbar beteiligt. Das Ausrufungszeichen, in jeder Strophe verwendet, hat teils Aufforderungs-, teils Feststellungscharakter. Mit ihm wird die Sprechsituation dynamisiert. Zusätzlich unterstützt wird diese Dynamisierung durch das Vorherrschen der Verben, die Präpositionen durch und zu, und durch den Wegfall des Artikels in: „Unstäte Fahrt", „Fahlhelle zuckt", „Schlachtruf gellt" – fast schon expressionistische Stilmittel, wenn man z.B. an die lyrische Sprache von August Stramm denkt ("Blut zersiegt", „Steine feinden" z.B.). In die Nähe expressionistischer Techniken führt auch die Verselbständigung menschlicher Handlungen, d.h. die Auflösung personaler Identität: „Schlachtruf gellt". Das sprechende Subjekt äußert sich mit den Pluralformen „wir" und „uns". Als „Ich" äußert sich das Subjekt nur im Entstehungskontext. Das Subjekt versteht sich als Kollektiv der Soldaten, in Entsprechung zum Kollektiv der Wildgänse. Beide bilden ein „graues Heer". (Die Pluralform in der dritten Strophe soll die Wildgänse und die Soldaten nicht individualisieren. Die Verwendung der Singularform hätte in der dritten Zeile zu „fährst" geführt: ein Bruch im System der Assonanzen!) Wildgänse fliegen in Keilform oder in schräger Reihe, ihr Flügelschlagen ist fast gleichmäßig. Manche Gruppen fliegen zuerst nach Norden, dann in südlicher Richtung. Daher liegt der Vergleich nahe. Ihr „schriller Schrei" korre-

52 Vgl. auch Neuß (Anm. 3), S. 90.

spondiert dem gellenden Schlachtruf, ihre graue Farbe dem Grau der Soldaten. Nur „fahr'n" die Soldaten „ohne Wiederkehr".

Allein die Wendung „Und fahr'n in Kaisers Namen" bestimmt dieses „wir" als deutsche Soldaten. Ein Feind wird explizit nicht genannt, das Vaterland oder das deutsche Volk wird nicht beschworen, sondern nur mitverstanden, auch Haßtiraden kommen nicht vor. Die Schlacht, das Morden, der Hader sind universal. Dies wird – nach einem Gedankenstrich – in Form einer Feststellung, die syntaktisch als Frage formuliert ist, beklagt. Die Anschließung dieses Satzes ist unbestimmt. Als Antwort auf die Frage kann die letzte Strophe verstanden werden, als Feststellung bezieht er sich unbestimmt auf die Welt voller Morden.

Die Zeile „Die Welt ist voller Morden" oder die Metapher der „nachtdurchwogten" Welt drückt eine im Protestantismus verbreitete Weltablehnung aus, wie sie z.B. auch Dürers Kupferstich *Ritter, Tod und Teufel* dokumentiert. Im 19. Jahrhundert wurde der Ritter, der durch die feindliche Welt reitet, auch als Verkörperung des Deutschen interpretiert.[53] Im Kontext nationalistischer Kriegsrhetorik, in der Deutschland von „Feinden ringsum" (Flex: *Feinde ringsum*) umgeben ist, oder in der die „falsche Welt" die des Feindes ist (Flex: *Patrouille*: „Wir schleichen grau durchs graue Feld. / Blaunebel hüllt die falsche Welt.") kann die Zeile „Die Welt ist voller Morden" implizit den ‚Feinden' zugeschrieben werden. Die Zeile spielt auch auf eine Zeile aus dem urprotestantischen Kirchenlied *Ein feste Burg ist unser Gott* an: „Und wenn die Welt voll Teufel wär".

In der vierten Strophe wird die trauernde Klage der dritten beantwortet und zurückgenommen. Daß die Fahrt der Soldaten „ohne Wiederkehr" ist, wird nicht beklagt. Der Herbst, in dem die Wildgänse zurückkehren und in dem so das Amen „rauscht", konnotiert Ernte, Reife, Vollendung, Fülle. Im Einführungstext wird diese Nacht eine „stürmische Vorfrühlingsnacht" genannt. In diesem Kontext wird der Naturprozeß noch stärker entfaltet. Da im Gedicht die Nennung des Frühlings ausgespart ist, artikuliert es mehr ein schicksalhaftes Geschehen, dieses dann als Naturgeschehen. ‚Augurial' verweist das ‚Rauschen' der ersten auf das ‚Rauschen' der letzten Zeile.

Diese letzte Strophe formuliert ein Einverständnis mit dem „Kaiser" und mit diesem Schicksal. Sie drückt nicht mehr Ausgeliefertsein, sondern willige Ergebenheit aus. Die erste Zeile „Wildgänse rauschen durch die Nacht" imaginiert ein Bild von Aufbruch und Bewegung in eine Ferne, die folgenden Zeilen die zuckende Unruhe des Krieges, die letzte Zeile ein Bild von Ruhe. Erfährt sich das kollektive Subjekt in der dritten Strophe noch als Objekt dieses Schicksals – „Was ist aus uns geworden!" –, nennt es sich hier zum ersten Mal „wir", vergleicht es sich ausdrücklich mit dem „grauen Heer" der Wildgänse und ihrer Fahrt. Der Tod ist für es eine euphorische, ‚rauschende' Aufnahme in die Natur. Ihm gibt es sich willig hin. Daher erscheint das Subjekt in der letzten Zeile wieder in Objektform, als „uns". Die Formel für dieses Ein-

[53] Vgl. Ursula Meyer: Politische Bezüge in Dürers Ritter, Tod und Teufel. In: Kritische Berichte 6, 1978. H.6. S. 27ff.

verständnis mit seinem Schicksal und seinem Tod ist das Amen. Der Rhythmus des Gedichts vollzieht diese Einwilligung in das Schicksal affektiv mit. Er ist unruhig in den ersten drei Strophen, die parallel gebauten Zeilen der letzten sollen den Eindruck von Ruhe erzeugen. Einverständnis mit dem Schicksal enthält als Botschaft auch die Melodie von Götz.

Im Gedicht von Flex gibt es keine Erwähnung Gottes, kein Gottvertrauen, wohl aber ein Vertrauen in das als Naturgeschehen vorgestellte Schicksal: Das „Amen", das dem Tod der Soldaten einen religiösen Sinn gibt, wird mit der Natur verbunden. Insofern bedeutet „Amen" keine Wendung ins Religiöse, es ist eine ausgeliehene Religiosität. Die Formel wird verwendet als religiöses Klischee.

Im Kontext der Erzählung liegt die wichtigste Botschaft des Gedichts ebenfalls im suggestiven Appell zum Einverständnis mit dem Schicksal, zum Einverständnis mit dem Tod. Am Ende der Erzählung wiederholt sich die Eingangsszene. Diesmal fliegt das „Gänseheer" über das Grab von Wurche nach Süden (93). Er ist, soll dies besagen, zurückgekehrt: Die Toten, sagt der tote Wurche, sollen ein „Heimrecht" (104) bei den Lebenden finden.

Die „unstäte Fahrt" der Wildgänse macht die Bildbasis des Gedichts aus. In der Vertonung ist diese zweite Zeile in die Subdominante gesetzt. Mit der „unstäten Fahrt" wird metaphorisch das Kämpfen des „grauen Heers" identifiziert. Die erste und zweite Strophe akzentuieren das Gefährliche und Unheilvolle der Fahrt. Der „schrille Schrei" der Wildgänse wirkt als Schlachtruf wie als Schreckensschrei. Die Ausweitung des Bildes auf das Leben als Fahrt durch die unheilvolle Welt, das Schicksalhafte dieser Fahrt ruft eine Stimmung eines heroisch-fatalistischen Existentialismus hervor: Leben als Kampf in einer unheilvollen Welt. Dieser heroisch-fatalistische Existentialismus kann ins Nationalistische gewendet werden. In der letzten Strophe wird diese Stimmung überführt in das Einverständnis mit dem Schicksal. Entschärft und gedämpft wird das Unheilvolle schon in den ersten beiden Strophen. Das Scharfe des „Habt acht, habt acht!" wird schon gedämpft durch die Wiederholung, vollends durch die diffuse und klischeehafte, euphorische Formulierung „Die Welt ist voller Morden". Ähnlich entschärft das Unbestimmte, Klischeehafte und literarisch Gesuchte von „Weit wallt und wogt der Hader" das scharfe „Schlachtruf gellt!". Das Klischee als sprachliches Fertigteil entmächtigt den unmittelbaren Schrecken, das Unbestimmte der Formulierung entschärft ihn. So wird der Schrecken zum gefühligen Schauer, den man genießen kann.

Erfahren wird der Flug der Wildgänse in der ersten Zeile als ‚Rauschen'. Das Wort bezeichnet eine Bewegung und ein Geräusch, das Rauschen assoziiert den Rausch. Es evoziert die Vorstellung eines weiten Raums und einen übermächtigen, gewaltigen, be-rauschenden und, zusammen mit dem Nächtlichen, unheilvollen, kurz: einen numinosen Vorgang, der Individualität zugleich auflöst und erhöht.

In der zweiten Strophe wird das Rauschen auch als Fahrt von „Geschwadern" imaginiert. Die implizierte Wassermetaphorik wird in den ‚Wogen' des Haders und in der „nachtdurchwogten Welt" aufgenommen.

Das Rauschen der Wildgänse durch die Nacht deutet ‚augurial' auf den Tod der Soldaten voraus. (Im Aberglauben sind, wie dem *Handwörterbuch des deutschen Aberglaubens* zu entnehmen ist, Wildgänse Unglücksboten.) Es wird schon vom Subjekt als rauschende Bewegung in den Tod erlebt. Identifiziert wird durch das „Rauschen" die ‚Fahrt' der Wildgänse, die ‚Fahrt' der Soldaten und der Tod der Soldaten als ein Naturvorgang. Der Tod wird vorgestellt als eine rauschhafte Erfüllung und Ruhe. Und dieses ‚Rauschen in den Tod' wird vom „wir" nicht nur angenommen, sondern als Erfüllung des Kampfes gewollt: „Rausch' zu, fahr' zu, du graues Heer!"

Die rauschende Fahrt der Wildgänse durch die Nacht bildet in der Imaginationswelt von Generationen des Wandervogels die suggestive Urszene einer ins Heroische gewendeten Romantik. Im Sog dieses Bildes steht noch ein Holzstich, den Gerhard Ziemer und Hans Wolf ihrer, dem „Mythos der Jugendbewegung" (Vorwort) gewidmeten, Darstellung *Wandervogel und freideutsche* Jugend von 1961 voranstellen: Schwarze, scharfschnäbelige Kraniche fliegen über eine dunkle Landschaft. Die Wolkenbildung hinter ihnen läßt an Explosionen denken, an einen Weltenbrand.

Das Gedicht von Flex wirkt nicht durch Handlung, sondern durch seine komplexe suggestive Struktur und die evokative Kraft seiner Bilder. Man könnte es verstehen als ein poetisches Arrangement von Wörtern, die Sinnwelten und Erlebniswelten des Wandervogels eröffnen sollen. Nicht erst als Lied, sondern schon durch sein poetisches Potential erhält das Gedicht seinen ‚Sitz im Leben'. Neben dem ‚Rauschen' sind solche applikative Wörter ‚Fahrt', der „Norden", die „Wildgänse", das „graue Heer".

Das Rauschen vergegenwärtigt das Waldes- und Brunnenrauschen der Romantik.[54] Es verlockt zur lustvollen Preisgabe der Individualität an die Natur, zur ‚ozeanischen' Vereinigung mit dem Ganzen. Auch die Tradition des Nachtgedichts seit der Romantik (z.B. Eichendorff: *Nachts*) enthält diese Verlockung zur Selbstaufgabe in einem nächtlichen Weltraum. Gegenüber dem Zauber dieser Verlockung wird jedoch in der Romantik die Grenze der Individualität bewahrt, wie die Gedichte Eichendorffs exemplarisch zeigen. Im Gedicht von Flex wird Individualität rauschend aufgelöst in der Ordnung des ‚grauen Heeres', schließlich im Tod. Die Verbindung von Ordnung, Gewalt, Rausch(en) und Tod ist charakteristisch für die ‚rechte' Ästhetik der Epoche. Sie verbindet Flex mit Jünger und Benn, trotz aller Unterschiede im künstlerischen Rang.

Weiter evoziert das ‚Rauschen' des Gedichts das tröstliche Rauschen in den Tod in Wilhelm Müllers Gedicht *Der Lindenbaum* und das unheilvolle Rauschen der Vögel in Schillers Ballade, in Wagners *Götterdämmerung*, in Ibsens *Peer Gynt*,[55] schließlich das stereotype Rauschen der Adler und Fahnen in der Kriegslyrik des 19. Jahrhunderts und des Ersten Weltkriegs.

---

[54] Vgl. Heinz Hillmann: Bildlichkeit der Romantik. Frankfurt a.M. 1971. S. 221ff., 269ff.

[55] Vgl. Richard Wagner: Die Musikdramen. 2. Aufl. München 1981. S. 813; Henrik Ibsen: Peer Gynt. Stuttgart 1977. S. 46.

Imaginiert wird mit der Fahrt der Wildgänse der Krieg als wilde, be-rauschende Kriegsfahrt, die im Tod ihr Ziel findet. Durch „Amen" und „wallen" wird diese Fahrt auch als Pilgerfahrt vorgestellt. In vielen protestantischen Kirchenliedern wird das Leben als Fahrt in den Tod besungen (z.B. „O Welt, ich muß dich lassen, ich fahr dahin mein Straßen ins ewig Vaterland.") Evoziert werden die Fahrten des Wandervogels, die romantische Sehnsucht in die Ferne. Hier als Sehnsucht nach dem Norden. Sie war im völkischen Denken der Jahrhundertwende[56] und in der Wandervogelbewegung weit verbreitet. Nach „Nordland" gingen viele Fahrten.[57]

Seit der Romantik, noch früher, seit Herder und Klopstock, gewinnt der Norden die Bedeutung eines zivilisationskritischen Erlösungs – und Sehnsuchtsorts.[58] Der Seilwurf der Nornen „nach Norden" im Vorspiel von Wagners *Götterdämmerung* stattete das Wort mit einem fatalistischen Geschichtsverständnis aus.[59] „Ich bin nordisch gestimmt" bekannte Thomas Mann 1904[60] und Rilke schrieb im selben Jahr: „wir brauchen wieder Norden, Weite, Wind!"[61] Der „Norden" wird Schlüssel- und Erkennungswort der konservativen Revolution der 20er Jahre. Zur Ausbildung dieses Mythos trug auch die schwermütige Dichtung Ossians mit ihrer ‚grauen' Todeslandschaft bei. Grau sind in ihr Nebel, das Meer, die Felsen, die Nacht.[62] Noch Storms „Am grauen Strand, am grauen Meer / und seitab liegt die Stadt" (*Die Stadt*) zehrt vom Bildarsenal des Nordenmythos. Auch die „Wildgänse" – nicht Graugänse –, die nach Norden ‚fahren', evozieren für den literarisch Gebildeten den Norden als Sehnsuchtsort. Von Wildgänsen, die „südwärts ziehen", ist in Ibsens *Peer Gynt* die Rede.[63] 1907 erschien Selma Lagerlöfs Jugendbuch *Wunderbare Reise des kleinen Nils Holgersson mit den Wildgänsen.* Im Wandervogel wurde es als *Wanderbuch* angepriesen.[64]

Wie die Erzählung selbst wirkt das Gedicht als ein synthetischer Text: Vom Volkslied leiht es sich seine Form aus, von der Ballade das Schauerliche und Naturmagische, vom protestantischen Kirchenlied die Vorstellung vom Leben als Fahrt durch eine Welt voll Unheil, vom Gebet die Formel „Amen", vom Jugendbuch das Motiv der Wildgänse, vom Nachtgedicht das Berauschende. Es synthetisiert damit Stimmungswerte und entschärft sie zugleich.

---

[56] Vgl. z.B. wieder Poperts Roman Helmut Harringa und J. Langbehn: Rembrandt als Erzieher. Volksausgabe. Weimar 1922. S. 211f.

[57] Vgl. Eine Norwegenfahrt. In: Wandervogel. Jg. 9, H. 1, 1914. S. 13: „Nun wandert hinauf in die Heimat unserer helläugigen Brüder." Vgl. auch Helwig (Anm. 46), S. 238ff.

[58] Vgl. Karl-Heinz Bohrer: Der Mythos vom Norden. Studien zur romantischen Geschichtsprophetie. Diss. Heidelberg 1965.

[59] Vgl. Wagner (Anm. 56), S. 753ff.

[60] Zit. nach Klaus Bohnen: Die ‚fremde Heimat' der Deutschen. Der ‚Mythos vom Norden' in deutscher Kulturtradition. In: Eijiro Iwasaki (Hg.): Begegnung mit dem Fremden. Bd. 11. München 1991. S. 356.

[61] Zit. nach Bohnen (Anm. 60), S. 357.

[62] Vgl. Ossians Gedichte. Stuttgart o.J. (um 1855). Bd. 1. S. 34; Bd. 2. S. 50 u. 75.

[63] Peer Gynt (Anm. 56), S. 34.

[64] Wandervogel. Jg. 5, H. 1, 1911. S. 19.

Grau ist das einzige Farbadjektiv des Gedichts. Die „Fahlhelle“ variiert diese Farbe. Deswegen wird seine ganze Szenerie in ein graues Licht getaucht, die „Nacht“ verstärkt das Dunkle. Es ist die Farbe „zwischen“ Licht und Dunkel, zwischen der Welt des Lebens und des Todes, wie am Schluß die beiden Welten gedeutet werden (102). Das „graue Heer“ evoziert das Heer der Feldgrauen. Besser: das feldgraue Heer wird mit der Metapher des ‚grauen Heeres‘ zum Heer „zwischen beiden Welten“ mythisiert.

In seinem komplexen suggestiven und evokativen Potential enthält das Gedicht verschiedene Verständnisangebote, die je nach determinierenden Kontexten und Verwendungssituationen aktualisiert werden konnten und können: als nationalistisches heroisch-romantisches Weltkriegsgedicht und als heroisch-romantisches Fahrtengedicht. Und die Zeile „Was ist aus uns geworden!“ enthält ein Entlastungsangebot. Als Fahrten-Lied wurde es erfolgreich. Die Melodie von Götz drückt aber nur aus, was im Text schon enthalten ist: ein düsterer, todessüchtiger, heroisch-fatalistischer Existentialismus, der in seiner schwermütigen und romantischen Entschärfung genießbar ist. Gerade mit diesem suggestiven, dynamischen Gefühlspotential von Askese, Ordnung, Gewalt, von Schicksal, Schauer und überwältigendem Rausch, der Individualität zugleich auflöst und erhöht, hat das Gedicht eine Mentalität modelliert, die im Nationalsozialismus eine Fortsetzung der großen Fahrt fand.

* Für Hinweise und Diskussionen danke ich Elisa Krummrich, Manfred Koch, Wolfgang Braungart, Gregor Wittkop, Jürgen Link, Martin Seel, dem Archiv der Deutschen Jugendbewegung, Burg Ludwigstein, und dem Leiter der Bibliothek für Zeitgeschichte in Stuttgart, Gerhard Hirschfeld.

Holger Helbig

VERGÄNGLICHES BEWAHREN

Zu Friedrich Rückerts *Kindertodtenliedern*

die flucht wird nicht gelingen ich weiß
norbert c. kaser, til bergen

des menschen engel ist die zeit
Wulf Kirsten, Zuspruch

I.

Rückerts *Kindertodtenlieder* sind ein Versuch über den Umgang mit der Ewigkeit. Verglichen mit der Zeit, schreibt Borges, sei die Ewigkeit eine müde gewordene Hoffnung oder ein Spiel. Der Vorwurf des *nur Spielerischen*, der Formverliebtheit, mag bei einer Sammlung wie dem *Liebesfrühling* berechtigt sein, schon bei den *Östlichen Rosen* erscheint er fragwürdig; im Falle der *Kindertodtenlieder* verfehlt er das Wesen des Ganzen. Denn nur in der Anhäufung der Texte liegt die Möglichkeit, den einzelnen, wie vollendet auch immer, dem Anlaß angemessen erscheinen zu lassen.

Die Rückerts verlieren innerhalb weniger Tage ihre beiden jüngsten Kinder, Luise und Ernst. Am letzten Tag des Jahres 1833 stirbt die drei Jahre alte Luise am Scharlachfieber. Am 16. Januar 1834 stirbt der zwei Jahre ältere Ernst an Hirnhautentzündung.

Rückert flieht beide Male den Tod. Er verläßt das Haus, ehe Luise stirbt. Die Gewißheit des Todes treibt ihn hinaus. Und die Tochter ist noch nicht begraben, da befällt das Fieber den jüngsten Sohn. Achtzehn Tage dauert das Sterben, die Mutter berichtet aus dieser Zeit: „Einmal gegen Abend, als er [Ernst] so bey mir war, hielt ich ihn in den Armen und sein Vater saß auf dem Bett. Auf einmal wurde er so schwach, daß wir, besonders der Vater meinte, er werde sogleich dahin seyn. O und noch einmal mußte ich den Ton, den herzzerreißenden des Lebewohls für diese Welt hören – dann lief Rückert weg, hinaus ins Freye, und seinen ihn begegnenden Freunden sagte er, der Knabe sey todt. Aber noch nicht, noch sollte das Leiden 8 Tage dauern!" Rückert läuft weg vor einer müde gewordenen Hoffnung, die Flucht endet in seinen Liedern.

Die Rückerts wohnten seit dem Frühjahr 1833 am Stadtrand von Erlangen, „im ehemalygen Waisenhaus", der heutigen Südlichen Stadtmauerstraße 28. Hier entstehen bis zum Sommer des nächsten Jahres über vierhundert Gedichte, die nur ein Thema kennen: den Tod der Kinder. – „Ich will aber doch diesen zwar unermeßlichen Schmerz um den Tod leiden, als daß ich diese 2 geliebten Wesen nicht gehabt hätte", schreibt die Mutter, als sie, damit etwas vom Geist der Jüngsten bewahrt werde, die Ereignisse für ihre übrigen Kinder aufzeichnet. „Ich und der Vater bedürfen solches Festhalten nicht, es hält ohnedem so fest, wie unser Athem."

II.

Christa Reinig teilt in der Antwort auf eine Umfrage mit, daß einige Rückert-Gedichte zu dem Schönsten gehören, was in deutscher Lyrik gedichtet wurde: „Das Werk Rückerts sollte, vom Ballast des Überflüssigen befreit, wieder entdeckt werden." Die Einschränkung benennt die Schwäche der Rückertschen Sammlungen. Wie wohlmeinend man das bisher Vorliegende auch immer betrachtet, die Meisterwerke scheinen unter der Menge der mittelmäßigen Gedichte begraben. Für die akademische Wahrnehmung ist dies, wo nicht beglaubigtes Urteil, zumindest die Entschuldigung für das Einstellen der Suche. Weil der Fund den Aufwand nicht lohnt? Der These vom „letztlich formalästhetischen Sprachspiel", in Žmegačs Literaturgeschichte dann durch die Behauptung vom „geringen existentiellen Ernst des Rückertschen Dichtens" ergänzt, stehen unverhältnismäßig wenige Einzeluntersuchungen gegenüber.

Unter den Orientalisten dagegen scheint die Bedeutung Rückerts unbestritten. Der Gemeinplatz von der Nähe der Rückertschen Dichtung zur persischen verdankt sich auch eher ihrer Kenntnis deutscher Literatur denn der Vertrautheit der Germanisten mit der östlichen. Rückert hat dem Deutschen das Ghasel gewonnen, das lange Zeit in der persischen Lyrik die wichtigste Gedichtform war. Sie ist schon formal durch die Wiederholung des Gleichen in immer neuen Zusammenhängen gekennzeichnet. Goethe, des Persischen nicht mächtig, näherte sich im *West-östlichen Divan* in einigen Fällen dieser Form an, ohne sie nachzubilden: Er arbeitete nach einer Übersetzung der Hafisschen Texte. Rückert, der bei Joseph von Hammer, dem Übersetzer von Goethes Vorlage, das Arabische und Persische gelernt hatte, bildete das Ghasel als erster nach. Doch es war ein unzeitgemäßes Erbe: Die vollendete Variation bezieht ihre Kunst aus der Strenge des Aufbaus und verstechnischer Finesse. Das Zeitalter aber verlangte nach dem Erlebnis. (Rückert präsentierte in den *Östlichen Rosen* persische Dichtung; Goethe im *Divan* das Erlebnis derselben. Und die Germanistik, zumal in Deutschland, orientierte sich nun einmal an letzterem.) Insofern stehen die *Kindertodtenlieder* dem Persischen nahe, dem regeltreuen („lernbaren") Barock näher als der zeitgleichen *epochemachenden* deutschen Dichtung. Ihr Thema – aufs Ganze gesehen – unterliegt keiner Variation; ihnen genügt *ein* Erlebnis. Deshalb läuft jede Analyse Gefahr, unvollständig zu bleiben, solange sie nicht auch im Einzelnen nach dem Ganzen sucht.

III.

Die *Kindertodtenlieder* erschienen zuerst 1872 posthum in einer von Rückerts Sohn Heinrich besorgten Ausgabe. In der neun Jahre später erschienenen *Neuen Ausgabe* fehlen fast 300 Gedichte. Erst Hans Wollschläger hat mit seiner sorgfältigen Edition von 1989 den Zyklus vollständig zugänglich gemacht. Die ursprünglich von Rückert vorgesehene Anordnung der Texte ist nicht zu rekonstruieren. Das ist bedauerlich, doch die Abfolge der Texte ist für die Aussage der Sammlung von geringer Bedeutung. Dennoch läßt sich mit vollem Recht von einem Zyklus sprechen. Das beherrschende Thema ist der Verlust der Kinder, genauer: der Umgang mit dem Verlust. Seine Geschlossenheit erreicht der Zyklus durch die abwandelnde Vervielfältigung des Themas und die unermüdliche Evokation der Kinderbilder. Die Absicht des Dichtens findet sich in vielen Variationen ausgesprochen, es heißt über die *Zauberweisen* der Poesie:

> Dir nicht sollen sie dein Leben,
> Sondern uns zurück es geben.

Der Schmerz, von dem die Mutter schreibt, hat sein Echo in den folgenden Strophen:

> So weit nun hab' ichs schon gebracht
> Mit meinem Schmerz bei Tag und Nacht,
> Daß ich dich lieber weiß begraben,
> Als sollt' ich nie gehabt dich haben.
>
> Doch daß ich nicht, wär mirs verliehen,
> Dich wieder möcht' hernieden ziehen
> Mit meinem Schmerz bei Tag und Nacht,
> Soweit hab' ichs noch nicht gebracht.

Die zweite Strophe berichtet von einem vergeblichen Wunsch; es ist ja überhaupt fraglich, ob die *poetische Wiederbelebung* der Kinder nicht auch ein vergebliches Unternehmen ist. An dieser Frage hat der Zyklus seinen poetologischen Kern, von ihrer Beantwortung hängt die Beurteilung der Sammlung ab. Rückert hat die Frage beantwortet, innerhalb des Zyklus, mit einem Sonett, das, wo immer sein Platz in der Folge sein mag, den Mittelpunkt der *Kindertodtenlieder* bezeichnet.

O Bildnerin, Natur, von keinen Schranken
Ist deiner Fantasie Gebiet umgrenzet;
Und wie dein Odem wintert oder lenzet,
Entflittert er und kräuselt neue Ranken.
Wie Blasen stiegen auf im Strom und sanken,
Und fort der Strom im Schein der Sonne glänzet;
Wie unter Stirnen, die der Lorbeer kränzet,
Aufblitzen und zerflattern Lichtgedanken:
Nicht alle werden dauernde Gebilde,
Die schönsten sterben, eh sie sind geboren,
Wie goldne Nebel an der Sonn' entschweben.
Doch stets bedeckt von Blüt' ist das Gefilde,
Und ein begrabner Lenz ist nicht verloren,
Er hilft des Teppichs Grund unsichtbar weben.

IV.

Das zweite Quartett beginnt im Präteritum, es ist der einzige Vers, der in dieser Zeitform steht. Er bewahrt das Ereignis des Kindstods, bindet den Text an die Biographie. Zugleich wird das Erlebte in Bilder übertragen, das erste eins der Natur, das zweite eins der Kunst. Beiden gemeinsam ist das Moment der Vergänglichkeit als Teil eines (scheinbar) zeitlich unbegrenzten Prozesses. Das erste Quartett, selbst als verhaltene Klage gelesen, gibt dieses Thema vor.

Das schrankenlose, unbegrenzte Vermögen der Natur wird in der Eröffnung in eine Metapher aus der Sphäre der Kunst gefaßt; eine Bildnerin, deren Wirkungsbereich alles ein-, deren Phantasie nichts ausschließt. Die Begrenzung der Metapher ergibt sich aus dem engen Bildspielraum: Was im Bild des Atems an Personalisierung enthalten ist, wird durch *wintern* und *lenzen* zurückgenommen. Schon hier halten sich Werden und Vergehen die Waage: als Teil eines größeren Ganzen. Zu dieser Betonung des Natürlichen gehört auch das Zusammenspiel der Verben des folgenden Verses, die den zuvor benannten Jahreszeiten entsprechen. Das eigenwillige *entflittern* trägt zwar im Präfix einen verneinenden Bestandteil; flittern steht aber nicht nur für eine unstete flimmernde Bewegung, wie sie mit dem späteren *zerflattern* wieder aufgegriffen wird, sondern stand im Frühneuhochdeutschen auch für – lachen und liebkosen. („Das hell und schön Gesagte als Platzhalter einer antithetisch finsteren Unsagbarkeit", schreibt Hans Wollschläger, sei eine für Rückert typische Erscheinung.) Entflittern und kräuseln sind nicht vollständig antonym gebraucht, die Macht des Winters reicht eben so weit, daß im Frühjahr die Ranken wieder treiben.

Zweimal werden nun Beispiele für das Vergängliche gegeben, parallel angeschlossen an die Eröffnung durch dieselbe vergleichende Konjunktion. Das zweite Quartett und das erste Terzett bilden eine Sinneinheit, die nicht nur syntaktisch realisiert ist: Das dritte Beispiel, erneut durch *wie* sowohl dem unmittelbar Vorangegangenen als auch der Eröffnung gleichgesetzt, schließt sie ab.

Das Aufsteigen und Sinken der Blasen entspricht einer vertikalen Bewegung, die durch eine horizontale, das Fließen des Stroms, aufgehoben wird. Diese steht für die Ewigkeit, jene für das Vergängliche, das nun deutlicher hervortritt. Das Sinken nimmt das Aufsteigen ganz zurück, der Strom allerdings glänzt unverändert. Der Glanz meint das augenscheinlich Schöne, nicht das Scheinbare; da steht kein *trotzdem*, sondern ein *und*. Der Strom ist, wie wenige andere Bilder, geeignet, die Bewegung im Stillstand zu beschreiben. Wiewohl das Wasser immer weiter fließt, ist es derselbe Strom. Die Andeutung der Bewegung ist in der Musik der Zeile, der Verweis auf ihre Relativität in dem doppeldeutigen Adverb enthalten.

Der zweite Vergleich ruft kein Naturbild auf, er ist von ihnen umgeben, er bildet das Zentrum. Das Vergängliche der Dichtung ist ein Thema, so alt wie der Topos vom lorbeerumkränzten Haupt des Poeten. Auch bevor die Sprachkrise Kulturgut wurde, galt, den lichten Gedanken vorausgesetzt, das sprachliche Gelingen nicht als ausgemacht. Grüner Lorbeer war Ausdruck der Vermutung, der Ruhm sei von Dauer. – *Dauernde* Gebilde sind jene, in denen das Aufblitzen der Lichtgedanken bewahrt wird. Der Moment soll nicht verlängert, sondern aufgehoben, dargestellt werden. Das Flüchtige überdauert, wenn es vor der Zeit bewahrt wird: dazu bedarf es der Form. Dichtung ist die Verwandlung der Lichtgedanken in *Gebilde*. Das Tun des Dichters scheint dem der *Bildnerin* Natur zu gleichen; seiner Phantasie sind allerdings Grenzen gesetzt. Nicht nur gelingt es ihm nicht, *alle* aufblitzenden Gedanken in eine Form zu fassen, die *schönsten* sind zudem unmöglich zu bewahren. (Der erste Teil des Verses provoziert zudem einen Bezug zum Tod der Kinder, der durch die Fortsetzung zu einem Paradox gerät. Unmöglich beim Wort zu nehmen, signalisiert es die große Intensität eines Gefühls und deutet auf die Vorstellung äußerster Schönheit.) Absolut gesetzte Vergänglichkeit ist das Pendant zur Zeitlosigkeit; aus beiden Extremen resultiert ein Schönheitsbegriff, der an der (abendländischen) Kategorie der Ewigkeit bestimmt wird. Der goldene Nebel ist das funkelnd Formlose des Vergänglichen, es entschwebt an der Sonne. Der Strom glänzt fort. Mit der Rückführung der Bildlichkeit in den Bereich der Natur ist auch innerhalb der Dichtung zwischen Dauer und Vergänglichkeit unterschieden.

Im abschließenden Terzett wird diese Trennung nicht aufgehoben. Es wird eine Einschränkung formuliert, ein Einwand gegen mögliche Ableitungen aus der Unterscheidung vorgetragen, wie die adversativ gebrauchte Konjunktion anzeigt. Der im ersten Quartett angesprochene Zusammenhang findet sich, auf den Lenz eingeengt, wieder. Im Bild der Blüte wird pars pro toto eine natürliche Selbstverständlichkeit ausgesprochen, die Abfolge der Jahreszeiten ist *sinnvoll*, der Lenz trägt das Verblühen in sich.

Noch einmal scheinen die beiden im Sonett verbundenen Sphären im letzten Vers auf. Das Leben als Teppich ist ein Motiv der orientalischen Dichtung, das sich durch Rückerts gesamtes Schaffen zieht. Das Weben als schöpferischer Akt von übergeordneter, ja schicksalhafter Bedeutung gehört sowohl zur östlichen als auch zur europäischen Tradition. Das Muster seines Lebens hatte Rückert in *An einen Leinenweber* beschrieben:

Dazwischen schlinget sich, ein Schillerstreifen,
Die Poesie, bald wie ein Sonnenflitter
Goldgelb, bald wie ein Aetherblick, ein blauer.
Doch wie die Fäden ineinander greifen,
Bricht doch, gedämpft durchs bunte Farbengitter,
Hervor der Grund der Webe, dunkle Trauer.

Des Teppichs Grund, das scheint bei den *Kindertodtenliedern* nahezuliegen, ließe sich auch im letzten Vers des *Bildnerin*-Sonetts mit dem Begriff der Trauer assoziieren. Biographische und poetologische Lesart fallen – im ersten Schritt – in eins. Das Weben ist auch Bild für das Dichten, ein Gedicht sei ein „Kleid aus Geist gewebet", heißt es bei Farruhki. Keines der Gedichte des Zyklus ist verloren, im Festhalten am Thema geben sie den Grundton des Teppichs vor, durch ihre Zahl dessen Ausmaße. Der Tod der Kinder macht nicht zuerst die eigene Vergänglichkeit bewußt, sondern die Vergeblichkeit der eigenen Anstrengung. Das Wissen um die Vergeblichkeit bestimmt die Trauer.

V.

Der mit der Familie Rückert befreundete Maler Carl Barth hatte die beiden Kinder kurz vor ihrem Tod gemalt. Die Bilder begleiteten den Dichter und Gelehrten bis an sein Lebensende. Sie hingen über seinem Schreibtisch in Erlangen, er nahm sie mit nach Berlin und schließlich nach Neuses. In dem Gedicht *An Freund Barth* heißt es in der letzten Strophe über die Porträts:

Den Sieg hat davon getragen
Über Natur die Kunst;
Der Sieg ist zu beklagen,
Doch immer die schönste Gunst.

Nach dem Tod der Kinder werden die Bilder verändert wahrgenommen. In *O Bild von meinem Knaben* wird der Maler als *Bildner* gezeigt, der *lebensblütenreiche* Sohn als Bild „von der Natur gemahlet":

Ein Bild der Liebesanmuth,
Mit Lächeln das zum Voraus
Beschämend, das der Zauber
Der Kunst ihm wollt' entwenden;
Dem Künstleraug' entgegen
Mit kühner Unschuld haltend
Den Abgrund seiner Augen,
Die unbewußten Trotzes
Zum Kampf den Pinsel fordern,
Ein dunkles Licht zu mahlen.

Die Opposition ist deutlich: das Lächeln des Kindes beschämt das Künstlerauge, die Kunst will der Natur das Lächeln *entwenden*, schließlich werden die Pinsel *zum Kampf gefordert*. Am Ende findet der Vater das Porträt „sprechend ähnlich", „wenn auch nicht ganz getroffen". Der vermeintliche Widerspruch wird aufgelöst in der Erinnerung an die Entstehung des Bildes: Der Vater wurde Zeuge des Gesprächs zwischen dem Freund und seinem Sohn während der eine den anderen malte. Nach dem Tod des Kindes *spricht* das Bild zu ihm, nur zu ihm. Das Verb wird – über die erinnerte Situation vermittelt – beim Wort genommen, das ästhetische Urteil über das Bild bleibt unverändert. Rückert spricht aus, daß der Sieg der Kunst einen Preis hat: „Jenes gab im Erbleichen / Diesem den Lebenshauch", heißt es in dem Gedicht an den Malerfreund.

Dieser Lebenshauch ist, was die Dichtung erstrebt. Nicht nur weil das Medium ein anderes ist, scheint das Ziel unerreichbar. Selbst wenn es möglich sein sollte, mit den Mitteln der Sprache ein Bild zu entwerfen: dem Betrachter fehlt jene Erinnerung, die dem Vater das Bild lebendig macht. Das Bild wird nicht von Dauer sein. – Dennoch, es gibt Gedichte, die bleiben.

Ist damit das Ziel erkannt? Die Kunst wird den Sieg unmöglich in jedem einzelnen Gedicht davontragen; *die schönsten sterben, eh sie sind geboren*. Gerade dieses der Form Widerstreben zeichnet die Lichtgedanken aus, das Aufscheinen eines Bildes. Das ästhetische *nicht verloren* gilt dem Weben am Teppich: die Menge der Texte bezeugt den anhaltenden Versuch. Ist das der Weg zum Ziel?

Die *Kindertodtenlieder* sind ein Werk, das über die Summe seiner Teile hinaus jene Mitteilung vom unermüdlichen Versuch enthält. Die dauernden Gebilde, die in der Sammlung *verborgen* sind, und wären es nur die Bennschen sechs, sind Teil eines Ganzen: Wiewohl sie für sich stehen könnten, sind sie dem Muster des Teppichs verbunden. Das erhöht ihren Wert. So wie ein Stein, wenn er denn einmal bearbeitet sein soll, erst in der ihm entsprechenden Fassung zu sich kommt, sichtbar wird, sind hier die poetischen Perlen eingefaßt von einem Rahmen, der ihnen *natürlich* entspricht. Diese natürliche Verbindung ist ganz in Bildern der Natur ausgesprochen; Blüten bedecken das Gefilde, sie sind gefallen, nicht verloren.

VI.

Die Vorstellung von der Schönheit einer Blüte und die nicht enden wollende Variation des Motivs in der Dichtung hängt zusammen mit dem Wert, den die Dauer verleiht. Die Kostbarkeit der Blüte liegt nicht einfach in ihrer Schönheit, sie wird gesteigert durch die Gewißheit ihrer Vergänglichkeit. Dahinter verbirgt sich eine hochgradig ästhetisierende Wahrnehmung des Natürlichen; der Reiz der Blüte garantiert, daß sie ihre Funktion erfüllen kann: nicht von Dauer zu sein und diese so zu gewährleisten. Was innerhalb des Bildes noch einsichtig scheint, Sinnzuschreibung durch Verweis auf die natürliche Funktion, wirkt in der Übertragung beunruhigend. Soll dem Leben oder dem Tod der Kinder Sinn verliehen werden? Der Anhäufung von natürlich bedingtem Verlust in *stets bedeckt von Blüt'* steht der Widersinn des Kindstods gegenüber. An dieser Stelle steht zugleich der Sinn der Dichtung, zuerst der des Unternehmens *Kindertodtenlieder*, sodann aber auch der von Dichtung überhaupt, in Frage. Diese Verknüpfung bildet das poetische Zentrum der Sammlung. Der Versuch, den Gedanken an den Tod der Kinder erträglich zu machen, indem er als natürlich und gottgegeben (das ist in diesem Fall kein Widerspruch) betrachtet wird, findet in den Gedichten statt. Die Sinnsuche muß, der Tiefe des Schmerzes wegen, der Konsequenz halber, die das Ausmaß des Verlusts erfordert, auf das Medium Gedicht ausgedehnt werden. Der erste Schritt ist getan, wenn die Sammlung einen Zweck erfüllt: Die Bestimmung des Zwecks fällt zusammen mit dem Verlauf des Schreibens.

Das beginnt mit dem ersten, mit *Vorwort* überschriebenen Sonett, das, der Titel verlangt es, programmatisch gelesen sein will. Vom Leser erwartet der Vater Teilnahme, „laßt für Beifallslächeln Thränen hoffen", sich selber erhofft er Trost. In den Terzetten sind die Verfassung des Dichters, die Art der Dichtung und ihr letztes Ziel benannt.

> Vielleicht verschlöß' ich besser solche Klänge;
> Und wahrlich nicht mit Lorbeer zu umweben
> Denk' ich die Stirn durch klagende Gesänge.
> Doch wenn ich sähe meine Lieben leben
> In fremden Munde, dieses Schaugepränge
> Könnt' ein'gen Trost für ihren Tod mir geben.

Die klagenden Gesänge sind nicht zum Ruhm des Dichters geschrieben. Der Trost, auf den er stattdessen hofft, ergibt sich jedoch nicht allein aus dem Schreiben, sondern vor allem aus der Wirkung auf den Leser. Ein Teil der Wirkung wird bereits durch die Zahl der Lieder erreicht, durch die Anhäufung einer nicht enden wollenden Menge Text. Ein Gedanke, der bei der Form der Litanei ohnehin eine Rolle spielt. In ihrer Gesamtheit ist die Anstrengung nicht auf das Überdauern des einzelnen Gedichts, sondern auf den Erhalt eines Bildes gerichtet. (Ein Anspruch, der Rückert von den genialischen Dichtern trennt.) Und selbst dieser Anspruch ist begrenzt, es heißt: „und wenn *ich* sähe". Daß hier der Gedanke an die Ewigkeit, für den der Lorbeer einsteht, zurückgenommen ist, entspricht dem privaten, familiären Charakter der Sammlung. Er mag auch der Grund gewesen sein, der Rückert zögern ließ, den Zyklus zu veröffentlichen. Daß er zur Veröffentlichung bestimmt war, ist zweifelsfrei. Denn Voraussetzung für das Bewahren des Bildes ist die Wiederholung des Textes durch den Leser: „in fremden Munde". Und während der Leser die Kinder sieht, sieht der Vater sie *leben*. Das entspricht der Wirkung der Erinnerung beim Betrachten des Bildes.

Der Zusammenhang von Dichtung und Natur im *Bildnerin*-Sonett wird so erklärlich; die Dichtung macht die Kinder sichtbar, auf andere Art lebendig. Wie alle Gedichte einem Ganzen zugeordnet sind, wird der Tod der Kinder in einen größeren Rahmen gestellt. Die grenzenlose Phantasie schließt auch die

Möglichkeit der Verschwendung ein, sie ist, wie alles Werden und Vergehen, *natürlich*. Gerade in diesem Gedanken liegt, dank seiner Konsequenz, die Möglichkeit des Trostes.

VII.

Für die *Kindertodtenlieder* gilt der Satz: Ein Gedicht ist immer unvollkommen; wenn es gelungen ist, läßt es etwas von all den anderen, nicht haltbaren Versuchen ahnen, ein Gefühl oder einen Gedanken gültig in Worte zu fassen. Die Ahnung von verschwendeter Phantasie. Rückerts Erfahrung, keine Form für den Schmerz zu finden, läßt ihn aussprechen, daß das Beharren auf dem Versuch, dem Immer-Wieder, nicht vergebens ist. Das Ergebnis mag unsichtbar sein, aber nicht verloren.

Der Katalog der Vers- und Strophenarten in der Sammlung belegt, daß es die Eine nicht gibt. Der Verzicht auf eine der möglichen Formen hieße, das Muster des Teppichs zu verfälschen. Der Schmerz, das Bewußtsein des Verlusts sind anhaltender Anlaß des Schreibens; angelegt ist es auf die Verwandlung der Erinnerung in ein *lebendiges* Bild. Die Variation des Themas und die Wiederholung des Versuchs, *ein* Gedicht zu schreiben, das überdauert, gelten demselben Ziel. Die poetische Reflexion im *Bildnerin*-Sonett illustriert den Zusammenhang und begründet das Festhalten an der vorgefundenen Form trotz aller Variation. Das Bemühen um (formale) Perfektion im Einzelnen kommt dem Ganzen zugute. Vom Spiel mit der Form kann also nur bedingt die Rede sein.

Poetologisch betrachtet, ist das gelungene Einzelne nicht mehr privat, sondern individuell – und als solches von allgemeiner Gültigkeit. Auch durch die Anhäufung des Privaten erreicht der Zyklus allgemeinen Anspruch. Rückerts Wissen um diese Problematik findet sich an mehreren Stellen ausgesprochen, am bekanntesten wohl in den Zeilen:

> Das Unglück geschah auch mir allein,
> Die Sonne sie scheinet allgemein.

Vielleicht können all die Gedichte der *Kindertodtenlieder*, die jenes Individuelle nicht erreichen, *zusammen* für ein solches einstehen, für ein einziges weiteres – ungeschrieben gebliebenes – Gedicht. Der Gedanke ist so spekulativ wie romantisch, er beschreibt aber sowohl das Ausmaß an Verzweiflung als auch die Bescheidenheit der Hoffnung, für die der Zyklus als Ganzes steht. Die Hoffnung auf poetische Wiederbelebung der Kinder gleicht der, ein die Zeit überdauerndes Gedicht zu schreiben. Mit dem *Bildnerin*-Sonett ist Rückert ein solches Gedicht gelungen: Es erwähnt die Kinder mit keinem Wort.

Die Wahrnehmung des Vollkommenen ist beschränkt auf den Moment, die Erinnerung daran ist *zeitlos*. Die Ewigkeit, schreibt Borges, sei ein aus der Substanz der Zeit hergestelltes Bild. Rückerts Bemühen darum bleibt aufgehoben und mit ihm das Bild der Kinder, dauerhafter als er zu wünschen wagte: über seine Zeit hinaus.

> Und im Liede soll es stehn,
> Daß ein Schönstes lebte
> Und mir leben jeder Frist
> Soll es im Gesange.

Theo Elm

GEORG BÜCHNER UND LEOPOLD RANKE

Poetische und historische Erkenntnis der Geschichte

Daß der Geschichtsdramatiker Büchner die Vergangenheit als Möglichkeit der Zukunft gestaltet und daher über seine Zeit hinaus eine Vision der Moderne des 20. Jahrhunderts entwerfen kann, gilt als selbstverständlicher Konsens innerhalb der Literaturwissenschaft.[1] Daß der 1795 geborene Historiker Ranke, Stammvater des deutschen Historismus und preußischer Hofhistoriograph, Geschichte als wissenschaftlich legitimierte Denkform etabliert und damit das Selbst- und Weltverständnis vor allem des 19. Jahrhunderts mitbestimmt, findet nicht weniger Einverständnis innerhalb der Geschichtswissenschaft.[2] Sind beide, Büchner und Ranke, in ihrer Wirkungsmacht vergleichbar, so repräsentieren sie doch ganz unterschiedliche Formen geschichtlichen Begreifens und Darstellens. Büchners poetische Erkenntnis der Geschichte – „der Einzelne nur Schaum auf der Welle"[3] – nimmt schon Becketts gleichmütig-fatalistische Endspiel-Dramatik vorweg, Rankes historische Erkenntnis der Geschichte dagegen begründet die geistige Signatur eines Jahrhunderts, das nach Hegel die Weltgeschichte als Fort-

1 Exemplarisch seien hierzu einige ‚klassische', unterschiedlich wertende Arbeiten zu Büchners ‚Modernität' genannt: Volker Klotz: Geschlossene und offene Form im Drama. München [9]1978; Dietmar Goltschnigg: Rezeptions- und Wirkungsgeschichte Georg Büchners. Kronberg 1975; Wilhelm Emrich: Georg Büchner und die moderne Literatur. In: Emrich: Polemik. Frankfurt/M. u.a. 1968. S. 131-172; Ludwig Fischer (Hg.): Zeitgenosse Büchner. Stuttgart 1979; Gerhard Jancke: Georg Büchner. Genese und Aktualität seines Werks. Königstein [3]1979.

2 Vgl. beispielhaft: Friedrich Meinecke: Die Entstehung des Historismus. Meinecke: Werke. Hg. von Carl Hinrichs. Bd. 3. München 1959; Rudolf Vierhaus: Ranke und die Anfänge der deutschen Geschichtswissenschaft. In: Bernd Faulenbach (Hg.): Geschichtswissenschaft in Deutschland. Traditionelle Positionen und gegenwärtige Aufgaben. München 1974. S. 17-34; Theodor Schieder: Das historische Weltbild Leopold von Rankes. In: Theodor Schieder: Begegnungen mit der Geschichte. Göttingen 1962. S. 105-128; Helmut Berding: Leopold von Ranke. In: Hans-Ulrich Wehler (Hg.): Deutsche Historiker. Göttingen 1971. S. 7-24.

3 Brief v. 9.-12. März 1834. In: Georg Büchner. Werke und Briefe. Hg. v. Karl Pörnbacher, Gerhard Schaub, Hans-Joachim Simm und Edda Ziegler (Münchner Ausgabe). München (dtv 2202) 1988. S. 288. Büchner-Zitate nach dieser Ausgabe.

schritt im Bewußtsein der Freiheit feiert.[4] Mochte Ranke Hegels Begründung der Einheit der Weltgeschichte durch den Begriff des Geistes zurückweisen[5], am epochalen Optimismus einer providentiellen Geschichte hielt auch er fest.[6]

Mit der hier versuchten Gegenüberstellung der beiden Zeitgenossen Ranke und Büchner verbinden sich Fragen, die die gegenwärtige Theoriediskussion um die Vermittlung von Poesie und Historie[7] berühren. Aber der Poesieverdacht, in den die Historie dabei gerät (Hayden White), bis die Grenzen von Dichtung und Historie verschwimmen, soll im folgenden mit Überlegungen zur Differenz der poetischen und historischen Erkenntnisformen zurückgenommen werden. So mag man sich fragen, ob nicht die gegensätzlichen Bewußtseinsformen der Geschichte, wie sie Ranke und Büchner aufweisen, wissensinstitutionell präformiert seien, ob nicht, anders gewendet, die historische und die poetische Wahrnehmung der Geschichte unterschiedliche Geschichtsentwürfe befördere. Man mag von da aus überlegen, ob das geschichtlich hochgemute Denken im Zeitalter des Historismus einerseits und andererseits der modernen Geschichtsskepsis von Spengler bis Toynbee geschichtswissenschaftlich bzw. poetisch konnotiert sei. Insbesondere ist fraglich, in welchem Verhältnis die differenten Bewußtseinsformen Rankes und Büchners zueinander stehen – antithetisch, komplementär, kompensatorisch? Ergeben sich aus der kontemporären Gegensätzlichkeit Rankes und Büchners Rückschlüsse auf die kulturelle Funktion hier des poetischen, dort des historischen Geschichtsentwurfs in der Zeit zwischen Juli- und Märzrevolution? Die unterschiedlichen Möglichkeiten poetischer und wissenschaftlicher Geschichtserkenntnis und Geschichtsschreibung, die im Gegenüber von Büchner und Ranke hervortreten, lassen jedenfalls solch weitreichende Fragen zu – und den folgenden Versuch einer Antwort.

---

4 G. W. F. Hegel: Vorlesungen über die Philosophie der Geschichte 2. In: Hegel: Werke. Hg. v. Glockner. Bd. 11. S. 46.

5 Berding (Anm. 2). S. 9.

6 Eduard Simon: Ranke und Hegel. München 1928.

7 Vgl. einschlägig z. B. Hayden White: Metahistory. Die historische Einbildungskraft im 19. Jahrhundert in Europa (1973). Frankfurt/M. 1991 u. Hayden White: Der historische Text als literarisches Kunstwerk (1978). In: Hayden White: Auch Klio dichtet oder die Fiktion des Faktischen. Studien zur Tropologie des historischen Diskurses. Stuttgart 1986. S. 101-122; hierzu kritisch: Wolfgang Hardtwigs Rez. zu *Metahistory* in der Frankfurter Allgemeinen Zeitung v. 8. Okt. 1992; ferner die weit umgreifende Erörterung des amerikanischen New Historicism (St. Greenblatt, A. C. Danto, L. Stone, D. LaCapra, H. White usw.): Gerhild Scholz Williams: Geschichte und die literarische Dimension. Narrativik und Historiographie in der anglo-amerikanischen Forschung der letzten Jahrzehnte. Ein Bericht. In: Deutsche Vierteljahrsschrift für Literaturwissenschaft und Geistesgeschichte 1989. S. 315-392; s. a. Paul Michael Lützeler: Fiktion in der Geschichte – Geschichte in der Fiktion. In: Dieter Borchmeyer (Hg.): Poetik und Geschichte. Viktor Zmegac zum 60. Geburtstag. Tübingen 1989. S. 11-21.

I. Erkenntnisformen

Obwohl die epochale Bedeutung, die Büchner ebenso wie Ranke zukommt, für eine – kontroverse – Vermittlung beider Zeitgenossen spricht, gilt zunächst: Wer den Dichter und den Historiker in einem Atemzug nennt, kann nicht mit dem Vorverständnis des Lesers rechnen. Für die Büchner-Forschung ist es bislang ausgemacht, daß der zeitkritische Autor den vergangenheitszugewandten Historiograph der *Romanischen und germanischen Völker* (1824) und staatskonservativen Herausgeber (1832-36) der *Historisch Politischen Zeitschrift* nicht kannte.[8] Ebenso gewiß ist, daß umgekehrt der preußische Geschichtsprofessor dem hessischen Sozialrevolutionär fernstand – und zwar in einem nicht nur geographischen Sinn: Die jungdeutschen Autoren, zu denen man auch Büchner zählte, hat Ranke als „Charlatane" bezeichnet, und den Bürgerschreck Gutzkow, Büchners Mentor, nannte er gar „verrückt".[9] So ist für die Einflußforschung die wechselseitige Ferne der beiden um 1835 noch weithin Unbekannten gewiß unergiebig. Aber diese Ferne kann sich in eine aufschlußreiche Nähe verwandeln, wenn man von der weltanschaulichen Entlegenheit Büchners und Rankes absieht und statt dessen die Beschreibung ihres wissenschaftsgeschichtlichen Orts als Ausgangspunkt des Vergleichs nimmt. Betrachtet man nämlich für einen Moment neben Ranke nicht den Dichter Büchner, sondern Büchner, den Naturwissenschaftler, dann erlischt die Distanz beider, und es konvergieren die Bewußtseinsbahnen des Historikers Ranke und des Mediziners Büchner im Verständnis ihrer Tätigkeit als empirischer Wissenschaft.[10] Wenn Büchner in seinen letzten Briefen von der täglichen Arbeit mit dem Skalpell und der ständigen „Beschäftigung des Präparierens" spricht, dann ist das ebenso eine Wendung gegen die eigenen spekulativen, noch Lorenz Oken verpflichteten Passagen seiner Zürcher Antrittsvorlesung,[11] wie andererseits Rankes quellenkritische Seminare erst als Frontstellung gegen die

---

[8] Nach Auskunft der Büchner-Forschungsstelle an der Universität Marburg. Auch Jan-Christoph Hauschilds kenntnis- und detailreiche Büchner-Biographie enthält keinen Hinweis auf Ranke (Jan-Christoph Hauschild: Georg Büchner. Biographie. Stuttgart u. Weimar 1993).

[9] Leopold Ranke: Tagebücher. Hg. v. Walter Peter Fuchs. München u. Wien 1964. S. 176.

[10] S. Büchners Probevorlesung *Über Schädelnerven* (1836) mit ihren Attacken gegen die „teleologisch"-rationalistische und die „mystisch"-romantische Naturforschung (Münchner Ausgabe [Anm. 3]. S.683-706).

[11] Teile von Büchners Habilitationsvortrag sind durchaus noch der romantisch-idealistischen Naturforschung Lorenz Okens und Carl Gustav Carus' verpflichtet. Zur Problematik des Habilitationsvortrags *Über Schädelnerven* (1836) s. insb. Jochen Golz: Die naturphilosophischen Anschauungen Georg Büchners. In: Wissenschaftliche Zeitschrift der Friedrich-Schiller-Universität Jena. Gesellschafts- und sprachwissenschaftliche Reihe 13 (I/1964). S. 65-72 u. Walter Müller-Seidel: Natur und Naturwissenschaft im Werk Georg Büchners. In: E. Catholy u. W. Hellmann (Hg.): Festschrift für Klaus Ziegler. Tübingen 1968. S. 205-232. – Briefe v. Ende Nov. 1836 u. 13. Januar 1837 Münchner Ausgabe. (Anm. 3) S. 324f.

Geringschätzung des Faktischen und Individuellen in Hegels Geschichtsphilosophie ihre spezifische Ausprägung gewinnen.[12]

Hier wie dort also, beim Historiker wie beim Physiologen, wird die einzelne Erscheinung erfahrungswissenschaftlich – mit dem Ethos der Vorurteilslosigkeit – um ihrer selbst willen wahrgenommen und verteidigt. „Die Natur", so betont Büchner in einer vielzitierten Äußerung, „handelt nicht nach Zwecken [...], sondern ist in allen ihren Äußerungen sich unmittelbar selbst genug. Alles, was ist, ist um seiner selbst willen da."[13] Ebenso beruht für Ranke der „Wert" jeder geschichtlichen Epoche „gar nicht auf dem, was aus ihr hervorgeht, sondern in ihrer Existenz selbst, in ihrem eigenen Selbst."[14] Daher die Aufgabe des Historikers, nicht „die Vergangenheit zu richten", sondern „blos zu zeigen wie es eigentlich gewesen."[15] Rankes Polemik gegen die spekulative Geschichtsphilosophie – sie sei „Scholastik", in der „das Leben untergeht"[16] – , hat wiederum ihre Entsprechung in Büchners Verteidigung des „frischen grünen Lebens" gegen den „Dogmatismus der Vernunftphilosophen": „die Philosophie a priori sitzt [...] in einer trostlosen Wüste."[17] Die Wendung zur Selbstzweckhaftigkeit, zum Selbstwert hier der Natur, dort der Geschichte ist dabei alles andere als die Vorwegnahme jenes materialistischen Wissenspositivismus, den später auf Seiten der Naturwissenschaft Ludwig Büchners *Kraft und Stoff* (1855) – in idealistischer Verbrämung – exemplarisch propagiert.[18] Diese Wendung ist auch fern dem, was auf Seiten der Historik Nietzsche 1874 in seinem Verdikt historistischer Stoffhuberei als Indiz für den Auseinanderfall von Subjektivität und Geschichtsinhalt beschreibt, als Zeichen eines säkularen Sinn- und Wertverlusts.[19] In der Tat weist das Identitätsprinzip beider, des Natur- und des Geschichtswissenschaftlers, nicht voraus, sondern zurück, und zwar einerseits zu Goethe, der „jedes Geschöpf (als) Zweck seiner selbst"

---

[12] Berding (Anm. 2). S. 9-11.

[13] Münchner Ausgabe (Anm. 3). S. 260. S. ähnlich bereits in der Rezension: *Über den Selbstmord*: „Ich glaube aber, daß das Leben selbst Zweck sei." Münchner Ausgabe (Anm. 3) S.36.

[14] Leopold von Ranke: Über die Epochen der neueren Geschichte (1854). Historisch-kritische Ausgabe. Hg. v. Theodor Schieder u. Helmut Berding. München, Wien 1971. S. 60 („Wie der Begriff ‚Fortschritt' in der Geschichte aufzufassen sei").

[15] Leopold von Ranke: Sämtliche Werke (=SW). Leipzig 1867-1890. Bd. 33/34. Geschichte der romanischen und germanischen Völker von 1494 bis 1514. Vorrede. S. VII. – Ähnlich noch später, als Ranke in der „Englischen Geschichte" davon spricht, sein „Selbst gleichsam auszulöschen" (SW 15. S.103).

[16] Ranke: Über die Epochen (Anm. 14). S. 64 („Was von den sogenannten leitenden Ideen in der Geschichte zu halten sei").

[17] Georg Büchner: Münchner Ausgabe (Anm. 3). S. 260.

[18] Dolf Sternberger: Panorama oder Ansichten vom 19. Jahrhundert (1938). Frankfurt/M. 1974. S. 122-127 („Das Höhere").

[19] Friedrich Nietzsche: Vom Nutzen und Nachteil der Historie für das Leben: In: Nietzsche: Werke in drei Bänden. Hg. v. Karl Schlechta. Bd. I. München [7]1973. S. 209-286. Insb. S. 227f. (die „antiquarische" Art der Historie).

dachte (1795),[20] und andererseits zu Herder, für den jede Zeit „ihren Mittelpunkt der Glückseligkeit in sich (hatte), wie jede Kugel ihren Schwerpunkt." (1774)[21] Hier, in der Rationalismuskritik, im Spinozismus des späten 18. Jahrhunderts, in der Vorstellung einer die ganze Welt erfüllenden Göttlichkeit verbindet sich der selbstlose Sinn für die einzelnen Erscheinungen der Natur-Geschöpfe mit der Achtung vor dem geschichtlichen Eigenwert menschlicher Dinge. Hier gründet die Vermittlung von Natur und Geschichte, Natur- und Geschichtsforschung. Und deshalb liegt hier auch die Berechtigung, den Naturwissenschaftler Büchner mit dem Geschichtswissenschaftler Ranke auf eine Vergleichsebene zu stellen. Nicht zufällig denkt sich Goethe die Natur als geschichtliche Ausgestaltung elementarer Grundformen, und Herder versteht seinerseits die Geschichte als naturhafte, genetisch-organische Verwirklichung der in ihr selbst enthaltenen Möglichkeiten.[22] Jedoch ist Herders Vorstellung einer zweckfreien Geschichte nicht ohne Widerspruch. Im Gegensatz zum Naturforscher Goethe („Ein lebendig existierendes Ding kann durch nichts gemessen werden, was außer ihm ist")[23] bleibt der Geschichtsschreiber Herder am Ende doch einem übergreifenden Sinn verpflichtet, den er als „Gang Gottes über die Nationen", als Vorsehung oder Universalvernunft bezeichnet.[24]

Warum das so ist, wird verständlich, wenn man sich wieder Büchner und Ranke zuwendet – zunächst Rankes quellenkritischen Vorlesungen, deren berüchtigte, schlaffördernde Langweiligkeit in zahlreichen Anekdoten überliefert ist: Als Ranke erneut einen schnarchenden Studenten nicht ohne Verständnis mäßigen mußte – „Bitte, mein Herr, aber nicht so laut"[25] – ent-

[20] Johann Wolfgang von Goethe: Werke (Hamburger Ausgabe = HA). Hg. v. Erich Trunz. Bd. 13. München 1975. S. 176 (*Erster Entwurf einer allgemeinen Einleitung in die vergleichende Anatomie, ausgehend von der Osteologie*).

[21] Johann Gottfried Herder: Auch eine Philosophie der Geschichte zur Bildung der Menschheit. In: Herder: Sämmtliche Werke. Berlin 1877-1913. Hg. v. Bernhard Suphan. Bd. V. S. 509.

[22] „Und wie ich früher die Urpflanze aufgesucht, so trachtete ich nunmehr das Urtier zu finden, das heißt denn doch zuletzt: den Begriff, die Idee des Tiers. Meine mühselige, qualvolle Nachforschung ward erleichtert, ja versüßt, indem Herder die Ideen zur Geschichte der Menschheit aufzuzeichnen unternahm. Unser tägliches Gespräch beschäftigte sich mit den Uranfängen der Wassererde, und der darauf von altersher sich entwickelnden organischen Geschöpfe. Der Uranfang und dessen unablässiges Fortbilden ward immer besprochen (...)" (Goethe: Zur Morphologie. HA [Anm. 20]. Bd. 13. S. 63.) – Zur Vermittlung von Natur und Geschichte bei Herder s. Gerd Irrlitz: Deus sive natura – sive historia. Aspekte des Herderschen Pantheismus. In: Jahrbuch für Geschichte 19 (1979). S. 45-69. Zum Thema der Spinoza-Rezeption des jungen Herder s. Regine Otto: Herder auf dem Wege zu Spinoza. In: Weimarer Beiträge 24 (1978). S. 165-177. Zur Einheit von Einzelnem und Ganzem s. insb. Gerhard vom Hofe: „Weitstrahlsinnige" Ur-Kunde. Zur Eigenart und Begründung des Historismus beim jungen Herder. In: Gerhard Sauder (Hg.): Johann Gottfried Herder 1744-1803. Hamburg 1987. S. 364-382; hier: S. 381 f. Ebd. a. Michael Maurer: Die Geschichtsphilosophie des jungen Herder. S. 141-155; insb. S. 149 f.

[23] Goethe: Studie nach Spinoza. HA (Anm. 20). S. 7.

[24] Herder: Sämmtliche Werke (Anm. 21). Bd. V. S. 565.

[25] Gunter Berg: Leopold von Ranke als akademischer Lehrer. Studien zu seinen Vorlesungen und zu seinem Geschichtsdenken. Göttingen 1968. S. 124.

schloß er sich, die zusammenhanglose Quellenprüfung fortan diskutierend, im Seminar, zu betreiben und die sinnhaften, universalhistorischen Zusammenhänge der Vorlesung vorzubehalten, wo sich ansonst die quellenkritischen Einzelheiten in die Ödnis isolierter Daten zerstreuten. Die Vermittlung beider, der um ihrer selbst willen gerechtfertigten Geschichtsdaten und des notwendig übergreifenden Sinngehalts, ist ausgedrückt in der berühmten, auf Herder zurückweisenden Formel des von Haus aus pietistisch Gläubigen: „Jede (einzelne) Epoche ist unmittelbar zu Gott".[26] Der Satz betont die Individualität, die zweckfreie Eigenheit der Epochen. Aber er betont ebenso den höheren Sinn und Zusammenhang der Epochen – in „Gott", der „Idee" oder der „Vorsehung", wie Ranke abwechselnd formuliert.[27] Droysen mißt dann in seiner „Historik" die Wissenschaftlichkeit der Historie ausdrücklich an der traditionell der Philosophie zugeschriebenen Erkenntnis allgemeiner Zusammenhänge – mit dem Unterschied freilich, daß sich die Historie dabei der recherchierten Daten, der einzelnen Res factae der Geschichte zu bedienen habe.[28]

Kennzeichnend für die mit Ranke beginnende Historie als moderne Wissenschaft ist also diese Spannung zwischen Empirie und Metaphysik, zwischen der Achtung vor den einzelnen Fakten (Ranke: „Die wahre Lehre liegt in der Erkenntnis der Tatsachen")[29] und zugleich ihrer Einordnung in ein universalgeschichtlich Sinnganzes (Ranke: „Das letzte Ziel mit unverrücktem Auge verfolgen").[30] Denn nur so lassen sich die ermittelten Tatsachen verstehen und rechtfertigen. Und wenn auch das Verständnis als bloße Evidenz – erkenntnistheoretisch unableitbar – aus den Tatsachen aufscheinen mag und damit in einem Nu Faktum und Sinn eins sein mögen (Ranke spricht vom „Real – Geistigen, das in ungeahnter Originalität dir plötzlich vor Augen steht"),[31] so kann doch in der historiographischen Darstellung das „letzte Ziel" der Geschichte, ihre „besondere Tendenz und ihr eigenes Ideal", gar ihre „göttliche Idee"[32] immer nur ästhetisch-symbolisch ausgedrückt werden – die Spannung zwischen Tatsache und Sinn wird im Bild zusammengeballt, aber nicht gelöst: „Das Allgemeine", so notiert Ranke, „ist unmittelbar und ohne langen Umschweif durch das Besondere dar-

---

[26] Ranke: Über die Epochen (Anm. 14). S. 61.

[27] Leopold von Ranke: Idee der Universalhistorie. Abgedr. in: Eberhard Kessel: Rankes Idee der Universalhistorie. In: Historische Zeitschrift (=HZ) 178 (1954). S. 296.

[28] Johann Gustav Droysen: Historik. Vorlesungen über Enzyklopädie und Methodologie der Geschichte (1857-1883). postum erstm. veröffentl. München u. Berlin 1937.

[29] Leopold von Ranke: Das Briefwerk. Hg. v. Walter Peter Fuchs. Hamburg 1949. S. 246.

[30] Leopold von Ranke: Über die Verwandtschaft und den Unterschied der Historie und der Politik: In: Ranke: SW (Anm. 15). Bd. 24. Leipzig 1872. S. 284ff. – Über die Spannung von Empirie und Metaphysik im Historismus des 19. Jh. s.a. Wolfgang Hardtwig: Konzeption und Begriff der Forschung in der deutschen Historie des 19. Jahrhunderts. In: Alwin Diemer (Hg.): Konzeption und Begriff der Forschung in den Wissenschaften des 19. Jahrhunderts. Meisenheim am Glan 1978. S. 11-26.

[31] Leopold von Ranke: Politisches Gespräch (1836). Zit. nach Fr. Meineke: Die Entstehung des Historismus. Hg. v. C. Hinrichs. München 1959. S. 591.

[32] Ranke: Über die Epochen (Anm. 14). S. 61. S. 67.

zustellen. (...) In und mit dem Ereignis habe ich den Gang und Geist desselben darzustellen versucht."[33] Das heißt, die militärischen und diplomatischen Aktionen Friedrich II., Maria Theresias, Ludwig XV. von Frankreich und anderer europäischer Herrscher gehen nicht in ihrer Partikularität verloren, sondern gewinnen wahrhaft universellen Charakter: „So hatten sich in der Mitte des 18. Jahrhunderts diese großen Mächte gestaltet, zu vergleichen mit ebenso vielen Himmelskörpern, welche sich unaufhörlich mit- und nebeneinander bewegen."[34] Was sich dergestalt im notwendigen Zusammenhangsdenken der Geschichtswissenschaft, in der Vorstellung geschichtlicher Sinneinheit nicht entfalten kann, ist der ‚moderne' Sinn für das Kontingente und Bedeutungsoffene unmittelbar erlebter Wirklichkeit. Quer dazu steht vielmehr die seit Ranke einsetzende pseudoreligiöse Durchformung der Historie des 19. Jahrhunderts – noch Friedrich Meinecke spricht 100 Jahre später von der „Offenbarung geistigen Lebens" als Ziel der historischen Erkenntnis.[35] Die in historischer Erkenntnis und Darstellung uneingelöste Spannung zwischen Faktum und Sinn, einzelnem und Ganzem schafft andernorts freilich Spiel- und Legitimationsraum für eine differente Art des Umgangs mit Geschichte. Es ist die Art, mit der sich jenseits des „Real-Geistigen" der Historie die dichterische Fiktion der Geschichte zuwenden darf. Daß hierin eine Funktion poetischer Geschichtsverarbeitung im 19. Jahrhundert gründet, läßt sich modellhaft am Gegenüber von Büchner und Ranke belegen: Beide trennen sich gerade dort, wo sie einander in der Überzeugung von der Selbstzweckhaftigkeit der Phänomene so überaus nahekommen. Im Gegensatz zu Ranke beharrt Büchner auf seinem naturwissenschaftlichen Credo, auf der Überzeugung vom Selbstwert alles einzelnen – den er als Dichter mit der Sinnoffenheit von „Dantons Tod" in die geschichtliche Welt überträgt.[36] Dadurch setzt er gegen die Ermittlung kosmologischer Deutungszusammenhänge, gegen die Suche nach dem „Sinn", den „herrschenden Tendenzen" oder der „Idee" (Ranke) vergangener Zeiten einen Gegenentwurf zur Welt- und Menschenerkenntnis des mit Ranke beginnenden Historismus. Die spannungsvolle Beziehung beider Erkenntnisformen, Rankes und Büchners, tritt allerdings erst dann

[33] Zit. bei Dietrich Harth: Rankes ästhetischer Sinn: In: Literaturmagazin 6. Die Literatur und die Wissenschaften. Hg. v. N. Born u. H. Schlaffer. Reinbek 1976. S. 38-69. Hier: S. 62.

[34] Ranke: Über die Epochen (Anm. 14). S. 402 (Neunzehnter Vortrag).

[35] Wolfgang Hardtwig: Geschichtsreligion – Wissenschaft als Arbeit – Objektivität: In: HZ (Anm. 27) 252 (1991). S. 1-32. Hier: S. 6.

[36] Spinoza lesend notiert Büchner: „das Charakteristische der Substanz ist ja gerade das, daß sie selbst der Grund ihres Seins ist". Daher dürfe der Grund auch nicht im „Allgemeinen" gesucht werden, „weil dadurch gerade das eigentliche Wesen der Substanz das ‚durch sich selbst Seyn' verloren gehn und die Definition im Allgemeinen über jeder Substanz insbesondere stehen und somit ihre absolute Freiheit aufheben würde." Infolgedessen wird auch der Begriff der Geschichte fragwürdig: „Nach dießer Vorstellung verschwindet alles Werden aus der Natur; es bleibt nur ein ewiges unwandelbares Seyn." (Büchner: Spinoza. In: Georg Büchner: Sämtliche Werke und Briefe. Hg. v. Werner R. Lehmann. Bd. 2. Reinbek 1971. S. 234 u. 290).

zutage, als mit dem „Hinfall der kosmologischen Werte“[37] um die Jahrhundertwende die metaphysische Grundannahme des Historismus, die Annahme einer aus allem Einzelnen zu erahnenden Weltordnung, in Mißkredit gerät. Während die Geschichtswissenschaft an sich selbst die erste „Krisis des Historismus“ erfährt,[38] wird *Dantons Tod* entdeckt und 1902 uraufgeführt.

II. Poetik der Geschichte

Welcher Art aber ist, so mag man nun fragen, Büchners poetische Erkenntnis der Geschichte? Wie äußert sich die naturwissenschaftlich bezeugte Uneigennützigkeit des Geschichtsdramatikers gegenüber der Geschichte? Welche poetischen Formen erzwingt sein Verhältnis zur Geschichte? Aber auch: Welche Erkenntnis ergibt sich für das Publikum aus Büchners sinnoffener Dramatik? Die Antworten finden sich wiederum im Gegenlicht des Historikers Ranke:

Ranke hat die Syntheseleistung des Historikers, die Zuordnung der ermittelten Daten zu einem Sinnzusammenhang, als „Kunst“ bezeichnet. Sie soll „den selben Genuß gewähren wie die gelungensten literarischen Hervorbringungen.“ Er wußte sich im Einverständnis mit den Historikern Humboldt und Gervinus, später mit Mommsen und Treitschke.[39] Und die Zeitgenossen selbst haben Rankes Kunst der Darstellung „okularisch“ genannt, ästhetisch betrachtend, nicht urteilend. Seine historischen Figuren seien „im eigentlichen Sinne personae, Träger historischer Rollen.“[40] Das heißt: Ranke bevorzugt die personale Erzählsituation – weshalb seine Schriften in der Tat wie Lese-Dramen wirken, wie „Geschichtsspiele“, so Karl Heinz Metz,[41] denen der Leser unvermittelt beizuwohnen scheint. Voraussetzung dafür ist das, was Ranke „Ahnung“ oder „Divination“ nennt, jene Erkenntnisleistung, die aus dem Quellenmaterial die „herrschenden Tendenzen in jedem Jahrhunderte“ erfühle und sie gleichsam hervortreten lasse, so daß „die Dinge reden, die mächtigen Kräfte erscheinen.“[42] Wie

[37] Friedrich Nietzsche: Hinfall der kosmologischen Werte. In: Nietzsche: aus dem Nachlaß der Achtzigerjahre. Werke (Anm. 19). Bd. III. S. 676-691.

[38] Karl Heussi: Die Krisis des Historismus. Tübingen 1932. Vgl. a. Otto Gerhard Oexle: „Historismus“. Überlegungen zur Geschichte des Phänomens und des Begriffs: In: Braunschweigische Wissenschaftliche Gesellschaft. Jahrbuch 1986. S. 119-155; insb. S. 129-137 (Nietzsche, Troeltsch, Weber).

[39] Ranke: SW (Anm. 15). Bd. 12. Französische Geschichte. Analekten. S. 5. – Wolfgang Hardtwig: Geschichte als Wissenschaft oder Kunst. In: Wolfgang Hardtwig: Geschichtskultur und Wissenschaft. München 1990. S. 92-102.

[40] Paul Graf Yorck von Wartenburg: Briefwechsel zwischen Wilhelm Dilthey und dem Grafen P. Yorck von Wartenburg. Halle 1923. S. 59 f.

[41] Karl Heinz Metz: Grundformen historiographischen Denkens. Wissenschaftsgeschichte als Methodologie. Dargestellt an Ranke, Treitschke und Lamprecht. München 1979. S. 120.

[42] Ranke: Idee der Universalhistorie (Anm. 27). S. 301 u. Ranke: Über die Epochen (Anm. 14). S. 66. – Zum hermeneutischen Prinzip des Historismus: Georg G. Iggers: Deutsche

den Dichter Büchner führt also auch den Historiker Ranke die Vorstellung von der Individualität, dem Selbstsein empirischer Wirklichkeit, zur präsentischen Unmittelbarkeit des Dramas. Deshalb tragen Rankes Geschichtsbücher häufig Züge des Dramas, simulieren Figurenauftritte und Dialoge, entwerfen ‚Expositionen', peripetische Umbrüche und konfliktlösende Epochenschlüsse. Der Dreißigjährige Krieg ist ein „Kriegstheater"[43] und die Schlacht von Lützen eine dramatische Szenenfolge: Zuerst erscheinen die Protagonisten Wallenstein und Gustav Adolf mit ihren Plänen, Strategien und Charakterzügen, dann präsentiert sich die Schlachtordnung, dann entrollt sich in immer schnellerem Perspektivenwechsel das Hin und Her des Schlachtenglücks, bis im Gegenüber von Herzog Bernhard und Ottavio Piccolomini die wütende Periptie des Hauens und Stechens erreicht ist – und zugleich dessen Ende im ernüchterten Rückzug beider Heere. Endlich folgt die Lösung des blutigen Dramas in Rankes sinnhaftem Fazit: das „Gleichgewicht der Kriegskräfte", das sich in Lützen herstellte, wird dem Autor zur „Fügung des Schicksals".[44] In solch kalkulierter Inszenierung der schicksalsdramatischen Geschichte als dramatischer Geschehens-Unmittelbarkeit verbindet sich Rankes ästhetischer Anspruch an die Geschichtsschreibung mit der empiristischen Forderung seiner Wissenschaft, es müsse stets um „strenge Darstellung der Tatsache (gehen), wie bedingt und unschön sie sei". Diese Devise teilt er mit Büchner: Der „dramatische Dichter", so Büchner, gebe „uns die Geschichte (...) unmittelbar, (...) weder sittlicher noch unsittlicher als die Geschichte selbst", er versetze uns „in das Leben einer Zeit" und komme der „Geschichte, wie sie sich wirklich begeben, so nahe als möglich".[45]

So sehr sich Büchners und Rankes Realismusprogramme gleichen mögen, so unterschiedlich sind sie zugleich, wenn man nach dem ihnen zugehörigen Wirklichkeitsbegriff fragt. Exemplarisch dafür sei der differente Figurenentwurf, die unterschiedliche Art der Figurendarstellung bei Büchner und Ranke. Wenn in Rankes Betrachtung der Französischen Revolution[46] der Minister Necker auftritt, dann nur im Sinnzusammenhang der bevorstehenden

---

Geschichtswissenschaft. Eine Kritik der traditionellen Geschichtsauffassung von Herder bis zur Gegenwart. München 1971. S. 106 f.

[43] Leopold von Ranke: Geschichte Wallensteins. Hg. u. eingeleitet v. Hellmut Diwald. Düsseldorf 1967. S. 242 u.ö..

[44] Ebd. insb. S. 208-211. – Jauss sieht in Rankes dramatischer Erzählform den Einfluß von Walter Scotts Romanen, die die Geschichte unter Auslassung einer Erzählerfigur und in anekdotischer Verlebendigung vergegenwärtigen und damit der individualisierenden Historiographie des 19. Jahrhunderts entgegenkämen: Hans Robert Jauss: Geschichte der Kunst und Historie. U.a. in: Reinhart Koselleck (Hg.): Geschichte – Ereignis und Erzählung. Poetik und Hermeneutik V. München 1973. S. 175-209. Hier: S. 185. – Vgl. a. Hayden Whites Analogie zwischen Rankes Epochendarstellungen und der dramatischen Form der Komödie: Metahistory (Anm. 7).

[45] Ranke: SW (Anm. 15). Bd. 33/34. S. VII. Büchner: Briefe (Anm. 3). S. 305 (Brief v. 28. Juli 1835).

[46] Leopold von Ranke: Die französische Revolution. In: Ranke: Über die Epochen (Anm. 14). S. 418-435.

Revolution, nicht in seiner Ich-Originität, seiner ‚Existenz', wie Käte Hamburger sagen würde,[47] d.h. nicht als Subjekt, sondern als Gegenstand des Erzählers. Mag der Geschichtsschreiber sich auch bemühen, der Figur Eigenheit und Präsenz zuwachsen zu lassen – „Necker erschrak", „Necker hatte nicht den Mut, dieses zu entscheiden" – so wird die Figur doch nicht zu einem Wesen, das von und zu sich selbst Ich sagt; die Figur bleibt Funktion der historischen Betrachtung, gerichtet auf den Epochensinn, nämlich die „Katastrophe der monarchischen Idee".[48] Der Frage nach dem, „wie es eigentlich gewesen", wird alles unwägbar Subjektive und der geschichtsstrukturierenden „Idee" Widerständige nachgeordnet. Necker ist in der gleichen Lage wie Wallenstein, dem Ranke in der Einleitung seiner Wallenstein-Biographie Eigenständigkeit zuspricht, aber doch nur „gemäß historischer Möglichkeiten" und dem Zeugnis der Quellen.[49]

Wenn dagegen in Büchners Drama Robespierre und Danton auftreten, dann als unbeschränkt ich-sagende Personen, die nur von sich selbst als Subjekten wissen. Sie erscheinen zwar als historische Figuren, gehen aber in einem historischen Deutungsmuster und seinen Bedingungen nicht auf. Indem nichts über sie ausgesagt wird, sondern sie selbst sich als Denkende und Fühlende zeigen, können sie jener Vorstellung von Wirklichkeit zum Ausdruck verhelfen, die Büchners Lenz als „Leben, Möglichkeit des Daseins" bezeichnet hat und sein Autor als „Vielgestaltigkeit des Lebens", als „Schöpfung, die sich (in den Menschen) jeden Augenblick neu gebiert".[50]

III. „Möglichkeit des Daseins"

Ist es dort also, bei Ranke, die eine ‚eigentliche', auf die metaphysisch („Gott", „Vorsehung", „Idee") unabweisbare „Epochentendenz" hin konzipierte Ereignisgeschichte, so ist es hier, bei Büchner, eine Geschichte, die gerade nicht in der finalen Epochen-‘Tendenz' aufgeht, sondern zweckfrei und offen bleibt für viele Bedeutungen und damit auch für viele Zeiten. Ein parates Beispiel hierfür ist Robespierres und Dantons Dialog-Auftritt in *Dantons Tod* 1, 6. In ihm ist nicht Rankes historische, gegen Scotts romantische Geschichtsromane postulierte ‚Eigentlichkeit' ausgestellt, sondern Büchners uneigentliche, vieldeutige, vielgestaltige – zumindest vierfache Möglichkeits-Geschichte. Denn möglich ist das Verständnis der Szene 1, 6 erstens als Vergangenheitsgeschichte, zweitens als ebenso aktuelle wie immerzu gültige Ideologiekritik, drittens als Zeitgeschichte und viertens als zukunftsweisender Existenzentwurf.

1. als Vergangenheitsgeschichte: Der Disput der Protagonisten pointiert einen politikgeschichtlichen Augenblick. Im Gegenüber des Revolutionärs

[47] Käte Hamburger: Die Logik der Dichtung. Stuttgart 1968. S. 114.
[48] Ranke: Die französische Revolution (Anm. 46). S. 435.
[49] Ranke: Geschichte Wallensteins (Anm. 43). Rankes Vorrede. S. 31f.
[50] Büchner: Lenz (Anm. 3). S. 144. Büchner: Über Schädelnerven (Anm. 3). S. 260.

Robespierre und des liberalen Privatiers Danton hält die Revolution für einen historischen Moment inne. Zwischen dem Sturz der radikalen Hébertisten am 24. März 1794 und der Hinrichtung der liberalen Dantonisten am 5. April 1794 ist dies ein Moment der Unentschiedenheit – eine scheinbar ereignislose und daher historistisch-politikgeschichtlich unerhebliche Zeitspanne, daher auch unerwähnt in Rankes Suche nach „der bestimmten großen Tendenz“ der Revolution.[51] Sie ist jedoch höchst ergiebig für Büchners Poetik einer Möglichkeitsgeschichte. Denn

2. enthält der sinnoffene Moment, in dem sich in der Gestalt von Danton und Robespierre Freiheitsverlangen und Revolutionsräson begegnen, eine zeitgemäß ideologiekritische Erkenntnis mit dauerhaftem Wert: Der Auftritt der beiden Helden ist zugleich die Kontrafaktur jenes Ideendisputs, der in der Peripetie des klassisch-idealistischen Dramas der Katastrophe vorausgeht, die den Widerstreit zwischen Philipp II. und Marquis Posa, Maria und Elisabeth, Egmont und Alba sub specie einer höheren Wahrheit löst. Büchners Diskurs entwertet die Ideen individueller Freiheit und politischer Notwendigkeit: In Rede und Gegenrede der Protagonisten entlarven sie sich als Genußsucht und Egoismus – und lösen sich ganz auf, als Robespierre mit seiner politischen Ethik im anschließenden Selbstgespräch nicht mehr weiß, „was in mir das andere belügt“ (1,6), und Danton vom Alptraum der Septembermorde gepackt sein Credo der Freiheit einem unergründlichen „Es“, einem „Muß“ unterwirft. Die Strittigkeit der Idee überhaupt anstelle des Streits der Ideen macht die Szene als handlungsentscheidenden Wendepunkt unbrauchbar; dezentralisiert im 1. Akt dementiert sie auch dramenstrukturell jene ideelle Relevanz, die sie im geschlossenen Drama der Klassik hat. Weshalb sie aber die Relevanz der Idee dementiert, erklärt die Szene selbst und ihr Kontext:

Denn bei Büchner gelangt die Revolution in ihrer puren Eigengesetzlichkeit zur Darstellung: Danton werden die eigenen Septembermorde zum Fluch, hinter dem Danton-Mörder Robespierre drängen schon seine Schächer hervor, Collot und Barrère (3, 6). Kurz: Die von beiden, Danton und Robespierre geschaffenen Fakten entziehen sich verfügender Kontrolle; die Täter sind nicht mehr Herr ihrer selbst, ein unnennbares „Es“ hat sich ihrer bemächtigt und ihr Subjektsein erfaßt. „Wir haben“, resümiert Danton, „nicht die Revolution, sondern die Revolution hat uns gemacht“ (2, 1). Die sich gleichsam verselbstenden, autonomen Geschichtsfakten, die über den einzelnen hinwegwirken, lassen kein idealistisches Denkmodell zu. Daher gibt es bei Büchner auch nicht die klassische Formtradition des Dramas. Die ist hier hinter der 4-Akt-Schablone aufgelöst – in Szenensplitter, zerbrochene Dialoge und Zitateinschübe. Als Kunstwerk aber bleibt das Drama bewahrt durch ein dichtes Netz poetischer Bezüge, motivischer und bildhafter

---

[51] Ranke: Über die Epochen (Anm. 14). S. 58.

Relationen über Liebe, Tod und die Frage nach Gott.[52] Es liegt auf der Hand, daß sich Büchners offene Dramenstruktur damit auch gegen die metaphysische Ordnungshypothese und konfliktschließende Epochen-'Tendenz' wendet, die Ranke wohl veranlaßt, seinen Vortrag über die Französische Revolution nach dem Ausbruch der Terreur rasch mit einigen plakativen Sätzen zu beenden. Seine Darstellung beschreibt nur das Ende des „monarchischen Prinzips", während sich die Revolution als ein willkürlicher Wechsel „herrschender Doktrinen" der Betrachtung zu entziehen scheint.[53] Die Schwierigkeit des Historikers, das Chaos der Revolution sinnhaft zu umfassen, gilt umso mehr, als die revolutionären Doktrinen bis in die eigene Zeit reichen, wie Ranke am Schluß seiner Darstellung bemerkt. So eröffnet sich ein unübersehbares und unabgeschlossenes Terrain, das der Historiker dem Dichter überläßt.

Der besetzt es in der Tat und führt gleichsam fort, was Ranke begonnen hat. Er führt es fort mit Blick für die kontingenten Sinnmöglichkeiten der Geschichte. Ein möglicher Sinn erwächst der Geschichte auch aus der politisch-gesellschaftlichen Gegenwart Büchners und Rankes. Die Wendung zur Gegenwart ist Rankes Denken in abgeschlossenen Epochen fremd, vertraut jedoch Büchners dramatischem Wirkungsinteresse. Und deshalb sind dem Diskurs zwischen Robespierre und Danton als *3.* Lesart die Signaturen der Zeitgeschichte des Jahres 1835 eingezeichnet. Auch sie gehen hervor aus der deutungsoffenen Subjektgestalt der Figuren. Als dargestellte Personen vertreten sie nur sich selbst und widersprechen gerade deshalb uniformen Epochen-Tendenzen. Im Gegenüber von Robespierre und Danton, des Revolutionärs und des Privatiers, wird die zeitgenössische Antithese von Vormärz und Biedermeier überwunden. Sie wird nicht aufgelöst, sondern zum Problemgegenstand der dichterischen Reflexion. Die Szene 1, 6 entsteht nicht nur a u s der Polarität von Büchners Gegenwart, sondern handelt auch ü b e r sie. Sie führt die gegenwärtige Spannung von revolutionärer Fortschrittsgesinnung und fortschrittsskeptischem Beharren im Gegebenen auf ihren historischen Ursprung zurück, auf die Französische Revolution als jene Zäsur, die die Geschichte mit einemmal als Wandel bewußt macht. Wer nun ihr gegenüber Stellung bezieht, nimmt dieses Zeitbewußtsein in seine Parteinahme auf und nennt sich erstmals in der Neuzeit progressiv oder konservativ.[54] Die Einstellungsmuster, die sich damit alsbald verbinden, Ranke würde sa-

---

[52] Vgl. Theo Elm: Georg Büchner: Individuum und Geschichte in „Dantons Tod". In: Theo Elm u. Gerd Hemmerich (Hg.): Zur Geschichtlichkeit der Moderne. Festschrift für Ulrich Fülleborn zum 60. Geburtstag. München 1982. S. 167-184.

[53] Hayden White: Metahistory (Anm. 7). Zweiter Teil. Kap. 4, der Rankes Historiographie die Gattungsstruktur der Komödie unterlegt, betont den konfliktlösenden, abrundenden, harmonisierenden, den gleichsam ‚seifenoperhaften' Charakter der Rankesschen Darstellungsschlüsse.

[54] Vgl. Reinhart Koselleck: Standortbildung und Zeitlichkeit. Ein Beitrag zur historiographischen Erschließung der geschichtlichen Welt. In: Reinhart Koselleck u.a. (Hgg.): Theorie der Geschichte. Bd. 1. Objektivität und Parteilichkeit. München 1977. S. 17-46. Hier: S. 36-43.

gen: die „herrschenden Tendenzen" von 1835, diskreditiert Büchner – in der Gestalt des Revolutionsethikers Robespierre, dem Danton den Kothurn seiner Eitelkeit von den Schuhen tritt und des Revolutionskritikers Danton, der sich selbst genügt und doch sich den geschichtlichen Fakten ausgesetzt weiß: „Puppen sind wir, von unbekannten Gewalten am Draht gezogen" (2, 5). Die in ihren Widersprüchen sich selbst spielenden Figuren öffnen einen Deutungsraum für zeitgenössische Entsprechungen. Aus diesem Deutungsraum tritt hinter Robespierre hervor der ebenso fulminante wie eitle Redner Blanquis, ein Held der Julirevolution von 1830, dem Büchner in Straßburg begegnete, oder der glühende Sozialist Karl Isidor Beck, der sich auch als Texter des Johann-Strauß-Walzers „An der schönen blauen Donau" gefällt, ferner der Revolutionsdichter und spätere Bankdirektor Freiligrath, die sich in Privatfehde verbundenen Linksjournalisten Börne und Heine oder der radikal-liberale Publizist Karl Gutzkow, dem Büchner ins Gefängnis schreibt, er halte es nicht für den „klügsten Weg", „die Gesellschaft mittels der Idee (zu) reformieren", denn: „unsere Zeit ist rein materiell".[55] Dies mögen die intellektuellen, unglaubwürdig-widersprüchlichen Nachfolger des Büchnerschen Robespierre sein, der in der Gassenszene 1, 2 dem Hunger des Volks die Freiheitsidee entgegenhält, die Danton (in 1, 6) als Dünkel durchschaut. Aber nicht besser ergeht es den Zeitgenossen, die sich auf der Seite des Privatiers Danton befinden. Stifters Naturordnung, Lenaus Naturbeseelung, Justinus Kerners Behaglichkeit, Mörikes klassische Bildung und die Religiosität der Droste – sie umschreiben die Geschichtsferne des Biedermeier. Und doch sind auch sie nur Fassaden, hinter denen sich versteckt, was Büchners Danton-Figur nach vorne zerrt: das Lebensscheitern an der geschichtlichen Wirklichkeit, die sich dem Subjekt als autonome Macht zur Geltung bringt. Büchners Danton, der im Traum „mit riesigen Gliedern" die Erdkugel packt, die ihn sogleich „die Haare flatternd über dem Abgrund" mit sich schleift (2, 5), wirft von der Großen Revolution aus einen Schatten auf das ganze 19. Jahrhundert, auf die Selbstüberforderung des neuzeitlichen Ich, das sich die Welt titanisch als Willens- und Verstandeswelt unterwerfen will. Ihr zugehörig ist der Begriff des zivilisatorischen Fortschritts, der sich in der Französischen Revolution zur Menschheitserfahrung steigert und das vormärzliche Bewußtsein in Büchners eigener Zeit bestimmt. Der Willenswelt zugehörig ist aber auch das komplementäre Gegenbild, das jetzt erst mögliche Scheitern des Ich an der empirischen Wirklichkeit. Wird sie doch nicht in ihrem Eigenrecht und ihrer Würde einfach hingenommen, sondern als Gegenstand der Bewältigung und Veränderung gedacht. An der von ihm selbst mitgeschaffenen und nun über Ströme von Blut verselbständigten Revolution zerbricht Danton: Sie, die empirische Wirklichkeit, erscheint ihm im nächtlichen Gespräch mit Julie als eine fremde Macht. Sie ist ihm nicht mehr ein Gegenstand der Bemächtigung. Im Gegenteil: Sie erscheint ihm als eine Macht, die auf das Cartesianische Ich zurückschlägt und

[55] Büchner (Anm. 3). S. 319 (Brief v. vermutl. Anfang Juni 1836).

auf ihrer Unverfügbarkeit besteht. Als Factum brutum deutet Danton die Welt, daran geknüpft ein ehernes „muß" – „nichts, nichts wir selbst!" (2, 5)

Was bleibt also? Was bleibt dem ohnmächtigen, vom geschichtlichen Fortschritt entmächtigten Ich? Bleibt das Verlangen nach dem wirklichen, dem endgültigen Tod? – so Büchners Danton (Feuerbach diskutierend, 3, 7).[56] Oder bleibt Stifters Schnitt in die Kehle, Lenaus Irrenanstalt, Grabbes und Kerners Trunksucht und das beschränkte, sich langsam zerreibende Leben der Droste?

Die politische Vergangenheitsgeschichte des Rankeschen Historismus[57] kann darauf, auf Büchners eigene Zeiterfahrung, keine Antwort geben. Die Geschichtswissenschaft kann schon deshalb nicht den am Fortschritt Gescheiterten helfen, weil sie selbst jenem Fortschrittsgeist verpflichtet ist, den die Französische Revolution entbindet. Gewiß gelte es, die Würde des geschichtlichen Faktums zu achten, äußert Ranke in seinem Vortrag über den *Fortschritt in der Geschichte*; aber in der „Expansion" der Menschheitsidee und ihrer Kultur sehe er doch einen „unbedingten Fortschritt".[58] Den „Fortschritt" mag Ranke im Gefolge Herders und Humboldts noch als organische ‚Entwicklung' verstehen, aber die Wortwahl weist doch auf die Dialektik von Vergangenheitsarbeit und Fortschrittsidee – charakteristisch für das deutsche 19. Jahrhundert. Denn je nachdrücklicher der jedenfalls in Wissenschaft und Technik unabweisbare Fortschritt die Erfahrungswelten verändern wird, desto rascher fallen sie der Geschichte anheim. Während die Gegenwart immer kürzer und kleiner wird, wächst die Menge an geschichtlicher Vergangenheit. Und je rasanter der Fortschritt in Erfahrung und Gedanke sich durchsetzen wird, desto unabweisbarer wird die Vergangenheit

---

[56] Ludwig Feuerbachs religionskritische Forderung, den „wirklichen, wahrhaften Tod" (und nicht den Seligkeit versprechenden Tod der christlichen Religion) als Voraussetzung eines „wahrhaften und wesenhaften" Lebens anzuerkennen, wird von Camille und Danton im Drama unwiderrufen radikalkritisch überholt: „das Nichts ist der Tod, aber er ist unmöglich [...]. Wir sind Alle lebendig begraben [...]. Ja wer an Vernichtung glauben könnte!" (Büchner: Dantons Tod. 3, 7. [Anm. 3]. S. 119). Vgl. Ludwig Feuerbach: Gedanken über Tod und Unsterblichkeit. Nürnberg 1830. Einleitung. – Zu den zahlreichen Feuerbach-Anspielungen in Büchners Werk s. Walter Hinderer: Büchner-Kommentar zum dichterischen Werk. München 1977. – Zu Büchners Thanatologie s. Ricarda Wirth: Sterben und Tod in den Dramen Georg Büchners. Magisterarbeit Erlangen 1993.

[57] Ihre Objektivität verbiete es, die „Mitwelt zum Nutzen zukünftiger Jahre zu belehren" (Ranke: SW (Anm. 15). Bd. 33/34, S. VII). Daher Rankes Distanz zu Gervinus' Ansicht, „daß die Wissenschaft in das Leben greifen müsse". (Ranke: G.G.Gervinus. Rede zur Eröffnung der 12. Plenarversammlung der historischen Kommission. In: HZ (Anm. 27) (1872). S. 142f). Selbst der ‚Tagespolitiker' Treitschke nennt denjenigen einen Dilettanten, der „das Vergangene aus dem Gegenwärtigen zu erklären" versucht (Heinrich von Treitschke: Aufsätze, Reden und Briefe. Hg. v. Karl Martin Schiller. Meersburg 1929. S. 788: „Die Aufgabe des Geschichtsschreibers").

[58] Ranke: Über die Epochen (Anm. 14). S. 68 – Zum Begriff des Fortschritts s. Reinhart Koselleck: Art. ‚Fortschritt'. In: Otto Brunner u.a. (Hgg.): Geschichtliche Grundbegriffe. Historisches Lexikon zur politisch-sozialen Sprache in Deutschland. Bd. 2. Stuttgart 1979. S. 351-423. Insb. S. 410.

als jenes Andere, das erst jetzt bewußt und forschungswürdig erscheint.[59] Aber der Historiker als „rückwärts gekehrter Prophet"[60] kann sich nicht mit der Rückwendung zum Einzelnen bescheiden. Im Wissen des Allgemeinen – der „Idee" oder „Tendenz" einer Epoche – macht er zugleich seinen voraus-gerichteten Weltbewältigungsanspruch geltend. Er ist damit im Besitz einer Deutungsmacht, mit der sich alsbald die Herrschaftsansprüche von Politik, Wirtschaft und Kultur verbinden. In der zweiten Hälfte des 19. Jahrhunderts wird der Historismus zu einer alles umfassenden Legitimations- und Erkenntnisform des voranstürmenden Fortschrittszeitalters.

Daß es aber eine Alternative zur historistischen Wirklichkeits- oder Weltverfügung gibt, zeigt die 4. Sinnwendung der exemplarischen Dialogszene 1, 6: Neben der vergangenheitsgeschichtlichen, der zeitlos-ideologiekritischen und der zeitgeschichtlichen Deutungsmöglichkeit erlaubt die Szene auch eine existentielle Perspektive – als Menschheitsutopie. In ihr, die Geschichtliches übersteigt, wird die schon zu Büchners Zeit empfundene Dialektik von Fortschrittsmanie und Geschichtsfatalismus unerheblich – unerheblich die Spannung zwischen dem Gegebenen und dem Scheitern daran, auch die Spannung zwischen Ichhybris und Ichverlust.[61]

Das Gespräch zwischen Robespierre und Danton hat Büchner bekanntlich nicht erfunden. Es ist historisch (für den 29. März 1794) belegt, und Büchner hat es aus Carl Strahlheims Quellensammlung *Unsere Zeit* übernommen.[62] Er fügte jedoch etwas hinzu, was die historischen Subjekte transzendiert und sie in ein Menschheits-Ich verwandelt. Dantons Sentenz, „es gibt nur Epicuräer" und Robespierres Überlegung, „sind wir nicht Nachtwandler..." schließen mit einem „es gibt" und einem „wir" das Publikum mit ein und deuten eine Konzeption an, die das ganze Stück bestimmt: Bis in die einzelne Szene hinein ist es eine Montage aus Quellen und Fiktionen, aus überlieferten „Heroice dicta" der Revolutionäre (Gutzkow) und imaginierten Entgegnungen, die im Raum des Privaten mit Gesprächen über Universalien wie Liebe, Kunst, Tod und Gott eben jene geschichtlichen Dicta relativieren. Der historisch belegte Diskurs der beiden Politiker Robespierre und Danton (1, 6) wird gegen die fiktiven Szenen vorher und nachher ausgespielt. Er wird ausgespielt gegen die Alliebe der Prostituierten Marion (1, 5: „ein Meer, was Alles verschlang") und gegen die Freundschaft der Dantonisten (2, 1: „[Danton zu Camille] Komm mein Junge [...] Adieu. Adieu!"). Da

[59] Ein bei Hermann Lübbe rekurrenter Gedanke; s. etwa Hermann Lübbe: Im Zug der Zeit. Über die Verkürzung des Aufenthalts in der Gegenwart. In: Walter Ch. Zimmerli (Hg.): Technologisches Zeitalter oder Postmoderne. München 1988. S. 212-224.

[60] Friedrich Schlegel: Athenäum I, 2. Nr. 80. Friedrich Schlegel: Krit. Ausg. seiner Werke. Hg. v. Ernst Behler u.a.. Paderborn u.a. 1958ff. Bd. 2. S. 176.

[61] Aus dieser Dialektik entsteht Ludwig Feuerbachs Verständnis von Gott als einer Wunschprojektion des neuzeitlichen Menschen, der „in seiner Individualität sich als göttlich und unendlich" verstehe und doch „nach allen Seiten hin beschränkt" sei. Feuerbach: Gedanken (Anm. 56).

[62] Die Geschichte Unserer Zeit, bearbeitet von Carl Strahlheim (=Johann Konrad Friedrich). 30 Bde.. Stuttgart 1826-1830. Hier: Bd. XII. – Büchners Eltern besaßen dieses Werk, und nach dem Zeugnis Wilhelm Büchners las man abends im Familienkreis häufig daraus vor.

tritt nicht nur der imaginierte Alltag gegen die politische Geschichte der Historiker an, sondern zugleich wird gegen die Rationalität der Subjekte das individuelle, das gesellschaftliche Miteinander der Menschen gesetzt. Da die sinnverfügende Subjektivität an einem rätselhaften „muß" und „es" scheitert – Fazit des Dialogs zwischen Robespierre und Danton (R.:Ich weiß nicht, was in mir das Andere belügt" – D.:"Was ist das, was in uns hurt, lügt, stiehlt und mordet?") – rechnet Büchner nur umso nachdrücklicher mit der gesellschaftlichen Individualität der Menschen, im Wechsel von Du und Ich. Was das heißt und was das mit poetischer Erkenntnis zu tun hat, zeigt sich im Kunstgespräch 2, 3. Dort weisen Camille und Danton für die Kunst idealistischen Wahrheitsbesitz ebenso zurück wie materialistischen Sinnverzicht. Was bestimmt Poesie aber dann? Das wissen sie nicht, doch sagt es Lucille – die kein Wort ihres Camille verstanden hat. Sie sagt: „Ich sehe dich so gerne sprechen." Zwischen dem materialen Faktum und der Wahrheit der Idee gibt es etwas, das weder willkürlich erscheint noch sinnbedürftig ist – die Liebe Lucilles, die Umarmungen der Dantonisten im Gefängnis, Julies Locke, die Danton im Kerker erhält und die abgeschlagenen Köpfe der Freunde, die sich im Korb des Henkers küssen werden. Das sind individuelle Bilder menschlicher Existenz, die über den Raum des geschichtlich Vergangenen hinausweisen auf eine mögliche Menschheitszukunft. Mit diesen Bildern hat die Historie ex post nichts zu schaffen – weshalb sie Büchner in keiner seiner historischen Quellen findet, weder bei Thiers (*Histoire de la Révolution Française*) noch Mignet (*Histoire de la Révolution Française, depuis 1789 jusqu'en 1814*) noch in Strahlheims Textsammlung.

Fast 70 Jahre später hat Hofmannsthals Dichter Chandos den Ausdruck solch existentieller Erkenntnis einzig der Poesie zugesprochen. Wenn überhaupt, dann beherrsche nur sie, die Poesie, die sich mit dem Möglichen begnügte, die verfügungsfreie „Sprache des Herzens".[63] Sie wird notwendig dort, wo sich in der Erkenntnis- und Sprachkrise der Jahrhundertwende (Nietzsche, Mauthner) die Dinge dem sinnverfügenden Subjekt entziehen und sich in ihrer unbegreiflichen Eigenheit zur Geltung bringen. Mit diesem Erlebnis beginnt die Moderne, während das Jahrhundert Rankes endet. Hofmannsthals Chandos-*Brief* ist 1902 erschienen, im Premierenjahr von *Dantons Tod*. Und wiederum 1902 erhielt der deutsche Historiker Theodor Mommsen den Nobelpreis. Er erhielt ihn für Literatur. Vom Historismus der Historiker sprach man jetzt weniger.[64]

---

[63] Hugo von Hofmannsthal: Ein Brief. In: Hofmannsthal: Sämtliche Werke. Hg. v. Rudolf Hirsch u.a.. Bd. XXXI (Erfundene Gespräche und Briefe). Hg. v. Ellen Ritter. Frankfurt/M. 1991. S. 45-55. Hier: S. 52.

[64] Zur Krise des Historismus um die Jahrhundertwende vgl. z.B. Friedrich Nietzsche: Vom Nutzen und Nachteil der Historie für das Leben. Chemnitz 1874; Ernst Troeltsch: Der Historismus und seine Probleme. Tübingen 1922; vor allem aber den sog. Lamprecht-Streit, die Auseinandersetzung um eine neue sozial-und kulturgeschichtlich orientierte Historie.

Nathali Jückstock

ZITIERERND DIE WELT DEUTEN

Wilhelm Raabes *Akten des Vogelsangs*

Wilhelm Raabe ist kein „verkannter Schriftsteller" mehr.[1] In deutlicher Abwendung von der Rezeption der ersten Jahrhunderthälfte betont die Raabe-Forschung seit Ende der fünfziger Jahre die Modernität besonders des Spätwerks.[2]

Dieser Wandel erklärt sich nicht allein aus der kritischen Auseinandersetzung mit den ideologischen Fixierungen, die auch die wissenschaftliche Beschäftigung mit Raabe geprägt hatten.[3] Er ist vor allem das Ergebnis entscheidender Innovationen in der Narrativik und in der Realismusforschung. Erst als erkannt wurde, daß die herkömmliche Identifikation von Autor und Erzähler „in eine Sackgasse führen muß",[4] wurde der Blick frei auf die erzähltechnischen Leistungen der Raabeschen Romane und Erzählungen. Und erst seit Hubert Ohl und Wolfgang Preisendanz den Realismusbegriff unter einem Blickwinkel untersucht hatten, der von einer gewissermaßen ontologischen Definition Abstand hielt, konnte Raabes spezifische Prosa neu bewertet werden. Ein Erzählen, das „an Sättigung mit Realität" anderen Werken des Realismus zwar „eindeutig unterlegen" sei, jedoch hinsichtlich der „ästhetischen Gestaltung weit in die Zukunft" weise.[5]

Die Erforschung intertextueller Verfahrensweisen in den Raabeschen Romanen und Erzählungen hat in den letzten Jahren erneut wesentlichen Erkenntnisgewinn gebracht. Es gelingt durch diesen Ansatz, die angedeutete

---

1 Vgl. Horst Denkler: Neues über Wilhelm Raabe. Zehn Annäherungsversuche an einen verkannten Schriftsteller. Tübingen 1988.

2 Bahnbrechend: Barker Fairley: Wilhelm Raabe. Eine Deutung seiner Romane. München 1961.

3 Vgl. Horst Denkler: Panier aufwerfen für Raabe. Zur Geschichte der ‚Raabe-Pflege' im Umkreis der Raabe-Gesellschaft. In: Jahrbuch der Raabe-Gesellschaft 1987. S. 11-23. (Künftig: JbRG).

4 Hermann Helmers: Die Figur des Erzählers bei Raabe (1965). S. 317. In: Hermann Helmers (Hg.): Raabe in neuer Sicht. Stuttgart 1968. S. 317-337. Helmers' Aufsatz ist die erste, einflußreiche Anwendung der neuen erzähltechnischen Erkenntnisse auf das Werk Wilhelm Raabes.

5 Helmuth Mojem: Der zitierte Held. Studien zur Intertextualität in Wilhelm Raabes Roman „Das Odfeld". Tübingen 1994. S. 3.

„Entwirklichung“[6] positiv zu erläutern: Ort und Funktion der „Wirklichkeit“ übernimmt in Raabes späten Romanen die Literatur – in einem weiten Verständnis des Begriffes, das auch die Bibel einschließt.

Literarische Bezüge gewinnen die Qualität von Deutungsfolien, sie geben den Werken ihre „formale Kontur“.[7] Damit nähert sich Raabes Erzählen der Moderne[8] – und steht in einem gespannten Verhältnis zu der literarischen Epoche, der es zugehört.

Raabes vorletzter vollendeter Roman, *Die Akten des Vogelsangs*, ist in hohem Maße durch intertextuelle Verweise strukturiert. In diesem Zusammenhang besonders aufschlußreich ist das funktionale Verhältnis der drei großen literarischen Zitatkomplexe (Heine, das französische Volkslied, Goethe) zur ‚Akte‘, die als Textsorte dem Krumhardtschen Bericht unterlegt ist.

Warum Karl Krumhardt die *Akten des Vogelsangs* anlegt, ist nicht auf einen einzigen, auch nicht auf einen ‚eigentlichen‘ Anlaß zu reduzieren. Das Buch selbst bietet viele Motive an: die verschiedenen Schreibaufforderungen von Veltens Mutter, vor allem aber von Helene Trotzendorff nach dem Tode Veltens;[9] die Chronistenrolle für die eigenen Kinder (BA 19, S. 227 u.ö.); schließlich der psychologisch deutbare Versuch, sich über den so ganz Anderen klar zu werden im Prozeß des Schreibens (BA 19, S. 318).

Die Wahl der Textsorte, nach deren Muster Oberregierungsrat Karl Krumhardt sein Schreiben richtet, entspricht ganz seiner beruflichen Gewohnheit: es sind Akten, die er über den Vogelsang und seinen toten Freund anlegen will (BA 19, S. 216). Bereits Helene Trotzendorff hatte Karl aufgefordert:

> Schreib in recht nüchterner Prosa, wenn du es [...], der bessern Dauer wegen, zu Papier bringen willst, und laß sie es in deinem Nachlaß finden, in blauen Pappendeckeln, wie ich sie immer noch unter deines guten Vaters Arme sehe; und da er darauf schreiben würde: ‚Zu den Akten des Vogelsangs‘, so kannst du das ihm zu Ehren auch tun, ehe du sie in dein Hausarchiv schiebst – ein wenig abseits von deinen eigensten Familienpapieren --- (BA 19, S. 403f.)

Die Wendung „Akten anlegen“ wird hier also ganz konkret gefaßt: Schriftstücke zwischen zwei blauen Pappendeckeln. Sie gewinnt jedoch in der Erzählung eine weitere, metaphorische Bedeutung. Denn auch das Erinnerungsre-

---

6 Hans-Jürgen Schrader: Gedichtete Dichtungstheorie im Werk Raabes. Exemplifiziert an „Alte Nester“. S. 20. In: JbRG 1988. S. 1-27.

7 Mojem (Anm. 5), S. 5.

8 Die Grenze zum modernen Erzählen, das muß relativierend bemerkt werden, überschreitet Raabe jedoch nicht. Weder ist er von den Autoren des 20. Jahrhunderts als Vorbild wahrgenommen worden (sieht man von der vieldiskutierten Ausnahme Thomas Manns einmal ab), noch gelingt Raabe der konsequente Durchbruch zu den entscheidenden erzähltechnischen Innovationen. In bezug auf Raabes Fragment Altershausen konstatiert Theo Buck treffend „die kometenhaft aufleuchtende Skizze einer radikal modernen Erzählkonstruktion, aber andererseits auch das Scheitern an der Ausführung.“ (Vgl. Theo Buck: Am Rande des inneren Monologs. Zur Erzählkonstruktion von Raabes „Altershausen“. S. 43. In: JbRG 1987. S. 24-45.)

9 Wilhelm Raabe: Sämtliche Werke. Braunschweiger Ausgabe. Hg. v. Karl Hoppe. Bd. 19. S. 304 und 403f. (Künftig im Text zitiert: BA 19, Seitenangabe).

servoir, aus dem Karl für sein Unterfangen schöpft, der Prozeß der Erinnerung selbst, werden mit diesem Begriff benannt. Der formelhafte, bisweilen variierte Ausdruck dafür lautet: „etwas aus den Akten ziehen". Daß es sich dabei, wie ohnehin zu vermuten ist, keineswegs um reale Akten handelt, wird explizit bestätigt:

> Ich habe es in den Akten, wenn auch nicht aktenmäßig. Ich hole dies alles aus Ungeschriebenem, Unprotokolliertem, Ungestempeltem und Ungesiegeltem heraus und stehe für es ein. (BA 19, S. 262)

Mit diesem uneigentlichen Gebrauch des Begriffes ist die Übertragung des abstrakten Ordnungsprinzips der Akte auf Gedächtnisinhalte und darüber hinaus auf den Umgang mit Welt schlechthin bezeichnet und vollzogen. Die Textsorte der ‚Akte' strukturiert also nicht nur ganz konkret Karls Erzählen, sondern formt darüber hinaus seine Wahrnehmung: sie ist seine Methode, Geschehnisse zu ordnen und ihnen innerhalb eines Systems ihren angemessenen Platz zuzuweisen. Formuliert man mit Begriffen des intertextuellen Diskurses, so läßt sich die Textsorte ‚Akte' als Architext im Sinne Gérard Genettes bezeichnen.[10] Die Gattung, auf die dieser Architext verweist, ist jedoch keine literarische, sondern eine pragmatische mit der Funktion, Wirklichkeit möglichst objektiv – der entsprechende Begriff der Erzählung lautet „nüchtern" – in Text zu übersetzen.

Bereits Helene Trotzendorff zieht in ihrer Schreibaufforderung, der am Schluß des Textes nachgereichten Initiale des Erzählprozesses, die Verbindung zwischen der Textsorte ‚Akte' und dem Vorbild des Vaters: der Vater hätte eine solche Erinnerungsarbeit in Aktenform geleistet, der Sohn solle es ihm gleichtun. Diese Vorbildfunktion gilt nicht nur für den aktuellen Schreibprozeß, sondern auch für die übertragene Bedeutung. Es ist Vater Krumhardt, der im Gespräch über Agathe Trotzendorff die Aktenmetapher stiftet:

> Na, was deine Andere dazu beigetragen hat, hier jetzt wieder als abenteuerliche Strohwitwe im Vogelsang zu sitzen, darüber sind die Akten noch nicht mit allen dazugehörigen Dokumenten versehen. (BA 19, S. 226)

In identischer Wendung hatte Karl wenige Seiten zuvor (S. 220) sein Vorhaben erläutert; die Referenz ist eindeutig. Die Akte als vom Vater übernommenes Modell zur Wirklichkeitserfassung ordnet sich ein in das umfassende bürgerliche System, das vom Vater, dessen Bild „in Lebensgröße über meinem Schreibtische" (BA 19, S. 217) hängt, repräsentiert wird. Diese tiefe Verankerung in der bürgerlichen Gesellschaft spiegelt vor allem der Titel, den Karl Krumhardt als Ausdruck kontinuierlicher Selbstvergewisserung im Laufe seines Schreibens immer wieder einfügt. Eine solche Selbstdefinition über den gesellschaftlichen Rang entspricht exakt der Vorstellung des Vaters:

> Daß mein Vater nur auf das zu dem Landesorden hinzugestiftete Verdienstkreuz Erster Klasse und den Titel Rat die Anwartschaft besaß, sagt alles über

[10] Gérard Genette: Palimpseste. Die Literatur auf zweiter Stufe. Frankfurt a. M. 1993. S. 13.

> unsere gesellschaftliche Stellung im deutschen Volk um die Zeit herum, da ich jung wurde in der Welt. (BA 19, S. 217)

Daß sich der Identitätsgewinn nur innerhalb der gesellschaftlichen Hierarchie, nur durch die gesellschaftliche Rolle vollzieht, belegt, wie deutlich die Figur des Vaters in den *Akten* für die bürgerliche Ordnung steht.

> Der Vater erscheint also nicht einfach als Privatperson, sondern als öffentliche Instanz. Er repräsentiert die Werte eines bestimmten gesellschaftlichen Systems und vermittelt sie als die familiären Tugenden der Erziehung, Bildung usw. [...] in den privaten Bereich.[11]

Wenn die bürgerliche Welt so eindeutig als väterliche Ordnung charakterisiert ist, ist das vom Vater übernommene Modell der ‚Akte' untrennbar mit dieser Gesellschaft verbunden, ja hat innerhalb des Erzählprozesses geradezu Verweisfunktion. Nur innerhalb eines bürgerlich-bürokratischen Systems greift eine ‚aktenmäßige' Ordnung, nur eine solche Ordnung sichert den festen Standpunkt des Individuums:

> Aber pragmatisch, pragmatisch, Karl Krumhardt! Das heißt, referiere dir selber so werkmäßig als möglich, Oberregierungsrat Doctor juris Krumhardt, um dir selber wenigstens deinen Standpunkt in Sachen Andres contra Trotzendorff oder umgekehrt klarzuhalten. (BA 19, S. 227)

Karl stellt im Verlauf seines Schreibens jedoch zunehmend fest, daß sein Vorhaben, das Geschehen in Aktenform – konkret und metaphorisch – zu ordnen, seinem Gegenstand nicht angemessen ist:

> Wie mir mein von Vorgesetzten und Untergebenen anerkannter guter Geschäftsstil abhanden kommt, je länger ich diese Blätter beschreibe, je klarer und deutlicher ich mir das zu Sinnen und Gedanken bringe, was ich hier dem Papier übergebe. Was bis jetzt das Nüchternste war, wird jetzt zum Gespenstischsten. Sie wackeln, die Aktenhaufen, sie werden unruhig und unruhiger um mich her in ihren Fächern an den Wänden und machen mehr und mehr Miene, auf mich einzustürzen. Ich kann nichts dagegen: zum erstenmal will an diesem Schreibtisch, jawohl an *diesem* Schreibtisch, die Feder in meiner Hand nicht so wie ich; und Velten Andres ist wieder schuld daran. (BA 19, S. 270)

Was hier „wackelt", ist Karls Konzept der Wirklichkeitsorganisation, das im Begriff der Akte ausgedrückt ist. Zugleich aber gerät damit die gesamte bürgerliche Weltsicht Krumhardts ins Wanken.

Diesem ersten Bekenntnis des – hier noch persönlichen – Ungenügens schließen sich weitere an. Die Überlegungen, die das Schreiben nun kontinuierlich begleiten, gipfeln in der grundlegenden Reflexion über die Mängel der gewählten Form:

---

[11] Wolfgang Jehmüller: Die Gestalt des Biographen bei Wilhelm Raabe. München 1975. S. 50. Vgl. zur Rolle des Vaters auch: Irmgard Roebling: Wilhelm Raabes doppelte Buchführung. Paradigma einer Spaltung. Tübingen 1988. V.a. S. 109ff. Sie untersucht die Bedeutung der Vaterfigur unter lancanistischem Blickwinkel.

> Ach, könnte ich das nur auch zu Papier bringen, wie es sich gehörte; aber das vermag ich eben nicht, und so wird mir die selbstauferlegte Last oft zu einer sehr peinlichen, und alles, was ich über den Fall Velten Andres tatsächlich in den Akten habe und durch Dokumente oder Zeugen beweisen kann, reicht nicht über die Unzulänglichkeit weg, sowohl der Form wie auch der Farbe nach. (BA 19, S. 304)[12]

Die Akte bleibt auch nach – und trotz – dieser Einsicht das bestimmende Muster der Krumhardtschen Aufzeichnungen. Die dauerhafte Orientierung an diesem Modell belegt auch der – außerhalb der Erzählebene stehende – Titel *Akten des Vogelsangs*. Er verweist auf die Möglichkeit, den gesamten Text unter der Vorgabe des Ordnungsmodells ‚Akte' zu lesen und zu deuten. Im Gegensatz zur fraglosen Adaption der aktenmäßigen Struktur zum Beginn des Schreibens wird dieses Muster erzählungsintern nun jedoch fortwährend diskutiert.

Diese Frage nach der angemessenen Erzählform findet ihre Entsprechung in Karls Verunsicherung über seine eigene gesellschaftliche Rolle und die bürgerliche Welt überhaupt. Anders formuliert: die persönliche Beunruhigung Karls reflektiert sich auf der Ebene des Intertextes und wird hier expliziert. Diese Verschränkung bestätigt die Behauptung Wolfgang Preisendanz', „daß die Erzählstruktur, der narrative Diskurs, die Konkretisierung der Erzählfunktion zu einem fundamentalen Bedeutungsträger werden".[13]

Die Figur des Biographen, also eines mit eigener Personalität ausgestatteten Erzählers, sorgt für die komplizierte Doppelung der Deutungsmöglichkeiten. Intertextuelle Verweise können nicht nur strukturell-erzähltechnisch gedeutet werden, sondern sind immer auch personenbezogen, psychologisch grundiert: sie signalisieren Karls seelisch-geistige Verfassung.

Als zusätzliche Deutungsfolien nehmen die literarischen Zitate und Anspielungen im Fortgang des Erzählens einen immer breiteren Raum ein. Auch dies läßt sich aus der Persönlichkeit des Erzählers begründen. Bereits im Brief Helene Trotzendorffs an Karl Krumhardt heißt es:

> Er hatte in seinem Frieden noch denselben Zug um Mund und Nase wie vor Jahren, wenn er mich zu Tränen vor Ärger und Erboßung und Dich, guter alter Jugendkamerad, zu einem Zitat aus einem deutschen oder lateinischen Klassiker gebracht hatte. (BA 19, S. 214)[14]

Der Rückgriff auf Literatur erscheint hier, und dies ist die erste, psychologische Deutungsmöglichkeit für die Funktion der literarischen Zitate, als Möglichkeit Karls, sich das Phänomen Velten Andres erklären zu können. Von den Erwartungen des Vaters wird ein solches Verfahren deutlich abgesetzt:

---

[12] Vgl. auch: BA 19, S. 366.

[13] Wolfgang Preisendanz: Die Erzählstruktur als Bedeutungskomplex der „Akten des Vogelsangs". S. 211. In: JbRG 1981. S. 210-224.

[14] Vgl. auch BA 19, S. 298.

> Bleib bei deinen wirklichen Büchern und meinetwegen auch älteren Poeten; aber laß mir diese dummen Romane und sogenannten neueren Dichter aus dem Hause, mein Sohn. (BA 19, S. 244)

Damit werden von Beginn der *Akten* an zwei unterschiedliche Möglichkeiten angeboten, das Geschehen zu strukturieren und zu deuten. Die eine, aktenmäßige, ist der bürgerlichen Welt zugeordnet, die andere, Deutung durch Zitate, installiert ein konkurrierendes Modell der Sinnstiftung, dessen Referenz nicht mehr Realität ist, sondern Literatur.

Dieses zweite Modell wird, obwohl die Orientierung an der Akte nie aufgegeben wird, im Laufe des Schreibens immer wichtiger. Vollends in den Vordergrund rückt es im letzten Drittel des Romans, nach der Einführung der Goethe-Verse.

Die drei großen Zitatkomplexe der *Akten* teilen den Text ungefähr in Drittel. Das Heine-Zitat begleitet Kindheit und Jugend im Vogelsang im Motiv des noch nicht aufgelösten Lebensrätsels. Das französische Volkslied bestimmt Veltens Jahre in Berlin und Amerika, als er noch davon überzeugt ist, in wahrhaft weltüberwindender, „Berge versetzender" Manier Helene für sich gewinnen zu können. Die Goethe-Verse dominieren das letzte Drittel. Dabei erscheint das Gedicht nicht nur in offenem Zitat, sondern wird „mehr als ein Dutzendmal aufgenommen und variiert" und „eng in den epischen Ablauf verwoben".[15] Dies geschieht auch mit den Heine-Versen und dem Volkslied, die hier integriert und neu gedeutet werden.

Noch bevor die Goethe-Verse zum ersten Mal zitiert werden, sind ihre zentralen Motive im Urteil der Frau Krumhardt über Velten präludiert; „aber ein Eigentum hat der nicht mehr in der Welt und an der Welt", charakterisiert sie den Freund ihres Mannes, der „unverwundbar auf seinem Wege durchs Leben" geworden sei. (BA 19, S. 348)

Die so vorbereitete Einführung der Goethe-Verse geschieht in der Erzählung Veltens von seinem Aufenthalt in Amerika. Er nimmt den Intertext, der das letzte Drittel des Romans bestimmt, im konkreten Sinne an sich:

> Es war um das Jahr siebenzehnhundertsiebenundsechzig und der größte Egoist der Literaturgeschichte also achtzehn Jahre alt, da er seinem Freunde Behrisch den Rat zusang:
>
> Sei gefühllos!
> Ein leichtbewegtes Herz
> Ist ein elend Gut
> Auf der wankenden Erde;
>
> und er hat selber sein Leben in Poesie und Prosa danach eingerichtet, und es ist ihm wohl gelungen. Es war der Gesellschaftsabend, an welchem mir unsere Kleine aus dem Vogelsang zum erstenmal ganz deutlich machte, was alles zu einem elenden Gut auf der wankenden Erde werden kann [...] ich habe an jenem, der alte Goethe würde sagen: bedeutenden Abend dem Papa Trotzen-

[15] Joachim Müller: Das Zitat im epischen Gefüge. Die Goethe-Verse in Raabes Erzählung „Die Akten des Vogelsangs". S. 280. In: Helmers (Anm. 4), S. 279-293.

> dorff das Blatt aus seinem Renommiertischexemplar gerissen, es fein zusammengefaltet und in die Brusttasche geschoben. (BA 19, S. 353)

Dieser Prozeß der Einverleibung (Brusttasche) illustriert das intertextuelle Verfahren der Integration des fremden Textes in den eigenen.[16] Zugleich müssen bei künftigen Nennungen des Textes seine Entdeckung und sein Aufbewahrungsort assoziiert werden. Die ideelle Schutzfunktion des Textes als Abschirmung des eigenen „leichtbewegten Herzens" hat damit eine nahezu realsymbolische Entsprechung.

Bereits bei der ersten Zitation der Goethe-Verse findet zugleich eine deutende Einarbeitung in den Text statt, wenn Velten die entscheidenden Vokabeln zur Beschreibung seiner eigenen Situation verwendet. In ähnlicher Form setzt sich die Integration in den Text fort. Wenig später benutzt Karl eine Gedichtparaphrase zur Kennzeichnung des weiteren Verhaltens Veltens:

> Er wußte jedenfalls sein gefühllos gewordenes Herz wohl zu verbergen und auf der wankenden Erde an diesem festen Punkt es wie vordem leichtbewegt in all den Lichtern, Farben und Schatten, die Menschen im wahrsten Sinne miteinander verwandt machen, spielen zu lassen. (BA 19, S. 355)

Als er Velten bei seiner Eigentumsvernichtung zur Hand geht, ist der Text in offenem Zitat die Folie für den Versuch Karls, die Handlungen seines Freundes adäquat zu verstehen (BA 19, S. 365).

Die Bedeutung der literarischen Intertexte reicht aber über diese psychologisch grundierte Verwendung hinaus: Die Goethe-Verse vermitteln die unterschiedlichen Lebensentwürfe Karls und Veltens miteinander. Diese Funktion hat besonders der Begriff „Gut",[17] der die unterschiedlichen Bedeutungsfacetten von Besitz und Eigentum umschließt. Velten, der das Gedicht in dem Moment entdeckt und an sich nimmt, als er Helene an die Welt des Geldes – Amerika und der Millionär Mungo haben hier durchaus symbolträchtige Bedeutung – verloren hat, versteht den Text eindeutig als sehr konkrete Handlungsanweisung, die konventionelle Verknüpfung von „Besitz und Bindung" radikal zu durchtrennen.[18] Er ist nach seinen Erfahrungen in Amerika nicht mehr in der Lage, beide Aspekte des „Gutes" harmonisch zu vereinen; sie erscheinen ihm vielmehr als konkurrierende Prinzipien. Peter Sprengel bezeichnet Veltens Verhalten als „letztgültige ‚Überwindung' der Welt durch eine sich absolut setzende Innerlichkeit, die ihre Bindung an die Objekte abtötet durch die Zerstörung derselben".[19] Velten überträgt seine Erfahrungen aus Amerika nach seiner Rückkehr auf die deutschen Verhältnisse und radikalisiert

---

[16] Rosemarie Haas (Raabe, der Rabe, „The Raven". Beobachtungen zur Intertextualität in Raabes Erzählung „Das Odfeld". In: JbRG 1992. S. 139-164.) weist darauf hin, daß Raabe an dieser Stelle fast wörtlich Wendungen aus Poes „The Gold Bug" aufgreift, die sie als „witzige und erhellende Allegorie für den ‚intertextuellen Transport' " versteht (S. 158).

[17] Vgl. ebd., S. 159.

[18] Vgl. Gernot Folkers: Besitz und Sicherheit. Über Entstehung und Zerfall einer bürgerlichen Illusion am Beispiel Goethes und Raabes. Kronberg/Ts. 1976. Bes. S. 102ff.

[19] Peter Sprengel: Interieur und Eigentum. Zur Soziologie bürgerlicher Subjektivität bei Wilhelm Raabe. S. 172. In: Jahrbuch der Jean-Paul-Gesellschaft 1974. S. 127-176.

sie in seinem großen ‚Aufräumen' zur Tat. Die entsetzten Reaktionen seiner bürgerlichen Umgebung belegen, wie sehr Veltens Handeln diese Gesellschaft ins Mark trifft; hier steht ihr integratives Moment auf dem Spiel.

Zu betonen ist jedoch, daß diese Gesellschaft in einem Zustand lebt, in der die in der Idylle des Vogelsangs noch einmal realisierte Integration von Besitz und Bindung sich bereits im Prozeß der Auflösung befindet und keine substantiell sinnstiftende Potenz mehr besitzt. Räume, in denen eine solche Integration noch gelingt, haben in den *Akten* immer musealen Charakter.[20] Das Haus der Frau Andres, wo sich „im Innern nichts verändert" (BA 19, S. 362) hat, wird als „Herzensmuseum" bezeichnet. Ähnlich erscheint später das Zimmer der Frau Fechtmeisterin Feucht:

> [...] während in den langen Jahren um mich her nichts an seinem Platz geblieben war, hatte sich hier nichts verändert. Die Zeit, die mit so leiser, sanfter Hand über die Stirn der kleinen, greisen Elfin gestrichen hatte, hatte auch in ihrer Umgebung nichts von der Stelle gerückt, nichts in den Winkel geworfen, nichts unter den Auktionshammer gebracht, nichts – in den Ofen geschoben. Die Frau Fechtmeisterin Feucht allein von uns allen hatte ihr Eigentum noch vollständig beisammen [...] (BA 19, S. 391)

Doch dies sind Ausnahmen, Refugien, gegen die die moderne Welt „von allen Seiten unbehaglich, spöttisch, ja drohend sich andrängte". (BA 19, S. 336) Nicht umsonst sind sie bewohnt von Frauen, die vor dem Hintergrund von Märchen und Mythos gezeichnet sind.[21] Gerade ihre Entrücktheit beweist, wie ganz anders die sie umgebende Welt inzwischen geworden ist. Die Veränderungen des Vogelsangs, in dem nur noch Frau Andres Haus und Hecke bewahren kann, verweisen nachdrücklich auf diesen Auflösungsprozeß.

Paradigmatisch ist die Desintegration im Verlust des Zimmers der des Beaux beschrieben, das in der Berliner Zeit als „Hausheiligtum und Ritterbuchbibliothek", „Museum", „historisches Traumstübchen" (BA 19, S. 287ff.) geschildert worden war. Im Verlauf des gesellschaftlichen Aufstiegs Leons verlieren die Besitztümer ihren Zusammenhang:

> Die jetzige Madame des Beaux weiß nichts mehr von dem Familien-Wunderwinkel in der Dorotheenstraße, wo *Leonie* und Leon des Beaux ihr, ihres Vaters und ihrer Väter Eigentum in Angestammtem und Zuerworbenem

---

[20] Vgl. Eberhard Geisler: Abschied vom Herzensmuseum. Die Auflösung des Poetischen Realismus in Wilhelm Raabes Akten des Vogelsangs. In: Leo A. Lensing, Hans-Werner Peter (Hg.): Wilhelm Raabe. Studien zu seinem Leben und Werk. Aus Anlaß des 150. Geburtstags (1831-1981). Braunschweig 1981. S. 365-380.

[21] Diese Andeutungen sind vorsichtig gesetzt – Renate Böschenstein hat in diesem Zusammenhang treffend von Raabes „Verschleierungstechnik" gesprochen (Vgl. dies.: Mythologie zur Bürgerzeit. Raabe – Wagner – Fontane. S. 22. In: JbRG 1986. S. 7-34.) Sie folgert, so könne „die erinnerte mythologische Figur die in ihr aufbewahrte Welterfahrung weitergeben, ohne daß ein nicht einlösbarer Anspruch auf umfassende Sinndeutung erhoben wird [...]" (S. 21). Die Muttergestalten der *Akten* werden nicht nur in Verbindung gesetzt zu den Müttern im *Faust* (BA 19, S. 328), sondern auch zu den Parzen – nicht zuletzt durch das unvermeidliche Strickzeug, das sie unter dem Arm tragen. Über die Verbindungen, die sich zu den Heineschen Sphinx-Versen ziehen lassen, vgl. Böschenstein S. 31ff.

> festhielten und ihren Lebensstolz drauf gründeten. [...] Was in der Dorotheenstraße noch pietätvoll zusammengetragen worden war, das dient in der jetzigen Villa des Beaux in den Gemächern nur noch hie und da zur Zier [...] (BA 19, S. 386)

Dies ist die Auflösung des Kosmos zur Beliebigkeit, in der das Eigentum auf seinen materiellen Wert bzw. seine Prestigeträchtigkeit reduziert ist. Die gelungene, im Begriff des Gutes ausgesprochene Integration ist nur noch ein illusionäres Trugbild. Die Brüchigkeit dieser gesellschaftlichen Illusion führt Velten mit seiner Eigentumsvernichtung vor.

Wie wenig die bürgerliche Welt noch zur kollektiven Sinnstiftung in der Lage ist, wird bereits ganz am Anfang der Erzählung angedeutet, wenn die Anstrengungen der Eltern für den bürgerlichen Erfolg des Sohnes einzig mit der Folge der Generationen – also dem bloßen Überleben – begründet werden können:

> Dieses konnte sie nur darin bestärken, ihr eigen Fleisch und Blut möglichst auf dem richtigen Wege zu erhalten, auf daß und damit die Welt bestehe und ordnungsgemäß an nachfolgende Geschlechter weitergegeben werde. (BA 19, S. 239)

Velten Andres entdeckt diese metaphysische Unbehaustheit der bürgerlichen Welt. Einen Ausdruck findet die Entdeckung in der Theater- und Rollenmetaphorik, die die *Akten* durchzieht. Reflex dieses Zustandes ist aber auch die dem Intertext entnommene und zu einem ganzen metaphorischen Feld entfaltete Metapher von der „wankenden Erde". Karl selbst übersetzt das Bild, wenn er bei der Erzählung von Veltens letzter Rückkehr in den Vogelsang, ganz im Banne des Freundes, formuliert:

> [...] jedesmal waren dann meine vier sicheren Wände drohend, beängstigend auf mich eingerückt, es war mir bänglich und asthmatisch zumute geworden, ich traute auch dem zierlichen Stuck des Plafonds nicht: ja, fühlte mich dann jedesmal recht unbehaglich in meinen vier Pfählen und im Erdenleben überhaupt. (BA 19, S. 366)

Aufschlußreich ist die Vertauschung der Wendung „wankende Erde" mit den ebenfalls einem Goethe-Gedicht entnommenen Worten „wohlgegründete Erde" im Vorfeld der Verbrennung, wenn Velten sagt: „Ja, ich heize in diesem Winter mit meinem hiesigen Eigentum an der wohlgegründeten Erde, mit meinen Habseligkeiten aus dem Vogelsang." (BA 19, S. 371). „Wohlgegründet" ist die Erde nur noch, solange niemand die Sinnfrage stellt und so das hohle Fundament entdeckt; geschieht dies, „wankt" sie. Beide metaphorische Felder, jenes um den Kern „Gut"/"Besitz" und jenes um den Begriff „Wanken" sind den Goethe-Versen entnommen und gewinnen in und aus diesem Intertext ihr Deutungspotential.

Der Versuch des Velten Andres, sich im Gegenentwurf zur von ihm als brüchig durchschauten bürgerlichen Ordnung als vollständig autonomes Subjekt ohne Besitz und Bindung zu konstituieren, scheitert.[22] Eine Utopie sucht man in Veltens Ausstieg vergebens. Seine Begegnung mit dem Affenmenschen German Fell ist die grandiose Illustration seines existentiellen Irrtums:

> Konfrontiert mit der äffischen ‚Tierheit' (380) des Varietéschauspielers, entlarvt Veltens Versuch autonomer Selbstinszenierung sich als Possenspiel einer theatralischen Regression. Das Welttheater erweist sich mit dem Scheitern auch dieses zweiten Ausbruchsversuchs gewissermaßen als Zwangsanstalt, der nur um den Preis der Selbstzerstörung zu entkommen wäre, als eine Lebensofrm [sic], die keinen anderen Ausweg zuläßt als den Tod.[23]

So gelingt der Entwurf einer lebbaren Alternative gerade nicht, bleiben Kritik und Konventionalität immer ambivalent.

Veltens „Eigentumsmüdigkeit" verhindert die fraglose Integration Karls in die brüchig gewordene bürgerliche Welt. Die positive Wiederaufnahme des „Eigentums" am Schluß der Erzählung, wenn Anna Krumhardt auf Karls Frage, was sie mit dem Geld der Helene Trotzendorff anstellen würde, antwortet: „Nun – ich habe doch meine Kinder?! -" (BA 19, S. 408), ist eine ins Private, Innerliche gewendete Lösung, die auf den gesellschaftlichen Sinnverlust keine Antwort zu geben weiß – aber doch immerhin Lebenkönnen gewährleistet.[24]

Die literarischen Verweise und Zitate, und hier besonders die Goethe-Verse, stiften und interpretieren also die zentralen Motivkomplexe, verbinden sie gelenkartig und verdeutlichen so das zentrale inhaltliche Problem der *Akten*. Damit erweisen sich die literarischen Intertexte, die in Konkurrenz zum Ordnungsmodell der Akte installiert worden waren, hinsichtlich ihres Deutungspotentials als wesentlich produktiver als der Architext. Dieser funktionale Kontrast öffnet den Text zugleich auf den poetologischen Diskurs.

Die Entgegensetzung von Architext Akte und Intertext Literatur ist auch eine Auseinandersetzung mit dem Programm realistischen Erzählens. Vorgeführt wird das Scheitern des Versuchs, Sinn herzustellen durch ein Ordnungssystem mit einem referentiellen Verhältnis zur Wirklichkeit der bürgerlichen Gesellschaft, wie dies durch das Modell der Akte vorgegeben ist. Dieses Modell wird ersetzt oder zumindest ergänzt durch die Berufung auf Literatur. Ein solches Verhältnis impliziert Kritik an einer Konzeption realistischen Erzäh-

---

[22] Dies ist, so scheint mir, ein entscheidender Grund dafür, daß es so schwer fällt, Velten Andres als eigenständiges Subjekt und nicht nur als Gegenbild zu begreifen. Die Herstellung eigenständiger Personalität in völliger Trennung von einem Außen gelingt Velten nicht. - Irmgard Roebling (Anm. 11, S. 80ff.) illustriert eindrucksvoll die Folgen des Zerfalls der Integrität der eigenen Subjektivität. Velten bleibt schließlich, obwohl er eigentlich die Rollenhaftigkeit und Entfremdung der bürgerlichen Welt aufzeigt, derjenige, der „Komödie spielt".

[23] Heinrich Detering: Theodizee und Erzählverfahren. Narrative Experimente mit religiösen Modellen im Werk Wilhelm Raabes. Göttingen 1990. S. 215.

[24] Ich halte deshalb Michael Limleis optimistische Fomulierung, die Akten artikulierten eine „Zukunftshoffnung", und die Erwähnung der Kinder erweise sich gewissermaßen als Utopiesignal für eine Welt, die „die Menschlichkeit erhalten" kann, indem sie sich „den Kindern öffnet", zumindest für zu stark verallgemeinert. (Vgl. Michael Limlei: Die Romanschlüsse in Wilhelm Raabes Romanen „Stopfkuchen" und „Die Akten des Vogelsangs". S. 358f. In: Leo A. Lensing, Hans-Werner Peter (Anm. 20), S. 342-364).

lens, wie sie etwa von Friedrich Spielhagen in dem Ideal einer sich gewissermaßen selbst deutenden Wirklichkeit vertreten worden ist. Diese Kritik allein ist für Raabe, den Walther Killy einmal als „Antirealist[en]“[25] bezeichnet hat, nichts Überraschendes. Schon Eberhard Geisler stellte fest, daß die *Akten des Vogelsangs* „Hand an das Versöhnungsprogramm des Poetischen Realismus“ anlegen, indem sowohl der Lebensentwurf Karls als auch der Veltens im Kern scheitern.[26] Was die poetologische Dimension, die „gedichtete Dichtungstheorie“[27] der *Akten* bedeutsam macht, ist die dem Text inhärente Begründung, warum ein solches Literaturkonzept versagen muß. Raabes Roman begründet dieses Scheitern wesentlich damit, daß das Sinnstiftungspotential der bürgerlichen Welt und das des autonomen Individuums destruiert sind, so daß eine auf diese Wirklichkeit allein sich beziehende Literatur nurmehr Sinnlosigkeit, nicht mehr aber Totalität darzustellen vermag.[28] Der Text entlarvt in dieser Dimension die realistische Literaturprogrammatik als eine im Kern ideologische und zugleich illusionäre und setzt eine Alternative, die nicht auf der „Wahrheit der Realien“, sondern auf der „Wahrheit der Zeichen“ beruht.[29]

---

[25] Walther Killy: Geschichte gegen die Geschichte. „Das Odfeld.“ S. 234. In: Helmers (Anm. 4), S. 229-246. Killy geht dabei von einem Realismus-Verständnis aus, das sowohl Ohl als auch Preisendanz relativieren. Doch auch nach einer solchen Revision hat sein Urteil, so denke ich, Bestand.

[26] Geisler (Anm. 20), S. 376f.

[27] Vgl. Schrader (Anm. 6).

[28] Von dieser Basis aus wäre zu untersuchen, ob die offenkundige Vermeidung der Gattungsbezeichnung Roman gerade für Raabes späte Texte eine Absage an dessen schwere Tradition bedeutet, die immer auch einen Anspruch auf Totalität erhebt.

[29] Killy (Anm. 25), S. 243.

Manfred Riedel

NIETZSCHES PHILOSOPHIE DER TRAGÖDIE

In der Einleitung zu den Baseler Vorlesungen über Sophokles' *Oedipus rex* hat Nietzsche die höhere Einheit der antiken gegenüber der neueren Dichtkunst am Beispiel griechischer Reliefarbeiten verdeutlicht; jener zum Bereich der Skulptur gehörigen Bildwerke, die Lebensszenen teils mythischer, teils historischer Provenienz darstellen und zunächst von der Blockoberfläche kostbarer Materialien her konzipiert und dann in die Tiefe ausgearbeitet werden, während in späterer Zeit die Konzeption am Reliefgrund einsetzt. Es handelt sich um *Figurengruppen*, die aus einem gemeinsamen Grund hervorspringen. Und diesen Charakter besitzen nach griechischer Auffassung auch die rundplastischen Giebelfiguren von Tempelbauten oder monumentale Altarwerke. Sie beanspruchen nicht, als Ganzes angeschaut zu werden, sondern man geht um das Relief herum, wobei immer ein Teil dem Auge schwindet, während ein anderer entgegenkommt.[1] Reliefs sind die Träger von Mehrfigurenkompositionen, die nach der Tiefe des abgetragenen Grundes unterschieden werden. *Hochreliefs* an Tempeln und Altären halten das *Erhabene* des Menschenlebens fest, seinen Glanz und Ruhm (daher ihr Name, der sich vom lat. *relevare*, „erheben" herleitet). *Basreliefs* an Wegsäulen, Vasen, Rotunden verklären in halberhobener Figurenarbeit Gewöhnliches, Allzumenschliches, das Familienleben, Tanz und Spiel, Kampf und Tod. Sie drücken ein verhaltenes *Pathos* aus und die kraftvoll feierliche Ruhe der griechischen Plastik. Und sie besitzen episch erzählenden Charakter, verweisen also von der bildenden Kunst her auf die Dichtung.

Diesen Zusammenhang hat Nietzsche zuerst am *Prolog* zu Sophokles' *Oedipus rex* erkannt. Die Tragödie beginnt mit der plastischen Ruhe einer großen, um den Altar versammelten, Menschengruppe, aber der Sinn des Zuschauers beruhigt sich nicht mit dem Anschauen der Gruppe, er verlangt zu wissen, was die Versammlung von Hilfeflehenden veranlaßt.[2] Und so setzt aus dem *Pathos* heraus die *Handlung* ein.

---

1 Einleitung zu den Vorlesungen über Sophocles Oedipus rex (1870). In: Philologica I. Hg. von E. Holzer. Leipzig 1910. S. 319.

2 Primum Oedipodis Carmen Moricum. IV (1864). In: Jugendschriften 1861-1864. Hg. von H.J. Mette. Historisch-kritische Gesamtausgabe. München 1933-1940. Nachdruck 1994 (= BAW), Bd. 2, S. 372.

Mit Lessings *Laokoon* (1766) und seinem Musageten Winckelmann (*Gedanken über die Nachahmung der griechischen Werke in der Malerei und Bildhauerkunst*, 1755) scheint sich der junge Nietzsche den Zugang zu den Griechen über die Plastik zu bahnen. Das scheint nur so. Es genügt, sich Lessings Schilderung des *Pathos* in Sophokles' *Philoktet* und seines bildlichen Ausdrucks in der Vatikanischen Laokoon-Gruppe zu vergegenwärtigen, um zu erkennen, daß hier immer schon die Vollplastik mit Blick auf die Statue dominiert,[3] während die Reliefkunst im Hintergrund bleibt.

Lessings rigorose Grenzziehung im *Laokoon* hatte die guten Dichter zu Gegnern,[4] eine Gegnerschaft, zu der sich dann auch die romantische Kunstkritik bekannte. Hier hat sich der junge Nietzsche Anregungen zum Vergleich frühgriechischer Reliefbildwerke mit der gleichzeitigen Dichtung geholt. Sein Gewährsmann ist August Wilhelm Schlegel, der dieses Thema wiederholt behandelt hat. Nach Schlegels „glänzendem Bild" in den *Vorlesungen über dramatische Kunst und Literatur* ist das *Epos*, was das *Basrelief* in der *Skulptur*, die *Tragödie, was die freistehende Gruppe von Statuen* darstellt.[5] Laut Schlegel handelt es sich um eine Darstellungsart, die mit der Malerei den Umriß, mit der Skulptur die Angabe von Formen durch nicht bloß scheinbare, sondern wahre Erhöhung gemeinsam hat und darum keine bloße Fiktion ist. Gründet sie sich doch auf das Naturphänomen, daß wir in der Erscheinungswelt immer nur die uns zugekehrte Hälfte der angeschauten Gestalten sehen. Ja, selbst die Fiktion der flacheren Erhöhung hat ihren Grund darin, daß die Schattierungen der Körper, woran wir den Grad der Rundung erkennen, sich in der Entfernung abschwächen. Dennoch nennt Schlegel das Basrelief eine „ewige Lüge", wo die Wahrheit, infolge der „Unmöglichkeit, ihr vollkommen Genüge zu leisten, durch die geschicktesten Mittel abgefunden und durch falsche Mittel ein wahrer Efekt hervorgebracht wird".[6]

Schlegels Beschreibung der Reliefform, die ohne Grenzen ist und sich der Betrachtung nach vor- und rückwärts öffnet, mußte Nietzsche aufmerken lassen. Kamen sie doch seinen eigenen Denkansätzen über das Verhältnis von Wahrheit und Lüge, von Sein und Schein in der Kunst entgegen: Gedanken eines Spätromantikers, dem sich die klassische Ästhetik der Weimarer Dioskuren im Lichte Schopenhauers und der Gebrüder Schlegel, des romantischen Dioskurenpaars, in mehrfacher Hinsicht bricht. Was der Kunst-

---

[3] Gotthold Ephraim Lessing: Laokoon oder über die Grenzen der Malerei und Poesie, I – VI. In: Gesammelte Werke. Hg. von Paul Rilla. Bd. 5. Berlin 1955. S. 13ff.

[4] Nachgelassene Fragmente, August 1879, 44 [14]. In: Sämtliche Werke. Hg. von G. Colli/M. Montinari (= CM). Kritische Studienausgabe. München/Berlin/New York 1980. Bd. 8, S. 613.

[5] Nachgelassene Fragmente, Herbst 1869, 1 [105], CM 7, S. 40. Vgl. A. W. Schlegel: Kritische Schriften und Briefe V. Hg. von E. Lohner. Bd. 1. Stuttgart 1963. S. 94. Schlegels Bild gebraucht auch A. W. Ambros: Geschichte der Musik. Bd. 1. Wien 1862. S. 288, auf den sich Nietzsche in der Abhandlung: Das griechische Musikdrama, 1870, bezieht (CM 1, S. 527f.).

[6] Kritische Schriften und Briefe. Bd. 2, S. 132.

form von Reliefwerken ganz gemäß ist, die im Fortgang des Betrachtens immer neue Sichten freigibt und sich eigentlich nur im Gehen erschließt; weshalb die Griechen für Hochreliefs, wie Nietzsche bemerkt, am liebsten Gegenstände wählen, die sich ins Unbestimmbare ausdehnen: Opferzüge, Kampfreihen, Reigen. Und an Vasen oder am Fries einer Rotunde haben sie mit Vorliebe *Basreliefs* angebracht, wo beide Enden der Anschauung durch die Krümmung entrückt werden. So muß sich der Betrachter zu Rundgängen entschließen. Nach Nietzsche gleicht die Lesung der Homergesänge „einem solchen Herumgehen: das Vorliegende ist fest[zu]halten, das Vorhergehende und Nachfolgende verschwinde[t]".[7]

Die Reliefform, das ergibt unser Vergleich, stellt eine *zyklische* Einheit dar, die sich von der *dramatischen* Einheit charakteristisch abhebt, etwa so, wie sich das Betrachten von Figurengruppen im Gang um ein Relief vom Zuschauen eines in sich folgerichtigen und notwendigen Handlungszusammenhangs auf der Bühne unterscheidet. Dennoch hat Nietzsche die Reliefform vom Epos auf die Tragödie übertragen und danach mit dem Ganzen seines Denkwegs verglichen; ein Vergleich, der *in* der Übertragung zum *Gleichnis* wird, das uns ein Stück des Weges erhellen und Nietzsches Denkbewegung in ihrem Vollzug und Richtungssinn verdeutlichen kann. Nach diesem Gleichnis versuchen wir in einem ersten Rundgang, Nietzsches Philosophie der Tragödie an ihrem Ausgangspunkt zu profilieren. Und im Vergleich des Philologen und Ästhetikers Nietzsche suchen wir uns dann den Grundzügen seiner tragischen Philosophie anzunähern, Schritt für Schritt, in der Abwehr von Nebenwegen und Verkehrungen ihres Hauptgedankens.

Vorgestalten des Dionysischen und Apollinischen: Praktische und apotelestische Künste

Während die empirische Kunstwissenschaft nach dem Zusammenbruch von Hegels System davon ausgeht, alles Schönheitsempfinden sei Täuschung oder ziele darauf, *bewußt* sich täuschen zu lassen, und auf diesem Schwebezustand beruhe die *Freude an der Kunst*, behauptet Nietzsche in Übereinstimmung mit der romantisch-idealistischen Ästhetik, das *Wesen der Kunst* liege *im Unbewußten*. Am deutlichsten lehrt das die Musik. Denn alle anderen Künste sind nur insoweit „künstlerisch", als sie mit ihr ein Grundelement teilen: den *Rhythmus*. Nietzsches ästhetische Grundanschauungen wurzeln einerseits in physiologisch fundierten Lebensphänomenen, die alle Künste umspannen, andererseits in einer „dionysisch" genannten Interpretation des „naiven" Verständnisses von Kunst als gesteigertem *Leben* und *Umgang* mit der Natur. Verlangen doch schon Malerei und Plastik, daß sich ihre ruhenden Gestalten bewegen und den Betrachter berühren. Wir sollen so empfinden und anschauen, daß uns „die Steine lebendig werden und aus der Leinwand Leben entgegentritt: das geschieht durch die Macht der Melo-

[7] Nachgelassene Fragmente, Herbst 1869, 1 [105], CM 7, S. 41.

die, Harmonie und Rhythm(ik) bei der Malerei"[8]. Am tiefsten eingewurzelt ist das *Melos* des Liedes, das Schiller „musikalische Stimmung" nennt und mit dem Quellgrund sentimentalischer Dichtkunst identifiziert. Nietzsche führt sie auf das dionysische Urphänomen des *lyrischen Gedichts* zurück, das in seiner vollen Entfaltung als *Tragödie* und *dramatischer Dithyrambus* erscheint[9].

Um diesen Zusammenhang in seinem Gewicht zu würdigen, erinnern wir uns an Friedrich August Wolf, Nietzsches „großen Vorgänger". Wir folgen seinem Wink, daß die klassische Literatur der Griechen wie die Kunst des Schauspielers *für den Augenblick* und *ein jedesmaliges Publikum* bestimmt ist, den gegenwärtigen Hörer und Zuschauer, ohne an den idealen Zuschauer einer unbestimmten Nachwelt zu denken. Keine der Künste kommt für sich vor, jede Kunst ist eine *Verknüpfung von Künsten*, der Aktionskunst mit der Deklamation, der Musik mit der Lyrik und Orchestrik. So hatte Wolf ausgeführt und jenes Phänomen mit dem Wort „theatrale Poesie" umschrieben; ein Ausdruck, der von ferne an Wagners Rede vom „Gesamtkunstwerk" anklingt. Von dieser *Verbindung der Dichtung mit anderen Künsten* zum künstlerischen Gesamtwerk der „theatralen Poesie" wird abstrahiert, wenn man die Literaturwerke als klassischen Lesekanon aufstellt.[10] Im Gegensatz zum modernen Lyriker kennt der griechische Sänger-Dichter nicht das imaginäre Publikum von Lesern. Was er schreibt, richtet sich an ein Hörerpublikum hier und jetzt. Und seine Gedichte sind nicht „fertig" wie Statuen und Bilder der Plastik und Malerei, sondern sie sind wie die Texte des Tragikers zur Aufführung bestimmt. Woraus der junge Nietzsche eine kunsttheoretische Unterscheidung von höchstem Rang und Gewicht ableitet, die den von Schiller übernommenen Sprechweisen widerstreitet.

Überall, wo wir einen regelmäßigen Entwicklungsgang der Lyrik aus dem religiösen Kultlied beobachten können, so charakterisiert Nietzsche den Vorrang des gesprochenen vor dem geschriebenen Wort, „ist das Lied, um uns der antiken Terminologie zu bedienen, πρακτόν, d. h. es bedarf noch der besonderen Fähigkeit des Vortrags und ist nicht fertig, wenn es der Dichter niedergeschrieben hat"[11]. Nietzsche hat diese an der Geschichte der griechischen Lyrik gewonnene Beobachtung verallgemeinert und ist über Wolf hinaus zu dem Ergebnis gelangt: Kein Werk wurde gedichtet, das nicht „praktisch" gemacht, d. h. als lebendiger Bestandteil des *Agon* im Sinne des festlichen Dichterwettkampfs genossen werden konnte.[12] Die Lyrik gehört zu den *praktischen Künsten*, die sich *im Agon darstellen*. Und agonale Dar-

---

[8] Ebd., S. 361.

[9] Die Geburt der Tragödie aus dem Geist der Musik, 5, CM 1, S. 44.

[10] Geschichte der griechischen Literatur, 3. Teil (1875/76). In: Philologica II, S. 134f.

[11] Die griechischen Lyriker. Erste Baseler Vorlesung (1869), BAW 5, S. 307. Vgl. die Wiederaufnahme dieser Thematik in der letzten Baseler Lyrik-Vorlesung (1878/79), ebd., S. 369. Auf die Unterscheidung scheint Nietzsche aufmerksam geworden zu sein durch R. Westphal: Die Metrik der Griechen I^2. Leipzig 1868. S. 1f.

[12] Vgl. Nachgelassene Fragmente aus der letzten Leipziger Zeit, Herbst 1868 – Frühjahr 1869. In: BAW 5, S. 277.

stellungen, das sind auch die metaphorisch so genannten „Werke" des *Tanzes* (Orchestik), der *Poesie* und der *Musik*; Kunstgattungen also, die im naiven Sinne „natürlich" wie das Leben selbst sind, das über die Praxis jener Künste zu dionysischer Steigerung gelangt. Bedürfen sie doch, ihrem Werksein nach, der Vollendung, und zwar ohne Ende, weil sie nur in der Bewegung des Am-Werk-Seins „da" sind. Und darin unterscheiden sie sich von den *apotelestischen* Künsten der Plastik, Malerei und Architektur, die mit ihren abgeschlossenen Werkformen ganz vom erreichten *Telos* her bestimmt werden.

Alle apotelestischen Künste zielen auf die Herstellung von Werken. Die *Praxis* ist hier ganz *Poiesis*, ein Akt apollinischer Erzeugung des Schönen im Medium des Scheins von Bildern und Gestalten, die in der Vortäuschung von Sein das dem Leben immanente Vergehen verschleiern. Die Reliefkunst steht gleichsam „dazwischen". Repräsentiert sie doch jene einzigartige Werkform, die das Bewegtsein im praktisch gezeitigten Augenblick des Lebens mit Ruhepunkten der Anschauung vereinigt zeigt; ein Wechsel von Bewegung und Ruhe, der dem „naiven" Verständnis griechischer Lebenspraxis in ihrem Zusammenspiel mit der *Natur* (Physis) und *Kunst* (Poiesis) wie in ihrem Unterschied zur göttlichen Lebensform der reinen Anschauung (Theoria) entspricht.

Die praktischen Künste kommen dem Am-Werk-Sein menschlicher Praxis am nächsten, die sich in der reinen *Bewegung* (*Kinesis*) darstellt. Und die Kunst, die das naive mit dem dionysischen Lebensverständnis verbindet und selber *Mimesis* von *Praxis* ist, gelangt *im Gesamtkunstwerk der Tragödie* zu höchster Vollendung. Das ist einer jener unausgesprochenen Grundsätze von Nietzsches Artistenmetaphysik, der uns erklären kann, weshalb sich Nietzsche außerstande sieht, die „herrliche Schillersche Terminologie auf das ganze weiteste Bereich aller Kunst anzuwenden"[13]. Findet er doch nicht nur, daß eine Reihe von Epochen, sondern ganze Bereiche von Kunstwerken darunter gar nicht fallen. Was Nietzsche an Schillers Rückgang auf das griechische Lebensverständnis anerkennt, ist sein Leitbegriff des *Naiven*. Warum? Weil Schiller darin *mit* Goethe das Merkmal einer *allerhöchsten Kunstgattung* wiedererkannte, der *Natur selbst* (Physis) als Kunst (Poiesis). Aber Schillers terminologisches Ergänzungsstück des *Sentimentalischen* (als Inbegriff einer ihrer Mittel bewußten Kunst) reicht nicht hin, um die Merkmale aller Künste zusammenzufassen.

Nach Schillers Vorbild ist versucht worden, den Begriff der sentimentalischen Dichtkunst auf das künstlerische Schaffen der Moderne im ganzen auszudehnen, vom Roman als moderner Werkform des Epos über die Lyrik in ihren verschiedenen Spielarten bis hin zur dramatischen Kunst. So wenig Nietzsche verkennt, daß gerade das moderne Drama durch stilistische Mischung von Elementen der antiken Tragödie und des christlichen Mysterienspiels an Formenreichtum nicht leicht zu übertreffen ist, so entschieden ver-

[13] Nachgelassene Fragmente Ende April 1870 – April 1871, CM 7, S. 184f. Vgl. dazu die Anwendungsversuche von Schillers Terminologie ebd., S. 150f.

sagt er ihm die Anerkennung, „reines“ Kunstwerk zu sein. Warum? Weil es keine *Mimesis* von *Praxis* im ursprünglichen Wortsinn sein kann. Infolge der Mischung heterogener Formenelemente mit moralischer Motivierung des tragischen Geschehens in Kategorien von Schuld und Strafe vermag es weder an seinen Anfängen im barocken „Welttheater“ noch an den Endpunkten des romantischen Schicksalsdramas den rhythmischen Ausgleich des apollinischen mit dem dionysischen Lebensverständnis in der griechischen Tragödie zu erreichen. Es gehört zur bloßen „Kunst der Kunstwerke“. Das Drama der Neuzeit konnte nicht entstehen, wie jene höchste und dauernde Versöhnung der göttlichen Naturgewalten auf dem Boden der „erhabensten Dichtgattung“ nahelegt, sondern es schwankt unruhig zwischen beiden Polen hin und her. Und ihre Vereinigung kommt mehr oder weniger zufällig sprunghaft zustande, ohne je wirklich vollzogen zu sein. Kurzum: Das moderne Drama besitzt keinen künstlerisch gesicherten Ort, es bewegt sich zwischen Lyrik und Epos, Poesie und Prosa, naiver und sentimentalischer Dichtung. Einzig bleibender Besitz der Moderne ist die *Idylle*, worin dieses Hin und Her entfällt. Mit Schiller läßt Nietzsche neben der künstlerisch bewußten, gewollten Naivität von Goethes *Hermann und Dorothea* als festen Kunstbesitz einzig dessen „Trauerspiel mit Chören“ gelten, die *Braut von Messina*.

Unter den Dramen der Weimarer Klassik ist die *Braut von Messina* jenes Werk, das sich der romantischen Schicksalstragödie am weitesten nähert, die das Tragische bekannlich noch einmal in das Verhältnis von Schuld und Strafe setzt. Schiller leugnet nicht die Schuld. Sondern er verlegt sie nach antikem Muster vom handelnden Individuum in die ganze Geschlechterfolge, die damit zum schicksalhaften Schuldträger wird. Und nach dem gleichen Vorbild greift er auf den Chor der griechischen Tragiker zurück. Schiller braucht ihn nicht nur zur Deutung des wie ein Verhängnis ablaufenden Geschehens, sondern um die Verschmelzung mit dem Stoff zu verhindern, d. h. die Hingabe des Zuschauers an „orgiastische Erschütterungen“ zu verhüten.[14] Mit Goethe weist Nietzsche die Auffassung zurück, Schiller habe mit diesem Werk nur eine Reihe bewegungsloser Szenen gegeben: eine Tragödie ohne Drama. Der Anschein von Gleichförmigkeit in der Darstellung plastisch ruhender Gruppen ist vielmehr eine Folge des Chores und etwas der antiken Tragödie Eigentümliches. Trotz seiner Vorbehalte gegenüber Schillers Annäherung an das romantische Schicksalsdrama hat Nietzsche die dadurch hergestellte Reliefeinheit am meisten bewundert und Goethes bekannten Satz nach der Weimarer Uraufführung zitiert, daß durch diese Erscheinung der theatralische Boden „zu etwas Höherem eingeweiht“ sei.

Die *Braut von Messina* ist das Kunstwerk des unentschiedenen Kampfes zwischen Antike und Moderne, einer *tragischen* und *epischen* Kultur, wie sie in Nietzsches Sicht der späte Goethe mit seiner Aufnahme des neuzeitlichen Naturwissens, der Romanform und des Realismus in all seinen Spielarten

[14] Ebd., S. 295 und 312.

(ästhetischen, politischen, historischen) repräsentiert. Ihr Philosoph ist Hegel in seinem Kampf gegen die Romantik. Nach Nietzsches Auffassung gleicht er allerdings einem Scheingefecht, weil die Romantik mit ihrer Bevorzugung der Romanform das beziehungslose Nebeneinander von unmotiviertem Schicksal (die blinde Zufallslaune, die Tücke des Objekts) und moralisch motiviertem Verhältnis von Schuld und Strafe in den Handlungsablauf des Dramas hineinträgt und mehr zur *epischen* Kultur der Moderne gehört. Im Chor hingegen hatte Schiller ein Mittel, jede moralisierende Interpretation der tragischen Wirkung wie ihrer Gefühlsverschleierung durch vorzeitig erwecktes Mitleid mit den Helden zu verhüten, so daß er nach dem furchtbarsten Hintergrunde des tragischen Schicksalsgedankens greifen konnte, wie es kein dramatischer Dichter aus neuerer Zeit gewagt hat.[15] Um das Ziel einer Erneuerung des tragischen Gedankens zu erreichen, hätte Schiller die kunsttheoretischen Begriffe steigern und als den vollen Gegensatz des Naiven und Apollinischen das *Dionysische* herausarbeiten müssen, das heißt: „alle Kunst, die nicht ‚Schein des Scheins', sondern ‚Schein des Seins' ist".[16] Nicht Schillers Theorie, sondern sein dichterisches Werk weist, „zu unserer Rührung und Erhebung, auf neue Bahnen hin und ist somit ‚Johannes' der Vorläufer, ‚all' Volk der Welt zu taufen'." Schiller ist in seinem dramatischen Schaffen – und darin besteht nach der Auffassung des jungen Nietzsche seine Überlegenheit gegenüber Goethe – der Herold einer *tragischen Kultur.*[17]

Nietzsches versuchsweiser Gebrauch von Schillers Begrifflichkeit wie sein Rückgriff auf die „klassische" Unterscheidung zwischen praktischen und apotelestischen Künsten treten im ausgearbeiteten Programm seiner Kunstmetaphysik zurück. Genauer gesagt: sie werden durch den Gegensatz des Dionysischen und Apollinischen symbolisiert und damit durch andere Momente überlagert, wobei die Auslegung der Symbolik trotz der nach Ursprung und Ziel feststehenden Gegensätzlichkeit zwischen der unbildlichen Kunst der Musik und der Kunst des Bildners[18] eigentümlich in der Schwebe bleibt. Werden sie doch, um nur dieses Wenige zu erwähnen, teils gleichgerichteten Naturtrieben, teils entgegengesetzten Zuständen künstlerischer Inspiration wie dem *Traum* und *Rausch* verglichen, die das gemeinsame Wort „Kunst" nur scheinbar überbrückt. Und die Brücke schlägt das im Ausdeuten der mythischen Symbolik gefundene *Gleichnis* vom *Spiel göttlicher Naturgewalten* mit dem Künstler im Menschen, das Nietzsche „erhaben" nennt. Es umspielt den *Agon* der Kunst, die auf einen apollinisch gemäßigten Ausgleich des Antagonismus drängt: eine Auslegungstendenz in Nietzsches früher Ästhetik, die sich dann in der Gleichsetzung des Traums mit dem künstlerischen Schaffen fortsetzt, so daß die Sphäre der Kunst insgesamt mit dem

---

[15] Einleitung zu den Vorlesungen über Sophocles Oedipus rex (Anm. 1), S. 312.
[16] Nachgelassene Fragmente, CM 7, S. 184.
[17] Ebd., S. 105.
[18] Die Geburt der Tragödie aus dem Geist der Musik 1, CM 1, S. 25 – 27. Vgl. Die dionysische Weltanschauung, CM 1, S. 553f.

Bereich individuell geformter Gestalt zusammenfällt und bezeichnenderweise dem Apollinischen zugerechnet wird,[19] während das Dionysische der Sphäre des Lebens, der Bewegung, dem Drang zur Hingabe und Auflösung des Individuums entspricht.

Nach dem erhabenen Gleichnis vom Spiel göttlicher Naturgewalten und seiner Ausdeutung in der Symbolik des Bruderbunds zwischen Apollo und Dionysos sind beide Gewalten im Werkschaffen des die Natur nachahmenden Künstlers versöhnt. Auf dieser Versöhnung zweier Gegner, die Gegnerschaft von Mensch und *Natur* eingeschlossen, beruht alle *Kultur*, worunter der junge Nietzsche „die Herrschaft der Kunst über das Leben" versteht. Wenn es zutrifft, daß die Kunst ursprünglich das apollinische Erschaffenkönnen von Bildern ist, gleichgültig, ob sie dem künstlerischen Schaffen vorhergehen oder das verstehende Nachschaffen leiten, und wenn darauf die *Kulturbedeutung der Kunst* beruht, dann sind die Grenzlinien zwischen den praktischen und apotelestischen Künsten gefallen. Mit einer Ausnahme: dem *Drama der Tragödie*, worin sich die Zuordnung der Kunst zu der als höchste Praxis verstandenen Darstellung des Lebens selbst erhält.

Die Formprinzipien des tragischen Kunstwerks sind so vielgestaltig, daß es geradezu prädestiniert erscheint, den Vollgehalt dargestellter Lebenspraxis jedermann zur Anschauung zu bringen. Eben darin besteht die Überlegenheit des Dramas der Tragödie gegenüber dem Sokrates-Drama der Platonischen Dialektik. Platons Umsetzung des Sokratischen Lebens und Sterbens in sein geschriebenes Dialogwerk dient keiner gemeinsamen Praxis, sondern dem Lesen, es *ist* „Lesepoesie, Leseepos, Lesedrama".[20] Und auf dieser für Nietzsches ganzen Denkweg entscheidenden Auszeichnung der tragischen Kunst beruht zuletzt ihr Vorzug im Gesamtgefüge der Künste. Einzig die Form der Tragödie ist in der Lage, jedwede Abschnürung des Lebens in seiner Totalität durch totalisierende Zweck- und Zielvorstellungen aufzubrechen und der Gefahr zu widerstehen, daß es sich zum Stückwerk verfestige.

Auf dem Hintergrund der von uns erörterten Vorgestalten der apollinischen und dionysischen Kunst wird uns die Tiefendimension des tragischen Gedankens verständlich, die Nietzsche in seiner gleichzeitigen Auseinandersetzung mit Schiller freilegt. Dringt sie doch von vornherein zu ältesten Schichten vor, die in seinem klassizistischen Griechenlandbild durch Ablagerungen aus späterer Zeit verdeckt sind, so daß sie dem Weimarer Goethe-Kreis unzugänglich bleiben mußten. In die Tiefe geschaut hat einzig der Philologe Friedrich August Wolf, der nach Schillers Tod dem Kreis beitritt und Nietzsches Blicke auf die Sonderstellung der Tragödie im Verbund der praktischen Künste geschärft haben dürfte.[21]

---

[19] Geschichte der griechischen Literatur. In: Philologica II, S. 146.

[20] Nachgelassene Fragmente, CM 7, S. 74 und 80.

[21] Vgl. meine Studie: Zwischen Dichtung und Philologie. Goethe und Friedrich August Wolf. In: Deutsche Vierteljahresschrift für Literaturwissenschaft und Geistesgeschichte 70 (1996).

Die Reliefeinheit des tragischen Kunstwerks und das parodische Spiel mit dem Mythos

Daß der Tragiker seine Texte zur Aufführung vor einem bestimmten Publikum schreibt, diese Orientierung des „poietischen" Schaffens an der Praxis des Nachschaffens, hängt mit dem agonalen Gebrauch der Wortkunst im kultischen Festspiel zusammen.[22] Der *Agon* entspringt der Frage, wer am besten den Gott darstellt, noch ursprünglicher gefragt: in wem offenbart sich am meisten der Gott? Um sein Offenbarwerden dreht sich der dichterische Wettkampf und nicht etwa um den Kampf des Menschen mit dem Gott. Davor warnten gerade die ältesten Mythen der Griechen vom Wettstreit zwischen Thamyris und den Musen, des Marsyas mit Apollo, vom Schicksal der versteinerten Niobe, worin das „schreckliche Gegeneinander" jener zwei Mächte erscheint, die „nie miteinander kämpfen dürfen, von Mensch und Gott".[23] Und als Warnerin vor *diesem* Kampf, so tritt den Griechen die Tragödie entgegen. Ihre Bauelemente sind ursprünglich ein Bestandteil des Kultus, vom Lied über die Musik bis hin zum Tanz und tragischen Mythos.

Der tragische Mythos ist „Drama" im weitesten Sinne der Einheit von Tun und Leiden, das Drama nicht Nachahmung einer Handlung, wie es das moderne Mißverständnis der Aristotelischen *Poetik* vorgibt, sondern die *nachgeahmte Handlung des Gottes* im kultischen Festspiel. Fast alle Kulte, notiert Nietzsche in seinen Vorlesungsheften über den Gottesdienst der Griechen, und wir müssen die philologischen Notizen des Philologen als Markierungen seines philosophischen Denkwegs beim Wort nehmen, „enthalten ein δρᾶμα, ein Stück dargestellten Mythus, der sich auf die Gründung des Kultus bezog. Der eigentliche Sinn scheint der: es ist das höchste Zeichen der Ergebenheit, zu thun und zu leiden, was ein Gott selbst gethan und gelitten hat: kurz, so viel als es möglich ist, sich bemühen, *er selber oder sein Gefolge zu sein*. Dies gilt als Mittel, den Gott zu bewegen, selber mit teilzunehmen und zu erscheinen".[24]

Laut dem bis hin zu Lessing verbindlichen Kanon des Aristoteles besteht die dramatische Einheit der Tragödie in der einheitlichen Koordinierung von Ort und Zeit der Handlung. Für Nietzsche ist die berühmte Lehre von den „drei Einheiten" eine „Schöpfung der Theorie". Sie widerspricht der Vorgeschichte des Dramas der Tragödie, seiner Herkunft aus dem Dionysoskult, der Verehrung des leidenden, zerissenen Halbgotts, dem der Mythos Heilung seiner Leiden durch Apollo zuschreibt. Enthält doch der Kult selbst das *Drama* in sich, den tragischen Mythos, der sich auf seine Gründungsgeschichte bezieht.[25] Darum heißt „Drama" ursprünglich nicht „Hand-

[22] Vgl. G. Colli: Distanz und Pathos. Einleitungen zu Nietzsches Werken. Frankfurt/M. 1982. S. 32f.

[23] Geschichte der griechischen Literatur. Philologica II, S. 152; Homers Wettkampf. In: CM 1, S. 787.

[24] Der Gottesdienst der Griechen. In: Philologica III, S. 14.

[25] Ebd., S. 14f.

lung", sondern „Ereignis", „Geschehnis", „Vorgang", worin sich Tun (Dran) und Leiden (Paschein) durchdringen. Ja, mehr noch: am Ursprung kommt der Leiderfahrung sogar das Übergewicht zu, was sich am reinsten in der Chorlyrik ausspricht. Es gilt, das *Pathos*, die Teilhabe an dem, was ein Gott selbst getan und gelitten hat, in großen pathetischen Szenen zu vergegenwärtigen, wozu es den ältesten Tragikern genügt, das *geringste* Maß von Handlung einzuschieben, das sie eben noch verständlich macht.

Nach dem Philologen Nietzsche war das im Aufbau der griechischen Tragödie die ursprüngliche Bedeutung der *Episoden* (griech. ep-eis-ódion, eigentlich ein von außen hereinkommendes, nicht zur Hauptsache gehöriges Stück). In ihrer ältesten Form kennt die Tragödie keine Einheit der Handlung (das „Drama"). Sondern sie enthält und fordert verschiedene Einheitsformen, je nach ihren musikalisch-lyrischen oder epischen und mimetischen Bestandteilen. Eine *Mimesis* des tragischen Dionysos-Mythos durch *Bilder-Liederzyklen für Chor und Tanz, mit verbindender Erzählung*, darin besteht die Geburt der Tragödie.[26] Weil man das *Pathos* hören, nicht das *Dran* sehen wollte, so Nietzsches lapidare Erklärung der ursprünglich *zyklischen* Einheitsform,[27] beschränkte man sich, da man das *Dran* sehen mußte, um das *Pathos* zu hören, auf das *geringste* Maß des *Dran*. Zwischen *Pathos* und *Dran* entsteht ein scharfgespanntes Verhältnis wie das von Grund und Folge, was sich am Wechsel von Chorlied und Episode im Aufbau der Tragödie ausprägt. Dem *Prolog* folgt der Einzugsgesang des Chors (Parados), woran sich dann die einzelnen Szenen (Episoden) reihen, die durch ein Chorlied (Stasimon) voneinander getrennt sind. Den Anschein von Einheit erweckt das kultische Gründungsereignis, und der Schein einer streng formalen Gliederung nach *Prolog*, *Episoden* mit *Chor* und *Exodos* ist kein Erzeugnis der poetischen Theorie, sondern entsteht aus Abneigungen der ältesten Kunst gegen Aktionen mit ihren Prämissen und Kausalitäten zwischen „Schuld" und „Strafe".

Dabei bleibt es, bis durch Aischylos die ursprünglich eine, aus der *Lyrik* geborene, Tragödie zur *Tetralogie* auseinandertritt: zu einer zyklischen Darstellung von drei (meist) inhaltlich verbundenen *Tragödien* und einem abschließenden *Satyrspiel*. In der Einzeltragödie, so sieht Nietzsche die Entwicklung, wird das Schema der lyrischen Urtragödie wiederholt: ein Hauptmotiv pathetischer Erregung, das zum Quell episodischer Stimmungsbilder und Szenen wird. Aber die Einheit des Ganzen liegt jetzt nicht mehr in der Einheit eines gründenden Ereignisses oder Vorgangs, sondern in der vorschwebenden Einheitsform von nur *gedanklich* erfaßbaren Wesenheiten: bei Sophokles die Form des mythischen „Geschlechterfluchs", der auf ein Allgemeines (*Genos*) im Sinne der Platonischen *Idee* verweist. Und indem sich das konkrete Gründungsereignis immer mehr verflüchtigt, bleibt zuletzt nur ein Gedenken als Bindeglied des Dramas der Tragödie übrig: bei Aischylos

---

[26] Nachgelassene Fragmente, Herbst 1869, 1 [56], CM 7, S. 28.
[27] Einleitung zu den Vorlesungen über Sophocles Oedipus rex (Anm. 1), S. 308.

die Form des historischen Andenkens an die welthistorische Auseinandersetzung der Griechen mit den Persern, des Orients mit dem Okzident[28].

Die Einheit der Tetralogie, so lautet Nietzsches Fazit, ist eine *Einheit des Gedankens*, nicht der Form. Und auch die Einheit der Form ist für das einzelne Stück unmöglich. Warum? Weil jedes aus sich heraus auf ein Folgestück verweist: „Die künstlerische Sehnsucht nach der *abgeschlossenen* Form wird am Schlusse jeder Einzeltragödie getäuscht und wieder neu angespannt. Am Schlusse des Ganzen bekommt man nicht die *volle* Form zu sehen, sondern den gedanklichen Faden, der die Teile verbindet. Jeder Teil *illustrirt* den Grundgedanken, aber zwischen diesen Illustrationen ist nicht eine *logische* Notwendigkeit".[29] Kurzum: Der Charakter, der die ganze ältere Kunst beherrscht, ist die *Einheit des Reliefs*. Und der Fortgang bei Sophokles von der Tetralogie zum Einzeldrama bedeutet die Hinstellung der *Statue* gegenüber dem Relief, die Überwindung der *gedanklichen* durch die *formale Einheit* der Tragödie, während bei Euripides alles auseinanderfällt, die formale Einheit ganz unnötig erscheint, weil er aus der Perspektive des Zuschauers urteilt. Euripides kehrt zum tetralogischen Standpunkt zurück, dem er bereits für das Einzeldrama Geltung zu verschaffen sucht. Die Teile seiner Tragödie haben, wie Nietzsche sich ausdrückt, *nur* Reliefeinheit und beanspruchen nicht mehr, als Ganzes angeschaut zu werden.

Als klassischer Philologe von Beruf geht Nietzsche von der Einsicht aus, daß die Tragödie als höchste Kulturform des griechischen Menschentums aus dem *Satyrchor* entsteht, dem Gefolge des Gottes Dionysos, und ursprünglich nur Chor und nichts als Chor von Satyrn sei: halbmythischer Naturwesen zwischen Tier und Mensch. Sie veranschaulichen, daß *Kultur* nichts anderes ist und sein kann als *gesteigerte Natur* im griechisch verstandenen Sinne der *Physis*, wodurch das Menschentum ein verklärendes Gesamtziel und damit „Macht" bekommt, jenem tierisch gebrochenen Leben inmitten der „ersten Natur" zu einer „zweiten", wahrhaft menschlichen Natur, zu verhelfen: dem *Ethos* einer *Kultur*, die nicht anders als *tragisch* verfaßt sein kann.[30] Nietzsche hat gewußt, daß zum hohen Spiel der Tragödie die Komödie gehört, das *parodische Satyrspiel* mit seiner Kraft, gleichsam nebenher die ganze Tonleiter des Menschlichen abzusingen, die dunklen Punkte des Allzumenschlichen einer Zeit zu erraten und darin oftmals recht zu gewinnen, ohne Rechenschaft vom „Warum" geben zu können[31].

Als Philosoph von Berufung wird sich Nietzsche im Versuch der Rechenschaftgabe bewußt, daß die gesuchte Weisheit des tragischen Gedankens mit der *Parodie* verbunden ist, jener Kunstform, die ihn aus der Sphäre des Erhabenen ins Lächerliche oder Boshaft-Komische versetzt. Ja, die Fähigkeit, den tragischen Mythos zu parodieren, bildet geradezu das Kriterium philosophi-

---

28 Ebd., S. 309 und 318.

29 Ebd. S. 318f.

30 Die Geburt der Tragödie aus dem Geist der Musik (1871), 7, CM 1, S. 52ff. Vgl. ferner Schopenhauer als Erzieher, 3, ebd., S. 357.

31 Vgl. Geschichte der griechischen Literatur (1874/75), in: Philologica II, S. 63.

schen Denkens wie des Dichtens. Für die Dichtung der Moderne hat dieses Kriterium einzig Heinrich Heine erfüllt, von dem Nietzsche sagt, er hätte jene „göttliche Bosheit“ besessen, „ohne die ich mir das Vollkommene nicht zu denken vermag, – ich schätze den Wert von Menschen, von Rassen danach ab, wie notwendig sie den Gott nicht abgetrennt vom Satyr zu verstehen wissen“[32].

Die Parodie ist ein Grundelement von Nietzsches Denken, das niemals den Anspruch erhebt, etwas als geltend hinzustellen oder zu begründen, ohne dasjenige, wogegen es spricht, in der Aufnahme zu verwandeltn, ja oft in ungewöhnlicher Weise parodistisch zu verzerren und dadurch bloßzustellen[33]. Und das sind mit den kulturell überlieferten Formen von Kunst, Religion und Philosophie die Begründungsansprüche ihrer Inhalte, der tradierten Lebensformen des europäischen Menschentums am Grunde seiner Kultur, jener „zweiten Natur“ im griechisch verstandenen Sinne des *Ethos*, das in der Tradition sokratisch-christlicher Ethik mit den moralischen Begriffen von „gut“ und „böse“ umschrieben und im Schritt über die *Physis* hinaus, *meta-physisch*, erklärt wird.

Diese moralisierende Umschreibung wie jene Erklärung der Ethik durch die von Platon begründete Metaphysik hält Nietzsche selbst für eine tragische Verkehrung des Verhältnisses von Lebens- und Begriffsformen am Grunde der europäischen Kultur. Darum behandelt er sie unter parodistischer Optik, der ins Komische versetzten Bloßstellung metaphysischer Irrtümer, die immer auch ein Stück weit Entstellung der philosophischen Tradition ist: Erschwerung ihres von Nietzsche noch einmal begangenen Höhenwegs durch erratische Blöcke des Zweifels und Bedenkens aller Art gegenüber moralmetaphysischen Denkweisen, die er dem Leser in immer neuen Parodien zumutet. Wer sich selbst für „gut“ oder für einen Wegbereiter vollkommenen Menschentums hält, mag sich eher zu erhöhen als zu erniedrigen trachten, das Göttliche eher als Gedankenspuk ablehnen denn als „boshaft“ bezeichnen. Er wird jedenfalls gar nicht erst versuchen, den verrätselten Tiefsinn dieser literarischen Mischungen seiner Texte und ihrer subtilen Darstellungsformen zu entschlüsseln. Sondern er wird es vorziehen, das Parodistische auf seine derb natürlichen, tierisch-menschlichen Inhalte festzulegen und sie dann als „inhuman“ denunzieren: um den Preis vollständiger Verkennung des von Nietzsche erneuerten Grundsinns der *Parodie*. Denn ihr Sinn liegt eben darin, den *Zugang* zum *Naturgrund der Kultur*, zu jenem abgründig tragischen Spiel des Menschlichen, durch Nebenspiele des Allzumenschlichen zu bahnen: Gegenstücke zum Auftakt des Chors in der Tragödie. Das parodische Stück ist kein aus sich selbst tönender Hauptgesang. Es setzt den tragischen Chorgesang voraus, und das heißt im buchstäblichen Sinne jenes Wortes: es *parodiert* ihn in der verzerrenden, verwirrenden Weise eines Nebengesangs, der weder von sich her angestimmt noch für sich selbst verständlich wird.

---

[32] Ecce homo II, 4.

[33] Diesen Gesichtspunkt hat die französische Nietzsche-Forschung herausgearbeitet. Vgl. P. Klossowski: Nietzsche, Polytheismus und Parodie. In: W. Hamacher (Hg.): Nietzsche aus Frankreich. Berlin 1986, S. 17ff.

Gunnar Och

THOMAS MANN IN WEIMAR

In einer Weimar-Reportage des rasenden Reporters Egon Erwin Kisch aus dem Jahr 1926 finden sich folgende Sätze:

> Lächerlich, solch ein Geniekult, lächerlich, ein Leben in Spiritus zu konservieren, lächerlich, die Bewohner einer Stadt zu Mitwirkenden eines beständigen Passionsspieles zu machen. Aber unsereiner könnte sich freuen, daß man doch noch irgendwo einen Dichter ehrt, indem man seinen Wohnort zu einem Sanktuarium weiht, wenn das Ganze nicht bloß ein Naturschutzpark wäre. Als in Amerika die Urwälder fast überall dem Erdboden gleich gemacht, beinahe alle edlen Tiere erlegt, die Indianer mit Branntwein und Flintenkugeln nahezu ausgerottet worden waren, zäunte man ein Stückchen ein und schuf den Yellowstonepark. Dann zeigte man ihn der Welt, zum Zeichen des pietätvollen Verständnisses, das das angeblich so nüchterne Amerika der Natur entgegenbringe, und konnte ruhig den Rest der Urwälder, der Indianer und der Tiere vernichten. Wir aber haben Weimar.[1]

Im Kontext der Zeit steht dieser Ausfall keineswegs vereinzelt da, er ist vielmehr Teil einer kulturkritischen Kampagne linker Intellektueller, die sich gegen einen angeblich überlebten Klassikerkult richtete und den von den Repräsentanten der jungen Republik so häufig beschworenen „Geist von Weimar" unter Ideologieverdacht stellte. Bertolt Brecht rief sogar den Tod der Klassiker aus und gab auf die Frage, wann sie denn gestorben seien, zur Antwort: „Sie sind im Krieg gestorben. Sie gehören unter unsere Kriegsopfer. Wenn es wahr ist, daß Soldaten, die in den Krieg zogen, den ‚Faust' im Tornister hatten – die aus dem Krieg zurückkehrten, hatten ihn nicht mehr."[2] Der Kontrast zu einem anderen großen Autor der Zeit, der Kontrast zu Brechts Intimfeind Thomas Mann könnte größer nicht sein. Denn Mann hat sich ja immer wieder zu Weimar als dem „Mythos der deutschen Kulturtradition" bekannt.[3] Bereits beim ersten Besuch der Stadt, im Jahr 1910, gesteht er dem Bruder, „historisch tief impressioniert" zu sein, da ihn „auf Schritt und Tritt – besonders in den rührenden Stübchen, die das Allerheiligste" bildeten, ein Gefühl naher

---

[1] Zit. nach Robert Mandelkow (Hg.): Goethe im Urteil seiner Kritiker. Dokumentation zur Wirkungsgeschichte Goethes in Deutschland (Wirkung der Literatur 5). 4 Bde. München 1975-1984. Bd. 4, S. 50.

[2] Bertolt Brecht und Herbert Ihering. Gespräch über Klassiker (1929). Ebd., S. 94.

[3] *On Myself.* Gesammelte Werke. 13 Bde. Frankfurt 1974 [= GW]. Bd. 13, S. 169.

Verwandtschaft anrühre.[4] Dieses Verwandtschaftsgefühl schlug sich im Werk nieder, in der frühen Schiller-Erzählung *Schwere Stunde*, sowie in mehreren Goethe-Essays der zwanziger und dreißiger Jahre, mit denen Thomas Mann sich ganz offen in die Nachfolge des Olympiers stellte. Das Bekenntnis zu Goethe war aber auch als Bekenntnis zur Weimarer Republik und als Absage an die heraufziehende Barbarei gemeint. In zwei großen Reden zu den Goethe-Feiern 1932 versuchte er, das Erbe der deutschen Klassik gegen den Nationalsozialismus zu mobilisieren, und noch die im Exil geschriebene *Lotte in Weimar* blieb diesem Ziel verpflichtet; der Autor verstand sie als eine „pädagogische Verklärung des einstigen Deutschland".[5] Schließlich, neben dem späten „Versuch über Schiller", die Ansprache zum Goethe-Jahr 1949, die Thomas Mann trotz heftiger Proteste aus dem Westen auch in Weimar hielt. Aus diesem Anlaß wurde er sogar im eigentlichen Sinn ein Weimaraner, wofür er sich in mehr als nur höflicher Form bedankte: „Ich bin ein Bürger der Stadt geworden, [...] die in meiner Vorstellungswelt, wie in jedes überhaupt vom Geist berührten Deutschen, eine so bedeutsame Rolle spielt."[6]

Die Forschung hat sich mehrfach mit Thomas Manns Goethe- und Schiller-Rezeption befaßt. In älteren Beiträgen steht die Frage im Vordergrund, ob und inwieweit Mann den großen Meistern gerecht zu werden vermochte. Die Antworten sind überwiegend positiv. So sieht z.B. Ernst Rollett in der Schiller-Rede von 1955 eine gelungene und „mit dem ganzen Rüstzeug der Literaturwissenschaft gewappnete Werkanalyse".[7] Und Ernst Cassirer kommt in einer Studie über *Lotte in Weimar*, die dem Dichter 1949 zu dessen 65. Geburtstag überreicht wurde, zu dem als Lob gemeinten Ergebnis: „Thomas Mann hat sich alle ‚Erfindung' und alle bloß-subjektive Zutat verboten: Sein Goethe-Bild wollte schlechthin naturgetreu und portrait-ähnlich sein."[8] Neuere Untersuchungen von Hans-Joachim Sandberg,[9] Hinrich Siefken[10] und Hans Wysling,[11] die auf den seit Ende der fünfziger Jahre zugänglichen Nachlaß, d.h. auf Thomas Manns Arbeitsbibliothek, seine Notizbücher und Materialkonvolute zurückgreifen konnten, haben

---

4 Brief v. 16.11.1919. In: Hans Wysling (Hg.): Thomas Mann – Heinrich Mann: Briefwechsel 1900-1949. Erweiterte Neuausgabe. Frankfurt 1985. S. 114.

5 Brief an Kuno Fiedler (21.12.1937). In: Hans Wysling, Marianne Fischer (Hg.): Dichter über ihre Dichtungen: Thomas Mann. 3 Bde. Zürich, München, Frankfurt/M. 1975-1981. Bd. 2, S. 469.

6 GW Bd. 13, S. 792.

7 Thomas Mann. Versuch über Schiller. Manuskript einer Radiobesprechung im Rundfunk Wien 25.9.1955. Zit. nach: Hans-Joachim Sandberg: Thomas Manns Schiller-Studien. Eine quellenkritische Untersuchung. Oslo 1965. S. 133.

8 Ernst Cassirer: Thomas Manns Goethe-Bild. Eine Studie über *Lotte in Weimar* (1945). In: Helmut Koopmann (Hg.): Thomas Mann (Wege der Forschung 335). Darmstadt 1975. S. 1-34. S. 19.

9 Sandberg (Anm. 7).

10 Hinrich Siefken: Thomas Mann – ‚Ideal der Deutschheit'. Wiederholte Spiegelungen 1893-1949. München 1981.

11 Hans Wysling: Thomas Manns Goethe-Nachfolge. In: Jahrbuch des Freien Deutschen Hochstifts 1978. S. 498-551.

solche Einschätzungen stark relativiert. Denn sie zeigen zwar, daß der Autor für seine Goethe- und Schiller-Studien fleißig anstrich und exzerpierte, zugleich verdeutlichen sie aber auch, wie willkürlich er dabei verfuhr: seriöse wissenschaftliche Literatur und populäre Werke stehen gleichberechtigt nebeneinander; das Augenmerk gilt oft Anekdotischem, tiefer dringende Interpretationen finden dagegen in der Regel keine Beachtung; Zitate aus der Primär- und Sekundärliteratur werden häufig schon in bearbeiteter Form und ohne Quellenangabe dem Notizbuch anvertraut, um dann als unkenntliche Bausteine im fertigen Text aufzugehen etc. Mit der Einsicht in die Subjektivität dieses Montageverfahrens, das ja im übrigen für das gesamte essayistische und erzählerische Werk Thomas Mann mehr oder minder charakteristisch ist, modifiziert sich natürlich das Forschungsinteresse. Es geht nun weniger darum, Manns Klassik-Bilder auf ihre Ähnlichkeit hin zu befragen, als vielmehr darum, sie als verdeckte Selbstportraits zu entschlüsseln und die sich wandelnden Rezeptionsstrategien mit den jeweiligen Zeit- und Werkkontexten zu korrelieren. Nach diesen Vorgaben soll auch im folgenden verfahren werden, wobei der in den eingangs zitierten Stimmen präsente Vorwurf eines musealen Klassikerkultes, der wenn schon nicht direkt, so doch zumindest indirekt Thomas Mann einbezieht, der Reflexion als Stachel zu dienen hat. Ich gehe im wesentlichen chronologisch vor, konzentriere mich zunächst auf Thomas Manns Klassik-Rezeption vor dem Ersten Weltkrieg, verfolge dann die politische Funktionalisierung Goethes in den *Betrachtungen eines Unpolitischen*, thematisiere die auf einer spezifischen Mythos-Konzeption fußende Idee der Goethe-Imitatio, und werde endlich zum komplexen Identifikationsspiel in *Lotte in Weimar* gelangen.

I.

Ein frühes Zeugnis der Mannschen Schiller-Rezeption ist das Gedicht *Raubmörder Bittenfeld vom Sonnenuntergang überwältigt*, geschrieben für ein 1897 dem jüngeren Bruder Viktor zugeeignetes *Bilderbuch für artige Kinder*. Das Gedicht ist über den Verdacht unkritischer Verehrung weit erhaben, denn es trägt, wie der Titel schon vermuten läßt, die Züge der Parodie. Ein schrecklicher „Schorke" wird präsentiert, dessen „Blick sich am Erhabnen letzt" und dessen „harte Wange" eine Träne „netzt"[12] – eine hübsche Persiflage auf das sittliche Pathos des Gedankenlyrikers, beeinflußt vermutlich durch das Nietzsche-Wort vom „Moraltrompeter von Säckingen". Der Spott gilt aber nicht nur Schiller selbst, sondern auch dem zeitgenössischen Schiller-Kult in Schule und Wissenschaft, was daran zu erkennen ist, daß das Gedicht von einem ebenso ausführlichen wie absurden Kommentar begleitet wird, als dessen Verfasser ein Oberlehrer Doktor Hugo Giese-Widerlich firmiert.

Unter ganz anderen Vorzeichen steht die im selben Jahr, also ebenfalls 1897, erfolgende Lektüre von Eckermanns *Gesprächen mit Goethe*, deren

[12] Viktor Mann: Wir waren fünf. Bildnis der Familie Mann. Konstanz 1949. S. 51ff.

Spuren sich in den *Notizbüchern* finden. Thomas Mann liest mit großer Zustimmung und Bewunderung und folgt darin wohl abermals dem Urteil Nietzsches, der im 109. Aphorismus von *Menschliches, Allzumenschliches* das Buch als das beste Werk deutscher Prosa kanonisiert hatte.[13] Dabei scheint Mann nicht nur die intellektuelle Substanz der *Gespräche* zu interessieren, sondern vor allem auch das durch sie plastisch vermittelte Bild einer großen und repräsentativen Existenz. Es sei – erfährt der Freund Otto Grautoff in einem Brief – „ein beschämender Genuß, diesen großen, königlichen, sicheren und klaren Menschen beständig vor sich zu haben, ihn sprechen zu hören, seine Bewegungen zu sehen!“[14] Berücksichtigt man die unterschiedlichen Lebensalter – der halbverwaiste Dichter Thomas Mann ist damals 22, der Eckermannsche Goethe ein Greis -, so darf diese Bewunderung vielleicht auch als Sehnsucht nach einem Ersatz-Vater gedeutet werden,[15] zumal Thomas Mann später selbst Goethe als seine „Vater-Imago“ bezeichnet hat.[16] Wie weit der Einfluß der Eckermann-Lektüre bei Thomas Mann reicht, zeigt das durch sie vermittelte Apostelwort: „Und wenn ich mit Menschen- und Engelszungen redete, und hätte der Liebe nicht, so wäre ich ein tönendes Erz und eine eherne Schelle.“ Eckermanns Goethe charakterisiert damit den Menschen und Dichter August von Platen. In einem Vortrag von 1930 geht der Platen-Liebhaber Thomas Mann auf diesen Vorwurf ein und weist ihn zurück.[17] Zuvor, in *Tonio Kröger* hatte er freilich selbst schon diese Bibelstelle in einem Goethe gemäßen Sinne benutzt, als er damit seinen Helden ein rein artistisches und lebensfeindliches Literatentum abwehren ließ.[18]

Nach dem bisher Gesagten scheint sich die Alternative ‚Schiller oder Goethe‘ Thomas Mann gar nicht zu stellen, da er früh schon gegen jenen und für diesen Partei ergriffen hat. Doch es scheint nur so. Im Jubiläumsjahr 1905 erfolgte mit der Erzählung *Schwere Stunde* eine poetische Annäherung an Schiller, die, auch wenn sie als Auftragsarbeit für den *Simplicissimus* konzipiert wurde, eindeutig identifikatorische Züge trägt. Thomas Mann hat sich später selbst auf sein Quellenstudium berufen. Eine intensive Lektüre – heißt es 1955 – sei der Ausarbeitung der Skizze vorausgegangen.[19] Tatsächlich folgt der Text, der Schiller in seinem Jenenser Arbeitszimmer vergegenwärtigt, qualvoll mit dem Stoff des *Wallenstein* ringend, bis hin zu partikularen Details der Physiognomie und des Interieurs der biographischen

---

[13] Friedrich Nietzsche: Werke. Kritische Gesamtausgabe. Berlin 1967ff. Abt. 4. Bd. 3, S. 37.

[14] Brief v. 21.7.1897. In: Peter de Mendelssohn (Hg.): Briefe an Otto Grautoff 1894-1901 und Ida Boy-Ed 1903-1928. Frankfurt 1975. S. 96.

[15] Vgl. Helmut Koopmann: Aneignungsgeschäfte. Thomas Mann liest Eckermanns *Gespräche mit Goethe*. In: Eckhard Heftrich, Helmut Koopmann (Hg.): Thomas Mann und seine Quellen. Festschrift für Hans Wysling. Frankfurt/M. 1991. S. 21-47. S. 41.

[16] Brief an Agnes E. Meyer (12.1.1943). In: Erika Mann (Hg.): Thomas Mann Briefe. 3 Bde. Frankfurt 1961-1965. Bd. 2, S. 290.

[17] GW Bd. 9, S. 270.

[18] GW Bd. 8, S. 338.

[19] Brief an die Redaktion des *Sonntag* (Ende April 1955). Vgl. Sandberg (Anm. 7), S. 31.

Überlieferung. Die *Wallenstein*-Krise als eigentliches Thema ist freilich maßlos übertrieben. Während der authentische Schiller gegenüber Körner nüchtern die objektiven Schwierigkeiten einbekennt, den im höchsten Grade ungeschmeidigen Stoff zu beleben, und diese Aufgabe zugleich für lösbar erklärt,[20] läßt Thomas Mann seine zum Märtyrer an der Kunst stilisierte Figur über eine drohende „Niederlage“ und ein „verfehltes Unternehmen“ klagen.[21] In der Sekundärliteratur wurde diese forcierte Überformung autobiographisch gedeutet,[22] und das mit gutem Recht, geht doch in die Novelle die Passage eines Briefs an Katia Pringsheim ein, in der Thomas Mann eigene Schaffensnöte thematisiert.[23] Wenn aber der in seiner künstlerischen Produktivität gehemmte Schiller der Erzählung eine Art Selbstportrait des Autors ist, darf dann nicht dessen Antipode, der mit „sehnsüchtige[r] Feindschaft“[24] geliebte, weil ungehemmt schaffende Goethe mit dem Bruder Heinrich identifiziert werden, bei dem es nach Thomas Manns Eindruck zu dieser Zeit tatsächlich floß und sprudelte?[25] Auch das ist vermutet worden,[26] und wieder mit einigem Recht. Doch sollte nicht übersehen werden, daß die Opposition ‚Schiller – Goethe‘ zugleich den prinzipiell verstandenen Gegensatz zwischen Dichter und Schriftsteller meint, den das Mannsche Frühwerk immer wieder umkreist. Das Thema war Thomas Mann fast schon aufgenötigt worden.[27] Denn feindlich gesinnte Kritiker stellten ihn selbst gerne als Schriftsteller und Literaten dar, Begriffe, die im Verständnis der Zeit Dekadenz, Lebensfeindschaft und zersetzenden Intellektualismus bezeichneten, während der hehre Titel des Dichters lebensbejahenden und angeblich naiv-naturwüchsigen Autoren vorbehalten blieb. Der sich der reflexiv-psychologisierenden Komponente seines künstlerischen Naturells sehr wohl bewußte Thomas Mann versuchte nun solche Wertungen zu relativieren, indem er die behauptete Rangordnung in Frage stellte und den sogenannten Schriftsteller selbst als Dichter auswies. Die *Schwere Stunde* vollzieht dies mit Hilfe der hier freilich unscharf angewendeten Kategorien des Naiven und des Sentimentalischen. In Goethe, dem „Sinnlichen, Göttlich-Unbewußten“,[28] und Schiller, dem hochgradig Reflexiven, werden je verschiedene Formen des Künstlertums als gleichberechtigt nebeneinander gestellt. Ja, die Erzählung geht sogar noch ein Stück weiter und läßt Schiller gegenüber „dem dort

---

[20] Brief an Körner (28.11.1796). In: Friedrich Schiller: Werke. Nationalausgabe. Weimar 1943ff. Bd. 29, S. 16-19.

[21] GW Bd. 8, S. 373.

[22] Sandberg (Anm. 7), S. 41.

[23] Hans Wysling, Yvonne Schmidlin (Hg.): Thomas Mann Notizbücher. 2 Bde. Frankfurt 1992. Bd. 2, S. 109.

[24] GW Bd. 8, S. 377.

[25] Brief an Heinrich Mann (18.2.1905). In: Wysling (Anm. 4), S. 57f.

[26] Günter Blamberger: Das Geheimnis des Schöpferischen oder: Ingenium est ineffabile. Studien zur Literaturgeschichte der Kreativität zwischen Goethezeit und Moderne. Stuttgart 1991. S. 173f.

[27] Vgl. zum Folgenden: T.J. Reed: *Thomas Mann und die literarische Tradition*. In: Helmut Koopmann (Hg.): Thomas-Mann-Handbuch. Regensburg 1990. S. 95-136. S. 107f.

[28] GW Bd. 8, S. 377.

in Weimar“ den Vorrang behaupten mit dem Argument, die eigene Kunst sei der Hemmung abgetrotzt und wisse „Erkennen und Schaffen“ zu verbinden,[29] ohne ihre aus „orphischen Tiefen“,[30] also einem genuin dichterischen Urgrund entspringenden Inspirationen zu beschädigen. Daß Thomas Mann sich von seiner Figur distanzierte, ist dabei nicht zu bemerken, im Gegenteil. Der gänzlich unironische und damit für diesen Autor an sich untypische Erzähler bemüht sich, den hohen Anspruch zu bekräftigen, was zu der ästhetisch fragwürdigen, weihevoll-prätentiösen Schlußapotheose führt:

> Und es wurde fertig, das Leidenswerk. Es wurde vielleicht nicht gut, aber es wurde fertig. Und als es fertig war, siehe, da war es auch gut. Und aus seiner Seele, aus Musik und Idee, rangen sich neue Werke hervor, klingende und schimmernde Gebilde, die in heiliger Form die unendliche Heimat wunderbar ahnen ließen, wie in der Muschel das Meer saust, dem sie entfischt ist.[31]

Im Zusammenhang mit dem geplanten Essay *Geist und Kunst* wird das Problem ‚Dichter – Schriftsteller‘ von Thomas Mann erneut bedacht. Anhand der Vorarbeiten und Notizen ist freilich nicht recht zu erkennen, wie die offenbar auch hier angestrebte Synthese von „Erkenntnis und Schöpfertum, Intellektualismus und Einfalt“[32] hätte bewerkstelligt werden sollen. Die zumeist geliehenen Kategorien (naiv – sentimentalisch, dionysisch – apollinisch) verwirren sich zusehends, so daß der Abbruch der Arbeit bzw. deren Delegierung an Gustav Aschenbach, der im *Tod in Venedig* als Verfasser der „leidenschaftlichen Abhandlung über ‚Geist und Kunst‘ “ gilt,[33] nur konsequent erscheint. Das Verhältnis zu Schiller und Goethe hat sich in diesem Kontext wieder verändert. Beide fungieren nicht mehr als Antipoden, sondern werden nun gemeinsam gegen den im Sinne Nietzsches als Schauspieler, Demagogen und hemmungslosen Populisten gedeuteten Wagner ausgespielt. Ihren bündigen Ausdruck erhält die neue Alternative dann 1911, in einem Brief an Julius Bab:

> Die Deutschen sollte man vor die Entscheidung stellen: Goethe oder Wagner. Beides zusammen geht nicht. Aber ich fürchte, sie würden ‚Wagner‘ sagen. Oder doch vielleicht nicht? Sollte nicht doch vielleicht jeder Deutsche im Grunde seines Herzens *wissen*, daß Goethe ein ungleich verehrungs- und vertrauenswürdigerer Führer und Nationalheld ist, als dieser schnupfende Gnom aus Sachsen mit dem Bombentalent und dem schäbigen Charakter?[34]

Aber auch das ist natürlich längst nicht das letzte Wort, nicht im Fall Wagner, dem Thomas Mann in „passionierte[m] Mißtrauen“[35] Zeit seines Lebens verbunden bleibt, und nicht im Fall Goethe, dem er als Übervater eben keineswegs nur Verehrung entgegenbringt, wie u.a. das beinahe gleichzeitige Erzählprojekt *Goethe in Marienbad* verdeutlicht, das die „Spätliebe“ des Dichters zu

---

29 Ebd.
30 Ebd., S. 378.
31 Ebd., S. 379.
32 *Über Fiorenza.* GW Bd. 11, S. 564.
33 GW Bd. 8, S. 450
34 Brief v. 14.9.1911. In: Briefe (Anm. 16), Bd. 1, S. 91.
35 GW Bd. 10, S. 328.

Ulrike von Levetzow mit geradezu ödipaler Aggression als die „Entwürdigung eines hochgestiegenen Geistes" in Szene setzen wollte.[36]

II.

In Thomas Manns Schiller- und Goethe-Bild fehlte zunächst das politische Element. Mit Ausbruch des Ersten Weltkrieges änderte sich das allerdings grundlegend. Mann bekannte sich mit nationalistischem Pathos zum Krieg und zu dem, was er als dessen eigentliches Anliegen begriff: die Verteidigung deutscher Kultur und Moral gegen den politisch-rhetorischen Zivilisationsgedanken französischer Prägung. Allein war dieser Kriegsdienst mit der Feder freilich nicht zu bestehen. Ein freimütig eingeräumtes „Hilfs- und Anlehnungsbedürfnis"[37] ließ Thomas Mann nach Bundesgenossen Umschau halten, und er fand sie auch, oder besser: glaubte sie auch zu finden in Luther, Friedrich dem Großen oder Bismarck sowie in seinen alten Hausgöttern Nietzsche, Schiller und Goethe. Wie gewaltsam er dabei verfuhr, zeigt sich bereits an seiner ersten patriotischen Verlautbarung, den *Gedanken im Kriege*, die Goethe als den „dämonische[n] Deutsche[n]"[38] feiern und Verse aus Schillers *Braut von Messina* zur „moralischen Apologie des Krieges" aufrufen.[39] Der Essay wurde von Romain Rolland mit einem Zeitungsartikel beantwortet. Der radikale Pazifist prangerte die chauvinistische Gesinnung Thomas Manns an, bezichtigte ihn des „délire de fanatisme irrité" und einer „surrenchère criminelle de violence".[40] Bei Ausbruch des Krieges hatte er im übrigen schon ähnlich argumentiert, als er in einem offenen Brief an Gerhart Hauptmann die deutschen Schriftsteller an ihre humanistische Tradition erinnerte und mit Nachdruck zwischen einem falschen militaristischen und einem wahren, durch Goethe repräsentierten Deutschland unterschied.[41] Die Kritik blieb nicht unerwidert. Thomas Manns *Betrachtungen eines Unpolitischen* polemisieren ausgiebig gegen die Publikationen des als Zivilisationsliteraten geschmähten Romain Rolland. Noch mehr Raum beansprucht in diesem Buch freilich der Bruderkrieg, d.h. die Auseinandersetzung mit dem unter demselben Etikett des Zivilisationsliteraten geführten, aber nie beim Namen genannten Heinrich Mann. Thomas Mann greift weit aus und bezieht neben dem tatsächlich als Angriff auf ihn gedachten *Zola*-Essay ältere Arbeiten des Bruders ein, darunter auch die 1910 veröffentlichte Studie *Voltaire und Goethe,* die den deutschen Dichter weit unter den französischen Aufklärer stellt, da er im Gegensatz zu diesem den Fortschritt der Menschheit nicht nur nicht befördert, sondern sogar behindert habe:

---

[36] GW Bd. 13, S. 148.
[37] GW Bd. 12, S. 11.
[38] GW Bd. 13, S. 529.
[39] Ebd., S. 538.
[40] Zit. nach Peter de Mendelssohn: Der Zauberer. Das Leben des deutschen Schriftstellers Thomas Mann. Teil 1: 1875-1918. Frankfurt/M. 1975. S. 1005.
[41] Vgl. ebd., S. 1003f.

> Goethe sieht aus der gespensterhaften Höhe, wo die deutschen Genien einander vielleicht verstehen, unbewegt auf sein unbewegtes Land. Sein Werk, der Gedanke an ihn, sein Name haben in Deutschland nichts verändert, keine Unmenschlichkeit ausgemerzt, keinen Zoll Weges Bahn gebrochen in eine bessere Zeit [...]. Populär ist er erst in dem Augenblick geworden, als es in Deutschland ein schwaches, reiches und ruheliebendes Geschlecht gab. Er muß sich gefallen lassen, daß reaktionäre Minister dem Volk statt seiner Rechte einen Satz von ihm bieten, der diese Rechte entwertet; und daß faule Vergnüglinge ihr leeres Dasein mit seinem Namen decken als dem Zeichen ihrer ,Kultur', als ob es Kultur gäbe ohne Menschlichkeit.[42]

In den *Betrachtungen* fällt derselbe Vergleich natürlich zugunsten des Deutschen aus. Das heißt aber nicht, daß Thomas Mann das Goethe-Bild des Bruders in seiner Substanz bestreitet. Er beschreibt vielmehr fast dieselben Züge und versieht sie mit einem positiven Vorzeichen. Der Goethe der *Betrachtungen* ist ein Feind der Französischen Revolution, aristokratisch in seinem Menschenbild, unpolitisch, quietistisch und eben konservativ, was soviel meint wie typisch deutsch: „Goethe und Nietzsche waren Konservative – aller deutsche Geist war konservativ von je und wird es bleiben, sofern er nämlich selber bleibt und nicht demokratisiert, das heißt abgeschafft wird."[43] Man kann in diesem Bild den späten, also gewissermaßen Eckermannschen Goethe erkennen, der zugleich der Goethe Nietzsches ist. Beide, Eckermann und Nietzsche, hatten freilich auch die europäisch-kosmopolitische Orientierung Goethes notiert, seine Verachtung Deutschlands und der Deutschen sowie seine Bewunderung für Napoleon. Diese Züge widerstrebten verständlicherweise dem patriotisch gesinnten Verfasser der *Betrachtungen*. Ganz übergehen konnte er sie aber schon deshalb nicht, weil ja auch die Zivilisationsliteraten den kosmopolitischen „Geist von Weimar" gegen das Bismarcksche „Machtreich" ausspielten, wie mißmutig vermerkt wurde.[44] Was also war zu tun? Thomas Mann verfolgte eine doppelte Strategie. Zum einen versuchte er die These vom unpatriotischen Dichterfürsten durch einen nicht anders als manipulativ zu nennenden Umgang mit den Quellen zu entkräften.[45] Und wo auch das nicht verfing, wie im Falle der als historische Parallele unverzichtbaren Befreiungskriege, zu denen Goethes Haltung eindeutig ablehnend war, berief er sich kurzerhand auf den nationalen Überschwang eines Heinrich von Kleist.[46]

Nach dem Krieg begann Thomas Mann von den in den *Betrachtungen* vertretenen Positionen allmählich abzurücken und sich die zuvor so verachtete demokratische Gesinnung anzueignen, was konservative Freunde wie

---

[42] Heinrich Mann: Essays Bd. 1 (Ausgewählte Werke in Einzelausgaben Bd. 9). (Ost-)Berlin 1954. S. 15-20. S. 19f.

[43] GW Bd. 12, S. 584.

[44] Ebd., S. 287.

[45] Ebd., S. 157 u. 285f. So zitiert Thomas Mann gleich zweimal eine Stelle aus Biedermanns Ausgabe der *Gespräche mit Goethe*, wo – untypisch genug – von patriotischen Gefühlen des Dichterfürsten die Rede ist, und zieht daraus den kühnen Schluß, daß Goethe fest an die „machtpolitische Zukunft Deutschlands" geglaubt habe. Vgl. ebd., S. 285 bzw. S. 157 sowie Siefken (Anm. 10), S. 86f.

[46] Ebd., S. 155-157.

Ernst Bertram verdroß und die nationalistische Presse empörte. „Mann über Bord" lautete die sinnige Schlagzeile eines einschlägigen Organs, als der Dichter in dem Vortrag *Von deutscher Republik* sein öffentliches Bekenntnis zur neuen Staatsform abgelegt hatte.[47] Daß die gewandelte politische Gesinnung auch Thomas Manns Goethe-Bild modifizierte, macht der Essay *Goethe und Tolstoi* hinlänglich deutlich. In der 1921 konzipierten Erstfassung herrscht noch der Geist der *Betrachtungen*, da hier der Versuch unternommen wird, Goethe zum echt volkhaften Dichter zu stilisieren, zum Vertreter „jenes germanisch-aristokratischen Heidentums, dessen Söhne auch Luther und Bismarck waren."[48] Die völlig überarbeitete und stark erweiterte Fassung von 1925 bemüht sich dagegen um eine europäisch-kosmopolitische Dimension und läßt den Weltbürger und Humanisten als den ‚eigentlichen' Goethe erscheinen. Zeichnen wir rasch die typologisch strukturierte Argumentation nach. Goethe und Tolstoi sind für Thomas Mann, wenn auch nicht dem Grade, so doch der Art nach verwandte Autoren, Kinder der Natur, die in Schiller und Dostojewski als den Söhnen des Geistes ihren Gegensatz haben. Dieser Gegensatz ist zugleich einer von Plastik und Kritik, Gesundheit und Krankheit, Romantik und Klassizität und kann ebenso mit der dem Essayisten eigenen Großzügigkeit in die Begriffe ‚naiv' und ‚sentimentalisch' gefaßt werden. Auf beiden Seiten bestehe freilich auch ein Drang nach dem jeweils anderen, also ein Drang des Geistes zur Natur und umgekehrt der Natur zum Geiste. Im Hinblick auf Schiller und Dostojewski wird das nicht näher erläutert, dafür ist umso ausführlicher von Goethes und Tolstois Vergeistigungsbemühungen die Rede, Bemühungen, die im Falle des Russen relativ schwach, im Falle des Deutschen aber ausgesprochen stark seien und das Gepräge eines Selbsterziehungsprozesses trügen, der dank literarischer Vermittlung auch ins Objektive und Soziale ausgreife. Thomas Mann denkt hier natürlich an die *Meister*-Romane und vor allem an die „strenge und schöne Utopie der Pädagogischen Provinz".[49] Außerdem assoziiert er in diesem Zusammenhang das Entsagungs-Motiv, das er nicht allein auf Erotisches bezogen wissen will, sondern auch auf heidnisch-barbarisch-volkhafte Tendenzen, die Goethe im buchstäblichen Sinn von Natur aus eigen seien – womit wir endlich wieder beim Politischen wären. Denn in letzter Konsequenz ist das von Goethe begonnene Humanisierungswerk ein – man beachte die nunmehr positiv besetzte Vokabel – „zivilisatorisch[es]",[50] das die Abkehr von der „romantischen Barbarei"[51] des heraufziehenden Faschismus und die Hinwendung zur Demokratie ausdrücklich einschließt.

[47] Otto Werner: Mann über Bord. Zu Thomas Manns Vortrag: Von deutscher Republik. In: Das Gewissen, 23.10.1922. In: Klaus Schröter (Hg.): Thomas Mann im Urteil seiner Zeit. Dokumente 1891-1955. Hamburg 1969. S. 103-105.

[48] Goethe und Tolstoi. Vortrag, zum ersten Mal gehalten September 1921 anläßlich der Nordischen Woche zu Lübeck. In: Deutsche Rundschau 48,6. März 1922. S. 225-246. S. 244.

[49] GW Bd. 9, S. 6.

[50] Ebd., S. 124.

[51] Ebd., S. 169.

III.

Dezember 1930. Thomas Mann berichtet in einem Brief an den Literarhistoriker Ernst Bertram vom ehrenvollen Auftrag des Fischer-Verlages, für das Goethe-Jahr 1932 ein umfängliches Buch über den Dichter zu schreiben. Erste Überlegungen zur Vorgehensweise stellen sich ein, aber auch Bedenken. Der kompetente Freund soll raten:

> Meinen Sie [...], daß ich der Aufgabe gewachsen bin? Geht sie nicht als *historische* Aufgabe über meine Kräfte und Möglichkeiten? Der Bildungsvoraussetzungen für ein solches Werk in argem Grade ermangelnd, wird mir nichts übrig bleiben, als aus *Erfahrung* zu reden, – über Goethe aus Erfahrung: eine mythische Identifkations-Hochstapelei, mit der vielleicht die Brücke vom „Joseph" zum „Goethe" geschlagen wäre.[52]

Das Projekt, wir wissen es, wurde nicht realisiert. Gleichwohl bleibt das hier ins Auge gefaßte Verfahren mythischer Identifikation für Thomas Manns Verhältnis zu Goethe bestimmend, denn wo immer er von nun an auf ihn zu sprechen kommt, wird das Eigene im Anderen gespiegelt und eine ganze Reihe biographischer und künstlerischer Parallelen insinuiert. So auch und vor allem in *Goethe als Repräsentant des bürgerlichen Zeitalters* und *Goethe's Laufbahn als Schriftsteller*, den beiden großen Ansprachen zum Jubiläumsjahr 1932, aus denen sich ein umfänglicher Katalog offen oder verdeckt ausgesprochener Gemeinsamkeiten zwischen Thomas Mann und Goethe eruieren läßt: die Herkunft aus dem Patrizierhaus, das zu Krise und Krankheit Geneigtsein, das übrigens als Eigenschaft des bis dato bei Thomas Mann als vital geltenden Natursohnes Goethe besonders überrascht, der „produktionsethische Befehl des Fertigmachens",[53] der frühe Durchbruch zur Weltliteratur, der Goethe mit dem *Werther* und – so darf, ja soll ergänzt werden – Thomas Mann mit den *Buddenbrooks* – gelungen sei, schließlich der ganze Komplex spezifisch ‚schriftstellerischer' Züge, welche jetzt plötzlich an Goethe entdeckt werden und ihn vollends als alter ego Thomas Manns erscheinen lassen. Ich erwähne nur die unterstellte analytisch-psychologische Begabung sowie eine durch „leidenschaftliches Lesen"[54] angeblich geförderte Produktivität. Zöge man weitere Texte heran, die Liste könnte mühelos verlängert werden. Thomas Mann liebt es, sich mit Goethe zu vergleichen, und ist auch erbaut, wenn andere dies tun, wie eine Tagebucheintragung aus dem Jahr 1938 zeigt, die anläßlich eines Verehrerbriefs „das immer öftere Wiederkehren der Verbindung meines Namens mit dem Goethes" befriedigt registriert.[55]

---

[52] Brief v. 29.12.1939. In: Inge Jens (Hg.): Thomas Mann an Ernst Bertram. Briefe aus den Jahren 1910-1955. Pfullingen 1960. S. 171f.
[53] GW Bd. 9, S. 305.
[54] Ebd., S. 336.
[55] Tagebücher 1937-1939. Hg. von Peter de Mendelssohn. Frankfurt/M. 1990. S. 327.

Was geht hier vor? Und vor allem: Welche Motive liegen der lustvoll betriebenen Identifikation zugrunde? Daß Eitelkeit im Spiel ist, läßt sich kaum bestreiten. Allerdings wird diese durch Ironie und einen stets auch wachen „Sinn fürs Inkommensurable"[56] erheblich gemildert. Um Mißverständnissen vorzubeugen, zitiert Thomas Mann zudem gerne Stifters Wort: „Ich bin kein Goethe, aber einer von seiner Familie."[57] Damit ist freilich längst noch nicht alles gesagt. Denn die Goethe-Imitatio Thomas Manns will auch als Teil jener Mythos-Theorie begriffen sein, die – der Brief an Ernst Bertram hat bereits darauf verwiesen – bei der Arbeit an den *Joseph*-Romanen entsteht und im übrigen von psychoanalytischen Schriften beeinflußt ist. Im Vortrag *Freud und die Zukunft*, der prägnantesten Darlegung des Konzepts, unterstellt Thomas Mann ein menschliches Urbedürfnis, sich an mythischen Vorbildern und – was für ihn dasselbe ist – an Vater-Imagines zu orientieren. Besonders stark sei dieses Bedürfnis bei dem in seiner Ich-Identität nur unscharf umrissenen archaischen oder antiken Menschen, den es danach verlange, in einer vorgeprägten Rolle vollkommen aufzugehen. Thomas Mann verweist in diesem Zusammenhang auf die Alexander-Nachfolge Cäsars, und er zitiert die aus den *Joseph*-Romanen geläufige Formel des „Ich bin's",[58] die eben jene Verwechslung von Ich und Es, Individuum und mythischer Rolle meint. Man brauche sich aber nicht nur an die Vergangenheit zu halten, da ja, mit Freud gesprochen, das infantile Bedürfnis, sich an einen Ersatzvater zu binden, auch das Seelenleben moderner Menschen bestimmen könne:

> Der Künstler zumal, dieser eigentlich verspielte und leidenschaftlich kindische Mensch, weiß ein Lied zu singen von den geheimen und doch auch offenen Einflüssen solcher infantilen Nachahmung auf seine Biographie, seine produktive Lebensführung, welche oft nichts anderes ist als die Neubelebung der Heroenvita unter sehr anderen zeitlichen und persönlichen Bedingungen und mit sehr anderen, sagen wir: kindlichen Mitteln.[59]

Wieder folgt ein Beispiel und es meint natürlich den Vortragenden selbst; auch den damaligen Zuhörern dürfte das kaum entgangen sein:

> So kann die imitatio Goethe's mit ihren Erinnerungen an die Werther-, die Meister-Stufe und an die Altersphase von ‚Faust' und ‚Divan' noch heute aus dem Unbewußten ein Schriftstellerleben führen und mythisch bestimmen; – ich sage: aus dem Unbewußten, obgleich im Künstler das Unbewußte jeden Augenblick ins lächelnd Bewußte und kindlich-tief Aufmerksame hinüberspielt.[60]

Daß Mythen und Vaterbilder obendrein noch eine kollektive Bedeutung erlangen können – die Freud-Ansprache geht darauf nicht näher ein. Trotzdem ist dieser Aspekt für Thomas Mann sehr wichtig, auch und gerade im Hinblick

---

56 GW Bd. 9, S. 297.
57 Brief an Käte Hamburger (10.11.1932). In: Briefe (Anm. 16f.), Bd. 1, S. 323.
58 GW Bd. 9, S. 496.
59 Ebd., S. 499.
60 Ebd.

auf seine Goethe-Reminiszenzen aus der Spätphase der Weimarer Republik. Denn hier wird ganz bewußt der Versuch unternommen, die „mythusbildende[n] Kräfte“[61] des Dichters dem Bürgertum in Erinnerung zu bringen und gegen den Faschismus zu mobilisieren. Eine erneute Befragung der ja bereits auf das Motiv der imitatio hin untersuchten Festreden von 1932 könnte eben jene politisch-strategische Funktionalisierung des „Mythos Goethe“ quer durch die Texte verfolgen. Ich verzichte darauf, da die meisten Argumente mit den uns schon vertrauten aus der Zweitfassung von *Goethe und Tolstoi* übereinstimmen oder doch zumindest an sie anknüpfen. Neu ist freilich der Entwurf des *Schriftstellers* Goethe, der sich gegen das Blut-und-Boden-Konzept des völkischen Dichters richtet, und neu ist auch, daß im Hinblick auf Goethes nun negativ akzentuierten Konservativismus mit Ludwig Börne – und wir können hinzufügen: mit Heinrich Mann – gefragt wird, ob der Meister politisch gesehen nicht eine „ungeheuer hindernde Kraft“ gewesen sei.[62]

Weimar 1932. Thomas Mann trägt seine Rede *Goethe's Laufbahn als Schriftsteller* vor und erlebt die Stadt während der mehrtägigen Festivitäten im Zeichen Goethes und – Hitlers. Ein Reisebericht für die Münchner Rotarier fixiert die Eindrücke:

> Ganz eigenartig berührte die Vermischung von Hitlerismus und Goethe. Weimar ist ja eine Zentrale des Hitlertums. Überall konnte man das Bild von Hitler usw. in nationalsozialistischen Zeitungen ausgestellt sehen. Der Typus des jungen Menschen, der unbestimmt entschlossen durch die Stadt schritt und sich mit dem römischen Gruß begrüßte, beherrschte das Bild. Daneben fiel die festliche Ausstattung der Schaufenster ins Auge, manchmal ein wenig kindlich, teils rührend, wie Goethe in Marzipan, das Gartenhaus als Bonbonnière, versandfertig, und die sonstigen kleinen rührenden Scherze.[63]

Die Stelle hat bislang kaum Beachtung gefunden, zu Unrecht, wie ich meine. Denn in ihr ist nicht mehr und nicht weniger zu entdecken als die Keimzelle für das einige Jahre später in *Lotte in Weimar* breit entfaltete Thema wahrer und falscher Größe.

IV.

> Durch allen Schall und Klang
> Der Transoxanen
> Erkühnt sich unser Sang
> Auf deine Bahnen!
> Uns ist für gar nichts bang.
> In dir lebendig,
> Dein Leben daure lang,
> Dein Reich beständig!

---

[61] Ebd., S. 299.
[62] Ebd., S. 320.
[63] *Meine Goethereise*. GW Bd. 13, S. 71.

Das sind Verse aus dem *West-östlichen Divan,* die der Rollenfiktion des Buches nach Hafis als Huldigung an Schach Sedschan richtet und die Goethe im wirklichen Leben seinem Herzog Carl August nach Wien sandte, wo der Kongreß der Restaurationsmächte tagte. Die „Transoxanen", den Divan-Quellen zufolge die Erfinder der kriegerischen Janitscharenmusik, halten die unruhigen Zeitläufte präsent. Thomas Mann widmet das Gedicht in nicht weniger unruhiger Zeit abermals um, indem er es seinem Roman *Lotte in Weimar* voranstellt. Kein weltlicher Herrscher und kein weltliches Reich sind gemeint, geschweige denn ein tausendjähriges, sondern Goethe selbst und – als geistiger Ort – Weimar.

Die Idee, den authentischen, aber eher dürftig dokumentierten Besuch von Charlotte Kestner in Weimar poetisch zu verwerten, muß älteren Datums sein. Als Thomas Mann sie 1933 im Tagebuch erstmals erwähnt, erscheint sie bereits als vertraute Reminiszenz. Zunächst ist freilich nur von einem „Novellen- oder Theaterstoff" die Rede.[64] Wie so oft täuscht sich der Autor über die tatsächlichen Dimensionen des Projektes, das am Ende gut 400 Seiten füllen wird. Die deutsche Misere ist gewiß nicht allein für diese Ausdehnung verantwortlich zu machen, doch hat sie das Ihre beigetragen, wie zahlreiche Anspielungen und Querverweise auf den Nationalsozialismus zeigen. Die deutlichsten Worte werden Goethe in den Mund gelegt. Er spricht vom Chauvinismus der Deutschen, ihrem „berserkerische[n] Unmaß" und insbesondere davon, „daß sie sich jedem verzückten Schurken gläubig hingeben, der ihr Niedrigstes aufruft, sie in ihren Lastern bestärkt und sie lehrt, Nationalität als Isolierung und Roheit zu begreifen".[65] Nicht alles ist im übrigen frei erfunden, manches lehnt sich an authentische Äußerungen Goethes über Deutschland und die Deutschen an oder ist tatsächlich wörtliches Zitat. Der Bericht vom Judenpogrom in Eger, zu Lottens Irritation Bestandteil der Tischkonversation am Frauenplan, wird fast unverändert Biedermanns *Gesprächen* entnommen.[66] In der Bewertung des Vorfalls besteht freilich ein gravierender Unterschied. Während die Quelle ausdrücklich die Indifferenz Goethes vermerkt, läßt Thomas Mann seine Figur moralische Abscheu artikulieren.

Weitere zeitgeschichtliche Signaturen ergeben sich aus der im Roman geführten Diskussion über die Befreiungskriege und Goethes Haltung zu ihnen – ein Gegenstand, der unter ganz anderen Vorzeichen ja auch schon in den *Betrachtungen eines Unpolitischen* eine Rolle spielte. Schließlich das politisch nicht minder aktuelle Thema des großen Mannes, das ein auf *Lotte in Weimar* direkt bezogener Brief des Autors als typisch deutsches Problem ausweist: „In Deutschland neigt immer die Größe zum Hypertrophieren und dazu, Sklaverei zu schaffen. Auch Goethe war schließlich etwas wie ein lastender Tyrann, ein übergroßes Ich, von seinem Volk viel weiter entfernt,

---

[64] Tagebücher 1933-1934. Hg. v. Peter de Mendelssohn. Frankfurt/M. 1980. S. 251.
[65] GW Bd. 2, S. 657f.
[66] Vgl. hierzu Siefken (Anm. 10), S. 238f.

als irgend ein Genie in den Ländern ausgleichender Civilisation, und es war lächerlich aber wahr, wenn Börne ihn ‚eine ungeheuer hindernde Kraft' nannte."[67] Im Roman gibt Goethe selbst das Thema vor, mit dem von Nietzsche kolportierten chinesischen Sprichwort: „Der große Mann ist ein öffentliches Unglück."[68] Die Zuhörer – wieder die Tischgesellschaft am Frauenplan – brechen in hysterisch-abwehrendes Gelächter aus und signalisieren eben damit, was Lotte im Stillen denkt: „Die Chinesen haben recht."[69] Daß sie recht haben, scheint auch das Schicksal von Goethes Opfern zu belegen, allen voran seines Sohnes August und das Riemers. Und doch ist das nur die halbe Wahrheit, da der Lebensverzicht des Künstlers Goethe selbst zum Opfer werden läßt. Eine ähnliche Dialektik bestimmt die im engeren Sinn politische Problematik von Goethes Größe. August formuliert den letztlich von Börne und Heinrich Mann stammenden Vorwurf mangelnder Volkstümlichkeit[70] und zielt damit auf die aristokratische Lebensform des Vaters, die in seiner unpopulären klassizistischen Kunstpraxis ihre Entsprechung findet. Als Verfasser des *Werther* ist freilich auch Goethe im besten Sinne populär, wie der Volksauflauf vor dem Hotel Elephant belegt, der durch Lottens Ankunft verursacht und vom wortgewandten Kellner Mager wie folgt kommentiert wird: „Auf der heutigen Stufe unserer Cultur sind es nicht mehr die Potentaten, um derentwillen die Menge zusammenläuft; es sind die Sterne des Geisteslebens."[71] Die implizite Kritik ist nicht zu überhören. Thomas Mann meinte die Unkultur der eigenen Zeit und vor allem auch die falsche Popularität des Demagogen Hitler.

So stark die politisch-pädagogischen Absichten Thomas Manns waren – *Lotte in Weimar* wäre ohne den ungleich stärkeren Impuls der Goethe-Imitatio sicher nie geschrieben worden. Immer wieder ist während der Entstehungszeit des Romans von aufregenden Annäherungen an den Mythos und vom amüsanten Identifikationsspiel die Rede. Bei der Ausarbeitung des großen Goethe-Monologs, also des siebenten Kapitels, notiert Thomas Mann: „Ich schreibe sehr langsam [...] und genieße die Intimität, um nicht zu sagen: die unio mystica, unbeschreiblich."[72] Diese intime Form der Annäherungen hat Folgen. Sie läßt das Goethe Bild Thomas Manns wieder in vielen Zügen als Selbstportrait erscheinen. Hier nur einige der empfundenen oder besser: anempfundenen Gemeinsamkeiten: der Mangel an systematischer Schulbildung, erotische Ambivalenzen, aber auch Egoismus und Kälte im Verhältnis zu den Mitmenschen. Des weiteren der uns schon vertraute Umriß des Schriftstellers, dessen Produktivität durch die freibeuterische Lektüre sog. „subsidia"[73] aufgestachelt wird. Thomas Mann bezieht sich konkret auf die orientalistischen Studien im Umkreis des *Divan*. Die Quel-

---

[67] Brief an Berker Fairley (1.12.1947). In: Briefe (Anm. 16), Bd. 2, S. 572.
[68] GW Bd. 2, S. 734.
[69] Ebd.
[70] Ebd., S. 586-588.
[71] Ebd., S. 477.
[72] Brief an Ferdinand Lion (15.12.1938). In: Briefe (Anm. 16), Bd. 2, S. 72.
[73] GW Bd. 2, S. 660.

lenaneignung selbst stellt er unter den Begriff der „Contactnahme" und souffliert ihn Goethe: „Contactnahme [...], dies sich Vergraben und Schürfen besessener Sympathie, die dich zum Eingeweihten macht der liebend ergriffenen Welt, so daß du mit freier Leichtigkeit ihre Sprache sprichst und niemand das studierte Détail vom charakteristisch erfundenen soll unterscheiden können."[74] Die Passage will auch als Reflexion auf das Bauprinzip des Romans gelesen sein, das sie beschreibt und an sich selbst demonstriert, insofern sich ihr erfundener Wortlaut dem mit Originalzitaten durchsetzten Kontext assimiliert und selbst das Gepräge der Goethe-Zeit annimmt. Man beachte den naturmagisch-pantheistisch klingenden Sympathiebegriff oder die altertümliche Wendung „studiertes Détail".

Wie perfekt Thomas Mann die Nachahmung des Goethe-Tons gelungen ist, illustriert eine ‚buchenswerte' Episode aus der frühen Wirkungsgeschichte des Romans.[75] Deutsche Gegner der Hitler-Diktatur hatten einschlägige Passagen aus *Lotte in Weimar* zusammengestellt und unter dem Titel *Aus Goethe's Gesprächen mit Riemer* als Flugschrift in Umlauf gebracht. Ein Exemplar gelangte in die Hände von Sir Hartley Shawcross, dem englischen Prosecutor bei den Nürnberger Prozessen, der in einem Plädoyer ausgiebig daraus zitierte. Das Wort vom „verzückten Schurken" durfte nicht fehlen. Der Vorgang sorgte für einige Turbulenzen. Die englische Presse monierte den Irrtum, und schließlich mußte sogar der britische Botschafter in den USA den Autor um Auskunft bitten. Thomas Mann überliefert uns seine Antwort: „Die englische Presse habe zwar recht, aber ich stände dafür ein, daß Goethe alles, was er in meinem Roman denke und sage, sehr wohl in Wirklichkeit habe denken und sagen können, und in einem höheren Sinne habe der Prosecutor also doch richtig citiert."[76] Man kann sich lebhaft vorstellen, welches Behagen Thomas Mann der Vorfall bereitet haben muß. Nicht nur, daß er seine Goethe-Ebenbürtigkeit vor der Welt bestätigt fand, es wurde ihm auch Gelegenheit geboten, unter dem Vorwand britischer Höflichkeit noch einmal die Formel des „Ich bin's" zu sprechen.

---

[74] Ebd., S. 662.

[75] Vgl. zum Folgenden Gerhard Lange: Struktur und Quellenuntersuchungen zu *Lotte in Weimar*. Bayreuth 1970. S. 25-29.

[76] Brief an die Redaktion des *German American* (New York) (20.10.1946). In: Wysling/Fischer (Anm. 5), Bd. 22, S. 511f.

Christoph Perels

„JOHANNES THOR, DER VERSCHOLLENE IN BRASILIEN." EINE EPISODE

Ivan Goll, als gebürtiger Lothringer jüdischer Herkunft sowohl in deutscher als auch in französischer Sprache schreibend, verlor 1933 jede Publikationsmöglichkeit in Deutschland. Begonnen hatte er seinen Weg als Schriftsteller in einer spezifisch deutschen Tradition: mit der Bearbeitung lothringischer Volkslieder, die, begleitet von Jugendstilillustrationen Alfred Pellons, 1912 in Metz herauskamen. Es war zugleich ein Abschied – „Mais où sont les jours d`antan?" lautet das Motto zu dem Büchlein, und der Verfasser des kurzen „Geleitworts", Viktor Wendel, schließt mit den Sätzen:

> Möge es jedem, der in einer stillen Stunde darin blättert, wenn auch nur für ein winziges Weilchen, vergönnt sein zu vergessen, daß kahle Kasernen und Kasematten, Festen und Forts, Eisenwerke und Kohlenschächte, ragende Hochöfen und rauchende Fabrikschlote längst die rosige Romantik von damals verdrängt haben. Das ist mein wahrster und wärmster Wunsch.[1]

Es dauerte zwanzig Jahre, bis Ivan Goll, nach einer Epoche großer Nähe zu allen Strömungen moderner europäischer Poesie zwischen Futurismus und Surrealismus, erneut an eine charakteristisch deutsche Lyriktradition anknüpfte, die der großen Hymnen- und Elegiendichtung zwischen Hölderlin und dem späten Rilke. Die Werkgruppe blieb aus vielerlei Gründen den Zeitgenossen, ja eigentlich bis heute nahezu unbekannt.

Die gleichzeitig entstehenden *Malaiischen Liebeslieder* konnten in ihrer französischen Version 1935 in Paris erscheinen,[2] die deutschen Urfassungen erlebten erst 1967 ihre Erstausgabe.[3] Ivan Golls deutschsprachige Oden-Dichtung, ebenfalls um 1932 einsetzend und bis in den Herbst 1935 bezeugt, blieb mit einer einzigen Ausnahme ungedruckt im Nachlaß des Dichters und teilte das Schicksal, das der handschrifflichen Hinterlassenschaft des Autors bis zum Ende des Zweiten Weltkriegs die Nationalsozialisten und nach Ivan Golls Tod

[1] Lothringische Volkslieder. Bilder von Alfred Pellon, Nachdichtungen von Iwan Lazang. Mit einem Geleitwort von Viktor Wendel. Metz 1912. Das Geleitwort Bl. 1^r. Das Büchlein, nur in 150 Exemplaren gedruckt, ist äußerst selten; umso bedauerlicher, daß keine neuere Goll-Ausgabe eine Probe daraus bringt.

[2] Ivan Goll: Chansons Malaises. Chansons de Manyana, Jeune Fille Malaise. Paris 1935.

[3] Iwan Goll: Malaiische Liebeslieder. Ebenhausen 1967.

1950 Claire Goll bereiteten. Was über Flucht und Rückkehr hatte gerettet werden können, behandelte die Witwe des Dichters, um eine Legende aufrecht zu erhalten,[4] in einer Weise, daß die bemühtesten Herausgeber resignierend feststellen: „schon heute, kaum zwanzig Jahre nach dem Tod des Dichters, müssen viele begangene Fehler als irreparabel gelten."[5] Zwei Motive für die „Fehler" sind jedenfalls benennbar: die Bedeutung der Lyrikerin Paula Ludwig (1900-1974) für Golls Leben und Werk zwischen 1931 und 1938 zu verschleiern und die von Claire Goll erhobenen, absurden Plagiatsvorwürfe gegen Paul Celan durch Manipulationen am Nachlaß Golls zu „begründen". Von all den genannten Verdüsterungen ist auch die eine Ode *Der Ölbaum*, um die allein es hier gehen soll, überschattet.

Der Ölbaum

Auch ich bin viel gewandert
Im Zug der Stürme
Und jungen Februare
Zu suchen hinter den Horizonten
Das seltene Wunder:
Bis ich erfuhr
Daß die Erde rund ist
Und der Abend schneller
Als alle Sehnsucht.

Da blieb ich stehn in einem Acker
Und in der Sonne irgendwo
Und wartete
Und warte tausend Jahre schon
Und steh
Und ruh

Und sieh: es kommt zu mir
Die zärtliche Dämmerung
Und silbert mein Haar.
Der heilige Mittag
Schickt mir seine Bienen
Und die Nacht, die suchende Nacht
Die über die Berge streift
Mit ihren schwarzen Hunden
Die Nacht beneidet mich
Um meinen Schlaf
Im samtenen Tal.

---

[4] Vgl. Bernhard Zeller: Marbacher Memorabilien. Vom Schiller- Nationalmuseum zum Deutschen Literaturarchiv 1953-1973. Marbach 1995. S. 325ff.

[5] Yvan Goll: Gedichte. Eine Auswahl. Mit vierzehn Gedichten von Claire Goll. Hg. und mit einem Kommentar versehen von René A. Strasser. Meilen 1968. S. 380.

Ich wachse bedächtig
In die befreundete Erde
Und spüre die gute Verwandtschaft
Des greisen Granits
Und der wissenden Schlange

Ich wachse hinaus
In den regierenden Himmel
Der zwei Adler im Wappen führt:
Die locken im kühnen Spiel
Einander von der Erde weg
In einsamer Höhe
Die fürstlichen Küsse zu tauschen
Und wenn ihre bronzenen Flügel blitzen
Wiegt sich beruhigt
In meinem Arme die Taube.

So bin ich gealtert
In tausend Jahren:
Es zogen eiserne Ritter vorüber
Es tauchten Kontinente empor
Die Troubadoure sangen
Und mönchische Lieder rauschten
In meinem Laub:
Mir aber in rindiger Rinde
Sitzt immer die Grille
Die gleiche
Die graue
Und sägt die Zeit
Und sägt die unsägliche Zeit.

Ich stehe und will nichts weiter!

Mein Fleisch fiel von mir
Es schlang mein Leib
Sich mehrmals um sich selbst
Sechsfach gespalten ist mein Fuß
Und leer der Brustkorb
In dem von Herbst zu Herbst
Die reisenden Schwalben wohnen.

Es gießt der Mond
Aus seinen verschiedenen Krügen
Die goldene Milch der Jahreszeiten -

Ich steh und will nichts mehr erwandern
Denn nichts ist zu ereilen
Was nicht in mir schon war.
Die Sonne steigt vom fernsten Weltenpunkt

Und reift mir mühelos
Die Frucht des Wissens
Des Geists geduldige Olive

Johannes Thor

In dieser Gestalt erschien die Ode in der ersten Märzhälfte des Jahres 1935, zusammen mit Friedrich Hölderlins *Reif sind, in Feuer getauft* [sic!], *gekochet*, Georg Heyms *Deine Wimpern, die langen*, und Paula Ludwigs *Die Freude*, in *Das Gedicht. Blätter für die Dichtung.* 1. Jahrgang, 11. Folge.[6] Das früheste Zeugnis für die Existenz des Gedichts und damit der Terminus ante quem seiner Entstehung ist ein Brief Golls an seine Geliebte in Berlin, die Lyrikerin Paula Ludwig, vom 12. Januar 1933: „Ich schicke dir inliegend auch den ‚Ölbaum', den du dir gewünscht hast und der wohl nicht so bald erscheint."[7] In der Korrespondenz gibt es Vorklänge, die zugleich verdeutlichen, wie sehr Golls Auseinandersetzung mit der in seinen Augen so ganz anderen, so lebenssicheren Lyrikerin dem Gedicht vorausgeht und wie sehr die ganze Oden-Dichtung dieser Jahre eine bewußte Abkehr von der Großstadtpoesie und sogar ein Wiederanknüpfen an früheste dichterische Versuche bedeutet. Goll schreibt am 2. November 1931:

> Und ich weiss wohl, dass das Andere nur Gültigkeit hat, das Ewige unter den Bäumen, das Gesetz der Sonne und der Jahreszeiten, das Überzeitliche der Tiere. [...] und das grösste Wunder ist nicht unsere erhitzte Hirnwelt, sondern das klare Rosa jedes Tagbeginns. Du, du bist im Acker fest verwurzelt, in dem du geboren.[8]

Am 5. April 1932 schickt Goll seine Ode *Die Amsel* an Paula Ludwig – die erste Erwähnung eines Gedichts aus der Werkgruppe überhaupt.[9]

Im ganzen ist sie nicht umfangreich, zu ihr gehören außer *Der Ölbaum* und *Die Amsel* jedenfalls noch *Umbrische Ode, Ode an den Herbst, Fuge von Bach, Der Stier* und *Polarnacht* – letzteres ein ursprünglich für die Kantate *Tscheljuskin* geschriebenes Gedicht, das aber dann von Goll als selbständig herausgelöst wurde in der Hoffnung, „dass es sich würdig in die ‚Oden' einreihen liesse." Mit der Erwähnung dieses Textes in Briefen an Paula Ludwig vom 27. September und 5. Oktober 1935[10] sind die Zeugnisse über die Oden-Dichtung der dreißiger Jahre erschöpft.[11] Erst 1938, als Paula Ludwig schon in Paris lebt und Goll jüngst entstandene Gedichte von ihr liest, ruft er noch einmal seine

---

6 Golls Gedicht steht als zweites nach dem Hölderlin-Text und nimmt in der Folge loser Blätter die Seiten zwei bis vier ein.

7 Iwan Goll, Paula Ludwig: Ich sterbe mein Leben. Briefe 1931-1940. Literarische Dokumente zwischen Kunst und Krieg. Hg. und kommentiert von Barbara Glauert-Hesse im Auftrag der Fondation Goll. Frankfurt/Main und Berlin 1993. S. 151.

8 Ebd., S. 45f.

9 Vgl. ebd., S. 65.

10 Ebd., S. 368; vgl. auch S. 370.

11 Die in Golls letzten Gedichtband *Traumkraut*, Wiesbaden 1951, aufgenommenen Oden gehören in einen anderen Werkzusammenhang und bleiben hier außer Betracht.

eigene Oden-Dichtung in Erinnerung – „Hier ist der ‚Ölbaum' hundertmal überboten"[12] –, ein Indiz, wie sehr er die Werkgruppe im Licht und in der Nähe der freirhythmischen Poesie Paula Ludwigs sah.

Es sind also vier Jahre, 1932 bis 1935, in denen die Oden geschrieben wurden. Sie liegen zum Teil in zahlreichen Fassungen vor, ihre kritische Edition steckt noch in den Anfängen.[13]

Vom 6. bis zum 28. September 1934 verbrachten Ivan Goll und Paula Ludwig gemeinsame Ferien in Torbole am Gardasee. Während dieses Zusammenseins wurden Arbeitsgespräche über die Oden geführt, so daß Goll in der ersten Oktoberhälfte ein Heft *Vier Oden* zusammenstellen und an Paula Ludwig nach Ehrwald in Tirol senden konnte: *Die Amsel, Umbrische Ode, Der Stier* und *Der Ölbaum.*[14] In Torbole war offenbar auch über Möglichkeiten, Gedichte Golls in Deutschland und Österreich zu veröffentlichen, gesprochen worden, das Pseudonym „Johannes Thor" wurde gefunden,[15] dazu einige biographische Fiktionen:

> ich bin aus deiner Heimat, 28 Jahre, National-Ökonom (nur ökonom!) und vor einer Woche nach Brasilien abgereist. [...] Du musst aber natürlich besser wissen, was am glaubwürdigsten ist, was in Zukunft am besten durchzuhalten ist. Und wenn du bessere Personalien bereit hast: walte wie Gott! Erschaffe mich neu![16]

Und noch zehn Monate später, als sich erneut eine Publikationsmöglichkeit zu eröffnen scheint: „Wie gesagt: immer Johannes Thor, der Verschollene in Brasilien."[17]

Anfang Oktober 1934 begann in Hamburg Heinrich Ellermanns Reihe *Das Gedicht. Blätter für die Dichtung* zu erscheinen, eine zweimal monatlich ausgelieferte periodische Anthologie neuester und älterer Lyrik, jeweils einen halben Bogen stark, schön gedruckte einzelne Blätter, in einen grauen Karton eingelegt.[18] Der junge Verleger warb auch um Gedichte Paula Ludwigs und

---

12 Goll, Ludwig (Anm. 7), S. 498 (Brief vom 22. Juni 1938).

13 Außer der Edition von René A. Strasser (Anm. 5) vgl. insbesondere die Arbeit von Erhard Schwandt: Yvan Golls späte Lyrik. Beschreibung ihrer Genese und Poetik. Bad Homburg 1970 sowie, eher interpretatorisch ausgerichtet, aber wegen der sorgfältigen Bibliographie auch für editorische Arbeiten wichtig Dietrich Schaefer: Die frühe Lyrik Iwan Golls. Darstellung und Deutung seines lyrischen Werkes bis zum Jahre 1935. Mit einer Bibliographie des Gesamtwerks. Diss. Kiel 1965 (masch.).

14 Vgl. Goll, Ludwig (Anm. 7), S. 288f.

15 Vgl. ebd., S. 289 (Brief Golls vom 15. Oktober 1934) und S. 290f. (Brief Paula Ludwigs vom 17. Oktober 1934).

16 Ebd., S. 325f. (Brief Golls vom 19. Januar 1935).

17 Ebd., S. 368 (Brief Golls vom 27. September 1935).

18 Vgl. dazu: Lyrik verlegen in dunkler Zeit. Aus Heinrich Ellermanns Reihe ‚Das Gedicht. Blätter für die Dichtung' 1934-1944. Gedichte von 40 Autoren, ausgewählt und eingeleitet von Christoph Perels, mit einem Gesamtverzeichnis der Jahrgänge 1-10. München 1984. – Christoph Perels: Zum Problem der Kontinuität in der deutschen Lyrikgeschichte zwischen 1930 und 1950. Heinrich Ellermanns Reihe ‚Das Gedicht. Blätter für die Dichtung'. In: Jahrbuch des Freien Deutschen Hochstifts 1985, S. 260-302. – Fünfzig Jahre Verlag Hein-

sandte ihr die erste und die zweite Folge zu. Sein Werben hatte Erfolg, schon im Februar 1935 druckte er unter dem Titel *Winterstrophen* drei Gedichte Paula Ludwigs aus dem Band *Dem dunklen Gott. Ein Jahresgedicht der Liebe* von 1932 nach.[19] Ihm nun gedachte Paula Ludwig die *Vier Oden* von Ivan Goll für seine Reihe anzubieten, stellte aber bald fest, daß der Umfang der Heftchen für die Oden nicht ausreichte.

Ebenfalls im Herbst 1934 schrieb die Frauenzeitschrift *Die Dame* zum ersten Mal ihren Lyrikpreis aus und forderte zu Einsendungen auf.[20] Der Erfolg war überwältigend. Die Jury – Rudolf G. Binding, Hans Friedrich Blunck, Ricarda Huch, Julius Petersen und Carl Schnebel – hatte rund 15000 Gedichte von 3100 Autorinnen und Autoren zu sichten und einen ersten sowie fünf weitere Preise zu vergeben. Außer diesen sechs mit Preisen ausgezeichneten Poesien erwarb die Zeitschrift noch neunundzwanzig weitere, die in der engeren Wahl gewesen waren, zum Abdruck.[21] Auch Paula Ludwig sandte drei Gedichte ein, zwei eigene und Ivan Golls *Der Ölbaum*. Da sie, nicht zu Unrecht, vom Rang des Gollschen Gedichts fest überzeugt war und ihm große Chancen auf einen der Preise zubilligte, getraute sie sich nicht, das verabredete Pseudonym „Johannes Thor“ zu verwenden: denn natürlich würde man über diesen bislang unbekannten und nun plötzlich berühmten Lyriker Genaueres wissen wollen. Sie gab es also notgedrungen für ihr eigenes Gedicht aus. Am 17. Oktober 1934 bekennt sie Ivan Goll ihr Verfahren, tröstet sich mit der Erinnerung an Marianne von Willemers Gedichte in Goethes *West-östlichem Divan* und räumt doch ein:

> In unserm Fall ist [es] aber doch anders, dadurch dass es sich ja um Dein fast schönstes Gedicht handelt das inmitten Deines Werkes seinen Platz haben muss.[22]

Golls Antwort, vom 23. Oktober, ist so herzlich wie selbstbewußt:

> Wie freu ich mich über deine schöne Idee mit dem ‚Ölbaum‘. Wenn er gekrönt wird, gehört er auf immer dir – es wäre meine schönste Belohnung. Dass ihn die Deutschen läsen, ohne zu wissen, dass er von einem Juden ist. In 100 Jahren würden sie staunen![23]

Aber es sollte anders kommen. *Die Dame* zog fünfunddreißig andere Gedichte vor, und den ersten Preis erhielt Marie Luise Kaschnitz für *Die Wellen.*

---

rich Ellermann. Privatdruck. o. O. u. J. (Hamburg 1986), mit Beiträgen von Heinrich Ellermann, Peter Hamm, Anton Krättli, Hans Joachim Kreutzer, Karl Krolow, Christoph Perels.

[19] Jetzt am leichtesten zugänglich in: Paula Ludwig: Gedichte. Gesamtausgabe. Hg. von Kristian Wachinger und Christiane Peter, Ebenhausen 1986. S. 93 (Am erweiterten Strande des Meeres). S. 114 (Lange faßt ichs nicht). S. 118 (Tausend Winter durchmaß ich).

[20] Vgl. dazu Hans Dieter Schäfer: Das gespaltene Bewußtsein. Deutsche Kultur und Lebenswirklichkeit 1933-1945. München und Wien 1981. S. 42.

[21] Vgl. Christian Ferber (Hg.): Die Dame. Ein deutsches Journal für den verwöhnten Geschmack. 1912 bis 1943. Berlin 1980. S. 306-310.

[22] Goll, Ludwig (Anm. 7), S. 291f.

[23] Ebd., S. 296.

Währenddessen lagen die übrigen drei der *Vier Oden* bei Heinrich Ellermann in Hamburg, ohne daß es zwischen Oktober 1934 und Januar 1935 zu einem Abdruck in *Das Gedicht* gekommen wäre. Immerhin scheint der Verleger bei Paula Ludwig um die Erlaubnis gebeten zu haben, die Texte veröffentlichen zu dürfen. Sie hielt ihren Pariser Freund auf dem laufenden, und Ivan Goll stimmte zu – er hatte gerade die siebente Folge des ersten Jahrgangs vom Januar 1935, mit Gedichten von Albrecht Schaeffer, Friedrich Schult, Francis Jammes in der Übertragung von Ernst Stadler und einem Gedicht von Ernst Stadler selbst, erhalten: „der Ellermann ist köstlich [...] Mit einem Sonderdruck der 3 Oden wäre ich ganz einverstanden."[24] Nach dem Mißerfolg im Lyrikwettbewerb der *Dame* war nun auch *Der Ölbaum* wieder frei, und Paula Ludwig konnte den schon im Oktober 1934 ins Auge gefaßten zweiten Weg einschlagen: „Sollte der Ölbaum nicht preisgekrönt werden, kann ich ihn im Januar immer noch an dieses Flugblatt schicken."[25] So geschah es denn auch, am 2. April schrieb Goll einen hochgestimmten Dankesbrief an die Freundin, in dem er ausführlich auf das ganze Heftchen eingeht:

> Umso erquickender war der Empfang des ‚Gedicht'-hefts, wo du Seite an Seite stehst mit deinem thumben ‚Thor'. Ach in der Gesellschaft von Hölderlin und Heym wird mir ganz bange. Wie ist denn eigentlich so ein Heft gedacht? Warum wird Altes und Unveröffentlichtes so gemischt? Wem sind diese ‚Folgen' zugedacht? Und was bedeuten die losen Blätter? Sollen sie später gesammelt werden?
>
> Das Gedicht von Heym erscheint mir als das Vollkommenste. Was für ein schwebend-lebender Dichter war das!

Nach einigen liebevoll-kritischen Bemerkungen über Paula Ludwigs *Die Freude* fährt er über sein eigenes Gedicht fort:

> Ich bin jetzt sehr stolz auf das Gedicht. Ich weiss, dass es eins meiner gelungensten ist. Und ich bin so glücklich, dass mir die deutsche Musik nicht ganz geraubt ist. Wie aber hätte ich weiterdichten können, ohne einen Schallraum, in dem die Worte erst wirklich Wesen werden, aus der Tintennacht aufkeimend?[26]

Im August desselben Jahrs ermächtigt Goll die geliebte Vermittlerin, auch die Ende Juli entstandene Ode *Fuge von Bach* Heinrich Ellermann zu überlassen.[27] Wenig später muß es zu einer persönlichen Begegnung zwischen Paula Ludwig und dem Herausgeber der Reihe *Das Gedicht* gekommen sein und die Dichterin dem Freund den besten Eindruck von dem noch ganz jugendlich wirkenden Dreißigjährigen mitgeteilt haben. Golls Antwortbrief vom 27. September enthält Sätze, wie sie damals gewiß über nur wenige Verleger in Deutschland

---

[24] Ebd., S. 325 (Brief Golls vom 19. Januar 1935). – Dieses Heft fand auch den besonderen Beifall Albrecht Schaeffers (Postkarte an Heinrich Ellermann vom 8. Januar 1935), der Friedrich Schult als geglückte Neuentdeckung pries.

[25] Ebd., S. 291 (Brief Paula Ludwigs vom 17. Oktober 1934)

[26] Ebd., S. 340f.

[27] Vgl. ebd., S. 360. – Das Gedicht ist abgedruckt in: Yvan Goll, Dichtungen. Lyrik. Prosa. Drama. Hg. von Claire Goll. Darmstadt, Berlin, Neuwied 1960. S. 321.

ausgesprochen worden sind – zumal von einem in Deutschland Verbotenen und Verfemten:

> Ich freue mich sehr über Ellermanns Eindruck auf dich, und dass da ein wirklicher Freund des Geistigen und der wahren Werte lebt. Es ist gut, dass ihr zueinander gefunden habt und das[s] seine Blätter ein wichtiger Schlupfwinkel für den wirklichen Dichter sind. In der Tat, in Deutschland braucht der reine Geist keine Maske zu tragen: es erkennt ihn niemand![28]

Während Paula Ludwig bis 1939 in der Reihe *Das Gedicht* präsent blieb – letztmals im Mai 1939 *Mit der Ackerwinde...* –, ist dort kein weiteres Gedicht von Ivan Goll oder „Johannes Thor“ gedruckt worden. Stattdessen versuchte die Lyrikerin, Texte ihres Freundes in der 1935 begründeten und von Ernst Schönwiese in Salzburg herausgegebenen Zeitschrift *Das Silberboot* unterzubringen. Am 12. Februar 1936, während Goll sich gerade bei ihr in Ehrwald aufhält, erbittet sie von Ellermann die noch bei ihm liegenden Oden zurück.[29] *Das Silberboot* bestand freilich nur 1935/36 und dann erst wieder von 1946 an, 1938 mußte Schönwiese selbst emigrieren. In der kurzen Frist, die der Zeitschrift während der dreißiger Jahre beschieden war, bemühte sie sich allerdings bevorzugt um Dichter der klassischen Moderne und um Exilierte;[30] zur Aufnahme eines oder mehrerer Gedichte von „Johannes Thor“ scheint es aber doch nicht gekommen zu sein. Am 3. April 1938 rezensiert Walther Georg Hartmann in der *Deutschen Allgemeinen Zeitung* Heinrich Ellermanns Reihe, und hier wird „Johannes Thor“ zum letzten Mal im nationalsozialistischen Deutschland ehrenvoll genannt:

> Wer die Jahrgänge der *Blätter für die Dichtung* durchschaut, begegnet solchen Augenblicken immer wieder verjüngten Verwunderns über die Gnade eines Gedichtes: bei Carossas *Der alte Brunnen* oder Ina Seidels *Beschwörung*. Aber nennen wir auch Wilhelm Lehmanns *An meinen Sohn*, Fritz Diettrichs *Herbst* oder einen anderwärts vielleicht nie gehörten Namen: Johannes Thor, mit seinem einzigen Gedicht *Der Ölbaum*.[31]

Einen Monat zuvor, am 13. März 1938, waren die deutschen Truppen in Österreich einmaschiert, Paula Ludwig flieht noch am selben Tag nach Zürich und am 10. April weiter nach Paris. Eine der seltenen Episoden des Zusammenhaltens von Dichtern ‚drinnen‘ und Dichtern ‚draußen‘ ist zuende.

---

[28] Ebd., S. 368.

[29] Brief Paula Ludwigs an Ellermann (ungedruckt, in Privatbesitz).

[30] Vgl. die knappen Hinweise von Ursula Weyrer s. v. Schönwiese, Ernst. In: Literatur-Lexikon. Autoren u. Werke deutscher Sprache. Hg. von Walther Killy. Bd. 10. München 1991. S. 359.

[31] Walther Georg Hartmann: Gegenwart des Gedichts. In: Deutsche Allgemeine Zeitung Nr. 157, 3. April 1938. – Abgedruckt in: Das Gedicht im Verlag Heinrich Ellermann, Hamburg. Ein kleiner Katalog der während der vier Jahre 1934 bis 1938 erschienenen Folgen der Monatsschrift Das Gedicht (Blätter für die Dichtung) [...] Alles versehen mit einem Lob auf das Gedicht von Walther Georg Hartmann. Hamburg 1938. S. 5-13.

II.

Die Ode *Der Ölbaum* liegt gedruckt in zwei Fassungen vor.[32] Sie variieren außer in einer Reihe nicht unbedeutender Einzellesarten vor allem darin, daß der postum gedruckten Version die ersten beiden Abschnitte fehlen. Sie beginnt hier sogleich mit dem Vers: „Es kommt zu mir die blonde Dämmerung". Der Gedichtanfang wirkt so zufällig, daß man den Verdacht haben muß, die erste Seite des Goll'schen Manuskripts sei verloren gegangen.

Der 1935 gedruckte Text, vom Dichter im Briefwechsel mit Paula Ludwig mehrfach autorisiert, ist allerdings nicht die erste Fassung, es geht ihm vielmehr ein längerer Entstehungsprozeß voraus, und zwar dergestalt, daß die Freundin nicht nur einen beratenden, sondern einen eingreifenden Anteil an dem Gedicht hat. Nachdem im September 1934 in Torbole ein Abschluß der Arbeit erreicht schien, feilte Goll Anfang Oktober weiter daran, nicht zur Zufriedenheit Paula Ludwigs. Ihre Änderungen sind offenbar zumeist Rückänderungen:

> Den Ölbaum schickte ich fort in jener Fassung, wie wir sie in Torbole besprachen. In der jetzigen Fassung finde ich die Änderung nicht gut, wenn es nach der zweiten Strophe heißt: und steh und reife [...], das ursprüngliche: und steh und r u h finde ich besser, aus dem sehr überzeugenden Grunde, weil es das gesteigerte Reifen am Schluss sonst vorweg nimmt. Das Wort: reifen, darf für mein Gefühl in der ganzen Ode nur einmal stehn und eben am Ende, wie Du das an der Intention so genial gemacht hast! Auch der ernste Mittag und die Musik gefällt mir nicht. Aber dies kommt vielleicht nur daher, weil ich [die] alten Verse so eingehämmert in mir trage. Ich versuche vorerst mich an die neuen zu gewöhnen, gelingt mir dies nicht, so würde ich doch die alte Fassung vorschlagen. Auch für das Silbern des Haares müsste man noch im Zusammenhang mit der Dämmerung ein sprachlich gelösteres Bild finden. Das Silber ist an und für sich sehr gut. Statt Mönchslieder habe ich: geistliche Lieder.[33]

Auch die hier genannten Varianten stimmen nicht alle mit dem fünf Monate später bei Ellermann gedruckten Text überein, so daß angenommen werden muß, Goll selbst oder Paula Ludwig seien zwischen Oktober 1934 und Januar 1935 noch einmal an die Arbeit gegangen, bis die Fassung des Erstdrucks abgeschlossen war. Briefliche Zeugnisse darüber gibt es aber nicht.

Was Goll im Brief vom 2. November 1931 als das Gültige, „das Gesetz" konstatiert hatte,[34] entfaltet sich in der Ode als durchgeführte Allegorie: der Ölbaum ist nichts anderes als Bild und Gleichnis für dieses Gesetz. Dem entspricht die Wahl einer seit dem Klassizismus verbürgten Form. Denn das Gedicht steht, stärker noch als in der Tradition der freirhythmischen hymnischen Gedichte des Expressionismus, in derjenigen, die durch Hölderlin und seine

---

[32] Außer der oben wiedergegebenen Fassung des Erstdrucks findet sich eine abweichende in Yvan Goll: Dichtungen (Anm. 27), S. 193f., und in Yvan Goll: Gedichte (Anm. 5), S. 78f. Obgleich im Kommentar der letzteren Edition der Erstdruck genannt wird (S. 391), folgt der Hg. der Version, die Claire Goll mitteilt.

[33] Goll, Ludwig (Anm. 7), S. 292f. (Brief Paula Ludwigs vom 17. Oktober 1934).

[34] Vgl. Anm. 8.

Wiederentdecker zu Beginn des 20. Jahrhunderts begründet wurde. Es überwiegen bei weitem beruhigte iambische Verse, deren längster fünf Metren nicht überschreitet. Auch der Aufbau in zehn Versgruppen – und diese Ode ist in klassischem Sinn ‚gebaut' – folgt einer klaren Disposition: zwei expositorischen Abschnitten schließt sich ein mit dem deiktischen „Und sieh:" eingeleiteter Mittelteil an, der die Versgruppen drei bis neun umfaßt und sich nacheinander den „das Gesetz" ausdrückenden Erscheinungen zuwendet: den Tageszeiten – Abschnitt 3, dem Erdengrund und dem Himmelsgewölbe – Abschnitt 4 und 5, dem Ostinato des Grillengesangs – Abschnitt 6. Der siebente Abschnitt, der nur aus einer Verszeile besteht, ruft erneut die Motive der Exposition auf und weist zugleich auf den zehnten und letzten Abschnitt voraus. Die achte und die neunte Versgruppe tragen unter den Gesetzmäßigkeiten die der Jahreszeiten nach. Während die vierte und die fünfte Strophe, indem sie elementare Gegebenheiten summieren wollen, wohl allzu sehr der synthetisierenden Kraft konventioneller heraldischer Bilder – Granit und Schlange, Adler und Taube – vertrauen und einer Rhetorik des hohen Stils verpflichtet bleiben, gewinnt das Gedicht von der Mitte des sechsten Abschnitts an eine hohe sprachliche Intensität, und zwar zunächst durch die Verbindung von kühnen Wiederholungen mit ebenso kühner Paronomasie:

Mir aber in rindiger Rinde
Sitzt immer die Grille
Die gleiche
Die graue
Und sägt die Zeit
Und sägt die unsägliche Zeit.

Die Fassung in den beiden Werkausgaben[35] bleibt mit der Variante „schimmliger Rinde" und der Streichung des zweiten „Und sägt" dahinter zurück.

Erneut findet der Text zu bildlicher Verdichtung in der neunten Versgruppe:

Es gießt der Mond
Aus seinen verschiedenen Krügen
Die goldene Milch der Jahreszeiten –

Die metaphorischen Verschränkungen, deren Ausgangspunkt in den als Mondphasen evozierten Jahreszeiten zu suchen ist, dürfen und sollen nicht aufgelöst werden; die Technik dieser Bildstruktur von der attributiven Metapher „goldene Milch" bis zur identifizierenden Genitivmetapher „Milch der Jahreszeiten" hat Hugo Friedrich mustergültig beschrieben.[36] Es sind Vers-

[35] Vgl. Anm. 32.

[36] Vgl. Hugo Friedrich: Die Struktur der modernen Lyrik. Von der Mitte des neunzehnten bis zur Mitte des zwanzigsten Jahrhunderts. Erweiterte Neuausgabe. Hamburg 1967. S. 206ff.

gruppen wie diese, in denen die altehrwürdige Gattung der hohen Ode, fern von aller exklamatorischen Hymnik des Expressionismus, sich den Formprinzipien moderner Lyrik diesseits des Symbolismus bruchlos einfügt.

Ähnliches läßt sich von den vier Schlußversen sagen, die sich weniger durch kühnen sprachlichen Ausdruck, als vielmehr durch eine virtuose Kunst des Offenhaltens auszeichnen:

> Die Sonne steigt vom fernsten Weltenpunkt
> Und reift mir mühelos
> Die Frucht des Wissens
> Des Geists geduldige Olive

Die Umstellung des Worts „geduldig" vom Adverb zu „reifen" zum Attribut zu „Olive" folgt der überkommenen Stilfigur der Enallage. Unentscheidbar aber bleibt, ob die letzten beiden Verse „Die Frucht des Wissens / Des Geists geduldige Olive" im Sinne eines parallelismus membrorum oder einer prädikativen Ergänzung zu lesen sind. Diese zweite Deutungsmöglichkeit wird von der Tradition nahegelegt, insbesondere der biblischen: „Der Gerechtigkeit Frucht wird Freude sein" (Jes. 32, 17); „die Frucht des Geistes ist allerlei Gütigkeit" (Eph. 5, 9). Zu erwarten wäre auf „Frucht des Wissens" ein neuer, in einem Abstraktum zusammengefaßter Zustand: „Liebe", „Freude", wie Galater 5, 22, oder „Gütigkeit", wie im zitierten Text. Goll aber läßt nicht einen Begriff, sondern eine weitere Genitivmetapher folgen, und er konturiert sie noch schärfer, indem in die Position des Appellativs „Frucht" nun der Name „Olive" rückt. Entweder also bleibt die Position des Prädikativs ganz ausgespart, und das Gedicht schließt mit einer Geste der Steigerung aus der Naturbildlichkeit in die Sphäre des Bewußtseins und der Erkenntnis. Oder die identifizierende Genitivmetapher „Des Geists ... Olive" ist in der Tat das Prädikativ, und das heißt nichts anderes, als daß die „Frucht des Wissens" eben das Gedicht „Der Ölbaum" ist, wie ja das letzte Wort des Textes und sein Titel in Wahrheit Synonyme sind. So bleibt der Schluß offen und wendet sich doch auf das Gedicht zurück, erreicht im Vorgang des Reifens die Sphäre der Spiritualität und fordert zugleich eine neue, spirituelle Lektüre des ganzen Textes. Dietrich Schäfer spricht nicht ohne Grund von einer bei Goll „sonst unbekannten Klassizität in Haltung und Aussage [...], die stellenweise an Hölderlin erinnert."[37] Aber kaum zu Recht bemängelt er an dem Gedicht *Der Ölbaum* einen Widerspruch:

> Unbefriedigend an dem Gedicht bleibt die Tatsache, daß der Mensch einerseits in den natürlichen Prozeß einbezogen wird und damit dem zyklischen Gesetz der Natur unterstehen muß, andererseits aber der Geist als Frucht eines Reifeprozesses dieses zyklische Prinzip transzendiert.[38]

(zuerst 1956). – An diese Verse knüpfen sich die Beschuldigungen gegen Paul Celan, die so viele Verheerungen angerichtet haben.

[37] Schäfer (Anm. 13), S. 235.

[38] Ebd., S. 240.

Das heißt, ein modernes Gedicht im Licht des Klassizismus beurteilen, etwa im Licht von Goethes *Auf dem See*: „Und im See bespiegelt / Sich die reifende Frucht." Es würde hier zu weit führen – nämlich hinein in die nicht hintergehbare Strukturdifferenz von klassischer und moderner Lyrik überhaupt –, die beiden Gedichtschlüsse in Rücksicht auf ihren jeweiligen Kontext vergleichend zu analysieren. Nur soviel sei gesagt: der Goll'sche Gedichtschluß setzt die beiden expositorischen Versgruppen voraus, die Schäfer, da er sich auf die Textfassung in den von Claire Goll herausgegebenen *Dichtungen* bezieht, nicht kennt. Golls Gedicht formuliert nämlich nicht nur ein zyklisches Gesetz der Natur, sondern einen Weg der Erkenntnis, an dessen Beginn eine Erfahrung steht (so wörtlich: „Bis ich erfuhr", Vers 6), an dessen Ende aber gereiftes Wissen. Der Autor hat diesen Zusammenhang vorwegnehmend, im Brief vom 2. November 1931 an Paula Ludwig, schon ausgesprochen: „auf dem Heimweg... von allen Wundern."[39] Ein Weg von den Wundern zum Wissen gewiß – aber ein Heimweg? Nur einmal im Gedicht, und nur für dessen Dauer. Denn schon 1932 entstehen die ersten Gedichte der Sammlung *Jean sans Terre*, die das Spätwerk des Dichters einleiten. Und auch der weitere Lebensweg Ivan Golls wurde kein Heimweg, sondern ein Weg weiter ins Exil, von Paris in die Vereinigten Staaten.

---

[39] Goll, Ludwig (Anm. 7), S. 45.

Gerhart Baumann

UNGEORDNETE PAPIERE

Eine gegenwärtige, eine kommende Dichtung

I.

Wiederholt skizziert Paul Valéry ein *Buch ohne Vorbild*. Es soll einige Geschichten enthalten, „verschiedene kleine Abhandlungen und Aphorismen, mehrere Essays zu Methoden und anderen Dingen [...]“. Eine Sammlung, die ohne Absicht Gegensätzliches verknüpft, Eingebungen des Geistes, der sich in diesem Miteinander empfängt, ohne sich über diese Beziehungen Rechenschaft abzulegen. Im Hinblick auf sein „Werk“, auf mögliche Mißverständnisse, Bestimmungen und Abhängigkeiten, beschränkt sich dieses „Buch“ auf Gedichte, Bruchstücke, auf Ideen, Betrachtungen, Sichtweisen. Schärfer noch belichtet Valéry Vorgehen und Entwurf in dem Geständnis:

> Meine Arbeit als Schriftsteller besteht ausschließlich darin, Fragmente, Notizen über alles möglich und *aus jeder Epoche meiner Geschichte* ins Werk zu setzen. Ein Thema behandeln heißt für mich, bereits *bestehende* Stücke zu dem viel später gewählten oder auferlegten Thema gruppieren. Als Materie lasse ich kaum etwas anderes zu als Stücke, die von den Umständen diktiert wurden, die kommen, wie und wann sie wollen [...].

Eine Sammlung von Einfällen, Traktaten, Assoziationen, die es Valéry erlauben, Ich zu sein, seine Personenvielfalt auszuspielen, die Grade des Bewußtseins, Wandlungen, in denen das Ich sich erfährt – ein Selbstverständnis, das er mit Lichtenberg oder Fernando Pessoa teilt, eine geistige Vielstimmigkeit, zu der sich Novalis im Aufriß seiner *Enzyklopädie* bekennt. „Jedes Stück meines Buches, das in äußerst verschiedener Manier geschrieben sein kann. In Fragmenten – Briefen – Gedichten – wissenschaftlich strengen Aufsätzen etc. [...]“. Der Beweglichkeit seiner Gedanken, ihren fortwährenden Veränderungen, den unabweisbaren Berührungen möchte er in Formen entsprechen, die das Offene wahren, das Vieldeutige bewältigen: romanzenähnliche, dramatische Anfänge, „Übergänge, Folgen – bald Gespräch – dann Rede – dann Erzählung, dann Reflexion, dann Bild und so fort [...]“. Dem einsamen Konstrukteur Valéry ist alles gleichermaßen gültig, ein Ganzes, das mit allen Widersprüchen und Gegensätzen eine bewegliche Welt bildet, die er in über 250 *Cahiers*, in seinen „berüchtigten Notizen“ (an André Gide, Oktober 1922) täglich sich vergegenwärtigt.

Wahlverwandt bewundert Valéry die Codices von Leonardo da Vinci, und seine Versuche über den Maler, Denker, Forscher, zeichnen in ihren Umrissen eine Vorstellung seiner eigenen Wünsche, das „Vermögen des Geistes“, gleichzeitig Verschiedenem sich zu widmen, mehrere Einstellungen zu beziehen. Die hinterlassenen Notizen Leonardos, ein „simultanes Ganzes“, „das uns über die Ordnung der Fragen in seinem Geist im Unklaren läßt“ – sie begünstigen die Auslegung, dieser habe „je nach Laune und Umständen“ sich an die „verschiedensten Gegenstände verschwendet“, so daß er den Eindruck eines „Condottiere“ erweckt, der sich „reihum bei sämtlichen Musen verdingt.“ Die Dramen im Innern, jene Spannungen, welche dem Augenblick verpflichtet sind, Wesentliches noch im Unentschiedenen belassen, – sie bilden einen bevorzugten Vorwurf für den Schöpfer des *Monsieur Teste*. Die handschriftlichen Aufzeichnungen Leonardos wie die Merkzettel von Pascal vermitteln ihm beispielhaft die Möglichkeiten von Gedankensprüngen, in denen sich die Vielfalt des Geistes in ihrer Spannweite zeigt, aber auch die Einheit im Gegensätzlichen sichtbar wird.

Das Vermögen, gleichzeitig Verschiedenem sich zuzuwenden, fördert das Bewußtsein, über ein vielpersonales Ich zu gebieten. Aufschlußreich genug, daß diese Beobachtung geistiger Vielgesichtigkeit von jenen Naturen ausgeht, die solche Entwürfe verfolgen, Lichtenberg und Novalis, Goethe und Diderot, Kierkegaard und Pessoa. Vereinigung des scheinbar Unvereinbaren wird ihnen zur fortwährenden Aufgabe, und ihre Ethik entspricht der „Moral“, die Rudolf Kassner umreißt:

> Du mußt vieles, vieles zugleich sein können: treu und verräterisch, offen und heimlich [...] schwermütig und leichtsinnig, allgemein und besonders, immer derselbe und immer anders [...]

Ein vielstimmiges Selbstgespräch aus dem Geist des Selbstwiderspruchs, das Paul Valéry aufnimmt und fortsetzt:

> Ein Mensch kann religiös und zugleich gottlos sein [...] Will sagen, daß er in ein und demselben Augenblick beides sein kann; denn bei uns allen tritt bald das eine, bald das andere stärker hervor, ebenso wie andere entgegengesetzte Eigenschaften[...].

Lichtenberg, Novalis, Goethe, Proust, Pessoa, Canetti – sie verfolgen das Spiel ihrer Ich-Pluralität –, ein Spiel, in welchem sich ihre Verwandlungen entfalten und das Beständige sich bestätigt, Elias Canetti erhebt die Forderung: „Der Mensch muß es lernen, viele Menschen bewußt zu *sein*, und sie alle beisammenhalten.“ Einen Dialog, der „Proteus“ heißen sollte, möchte Valéry schreiben: Jeder Dialogpartner hätte darin seine Stimme, seinen Stil. – Verschiedene Weisen des Sehens, ihr Alternieren würde einen Dialog bilden – ähnliche Vorhaben von Novalis bringen sich zur Erinnerung. Mit aufschlußreichen Fragen, die vorauseilende Antworten bergen, begründet Valéry sein Vorhaben: „Sah ich nicht auf verschiedene Weisen und konnte ich dabei nicht auf mich selbst treffen? ... Lebte ich nicht mehr als eine Person?" Diderot entbindet einen satirischen Dialog in Ich-Momenten mit *Le Neveu de Rameau*, in jenem verdeckten Selbstgespräch, in welchem Hegel die „ihrer selbst bewußte und sich aussprechende Zerrissenheit des Bewußtseins" vernimmt. Goethe, Hofmannsthal – vielgesichtig gestalten sie ihre Verwandlungen, ihre Verhüllungen – Gestaltungen und Umgestaltungen, die ihnen ermöglichen, zu bleiben, wer sie sind, ihre unermeßlichen Gegensätze in Vereinigungen aufzuheben, die Menge von Wesen, Erinnerungen und Erfindungen zu versammeln.

Der Geist bedarf einer gewissen Ungebundenheit, um sich beweglich zu halten, um locker und schwebend Beziehungsmöglichkeiten wahrzunehmen. Er verweigert sich allem Abschließenden ebenso wie festschreibenden Ordnungen, jedem Entweder-Oder. Musil und Valéry suchen nach Formen, die das Unstete und Widersprüchliche aufzunehmen vermögen; bewußt verdichten ihre Texte das Unfeste in Zuständen und Verbindungen, die vielwertigen Abhängigkeitsverhältnisse. In seinem *Buch der Unruhe* hebt Fernando Pessoa darauf ab, verschiedene Ideen gleichzeitig zu verfolgen, die Dinge zu beobachten, zugleich von Verschiedenem zu träumen, „gleichzeitig von einem wirklichen Sonnenuntergang über dem Tejo und von einem Traum-morgen über einem inneren Pazifik".

Das „scheinbar Feste" wird für Musil zum „durchlässigen Vorwand" für Verschiedenes, „das Geschehende für etwas, das vielleicht nicht geschah, aber hindurch gefühlt wurde [...]". In immer neuen Einsätzen ist er bestrebt, den Menschen als „Inbegriff seiner Möglichkeiten" zu behandeln. Nicht nur im *Malte Laurids Brigge* ist es Rilke ein Anliegen, jeden Zustand als Ganzes aufzugreifen, alle Verhältnisse zu erfassen,

> denn so sehr wir auch in die Zeit hineinleben, wir leben [...] nicht *aus* ihr, es ist eine unerhörte Gleichzeitigkeit in unserem Innern, die unser Dasein ausmacht. (an Nanny Wunderly-Volkart, 10. Januar 1920)

Diese Einsicht schlägt sich in Gestalten wie im Gestaltungsbewußtsein nieder. Valéry erscheint es wünschenswert, „beim Schreiben alle Teile des Werks nahezu simultan zu behandeln und sie fast gleichzeitig ihrem endgültigen Zustand zuzuführen [...]".

Wer sich solcher Gleichzeitigkeit nähert, verzichtet unwillkürlich auf endgültige Lösungen und verbindliche Schlüsse, begnügt sich mit Möglichkeiten und bevorzugt Varianten. Er beläßt Wesentliches in Andeutungen, im vielsagend Unentschiedenen. Weitsichtig wie kritisch gibt Robert Musil zu bedenken: Jeder Standpunkt bildet „nur eine Ecke in einem Polygon von Standpunkten, jeder Grund hat seine Gegengründe". Die „Kunst des Fragments" kommt dem Weiterführenden und Vieldeutigen am weitesten entgegen, „wenn sie als Kunst ausgeübt und nicht als Unvermögen erlitten wird [...]". Erneut liegt es nahe, an die Novalis-Enzyklopädie in Fragmenten zu erinnern, aber auch an den aphoristischen Denkstil von Friedrich Nietzsche. Aus Fragmenten fügen sich seine Bücher zu einer unverwechselbaren Einheit. Denken und Dichten berühren sich, Begegnungen oft zwischen Kunst und Wissenschaft, Ethik und Ästhetik. Wie wegweisend solche Gedankenbücher, Hefte und Skizzen – auch im Konstruktiven und Fiktiven – wirken, belegen nachdrücklich Leopardi und Kierkegaard, Valéry und Canetti.

Bruchstückhaften Anlagen eignet indessen eine unergründliche Zusammengehörigkeit, Wahlverwandtschaften, Konstellationen, die bei aller Beweglichkeit eine unverkennbare Beständigkeit aufweisen. Sie erschließen überraschende Zusammenhänge, ein vorgängiges Ganzes, das von jedem Satz, jedem Hinweis, jeder Wendung vertreten wird, eine Kunst der Analogien von beinahe unerschöpflicher Empfänglichkeit. Diese Texte geben sich den Anschein des Beliebigen und folgen dennoch verborgenen Gesetzen; ihre Einsätze muten so planlos an wie ihr Ende und dennoch bemerkt der prüfende Leser eine Notwendigkeit in ihnen. In Unterbrechungen äußert sich ein waches Denken, im Läßlichen eine gewisse Strenge, im Spielerischen ein Calcul. Man gewinnt die Erkenntnis, daß in allen Wiederholungen etwas Unbegreifliches zurückbleibt. Ein solcher Stil verdichtet Übergänge, Grenzwerte, Zwischenzustände; er vermittelt Selbstentwürfe, ohne auf das Persönliche einzugehen, legt vieles frei, was geläufigem Zugriff sich entzieht. So lückenhaft er sich gibt, so wenig entgeht ihm. Ein Stil, welcher bewegliche Gruppierungen umkreist, Finden und Verlieren, Erstaunen und Erschrecken gleichzeitig aufzufangen vermag, das Erwachen von Dichten und Denken zu sich selbst, – um eine Wendung von Valéry zu erweitern, ein Stil, den sein Faust ersinnt: er erlaubt es, mit „wunderbarer Leichtigkeit von dem Bizarren zum Gewöhnlichen hinüberzuwechseln und umgekehrt, von der freiesten Phantasie zur äußersten Genauigkeit, von der Prosa zum Vers [...]".

Bücher der Unruhe entstehen, Texte, in denen scheinbar Unvereinbares sich begegnet, in denen mehrere Stimmen nebeneinander sprechen, Beziehungen, Erfindungen, Erwiderungen, Wahrnehmungen und Ideen – ein Miteinander, das keineswegs gesichtslos ist, Figurationen, in denen der Geist als „Assoziationssubstanz" (Novalis) wirkt. Skizzenhaft offenbart sich, wie das gleiche Ich verschiedenen Gegenständen sich widmet, derselbe Satz zahlreiche Horizonte auszieht. Ein bewegliches Mit- und Gegeneinander bildet sich, das beständig einem Ausgleich zustrebt, einer Symmetrie aus Gegensätzen. Der Geist – so ermittelt Valéry – lebt aus der Herausforderung des Zusammenhanglosen. Unordnung ist eine Bedingung seiner Fruchtbarkeit; sie enthält deren Verheißung, denn diese Fruchtbarkeit hängt eher vom Unerwarteten ab als vom Erwarteten, und eher von dem, was wir nicht wissen [...].

Diese Hefte, Folgen ohne Plan, Entwürfe ohne Ziel, Zuordnungen, die überraschen und befremden, sie lösen sich von Denkgewohnheiten und Überlieferungen, sie meiden alles Angepaßte, indessen äußert sich in ihnen eine Geistesgegenwart von hohen Graden, das Vermögen, Probleme und Erwiderungen zusammen zu erfassen, Möglichkeiten ihrer Wirkung im Hinblick auf Dichten und Denken aufzulichten.

Man verkürzt und verstümmelt das Ganze dieser Aufzeichnungen und Fragmente, wenn man sie Einteilungen unterwirft, – Einteilungen, die „zufällig und fremd" bleiben, wie Novalis bemerkt. Sie lassen sich nicht rechtfertigen, selbst wenn Valéry einmal äußert: „ich werde mich wohl dazu entschließen müssen, die Hefte nach Gebieten und Themen anzulegen [...]" – er hat es dann unterlassen. Solche Versuche, das Ungeregelte einer Ordnung zu unterwerfen, ein widersprüchliches Miteinander in eine Folge zu zwingen, – sie resultieren aus der Gewohnheit zu Übersicht und Bestimmung. Man verkennt dabei, daß in diesen Heften vieldeutige Beziehungen sich bilden, die etwas Unbestimmtes behalten, sachlich nicht zu erfassen sind. Trennt man die Einträge, Skizzen, Essays, Aphorismen, Gleichnisse voneinander, verkürzt man Wesentliches, auch wenn es sich nicht bezeichnen läßt, Möglichkeiten, die nicht einzugrenzen sind. Dem Ich mit seinen Möglichkeiten entspricht eine Anlage, die sich für Variaten offen hält, die selbst dem Autor sich völlig nie erschließen. Je nach Erwartungen und Bedingungen schafft sich der Leser eine Einheit, die bei einer erneuten Begegnung sich vielleicht bis zum Unvergleichlichen verändert, Kombinationen und Konfigurationen mit wechselnden Besetzungen, Gestalten, die sich ablösen und dabei ihre gemeinsame Herkunft bewahren. Wandlungsfähigkeit bildet die Voraussetzung, am Ganzen teilzuhaben. Locker, aber unzertrennlich verhalten sich die Zusammenstellungen; alles erscheint zur gleichen Zeit, gesondert und verknüpft, so legt Goethe seine Werke, seine Welt aus.

Wie schwierig es ist, ein Umfassendes zu verdichten, wahrnehmbares Erfahren und Fiktionen, Entschwundenes und Gegenwärtiges, geht aus dem Bekenntnis Rilkes über seine *Aufzeichnungen des Malte Laurids Brigge* hervor:

> Ich weiß nicht, wieweit man aus den Papieren auf ein ganzes Dasein wird schließen können. Was dieser erfundene junge Mensch innen durchmachte (an Paris und an seinen über Paris wieder auflebenden Erinnerungen), ging überall so ins Weite; es hätten immer noch Aufzeichnungen hinzukommen können; was nun das Buch ausmacht, ist durchaus nichts Vollzähliges. Es ist nur so, als fände man in einem Schubfach ungeordnete Papiere und fände eben vorderhand nicht mehr und müßte sich begnügen. Es ist, künstlerisch betrachtet, eine schlechte Einheit, aber menschlich ist es möglich, und was dahinter aufsteht, ist immerhin ein Daseinsentwurf und ein Schattenzusammenhang sich rührender Kräfte. (an Gräfin zu Solms-Laubach, 11. April 1910)

Die Genauigkeit der offenen Anlage läßt Rilke unerwähnt: je inständiger das Gegenwärtige erlitten wird, desto weiter dehnt sich der Horizont des Gewesenen; fortgesetzt, rhythmisch in der Folge, die Versuche, die Widersprüche miteinander auszusöhnen, Selbstentfremdungen in Selbstverwirklichungen aufzuheben. Ein spannungsreiches Beziehungsfeld ersetzt den „Faden der Erzählung" (Musil). „Zeitfolgen" spielen in den Aufzeichnungen keine Rolle, sowenig wie in den Dichtungen von Robert Musil. Fernes und Nahes, Gewesenes und Gegenwärtiges, – nichts wird auseinander gerissen; nichts folgt mehr dem vereinfachenden Faden, alles breitet sich „in einer unendlich verwobenen Fläche" aus. Erwartungen und Erwiderungen durchdringen sich grenzenlos, zugleich bemerkt man jene Unterbrechungen, die geläufigen Ordnungen fremd bleiben.

In Dasein und Eigenart löst sich Malte Laurids Brigge von seinem Dichter ab wie *Monsieur Teste* von dem seinigen. Ein „Schattenzusammenhang" umgreift Persönliches und Überpersönliches.

In seinem „Logbuch", auszugsweise werden wir mit ihm vertraut, gibt Monsieur Teste etwas von seinem proteischen Wesen preis, zeigt sich ein Geist der Übergänglichkeit. Er läßt ihn eine „*wirkliche* Zusammenhanglosigkeit" erkennen, „die wahrer ist als jeder vorgefaßte Zusammenhang". Das Ich, das sich in diesen Aufzeichnungen offenbart, so fließend auch sein Umriß gezeichnet, weist sich unverwechselbar als Monsieur Teste aus. Ein Versuch im Gegenlicht erscheint vielleicht noch anregender. Welche Ich-Möglichkeiten umkreisen jene Notizen, die Valéry vor Morgengrauen über ein halbes Jahrhundert hin aufzeichnet? Reflexionen eines Ich, das mit überlegenem Abstand und im Konjunktiv auf sich zugeht, stets im Bewußtsein, sich nie zu erreichen, ein Ich, das gewisse Vorbehalten nie unterschlägt, Selbsterörterungen, welche das Spiel der Personenvielfalt sichtbar machen, ein Sich-Schreiben, ohne sich ganz zu schreiben, ein Geist, unitarisch „in tausend Stücken", der sein Ich durch fortgesetzte Konstruktionen zu ersetzen sucht. Umsichtig, selbstkritisch behutsam, deutet der 72jährige Valéry das Vielbezügliche seiner Aufzeichnungen:

> Man würde in diesen Papieren, wenn man sie mit mir selbst gleichsetzte, leicht herausfinden, daß ich mich häufig wiederhole, auf vieles zurückgreife, die Dinge immer wieder aufgreife, man würde eine generelle Anlage von Ideen herausspüren, die so etwas wie eine Tendenz abzeichnen würden, eine 'Natur', ein Temperament, die Umrisse einer Person – und zu guter Letzt etwas, woraus ein *Autor* unter meinem Namen sich konstruieren [...], sich vermuten ließe [...]. (an Vater Rideau, 1943)

Nicht gleich, aber in dieselbe Richtung weisend, ist das Vorhaben, welches Robert Musil in Skizzen zu einem *Rapial* versammelt: „Aufzeichnungen eines Schriftstellers": ein Nebeneinander von Essays und Fragmenten, erkenntniskritischen Studien, Aphorismen, Auseinandersetzungen mit dem eigenen Werk, Skizzen, die möglicherweise „Teil eines Ich-Romans" sein könnten. Der endlose Roman des *Mannes ohne Eigenschaften* könnte in diesen Essays und Aphorismen aufgehen, ein Nachwort von Ulrich deutet diese Möglichkeit an.

Indem Novalis seine Fragmente als „Bruchstücke des fortlaufenden Selbstgesprächs" versteht (an Friedrich Schlegel, 26. Dez. 1798), – bezieht er sich auf die Berührungen von Ideen und Wahrnehmungen, auf Märchen und Anekdoten, auf kritische Erörterungen, – Kommentare zugleich, die dem Schattenriß seines eigenen Ich gelten. In beinahe wörtlicher Übereinstimmung mit Musil gewahrt er, was den meisten unbekannt bleibt, „wie interessant sie wirklich sind [...]". Eine Darstellung

> Ihrer selbst – eine Aufzeichnung und Beurteilung ihrer Reden würde sie über sich selbst in das höchste Erstaunen setzen und ihnen in sich selbst eine durchaus neue Welt entdecken helfen.

Der offenen Form des Fragments entspricht das Novalis-Prinzip Ich, – eine „Einheit ohne Schranke und Bestimmung zu sein [...]". „Pluralismus", das „innerste Wesen" des Menschen. Vielleicht hat jeder einen „eigentümlichen Anteil an dem, was ich denke und tue, und so ich an den Gedanken andrer Menschen" – äußert Novalis-nah Lichtenberg. „Die Mythen der Physiker" – diese Wendung ließe sich auch Novalis zuschreiben, ebenso die nahe Verwandtschaft zwischen Geist- und Körperwelt, die Korrespondenzen zwischen Innen und Außen, Bemerkungen gleichermaßen phantastisch wie genau.

Schreiben ist für Franz Kafka ein Gespräch mit sich selber; es befreit ihn von der Bewegungslosigkeit, mit welcher er ins Leere starrt. Was er aufzeichnet, ist „in kleinen Stücken mehr aneinander als ineinander gearbeitet" (an Max Brod, 22. Juli 1912). Sein Ich, eine „unzusammenhängende Konstruktion" (an Felice Bauer, 18./19. Febr. 1913). Immerfort stößt Kafka an Grenzen, nur Einzelnes vermag er im Sprung zu erfassen; Fernes bleibt ihm verdeckt, Nahes unerreichbar. „Zusammenhängendes, entwicklungsmäßiges Denken ist mir ganz unmöglich. Ich kann auch nicht eigentlich erzählen [...]", eröffnet er Felice Bauer (10./16. Juni 1913). Das Endlose, das Unerreichbare, – in hartnäckigen Wiederholungen, in abgerissenen Betrachtungen und Fragmenten sucht es nach Ausdruck, ein Nebeneinander des Unvereinbaren und dennoch Zusammengehörigen. Der Augenblick – nur er – ist das Ganze; er entscheidet „immerwährend", in dem Prozeß, den das Ich gegen sich selber anstrengt. Oktavhefte, Aphorismen, Gleichnisse, Betrachtungen, nicht zuletzt Tagebucheinträge sind die bevorzugten Vermittler. Ihnen ist etwas von demjenigen zu entnehmen, was ungeschrieben bleiben muß. Nicht zuletzt lehnt Kafka sich gegen alles Schematische und Systematische auf, weil es sich dem Unbeschreiblichen verweigert. Daß er vom Systematischen nicht loskommt – ein Kafka-Paradox. Vielsagend seine Tagebuchnotiz vom 27. Dezember 1910:

> Meine Kraft reicht zu keinem Satz mehr aus. Ja, wenn es sich um Worte handeln würde, wenn es genügte ein Wort hinzusetzen und man sich wegwenden könnte im ruhigen Bewußtsein, dieses Wort ganz mit sich erfüllt zu haben.

Immer wieder bricht bei Kafka die Angst vor der „Übermacht des Fixierten" auf, er beschränkt sich auf ungeordnete Sätze. Nur „abreißende Anfänge" treten zutage, das gilt nicht allein für die angeführte *Automobilgeschichte*. „Eingangssätze [...], weit vor dem Ende abgebrochen [...]". (16. Dez. 1911) – „alles nur ein Anfang und nicht einmal ein Anfang [...]". (16. Oktober 1921) Jedes Ende selbst ein gewaltsam skizziertes, jähes, ein umgekehrter Anfang.

Beispielhaft lassen sich die *Gebrochenen Geschichten* von Valéry anführen, zu denen der Dichter bemerkt:

> Ich schreibe, als wäre es der Anfang eines Werks. Aber ich weiß, daß es das Werk nicht geben wird, ich fühle, daß ich seine Richtung nicht kenne und daß mich Langeweile überkäme, wollte ich mich bemühen, es zu einem bestimmten Ende zu führen [...].

Was er vorlegt, eine „paradoxe Sammlung von Fragmenten, Anfängen, Sujets“, die – nach seinem Zeugnis – „zu verschiedenen Zeiten meines Lebens aufgetaucht sind, und deren Geschick ich niemals wiederaufzunehmen gedenke, wo ich es beließ.“

Brechungen, die sich einander zuordnen, – sie fordern gespannte Aufmerksamkeit und verraten jegliches Unvermögen. Bewußte Unordnung setzt Können und Überlegenheit voraus, die Fähigkeit, Unbestimmtes anzusprechen, Zeitfelder aufzureißen.

Das Unabschließbare bildet auch ein Anliegen von Elias Canetti, der mit Kafka die Abscheu vor Bestimmungen und Einteilungen gemein hat. Darin gründet auch seine Nähe zu Lichtenberg und seiner Kunst der „Enthaltsamkeit“: „daß er nichts abrunden mag, nichts zu Ende führt [...], so hat er das reichste Buch der Weltliteratur geschrieben.“ „Die Notwendigkeit vereinzelter Sätze“ erhebt er zum Gebot.

Sich zu bescheiden mit „Aphorismen von unerhörter Dichte und Brechungskraft“, empfiehlt Valéry dem Künstler, – er spricht damit nicht zuletzt sich selber an. Im Hinblick auf seine Notizen, Anmerkungen und Versuche, auf ihre Menge, die ihn bedrückt, vertraut er einem Freund: „Potentiell [...] zwei oder drei Bücher [...] das wäre mein eigentliches, mein wahres Oeuvre [...]“. (an Paul Souday, Oktober 1923) Es geht dabei nicht darum, ungeordnete Papiere gegen vorbedachte Folgen auszuspielen, zumal eine strenge Scheidung zwischen Geordnetem und Ungeordnetem fragwürdig bleiben muß; auch im Zufälligen wirkt ein Gesetz. Für Musil ist „Ordnung“ gewissermaßen „ein paradoxer Begriff“. Man verlangt nach ihr, aber man verträgt nicht zu viel von ihr; eine „vollkommene Ordnung wäre sozusagen der Ruin alles Fortschritts und Vergnügens“ – ironisch vielsagend schreibt Musil dem General Stumm von Bordwehr im *Mann ohne Eigenschaften* diese Äußerung zu.

Wie sich im Spielraum der Möglichkeiten, im scheinbar Planlosen, unerwartete Beziehungen bilden, läßt sich an den Codices von Leonardo ebenso verfolgen wie in den *Sudelbüchern* von Lichtenberg, dem *Zibaldone di pensieri* von Giacomo Leopardi, im geplanten *Rapial* von Musil. Nicht eine Ordnung verbindet diese Aufzeichnungen jeweils, vielmehr bewahren sich diese Texte in Möglichkeitsformen die Freiheit eines Miteinander, das bei jeder Betrachtung erst entsteht, um dann sich wieder aufzulösen.

Überblickt man die ungeordneten Papiere, dann vergegenwärtigt sich gleichermaßen das Disponible in Text und Autor, Entsprechungen zwischen dem Einzelnen und dem Ganzen, so unfaßbar dieses auch bleibt. Nicht nur das Ungeschriebene deutet sich schattenhaft an, sondern auch das Verworfene und Aufgegebene, die Streichungen. Leseerfahrungen teilen sich mit, kritische Einstellungen, die Abenteuer des erfindungsreichen Geistes, die Herausforderung des Unverwirklichten, vielwertige Erwartungen, die noch unbestimmt wirken. Gespräche und Selbstgespräche werden vernehmbar, die „Auseinandersetzung des Ich mit der Welt unter zwei Augen“, wie sie Robert Musil übt, Begegnungen zwischen dem Persönlichen und Unpersönlichen, Inkonsequenzen, Krisen des Geistes. Die Trennung zwischen Schaffen und Erkennen ist weitgehend aufgehoben, Bewußtseinszustände und Schöpfungsakte, die unberechenbaren Abweichungen. Der Geist, seine Sensibilität wird spürbar wie kaum irgendwo, in der vielfältigen Widersprüchlichkeit seiner Möglichkeiten, nicht zuletzt in jenen, die jeder unwiderruflichen Ordnung sich verweigern. Umschlüssig entziehen sie sich jeder Begrenzung, vielwertig jeder endgültigen thematischen Bestimmung. Die Anziehungskraft dieser ungeordneten Papiere, – nicht zuletzt empfangen sie ihre Wirkungen daraus, daß sie endlos, jedoch niemals gesichtslos sind, als Entwürfe sich Möglichkeiten offen halten, dem Selbstverständnis ebenso entgegenkommen wie noch unentdeckten Beziehungen.

II.

Das „Buch ohne Vorbild", das Paul Valéry sich wünscht, besitzt durchaus einige Vorbilder. In ihnen erschließt sich Verwandtes, wenn auch in verschiedenen Graden, Anlagen und Zusammenstellungen. Es sind Texte, deren Zusammenhang auf geläufige Folgen und Formen verzichtet, die der Logik der Einbildungskraft gehorchen. So unterschiedlich die Voraussetzungen und Entwürfe auch sind, so versuchen sie dennoch ein Miteinander, das sich die Freiheit möglicher Zuordnungen vorbehält. Im Unvergleichlichen entdeckt man überraschende Entsprechungen, jene Wechselwirkungen zugleich, die Unruhe wie Erkenntnis auslösen, Zweifel und Zuversicht. Die *Londoner Schriften* von Johann Georg Hamann, Auslegungen, Erwägungen, Gedanken über den Lebenslauf, über Kirchenlieder, Brocken, Gebet – sie erhellen Selbstverständnis und Glauben; Kommentare zu Dasein und Schöpfung, Rechenschaft und Aufbruch zugleich. Erfahrungen eines Bibellesers, ein Tagebuch der Erweckungen und Verwandlungen, der Versäumnisse und Vorsätze. Essays, Gleichnisse, Leitsätze, die sich gleichermaßen dem Glauben wie der Natur zuwenden. Eine Form, die es erlaubt, alle Bindungen in Freiheit sich mitzuteilen, der eigenen Auflichtung beizuwohnen.

Eine enzyklopädische Vielfalt, frei von einengenden Bedingungen, vom Zwang bestimmender Formen, entfaltet Novalis, eine „Constructionslehre" des „schaffenden Geistes", welche alle Sonderungen hinter sich läßt. „In einem Buche das Universum zu finden" – Aufgabe und Vorgang. Alles bezieht sich auf ein Ganzes, das Entwurf bleibt, „wunderliche Einheiten und eigentümliche Verknüpfungen", eine „Poesie des Unendlichen". Die Anlage, die der beweglichen und erfindungsreichen Einbildungskraft entspricht:

> [...] Recherche (oder Essay), eine Sammlung Fragmente, ein Lichtenbergischer Commentar, ein Bericht, ein Gutachten, eine Geschichte, eine Abhandlung, eine Rezension, eine Rede, ein *Monolog* (oder *Bruchstück eines* Dialogs) [...].

Dichter, Forscher, Beobachter, – ein universaler Geist, so empfängt sich Hardenberg im Bewußtsein von Constellationen, die in das Unbedingte wie Unbegrenzte ausgreifen. Vielbezüglich versammeln sich Skizzen und Erörterungen im *Zibaldone* von Leopardi. Dieses Gedanken- und Tagebuch, das

Vorgänge in Selbsterkundungen und allgemeine Betrachtungen vereinigt, Abhandlungen, Gedichtfragmente, Zitate, Ansätze zu Büchern und Gesprächen, die den Charakter des Vorläufigen beständig hervorheben. Themen der Philosophie und Religion, von Sprache und Geschichte werden gestreift, Bereiche von Wissenschaft und Kunst angesprochen. Hier, wie in den anderen Heften, läßt sich verfolgen, wieweit Gelesenes mit Erfahrenem gleichzusetzen ist, Lecture ein mögliches Selbstverständnis auslegt, aber auch in die Texte selbst eingeht, was bei Hofmannsthal oder Canetti beispielhaft sich abzeichnet. Die Spannungen zwischen Selbstliebe und Einbildungskraft vermittelt der *Zibaldone* ebenso wie Zweifel und Wahn, erdachte Täuschungen und die daraus resultierende Schwermut; sie zeitigt nicht zuletzt die Unterbrechungen, das Abgerissene in diesen Aufzeichnungen, – „Schwermut“, der „Widerspruch des Menschen mit sich selbst“, so deutet es Rudolf Kassner.

Fernando Pessoa sieht sich genötigt, aus seiner „Aufmerksamkeit ein Notizbuch“ zu machen, so hoch ist seine schöpferische Geschwindigkeit. So viele Blätter hat er auszufüllen, „daß einige verlorengehen“, andere, die man nicht lesen kann, „weil sie mit mehr als großer Eile niedergeschrieben wurden“.

> Englische und portugiesische Verse, Gedankenfolgen, Themen, Projekte von Dingen, die ich selbst noch nicht recht bestimmen kann, Briefe, von denen ich nicht weiß, wie sie anfangen oder aufhören, kritische Blitze, metaphysisches Gemurmel [...]. (an Mario Beirao, 1. Febr. 1913)

Prosa, Notizen, Gedichte fügen sich auch zur *Reise nach Armenien* von Ossip Mandelstam. Prosa bedeutet ihm vielsagend „ein unterbrochenes Zeichen für das Ununterbrochene.“ Sie äußert sich regellos, vielstimmig.

Was Pessoa mit ironischem Einschlag der Eile zuschreibt, vermag sich vielleicht noch eindringlicher in einem Miteinander zu verdichten, das Unmittelbarkeit mit einläßlichen Überlegungen vereinigt. Lockere Fügungen, ein Wechsel der Töne, eine bewußte Vielstimmigkeit, die gleichzeitig verschwiegene Möglichkeiten vernehmbar werden läßt. Hofmannsthal beschreibt dieses Zugleich, die „Berührung der Sphären“, bildhaft eindringlich und genau, das „Eindringen von Aufforderungen, Ahnungen, Verbindungen“:

> Es rührt [...] ein Windhauch hundert gespannte Saiten an, hunderterlei ist bei mir angefangen, angelegt, ist innere Möglichkeit, Plan, untermalte Leinwand, anticipiertes Gedicht, noch nicht gereiftes apercu, alles greift noch ineinander, Gedicht, politische Ahnung, Roman, Comödie, Aphorisma, Briefe, Relationen. Es ist ungeheuer schwer, alles zusammen und alles auseinander zu halten. (an Hermann Bahr, 17. August 1917)

Alles zusammen und alles auseinander zu halten – Goethe verfügt wie kaum ein zweiter über dieses Doppelvermögen, – sein Werk, ein Gleichnis dieser Kunst. Sie erlaubt es, zu vergleichen, zu ergänzen, Texte und Beobachtungen aus verschiedenen Bereichen zusammenzustellen, in den jeweiligen Anordnungen ungewöhnliche Begegnungen zu ersinnen, erstaunliche Verwandtschaften zu entdecken. Man darf an den *West-östlichen Divan* erinnern, an das Miteinander von Gedichten, Noten und Abhandlungen, Gleichnissen und Glossen, des „Divans Poesie und Prose". Eigenes und Angeeignetes, Schöpfungsbewußtsein, Beharren und Hingabe, Bekenntnisse und Mythen, eine Kunst des Vieldeutigen und Schwebenden, wie sie dem Osten entspricht. Weltgeschichtliche Betrachtungen, Höheres und Höchstes, Schaffensvorgänge, Offenbarungen, die der Dichter sonst weitgehend zurückhält. Er vermag sich zu teilen und der eine zu bleiben, ein Individuum mit dem Anspruch unüberbietbarer Allgemeinheit; sie hebt die Trennung zwischen Fremdem und Eigenem auf und verwischt doch nicht das unnachahmliche Gesicht. Unmittelbarkeit verbindet Goethe mit Abstand, Dichtung mit Überlegungen zur Dichtung, die selbst wieder eine Dichtung eigener Art gestalten, Möglichkeiten gegenständlicher Auslegung, ein Miteinander beweglicher Zuordnungen. Alles ist Weg und Ziel in ihnen zugleich. Selbstdarstellungen in mancherlei Gestalten wie in verschiedenen Bereichen versammeln seine *Morphologischen Hefte*; „Bildung und Umbildung organischer Naturen", das gilt für Mensch und Pflanze, für Anatomie und Physiologie, für Gedicht und Sentenz, für Bemerkung und Spruch. Vielsagend der Einsatz: „Erfahrung, Betrachtung, Folgerung durch Lebensereignisse verbunden." Das Bewußtsein einer inneren Bindung ist im Verschiedenen lebendig, Bildungen wie Gebilde, die jenseits aller Gattungsgrenzen ineinandergreifen. *Wilhelm Meister* – eine Dichtung, nicht aus „Einem Stück aber doch in Einem Sinne". Handwerk und Kunst, Mystik und Lehre, Geologie und Himmelskunde, Opernhaftes und Legendäres, Novellen, Betrachtungen, Briefwechsel, Gespräche und Maximen – eine Fülle von Sichtweisen, Beschreibbares und Unbeschreibliches. „Es findet sich in dem Komplex des Ganzen" – so befindet Goethe -

> Notwendiges und Zufälliges, Vorgesetztes und Angeschlossenes, bald gelungen, bald vereitelt, wodurch es eine Art von Unendlichkeit erhält, die sich in verständige und vernünftige Worte nicht durchaus fassen noch einschließen läßt. (an Rochlitz, 23. November 1829)

Umfassender noch spricht er in anderem Zusammenhang von seinem Vorgehen, „durch einander gegenüber gestellte und sich gleichsam in einander abspiegelnde Gebilde den geheimeren Sinn dem Aufmerkenden zu offenbaren". (an Iken, 27. September 1827) *Divan* und *Meister* münden in das Unendliche aus, – fortsetzbar wie zahlreiche Dichtungen Goethes.

Der ungenannte kommende Dichter, Prophet, Träumer, den Hofmannsthal beschwört, wird sich der Formen bedienen,

> um sie zu transzendieren. Sein Drama wird ihm zum Mythos des eigenen Ich aufschwellen, sein Roman wird kosmische Geheimnisse umschließen, wird Märchen, Historie, Theogonie und Bekenntnis zugleich sein wollen [...].

Novalis bereits erhob die Frage: „Sollte nicht der Roman alle Gattungen des Stils in einer durch den gemeinsamen Geist verschiedentlich gebundenen

Folge begreifen?" Das „Buch in verschiedener Manier" bildet sein fortgesetztes Anliegen. Paul Valéry hegte den unbestimmten Plan zu einem *Faust III*, der eine beliebige Anzahl bühnengeeigneter Werke umfassen sollte: „Dramen, Komödien, Tragödien, Zauberpossen, je nach Gelegenheit; Verse oder Prosa, je nach Laune; nebeneinander herlaufende, doch von einander unabhängige Produktionen [...]". Unwillkürlich sieht man sich an die Vielheit der Formen im *Faust II* von Goethe gemahnt, das großartigste Miteinander, das man sich vorstellen kann, sooft es auch die Vorstellungskraft übersteigt. Ein Miteinander auseinanderliegender Epochen, Spiele im Spiel: Vergessen und Gedenken, Jugend und Alter, Abenteuer und Mysterien, Verschwendung und Entwöhnung, Räume und Richtungen, Trennungen, die ein Zu-sich-Kommen bedeuten, – ein dramatisches Kraftfeld mit fließenden Umrissen. Die Gattungsgrenzen werden überwunden in Gedicht und Lied, in Chor und Selbstgespräch, in Vorhalten, die ein Wiederfinden anzeigen, in Formen, die in Bewegungen übergehen, das Doppeldeutige der Magie vergegenwärtigen, Erneuerungen in Verwandlungen aufscheinen lassen.

Bücher, die fortwährende Abwandlungen nahelegen, das Zugleich verschiedener Möglichkeiten, die variablen Funktionen gleichen, sie behaupten ihren Raum im neueren Schrifttum. Durchlässig für gegensätzliche Bedeutungen, selbst im geringfügigsten Bruchstück, Dichtungen in der Dichtung; jede steht für sich, zugleich jedoch in vielwertigen Wechselwirkungen mit den übrigen, ein Ineinandergreifen, das unablässig neue Einsichten gewährt. Widerstände, die formbildend wirken, dem Unmittelbaren Dauer verleihen, Sätze, die einander sich nähern, ohne sich völlig nahezukommen, – sie zeitigen ein dichterisches Feld von unerhörter Anziehungskraft, – ein Feld, das unentschieden läßt, wo etwas einsetzt, wann etwas aufhört. Saint John Perse und René Char verdichten diese Möglichkeiten. In mancher Hinsicht nähert sich der *Roman des Phänotyp* von Gottfried Benn ähnlichen Versuchen. Eine Prosa „außerhalb von Raum und Zeit. ins Imaginäre gebaut, ins Momentane, Flächige gelegt, ihr Gegenspiel ist Psychologie und Evolution", um eine Bemerkung des Dichters aufzugreifen. Ohne System, wie die Natur „aus einem unbekannten Zentrum, zu einer nicht erkennbaren Grenze", – ein Wort Goethes, das Benn sich zueignet. Nicht zuletzt vermittelt ein erschließender Sinn für das Lückenhafte das Ganze. Er gewahrt Beziehungen und Folgen noch dort, wo sie im Ungeordneten sich verbergen. Anstelle von Vorlagen und Vorbildern, zeitlichen Bindungen, treten Entsprechungen, Bezüge, die das Eindeutige vermeiden.

Im offenen Miteinander, das unwillkürlich zugleich auch ein Gegeneinander bedeutet, vermag sich das Infinitesimale ebenso zu behaupten wie das Unstete und Vorläufige. Jedem Versuch erwidern andere. Die Aufzeichnungen gewähren auch demjenigen Raum, das sich der Niederschrift entzogen hatte. Anstelle einer vorgetäuschten Notwendigkeit tritt ein Zusammenspiel, das keineswegs so zufällig abläuft, wie es zuweilen anmutet, ein Ganzes in jeweiliger Auswahl im Wechsel von Unmittelbarkeit und Abstand. Das Ich verfolgt darin verschiedene Entwürfe, vermag das Augenblickliche noch einzubringen, Beziehungen nachzugehen, die weder vorgegeben sind noch unwiderruflich vorhalten.

Indem sie Abgrenzungen sich widersetzen, vergegenwärtigen ungeordnete Papiere das Ungeteilte. Sie berücksichtigen Interferenzen, das Unvorhersehbare. Entsprechungen zur neueren Physik sind gar nicht zu übersehen. Diese Texte erlauben es, mühelos auszuweichen, auszutauschen, – sie ermöglichen eine Coexistenz dessen, was sich auszuschließen scheint. Einer erfindungsreichen Einbildungskraft gestatten sie den Wechsel zwischen Welten, die nahe beieinander liegen und Vorstellungen, die einander fremd bleiben. Sie fordern dazu heraus, sich des Allzeitlichen zu bemächtigen, eine Losung, die Valéry ausgegeben hat.

Die Ethik ungeordneter Papiere verwirft das Eindeutige ebenso wie zwingende Schlüsse. Sie deutet Möglichkeiten von Zusammenhängen an, die unerreichbar bleiben und dennoch den Horizont ausziehen, auf den hin alles ausgerichtet erscheint. Sie erhebt zur Aufgabe, aus dem Bann der Überlieferungen sich zu befreien, von einengenden Vorbildern sich zu trennen.

Ungeordnete Papiere – sie tragen dazu bei, daß der Leser in ihnen beginnt, die Gesetze seines Ich zu entdecken, verlangen sie doch eine Teilnahme an Schöpfungsakten. Vermutungen ohne Gewißheit zeitigen lebensvolle Auseinandersetzungen und Erörterungen jenseits von Gewohnheiten und überkommenen Bindungen. Man nimmt in ihnen einen fortwährenden Aufbruch wahr, der Ziel und Absichten nicht preisgibt, gängige Erwartungen nicht befriedigt. Es herrscht eine indifferente Spannung, die Bereitschaft, Verbindungen einzugehen, andere abzulösen. eine Constellation von „Knotenpunkten“, welche Wahlmöglichkeiten bietet.

Man kann ungeordnete Papiere nicht zusammenfassen, sowenig wie ein Gedicht. Unabsehbar sind ihre Voraussetzungen, vielwertig ihre Anregungen. Ihre Erwiderungsbereitschaft ist grenzenlos, unabsehbar zugleich aber auch ihre Vorbehalte. Die Freiheit, die sie verleihen, ist eine Verpflichtung für jede Erkenntnis, die Kunst der Verknüpfung zu üben, ohne endgültig sich festzulegen, die Möglichkeit wahrzunehmen, mit Sprüngen vieles zu verbinden, von manchem sich zu entfernen, – Sprünge, die keineswegs willkürlich vollzogen werden. Vielleicht liegt das Bezwingende ungeordneter Papiere darin, daß sie mit dem Bewußtsein angelegt, in unfaßbaren Ordnungen aufgehoben zu sein. Sie regen Überlegungen an, wie weit man Fiktionen folgt, ohne sie wahrzunehmen und erschließen den Sinn für Beziehungen, die sich noch nicht gebildet, nie vielleicht sich bilden werden. Vornehmlich fördern sie die Erkenntnis, daß man allzu widerstandslos das Vielwertige zugunsten eindeutiger Bestimmungen vernachlässigt. Sie weisen den Weg zum Ursprünglichen, das schrankenlos Begegnungen ermöglicht, Raum dem Spiel der Erfindungen gewährt. Die Wahrheit des Zusammenhanglosen zeichnet sich ab, die von allem Vorgefaßten verdeckt wird. Nicht zuletzt vereinigt sich in ruheloser Reihe das Unmittelbare und das Bewußtsein unberechenbarer Dauer, – Zeugnisse eines Geistes, der zugleich sich ausspricht und aufspart, im Lückenhaften zu sich findet.

Erwartet man die Zukunft mit Valéry als „ungeordneten Zustand des Möglichen" – dann entsprechen die *Hefte, Skizzen und Noten* völlig diesem Bewußtsein. Ungeordnete Papiere – vielleicht verwirklicht sich in ihnen am nachhaltigsten jene „Ahnung", die den Mann ohne Eigenschaften von Robert Musil leitet. Zu nichts vermag er „ohne Vorbehalt" ja zu sagen, und der Wille seiner eigenen Natur, sich zu entwickeln, verbietet ihm, an das Vollendete zu glauben; aber alles, was ihm entgegentritt, tut so, als ob es vollendet wäre. Er ahnt: diese Ordnung ist nicht so fest, wie sie sich gibt;

> kein Ding, kein Ich, keine Form, kein Grundsatz sind sicher, alles ist in einer unsichtbaren, aber niemals ruhenden Wandlung begriffen, im Unfesten liegt mehr von der Zukunft als im Festen, und die Gegenwart ist nichts als eine Hypothese, über die man noch nicht hinausgekommen ist.

Bernhard Böschenstein

HERAKLES IM TREPPENHAUS

Zum vierten Band von Robert Walsers *Mikrogrammen*

> O, wie schimmern die Fehler vor Vollkommenheit, und wie duften Mißlungenheiten nach verführerischem Gekonnthaben, und wie ist alles, was richtig zu sein scheint, unrichtig, und was liegt in allem Falschen für eine Wahrheit, und wie unwichtig ist das Wichtige und wie wichtig werden Unwichtigkeiten genommen, und das muß so sein, es liegt uns so. (106f.)[1]

Diese Umkehrungen lassen sich ebenso in der Schreibweise wie in der Thematik von Robert Walsers *Mikrogrammen* aus den Berner Jahren 1926 und 1927 nachweisen. Sie haben weittragende Konsequenzen. Gleichzeitig werden eine klassische Ästhetik und eine bürgerliche Wertetafel aus den Angeln gehoben. An anderer Stelle wird ein Bekenntnis zur Geistesarmut mit dem bekannten Wort Jesu zusammengebracht.[2] Und ein niedlicher Jockey, der ein Pferderennen gewann, gibt seiner jungen Geliebten den Gedanken ein: „‚Warum durfte er das Spiel nicht verlieren, damit er mir im Mißgeschick liebenswürdig vorgekommen wäre?' Sagte sich das eine schöne Seele?", fügt der Erzähler hinzu. (158)[3]

Das Verhältnis dessen, der so schreibt, zum Mißlingen ist erotisch. Das Mißlingen ist ihm Ausweis wahrer Kunst. Der Blick vom Geltenden weg zum Verkannten, Verstoßenen, Verachteten beschreibt für ihn ein Gefälle, das von provozierender Kraft der produktiven Erweckung begleitet wird. In diesem Sinn ist Umwertung für die Texte, die uns beschäftigen, die Figur eines Belebungsprozesses.

Dies kann sich auf die Zentralperson beziehen, die vom Erzähler als eine Art Spiegelbild erschaffen wird. Von ihr heißt es zum Beispiel:

---

[1] Zitiert wird nach: Robert Walser: Aus dem Bleistiftgebiet. Bd. 4. Mikrogramme 1926/27. Hg. von Bernhard Echte und Werner Morlang. Frankfurt am Main 1990. Die Seitenangaben stehen in Klammern hinter dem Zitat.

[2] „Wenn ich bezeichnungsweise geist(es)arm zu sein bekenne, so sei mir erlaubt, mich auf das Wort Jesu zu stützen, das sich mit Minderwertigkeit usw. befaßt, und das mir natürlich sehr lieb ist." (117)

[3] Die Verwandtschaft dieser Bilanz mit der Tendenz von Kafkas früher Erzählung *Zum Nachdenken für Herrenreiter* fügt der bedeutsamen Geschichte der Beziehung beider Schriftsteller zueinander ein weiteres Dokument hinzu.

> Giftdurchtränkt blieb ich munter die Gesundheit selber, indem ich Häßlichkeit zur Ausstrahlung gelangen ließ, verkörperte ich die Gewißheit, ich sei die unerschütterliche Fassa[de] des prunkvollsten Hauses, als welches sich meine halbeingestürzte Güte vorkam. (197f.)

Wichtig ist, daß das Gegen-Schöne hier tatsächlich strahlt, ebenso, daß Ruinöses prunkt. Beides leistet, wie wir sehen werden, die Sprache. Ihr gleichzeitig welkes und berauschendes Gesicht ist immer zwischen allen Systemen und Stimmigkeiten angesiedelt, von Überlappung deutlich abgegrenzter Gattungen gekennzeichnet. „Wie heilig-frivol brannte und duftete und leuchtete der glühendkalte, eisigheiße Wein“ (134) – diese Folge von Oxymora macht jede reinliche Identität zunichte, zerstört herkömmliche Benennungskriterien. Denn was sich hier jeweils gegenseitig aufzuheben scheint, geht niemals gegeneinander auf. Es entsteht ein Riß durch die Wahrnehmung und die ihr zugeordnete sprachliche Fixierung, die weder Stabilität noch Kohärenz zuläßt. Anderswo wird dafür das Bild von „Wellen [...] die uns das blühen[de] Gefühl des Verderbens einhauchen“ (47f.), aufgerufen. Auf die literarischen Gattungen übertragen, ergibt sich so ein „Prosaaufsatz, der den Charakter eines Briefes hat und der wieder einem Gedicht ähnlich sein wird“ (56), wozu ein Autor von „geradezu trunkener Nüchternheit“ gehört, der sich als ein „außerordentlich müdes und elastisches, krankes und zugleich an allen Gliedern gesundes Kind“ sieht, das „oft wie ein Greis daherstolper[t], durchaus unsicher und vom Altgewordensein verzittert.“ (57) Der zum Schauplatz solchen nie endenden Wechsels wird, kann sich stets dadurch retten, daß er von jeder fixierenden Harmonie das Gegenteil, nämlich ein wegen seines Unglücks „sehr glücklicher Mensch“ (58) ist, den niemand „kränken“, „krank [...] machen“ kann, da er die Krankheit als Fundament seiner Existenz erfuhr und weiterhin erfährt. Die Stärke, die aus dieser Schwäche resultiert, ist der Schwäche, die den Starken begleitet, stets überlegen, eine David-Goliath-Struktur, die genüßlich durchgespielt wird: „Der Große hatte kolossal viel zu verlieren [...] der Kleine aber war besitzarm und konnte darum mit Ungezwungenheiten, Harmlosigkeiten prangen wie ein Apfel in den Zweigen [...].“ (194)

Genau diese überlegene, leuchtende Höhe der Bescheidung gegenüber der etablierten Größe bringt eine Lustigkeit in den Kampf gegen „die Ernsthaften“, daß stets von den Abwehrmaßnahmen der Besitzenden und Machtausübenden gegenüber der Klugheit der Kleinen die Rede ist, und zwar im Medium sprachlicher Strategie, wo ein Großer und ein Kleiner zusammengenäht werden, wie in den großen literarischen Vorbildern Walsers, in Cervantes‘ Don Quijote und Sancho Pansa und in Jean Pauls Walt und Vult, den Zwillingsbrüdern der *Flegeljahre*.

An dieser Stelle sei eine längere literaturgeschichtliche Parenthese erlaubt: Als der „welt- und menschenliebende“ (170) ist Jean Paul für Walser auch Walt, nicht nur Vult, auch der Alliebende, nicht nur der bewußte und selbstbewußte Künstler, der kühl rechnend mit seinen Flötentönen die Herzen erweicht, die an Walt erinnern. Walt, der ewig Warme, könnte nun aber nach Walsers Einsicht erkalten. Vult, der Kalte, ist, wenn er liebt, nach seiner Auffassung zuverlässiger. So wird eine Oberflächenstruktur von Warm- und Kaltherzigkeit durch eine Tiefenstruktur von Kalt- und Warmherzigkeit ergänzt, die sich als die dauerhaftere erweist. Diese ineinsgesetzte Kälte-und-Wärme heißt Stolz, aber es handelt sich bei Vult, dem Flötisten, dem Zwillingsbruder des sich weich hingebenden und verströmenden Alliebhabers Walt, um einen „rosigen, warmen, zarten, lieben, guten, kleinen und großen und schönen" Stolz (171), und damit auch stets um dessen Gegenteil.[4] Das Geheimnis dieser Ausstrahlung der Kälte und des Stolzes ist das Komödiantentum. Es erlaubt dem Komödianten, stets spielend und maskiert die Gegenrolle zu erproben, die ihn von der Trägheit schläfriger Übereinstimmung mit sich selbst erlöst. „Geistigkeiten bieten uns da ein Schauspiel dar", wird von solcher sich stets zurücknehmender Bedeutung gesagt. (171) Auf Jean Paul und auf Walser gleichermaßen treffen Kennzeichnungen zu, die Romane als „eine arabeskische Ornamentik, demnach eine Art Spinngewebe oder eine Teppichweberei" beschreiben. Oder auch als „romanähnliche Gedichte, kolossal zierliche Zusammengeschobenheit[en] von durchweg abenteuerlichem Charakter, die mitunter förmlich vor Zuckerung aufschrien, womit sie gesalzen und gepfeffert worden waren." (136) Zuckerpfeffer, dies träfe auf beide Dichter zu, auch auf ihre stete Durchtränkung des Ernsten mit dem Lächerlichen, des Lächerlichen mit dem nachdenklich Stimmenden. Beide vermögen Häßlichkeit zum Strahlen zu bringen (man denke etwa an Schoppe im *Titan*) und Schönheit häßlich zu gestalten (so bei Roquairol).

Büchner übernimmt dies von Jean Paul. Walser zitiert es, nach *Leonce und Lena*:

> Es ist ein köstlicher Contrast. Diese himmlisch stupiden Augen, dieser göttlich einfältige Mund, dieses schafnasige griechische Profil, dieser geistige Tod in diesem geistigen Leib.[5]

Ein Griechenlandvortrag von Maria Waser in Bern[6] regt ihn an, dies zitierend so zu formulieren: „‚Schafsnasigkeit, wie liebe ich dich', könnte ich mich für berechtigt halten, Griechenland bezüglich freudig auszurufen." (200f.) Aber Walser liebt, im Gegensatz zu Büchner, die Schafe. Und wenn er Heras Kuhäugigkeit in „marmorkalten Frauenstatuen, die von Wiesengrün und Herdengeglöckel umgeben sind" (201), bewundert, so treibt er hier zugleich mit Homer, mit der Griechenlandschwärmerin Maria Waser, aber auch mit dem schweizerischen Emblemtier seinen liebenden Spott, wo-

---

[4] Vgl. Walsers Prosastück *Jean Paul*, das er zum 100. Todestag des Dichters 1925 verfaßt hat (in: Werkausgabe Edition Suhrkamp. Das Gesamtwerk in 12 Bänden. Frankfurt am Main 1978. Bd. IX. S. 362-368) und Verfasser: Zu Robert Walsers Dichterporträts. In: Florens Deuchler, Mechthild Flury-Lemberg, Karel Otavsky (Hg.): Von Angesicht zu Angesicht. Porträtstudien. Michael Stettler zum 70. Geburtstag. Bern 1983. S. 286-292. Hier: S. 290f.

[5] Georg Büchner: Sämtliche Werke und Briefe. Hg. von Werner E. Lehmann. Bd.I. S. 119.

[6] *Der heilige Weg – Ein Bekenntnis zu Hellas.* So lautete der Titel des am 23.6.1927 von Maria Waser gehaltenen Berner Vortrags, der im selben Jahr als Buch erschien. (Anmerkung S. 444 in Bd. 4 der *Mikrogramme*.)

bei Kühe die Göttlichkeit der Frauen noch steigern. Zugleich schließt er dabei eng an seine bernische Heimat an. Man sieht das auch daran, daß er im selben Text, freilich sehr indirekt, von Ferien im Berner Jura, bei seiner Schwester Lisa in Bellelay, berichtet, wo sich eine Pferdezucht befindet, die ihn begeistert haben muß, so daß er, sich „als Griechenlandfreund“ titulierend, das Studium „jugendlicher Pferdeglieder“ (200) mit den klassischen Skulpturen (vielleicht dem Parthenonfries oder dem Pferdekopf des Phidias) in Verbindung bringt. Gerade diese Umkehrung der feierlichen akademischen Luft von Klassizität in bodenständige Ländlichkeit und Landwirtschaft zeigt in ihrer Gleichzeitigkeit von Komik und Ernst diesen dritten Zustand an, der aus der doppelten Umwertung des Hohen ins Niedere und des Niedrigen ins Hohe resultiert: das Resultat ist durchaus keine Neutralisierung, sondern eine nie zur Ruhe kommende doppelte Gegeneinanderbewegung des Gegensätzlichen, gleichzeitig von zwei Richtungen her. Walser schließt in diesem besonderen Fall auch an Gottfried Kellers *Martin Salander* an, an die Schilderung der karikierten kuhdummen Schönheit Myrrha:

> Die Hanswurstsehnsucht scheint mit einem Appetit nach irgend etwas Bukolischem identisch zu sein, und was die Griechenlandlust betrifft, so gab es vor nicht langer Zeit einen Zürcher Dichter namens Keller, der sie beinah etwas allzuschweizerisch, willsagen gutbürgerlich bespöttelte. (201)

Gemeint ist auch die Szene mit dem Wurstgeruch von Myrrhas Atem, der den heimgekehrten Arnold Salander stört. Die Assoziation „Hanswurst“ – „Wurst“ ist hier mit im Spiel.[7]

Damit sei der literaturgeschichtliche Exkurs beschlossen, der Walser in die Linie Jean Paul – Büchner – Keller einbezog. Von dieser Linie gilt übrigens, daß Jean Paul sowohl für Büchner wie für Keller ein Produktivität auslösendes Ereignis war.

Im Zug der für den Kleinen vorteilhaften, für den Riesen nachteiligen Konfrontation mit dem jeweiligen Partner entstand das Bild jener wagemutigen jugendlichen Unbefangenheit und Furchtlosigkeit, die Walser wegen der dabei stets eingegangenen Risiken des Schreibens hervorhebt. Er hat dieses Thema auch ausgebaut zu einer Dreiecksgeschichte, indem er ein Mädchen zugleich von einem Riesen und einem Knaben geliebt werden läßt, was zu komischen Entwicklungen führt: der Riese wird vor dem Mädchen zum schmachtenden Sehnsüchtigen, während der Knabe vor ihr seine „Feldmarschallsbegabung“ (195) erweist. Entscheidend ist in dieser Konstellation, daß jede der drei Figuren sich vor einer Gegenmacht fürchtet. Das Mädchen erfährt den Konflikt als die Auseinandersetzung des „Herkömmlichen“ mit dem „Traditionslosen“, des „Begüterten“ mit der „Besitzlosigkeit“, des „Kostbaren“ mit dem, was unbefangen ist. (195f.) Genau diesen Konflikt schildert Walser unentwegt in diesen späten Berner Prosastücken, und wenn er auch immer dem Traditionslosen, Besitzlosen, Unbefangenen

---

[7] Gottfried Keller: Sämtliche Werke und ausgewählte Briefe. Hg. von Clemens Heselhaus. München 1958. Bd. III. S. 785.

die Überlegenheit über die Gegenposition einräumt, so wird doch diese stets aufwendig inszeniert. Wir kommen hier zu einer wichtigen Feststellung. Tradition, Besitz, Stärke der gesellschaftlichen Situation können in dieser Konfiguration nur destruiert werden, indem die Sprache ihren gewollt redundanten, formelhaften Prunk zum Aufweis einer durchaus bekannten und bewußten Tradition sowohl der Lebensgestaltung wie des literarischen Kanons aufbietet, den es zu durchlöchern, zu demaskieren gilt. Von daher erklären sich die vielen Saloppheiten und Flegeleien in den literaturkritischen Essays. Sie gelten nicht den Autoren, wohl aber den Konsumenten der großen klassischen Meisterwerke. Hierbei ist nun die Jean Paulsche Theorie und Praxis des Humors als der umgekehrten Himmelfahrt des mit dem Schwanz nach oben gerichteten Vogels Merops eine hilfreiche Stütze, auf die Walser unbefangen sich verlassen kann.[8] Im Zug dieser Jean Paul-Nähe entsteht dann auch die Aushöhlung der akademischen Klassizität. Dieser Welt gegenüber behauptet Walser trotzig seine Nähe zu proletarischen Frauen und Örtlichkeiten.

All diese bis jetzt vorgelegten Zitate und Stellungnahmen ergeben ein kohärentes Bild systematisch gesteuerter Inkohärenz, die sich auf die psychologische, ästhetische, politische Ebene übertragen läßt. Zur letzteren sei hingewiesen auf die provozierenden Sätze über die Schönheit, die „in's Unschöne [führe], wie etwa reinlicher Konservativismus in die Unterwühlung hineinleite." (45) Daran schließen die bedeutsamen, in Dialogform gehaltenen Sätze an: „‚Sie wagen, politisch zu reden?' ‚Meiner Ansicht nach gibt es überhaupt nichts Unpolitisches. Alles, vom Schäufelchen, das ich vom sorgsam polierten Fußboden aufhebe, angefangen, ist politisch. Jeder Schritt, jeder Kuß, jedes Geschenk, jedes Wort, jedes bißchen Essen, jeder Hut, jede Hose, jeder ixbelie[bi]ge Lungen-, Atemzug gehört mit zur Politik, an welcher Tatsache meiner Überzeugtheit nach nicht das Leiseste zu ändern ist.'" (45f.) Gemeint ist bei dieser Betrachtung auch der unterminierende Blick des diese Bewegungen, diese Gesten registrierenden Autors, der die damalige Berner gesellschaftliche Situation einem ihre behagliche Unangefochtenheit gefährdenden Urteil unterwarf, das er im Schutzgewand des Narren vortrug. Ich sehe in der selbstgewählten Sprache der scheinbaren Sinn-Demontage ein närrisches Spiel politischen Ernstes, das von den Adressaten wenig oder gar nicht durchschaut wurde.

Mit all diesen vorbereitenden Ausführungen wollte ich eine detaillierte Textanalyse einleiten, die einer Geschichte gilt, in der die bisher dargelegten Themen und Verfahrensweisen sich zusammenfinden.

Der Text wurde von den Herausgebern *Aladin* betitelt, wie es sich aus dem Schluß der Geschichte ergibt. Sie heißt so wegen des Standorts des Helden, der sich in einem von einer bläulichen Lampe erhellten Treppenhaus befindet. Die berühmte Erzählung von *Alâed-Din und die Wunderlam-*

---

[8] Jean Paul: Werke. Hg. von Norbert Miller. München 1962. Bd. V. S. 129.

pe aus den *Tausendundeinen Nächten*[9] bringt durch ihre märchenhafte Verwandlung eines armen Schneidersohnes in den Schwiegersohn des Königs und durch die Wunderdienste, die eine alte Lampe ihm mit Hilfe eines dienstbaren Geistes verschafft, in ihm ein stetes Gefälle hervor, vom Genuß orientalischen Reichtums hinüber zum Bewußtsein, nur mit Zaubermitteln diese ephemere Veränderung seiner ursprünglichen Kondition erlangt zu haben. Es ist ein Gefälle, das die dort gezeichnete Wirklichkeit als trügerisches Glück entlarvt. Die Verbindung zu unserer Geschichte könnte darin bestehen, daß der Frauen-Reichtum, dessen sich das Er der Erzählung paschahaft zu erfreuen scheint, jener orientalischen Märchenfülle gleicht, deren Unwirklichkeit der Schreibende durch den Titel selber hervorhebt. Ich unterscheide hier und im Folgenden stets zwischen dem in der Geschichte so bezeichneten „Erzähler" und dem, der diese Geschichte, oft „Novelle" genannt, schreibt und den ich den „Schreibenden" nenne.

Der Erzähler erzählt im bläulich erhellten Treppenhaus zwei Damen „irgendeinen Abschnitt seines Lebens" (140). Entscheidend ist, daß von den beiden „die eine sozusagen über ihm stand" (139). Es wird sich in der Folge erweisen, daß „die Gebildete(re), die Feine(re) und Zartfühlende(re)" (141) sich unter ihm, die gesellschaftlich weniger Angesehene sich über ihm befand. Schon diese Stellung bringt eine auch politische Umwertung mit sich. Erst recht gilt diese Umwertung dann vom Liebesstil der beiden, der von ihrer gesellschaftlichen Herkunft nicht zu trennen ist und der – nach der Art, wie der Regisseur hier mit den beiden Damen verfährt – das jeweils mit ihrer gesellschaftlichen Tradition verbundene Gewicht umwertet: die gesellschaftlich Höhergestellte wird nicht mehr ganz ernst genommen, die niedriger Gestellte wird in ihrer Bedeutung erhöht werden. Der Status der Erzählung ist zweifelhaft: „halb fließend vorgetragen, halb aber gestottert" (139). Dieser Doppelcharakter zeigt zwei sich durchkreuzende Stilideale an: die rhetorische Suada und ihre Selbstdurchlöcherung. Der Erzähler, der erst am Schluß seinen Namen „Aladin" preisgibt, wird zunächst nur potentiell mit einer Fülle möglicher Sagen-Namen kostümiert, ohne daß diese spezifiziert werden. Dieser Zug zur abstrakten Allgemeinheit eignet vielen der späten Prosastücke Walsers und zeigt, daß sie oft als teilweise theoretisch ausgedachte Entwürfe erscheinen, deren praktische Ausführung und spezifische Konkretisierung den Schreibenden nur in zweiter Linie zu interessieren scheint. Wenn so der Erzähler „nächtlich oder mindestens abendlich oder gar frühmorgendlich" (140) genannt wird, so wird sein Status zwar grundsätzlich der Nacht angenähert, jedoch noch nicht in diesen oder jenen genauen Wirklichkeitsbezug eingelassen. Wir haben es mithin mit einer Werkstattproduktion zu tun, die noch Anweisungen zu verschiedenen möglichen Anwendungen hergibt. Gleichzeitig wird diese Vorläufigkeit vom Autor selber als sprachlich „monoton" kritisiert.

[9] Die Erzählungen aus den Tausendundeinen Nächten. 6 Bde. Übertragen von Enno Littmann. Wiesbaden 1953. Bd. II. S. 659-791.

Der Erzähler besaß eine „über und über in Rätselhaftigkeit getauchte Geliebte“ (140). Insofern haben wir es eigentlich mit vier Personen zu tun. Die beiden anwesenden Damen sind nicht die zentralen Gegenstände seiner Neigung. Dies erlaubt dem Erzähler, mit ihnen zu spielen. Er bleibt durchweg der Regisseur seiner Beziehung zu ihnen. Genau diese Spielfreiheit braucht er, um sich erzählerisch zu erfüllen.

Der Erzähler hat – und das verbindet ihn mit der Aladin-Geschichte – eine Konzeption des Erotischen, die ihn selber von „Lustbett“ und von „luxuriösem Sport“ sprechen läßt, umso mehr, als er sich ein „Proletarierherz“ zuspricht. Der Schneiderssohn Aladin, der die Sultanstochter begehrt, könnte ihm da vor Augen stehen. Die kontrastive Spannweite zwischen dem Luxus[10] dieser Neigung und der proletarischen Realität seiner Lebensweise spiegelt sich dann ja auch im Gegensatz zwischen den beiden ihn umgebenden Damen. In diesem dem Luxus der Lust zugetanen Proletarierherzen ist das Mittlere, das Bürgerliche, das seine Stadt Bern durchweg Beherrschende ausgespart. Das hat den Autor vielleicht an das Märchen aus dem Orient erinnert, das Armut und Hofpracht ohne Zwischenstufe vergegenwärtigt. Die beiden Damen nennt er, in jener uns schon mehrfach entgegengetretenen potentiellen Polyvalenz, „Feindinnen, Freundinnen oder Herrinnen“. Es handelt sich hier um Rollenzuweisungen, die ungeklärte Identitätsprobleme offenbaren. Der Erzähler probt in einer Art Präexistenz mehrere nicht fest angeeignete Rollen. So setzt sich sein Lebensbericht dem offenbleibenden Charakter wechselnder Reaktionen der Zuhörerinnen aus, mit denen er spielt.

Aus den erwähnenswerten Stationen seines Lebens greift er eine Flußbad-Szene heraus, die eine erotisch-mythische Bedeutung gewinnt. Er fühlt sich „an den Beinen, an der Brust [...] umfangen“, in die „in einem hohen Grade aufgewühlte Tiefe“ hinuntergezogen und schildert seine Rettung vor „solchem Geliebt- oder Begehrtwerden“. Daß die Gefahr des Ertrinkens so erlebt wird, wirft Licht auf die folgenden Partien der Erzählung: erotische Annäherung kann bei der vom Erzähler eingerichteten Regie gar nicht eintreten, sie ist ihm auch unerwünscht, ihre Abwehr bildet eine konstante Thematik des Fortgangs der Erzählung. Aber sie droht ihm von zwei Seiten, macht aus seiner Abwehr einen steten Balance-Akt. Ein umarmender Flußgott weist uns auf die Antike und auf Mörikes Gedicht *Mein Fluß*[11] zurück. Dem Mittelalter gehört sodann die Gegen-Formel, die darauf folgt: Der Erzähler spielt die Nonne in der Chaise eines ländlichen Karussells, „die trauernd an ihren geliebten, verklärten Himmelskönig gedacht habe, der fortgegangen sei und sich doch ihr zugleich nie und nimmer entzogen hätte, den

[10] „Luxuriös“ ist hier nicht nur von Luxus abzuleiten, sondern auch vom französischen „luxurieux“, dem Adjektiv zu „luxure“, sinnliche Ausschweifung.

[11] Eduard Mörike: Sämtliche Werke. Hg. von Herbert G. Göpfert. 2. Aufl. München 1958. S. 39f. Beispiel: V. 5-7: „Er fühlt mir schon herauf die Brust, / Er kühlt mit Liebesschauerlust / Und jauchzendem Gesange.“

sie herzen, mit dem sie scherzen dürfe"[12]: nach der allzugroßen physischen Nähe des Eros nun die allzugroße Ferne, die alles in Innerlichkeit umschlagen läßt. Die Rolle der Nonne, die den abwesenden Himmelskönig liebt, ist wieder einer theaterbezogenen Regie verpflichtet, wobei vielleicht die Bilder auf dem Karussell die Imagination gesteuert haben. Denn da gab es ja Baldachine mit trivialen archaisierenden Wolken, Engeln, Gottesdarstellungen, vor allem, wenn die Karussells aus katholischen Dörfern stammten. Wichtig ist nicht nur der Gegensatz von dringlicher physischer Nähe und verklärendem „Seelenleben" (141), sondern auch vom Zug zur Tiefe und vom Zug zur Höhe, in welcher doppelten Orientierung sich der doppelte Standort der zwei Damen spiegelt, der gebildeteren unten und der weniger feinen oben. Jene liebt sentimental, pathetisch, weich, in der Tonart der empfindsamen Vergangenheit, diese verächtlich, belustigt, unbekümmert. Indem die gesellschaftlich Stärkere die in der erotischen Konstellation Schwächere und die gesellschaftlich Schwächere die „Stärkere" genannt wird, findet die erotischpolitische Umwertung statt, die mit dem Schreiben Walsers zu tun hat. Das gefühlvoll gehobene Jugendstil-Pathos der vorangegangenen Generation weicht bei ihm dem komödiantischen und kritischen Ton der Personen- und Sprachdemontage[13], dem hier sowohl der Erzähler als der ihn wiedergebende Schreibende sich verpflichtet wissen. Wie kompliziert sich nun aber der Fortgang dieser öfter als „Novelle" bezeichneten Erzählung gestaltet, ersieht man daraus, daß diese zwei Stile des Liebens, der gefühlvolle und der respektlose, nun gerade die umgekehrte Reaktion im Erzähler auslösen werden. Beide Damen müssen ja zunächst damit fertigwerden, daß er eine dritte liebt und dies auch provozierend vor den beiden hervorhebt. Die eine ist dadurch leidend gekränkt, die andere verachtend gekränkt. Vor der ersten nun verneigt er sich kühl, die zweite aber, die ihn zu besitzen meint, macht ihn durch diese Gewißheit glücklich. Nun wird aber das „glückstrahlende Gesicht" (141), das die Respektlose und Belustigte in ihm entfacht hat, der sentimental Leidenden, also gerade der anderen, die ihn weit weniger beglückt, zugeführt. Sie bedarf dieses Strahlens, während wiederum diejenige, die es ausgelöst hat, den „glühend respektvollen" Blick des Emporschauenden empfängt, der eigentlich der gehoben und ernst Liebenden gehört hätte. Diese Umkehrung spiegelt die Tatsache wider, daß der Erzähler die ihn von unten her flehentlich Bittende die „Arme" nennt, obwohl sie ein Rittergut und kostbare Roben besitzt, während die sozial schlechter Gestellte ihm mit ihren sicheren Worten des Liebesbesitzes wie Gold klingt, also als Reiche erscheint. Die Bemühung, einen Ausgleich durch entgegengesetzten Stil des Blickens herzustellen, nennt er „eine geistige Turnübung" (142), später

---

[12] Vielleicht findet sich in dieser Evokation eine Anspielung auf Rimbauds Prosadichtung *Vierge folle. L'Epoux infernal*, in der manche Kommentatoren einen Widerhall des Londoner Zusammenlebens von Verlaine und Rimbaud finden wollten. (Arthur Rimbaud: Oeuvres complètes. Bibliothèque de la Pléiade. Paris 1972. S. 102-106.)

[13] Beispiele dieser Sprachdemontage behandelt der Aufsatz des Verfassers: Sprechen als Wandern. Robert Walsers „Aus dem Bleistiftgebiet". In: Paolo Chiarini, Hans Dieter Zimmermann (Hg.): „Immer dicht vor dem Sturze...". Frankfurt am Main 1987. S. 19-23.

„meine Regie". Diese Bezeichnungen haben wieder mit dem Balance-Akt zu tun, den hier der zweifache Geliebte und selber anders Liebende liebend und schreibend vollbringt. Da er auf Egalität der Beziehung zu beiden Damen hinarbeitet, findet er, sie dürften ihn „infolgedessen namenlos hassen", weil ja bei ihnen eine solche Teilung eine Neigung in ihr Gegenteil umschlagen lassen müßte. Um nun diese negative Äußerung wiederum auszugleichen, blickt der Erzähler scheinbar beschämt zu Boden. Diese Haltung läßt nun wiederum die beiden Damen zu „Statuen" erstarren. Jetzt könnte ein Moment der absoluten Neutralisierung eingetreten sein, dadurch daß alle Kommunikationsmöglichkeiten aufgehoben scheinen. Und eben dies wird nun wieder als Stillstand im Erzählfluß reflektiert. Der Erzähler sieht in diesem Zustand alle Personen in einer Täuschung befangen: jede lebt vielleicht ohne Gegenliebe, jedoch in der Gewißheit, diese zu erlangen. Der Schreibende betont mehrmals, daß das Schicksal seiner Novelle vom Schicksal der Prozesse abhänge, die die Liebenden wechselseitig erfahren. Er reflektiert nun kritisch die Haltung der beiden Damen und findet, daß seine Novelle je in einem deutlichen Verhältnis zu deren Verhaltensweise stehe. So polarisiert er sein Schreiben in Besorgtheit und Schauspieltalent, in eine selbstverliebte Enthüllung der Gefühle und in eine kunstvolle Verstellung der eigenen Qual. Dieser Gegensatz wird dahin verdeutlicht, daß die offen Besorgte es sich leicht macht, indem sie sich mit ihrem Leiden offen identifiziert, während die Verstellte einen Bruch zwischen ihrem Leiden und ihrem Verhalten lebt, der sie eine sehr disziplinierte Kunst der schauspielerischen Verbergung kostet. Der Erzähler findet sich nun als Schreibender gleichfalls beiden Haltungen verpflichtet, der eingestandenen Sorge um das Gelingen und der gespielten Überlegenheit über einen solchen Zweifel. In beiden Fällen freilich überwiegt die Ungewißheit, sei es über die eigene Produktivität, sei es über die gewährte oder versagte Liebe. Denn die Überlegene ist es ja nur zum Schein. Sie ist, mehr als durch die Liebe des Erzählers zu seiner rätselhaften Geliebten, die vor allem die sentimentale Dame beunruhigt, irritiert durch die häufigen Kabarettbesuche des Erzählers.[14] Auch hier also herrscht Symmetrie: die höhergestellte, fernere, schmachtende Dame beschäftigt die ideale Liebe des Erzählers. Die weniger feine, weniger gebildete, spöttischere, schauspielerisch talentierte andere Dame befaßt sich mit den heimlichen Gängen des Erzählers zum Nachtlokal, d.h. mit der irdischsten Form der Liebe. In genauer Symmetrie zu den beiden Damen zeigen sich hier die zu ihnen stimmenden beiden Aphroditen, die Aphrodite Urania, die himmlische, und die Aphrodite Pandemos, die volkstümliche. Daß diese Nachtlokalbesuche dem Erzähler Sympathien eintrugen, ahnt die ihm näherstehende Dame, deren Eifersucht erst darüber erwacht, sowie die Eifersucht der sentimentalen Dame dem Leiden unter der idealen Geliebten entsprang.

Warum möchte an dieser Stelle der Schreibende die Erzählung abbrechen? Weil die Rede auf Intimes kommt, das nicht nur in der Praxis, das

[14] „Kabarett" hat hier den Sinn, den das französische Wort „cabaret" haben kann: Nachtlokal.

auch im Schreibakt abgewehrt werden will. Und doch! Die Art der Abwehr bringt eine seltsame, uneingestandene Sehnsucht nach eben dieser intimen Sphäre dann doch zum Ausdruck. Denn die fallengelassene Geschichte wird in einem äußerst extravaganten Vergleich zu einem Taschentuch, das eine Elegante auf der beliebtesten Berliner Straße fallen läßt, um einen Jugendlichen anzulocken. Also soll der Einschnitt zugleich eine Brücke zu neuer erotischer Kommunikation ermöglichen. (Meint Walser hier die Kommunikation mit dem Leser?) Und hiermit erhielten die Liebesszenen ihre Fortsetzung. Wie hier die Schreibtätigkeit mit der erotischen Sphäre durch einen höchst ungewöhnlichen Vergleich verknüpft wird, das zeigt, wie auch vorher schon die einzelnen Phasen der Liebeshandlung mit Schreiberfahrungen assoziiert werden dürfen. Wir sind in Wirklichkeit nicht in der ersten Berliner Kaufstraße, sondern im Treppenhaus, bei bläulichem Licht. Aladins Wunderlampe könnte weitere Gestalten, weitere Situationen, weitere Traum-Szenarien hervorzaubern. Was nun? Zu welcher der beiden Damen? Aufwärts oder abwärts? Zunächst ist von der es gut meinenden Schmachtenden die Rede, die sich um ihn sorgt, ihn für das Leben zu zart findet, ihn verwöhnen, verweichlichen will. Ihr begegnet er wieder gemessen, distanziert. Die andere dagegen droht ihn zu verlassen, sie, die ihn für leichtfertig hält, für einen Tänzer durchs Leben. Dieser Tanz-Vergleich ist wieder ein Bild für das Schreiben, für dessen Grazie, dessen ephemere, flüchtig, eilig durchlaufene Rhythmik. Die erste Dame traut ihm keine Kraft zur Lebenserfahrung zu, die zweite eine verantwortungslose, genießerische, inkonsistente Lebensführung. Welche Diagnose stimmt nun? Wohin gehört er? Wie so oft, will er sich nicht festlegen, keine Entscheidung treffen, keine Farbe bekennen, in der bequemen, genüßlichen Schwebe verharren, im Vergnügen am Stillstand nicht einfach der erotischen Zugehörigkeit, sondern in erster Linie des Schreibakts, der *dann* genußreich wird, wenn er sich nicht auf *eine* Situation, *eine* Person zu richten braucht. Als nicht mehr weiter engagierter Erzähler gibt er dem Schreibenden die Lust an der Unentschlossenheit ein. „‚Ich bin Aladin' " (144): diese Identitätsfindung bedeutet Flucht ins orientalische Märchen, das höchstes Glück und höchste Prüfung in zauberhaft raschem Wechsel beschert – auf unwirklich lustvolle Weise. Mit der Namensfindung ist die Geschichte zu Ende. Der Schreibende nennt sie eine „Treppenhausgeschichte" (144), in Abwandlung des bekannten Ausdrucks „Hintertreppengeschichte". Treppenhaus: das bedeutet zunächst: Stufen, also Standorthöhenunterschiede. Sodann: Dunkel, oder, wegen des bläulichen Lichts: Fastdunkel.

Im Rückblick auf diese Novelle fällt auf, wie schwebend sie zwischen fingierter Realität und offener Fiktion angelegt ist. Einmal gibt es die Unsicherheit des Namens des Erzählers und die der Zeit der Handlung. Dann das Rätsel seiner Geliebten: gab es sie wirklich? Wiederum die unsichere Rolle der zwei Damen: sind sie seine Feindinnen oder Freundinnen oder Herrinnen? Und auch die Anspielungen auf seine Abenteuer in einem Kabarett sind wiederum nur in Andeutungen gegenwärtig. Die Gespräche mit den Damen, eigentlich fast nur deren Anteile daran, erscheinen stets nur in stereotypen Rollen. Schließlich herrscht durchweg asymmetrische Symmetrie, eine stets aus dem Gleichgewicht geratende und neu in dieses Gleichgewicht gebrachte Geometrie, die die Beziehung zwischen beiden Damen festmacht, zwischen der, nach ihrem Stil zu urteilen, vergangenen und der anderen, stilistisch zukünftigen, mit Blicken nach oben, die sich zur idealen Geliebten, und nach unten, die sich zum sinnlichen Abenteuer verlängern. Das Ganze steht wie ein erstarrtes Ballett aus gestellten Entsprechungen und Antithesen da. Und es wird durch den orientalischen Namen ins Märchenreich verbannt. Aber gleichzeitig wird es auch als fließender oder gehemmter Fortgang von Schreibakterfahrung reflektiert, und dies so sehr, daß der Verdacht aufkommt, aus der Priorität des Schreibzwangs seien die Personen, die Situationen, die Standorte, die wechselnden Haltungen, Positionen, Stile des Liebens und Nichtliebens erwachsen, als eine Objektivierung geträumter, gewünschter, gelebter Möglichkeiten von erotischen Verhältnissen, die nicht konkret in Erfüllung gehen. Denn alles bleibt ja doch in einer mehr oder minder gemessen durchgehaltenen oder für Augenblicke kalkuliert durchbrochenen Distanz. Und damit diese Distanz auch den Charakter der Geschichte durch und durch präge, wurde die geometrische Struktur so programmatisch und spielerisch angelegt, in einer permanenten Umwertung der vorgegebenen Werte. Diese Leistung, die am deutlichsten in der besser Situierten nach unten und der schlechter Situierten nach oben erscheint, impliziert eine, für Walser charakteristische, feine, gewaltlose Subversion, also, wie wir früher sahen, ein Politikum. Die „vollendete weltmännische Verbeugung" (144), mit der er der Novelle gebietet, findet auch in der verspielten Grazie dieser schematisierten Architektur ihre Bestätigung.

Warum nun aber dieses geometrische, tänzerische, halb erstarrte, halb bewegliche Spiel? Man kann darin auch eine Antwort des von chaotischen Wünschen und Heimsuchungen Bedrängten sehen, der in solcher künstlicher Ordnung einen Halt, eine Klärung findet – und dann doch wieder nicht gefunden zu haben eingesteht. Denn: mit den Einhalt gebietenden Abbruchmanövern zeigt der Autor an, wie ihm mehrmals die Geschichte an eine nicht mehr überschreitbare Grenze gelangt ist, jenseits deren nur noch das Schweigen wäre.

So wie der Geliebte oft nicht mehr weiß, ob und wie es in dieser Novelle mit ihm weitergehen darf, so weiß der Schreibende oft nicht mehr, ob er seinen Erzähler noch weiterhin zu Wort kommen lassen kann oder nicht. Wie aber verhält sich der Schreibende zum Erzähler? Natürlich sind sie ein und dieselbe Instanz. Nur werden sie hier aufgespalten, damit der Schreibende sich von dem hier Berichteten, das doch sein eigen Erfahrenes ist, dissoziieren kann. Diese Dissoziation, schon durch die Er-Form, dann durch die mehrmalige Betitelung „der Erzähler" gegeben, hat auch wieder mit der Hauptthematik zu tun, der Ablösung gewisser Ich-Erfahrungen von diesem Ich. Die zu Anfang beleuchtete Umwertungsarbeit, die mit der Wirklichkeit vorgenommen wird, in einer sich zusehends emanzipierenden Sprache, hat mit diesen Dissoziierungstendenzen zu tun, indem sie den Einklang mit einer ererbten und vorgegebenen psychologischen, sozialen, politischen, sprachlichen Welt aufkündigt. (Inwieweit dabei Marxens Dialektik und Nietzsches Umwertungsphilosophie für Walser eine Rolle gespielt haben, läßt sich in diesem Rahmen nicht untersuchen.) In der Umwertung liegt die geometrisierende Neustrukturierung eines Ausgestiegenen, der das von ihm gesprengte Reale vor totaler Auflösung rettet. Anstelle seiner Zerstörung baut er es gegenwendig wieder auf, alt-neu. So hätte ein Ausgleich zustandekommen können. Aber da die formalisierende Gesetzlichkeit sich bei ihm umso schematischer entwickelte, als die Gefahr, die Orientierung gänzlich zu verlieren, immer größer wurde, erhielt sie zunehmend eine zwanghafte Gestalt.

Die Mikrogamme sind Werkstatt-Texte von größter Aufschlußkraft. Wir wohnen hier den Bewegungen eines sich seiner selbst nur mühsam vergewissernden Bewußtseins bei, das diese Not in Übermut und Erfindung umsetzt – bewundernswert noch in den von ihm selbst rückhaltlos dargestellten Defiziten.

Lothar Pikulik

GEDICHT UND SKULPTUR

Gedanken über eine Beziehung

Dem Lyriker und Lyrikkenner Peter Horst Neumann etwas über Gedichte erzählen zu wollen, erscheint gewagt, da man hierbei immer gewärtigen muß, als Ignorant ertappt zu werden. Doch will ich es dennoch tun unter dem Schutzmantel eines Heiligen der Poesie, der wesentlich verantwortlich ist für die Gedanken, die im folgenden mehr aus dem Stegreif als diskursiv und mehr vermutungsweise als beweiskräftig ausgesprochen werden sollen.

Die Rede ist von Rilke. Die Errungenschaft seiner mittleren Periode sind die *Neuen Gedichte* (1907/08), die in seinem Schaffen in der Tat eine Innovation bedeuten. Das *Stunden-Buch*, das Hauptwerk der frühen Periode, hatte die vage Existenz eines „Gottes" beschworen, um dem lyrischen Ich Gelegenheit zu geben, sich in einer ebenso vagen Andachtsstimmung zu verströmen. Die realen Dinge, die Gegenstände der konkreten Wirklichkeit hatten sich dabei alle in sein frommes Gefühl verwandelt. Selbstkritisch bemerkt Rilke später: „aber damals war mir die Natur noch ein allgemeiner Anlaß, eine Evokation, ein Instrument, in dessen Saiten sich meine Hände wiederfanden; ich saß noch nicht vor ihr; ich ließ mich hinreißen von der Seele, welche von ihr ausging; sie kam über mich mit ihrer Weite, mit ihrem großen übertriebenen Dasein, wie das Prophezeien über Saul kam; genau so."[1] In den *Neuen Gedichten* verhält es sich mit der Natur, der Wirklichkeit, ganz anders. Er „sitzt" nun „vor ihr", in einer sachlichen Hinwendung zu einer Welt von Objekten, über denen das Licht der konkreten sinnlichen Wahrnehmung scheint. Das lyrische Ich geht jetzt ganz im Vorgang des intensiven Sehens auf, wenn nicht sogar die Dinge von sich aus sprechend und hinweisend ins Gesichtsfeld treten, manchmal so, als wollten sie dem Dichter helfen, sie richtig zu sehen. So heißt es im Gedicht *Die Laute*:

> Ich bin die Laute. Willst du meinen Leib
> beschreiben, seine schön gewölbten Streifen:

---

[1] Brief an Clara Rilke vom 13.10.1907. Rainer Maria Rilke: Briefe über Cézanne. Hg. von Clara Rilke. Besorgt und mit einem Nachwort versehen von Heinrich Wiegand Petzet. Frankfurt am Main 1983. S. 40.

sprich so, als sprächest du von einer reifen
gewölbten Feige. [...] (I,367f.)[2]

Keines dieser Gedichte liefert eine summarische Sicht. Jedes vertieft sich in ein einzelnes Objekt oder allenfalls in eine zusammengehörige Gruppe von Objekten. Und was den Dichter zu ihnen zieht, ist nicht sein ‚Interesse' an ihnen, sondern ihr An-und-für-sich-Sein, auch nicht eine ideelle Beziehung, sondern ihre sachliche Essenz. Indem die Dinge dem Blick des Betrachters begegnen, oft sogar ihm aktiv antworten oder geradezu ihn in sich hineinziehen, weisen sie nicht über sich hinaus, sondern in sich hinein. Das geschieht freilich nicht durch Enthüllung, sondern bloß dadurch, wie sie nach außen erscheinen, gewissermaßen von ihrer Oberfläche her, und öfter auch durch eine Gebärde. Nur Dinge wie die aufgeblühte Rose geben ihr Inneres unmittelbar preis, ja scheinen kein Außen zu besitzen, sondern „fließen / über von Innenraum" (I,379, *Das Rosen-Innere*; siehe auch *Die Rosenschale*). Das raubt ihnen nicht ihren Nimbus. Über allen Dingen der *Neuen Gedichte* bleibt, so sehr sie sich in ihrem Wesen offenbaren, ein Schimmer von Rätsel. Sie wahren Distanz zum Betrachter, der mit ihnen nicht verschmilzt wie im „Erlebnis".

Ihres Gegenstandes wegen und wegen der spezifischen Präsentation des Gegenstandes werden diese Gedichte zu Recht „Dinggedichte" genannt. Die Prägung stammt nicht von Rilke, ist durch ihn aber legitimiert, da er selber die Gegenstände der *Neuen Gedichte* als „Dinge" verstand. Der Begriff ist hier aber im weitesten Sinne zu nehmen. Die größte ‚Ding'-Gruppe bilden menschliche Gestalten (z.B. *Der Gefangene, Spanische Tänzerin, Der Blinde, Der Abenteurer*). Hinzu kommen Tiere (z.B. *Der Panther, Schwarze Katze, Die Flamingos*) und Pflanzen (etwa die oben schon erwähnten Rosen-Gedichte oder *Blaue Hortensie*). Sodann eine große Zahl unbelebter und doch nicht lebloser Gegenstände (wie *Die Laute, Die Sonnenuhr, Der Ball*), und hierin einbegriffen auch weiter ausladende und eigentlich Räumliches meinende Gegebenheiten (wie *Der Platz, Die Insel, Landschaft*). Bei mehreren Gedichten kann man im Zweifel sein, ob sie noch der Gattung Dinggedicht zu subsumieren sind, so wenn Situationen und Vorgänge dargestellt werden (z.B. *Abschied, Die Anfahrt, Die Entführung*), doch bewährt sich auch hier das genaue Sehen und wesensgemäße Erfassen.

Auf die Gesamtheit der Sammlung gesehen machen eine eher kleinere Gruppe Dinge aus, die dem Bereich der Bildenden Kunst entstammen: Bildnisse (z.B. *Jugend-Bildnis meines Vaters, Damen-Bildnis aus den achtziger Jahren*), Skulpturen und andere plastische Bildwerke (z.B. *Archaïscher Torso Apollos, Römische Fontäne*) sowie Architektonisches (z.B. *Die Kathedrale, Die Treppe der Orangerie*). Aber gerade einige der diese Gegenstände behandelnden Gedichte begründen im besonderen Maße den Ruhm der gan-

[2] Zitate aus Rilkes Werken nach: Werke in drei Bänden. Ausgewählt und hg. vom Insel Verlag. Frankfurt am Main 1966. Nachweise direkt im Text mit der römischen Ziffer für den Band, der arabischen für die Seite.

zen Sammlung, durchaus zu Recht und auch ganz im Sinne Rilkes, denn zumal die Skulptur war ihm der Inbegriff des „Dings", und vor allem an der Skulptur entwickelt sich sein Ding-Verständnis.

Er hat die dafür nötige Anschauung bekanntlich bei Rodin gewonnen, den er 1902 in Paris persönlich kennenlernte und dem er 1905/06 acht Monate lang als Privatsekretär diente. Wie die aus dieser Begegnung hervorgehenden Schriften zeigen, eine Monographie *Auguste Rodin* (1902) und ein Vortrag als deren *Zweiter Teil* (1907), orientiert sich sein Verstehen an dem Bruch der Rodinschen Skulptur mit der Konvention und an ihrem Einzeldasein. Die konventionelle Plastik war „die der Modelle, der Posen und der Allegorieen" (III,365), d.h. des Abbilds, des Effekts und der sinnfälligen Bedeutung, während Rilke den Meister eher in einer älteren Tradition beheimatet sieht, jener der mittelalterlichen Plastik (besonders von Tieren), in der etwas aus dem Ungewissen zum Ausdruck drängte, irgendwelche „Sehnsüchte oder Ängste" (III,355). Andererseits tritt Rodins Skulptur nicht mehr, wie die Bildwerke der Kathedrale, im Ensemble auf. Sie steht nunmehr allein, man kann um sie herumgehen und sie von allen Seiten betrachten. Und als Kunstwerk, das um seiner selbst willen geschaffen ist, gehört sie keinem Verwertungszusammenhang oder einer Zufallsverbindung an. Sie ist „unantastbar [...], sakrosankt, getrennt vom Zufall und von der Zeit" und unterschieden von den „gewöhnlichen Dingen, denen jeder ins Gesicht greifen" kann (III,359).

Damit wird sie für Rilke zum vollkommensten Ausdruck des Ding-Seins, eines Seins räumlicher Art, von „stiller Dauer" (ebd.), ruhend und ganz um sein Inneres versammelt, das nicht nach außen dringt. Alles an ihr ist Kontur und Oberfläche, im einzelnen so bearbeitet, so gegeneinander geneigt und zusammengefaßt, daß das Werk, selbst als Torso, ein geschlossenes Ganzes, eine eigene Welt bildet. Ding-Sein ist hier in höchstem Maße Form-Sein, aber keineswegs starre und leere Form, sondern bewegt und erfüllt von Leben. Dies wird Rilke vor allem in der Monographie von 1902 nicht müde zu wiederholen, freilich auch entschieden mit der Einschränkung, daß die Bewegung nicht aus der Skulptur hinaus-, sondern immer nur in sie zurückführt. Das gilt auch für die der Rodinschen Plastik eigentümliche Gebärde: „die Bewegtheit der Gebärden, die in dieser Skulptur viel bemerkt worden ist, geht innerhalb der Dinge vor sich, gleichsam als ein innerer Kreislauf, und stört niemals ihre Ruhe und Stabilität ihrer Architektur." (III,428)

Im Vortrag von 1907 äußert Rilke noch den Gedanken, daß wir des Dings in seinem einfachen Dasein bedürfen, weil es uns Vertrauen zur Wirklichkeit einflößt, eine Beziehung zur Welt herstellt. Wenn sich dem Kind die Welt vielleicht in einem kleinen Stück Holz ‚verdinglicht', so dem Erwachsenen, wenn er dafür offen ist, in einem Kunst-Ding wie der Rodinschen Skulptur. Oder auch in einem Bild von Cézanne. Damals hat Rilkes Ding-Verständnis durch die Bekanntschaft mit Cézannes Malerei eine unerwartete Bestätigung erfahren. Es geht Rilke nicht darum, das plastische Verständnis des Dings durch ein ‚malerisches' zu ersetzen, sondern in den Gegenständen, die Cézanne malt, findet er bloß dieselbe „Sachlichkeit" der Behandlung wie bei Rodin, aus der „reine Dinge" entstehen.[3] Eines der letzten Stücke der *Neuen Gedichte*, überschrieben *Der Berg*, liest sich wie eine Hommage an Cézannes unermüdliches Bemühen um die, wie er es nannte, „Réalisation" des Massivs der Sainte Victoire (obwohl Rilke das Gedicht bereits im Juli 1906 begonnen hat). Auch Rilkes Gedichtsammlung folgt diesem Streben nach Verwirklichung.

Die *Neuen Gedichte* suchen als Ding-Gedichte insbesondere der aus Rodins Plastik gewonnenen Ding-Konzeption Rilkes nachzukommen. Daß ihnen das vielfach glückt, wird man, was die Erfassung der Gegenstände durch die Darstellung angeht, kaum bezweifeln. Gedichte wie *Der Panther, Archaïscher Torso Apollos, Das Karussell* oder *Der Blinde* sind Musterbeispiele einer Wesensschau, die von der Oberfläche des Betrachteten sacht nach innen führt und eine rätselhafte Belebung hervorruft. Eine andere Frage ist, ob diese Gedichte sich auch in ihrer ästhetischen Gestalt mit der Skulptur vergleichen lassen. Rilkes Ding-Gedicht will ja nicht nur ein Ding sehen und beschreiben, sondern will selber Kunst-Ding sein. In einem vielzitierten Brief an Lou Andreas-Salomé vom 8. August 1903 betont der Dichter, wie sehr ihm Rodin Vorbild für das eigene Schaffen ist. Und wenn er hier schreibt:

> Das Ding ist bestimmt, das Kunst-Ding muß noch bestimmter sein; von allem Zufall fortgenommen, jeder Unklarheit entrückt, der Zeit enthoben und dem Raum gegeben, ist es dauernd geworden, fähig zur Ewigkeit,[4]

so wünscht er sich, daß das auch für sein eigenes Werk gelte.

Hier erheben sich freilich Bedenken. Ein so zartes, ätherisches Gebilde wie ein lyrisches Gedicht soll einem so massiven Ding wie einem behauenen Stein oder einer gegossenen Bronze gleichen können? Und ist man nicht seit Lessings *Laokoon* zur Genüge darüber belehrt, wie fragwürdig das Prinzip „ut pictura poesis" ist und wie deutlich die Grenze zwischen Poesie und Bildender Kunst?

Ganz so absurd, wie der Gedanke eines Vergleichs hier auf den ersten Blick scheint, ist er jedoch nicht. Versuchen wir, eine Beziehung zwischen dem scheinbar Unvereinbaren herzustellen, womöglich wie sie Rilke selber sich im stillen gedacht haben mag. Er äußert sich darüber nicht genauer, jedoch läßt eine Bemerkung in der Monographie über Auguste Rodin aufhorchen. Die Rede ist da von Rodins Beschäftigung mit Dichtern, von denen er sich inspirieren ließ, mit Dante und Baudelaire. Die Wirkung des letzteren auf den Bildhauer wird so beschrieben:

> Und in diesen Versen gab es Stellen, die heraustraten aus der Schrift, die nicht geschrieben, sondern geformt schienen, Worte und Gruppen von Worten, die geschmolzen waren in den heißen Händen des Dichters, Zeilen, die sich wie Reliefs anfühlten, und Sonette, die wie Säulen mit verworrenen Kapitälen die Last eines bangen Gedankens trugen. Er fühlte dunkel, daß diese Kunst, wo sie

---

[3] Brief an Clara Rilke vom 13.10.1907. Briefe über Cézanne (Anm. 1), S. 41.

[4] Rainer Maria Rilke: Briefe. Hg. vom Rilke-Archiv in Weimar. In Verbindung mit Ruth Sieber-Rilke besorgt durch Karl Altheim. Wiesbaden 1950. S. 58.

> jäh aufhörte, an den Anfang einer anderen stieß, und daß sie sich nach dieser anderen gesehnt hatte; er fühlte in Baudelaire einen, der ihm vorangegangen war, einen, der sich nicht von den Gesichtern hatte beirren lassen und der nach den Leibern suchte, in denen das Leben größer war, grausamer und ruheloser. (III,362f.)

Bemerkenswert, daß Rodin Gedichtzeilen wie Reliefs angefühlt, Sonette wie Säulentempel empfunden und gespürt haben soll, daß diese Poesie sich mit der Skulptur als der Kunst des Körpers berührte und in ihr ihre Vollendung suchte. Und was spricht dagegen, daß Rilke nun dieses Verhältnis sich auch umgekehrt gedacht hat? So daß man sagen könnte: An der Skulptur, die aus der beredten Stummheit des Steins zu ihm spricht, werden dem Dichter Möglichkeiten der Versprachlichung offenbar, empfindet er wohl auch die Sehnsucht des Steins nach Erlösung im sprachlichen Ausdruck.

Es kommt so zur Poetisierung des Dings, andererseits aber auch zur Ver-Ding-lichung der Poesie. Die Angleichung an das Einzeldasein und die Selbständigkeit der Skulptur zeigt sich schon in der Vermeidung der zyklischen Anordnung, die noch das *Stunden-Buch* besitzt, die das *Buch der Bilder* (1902) aber bereits aufgibt. Mit den *Neuen Gedichten* läßt Rilke auch die Zusammenfassung durch Sammelbezeichnungen wie „Buch" und „Bilder" fallen und stellt nur noch separierte Texte nebeneinander, deren jedem ein Titel mitgegeben ist, welcher auf die direkteste und einfachste Art den jeweils behandelten Gegenstand benennt. So liest, so geht man von Stück zu Stück, um immer neu sich einzustellen mit Blick und Verstehen, wobei sich allenfalls eine gewisse Verbindung ergibt, wenn einmal mehrere Dinge hintereinander dem gleichen Bereich entnommen sind, z.B. *Klage um Jonathan, Tröstung des Elia, Saul unter den Propheten, Samuels Erscheinung vor Saul, Ein Prophet etc.*

Die Affinität zur Skulptur wird auch sonst bewahrt. Und um hier überhaupt eine erste Einsicht zu gewinnen, dazu kann hilfsweise eine Erfahrung beisteuern, die vor allem der heutige Rezipient von Lyrik macht. Nachdem Lyrik kaum mehr gehört wird, zumal in der Vertonung als Lied, wird ein Gedicht fast nur noch im Druck „gesehen", dann aber seltsamerweise als eine Art Ding, vor allem in den Fällen, wo es, wie in vielen Sammlungen, einsam auf einer einzelnen Seite erscheint (auch den *Neuen Gedichten* wäre es angemessen, auf diese Weise ediert zu werden). Es wirkt hier als etwas Umgrenztes, Geschlossenes, umgeben von leerer Fläche wie von Raum, und es kann als Ganzes angeschaut und überschaut werden. Diese Wahrnehmungsart war allerdings auch schon älteren Zeiten geläufig und führte hier zu der Idee, dem äußeren Textgebilde konkret die Form eines erkennbaren Dings zu verleihen. So entstanden etwa im Mittelalter und im Barock die sogenannten Figurengedichte, bei denen der Text beispielsweise die Form eines Kreuzes, Kelches, Altars, eines Herzens, einer Laute, eines Brunnens etc. annehmen konnte. In der Moderne hat die Konkrete Poesie diese die Sprache materialisierende und für das Auge bestimmte Spielerei wiederaufgenommen. Wenn hier sehr direkt die Grenze zur Bildenden Kunst überschritten wird, so weniger direkt in anderen Formen wie den Gemälde-Gedichten der Romantiker, im Konzept des Gesamtkunstwerks oder – unter Umständen wieder sehr direkt – im Rahmen des heutigen „erweiterten Kunstbegriffs". Einen höheren Grad von Visualisierung der Poesie erreicht auch die Form der Lose-Blatt-Lyrik, die das einzelne Gedicht aus dem Buchkontext heraushebt und gewissermaßen frei in den Raum stellt.

Die auf diese Weise anschaulich gemachte Geschlossenheit des Gedichtes als Kunst-Ding ist natürlich nicht nur äußerlicher Natur. Sie ist dem lyrischen Text wesensmäßig immanent, und wenn man bei der Erzählung und beim Drama zwischen „offener" und „geschlossener" Form unterscheiden kann, so gibt es diesen Unterschied bei der Lyrik eigentlich nicht, die immer dahin tendiert, ein Inneres durch ein abschließendes Außen zu umfassen. So erzeugt sich auch die spezifische Hermetik des Gedichts, die als ersten Zugang oftmals nur gestattet, sich an seiner sinnlichen Qualität, an Lautung und Rhythmus, gewissermaßen wie an seiner Oberfläche entlangzutasten, und manches Mal sich gegen ein Eindringen und Verstehen ganz oder teilweise sperrt. Auch der Leser der *Neuen Gedichte* macht vielfach diese Erfahrung. Der Grad der Geschlossenheit hängt auch davon ab, wie streng sich die äußere Form an ein festes und vorgegebenes Maß hält. Das Sonett ist in dieser Hinsicht eine der strengsten Formen, und es ist bezeichnend, daß es unter den *Neuen Gedichten* häufig vertreten ist. Und hier ist es nicht so sehr Kling-Gedicht, sondern Ding-Gedicht, vielleicht sogar errichtet nach der Vorstellung vom Säulentempel der Baudelaireschen Sonette. Dabei wirken Rilkes Sonette alles andere als statisch. Niemand hat so wie er diese Form von innen her mit Bewegung, mit „Leben" erfüllt, und in der Tat konnte er, nach der Erfahrung mit Rodins Skulptur, nicht an ein lyrisches Kunst-Ding denken, das dieser inneren Qualität entbehrte.

Lessing wollte den Unterschied der Künste bekanntlich darin sehen, daß für die Poesie das Nacheinander in der Zeit, für die Bildende Kunst das Nebeneinander im Raume charakteristisch sei. Wenn man die starke Bewegtheit von Rilkes Gedichten bloß als Indiz für Zeitlichkeit nähme, so läge wenig Sinn darin, sie mit der zeitenthobenen Ruhe der Skulptur vergleichen zu wollen. Es gilt allerdings genauer zu bedenken, welche Art von Zeit in einem Gedicht zur Geltung kommt. Das Kennzeichen des Dramas und der Erzählung ist die linear fortschreitende Zeit, ein Merkmal, das auch noch die Ballade, als erzählender Typus, aufweist. Das lyrische Gedicht aber bleibt an einem Punkt der Zeit stehen, wenn es ein Gefühl, einen Gedanken, eine Stimmung, eine Situation oder ein Ding wiedergibt. Wesentlicher ist aber noch, daß es formal, durch die Versgebung, ein völlig anderes Zeitgefühl erzeugt als die anderen literarischen Gattungen. Wolfgang Kayser hat mit Recht darauf hingewiesen, daß für den Vers (von lateinisch „versus") die Kehre wesentlich ist: er verläuft eine Strecke weit, kommt an ein Ende und wendet, um in der nächsten Zeile wieder anzufangen, ähnlich wie auf dem Felde der Pflüger, der seine Furche zieht, umdreht und neu beginnt.[5] Was

5 Wolfgang Kayser: Kleine deutsche Versschule. 24. Auflage. Tübingen und Basel 1992. S. 13.

also den ‚Gang' des Gedichts bestimmt, ist das permanente Anfangen und Enden in der Wiederkehr. Wenn somit das Gedicht im Grunde nicht von der Stelle kommt, ist sein Spezifikum die kreisende Zeit und damit die Zeit an der Schwelle zur Zeitlosigkeit.

Der Abbruch des Fortschreitens in der einzelnen Zeile wirkt um so auffälliger, wenn durch das Versende auch der syntaktische Fluß unterbrochen wird, wie das beim Enjambement der Fall ist. Dieses Mittel ist gerade bei Rilke auffällig, der es manchmal geradzu rigoros einsetzt. Etwa in dem Gedicht *Der Apfelgarten* findet sich die Versfolge:

> unter Bäume wie von Dürer, die
> das Gewicht von hundert Arbeitstagen
> in den überfüllten Früchten tragen,
> dienend, voll Geduld, versuchend, wie
>
> das, was alle Maße übersteigt,
> noch zu heben ist und hinzugeben,
> wenn man willig, durch ein langes Leben
> nur das Eine will und wächst und schweigt. (I,393f.)

Während man ein Enjambement wie „Leben/nur" aus der Tradition gewohnt ist, wirken Sprünge wie „die/das", „wie/das" ganz frappierend. Das Ende der Zeile, das, da gereimt, traditionellerweise beschwert sein sollte, wird hier von einer schwachtonigen Partikel eingenommen, und die syntaktische Folge, die an dieser Stelle nicht die geringste Sprechpause zuläßt, so abrupt unterbrochen, als mache hier der Vers nicht einfach eine Kehre, sondern als werde er geradezu herumgerissen, um unbedingt am linearen Fortlauf gehindert zu werden. Ebenfalls extrem mutet es an, wenn die Endzäsur des Verses mitten ins Wort fällt wie in *Die Sonnenuhr*:

> Selten reicht ein Schauer feuchter Fäule
> aus dem Gartenschatten, wo einander
> Tropfen fallen hören und ein Wander-
> vogel lautet, zu der Säule,
> die in Majoran und Koriander
> steht und Sommerstunden zeigt; (I,384)

Wenn also, wie es scheint, Rilke den Gedichten die Bewegung mitteilen wollte, die, wie bei der Rodinschen Skulptur, immer wieder in sie selbst zurückführt, so ist auch anzunehmen, daß der Schaffensvorgang, der das Gedicht hervorbringt, eher einem Kreisen um das Objekt als einem linearen Progreß gleicht. Daß der Lyriker in einem solchen Kontinuum schreibt wie der Erzähler, ist schwer vorstellbar. Vielmehr ist zu denken, daß er bei der Arbeit an jeder Stelle des Gedichts zugleich ist, um es dementsprechend auch an den verschiedensten Stellen, ohne feste Reihenfolge, zu modellieren. Rilke hat sich bei den *Neuen Gedichten* auch nicht mehr, wie beim *Stunden-Buch*, den ungehemmten lyrischen Erguß mit manchmal acht Gedichten pro Tag gestattet, sondern sich Rodins Prinzip „toujours travailler" zum Vorbild für die disziplinierte Durcharbeitung seiner Kunst-Dinge genommen.

Was ich hier vermutungsweise bloß aus der Sicht des Außenstehenden anzudeuten versucht habe, wird von berufener Seite einigermaßen bestätigt, wenn Gottfried Benn in seinem Vortrag *Probleme der Lyrik* den „Vorgang beim Entstehen eines Gedichts" wie folgt seinen Zuhörern beschreibt:

> Die Lage ist folgende: Der Autor besitzt:
>
> Erstens einen dumpfen schöpferischen Keim, eine psychische Materie.
>
> Zweitens Worte, die in seiner Hand liegen, zu seiner Verfügung stehen, mit denen er umgehen kann, die er bewegen kann, er kennt sozusagen seine Worte. Es gibt nämlich etwas, was man die Zuordnung der Worte zu einem Autor nennen kann. Vielleicht ist er auch an diesem Tag auf ein bestimmtes Wort gestoßen, das ihn beschäftigt, erregt, das er leitmotivisch glaubt verwenden zu können.
>
> Drittens besitzt er einen Ariadnefaden, der ihn aus dieser bipolaren Spannung herausführt, mit absoluter Sicherheit herausführt, denn – und nun kommt das Rätselhafte: das Gedicht ist schon fertig, ehe es begonnen hat, er weiß nur seinen Text noch nicht. Das Gedicht kann gar nicht anders lauten, als es eben lautet, wenn es fertig ist. Sie wissen ganz genau, wann es fertig ist, das kann natürlich lange dauern, wochenlang, jahrelang, aber bevor es nicht fertig ist, geben Sie es nicht aus der Hand. Immer wieder fühlen Sie an ihm herum, am einzelnen Wort, am einzelnen Vers, Sie nehmen die zweite Strophe gesondert heraus, betrachten sie, bei der dritten Strophe fragen Sie sich, ob sie das missing link zwischen der zweiten und vierten Strophe ist, und so werden Sie bei aller Kontrolle, bei aller Selbstbeobachtung, bei aller Kritik die ganzen Strophen hindurch innerlich geführt – ein Schulfall jener Freiheit am Bande der Notwendigkeit, von der Schiller spricht.[6]

Dies modifizierend könnte man von Rilke vermuten: Daß er ausgeht von einem konkreten Gegenstand, dessen Vorstellung ihm als Ganzes in Rohfassung gegeben ist, die er dann aber durch das Material der Sprache und dadurch, daß er immer wieder an einzelnen Stellen „herumfühlt", zum Kunst-Ding herausmodelliert.

★

Wenn Rodins Skulptur für Rilke zum Inbegriff des Dings und er unter diesem Einfluß zum Ding-Dichter wurde, so war ihm doch schon kurz vorher, durch seine Verbindung mit Worpswede und freilich wiederum im Zusammenhang mit der Bildenden Kunst, die Notwendigkeit des einfachen, reinen, entsubjektivierten Gegenstandsbezuges aufgegangen. Von den Künstlern der Worpsweder Malerkolonie schreibt er in einer kleineren Schrift (1902), sie stünden allem mit der Naivität von Kindern gegenüber:

---

[6] Gottfried Benn: Probleme der Lyrik. Wiesbaden 1951. S. 18f.

> Wie die eigentümliche farbige Luft dieser hohen Himmel keinen Unterschied macht und alles, was in ihr aufsteht und ruht, mit derselben Güte umgiebt, so üben sie eine gewisse naive Gerechtigkeit, indem sie, ohne nachzudenken, Menschen und Dinge, in stillem Nebeneinander, als Erscheinungen derselben Atmosphäre und als Träger von Farben, die sie leuchten macht, empfinden. (III,494)

Gedanken Maeterlincks dienen ihm dann dazu, dieses Verhältnis näher zu erklären. Es gehe vielleicht nicht so sehr darum, den Dingen eine Wahrheit zu entlocken, sondern vielleicht nur eine Wahrscheinlichkeit. Und nicht einmal dies. Dem Künstler genüge es schon, die Dinge als Rätsel zu sehen, und er sei nicht bestrebt, die Rätsel zu lösen, sondern nur zu lieben. Der Künstler ist so „der Freund, der Vertraute, der Dichter der Dinge" (III,495), denen er – das darf hier sinngemäß hinzugefügt werden – mit ihrer Rätselhaftigkeit eine bestimmte Würde verleiht.

Warum dieses Insistieren auf dem Ding und seinem reinen und rätselhaften An-und-für-sich-Sein? Offenbar ist Rilkes Ding-Konzeption die Antwort auf ein Zeitproblem: „diese Plastik", sagt er in seinem Vortrag über Rodin, „ist in eine Zeit geboren worden, die keine Dinge hat, keine Häuser, kein Äußeres. Denn das Innere, das diese Zeit ausmacht, ist ohne Form, unfaßbar: es fließt." (III,450) Darin sei die „Tragik" des Rodinschen Werkes begründet: „diese Dinge können nirgends hin", sie sind verlassen, haben kein Haus, weil wir selber „kein *gemeinsames* Haus mehr haben" (III,451).

Wie ein Echo hierauf klingt Jahre später, 1972, eine Rede, die Erhart Kästner unter dem Titel *Aufstand der Dinge* vor der Bayerischen Akademie der Schönen Künste gehalten hat. Auch er beklagt den Verlust der Dinge, nennt allerdings – aus der Erfahrung mit dem ‚Fortschritt' – eine andere Ursache: die rationalistische Wissenschaft. Deren Ziele: Erforschung (er spricht von „Ausspähung", „Überlistung"[7]), Ausrechnung, Steuerung, habe die Dinge um ihre Existenz gebracht, sie versklavt, durch Abstraktion getötet. Illusion aber sei es zu glauben, sie damit wirklich erledigt zu haben. Es zeige sich schon, daß sie sich wehren: darin, daß der Forschung das Steuer entgleitet, und darin, daß die Dinge sich verrätseln. „Je mehr wissenschaftlicher Aufschluß, desto verschlossener erweisen die Dinge sich, trotzen."[8]

Unterstützung erhalten sie dabei von der modernen Kunst, von der Kästner sagt, daß sie gar nicht so modern sei, wie sie selbst meint, weil sie ein älteres und ursprüngliches Recht der Dinge geltend mache.

> Die Kunst, die sich denn also modern nennt, scheint nichts Dringenderes zu kennen als die Not, in welche die Dinge gerieten. Sie meint das Natur-Recht der Dinge, das auszurufen außer ihr niemandem einfiel und, wie es scheint, ihr selbst auch nur ungenau vorschwebt.[9]

---

7 Erhart Kästner: Aufstand der Dinge. Rede vor der Bayerischen Akademie der Schönen Künste am 6. Juli 1972. In: ders.: Offener Brief an die Königin von Griechenland. Beschreibungen Bewunderungen. Frankfurt am Main 1973. S. 134-158. Hier: S. 144.

8 Ebd., S. 157.

9 Ebd., S. 144.

Was in einem traditionellen Museum zu sehen ist, seien Bilder, die Geschichten und Geschichte erzählen, Heilsgeschichte, Helden- und Göttergeschichten, Familiengeschichten, Liebesgeschichten usw. Selbst die dargestellten Landschaften ließen sich als erzählte Szenen verstehen. In einem modernen Museum, wie er es sich vorstelle, gäbe es hingegen anderes zu sehen: „Keine Geschichten mehr. Keine. Etwas Anderes ist dringlicher als alles geworden: Das Ding, die Dinge", und zwar „Dinge im Notstand, Dinge, um Existenz ringend, zuckend, beschwörend, beschworen".[10] Auch Gedichte sollten dort hängen und anderes Schriftliches, „Texte, die auf denselben Grund-Ton gestimmt sind".[11] Vor allem aus zwei Kunstrichtungen der Moderne ließe sich dieses Museum bestücken, dem Dadaismus und dem Surrealismus. Kästner erinnert unter anderem daran, wie Marcel Duchamp gewöhnlichste Dinge aus ihrem Alltagszusammenhang gelöst und in eine Kunst-Ausstellung versetzt hat, darunter schockierenderweise ein Urinal, oder wie René Magritte durch Benennen und Begreifen scheinbar festgelegte und verfügbare Gegenstände verfremdet und verrätselt.

Für Rilke war die Skulptur Rodins zum Ding geworden. Inzwischen hat eine Entwicklung eingesetzt, in der das Ding zur Skulptur wird, z.B. Christos verhüllter Reichstag. Der Zeitgenosse nicht nur des wissenschaftlichen Fortschritts, sondern vor allem des heutigen Medienzeitalters beginnt zu verstehen, wie sinnig es ist, wenn etwa auch ein Joseph Beuys banalste Gegenstände zum Sujet einer Kunst-Präsentation macht. Durch nichts verschwinden die Dinge so sehr wie durch den Dauerfluß der bewegten Bilder im Film und im Fernsehen, deren immer schnellere Schnitte sie immer mehr ihrer Substanz berauben, wobei sie auch noch zur Zweidimensionalität verflachen. Wer die Dinge damit noch nicht verloren hat, verliert sie, wenn er sich selber auf die heute übliche Weise in Bewegung setzt, im Auto, im Zug, im Flugzeug. Oder wenn er dem Dauer-Palaver in den Talk-Shows, Diskussionsrunden, Konferenzen etc. lauscht, das die Dinge mit einem „Diskurs" zudeckt.

Die moderne Kunst eine Rettungsaktion für die Dinge? Anknüpfend an Erhart Kästner läßt sich für die Zukunft ein Museum denken, das in einer ersten Abteilung nichts als Dinge aus der ganz alltäglichen Realität exponiert, und zwar isoliert und selbständig und auch nicht als Symbole oder Repräsentanten einer Gattung, sondern als individuelle Besonderheiten: ein Museum der Wirklichkeit. In einer zweiten Abteilung – Kästner hat es schon angedeutet – sollten einzelne Gedichte hängen: ein Museum der Sprache, in dem der Dauerfluß des Redens in einzelnen lyrischen Gebilden angehalten ist, um im Verein mit den rehabilitierten Dingen den Aufstand zu proben.

---

[10] Ebd., S. 146.
[11] Ebd., S. 145.

Renate Böschenstein

ERINNERUNGEN AN PAUL CELAN

Ambivalenz – ein Schlagwort unserer Zeit. Aber es gewinnt eine ganz andere Substanz, als es Celan ausspricht, bei unserer ersten Begegnung, im Zunfthaus „Zum Rüden" in Zürich, 1967. Es ist ein Herbstnachmittag. Ich habe alles Konkrete vergessen, was ich sonst behalte: Tapeten, Blumensträuße oder Tassen; ich sehe nur noch Celan mir gegenüber, etwas vorgebeugt über den Tisch. Er entschuldigt sich, weil er eine Lesung in Genf abgesagt hat. „Es ging mir nicht gut", sagt er mit einer großen Natürlichkeit. Er weiß, daß wir wissen, worin seine Krankheit besteht. Offenbar schaue ich ihn befremdet an, als er erzählt, er habe gerade Heidegger besucht. Den Wortlaut seiner etwas verlegenen Begründung hätte ich mir merken sollen; sie ging in die Richtung, er habe eine Art Rechenschaft erwartet. „Übrigens habe ich darüber ein Gedicht geschrieben; interessiert Sie das?" fragt er, gleichsam beiläufig, und zieht ein Notizbuch hervor. Von ihm vorgelesen, erscheinen die Verse, um die später so viele Interpretationen kämpfen sollen, als völlig klar. Ist es in diesem Heidegger-Zusammenhang, daß das Wort von der Ambivalenz fällt? Ich weiß es nicht mehr. Aber ich erinnere mich an die Eindringlichkeit seiner Stimme: „Wissen Sie, eines wird mir immer klarer, je älter ich werde: daß alle Dinge ambivalent sind." Nachher draußen zeige ich über die Limmat hinüber: „Da ist Ihr Storchen." „Mein Storchen -" sagt er, wieder mit einer leisen Verlegenheit, die nicht gespielt ist.

Daß man mit Celan auch lachen kann, erfahren wir bei seinem Besuch in Genf. Oft dreht sich unser Gespräch um Wörter: er sagt, als einer, der nie im deutschen Sprachgebiet gelebt hat, sei er immer auf der Suche nach deutschen Wörtern. Zum erstenmal habe er jetzt gewagt, in einem Gedicht „rüber" zu schreiben anstatt „herüber", weil er vom gehobenen Czernowitzer Deutsch her an keine Abkürzungen gewöhnt sei. In der Stadt schlägt er wie eine Wünschelrute aus, wenn sich irgendetwas sprachlich Auffälliges zeigt, zum Beispiel eine Buchhandlung an der Place du Cirque, die sich nicht mehr „librairie", sondern „centre-livres" nennt – damals noch etwas Neues. Ein fou rire befällt ihn aber, als wir ihm von den in der Suisse romande verbreiteten Germanismen erzählen – daß man etwa sagt: „Le thé tire". Immer wieder, auch in den nächsten Tagen, wiederholt er: „Le thé tire", und übersetzt: „Der Tee schießt." Noch heute sagen wir: „Der Tee muß noch schießen."

„Der Tee schießt." Noch heute sagen wir: „Der Tee muß noch schießen." Daß ihm gerade dieser Doppelsinn des Wortes einfällt, kann man leicht auf den Todesgrund in Celan deuten. Aber wir wollen es nicht.

Celan kann aber auch quälen. Als ich ihm erzähle, daß ich über „Gespräch im Gebirge" geschrieben habe, sein Prosastück, wovon ich so begeistert bin, sagt er nur: „Überschätzen Sie das nicht." Er setzt sich in den Kopf, nur eine ganz konkrete, oberflächenhafte Deutung seiner Gedichte zu akzeptieren – „matière" heißt nichts als Schlick und Schlamm –, und höhnt über einen Interpreten, der bei „Iris" in „Sprachgitter" an die Göttin gedacht hat. „Schadet es etwas, wenn man weiß, welchen Kometen Lichtenberg auf dem Stadtwall gepflückt hat?" frage ich schließlich etwas gereizt, während der Lift uns hochträgt. Er antwortet mit einem ausweichenden Lächeln: „S c h a d e n tut es nicht gerade."

Wir hören zu, wie Celan und du Bouchet sich eine Stunde lang über einzelne Wörter unterhalten, französische und deutsche, wie über Personen. Eine Bedeutsamkeit, die man nicht begründen kann, macht einige ganz triviale Sätze unvergeßlich, gesprochen im Café oder an einer Straßenecke. „Ils ont abandonné la voiture", sagt er von Bekannten in Paris, und es klingt, als sei das Auto nun vereinsamt.

Hendrik Birus

HOMMAGE À QUELQU'UN

Paul Celans *Hüttenfenster* – ein ‚Wink' für Johannes Bobrowski?[1]

> *Der Vers im Innern.* – Als Rabbi Mordechai einmal in der großen Stadt Minsk war und dort vor mehreren gegnerisch gesinnten Männern die Schrift auslegte, lachten die ihn aus. „Dadurch wird doch der Vers gar nicht klargestellt", riefen sie. „Meint ihr denn", erwiderte er, „ich wollte den Vers im Buch klarstellen? Der bedarf der Klarstellung nicht! Ich will den Vers in meinem Innern klarstellen."
>
> Martin Buber, *Die Erzählungen der Chassidim*

Paul Celans Gedichtband *Die Niemandsrose* (1963), der die Mitte seines Werks bildet, ist in hohem Maße intertextuell geprägt. Doch während einige seiner ersten Gedichte diese Intertextualität zu einem teils offenen, teils verdeckten Dialog mit Nelly Sachs nutzen, läßt sein vermutlich letztentstandenes Gedicht *Hüttenfenster*[2] keinerlei dialogischen Bezug mehr erkennen. Zumindest nicht, solange man nur seine publizierte Fassung kennt. Betrachtet man allerdings seine Vorstufen, so verändert sich dieser Eindruck – und dies allein schon angesichts der von Celan erwogenen Titel für dieses Gedicht. Der ursprüngliche Titel *Pariser Elegie* im Typoskript vom 30.3.1963 enthält zunächst eindeutig einen intertextuellen Verweis auf die große, von den *Römischen Elegien* und der *Marienbader Elegie* über die *Duineser Elegien* bis zu

[1] Eine Skizze zu den folgenden Überlegungen wurde in dem von Jürgen Lehmann organisierten Kreis von Celan-Forschern zur Kommentierung der *Niemandsrose* vorgestellt, zu dessen engagiertesten Teilnehmern Peter Horst Neumann gehörte; sie bilden die Grundlage zu meinem Stellenkommentar zum *Hüttenfenster*, zu dem mir mit Genehmigung von Paul Celans Erben auch die Vorstufen zu diesem Gedicht zur Verfügung standen und der demnächst in dem Sammelband „Die Niemandsrose" von Paul Celan. Kommentare und Erläuterungen. Hg. v. Jürgen Lehmann unter Mitarbeit von Christine Ivanović. Heidelberg 1997 erscheinen wird.

[2] Paul Celan: Die Niemandsrose. Frankfurt a. M. 1963. S. 76f. Wieder abgedruckt in: Paul Celan: Gesammelte Werke in fünf Bänden. Hg. v. Beda Allemann u. Stefan Reichert, unter Mitw. v. Rudolf Bücher. Frankfurt a. M. 1983. Hier Bd. I. Gedichte I: S. 278f. (künftig zitiert unter einfacher Angabe der Band- und Seitenzahl).

den *Buckower Elegien* und darüber hinaus reichende Tradition eines topographisch fixierten elegischen Sprechens in der deutschen Dichtung. Markiert er aber womöglich auch einen spezifisch dialogischen Bezug zu einem der Lyriker in dieser Tradition?

Natürlich denkt man angesichts einer Reihe von unübersehbaren Korrespondenzen zwischen dem *Hüttenfenster* und der zweiten Hälfte der *Duineser Elegien* sofort an Rilke, dem wie Celan aus dem Habsburgischen Raum stammenden ‚Wahl-Pariser', mit dem ihn in jenen Jahren ein geradezu persönliches Konkurrenzverhältnis verband, so daß er 1960 demonstrativ die in Rilkes Valéry-Übertragung als unübersetzbar ausgesparte *Jeune parque* übersetzte und sie analog zu den meisten Rilke-Übersetzungen als Insel-Bändchen publizierte.[3] Doch der bald darauf erwogene Titel *Hommage à quelqu'un* weist auf eine andere Spur: Denn mit *quelqu'un* dürfte schwerlich Rilke, noch auch Goethe oder Brecht gemeint sein. Also vielleicht – natürlich polemisch! – Iwan Goll, der ja außer den *Ihpetonga Elegien* auch eine *Freiheits-Elegie*, eine *Elegie der Morgenröte* und eine Anzahl weiterer Elegien verfaßt hatte? Ist dies freilich an sich schon sehr unwahrscheinlich, so wird es durch die folgende vorletzte Titelvariante *Statt eines Winks* geradezu ausgeschlossen: müßte ein *Wink* doch wohl an Lebende gerichtet sein. – An wen?

Wenn nicht alle Indizien trügen: an Johannes Bobrowski.[4] Nicht nur finden sich in Celans Bibliothek Bücher von und über Bobrowski (z.T. mit Anstreichungen) mit einer Vollständigkeit wie sonst von kaum einem zeitgenössischen deutschsprachigen Lyriker, sondern beide hatten Ende 1959 – durch die Vermittlung Peter Jokostras und Erich Arendts – in direktem Briefkontakt[5] gestanden. Wie aus Bobrowskis Briefen an Jokostra hervorgeht, hatte Celan für ihn eine außerordentliche, freilich tief ambivalente Rolle gespielt. Einerseits sah er ihn uneingeschränkt positiv, ja fast verklärend, als jüdischen Dichter: „Ein Jude, der dichtet, ist eben nicht einfach nur ein Dichter" (12.8.1960)

---

[3] Paul Valéry: La jeune parque / Die junge Parze. Übertragen von Paul Celan. Frankfurt a. M. 1964. Wieder abgedruckt in IV, 113-163 (Anm. 1).

[4] Johannes Bobrowski: Gesammelte Werke in sechs Bänden. Hg. v. Eberhard Haufe. Bisher erschienen: Bd. 1–4. Berlin 1987 (künftig zitiert unter der Sigle G. W. mit Angabe der Band- und Seitenzahl).

[5] Da die von Eberhard Haufe vorbereitete Ausgabe der Briefe Johannes Bobrowskis bisher nicht erscheinen konnte, werden sie nach folgenden Quellen zitiert: ‚Celan ist bestenfalls eine Parfümfabrik...' Das spannungsvolle Verhältnis zwischen Johannes Bobrowski und Paul Celan, dokumentiert von Peter Jokostra. In: Die Welt. 30.10.1971. Nr. 253. Die geistige Welt. S. V.; Eberhard Haufe: Zu einer Entwicklung der sarmatischen Lyrik Bobrowskis 1941–1961. In: Wissenschaftliche Zeitschrift der Martin-Luther-Universität Halle-Wittenberg 24 (1975). Gesellschafts- und sprachwissenschaftliche Reihe H. 1. S. 53-74; Eberhard Haufe: Einleitung des Herausgebers: Zu Leben und Werk Johannes Bobrowskis. In: G. W. I (Anm. 4), S. VII-LXXXVI; Johannes Bobrowski oder Landschaft mit Leuten. Eine Ausstellung des Deutschen Literaturarchivs im Schiller-Nationalmuseum Marbach am Neckar. Hg. v. Reinhard Tgahrt in Zusammenarb. m. Ute Doster, Marbach a. N. 1993 (= Marbacher Kataloge 46). – Paul Celans Briefe werden außerdem nach folgenden Quellen zitiert: Briefe an Alfred Margul-Sperber. In: Neue Literatur 26 (Bukarest 1975). H. 7. S. 50-63; Petre Solomon, Briefwechsel mit Paul Celan 1957-1962. In: ebd. 32 (1981). H. 11. S. 60-80; Briefe an Gottfried Bermann Fischer. In: Paul Celan. Hg. v. Werner Hamacher u. Winfried Menninghaus. Frankfurt a. M. 1988. S. 20-24.

im Sinne des Briefbekenntnisses angesichts einer Photographie Paul Celans: „Jeder Jude ist mir das unbegreifliche Wunder, ohne das ich nicht leben kann" (6.2.1959). Andererseits empfand er ihn aber als Widerpart seiner eigenen sich gerade herausbildenden poetologischen Position, von der aus ihm dann *Sprachgitter* „wie eine Destillieranstalt", „eine elegant aufgemachte Alchimistenküche", wenn nicht gar „bestenfalls eine Parfümfabrik" (14.8. u. 5.10.1959) erscheinen mochte – und Celan selbst als „sone Art Geibel" oder Rilke (27.7. u. 5.10.1959).

Celan scheint durch Jokostra schon vorher Kenntnis von dieser kritischen Haltung gehabt zu haben. Denn als er erfuhr, daß Bobrowski gegen eine Wendung aus seinem Gedicht *Nächtlich geschürzt* (I, 125) eingewandt hatte: „Ein Wort – eine Leiche: wer das sagt und auch nur einen Satz nachfolgen läßt, treibt Reliquienkult" (an Jokostra, 4.3.1959), antwortete er mit dem Bekenntnis:

> Worthimmel, finster, ja. Worthagel. Aber dann, über die Schütte Hagel hin –: Ozon, atembar, rein; erhobenen Hauptes gehst du übers Land neben (nah-fernen) Brüdern. (Zuversicht: Als Titel, als Anfang – dazu als „Endwort" Brüder).
>
> Das Wort – eine Leiche, aber: laß uns sie waschen, laß uns sie kämmen, laß uns ihr Aug himmelwärts wenden!
>
> Welche Zuversicht? Von Kafka her, mit ihm weiterdenken: „Die Tatsache, daß es nichts gibt als eine geistige Welt, nimmt uns die Hoffnung und gibt uns die Gewißheit!" Ich habe das immer so gelesen, als wäre es ein Grund dazusein, zu leben, zu atmen. (Celan an Jokostra, 6.4.1959.)[6]

Wie wenig verstimmt Celan auf jene Kritik reagiert hat, zeigt nicht nur das von Erich Arendt übermittelte Widmungsexemplar seiner soeben erschienenen Mandel'štam-Übertragung[7] an den damals noch ganz unbekannten DDR-Lyriker, der sich am 19. November 1959 postwendend dafür bedankte:

> weil ich hoffen kann, Sie hätten es so gemeint, wie ich es gern verstehen möchte: als eine Nachricht an einen Gleichgesinnten, als eine Stärkung, eine Aufforderung, bei einem Tun zu bleiben, gegen dessen mögliche Auswirkung immer mehr zu sprechen scheint und das doch nie aufgegeben werden kann. Sie wissen, daß ich nicht nur das Gedicht meine.

Sondern auch Celans von Bobrowki als „geradezu brüderlich" (an Ad den Besten, 1.12.1959) empfundene Antwort:[8]

> 78, rue de Longchamp   Paris, am 24. November 1959
> Lieber Herr Bobrowski –
> Lieber Johannes Bobrowski!

---

[6] Vgl. auch Celans Gedicht *Zuversicht*, I, 153 (Anm. 1).

[7] Ossip Mandelstamm: Gedichte. Übertragen von Paul Celan. Frankfurt. a. M. 1959.

[8] Ich zitiere sie nach der Kopie in Celans Nachlaß, da der Abdruck in *Johannes Bobrowski oder Landschaft mit Leuten*. S. 425 (Anm. 5) einige Ungenauigkeiten enthält.

Gestern, es war mein Geburtstag, kam Ihr Brief – darf ich darin mehr sehen als blossen Zufall? Ich danke Ihnen, von Herzen.
Lassen Sie mich heute nur diese wenigen Zeilen an Sie richten, Ihnen sagen, dass ich's wirklich so gemeint habe, wie Sie es empfinden. Was kann man in dieser Welt und dieser Zeit einem Brief (oder einem Gedicht) denn mitgeben als eben dies: ein Unausgesprochenes, eben noch „Stimmhaftes", das, ach, so selbstverständlich ist?
Ob ich Ihnen dann und wann auch ein Buch schicken kann, ein französisches vielleicht?
Es gibt nur diese eine Welt, sie hat – auch hier wo ich lebe – ihre Nachtseite, wir brauchen nicht erst hinzufliegen, und sie zu photographieren. Nur die Hände haben es zu weit zueinander.

Alles Gute und Wahre!

Ihr Paul Celan

Nach einem weiteren Brief Bobrowskis mit der bezeichnenden Wendung, daß es für seine Zeit „keine Traditionen gibt, nur Unbewältigtes und Hoffnung und hinter ihr schwer Pascals Dieu d'Abraham" (3.12.1959), und nach Celans Widmung: „Für Johannes Bobrowski, mit den herzlichsten Grüßen und Wünschen | Paul Celan | Weihnachten 1959" in einem Exemplar seiner – von Bobrowski als „großartig" bezeichneten (an Jokostra, 12.1.1960) – Rimbaud-Übertragung[9] scheint es keinen persönlichen Kontakt mehr zwischen beiden Dichtern gegeben zu haben.

Doch dies war nicht das Ende ihrer Beziehung, die schließlich auf eine radikale Verkehrung ihrer ursprünglichen Positionen zueinander hinauslief. Denn Bobrowski, der sich anfangs zu der Bemerkung verstiegen hatte: „Wie gesagt, Celan ist gar nichts – sone Art Geibel" (an Jokostra, 27.7.1959), wollte diesem nun anderthalb Jahre vor seinem Tod sein großes Gedicht *Wiedererweckung* (12.1.1964; G.W. I, 203f.) widmen, worauf Celan schneidend replizierte:

> Was jedoch das Gedicht angeht, das Sie als mir ‚gewidmet' bezeichnen, so muß ich es ausdrücklich ablehnen, daß mir ein solches Gedicht gewidmet, zugedacht oder *auch nur zugeschickt* wird. (An Jokostra, 2.11.1965.)

Daß dem nicht etwa eine inzwischen eingetretene Beziehungslosigkeit oder Desinteresse zugrunde liegt, lassen Celans charakteristische Anstreichungen in posthumen Publikationen von und zu Bobrowski erkennen: etwa des aus *A la pointe acérée* stammenden Verses: „Wege dorthin" (I, 251) in Bobrowskis Gedicht *Vorsorge* (G.W. I, 209); oder von Bernd Jentzschs Bemerkung, Bobrowskis Erzählung *Boehlendorff* (G.W. IV, 97-112) sei „ein Gegenentwurf auch zu Paul Celans Prosa ‚Gespräch im Gebirg' "[10] oder schließlich der bi-

[9] Arthur Rimbaud, Bateau ivre / Das trunkene Schiff. Übertragen von Paul Celan. Wiesbaden 1958.

[10] Bernd Jentzsch: „Schöne Erde Vaterland". In: Johannes Bobrowski. Selbstzeugnisse und Beiträge über sein Werk. Berlin 1967. S. 128-133. Hier S. 130.

bliographischen Notiz, daß Bobrowskis erste Rußland-Gedichte in der Zeitschrift *Das Innere Reich* (1943/44) erschienen waren.[11]

Sucht man nach einem Wendepunkt in Celans Beziehung zu Bobrowski, so mag man ihn – auf dem Höhepunkt der Goll-Affäre und kurz vor der Verleihung des Preises der Gruppe 47 an Bobrowski – in einem Geburtstagsbrief an Alfred Margul-Sperber vom 12.9.1962 dokumentiert finden, in dem Celan davon spricht, daß sein Lebensweg (wie der des Jubilars) ihn, „den – um es mit einem Scherzwort zu sagen – ‚karpatisch Fixierten' weit ins Transkarpatische hinausgeführt" habe, um dann im Hinblick auf die Bundesrepublik sarkastisch fortzufahren:

> eines Tages fand man hierzulande, daß es an der Zeit sei, Kärnten und Hessen und Pommern und Brandenburg und andere Marken mit vornehmer Konsonanz demgegenüber literarisch autark und autonom werden zu lassen. Ein genealogischer Läuterungs- und Reinigungsprozeß, wenn Sie so wollen, eine – siebzehn Jahre nach dem sogenannten „Kahlschlag" höchst notwendig gewordene Wiederaufforstung des literarischen Geländes. Die vielen eigenwüchsigen Stämme und Bäume und Stammbäume! Und wie sie gedeihen! Mythisches – beileibe nicht Mythomanisches! – wächst mit und hinzu, das Land ist dicht besiedelt, die Magna Graecia kommuniziert Bundesstipendiaten-Erlebnisse, Kalifornisches ist längst wieder rückverwurzelt, Nördliches stabreimt sich pseudosozial und zornig-photogen hinzu, gelegentlich zaubert man sogar „Pruzzisches" aus dem Boden – will sagen aus der von hilfsbereiten kantönli-echten Kritikern mit Weltblick authentifizierten Schon-immer-Dagegengewesenseins-Schichten der zwanziger Jahre „danach" ursprünglich-urtümlich „Anderen". – Es soll, so las ich vor nicht langer Zeit, tatsächlich Kriegsverbrecher gegeben haben in Deutschland, aber es waren ihrer insgesamt fünfhundert bis tausend, und nach selbigen wird denn auch unter Aufwendung der entsprechenden Bundesmittel behördlich gefahndet.
>
> Mittlerweile floriert, wie gesagt, die Literatur. „Welt" und „Zeit" halten ihr den Alibi-Spiegel vor –: sie erweist sich als auf *der* und aller genannten Höhe, existentiell und experimentell zugleich, theorie- und krisenstark und, unter anderem, in der so erfreulichen Lage, Zugewanderte wie den Endesgefertigten, großmütigst zu begönnern, nachdem sie ihm alles, sogar die fremde Staatsangehörigkeit, verziehen hat. – Ich bin im Begriffe, es zu einer einmaligen Ehre zu bringen: zum Nicht-Plagiator!
>
> Doch genug davon! [...]

„Pruzzisches": damit kann nichts anderes als Bobrowskis *Pruzzische Elegie* (Juli 1952; G.W. I, 33-35) gemeint sein, die zwar in der in Celans Besitz befindlichen ‚West-Ausgabe' der *Sarmatischen Zeit*[12] fehlt, die Celan aber bereits aus *Sinn und Form* 1955 kennen konnte und die in der ‚Ost-Ausgabe' der *Sarmatischen Zeit*,[13] die im übrigen Celans *Mohn und Gedächtnis* und *Von Schwelle zu Schwelle* buchgestalterisch denkbar ähnlich ist, eine eigene Abteilung II bildet. Und ganz entsprechend hatte nun Celan seine *Pariser Elegie*

---

[11] In: Ebd., S. 214.
[12] Johannes Bobrowski: Sarmatische Zeit. Stuttgart: Deutsche Verlags-Anstalt 1961.
[13] Johannes Bobrowski: Sarmatische Zeit. Berlin: UnionVerlag 1961.

ursprünglich als eigene Abteilung IV der *Niemandsrose* konzipiert. – Kann man so diese *Hommage à quelqu'un* auf Johannes Bobrowski beziehen, so bleibt die Frage, was ihm mit diesem *Statt eines Winks* dichterisch signalisiert werden sollte.

Gewiß auch Persönliches: etwa die Abwehr jedes ‚großmütigst Begönnertwerdens', das Bobrowskis (möglicherweise durch Jokostra kolportierten) Äußerungen über den ‚jüdischen Dichter' Celan, trotz seiner Verwahrungen gegen einen pauschalen Philosemitismus,[14] nicht ganz abgeht. Doch darüber hinaus die Ablehnung von all jenen, die einerseits an den Hitlerschen Eroberungsfeldzügen teilgenommen und dies andererseits im Geist der Innerlichkeits- und Naturlyrik-Tradition (hier: Rilkes, Carossas, Wiecherts, Brittings, G. F. Jüngers, Ina Seidels, später auch Peter Huchels) zu verklären, wenn nicht zu ‚bewältigen' versucht hatten. Darauf beziehen sich ja auch in *Hüttenfenster* die sarkastischen Verse (v. 19-23) anläßlich des „Schwarzhagels, der | auch dort fiel, in Witebsk", nämlich in der von Bobrowski bedichteten *Heimat des Malers Chagall* (G.W. I, 56):

> und sie, die ihn säten, sie
> schreiben ihn weg
> mit mimetischer Panzerfaustklaue! –

In der ursprünglichen Fassung des Gedichts hieß dies unter Nutzung der Opposition ‚Schwarzhagel' vs. ‚weißer Schnee' ausführlicher:

> und sie lügen ihn weiß, die ihn säten! Und sagen,
> es sei nur Schnee
> gewesen, hingestreut von
> wirklichen Händen! –

Direkter polemischer Bezugspunkt hierfür war ausgerechnet „die von Celan beeindruckte ‚Spur im Sand'" (so Bobrowski an Jokostra, 21.5.1959), wo es von *Aaron*, dem „blasse[n] Alte[n] / im verschossenen Kaftan", heißt: „Der Bruder [!] trieb / dich von der Tür. Ich [!] ging / dir nach"; dem der Satz folgt: „Mit den weißen Händen / warfst du die Schneesaat / übers Scheunendach" (G.W. I, 28). Ja, bedurfte es noch einer spezifischen Anregung für den Celanschen Neologismus *Schwarzhagel*, so bot sie antithetisch die Schlußwendung des folgenden Bobrowski-Gedichts *Litauische Lieder*: „wenn ihr Herz, / ein Hagelkorn, weiß ist" (G.W. I, 29). Celans handschriftlicher Zusatz:

> Und wollen im Mordjahr
> gewesen sei[n] die sie gemordet.

---

[14] Vgl. Johannes Bobrowski: Benannte Schuld – gebannte Schuld? In: G.W. IV (Anm. 4), 443-448. Bes. 445f.

trifft genau das Moment imaginärer Identifikation des Mit-Täters mit den Opfern[15] in Bobrowski-Gedichten, wie *Die Spur im Sand* (G.W. I, 28), *Auf den jüdischen Händler A. S.* (ebd., S. 15), *Die Heimat des Malers Chagall* (ebd., S. 56) und *Kaunas 1941* (ebd., S. 60 f.), die allesamt in der Anthologie *Tau im Drahtgeflecht*, mit dem fatalen Untertitel *Philosemitische Lyrik nichtjüdischer Autoren*,[16] abgedruckt waren. Dabei hatte es Bobrowski als seine erklärte Intention bezeichnet:

> Es muß aber sichtbar werden am meisten: die Rolle, die mein Volk dort bei den Völkern gespielt hat. Und so wird die Auseinandersetzung mit der jüngsten Zeit, für mich: der Krieg der Nazis, einen wesentlichen und sicher den gewichtigsten Teil ausmachen. *So werde ich in den Gedichten stehen, uniformiert und durchaus kenntlich.* Das will ich: eine große tragische Konstellation in der Geschichte auf meine Schultern nehmen, bescheiden und für mich, und das daran gestalten, was ich schaffe. Und das soll ein (unsichtbarer, vielleicht ganz nutzloser) Beitrag sein zur Tilgung einer unübersehbaren historischen Schuld meines Volkes, begangen eben an den Völkern des Ostens. (An Hans Ricke, 9.10.1956, Hervorh. v. mir.)

Doch selbst wenn Celan zu diesem Zeitpunkt noch nichts Näheres von Bobrowskis Biographie und seiner frühen Lyrik (samt ihrem Publikationsort) gewußt haben sollte, so kannte er doch mittlerweile den Vorspann zu dessen Gedichten in Hans Benders Anthologie *Widerspiel. Deutsche Lyrik seit 1945*[17] (G.W. IV, 335):

> Zu schreiben habe ich begonnen am Ilmensee 1941, über russische Landschaft, aber als Fremder, als Deutscher. Daraus ist ein Thema geworden, ungefähr: die Deutschen und der europäische Osten. Weil ich um die Memel herum aufgewachsen bin, wo Polen, Litauer, Russen, Deutsche miteinander lebten, unter ihnen allen die Judenheit. Eine lange Geschichte aus Unglück und Verschuldung, seit den Tagen des deutschen Ordens, die meinem Volk zu Buch steht. Wohl nicht zu tilgen und zu sühnen, aber eine Hoffnung wert und einen redlichen Versuch in deutschen Gedichten. Zu Hilfe habe ich einen Zuchtmeister: Klopstock.

Gerade im Lichte dieser Notiz mußte die *Pruzzische Elegie* wie überhaupt die Konzeption der *Sarmatischen Zeit* als ganzer, Celans sachlichen Widerspruch herausfordern: Zum einen die Verschleifung der Einzigartigkeit der *Shoa* in eine „lange Geschichte aus Unglück und Verschuldung, seit den Tagen des deutschen Ordens", die Milderung, wenn nicht Verdrängung aktueller Schuldgefühle durch die imaginäre Sühnung längstvergangener Unrechtstaten – bis hin zur schwärmerischen Apostrophierung der alten Pruzzen als „Volk, / [...] / wie keines, keines! des Todes –". Zum anderen (und damit eng verbunden) die

---

[15] Zu solchen ‚Wiedergutmachungsphantasien' vgl. bes. Ruth Klüger: Gibt es ein ‚Judenproblem' in der deutschen Nachkriegsliteratur? (1985). In: Ruth Klüger: Katastrophen. Über deutsche Literatur. Göttingen 1994. S. 9-38.

[16] Tau im Drahtgeflecht. Philosemitische Lyrik nichtjüdischer Autoren. Zusammengestellt u. hg. v. Cornelius Streiter. Rothenburg ob der Tauber 1961. S. 14-23.

[17] Hans Bender (Hg.): Widerspiel. Deutsche Lyrik seit 1945. München 1962.

ethnische Zernierung der Juden innerhalb der „Ostvölker – Polen, Russen, Letten, Litauer, Kuren, Pruzzen usw. –", unter denen sie lediglich „eine besondere Berücksichtigung erfahren" sollten (so Bobrowski an die Deutsche Verlags-Anstalt, 18.5.1960). Das Cvetaeva-Motto zu Celans Gedicht *Und mit dem Buch aus Tarussa*: „Vse poety židy" (‚Alle Dichter sind Juden' – I, 287) ist eben nicht äquivalent zu ‚Alle Dichter sind Kuren, Pruzzen, Juden usw.'.

Celan widersprach einer solchen Fixierung gleich einleitend im *Hüttenfenster* mit Schlüsselworten wie *Wander-Osten* (v. 3f.) und *Menschen-und-Juden* (v. 6), wobei gerade dieses Kompositum – ähnlich der Juxtaposition von *Judenlocke* und *Menschenlocke* in *Mandorla* (I, 244) – das untrennbare und gleichwertige Mensch- und Jude-Sein des *Volks-vom-Gewölk* (v. 7) akzentuiert. Besonders deutlich wird diese Position aus gleichzeitigen Briefen; wenn Celan etwa gegenüber Margul-Sperber (am 8.2.1962) klagt: „Und weit und breit kein Mensch. Aber allerlei ‚Philosemiten' und ‚Juden'. Na ja"; oder wenn er sich gegenüber seinem damaligen Verleger gegen die Tendenz verwahrt, „das Jüdische – also *eine* der Gestalten des Menschlichen, aber immerhin eine *Gestalt*! – auf dem Wege der Absorption, Bevormundung usw. zu beseitigen" (an Gottfried Bermann Fischer, 14.12.1963).

Und schließlich störte Celan offenkundig das Moment des ‚Mythischen', wenn nicht ‚Mythomanischen', das hier in der Apostrophierung der Pruzzen als „Volk / Perkuns und Pikolls, / des ährenumkränzten Patrimpe!" kulminiert und von Bobrowski mit dem bezeichnenden Kommentar versehen wird:

> Perkun, Pikoll, Patrimpe sind die Götter der Preußen, die viel naturhafter, erdgebundener als die anderer Völker aufgefaßt worden sind, also gegenständlicher, personeller (an Hans Ricke, 26.9.1952).

Mit solcher heidnischen ‚Naturhaftigkeit' und ‚Erdgebundenheit' haben die Juden als ‚Volk der Schrift' für Celan nichts gemein, deren Tradition eher die Anrufung Gottes als ‚Niemand' denn irgendeinen Baalsdienst oder Tanz ums Goldene Kalb zuläßt und der sich Celan mit dem Schluß von *Hinausgekrönt* (I, 271 f.) zugehörig weiß: „Und wir schicken / keinen der Unsern hinunter / zu dir, / Babel."

Gewiß hat auch Bobrowski teil an dieser alttestamentlichen Tradition; und zwar dank seiner Lehrmeister Klopstock, Hamann und Herder, ja auch Celan, der ihn wohl durch Gedichte in Holthusen/Kemps Anthologie *Ergriffenes Dasein*[18] (an Fritz Schaumann, 26.4.1954) zu einem seiner ersten Gedichte mit jüdischer Thematik, *Die Spur im Sand* (12.8.1954; G.W. I, 28), inspiriert hatte (an Jokostra, 21.5.1959). Es ist aber gerade die Amalgamierung mit Heidnisch-Erdgebundenem, der Celan hier sein Gegengedicht entgegensetzt. Dabei ist es bemerkenswert, wie Celan – durchaus in seinem eigenem Idiom bleibend – Schlüsselworte der *Pruzzischen Elegie*, wie überhaupt der *Sarmatischen Zeit* aufnimmt: *dunkel*, *Hütte*, *Volk*, *Gewölk*, *Name*, aus anderen Gedichten auch *Erde*, *Fenster* und *Licht*, um dann den Wortschatz in ganz andere Richtungen

[18] Ergriffenes Dasein. Deutsche Lyrik 1900-1950. Ausgewählt v. Hans Egon Holthusen [u.] Friedhelm Kemp. Ebenhausen b. München 1953.

hin zu erweitern. Und ebenso knüpft er auch formal an die eher additive, durch Gedankenstriche markierte Struktur der *Pruzzischen Elegie* an, überführt diese aber – außer in den rahmenden und den parenthetischen Strophen – durch die Folge der anaphorischen Prädikate in eine ebenso tastende wie zielgerichtete Bewegung vom Dunkel zum Licht, von der Welt über die Sterne und die Buchstaben zu Beth, dem Haus.

Christine Ivanović

DER SCHWARZBLAUE, DER GEDANKENKÄFER

Zur Kontinuität autoreflexiver Motivkonstellationen im Werk Paul Celans

Peter Horst Neumann hat in seiner noch vor dem Abschluß des Gesamtwerkes erschienenen Einführung *Zur Lyrik Paul Celans*[1] eine bekannte Methode der Gedichtbetrachtung erstmals als hermeneutischen Schlüssel für das gesamte bis dahin publizierte Korpus der Gedichte Celans genutzt. Obwohl man dieser Vorgehensweise damals nicht nur positiv gegenüberstand, hat sie Erkenntnisse erbracht, die heute zum großen Teil als „Gemeingut der Forschung"[2] gelten können. So zeigte Neumann am Beispiel der „Mandel", wie ein einzelnes Motiv im Gesamttext der Celanschen Dichtung nicht nur Kontinuität bewahrt, sondern wie im Prozeß des Fortschreibens dieses Motiv zunehmend autoreflexive Züge annimmt, wie im immer erneuten Aufrufen des Bilds der „Mandel" diesem sich allmählich das des „Auges" und schließlich das des „Königs" beiordnen. Im Verlauf der dichterischen Entwicklung Celans von *Mohn und Gedächtnis* zu *Die Niemandsrose* und *Atemwende* durchläuft die „Mandel" gleichsam eine poetische Metamorphose zur „Mandorla", in der Neumann schließlich „eine Chiffre auch für das Celansche Gedicht selbst" erblickt.[3] Diese Zuspitzung eines zunächst traditionell gebundenen Bildes (Mandel als Zeichen des Jüdischen)[4] zu einer poetologisch relevanten Aussage, die dann die Kontinuität des Bildes in seinem Werk nicht selten abrupt abbrechen läßt, scheint durchaus kein Einzelfall zu sein. Sie läßt sich an zahlreichen weiteren Beispielen ebenso verfolgen, was teilweise auch schon unternommen worden ist.[5]

---

1 Peter Horst Neumann: Zur Lyrik Paul Celans. Göttingen 1968 (2. erw. Auflage 1990).

2 Ebd., Vorwort zur zweiten Auflage. S. 6.

3 Ebd., S. 41.

4 „In der Chiffre der ‚Mandeln' ist zugleich der Unzahl jüdischer Opfer in den Vernichtungslagern gedacht." Ebd., S. 31.

5 Vgl. u.a. Christoph Perels: Zeitlose und Kolchis. Zur Entwicklung eines Motivkomplexes bei Paul Celan. In: Germanisch-Romanische Monatsschrift N.F. 29 (1979). S. 47-74; Klaus Manger: Himmelwracks. Zu Paul Celans Schiffahrtsmetaphorik. In: Gerhard Buhr und Roland Reuß (Hg.): „Atemwende". Materialien. Würzburg 1991. S. 235-251. Vgl. insbesondere im Bereich der Tiermetaphorik Barbara Klose: ‚Souvenirs entomologiques' – Ce-

Neben interessanten Einzelfällen scheint damit aber vor allem ein Charakteristikum der Celanschen Gedichtsprache aufgedeckt, das Neumann vielleicht noch akzidentiell erscheinen mußte, das mit Blick auf deren zunehmend erkannte Kontinuität vom Frühwerk bis hin zu *Zeitgehöft* jedoch als durchgängig zu beobachtendes poetisches Verfahren entsprechend gewürdigt werden muß (auch darauf schließlich gründet sich der hohe ästhetische Anspruch dieser Dichtung). In der Untersuchung kontinuierlicher Motivkonstellationen im Werk Celans geht es daher nicht darum, im Sinne der unterdessen verpönten ‚Parallelstellenmethode' lediglich einzelne Motive zu verfolgen und gegeneinander zu halten. Es geht – gerade im Sinne jenes Votums von Christoph Perels, die Gedichtsprache Celans sei erst Text für Text zu erlernen[6] – darum, in der Kontinuität eines Motivs die Differenzen in seinem Gebrauch aufzudecken, Akzentverschiebungen zu erkennen. Vielfach ist von Zeitgenossen Celans auf dessen erstaunlich gutes Gedächtnis hingewiesen worden; es verbürgte ihm auch die ständige Präsenz seiner früheren Gedichte. Spätestens seit dem mittleren Werk läßt sich nun eine Zunahme autoreflexiver Bezüge auf frühe Gedichte feststellen,[7] – ein Charakteristikum, das vor allem die Gedichte der *Niemandsrose* auszeichnet,[8] das sich eben als Motivkorrespondenz aber auch bis in ganz späte Texte hinein verfolgen läßt. Diese Art der autoreflexiven Bezugnahme geschieht nicht nur über das Zitat, sie geschieht zunehmend über die seltener gebrauchten Bilder, wie schon Neumann am Beispiel der „Mandel" zeigen konnte. So werden bestimmte Motivkonstellationen als das Gesamtwerk oder einzelne Schaffensphasen begleitende Reihen erkennbar, wobei diese gerade dadurch gekennzeichnet erscheinen, daß mit dem bestimmten Motiv der intertextuelle Bezug auf den früheren Text erst ermöglicht, dieser dann aber nicht selten differenziert, dementiert oder in eine veränderte Richtung getrieben wird. Gerade das nur vereinzelte Auftauchen bestimmter Motive fungiert so als Marker für größere poetische, nicht selten auch poetologische Zusammenhänge, die Celan ganz offensichtlich präsent sind, die von seinem Leser aber nicht immer realisiert werden (können), wenn er seine Lektüre auf den internen Gedichtkontext und dessen Kohärenz beschränkt. Die ‚Verstehenslücke' wird besonders dann eklatant, wenn das Motiv im Celanschen Gebrauch zunehmend von seiner traditionellen Bildbedeutung abweicht, ein Verstehen also nur noch über den autoreflexiven Bezug möglich erscheint. Ein Beispiel dafür soll im folgenden genauer untersucht werden.

---

lans Begegnung mit Jean-Henri Fabre. In: Chaim Shoham und Bernd Witte (Hg.): Datum und Zitat bei Paul Celan. Bern 1987, S.122-155; Christine Ivanović: Die Metamorphose des Kranichs. Beobachtungen zu einem poetischen Verfahren im Gedicht Celans. Jahrbuch der Deutschen Schiller-Gesellschaft 38 (1994), S. 311-336.

[6] Vgl. Perels (Anm. 5), S. 67.

[7] Vgl. dazu Barbara Wiedemann: ‚für die Anfänge zeugt' – Paul Celans Frühwerk in der „Atemwende". In: „Atemwende". Materialien (Anm. 5), S. 225-234.

[8] Vgl. im Bereich des mittleren Werks die exponierten Bezugnahmen auf das frühere Gedicht *Kristall* (GW I, 51) in *„... rauscht der Brunnen"* (GW I, 237) oder auf *Schibboleth* (GW I, 131) in *In eins* (GW I, 270).

I.

ENGHOLZTAG unter
netznervigem Himmelblatt. Durch
großzellige Leerstunden klettert, im Regen,
der schwarzblaue, der
Gedankenkäfer.

Tierblütige Worte
drängen sich vor seine Fühler.[9]

Im Rahmen eines Symposiums zum Gedichtband *Atemwende* hat das Gedicht *Engholztag* bereits 1987 eine detaillierte Analyse erfahren.[10] Dabei bezog der Interpret die zahlreichen nur in Anmerkungen angeführten Parallelstellen aus dem Werk Celans sowie mögliche intertextuelle Bezüge auf literarische Vorbilder bewußt wenig in seine Deutung mit ein und beschränkte sich auf eine konsequent den Text verfolgende Lektüre. Auf der Grundlage seiner sehr genauen Darstellung kann ich mich im folgenden beschränken auf die von ihm weniger berücksichtigte Frage nach der erstaunlichen poetologischen Funktion, die dem „Käfer" im Gedicht zukommt und die weder dem ikonographischen Index dieses Motivs entspricht, noch sichtbar mit literarischen Vorbildern konvergiert.

Auf der Grundlage genauer Beobachtung seines Verhaltens wurden dem Käfer unterschiedliche symbolische Bedeutungen zugeschrieben.[11] Der Marienkäfer und der Maikäfer sind traditionell eher positiv konnotiert. Während jener angeblich das Lieblingstier der Muttergottes war (daher der deutsche Name, daher auch das englische „ladybird"), der nach französischer Überlieferung als himmlisches Wesen die Kinder ins Paradies führt, gilt der Maikäfer vielerorts als Frühlingsbote und Orakeltier. Im Gegensatz dazu werden die in der Dunkelheit und im Unrat lebenden und nicht selten auf Aas anzutreffenden Käfer als Satans- und Hexentiere und als Todesomen aufgefaßt. Eine Sonderrolle kommt dem Skarabäus zu, der aus Mist sogenannte Pillen dreht, die in die Erde versenkt werden und in die das Weibchen seine Eier legt. Die scheinbare Entstehung des Skarabäus aus diesen Kugeln machte ihn zum heiligen, sonnenhaften Tier und zum Symbol der Auferstehung aus der Verweslichkeit: er kommt aus dem Grab und zerbricht die alte Hülle. In Ägypten wurde der Mumie ein als Amulett oder Fayence gefertiger Skarabäus auf das Herz gelegt; dieser trug auf seiner Unterseite einen Totenbuchtext, durch welchen das Herz aufgefordert wurde, beim Totengericht nicht gegen den Ver-

---

[9] GW II, 46.

[10] Joachim Ringleben: „Engholztag". In: „Atemwende". Materialien (Anm. 5), S. 73-83.

[11] Die Angaben sind den folgenden Werken entnommen: Gerd-Heinz Mohr: Lexikon der Symbole. Bilder und Zeichen der christlichen Kunst. Stuttgart 1971; Herder Lexikon Symbole. Freiburg, Basel, Wien 1983; Manfred Lurker (Hg.): Wörterbuch der Symbolik. Stuttgart (5., durchges. u. erw. Aufl.) 1991. Ferner ist hinzuweisen auf Fr. J. Dölger: Christus im Lichte des Skarabäus (Antike und Christentum. Bd. 2) ^{2}1974; M. Lurker: Zur Symbolik des Käfers. In: R. Stiefel (Hg.): Fortkommen. Die Erdbockkäfer und wir. o.O. 1987.

storbenen auszusagen. Doch nicht nur im alten Ägypten galt der Skarabäus als heiliges Tier; der Heilige Ambrosius deutete das charakteristische Verhalten des „Pillendrehers" ebenfalls im Hinblick auf die christliche Auferstehungslehre. Literarisch bekannt ist der Käfer im Kontext von Hieroglyphik und hermetischer Literatur; im Barock wie im Expressionismus illustriert er Vergänglichkeit und fleischlische Verwesung. Die literarhistorisch wohl bekanntesten ‚Käfertexte' sind E.A.Poes „The Gold Bug" (1843) und F.Kafkas „Die Verwandlung" (1912). Inwieweit Celans Nennung des Käfers auf diese Traditionen oder Texte Bezug nimmt, wird im weiteren zu prüfen sein. Traditionell nicht nachweisbar aber scheint die poetologische Konstante dieses Motivs, die sich in Celans Texten zunehmend konturiert.

Zentrales Subjekt des Gedichts *Engholztag* ist „der schwarzblaue, der/ Gedankenkäfer". Der Komposition „Gedankenkäfer" auf der Grundlage einer Genitivmetapher läßt sich nicht eindeutig entnehmen, ob es sich um einen denkenden oder um einen gedachten Käfer handelt. Nicht auszuschließen scheint mir der Zusammenfall von Beobachtung und dadurch ausgelöstem Gedanken (der ein Gedenken, nämlich die Erinnerung einschließt), im Gedicht also die gleichzeitige Präsenz eines echten, im Regen krabbelnden Käfers und des durch ihn ausgelösten Gedankens an einen imaginären Käfer. Die Koinzidenz von realer Erfahrung und innerem Erleben, das immer auch die Erinnerung einschließt, ist charakteristisch für die Dichtung Celans; diese Art von Realitätsbezug bedingt und bindet den Wahrheitsgehalt seines Sprechens, er ermöglicht zugleich die oft erschütternde Eindringlichkeit der von ihm entworfenen Bilder. Die meiner Ansicht nach naheliegende Hypothese der realen Beobachtung eines krabbelnden Käfers als Ausgangspunkt des Gedichts ermöglicht dem einfühlenden Beobachter die ihm sonst unzugängliche Erfahrung der Käfer-Perspektive: dem unter einem Blatt befindlichen Insekt erscheint dieses als Himmel, die Blattstruktur wirkt „großzellig" ausgedehnt, sein Klettern aber wird als Befreiungsversuch aus solcherart bedrückender Enge erkennbar. Als vertikale Bewegung im Gegensatz zur Horizontalen des lastenden „Himmelblatt" ist das Klettern bereits als eine poetologisch relevante Bewegung erkennbar, zieht man die gerade in den Gedichten des mittleren Werks zur Konstante entwickelte vertikale Bewegung im Raum als Umschreibung der Bewegung des Gedichts mit heran. Durch die Aneignung der Perspektive des Käfers wird beim Beobachter eine Verschiebung der gewöhnlichen menschlichen Perspektive initiiert: zum einen als maximale Ausweitung, die existentielle Bedrängnis erfahrbar macht, zum anderen als maximale Verdichtung, die in der perspektivisch vergrößerten Blattstruktur bereits die verholzenden Zellen („Engholz") erkennt. Die mehrfache Parallelisierung ganzer semantischer Bildbereiche „drängt" das Gesamtbild zusammen zu einer ebenso existentiell wie poetologisch relevanten Aussage, der Übergang vom Botanischen zum Animalischen und schließlich zum Zerebralen erfolgt fließend und bedient sich paralleler semantischer Felder (Nerven, Zellen, klettern sind Aussagen, die sowohl für die Pflanze wie für das Tier gemacht werden können; der Übergang vom Käfer zum menschlich bezogenen Bereich erfolgt ebenso fließend durch die Ineinanderführung beider Bereiche in eine einzige sprachliche Wendung: „Gedankenkäfer"; „tierblütige Worte"). Es ist ein Mikrokosmos, den Celan hier im Gedicht entwirft, eine äußerst reduzierte ‚Landschaft', die sich auf ein Blatt, einen Käfer beschränkt, Ringleben nennt es ein „Anti-Idyll".[12] Wirklich entscheidend ist in diesem Zusammenhang die Übertragung der Wahrnehmung existentieller Bedrängnis (der der Käfer durch „klettern" zu entgehen sucht) auf den existentiellen Zustand des menschlichen Subjekts, das als Betrachter zwar berichtet, selbst aber nicht in Erscheinung tritt. Optische und sensualistische („Fühler") Wahrnehmung bedingen eine existentiell begründete Notwendigkeit („klettern"). Allerdings wird diese Beobachtung am Tier nicht in Form eines Vergleiches analog auf den Menschen übertragen. Vielmehr gewinnt das Tier anthropomorphe Züge. Die hier gewählten Begriffe benennen eine ausschließlich für den menschlichen Bereich gültige Struktur und Verarbeitung von Wahrnehmung. Während das Tier körperlich es selbst bleibt, sieht es sich konfrontiert mit Möglichkeiten menschlichen Seins („Gedanken", „Worte"). Es scheint also der Beobachter sich so weit in die Perspektive des Käfers hineinversetzt zu haben, daß von dort aus die spezifischen Gegebenheiten menschlich-geistiger Existenz ihm als das Gegenüberstehende, als das Andere erscheinen. Diese Vorstellung ist von Kafka her bekannt. Intendierte „Selbsterkenntnis und Selbstrettung durch die Literatur"[13] bzw. durch die Dichtung prägen Celans wie Kafkas Texte, prägen die ihnen zugrunde liegende Poetik. Voraussetzungen und Konsequenz dieser imaginierten Erfahrung sind bei Kafka jedoch andere als bei Celan. Kafka ist es darum zu tun, „ein überzeugendes Bild für die Sonderform der eigenen Dichter-Existenz im Rahmen der bürgerlichen Familie" zu finden, „um aus ihm und der sich entwickelnden Handlung Klarheit über seine private Stellung zu Eltern und Geschwistern zu erhalten".[14] Der Tod „als eine Art Erlösung und Rückkehr zum Ursprung" ist die notwendige Konsequenz des literarisch gestalteten Gedankenexperiments; daß es sich dabei nicht nur um eine Konsequenz bezüglich der Frage des Künstlers und seiner Stellung in der Gesellschaft handelt, bezeugt ein Tagebucheintrag Kafkas vom 4.12.1913:

> Sterben hieße nichts anderes, als ein Nichts dem Nichts hinzugeben, aber [...] nicht nur einem leeren Nichts, sondern einem brausenden Nichts, dessen Nichtigkeit nur in seiner Unfaßbarkeit besteht.[15]

Reflektieren die „Leerstunden" Celans womöglich auf dieselbe Erfahrung eines „leeren Nichts" und seine „Unfaßbarkeit"? Celan klammert den gesellschaftlichen Kontext, der für Kafkas Text relevant ist, aus, beschränkt sich auf die Evokation einer bedrückten Existenz durch polyvalente Bilder (V.1-3)[16]

---

[12] Ringleben (Anm. 10), S. 78.

[13] Karl-Heinz Fingerhut: Die Funktion der Tierfiguren im Werke Franz Kafkas. Offene Erzählgerüste und Figurenspiele. Bonn 1969, S. 284.

[14] Ebd., S. 285.

[15] Franz Kafka: Tagebücher 1910-1923. Frankfurt am Main 1951, S. 337.

[16] Vgl. dazu Ringleben (Anm. 10). Unberücksichtigt bleibt bei Ringleben wie in meiner auf das Motiv des Käfers beschränkten Darstellung der Kontext melancholischer Bildlichkeit, der hier genauer zu untersuchen wäre. Was Celan im Gedicht geradezu als „état d'âme" be-

und konzentriert sich auf die Darstellung des dadurch initiierten poetischen Prozesses. Dabei ist es – wie im Text Kafkas – gerade die tierische Verkehrung des Blicks auf die Wirklichkeit, die ihm Aufschluß über den sprachlichen Prozeß verleiht. Ausgelöst durch die vergrößerte Perspektive „von unten" „drängen" sich Worte (auf) als Ergebnis einer neuartigen Erfahrung. Sie sind „tierblütig", weil von eben den Bedingungen tierischen Daseins geprägt, die das Gedicht zuvor beschrieben hat (dieser Beschreibung eignet in hohem Maße die für Celans Poetik relevante Konzentration auf das „Hier und Heute"). Es ist ein Dasein, das von Enge, von „Leerstunden", dem „Himmelblatt" und von Regen geprägt ist. In den beiden Schlußversen beschreibt das Gedicht dann das Hervortreten der Worte („drängen sich vor.."). Der poetische Prozeß der Wort- bzw. Sprachfindung wird damit hier eben nicht im *klassischen* Sinne als das Ergebnis von Inspiration dargestellt, auch nicht im Bennschen Sinne von bewußter Setzung oder „Mache" und schon gar nicht als Ergebnis eines „Herumexperimentierens mit dem sogenannten Wortmaterial".[17] Er hängt ab von einem äußerst verfeinerten, die Perspektive auf die Wirklichkeit mikroskopisch auflösenden Vorgang der Beobachtung und des Fühlens (im Doppelsinn von Gefühl und Wahrnehmung). Erst dann kann es zu jener Verdichtung der Worte kommen, die nicht auktorial vom Subjekt abhängig ist, sondern der dieses selbst sich – staunend – gegenübergesetzt erfährt. Damit ist hier aber eine Art von Inspiration in eben jenem *modernen* Sinne angesprochen, die sich aus dem Postulat der Erneuerung der Wahrnehmung von Wirklichkeit herleitet und die durch Auflösung vorgeformter Wahrnehmungsweisen und Anverwandlung neuer Wahrnehmungsweisen (hier der des Tieres) realisiert wird.[18] Der „Gedankenkäfer" ist die größtmögliche Ineinanderführung von Käfer und Denken. Ringleben formuliert, er ist „der Gedanke, der als ein Käfer auf sich zukommt".[19] Zugleich drängt sich die Erinnerung an den gedachten Käfer Gregor Samsa auf. Als intertextueller Bezug wird er relevant gerade dadurch, daß hier wie bei Kafka die eminente existentielle Bedrohung sich in einen Text und damit – zumindest imaginär – in eine Lösung findet. Die poetologische Bedeutung, die dem Käfer hier bereits ansatzweise zukommt, verdankt sich, wie ich meine, neben dem Ausschöpfen einer möglicherweise voraufgegangenen realen Beobachtung auch dem Reflex auf einen herausragenden literarischen Vorgänger; „schwarzblau",[20] „Gedankenkäfer" und „tierblütige Worte" können von daher auch konkret als Bezugnahmen auf einen Text verstan-

---

schreibt, zeugt von Enge und Bedrängnis in Verbindung mit der Erfahrung einer existentiellen Leere, deren Abgrund der Käfer in seiner Bewegung zu entgehen sucht; der Käfer gehört gerade nicht zum ikonisch konstanten Inventar melancholischer Ausdrucksformen.

[17] GW III, 177.

[18] Damit ergeben sich weniger von dem konkreten Motiv des Käfers als von der Vorstellung und Anverwandlung der differenten Wahrnehmungsstruktur des Tieres her wohl bedeutende Parallelen sowohl zur Auffassung Rilkes (auch hier wird über das Tier ein anderes Modell der Wahrnehmung erfahrbar gemacht) als auch zum generischen Motivzusammenhalt in der Lyrik Trakls. Diesen Zusammenhängen nachzugehen würde eine ausführlichere Untersuchung lohnen.

[19] Ringleben (Anm. 10), S. 78.

[20] Vgl. wenig später „bei blauschwarzen Silben" (GW II, 61).

den werden. Beide im Gedicht bewahrten Bedingungen – Beobachtung und Erinnerung – lassen sich aber ergänzen durch den autoreflexiven Bezug, den das Gedicht m.E. zusätzlich noch enthält. Der Käfer als Repräsentant lebendiger Natur, als deren Garant und als Identifikationsobjekt des lyrischen Ichs zugleich, wird bereits im frühen Werk zu einer poetologisch polyvalenten Bedeutung geführt, die zu rekonstruieren ein kleiner Rückblick sich lohnt.

II.

Barbara Wiedemann hat in ihrer 1985 erschienenen umfassenden Untersuchung des Frühwerks von Paul Celan nachdrücklich darzulegen versucht, daß schon die frühen Gedichte von zwei wesentlichen Merkmalen gekennzeichnet waren, die bis dahin v.a. für das mittlere und spätere Werk in Anschlag gebracht wurden: zum einen die verwandelnde Bezugnahme auf die Tradition dichterischen Sprechens; zum anderen die Tendenz zum poetologischen Gedicht, die sich im späten Werk als zunehmende Tendenz zur Autoreflexivität zu erkennen gibt.[21] Im Bereich der Bilder dominieren nach Wiedemann[22] solche aus der Natur, wobei die auf den menschlichen Organismus bezogenen im Vergleich mit den übrigen Naturbildern überwiegen, bei jenen aber die landschaftsbezogenen, vor allem aber die streng botanischen (d.h. spezifische Pflanzennamen) weitaus häufiger sind als Bilder der belebten Natur. Hier schließlich sind, so Wiedemann, Tiere der Luft, also Insekten und Vögel die meistgenannten,[23] wobei auffällig ist, daß die meisten dieser Bilder jeweils nur in einem, zumindest aber in einer sehr geringen Anzahl von Gedichten erscheinen.[24] Entgegen diesen Beobachtungen kennzeichnet den vergleichsweise häufigen Rückgriff auf das Motiv Käfer im Frühwerk zum einen der unspezifische Gebrauch des Gattungsnamen (keine Artbezeichnungen), zum anderen das stereotype und für den sonstigen Gebrauch von Naturmetaphern im Frühwerk eher untypische Auftreten des Käfers in der Pluralform. Gerade darin stehen die dieses Motiv enthaltenden Gedichte aber in deutlichem Kontrast zu seinem Gebrauch im späten Werk, worauf unten noch genauer einzugehen sein wird. Ein kurzer Blick auf die frühen Gedichte soll den Übergang von einem neuromantischen, zunächst der Dichtung Rilkes und der französischen Moderne, dann der Bildlichkeit expressionistischer Lyrik verpflichteten Sprechen zum konzentrierten Sprechen des Spätwerks als Wechsel von „den Käfern“ zum „Gedankenkäfer“ verdeutlichen.

Textgestalt und Chronologie der Entstehung der einzelnen das Frühwerk bildenden Gedichte sind nicht immer eindeutig zu bestimmen; die hier diskutierten Texte sind bis auf eine Ausnahme alle in der von Celan 1944 selbst er-

[21] Barbara Wiedemann-Wolf: Antschel Paul – Paul Celan. Studien zum Frühwerk. Tübingen 1985. (Studien zur deutschen Literatur 86).

[22] Ebd., S. 223.

[23] Ebd., S. 224.

[24] Ebd., S. 225; vgl. auch Anm. 130.

stellten Abschrift enthalten; die faksimilierte Ausgabe[25] notiert dabei zumindest annähernde Entstehungsdaten. B. Wiedemanns spätere Gesamtedition der frühen Gedichte[26] ergänzt dieses Konvolut, behält jedoch die Abfolge der Gedichte bei.[27] Celan bewahrte bei der Zusammenstellung aller seiner Gedichtbände weitgehend die chronologische Reihenfolge der Texte; die wenigen Abweichungen von dieser Ordnung sind nicht nur Gegenstand der Textkritik, sie sind auch bei den interpretatorisch auf den Text bezogenen Bemühungen zu berücksichtigen. Diese chronologische Kohärenz scheint mir ein weiteres Zeichen zu sein für Celans konsequent *weitergeschriebene* Gedichtsprache, die das Vorhergegangene zwar oftmals bewahrte und von neuem aktualisierte, deren Bewegung aber unumkehrbar war und daher auch nur selten Interpolationen in der Abfolge der Gedichte im Zyklus erlaubte. Ich werde also die frühen Gedichte in der Reihenfolge der Wiedemannschen Edition und damit bis auf eine Ausnahme der angenommenen Chronologie entsprechend durchgehen.

Im Gedicht *Sommernacht* werden Käfer in den Rahmenstrophen des insgesamt vierstrophigen Textes zweimal erwähnt; dabei steht der entsprechende Vers als zweiter Teil eines Verspaars einmal an vierter, dann an zweiter Position innerhalb der Strophe, bleibt sonst aber unverändert:

> Ein Glühwurm küßt ein Efeublatt zum Schein,
> und sieht den neuen Halmen zu, versteckter..
> Dem Wind fällt wieder neuer Unfug ein:
> an Sternen zaust er und die Käfer schreckt er..[28]

Die spielerische Redeweise in diesem sehr frühen (vermutlich vor 1939 entstandenen) Gedicht erweckt den Eindruck einer verzauberten Landschaft, die Raum einer weitgehend unausgesprochenen Liebeshandlung ist. Daß diese Idylle eine bedrohte ist, darauf verweisen im Gedichtganzen Motive der Verwunderung, des Zögerns und Erschreckens. Aus dem Märchen bekannte Schlüsselworte, die eine Gefahr anzeigen, werden hinter vorgeblicher Schönheit versteckt („[...]Licht der Pilze[...] wo Gift sich rötet, prächtiger und leiser"), das gewählte Naturinventar verweist jedoch insgesamt eher auf eine morbide, von Vergänglichkeit geprägte Landschaft („Efeu", „Farn"). Zu diesem Inventar gehören auch die Käfer als Repräsentanten des Lebendigen. Sie sind als Verwesungsinsekten zugleich auch Begleiter des Todes. Der scheinbar spielerische Umgang der Naturgewalt mit ihnen (der Wind ‚erschreckt' die Käfer) soll über diese Qualität hinwegtäuschen. Sie tritt jedoch umso deutlicher

[25] Paul Celan: Gedichte 1938-1944. Mit einem Vorwort von Ruth Kraft. Frankfurt a.M. 1985.

[26] Paul Celan: Das Frühwerk. Hg. v. B. Wiedemann. Frankfurt a. M. 1989 (FW).

[27] Es handelt sich um die folgenden Texte (in Klammern jeweils Datierung und Seitenzahl in der Faksimile-Ausgabe): *Sommernacht* (vor 1939; S. 19) FW 21; *Mein Karren knarrt nicht mehr* (Frühjahr 1941; S. 36) FW 35; *Lebenslied* (Frühjahr 1941; S. 43) FW 41; *Müdigkeit* FW 42, dort Erstdruck nach einem etwa 1944 entstandenen Bukowiner Manuskript); *Hellgelb der Fernen* (1941; 46) FW 46; *Gemurmel der Toten* (1941; S. 55) FW 53; *Einsamkeit* (1943; S. 71) FW 80.

[28] FW 21.

hervor, als dem Kollektivum „Käfer“ das Individuum „ein Glühwurm“ (auch dies ein Käfer) gegenübergestellt wird, der die Liebesthematik andeutet („küßt“) und zugleich den Scheincharakter dieses Spiels betont.

In *Mein Karren knarrt nicht mehr*, dem zweiten Gedicht, das im Frühwerk die Käfer nennt (entstanden 1941), ist, was vorher noch Zauber oder Ahnung war, schon vollzogen:

> Farne fächeln
> Stille den toten Käfern..[29]

Hier bilden die Käfer eines von sieben Bildern des Todes. Jedes von ihnen kontrastiert Todesstarre mit einem Verbum der Bewegung, bis schließlich „das Herz der Espe“ „aussetzt“. Damit sind die Käfer als Indikatoren des Vergänglichen festgeschrieben. Schon bei ihrem nächsten Auftreten werden sie nicht mehr neben anderen Motiven („Farn“ u. ä.) als ein typisches Detail des Inventars neuromantischer Naturerfahrung und -beschreibung nur mitgenannt. Vielmehr werden sie hier zum Rahmenmotiv eines ganzen Gedichts. Ihre besondere Qualität wird ausgewiesen durch die für das frühe und mittlere Werk Celans charakeristische Genitivmetapher:

> LEBENSLIED
>
> Die Käfer der Nacht
> kommen.
> Sie wandern über deine Hände in die Welt.
> Es hat ein Wind dich quer
> gelegt über die Schluchten.
>
> Du bist die Brücke und du weißt es nicht.
> So schlaf denn, schlafe: Wimpern sind kein Zeichen mehr.
>
> Es hat ein Wind dich quer
> gelegt über die Schluchten.
> Du bist die Brücke, doch du weißt es nicht.
>
> Die Käfer der Nacht
> kommen. (FW 41)

„Die Käfer der Nacht“ legen einen fatalen Rahmen um das ‚Binnengeschehen‘ des Gedichts, das von anderen Motiven und einer erneut verdeckt angesprochenen sexuellen Thematik bestimmt wird. Eine motivische Verbindung der Käfer zu dem zentralen Gedichtgeschehen ist auf den ersten Blick nicht erkennbar. Sie sind hier also bereits als Indikatoren eingesetzt, durch die ein spezifischer Hintergrund aufgerufen wird: in Verbindung mit der Nacht die traditionelle Bedeutung der Käfer als Verwesungsinsekten, damit eine Vorausdeutung auf die Dunkelheit und den Abgrund des Todes. Als solche bestim-

---

[29] FW 35.

men sie dann aber auch die Bildlichkeit des Mittelteils, wo ein angesprochenes Du erkennen muß, daß es selbst körperlich zur „Brücke" über den Abgrund („Schluchten") geworden ist. Die Bewegung des Windes, die das Du in die Querlage gebracht hat (vgl. später „überquer, so/ liegen auch wir", I, 251) erinnert entfernt an das Gedicht *Sommernacht*. Auffällig erscheint aber auch, daß die Käfer über eben jene Brücke „in die Welt" wandern können. Sie haben also ganz offensichtlich Anteil an etwas, das das Du nicht mehr erreichen kann: auf dem Wege über seinen Tod („So schlaf denn, schlafe") erreichen die Käfer wie über eine Brücke nicht irgendeine, sondern „die Welt". Wer mit dem „Du" angesprochen ist, ob hier nicht bereits eine verdeckte Selbstreflexion vorliegt, mag vorläufig unbeantwortet bleiben. Es wäre eine der ersten poetologischen Reflexionen im Gedicht Celans überhaupt.[30]

Große motivliche Nähe weist das in der Anordnung Wiedemanns unmittelbar auf das *Lebenslied* folgende Gedicht auf; die wie im voraufgegangenen Gedicht hier erneut artikulierte Verbindung von Käfer, Hand und Welt stellt einen engen Bezug zwischen beiden Gedichten her. Dieses ist jedoch vermutlich erst 1943 entstanden (s. „mein rotes Land" nach der Einnahme der Bukowina durch sowjetische Truppen im Frühjahr 1942). Dementsprechend wird hier nun eine Qualität der Käfer formuliert, die den bisherigen Charakteristika entgegenzustehen scheint:

MÜDIGKEIT

Jenes Licht, die Welt der Käfer
stürzt vorbei an meiner Hand.
Meine Freunde, meine Schläfer:
wohin sinkt mein rotes Land?

Du, Versunkenheiten alle
sammelnd in den großen Krug,
sieh nicht hin, wie ich zerfalle
in die Tiefe, die mich trug.

In der Welt aus Rausch und Reben,
der ich dien und nicht mehr taug,
bleibt dein braunes Haar mein Leben,
und mein Tod dein grünes Aug.[31]

Denn der ursprünglich beigeordneten Dunkelheit („Käfer der Nacht"), die den Lebensraum der biologischen Ordnung der Käfer als zumeist nachtaktive und im Verborgenen tätige Insekten bildet, ist nun eine „Welt der Käfer" entgegengestellt, die als „jenes" (mithin ein bekanntes) „Licht" bezeichnet wird. Hier kann an die Leuchtkäfer gedacht sein, zu deren Paarungsverhalten die Fähigkeit gehört, in der Dunkelheit leuchten zu können (es ist das Weibchen,

[30] Vgl. Wiedemann, in: Antschel Paul – Paul Celan (Anm. 21), S. 252 (Anm. 176).
[31] FW 42.

das sich durch Lichtsignale in der Dunkelheit zu erkennen gibt). Auch hier dominieren Motive von Liebesrausch und Todesnähe das Gedicht, beide Bereiche werden durch mehrfache Verschränkungen ineinandergeführt. Dem „Stürzen“ und „Sinken“ von Welt und Land entspricht die Bewegung des Ich: „Du,.., / sieh nicht hin, wie ich zerfalle / in die Tiefe, die mich trug:“ In einer sprachlichen Verschiebung tritt an die Stelle des erwartbaren Ausdrucks „in die Tiefe fallen“ die Wendung „in die Tiefe *zer*fallen“, ein erneuter Hinweis auf den Zerfall des Körpers nach dem Tode und damit auf die Eigenschaft des Käfers als Verwesungstier. War das voraufgehende Gedicht von der Bewegung eines Weltüberspannens („Du bist die Brücke“) bestimmt, so ist im Kontrast dazu hier nun jene Bewegung als ein Absturz dementiert, ein Absturz, der vor allem das Ich und sein Land, seine Welt betrifft. „Jenes Licht, die Welt der Käfer“ steht also, so scheint es, als komplexes Metapherngefüge für jene Welt der Naturtrunkenheit, die trotz ihrer Morbidität noch Leben gewährte. Der „Absturz“ markiert den Weltverlust des Ich dabei umso deutlicher. Es mag aber auch an eine seltene emblematische Bedeutung des „Leuchtkäfers“ gedacht sein, die im Käfer die Erleuchtung des in der Dunkelheit Wandelnden durch Gott anspricht.[32] Dieser Bezug würde die Verschiebung von der biologischen Konnotation der „Leuchtkäfer“ zur mystischen Bedeutung eines auf Erleuchtung verweisenden Käfers begründen, wie er sich in der Formulierung „Jenes Licht, die Welt der Käfer“ durchaus wiederfinden läßt. Im Kontext einer zunehmend poetologisch relevanten Motiventwicklung ist das über den Käfer evozierte „Wort“ damit in den Bereich göttlichen Glanzes und göttlicher Erleuchtung gerückt, auf den Celan auch später noch zurückkommen wird. Die Verbindung des Käfers mit jener eigentümlichen Lichtmetaphorik, wie sie sich hier erstmals zeigt, begleitet von da an die meisten Nennungen des Motivs bei Celan, so auch im nächsten, ebenfalls 1941 entstandenen Gedicht *Hellgelb der Fernen*. Hier heißt es

> [...] Hellgelb der Fernen [...] Welchem Zwielicht
> weicht unsre Stunde aus? Dieselben Wunder
> wenden sich ab und tasten
> blau die schillernde Trunkenheit ab:
> aus niemandes Becher
> trank ich das Gift.

---

[32] So nachgewiesen bei Arthur Henkel und Albrecht Schöne: Emblemata. Handbuch zur Sinnbildkunst des XVI. und XVII. Jahrhunderts. Stuttgart 1967. S. 909: „MEVS IGNIS AB ORTV. Ne forte in tenebris offendas, sit tibi summi// Flamma iter ostendens provida cura DEI. *Mein Feuer stammt vom Ursprung. Damit du nicht etwa Schaden nimmst in der Dunkelheit, sei dir die weitblickende Fürsorge des höchsten Gottes das Licht, das dir den Weg zeigt.*“

Doch irr von dem Schlaftrunk der Riesen,
raub ich den schimmernden Käfern das Augenlicht.[33]

Mehr als in den bisherigen Erwähnungen der Käfer in den Gedichten des Frühwerks wird hier offensichtlich auf deren konkrete körperliche Erscheinung Bezug genommen. Sie erscheinen „schimmernd" und antizipieren auch die zuvor für die „Wunder" bzw. die „Trunkenheit" genannten Farbqualitäten „blau" und „schillernd". Die Käfer bestimmen das Naturbild, das wie in zahlreichen frühen Gedichten Celans von Rausch wie von Tod, von Wunder wie Wahn gezeichnet ist. Erneut tritt auch hier die eigenartige Lichtmetaphorik in Erscheinung, die den Käfern als Nachttieren zuwiderläuft, die ihrer o.g. emblematischen Eigenschaft als „Leuchtkäfern" jedoch entspricht. „Das Augenlicht rauben" kann ein Töten, im Wahn ein Vernichten des diesen Wahn Auslösenden meinen. Es kann aber – gerade mit Blick auf die voraufgegangenen Texte – einer imaginären Adaption der spezifischen Leucht- und Lebenskraft der Käfer gelten (vgl. Abtasten als Geste des Blinden), damit aber auf einen Rettungsakt gegenüber jenem „Zwielicht" verweisen. Die Ambivalenz von „Zwielicht", zwischen Licht und Dunkelheit zu stehen, eignet gleichfalls den „schimmernden Käfern"; sie wird intentional überwunden im Verzweiflungsakt des Ich, der Rettung durch Raub verspricht.

Fast alle Gedichte des Frühwerks, die das Motiv des Käfers enthalten, scheinen im Verlauf des Jahres 1941 entstanden zu sein; darauf lassen die Nähe von Bildersprache und Gesamttenor dieser Texte schließen. Von diesen unterscheidet sich in Sprachgestus und Bildlichkeit das wohl im selben Jahre verfaßte Gedicht *Gemurmel der Toten*, das so deutlich wie kaum ein anderer Text Celans den Einfluß expressionistischer Dichtung verrät:

GEMURMEL DER TOTEN

Unsre Augenhöhlen sind klar
von Käferlichtern erhellt.
Mit Lehm, mit verfilztem Haar
baun wir fort an der Welt.

Wahlspruch der Träne: Versink!
(Erde, du singender Samt!)
Asche und Kettenring,
haltet uns das Totenamt.

Der Henker mit hölzernem Arm
köpft unsre Schatten im Turm.
Knechte, ach Knechte... Erbarm
dich, Wurm.[34]

---

[33] FW 46.
[34] Ebd., 53.

Barbara Wiedemann hat für dieses Gedicht überzeugend auf Vorbilder aus dem Expressionismus, sowie auf einen Paralleltext von Moses Rosenkranz hingewiesen, die sich gerade für das hier sehr eigenartig gebrauchte Motiv des Käfers als aufschlußreich erwiesen haben.[35] Gerade die emphatische Schlußwendung, die den Käfer mit dem Wurm parallelisiert, weist mit deutlich traditionellem Bildbezug den Käfer als Verwesungsinsekt aus (es ist häufig auch die Larve des Käfers, ein Wurm, die sich vom Fleisch nährt). Doch wie sehr dieses Gedicht auch traditionell gebunden und expressionistisch beeinflußt zu sein scheint; die auch hier zu beobachtende und in der Tradition nicht als topisch nachweisbare Zusammenführung von Augenlicht und Käfer bezeugt erneut, daß Celans frühe Gedichte eine Art von Motivverknüpfung kennen, die die einzelnen Gedichte untereinander verbindet, indem sie Resonanzmöglichkeiten auf andere Texte ermöglicht.

Charakteristisch für den frühen Gebrauch der Käfer als Motiv in Celans Gedichten ist also seine traditionelle Zugehörigkeit zum Bereich des Morbiden, vom Tod schon Gezeichneten; zugleich erscheint der Käfer als Botschafter eben dieser durch ihn repräsentierten Welt, die über einen eigenen – natürlichen wie göttlichen – Glanz verfügt. Er vermag in doppeltem Sinne zu erleuchten und vermittelt dadurch dem Ich auch eine (poetische) Erkenntnis der Welt und des Selbst; dies prädestiniert ihn aber zu einem höchst eigenartigen, abseitigen poetologischen Symbol. Der Käfer als das Andere ermöglicht Selbsterkenntnis und Sebstreflexion, gerade weil er an beiden Welten – derjenigen göttlichen Lichts und menschlicher Dunkelheit, von Leben und Liebe, von Tod und Verlust Anteil hat. Der Käfer ist ein Grenzgänger; er ist aber auch auf seine Weise unsterblich (s. ägyptischer Totenkult), bedeutet ewiges Leben. Er gehört nicht nur zu den zersetzenden Insekten, er gehört auch (Skarabäus) zu den bauenden, Welt schaffenden, Welt gestaltenden Wesen, hat also auch von daher – wie die Raupe – eine poetologische Valenz.[36] Seine besondere Verbindung aber zu der Welt der Toten macht ihn gerade für Celan – von der persönlichen Erfahrung wie von der expressionistischen Tradition her – zu einem besonders interessanten Motiv. Daß dieses sich im Bereich des Frühwerks bereits zu einem definitiven ausdifferenziert hat, darauf scheint mir schließlich auch die Wendung „und meinen Käfern sagen sie Bescheid" in einem späten Gedicht aus dem Frühwerk (FW 80) zu verweisen. Die Antizipation als *meine* Käfer kann nicht anders verstanden werden, als daß die Kä-

---

[35] In: Wiedemann: Antschel Paul – Paul Celan (Anm. 21), S.51f.; die von Wiedemann genannten expressionistischen Texte sind Georg Heyms *Ophelia I* („Ein Glühwurm scheint/ auf ihrer Stirn.", S. 56) und Johannes R. Bechers *Verfall* („Mund Ohr Auge verhüllet/ Schlaf Traum Erde der Wind./ Gelblich träger Würmer/ Enggewundener Gang.", S. 109), beide zitiert nach: Lyrik des expressionistischen Jahrzehnts. Von den Wegbereitern bis zum Dada. Einleitung von Gottfried Benn. Wiesbaden 1962, erneut München 1974. Im Gedicht *Der Pfuhl* von Rosenkranz finden sich die Verse „In den nassen Augenhöhlen/ Glimmen grüne Phosphorkäfer,.." (zitiert nach Wiedemann 51).

[36] Dies wird besonders deutlich im *Gemurmel der Toten*, das den Verwesungsprozeß in Form einer Inversion als erneuten Schaffensprozeß auffaßt: „Mit Lehm, [..]/ baun wir fort an der Welt."

fer für den Sprecher bereits eine ganz bestimmte Funktion und Bedeutung haben.

So sehe ich in dem einzigen im Zeitraum des mittleren Werks (zwischen 1948 und 1963) entstandenen Text, der das Motiv der Käfer erneut aufweist, durchaus eine Verbindung zu der Bildlichkeit der frühen Gedichte, eine Verbindung, die sich als eine Art melancholischer Rückblick auf eine vergangene Wirklichkeit und damit auch auf die mit ihr vergangenen sprachlichen Ausdrucksmöglichkeiten verstehen läßt:

> UNSTETES HERZ, dem die Heide die Stadt baut
> inmitten der Kerzen und Stunden,
> du steigst
> mit den Pappeln hinan zu den Teichen:
> im Nächtlichen schnitzt dort
> die Flöte den Freund ihres Schweigens
> und zeigt ihn den Wassern.
> Am Ufer
> wandelt vermummt der Gedanke und lauscht:
> denn nichts
> tritt hervor in eigner Gestalt,
> und das Wort, das über dir glänzt,
> glaubt an den Käfer im Farn.[37]

Auch die Gedichte des in Paris entstandenen Zyklus *Halme der Nacht* sind geprägt von einer naturmagischen Bildlichkeit; sie erscheinen weitgehend retrospektiv bezogen auf die hinter Celan liegenden verheerenden Ereignisse von Krieg, Verfolgung und Verlust, dem Verlust von Eltern, von Freunden und nicht zuletzt dem Verlust der bukowiner Heimat. Im Gedicht *Unstetes Herz* vermischen sich Erinnerungen vielfältiger Herkunft: die Erinnerung an die heimatliche Landschaft, die Freunde, aber auch die Erinnerung an eine in Bukarest übliche surrealistische Redeweise, die sich Celan dort angegeeignet hatte (V.5-7). Diese Retrospektive spiegelt die Reflexion über den gegenwärtigen Zustand des Ich, dessen „unstetes" Empfinden durch Flucht und Exil bedingt ist. Selbsterkenntnis und Glaube werden in Frage gestellt und zu einer poetologischen Aussage konzentriert, an deren Ende erneut das Bild des Käfers erscheint. Zum ersten Mal wird er hier aber als „der Käfer" aufgerufen; damit ist eine entscheidende Veränderung gegenüber der konsequenten Pluralform in den Gedichten des Frühwerks eingetreten.

Vergleicht man die zweite Hälfte dieses Gedichts mit *Engholztag*, so fällt die Koinzidenz der Begriffe „Gedanke – Wort – Käfer" ins Auge. Ist vielleicht jener „Gedankenkäfer" auch eine Reflexion auf dieses Gedicht?

> Am Ufer
> wandelt vermummt der Gedanke und lauscht:

---

[37] GW I, 71.

Wahrnehmung und Bewegung sind auch hier nachweisbar; der Gedanke aber wird als „vermummt“ bezeichnet. Erinnert die Vorstellung der Vermummung, des Versteckens der eigenen Gestalt[38] nicht an die metamorphe Entwicklung der Insekten, die – speziell die der Käfer – zur Praxis der Mumifizierung in Aussicht der Auferstehung anregte?

> denn nichts
> tritt hervor in eigner Gestalt,
> und das Wort, das über dir glänzt,
> glaubt an den Käfer im Farn.

Gerade angesichts des Trügerischen der Phänomene ist das Bekenntnis zum „Käfer im Farn“ ein Bekenntnis zu eben jenem Lebewesen, das seine Gestalt wiederholt verändert, dessen Metamorphose aber zugleich die Auferstehung verspricht. „Das Wort [...] glaubt an den Käfer“ entspricht der Inversion von V.5ff. („schnitzt dort/ die Flöte den Freund ihres Schweigens“). Wenn sich dergestalt das Wort vom Käfer her legitimiert weiß, ist damit eigentlich auch schon präformiert, was im späten Gedicht erneut erfahren wird:

> Tierblütige Worte
> Drängen sich vor seine Fühler.

Noch sind „Käfer“ und „Farn“ in der Bildersprache Celans aneinander gebunden; die Trennung und zugleich die Beziehung von Gedanke und Wort auf den Käfer läßt die poetologische Bedeutsamkeit dieses Motivs aufscheinen. „Das Wort, das über dir glänzt“ hat etwas von göttlicher Offenbarung in sich; es muß weniger konkretisiert werden (etwa als Sonne oder als Stern), als es die geheime Beziehung von Gedanke, Käfer und Wort aufdeckt: der Gedanke ist „vermummt“, das Wort aber „glänzt“ – beide Eigenschaften können auch als Eigenschaften des Käfers gelten. Der Glaube an den Käfer, von dem der letzte Vers spricht, läßt sich selbst als Leseanweisung für das Voraufgegangene verstehen – „denn nichts/ tritt hervor in eigner Gestalt“ -, der Käfer damit aber auch als Inkarnation und Offenbarung eben jenes (göttlichen) Wortes deuten.

III.

Nach diesem melancholischen Abschluß des Käfer-Motivs im Sinne des Frühwerks eröffnet das mittlere Werk eine ganz andere Redeweise vom Käfer. In der *Niemandsrose* findet sich nur eine einzige Erwähnung des Käfers, sie ist kompositorisch fest eingebunden in die Motiv-Struktur des Gesamtzyklus', dessen große Themen das Schlußgedicht *In der Luft* noch einmal zusammenfaßt. Hier interessiert die Passage:

---

[38] „Mumme“ als veraltetes Wort für Maske; vgl. im selben semantischen Feld auch „Larve“.

Groß
geht der Verbannte dort oben, der
Verbrannte: ein Pommer, zuhause
im Maikäferlied, das mütterlich blieb, sommerlich, hell-
blütig am Rand
aller schroffen,
winterhart-kalten
Silben.[39]

Bisher hat man sich bei der Deutung dieser Stelle in erster Linie auf das Kinderlied konzentriert, als dessen unspezifischer Teil der Käfer aufgefaßt wurde. Die Thematik der verlorenen Heimat, der Schmerz um die getötete Mutter sowie die gerade in diesem Werkteil dominante Exilproblematik waren vordringliche Interpretamente. Doch auch hier erscheint der „Maikäfer" in einem poetologisch relevanten Zusammenhang. Das erinnerte Kinderlied selbst wird zum Ersatz für die verlorene Heimat, anders als diese ist es sprachlich real, präsent geblieben, also „unverloren" in der poetologischen Terminologie Celans. Schließlich aber erweist sich auch eine genauere Überlegung zum Käfer selbst als aufschlußreich. Auch der Käfer ist dem Lebensraum „Luft" zugehörig; das vom Kinderlied eingeforderte „Maikäfer, flieg!" ist die Konsequenz des historisch bedingten Verlustes von Eltern und Heimat. Während der Maikäfer Heimat verlor, ist sein Lied und mit ihm die Überlieferung, die Sprache, heimatlich geblieben. Sie findet sich wieder „am Rand/ aller schroffen,/ winterhart-kalten/ Silben", ein erneuter Hinweis auf den Abgrund, den der Käfer zu überwinden weiß: Ich erinnere an die im Frühwerk thematisierte Qualität des Käfers als Grenzgänger zwischen Leben und Tod. Der Übergang von der „sommerlichen" Qualität des Maikäferlieds zu „hellblütig" liegt nicht unbedingt nahe. Das Enjambement erlaubt sowohl einen Bezug auf das Grundwort „Blut" (mit Blick auf die Herkunft ebenso wie auf die Verletzung) als auch auf „Blüte" (mit Blick auf den Bildbereich Mai bzw. Sommer im Gegensatz zum „winterhart-kalten"), mithin auf einen bei Celan poetologisch extrem aufgeladenen Begriff (sc. „Blume"). Erfährt von hier aus nicht das Kompositum „tierblütige Worte" im gut ein Jahr später entstandenen Gedicht *Engholztag* eine neue Valenz? Auch hier begleitet eine wetterbedingte Konstellation die Bewegung des Käfers: statt Winter/ Sommer hier der Regen (der in Celans Sprache der Träne und damit dem Leiden zugeordnet ist). Ist im „Maikäferlied" das Wort durch eine bleibende, gleichwohl historisch determinierte Präsenz gezeichnet, so erscheint im späteren Gedicht vor allem ein Aspekt des Käfers hervorgehoben: in der Gegenüberstellung von Käfer und Wort korrespondiert der Bewegung des Insekts dessen unüberwindliche Stummheit;[40] es geriert, es fühlt Worte, die dann jedoch unaussprechlich bleiben. Hat das „Maikäfer*lied*" als sprachliche Bewahrung von Heimat überdauert, so ist gleichwohl der Maikäfer zu identifizieren mit dem Pommer selbst, dem Ver-

[39] GW I, 290.
[40] Vgl. Celans Rede vom „einmaligen und sterblichen Seelenwesen, das mit seiner Stimme und seiner Stummheit einen Weg sucht" (GW III, 177).

bannten, dem Verbrannten. Also auch hier, wenngleich aus anderer Richtung, die Kongruenz von Käfer und menschlichem Subjekt.

Läßt sich schließlich von diesem Gedicht her und von jenem erinnerten „Maikäferlied" aus eine sinnvolle, wenn nicht gar sinnstiftende Beziehung herstellen zum berühmten, auf Kafka und Freud bezogenen, „Maikäfertraum" im Gedicht *Frankfurt, September*? Ich glaube, eher nicht.

FRANKFURT, SEPTEMBER

Blinde, licht-
bärtige Stellwand.
Ein Maikäfertraum
leuchtet sie aus.

Dahinter, klagegerastert,
tut sich Freuds Stirn auf,

die draußen
hartgeschwiegene Träne
schießt an mit dem Satz:
„Zum letzten-
mal Psycho-
logie."

Die Simili-
Dohle frühstückt.

Der Kehlkopfverschlußlaut
singt.[41]

Die komplexe Bild- und Sinnstruktur dieses Gedichts ist schon mehrfach und gültig „ausgeleuchtet" worden. Diese Deutungen bedürfen keiner Ergänzung vom bisher Gesagten her. Der Bezug auf Kafkas „Käfertext" allerdings scheint mir hier weniger naheliegend als bei dem oben besprochenen Gedicht *Engholztag*. Zwei Aspekte fallen im Kontext des Käfermotivs, wie es im Gesamtwerk Celans erscheint, jedoch noch besonders ins Auge. Erneut findet sich auch hier jene überraschende Lichtsymbolik in Verbindung mit dem Käfer; sie wird zumeist im Zusammenhang mit den psychoanalytischen Erklärungsversuchen Freuds gedeutet,[42] sie könnte aber auch von dort her verstanden werden. Dieser Leuchtkraft des Käfers (die von Celan ambivalent aufgefaßt wird) korrespondiert zum zweiten ein Aspekt, der gegen Ende des Gedichts thematisiert wird und auf den insbesondere Thomas Sparr hingewiesen hat: der Kontrast von stummer Kreatur (Käfer) und dem „Singen" als Schlußwort des Ge-

---

[41] GW II, 114.

[42] Vgl. dazu vor allem Christoph Perels: Zu Paul Celans Gedicht *Frankfurt, September*. In: Germanisch-Romanische Monatsschrift N. F. 23 (1973). S. 56-67, sowie Thomas Sparr: Celan und Kafka. In: Celan-Jahrbuch 2 (1988). S. 139-154.

dichts, das Sparr sowohl auf die tödliche Erkrankung Kafkas als auch auf dessen (damit in Verbindung stehenden) Text *Josephine die Sängerin* bezieht. Der Käfer ist wie die meisten Insekten ein Tier, das nicht über eine „Stimme" verfügt. Seine Stummheit aber wird offensichtlich kompensiert durch andere Fähigkeiten, in erster Linie wohl durch seine Leuchtkraft. Da er nicht „reden" oder „singen" kann, ist er ganz Konzentration; von daher rührt wohl schließlich seine Nähe zu Gedanken und Worten. Die Stummheit des Käfers scheint aber auch in Verbindung zu stehen zu der eigentümlichen Aufgabe, die er als Verwesungsinsekt und als „heiliger Pillendreher" hat, seine Teilhabe an beidem, Tod und Leben.

Im späten Werk erscheint der Käfer noch einmal so oft wie im frühen. Während im mittleren Bereich nur je eine Nennung in den Bänden *Mohn und Gedächtnis*, *Die Niemandsrose* und *Atemwende* nachgewiesen werden kann, sind für die späten Bände *Fadensonnen*, *Lichtzwang* und *Schneepart* je zwei Vorkommen notierbar. Dabei ist die in *Die Niemandsrose* und *Atemwende* erstmals festgestellte Okkurenz als Kompositum auch für die weiteren Nennungen charakteristisch: Im Gedicht *Lippen, Schwellgewebe der Du-Nacht* stellt der Schlußvers fest: „Es müßte noch Leuchtkäfer geben."[43] Auch hier scheint mir auf die ‚Leuchtkraft' der Käfer angespielt, wie sie nicht nur biologisch bekannt ist, sondern wie sie emblematisch in Richtung auf die Erleuchtung durch Gottes Fürsorge gedeutet wurde. Ähnliches läßt sich an den beiden Stellen beobachten, an denen das Käfer-Motiv im Band *Lichtzwang* erscheint. Hier finden sich wie im Frühwerk die Käfer nur in der Pluralform, sie bilden dabei jeweils erweiterte Ausdrücke; zumindest das erste davon scheint mit dem Kompositum „Abglanzbeladen" auch auf den „Glanz" des göttlichen Wortes zu verweisen: „Abglanzbeladen, bei den/ Himmelskäfern/ im Berg"[44] und „Hinter frostgebänderten Käfern/ ballert das fahrende/ Leuchtglück".[45] Die Hermetik dieser Gedichte erlaubt es nicht, sie in eine Art der verkürzenden Zusammenschau einzubinden, wie sie in der vorliegenden Untersuchung nur geleistet werden kann. Auf eine weitere Interpretation dieser Texte will ich daher hier verzichten. Genauer untersucht werden soll dagegen abschließend ein Text aus dem Band *Schneepart*, in welchem noch ein letztes Mal von *einem* Käfer die Rede ist. Er scheint mir eindrucksvoll das an den früheren und ganz frühen Texten Beobachtete zu unterstreichen. Zugleich belegt er m.E. noch einmal die These von dem poetischen Zusammenhalt und der poetologischen Relevanz dieses Motivs, das sich als Konstellation durch das Werk Celans zieht und das in der Konsequenz seines reflexiven Charakters *wahr*genommen werden muß.

---

[43] GW II, 206.
[44] GW II, 242.
[45] GW II, 287.

IV.

WAS NÄHT
an dieser Stimme? Woran
näht diese
Stimme
diesseits, jenseits?

Die Abgründe sind
eingeschworen auf Weiß, ihnen
entstieg
die Schneenadel,

schluck sie,

du ordnest die Welt,
das zählt
soviel wie neun Namen,
auf Knien genannt,

Tumuli, Tumuli,
du
hügelst hinweg, lebendig,
komm
in den Kuß,

ein Flossenschlag,
stet,
lichtet die Buchten,
du gehst
vor Anker, dein Schatten
streift dich ab im Gebüsch,

Ankunft,
Abkunft,

ein Käfer erkennt dich,
ihr steht euch
bevor,
Raupen
spinnen euch ein,

die Große
Kugel
gewährt euch den Durchzug,

bald,
knüpft das Blatt seine Ader an deine,
Funken
müssen hindurch,
eine Atemnot lang,

es steht dir ein Baum zu, ein Tag,
er entziffert die Zahl,

ein Wort, mit all seinem Grün,
geht in sich, verpflanzt sich,

folg ihm[46]

Das komplexe Gedicht *Was näht* aus dem späten Gedichtband *Schneepart* erinnert in seinem weit ausholenden Gestus an die Schlußgedichte aus dem Band *Die Niemandsrose*. Ich will im folgenden versuchen, zumindest ansatzweise die Motivgruppen zu bündeln, die in diesem Gedicht versammelt sind, um die erstaunliche Feststellung „ein Käfer erkennt dich“ in der zweiten Gedichthälfte genauer untersuchen zu können.

Das Gedicht nimmt einen geläufigen philologischen Begriff wörtlich, der als komplexes Metapherngefüge dargestellt wird: Text als textura, als Gewebtes findet seine Auflösung in mehreren verwandten Tätigkeiten, die ihrerseits als poetologische Metaphern Tradition haben: im Nähen („näht“, V.1 u. 3; „-nadel“, V.8), im Spinnen („Raupen/ spinnen euch ein“, V.30f.) und im

[46] GW II, 340f. Vgl. dazu auch Theo Buck: „Ein Wort, mit all seinem Grün“. In: Celan-Jahrbuch 4 (1991), S. 151-184.

Knüpfen („knüpft das Blatt", V.36). Während diese drei Vorgänge auf einzelne Teile des Gedichts beschränkt bleiben und untereinander keine Verknüpfung finden, ist das Gedicht als ganzes geprägt von einer weitausgreifenden Bewegtheit. Sie wird getragen von der für Celans Werk bekannten und poetologisch äußerst relevanten Schiffahrtsmetaphorik,[47] die sich in nur wenigen Stichworten andeutungsweise enthüllt: durch „lichtet" und „Buchten" (V.21), sowie „Anker" (V.23). „Flossenschlag" (V.19) verweist darauf, daß hier wie schon in früheren Gedichten vielleicht der Körper als Schiff verstanden wird.[48] Zugleich scheint diese Fahrt mehr als auf den maritimen auf den kosmischen Raum bezogen: „Abgründe" (V.6), „Welt" (V.10), „Tumuli, Tumuli" (V.14), „du/ hügelst hinweg" (V.15f.). Die neunte Strophe „die Große/ Kugel/ gewährt euch den Durchzug," (V.32-34) mag in diesem Sinne auf die Fahrt über die Erde bezogen sein, sie ist gleichwohl von kosmischer Sicht aus gesprochen. Eine ambivalente Spannung erhält das Gedicht durch die zusätzlich es überlagernde Farbmetaphorik von „Weiß" (V.7), das sich fortsetzt in der Qualität von „Tumuli" (V.14) und in „lichtet" (V.21) und, im Gegensatz dazu, von „Grün". Dieses wird angekündigt mit „Gebüsch" (V.24, dem die dort lebenden „Käfer" und „Raupen" angehören), es wird fortgesetzt und gesteigert von „Blatt" (V.36) über „Baum" (V.40) bis hin zu den wohl wichtigsten Versen des Gedichts: „ein Wort, mit all seinem Grün,/ geht in sich, verpflanzt sich," (V.44). Das mit „Du" im Gedicht angesprochene Subjekt ist ein mit der Ordnung der Welt beschäftigtes (V.10), ein göttlicher oder ein gotteslästerlicher Akt? Daß es sich im Gegenteil gerade um einen gottesfürchtigen Vorgang handelt, darauf verweisen zahlreiche Wendungen im Gedicht: gerade im Gegensatz zum „eingeschworen"-Sein der Abgründe (V.6f.) heißt es „du ordnest die Welt,/ das zählt / soviel wie neun Namen,/ auf Knien genannt," (V.10-113). Angefügt wird die Aufforderung „komm/ in den Kuß," (als Initiationsritus; V.17f.). Gerade dieser Kuß scheint die eingangs erwähnte „Stimme" an den Prozeß der Ausfahrt, der Weltordnung, der Textherstellung zu binden. Denn das Werkzeug des Nähens (mit dem also der Text erstellt werden kann), der Kuß und schließlich das Wort sind durch Imperative strukturell einander zugeordnet („schluck sie," V.9; „komm" V.17; „folg ihm" V.44). Diese Befehle leiten den Fortgang des Gedichts wie die darin vollzogene Bewegung. Es scheint also vom Anfang des Gedichts bis zu seinem Schlußvers erneut nichts anderes als die (organische) ‚Gewinnung' des Worts beschrieben; dennoch bleibt die Stimme offenbar „sprachlos", bleibt „stumm". Denn das angesprochene Du durchläuft zwar keine Metamorphose, es unterzieht sich jedoch einer Reihe von Prozeduren, die mit einer Erkenntnis in Verbindung zu bringen sind, welche erst den Übergang vom „Weiß" der „Abgründe" (V.6f.) zum „Grün" des Wortes (V.42) ermöglichen. Mit dem in der Gedichtmitte sich vollziehenden Abstreifen des Schattens, durch welches jener das Du der kos-

[47] Vgl. dazu v.a. Klaus Manger: Himmelwracks (Anm. 5).

[48] Vgl. bspw. die Gedichte *Inselhin* (GW I, 141) oder *Flimmerbaum* (GW I, 233 f.). Während ersteres deutlich die Problematik (jüdischen) Todes thematisiert, erweckt *Flimmerbaum* eine Reihe sexueller Konntationen, die hier ebenfalls unterschwellig mitklingen mögen.

misch-maritimen Welt entwindet (V.23f.), wird nun das Du der organischen Welt zugeordnet. Diese Freisetzung betrifft sowohl die vorangegangene „Ankunft“ („du gehst/ vor Anker“, V.22f.), wie auch die abgestreifte „Abkunft“ (vgl. auch „Abgründe..ihnen/ entstieg“ V.6-8).

> Ein Käfer erkennt dich,
> ihr steht euch
> bevor,
> Raupen
> spinnen euch ein,

Im Gegensatz zu „Ankunft“ und „Abkunft“, die nunmehr hinter dem „Du“ liegen, mündet die Begegnung mit dem Käfer in eine Erkenntnis, die Zukunft offenbart: „ihr steht euch bevor“.[49] Beide sind angesprochen in einer gewöhnlich nur für Ereignisse geläufigen Wendung (bevorstehen), die hier zudem reflexiv gebraucht ist. Anstelle des zu erwartenden „ihr steht euch gegenüber“ oder „ihr steht voreinander“ eine Formulierung, die den einen als das Schicksal des anderen erkennbar macht. Die Raupen, die beide, „Käfer“ und „Du“, einspinnen, in einen „Text“ verbinden (vgl. wenig später „euch“ V.34), vollziehen deren Identifikation und ordnen zugleich „Käfer“ und „Du“ dem poetologischen Bereich zu, bereiten die sich im Gedicht anschließende Wortfindung vor. Bedenkenswert ist, daß diese an den botanischen Bereich gebunden bleibt.[50] „Blume“, ein „Blindenwort“, hatte ein frühes Gedicht gefunden. Hier ist es ein Wort, das lebt, das sich „verpflanzt“. „Käfer“ aber und „Du“ bleiben stumm.

Warum kann der „Käfer“ das „Du“ erkennen? Worin besteht diese Identifizierung und warum kann sie in dem vorliegenden Gedicht eine solche Bedeutsamkeit erlangen? Diese Fragen sind meiner Ansicht nach nicht ohne die sorgfältige Berücksichtigung jener früheren Passagen zu beantworten, in denen der Käfer von Celan bereits im Gedicht thematisiert wurde. Gerade dieses Gedicht verweist in seinem gesamten Aufbau und der Verschränkung von Motivkomplexen bewußt auf den Gesamttext von Celans Dichtung, der die meisten der hier aktualisierten Bilder und Motive kennt. Er scheint mir diese ganz bewußt aufzurufen. Die Verbindung von „Käfer“ und „Wort“ erscheint nun fast zwingend, denkt man an die Gedichte *Unstetes Herz* und *Engholztag* zurück. Der Käfer markiert eine Art von Wortfindung, ein Spezifikum der Herkunft

---

[49] Zu beachten ist dabei auch das zuvor im Vers isolierte Homonym „stet“ (V. 20), sowie die spätere geradezu schicksalhafte Bestimmung „es steht dir ein Baum zu, ein Tag“ (V. 40). Beide Formulierungen evozieren für sich eine Fülle bedeutsamer Kontexte aus dem vorangegangenen Werk Celans, vgl. *Das Endliche sang, das Stete,* – (GW I, 261). „Stehen“ und „Baum“ gehören gleichermaßen zu den Grundkategorien der Dichtersprache Celans von früh an, man denke nur an das Envoi zur „Gauner- und Ganovenweise“: „Aber,/ aber er bäumt sich, der Baum. Er,/ auch er/ steht gegen/ *die Pest*“ (GW I, 230). Diese neben vielen anderen Bezügen zu klären, wie das Gedicht es fordert, kann hier leider nicht geleistet werden.

[50] Der Vers „knüpft das Blatt seine Ader an deine,“ erinnert auch noch einmal an das Gedicht *Engholztag*.

und der Bedingtheit des poetischen Prozesses, die nur schwer zu beschreiben ist. Er erscheint zumindest im späten Werk nur noch wenig konkret gebunden zu sein, umso mehr aber poetisch aufgeladen, erschwert durch jene früheren Texte. Entstammte der Käfer so als Motiv einer bestimmten Tradition dichterischen Sprechens, so meint diese Tradition auch einen bestimmten Bildvorrat, den man mit dem strapazierten Begriff der „Landschaft der Seele“ fassen müßte. Zu dieser Landschaft gehören auch die Träume und Albträume, von denen Freud und Kafka zu berichten wußten. Der Käfer als Tier der Nacht birgt aber zugleich als organisches Wesen eine Hoffnung, mag es die Hoffnung auf Auferstehung sein, mit der die Mumie für ihren Weg vorbereitet wurde, mag es die christliche Hoffnung auf Auferstehung sein. Vielleicht ist es auch die Hoffnung auf ein Weniges von jenem göttlichen Glanz im Wort, das schon Erlösung versprechen könnte. Aufrichtigkeit, Glaube und Wahrhaftigkeit sind seine Bedingungen. So eignet einem der letzten Gedichte Celans etwas von einer Verkündigung:

> STEINSCHLAG hinter den Käfern.
> Da sah ich einen, der log nicht,
> heimstehn in seine Verzweiflung.
>
> Wie deinem Einsamkeitssturm
> glückt ihm die weit
> ausschreitende Stille.[51]

Im Gedicht *Was näht* wurde die Begegnung von „Du“ und „Käfer“ mit der Wendung „ihr steht euch bevor“ kommentiert. Darf man das hier gebrauchte „heimstehn“ auch von daher – verstehen? Das Wort „Glück“, das sich hier als aktiver Vorgang im Gedicht als Ausdruck eines Gewinns wiederfindet, gehört jedenfalls zu den ganz selten gebrauchten Begriffen Celans. Daß der Gewinn eine „weit/ ausschreitende Stille“ sein soll, läßt das vielberufene Sprechen dieses Dichters „am Rande des Verstummens“ in einem anderen Glanze stehen.

[51] GW II, 400.

Barbara Wiedemann

STUMME SCHREIE

Zu einem Gedicht von Nelly Sachs

„*Was muß ich wissen, um zu verstehen?*" Ihre Frage, lieber Peter Horst Neumann, ist nicht nur die Frage dessen, der angesichts neuen biographischen Materials ein Werk, das er zu kennen glaubte, mit großer Offenheit neu zu lesen beginnt,[1] sondern auch die Frage dessen, dem der Zufall Informationen zuspielt oder der als Privilegierter Zugang zu Nachlaßmaterialien hat.[2] Ist Verstehen also nur eine Sache für eingeweihte Spezialisten, und auch für diese nicht selten vom Zufall abhängig? Und schließlich, was – wenn wir keine Vorstufen, keine Datierungen zur Verfügung haben – veranlaßt uns, unser Vorwissen in die Deutung eines bestimmten Textes einzubringen?

Dem Interesse, das die Leser als schwierig geltender Autoren gerade der Person, das sie Anekdoten und biographischen Details entgegenbringen, um verstehen zu können – Biographien verkaufen sich heutzutage ebensogut wie Brief-, und manchmal besser als Werk-Ausgaben –, steht die vorsichtige Zurückhaltung derselben Autoren bei der Preisgabe von Privatem und ihre Gewißheit entgegen, ihre Werke könnten aus sich heraus verstanden werden. Aus ihrer Sicht ginge es eher um die Frage: „Wie muß ich lesen um zu verstehen?" So verschieden der fragende Zugang scheint, er hat mit der ersten Frage durchaus zu tun. Denn er fragt auch nach den Wegen, auf denen die im Bereich der Biographie im weitesten Sinne – Lektüreerlebnisse und politische Erfahrungen eingeschlossen –, liegenden Fakten zu erreichen sind, die für ein angemessenes Verständnis notwendig sein könnten. Geht es da nur um Zufall oder ist es nicht auch das Gedicht selbst, das uns, weil es uns Fragen aufgibt oder sogar ratlos macht, auf den Weg schickt, das Gedicht und der Kontext, in den es der Autor gestellt hat? Das von einem Paul Celan geforderte Lesen und Wiederlesen, durch das das Verständnis von

---

1 Peter Horst Neumann: Was muß ich wissen, um zu verstehen? Annäherungsversuche (Israel Chalfen: Paul Celans Jugend-Biographie). In: Die Zeit. 8.6.1979. S. 45.

2 Peter Horst Neumann: Was muß ich wissen, um zu verstehen? Paul Celans Gedicht ‚Die Schleuse', ein Gedicht für Nelly Sachs. In: Celan-Jahrbuch 4/1991. S. 27-38.

selber komme,[3] meint sicher nicht nur, die immanenten Bezüge, den Ton, die Form wahrnehmen und verstehen zu lernen, sondern auch die Verweise auf Äußeres ernstzunehmen, Fragen an den Text zuzulassen und den Versuch zu unternehmen, Inkongruenzen im Erlebnis- und Bildungshorizont von Autor und Leser auszugleichen. Freilich werden wir immer auch auf Zu- und Glücksfälle angewiesen sein (und uns darüber freuen können). Mancher ‚Zufallsfund' ist aber vielleicht auch die Frucht intensiver Lektüre, weil uns das Gedicht selbst zu ihm hinführt, hinführen kann.

Gedichte sind – in diesem Sinne – unterschiedlich ‚beredt'. *Landschaft aus Schreien*[4] von Nelly Sachs gehört sicherlich zu den Texten, die den Leser, bei aller verstörenden Schwierigkeit, die sie ihm bieten, mit ihrer Textgestalt und dem Publikationskontext auf lohnende Wege schicken:

Landschaft aus Schreien

IN DER NACHT, wo Sterben Genähtes zu trennen beginnt,
reißt die Landschaft aus Schreien
den schwarzen Verband auf,

Über Moria, dem Klippenabsturz zu Gott,
schwebt des Opfermessers Fahne
Abrahams Herz-Sohn-Schrei,
am großen Ohr der Bibel liegt er bewahrt.

O die Hieroglyphen aus Schreien,
an die Tod-Eingangstür gezeichnet.

Wundkorallen aus zerbrochenen Kehlenflöten.

O, o Hände mit Angstpflanzenfinger,
eingegraben in wildbäumende Mähnen Opferblutes –

Schreie, mit zerfetzten Kiefern der Fische verschlossen,
Weheranke der kleinsten Kinder
und der schluckenden Atemschleppe der Greise,

eingerissen in versengtes Azur mit brennenden Schweifen.
Zellen der Gefangenen, der Heiligen,
mit Albtraummuster der Kehlen tapezierte,

fiebernde Hölle in der Hundehütte des Wahnsinns
aus gefesselten Sprüngen –

---

[3] Israel Chalfen berichtet die Anweisung Celans, „Lesen Sie! Immerzu nur lesen, das Verständnis kommt von selbst.", in seinem Buch: Paul Celan. Eine Biographie seiner Jugend. Frankfurt 1979. S. 7.

[4] Im folgenden zitiert nach: Nelly Sachs: Fahrt ins Staublose. Frankfurt am Main. 1961. S. 221-223. Der Erstdruck in *Texte und Zeichen*, 1957. S. 12f., weicht geringfügig (vor allem im Bereich von Interpunktion und Stropheneinteilung) ab.

Dies ist die Landschaft aus Schreien!
Himmelfahrt aus Schreien,
empor aus des Leibes Knochengittern,

Pfeile aus Schreien, erlöste
aus blutigen Köchern.

Hiobs Vier-Winde-Schrei
und der Schrei verbogen im Ölberg
wie ein von Ohnmacht übermanntes Insekt im Kristall.

O Messer aus Abendrot, in die Kehlen geworfen,
wo die Schlafbäume blutleckend aus der Erde fahren,
wo die Zeit wegfällt
an den Gerippen in Maidanek und Hiroshima.

Ascheschrei aus blindgequältem Seherauge –

O du blutendes Auge
in der zerfetzten Sonnenfinsternis
zum Gott-Trocknen aufgehängt
im Weltall –

Namen sind es, die in diesem Text als Indikatoren für äußere Zusammenhänge im weiteren Sinn funktionieren. Zunächst sind es biblische Namen, und sie fordern vom Leser eine mehr als nur oberflächliche Beschäftigung mit den Texten, auf die Bezug genommen wird.

„Moria" und „Abrahams Herz-Sohn-Schrei" verweisen auf die Geschichte von Isaaks Opferung (Gen. 22.1-14),[5] auf die Versuchung Abrahams durch Gott am Berg Moria, wo er sich durch sein absolutes Gottvertrauen auszeichnet. Abraham erfüllt Gottes bestürzende, unglaubliche Forderung, den so lange ersehnten Sohn wie ein Tier hinzuschlachten, ohne Murren, ja, ohne Nachfrage, er macht sich sogar zum Fürsprech Gottes gegenüber seinem Sohn mit der beruhigenden und weitsichtigen Erklärung, „Mein Sohn, Gott wird sich ersehen ein Schaf zum Brandopfer." (Gen. 22.8) Anders als in Nelly Sachs' Gedicht aber findet sich in dieser Geschichte kein

[5] Wie mir Kristina Eriksson von der Kungl. Biblioteket Stockholm freundlicherweise mitteilt, verwendete Nelly Sachs im wesentlichen eine revidierte Luther-Übersetzung aus dem Jahr 1913 (herausgegeben von der Britischen und Ausländischen Bibelgesellschaft in Berlin). Ich schließe mich dem bei Zitaten an. *Landschaft aus Schreien* gehört zu den Gedichten, die Nelly Sachs für den französischen Übersetzer Lionel Richard kommentiert hat. Hier gibt sie an (und es fragt sich, ob es überhaupt Leser von Nelly Sachs' Dichtung gibt, die *dieses* Kommentars bedürfen): „*Herz-Sohn-Schrei* bezieht sich auf die Opferung." (Vgl. Anhang 2: Gedichte mit Erläuterungen. Bearbeitet von Michael Kessler. In: Michael Kessler, Jürgen Wertheimer (Hgg.): Nelly Sachs. Neue Interpretationen. Tübingen 1994. S. 348f.). Der Selbstkommentar führt, hier wie auch an den anderen kommentierten Stellen (auf die ich jeweils hinweisen werde), – erstaunlich? – wenig weiter.

Schrei, keiner Abrahams und keiner des ‚Herz-Sohnes' Isaak, so verständlich, so menschlich sie auch wären.

„Hiobs Vier-Winde-Schrei" führt uns zum Anfang der Hiobsgeschichte, der Bewährung von Hiobs Frömmigkeit in der Versuchung durch den Bösen. Dieser geht an die Grenzen, die ihm Gott mit der leiblichen Integrität Hiobs zunächst gesetzt hat, und nimmt ihm seine Söhne und Töchter, also das, was ihm am nähesten zugehört, sein eigen Fleisch und Blut: „und siehe, da kam ein großer Wind von der Wüste her, und stieß auf die vier Ecken des Hauses, und warf's auf die jungen Leute, daß sie starben." (Hiob 1.19) Der Wind, hier noch realer Verursacher des Unglücks, wird in Hiobs Antworten auf seine falschen Tröster später zum Bild, zum Bild für das dem Unglück hilflos Ausgesetztsein, „wie Stoppeln vor dem Winde, und wie Spreu, die der Sturmwind wegführt" (Hiob 21.18). Die Verallgemeinerung auf alle möglichen Windrichtungen[6] ist in der biblischen Erzählung, durch die vier Ecken des Hauses, angelegt – der Schrei aber wiederum nicht. Denn auch Hiob erträgt den Tod seiner Kinder, den Gott, im Gegensatz zu dem Isaaks tatsächlich geschehen läßt, ohne lauten Ausbruch des Schmerzes. Wie Abraham fügt er sich ruhig und demütig in dieses Schicksal. Nach den taditionellen Trauerbekundungen, dem Zerreissen der Kleider und dem Raufen des Haares (das zu erwartende laute Wehklagen fehlt gerade), betet er und „spricht": „Der Herr hat's gegeben, der Herr hat's genommen; der Name des Herrn sei gelobt!" (Hiob 1.21)

Der Ortsname „Ölberg" steht stellvertretend für eine wichtige Szene in Jesu Leidensgeschichte: sein Gebet in Gethsemane und seine Gefangennahme (Math. 26.30 ff., Luk. 22.39 ff.). In Todesangst und Mutlosigkeit bittet hier ein Sohn den Vater um Schonung und fügt sich doch gleich in sein Schicksal: „Vater willst du, so nimm diesen Kelch von mir; doch nicht mein, sondern dein Wille geschehe!" (Luk. 22.42) Jesus betet und spricht, aber: auch er schreit nicht. Die Beobachtungen an der Art und Weise, wie die Erzählungen von Abraham und Hiob im Gedicht verwendet sind, verhindern, hier, flüchtig überlesend oder gar Nelly Sachs eine unzureichende Bibelkenntnis unterstellend, an Golgatha zu denken.[7]

---

6 In ihrem Gedicht *Hiob* aus *Sternverdunkelung* faßt Nelly Sachs diesen Aspekt im Bild der „Windrose" (Fahrt ins Staublose (Anm. 4), S. 95).

7 Einzig den Theologen Karl-Josef Kuschel hat, unter den Interpreten dieses Gedichts, die Tatsache überhaupt interessiert, daß in Zusammenhang mit dem Ölberg kein Schrei Jesu überliefert ist (Karl-Josef Kuschel: Hiob und Jesus. Die Gedichte der Nelly Sachs als theologische Herausforderung. In: Nelly Sachs. Neue Interpretationen (Anm. 5), S. 213f.). Weder für Gisela Bezzel-Dischner (Poetik des modernen Gedichts. Zur Lyrik von Nelly Sachs. Bad Homburg 1970. S. 45f.) noch für Paul Kesten (Die Metaphorik in der Lyrik von Nelly Sachs. Mit einer Wortkonkordanz und einer Nelly Sachs Bibliographie. Hamburg 1970. S. 181f.) oder für Laurant Cassagnau (Utopie et dialogue dans la poésie de Nelly Sachs. Bern u.a. 1993. Folgendes Zitat S. 97) ist das Zusammen von Ölberg und Schrei in irgendeiner Weise frag-würdig: „ ‚Job' est le nom de cette interrogation qui empli tout l'espace come celle du Christ au Mont des Oliviers ou sur la Croix: dans tout cas, c'est le ‚Pourquoi m'as-tu abondonné?', fondateur de toute réflexion sur la théodicée." Vgl. in diesem Sinne auch

Die merkwürdige Inkongruenz zwischen überlieferter Geschichte und ihrer Anverwandlung im Gedicht provoziert vor allem deshalb Fragen, weil sie gehäuft auftritt. Anders als es der Titel suggeriert, geht es im Gedicht nicht nur um Schreie, sondern auch um ihr Gegenteil, um Stummheit. Als Thema wird diese aber erst in der Auseinandersetzung mit den in den Text eingebrachten biblischen Episoden erfahrbar. Auch die besonderen Merkmale der im Gedicht präsenten Schreie werden erst im Rahmen dieser Inkongruenz deutlich. Alle im Gedicht evozierten Schreie nämlich, Schreie von Vätern und/oder Söhnen unter der Bedrohung durch Tod und als solche nur zu verständlich, nur zu selbstverständlich, Schreie aber, von denen die Bibel gerade nicht berichtet, sind in einen Kontext eingebunden, der von Bewahren, Bergen und Verbergen spricht. Für einen *lauten* Schrei bräuchte die Bibel kein *großes* Ohr, im Berg wird er unhörbar, im Stein ist er gebannt und gelähmt wie ein versteinertes Insekt. Auch die anderen „Schreie" in der Gedicht-"Landschaft" fügen sich in diesen Zusammenhang: sie sind verborgene, verschlüsselte Nachricht, Hieroglyphe am Eingang der Grabkammer; sie sind Schreie, in denen sich die Stummheit potenziert, weil sie „verschlossen" werden durch die zerstörten „Kiefer", also funktionslos gewordenen Eß- aber auch Sprechorgane der sowieso stummen Fische.

Das Bild des Fischs ist in Nelly Sachs' Dichtung mehr als nur abgenutzte Metapher für Sprachlosigkeit. Sachs' „Fische" sind verletzt und gequält, sie leiden am Angelhaken, den sie schlucken müssen, und der ihnen Kieme oder Kiefer zerreißt.[8] Ihre Stummheit bekommt angesichts ihres Leidens eine neue Qualität: sie schweigen nicht, *weil* sie Fische sind, sondern, sie schweigen *trotz* des Leidens, dem sie als Fische ausgesetzt sind.

Hier angelangt, sollte man einer anderen Spur nachgehen, die uns das Gedicht mit dem Kontext bietet, in den es seine Autorin gestellt hat. *Landschaft aus Schreien* war, bevor es Anfang 1957 zum ersten Mal deutschen Lesern zugänglich wurde, bereits im Oktober 1955 in der kleinen kirchlichen Zeitschrift *Vår Lösen* im schwedischen Sigtuna erschienen,[9] und

---

noch Kuschels erste Interpretation des Textes (Jesus in der deutschsprachigen Gegenwartsliteratur. München ²1987. S. 282).

8 Unter den vor oder gleichzeitig mit Landschaft aus Schreien veröffentlichten Beispielen vgl. die Gedichte *Daniel*: „der Fisch mit den ausgerissenen Purpurkiemen" (aus *Sternverdunkelung*, Fahrt ins Staublose (Anm. 4), S. 97); *Wer Weiß*: „die blutig gerissene Kieme des Fisches" (aus: *Und Niemand weiß weiter*. Ebd. S. 169); *Eine Windschleppe*: „Der Angler zieht den Silberfisch hoch / durch die wirkliche Engelgesellschaft. // Gebet der blutigen Kiemen." (aus: *Und Niemand weiß weiter*. Ebd. S. 175); *Hier und da*: „zu den Fischen [...], / wo der Angelhaken geschluckt / oder das Ersticken geübt wird" (aus: *Und Niemand weiß weiter*. Ebd. S. 180); *Hindurchsterben*: „die blutige Fischkieme" (aus: *Und Niemand weiß weiter*. Ebd. S. 185).

9 Unter dem Titel *Landskap* av skrik in der schwedischen Übertragung von Olov Hartman (Vår lösen. Nr. 10. S. 262 f.); die schwedische Fassung weicht in Vers- und vor allem Stropheneinteilung von der deutschen Erstfassung ab, ihr liegt also wohl eine in dieser Hinsicht abweichende Erstfassung zugrunde. Nelly Sachs war im Sommer 1954 Gast der die Zeitschrift herausgebenden Stiftung in Sigtuna gewesen, hier läge der erstmögliche Zeitpunkt für die Entstehung des Gedichts. Erste sichere Quellen gibt es erst für den Sommer 1955. Ich danke Ruth Dinesen für ihre Auskünfte.

zwar zusammen mit einem Stück poetischer Prosa,[10] das in deutlichem Zusammenhang mit ihm steht und durchaus in der Lage ist, Elemente für seine Deutung bereitzustellen. Zwar konnten die beiden Texte von deutschen Lesern nicht durch die Publikation in enge Verbindung gebracht werden – die poetische Prosa erschien unter dem Titel *Leben unter Bedrohung* vor dem Gedicht, im Herbst 1956, in der Zeitschrift *Ariel.*[11] Aber nicht nur dem heutigen Leser des Gedichts, der sich über die bibliographischen Zusammenhänge von Prosa und Gedicht informieren kann,[12] auch dem zeitgenössischen *konnte* der Prosatext bekannt sein, auch ihm konnte der bis in die Formulierungen hinein deutliche Zusammenhang mit dem Prosatext auffallen: das „Kind" und der „Greis", das „Abfallen von dem Pfahl der Zeit", die „Asche im Mund", die erblindeten Augen, „'Moriah' der Klippenabsturz zu Ihm" und besonders der „zerrissene Kiefer des Fisches", der zum „Sternbild" wird.

Leben unter Bedrohung ist in der deutschen Publikationsfassung ausdrücklich als autobiographischer Text charakterisiert. Die Redaktion zitiert in einer kurzen Einführung einen Brief der Autorin vom 18.9.1956, wo sie klarstellt:

> Darin ist das enthalten, was ich während der sieben Jahre unter Hitler unfaßbar erlebte und den Mord an nächsten und geliebtesten Menschen durchlitt...

Gerade die Bedeutung des „Fisches" läßt sich in diesem autobiographischen Zusammenhang klären. Als ein allgemein sichtbares ‚Zeichen', als „Sternbild", erscheint der an seinen Sprechorganen versehrte Fisch erst am Ende, unmittelbar bevor der Schrei derjenigen evoziert wird, die den Tod überwunden haben:

> Sch'ma Israel des alten Volkes Todesgesang schrie aus den Kehlen derer die vor der scharzen Mauer standen – ich weiß nicht wie die Mauer sank – aber ich weiß, daß sie schon vor dem Tode überstiegen war.

An zwei Stellen der Prosa wird die besondere Kennzeichnung dieses Fisches als versehrt *und* stumm, wie sie auch im Gedicht erscheint, vorbereitet. Um den ‚stummen Fisch' im traditionellen Sinn geht es zunächst:

> Fünf Tage lebte ich ohne Sprache unter einem Hexenprozess. Meine Stimme war zu den Fischen geflohen [...]. Die Stimme floh, weil sie keine Antwort mehr wußte und „sagen" verboten war.

Durch die Nelly Sachs-Biographinnen Ruth Dinesen und Gabriele Fritsch-Vivié kennen wir inzwischen die biographischen Hintergründe dieser bildlichen Verknüpfung von Stimme und Fisch, und wir sollten sie für die Inter-

---

[10] Unter dem Titel *Att leva under hot*, ebenfalls in der Übersetzung Olov Hartmanns (S. 259-261). Ich danke Kristina Eriksson für die Beschaffung dieser Quelle.

[11] Ariel. Heft 3 (1956). S. 19.

[12] So z.B. im Anhang der Briefe der Nelly Sachs (hg. v. Ruth Dinesen und Helmut Müssener. Frankfurt 1984. S. 333.). Das Entstehungsdatum 1956 (bei Ruth Dinesen: Nelly Sachs. Eine Biographie. Frankfurt 1992. S. 359 und 368.) ist nicht korrekt.

pretation gewiß nicht verschmähen: Nelly Sachs erlitt anläßlich einer Haussuchung durch die Gestapo, bei der man wohl nach belastendem Material zu einem im Widerstand tätigen „nächsten und geliebtesten Menschen“ suchte, eine Stimmbandlähmung,[13] und damit einen nicht willentlich gesteuerten Sprachverlust in einer Situation, wo, wie im Verhör, Sprechen Gefahr für sich und andere bedeuten konnte. Auch die Haussuchung hat im übrigen in *Leben unter Bedrohung* ihren Niederschlag gefunden, in den vorausgehenden bedrohlichen „Schritten“ und der Vorstellung von der „Haut“ die mit der „Tür“ „aufgerissen wurde.“

Indirekt erscheint der Fisch noch einmal in einem durchaus ähnlichen Zusammenhang – der auf dieselbe biographische Situation zurückgehen kann, aber nicht muß (und dies scheint mir hier unerheblich):

> Eine Nachricht kam. Und die Nachricht verschluckte ich. Das war mein Angelhaken. Aufgehängt in der Luft.

Eine verschluckte Nachricht – man kann, aber muß darin nicht realistisch ein verschlucktes Papier sehen – ist eine Nachricht, die nicht weitergegeben, über die Schweigen bewahrt wird. Dieses Verschweigen ist hier ein schmerzhafter Prozess, denn die Nachricht ist gerade der „Angelhaken“, der den Fisch seinem Element entreißt und der ihm dabei, so ist mit Blick auf das ins Gedicht eingegangene „Sternbild“ weiterzudenken, den Kiefer zerreißt. Und es geht hier vielleicht um einen doppelten Schmerz, ausgelöst vom Inhalt der Nachricht *und* dem Verschweigen-Müssen. Der Schrei angesichts dieses Schmerzes findet auch hier *nicht* statt, und auch hier geht es – wie beim ‚Herz-Sohn‘ Abrahams, den Söhnen und Töchtern Hiobs, dem Gottessohn – um einen besonders nahen Menschen. Im Zusammenhang mit der in *Leben unter Bedrohung* geschilderten Situation erhält der nicht getane Schrei eine positive Deutung, die auch im Gedicht, im Gedanken des Bewahrens, Bergens und Verbergens, angelegt ist: er ist es, der, als Verschlucken der Nachricht, als Verstummen „wo ‚sagen‘ verboten war“, gerade Rettung, Leben bedeuten konnte.

Mit dieser am autobiographischen Text gewonnenen Bewertung des Nicht-Schreis kehre ich zurück zu *Landschaft aus Schreien*. Nelly Sachs stellt ihre ganz persönliche Erfahrung mit einem potentiell rettenden und doch qualvollen Verstummen völlig unauffällig zwischen andere Beispiele von Stummheit. Das Bild des versehrten Fisches steht in einer Reihe mit den biblischen Gestalten, und es steht in einer Reihe mit den Opfern jenes unvorstellbar Schrecklichen, das hier – und das sind die letzten Namen, die letzten ‚Wegweiser‘ – „Maidanek und Hiroshima“ heißt.

Der Name eines Vernichtungslagers überrascht nicht im Kontext von Abraham und Hiob, nicht in Zusammenhang mit dem *Leben unter Bedrohung*, und nicht im Kontext der Bilder, in die das autobiographisch ‚beschwerte‘ Bild eingebettet ist: des „Angstpflanzenfingers“, der leidenden Kinder und

[13] Ruth Dinesen (Anm. 12), S. 104; Gabriele Fritsch-Vivié: Nelly Sachs. rororo-Monographie. Reinbek 1993. S. 72.

Greise, der „Gefangenen in den Zellen". Nur in diesem einen Gedicht findet Nelly Sachs allerdings einen historischen Namen für das Grauen. Daß der gewählte Name einen konkreten autobiographischen Bezug hat,[14] mag interessant sein. Wichtiger scheint mir, daß er hier genannt und eben nicht verschwiegen wird, wie in unzähligen anderen Gedichten. Dies mag mit der Tatsache zusammenzuhängen, daß der Name des Vernichtungslagers hier nicht allein steht und auch nicht allein stehen sollte. Um Hiroshima nennen zu können, ‚brauchte' Nelly Sachs Maidanek. Gerade im Zusammenhang mit einem historischen Ort der Judenvernichtung weitet sie hier den Blick über die jüdische Perspektive hinaus. Dies ist vorbeitet, durch das Zusammen von „Hiob" und „Ölberg", vor allem aber durch das Fehlen jeglicher spezifisch jüdischer oder autobiographischer Elemente nach dem durch starke Deixe betonten Neueinsatz: „Dies ist die Landschaft aus Schreien!". Es sind Schreie neuer Qualität hier, auch sie keine realen, wahrnehmbaren. Die Schreie von Toten sind es, die nicht ohne zynischen Unterton mit den christlichen Vorstellungen von Himmelfahrt und Erlösung als die vom Leben Befreiten dargestellt sind. Von den Opfern beispiellosen Mordens in der Mitte unseres Jahrhunderts bleibt, hier wie dort, nur die Asche, sie ist ihr letzter Schrei, ein „Ascheschrei". Die Toten von Maidanek *und* Hiroshima sind ‚Brand-Opfer' im wörtlichsten Sinn, Opfer eines umfassenden ‚Holocaust'. Nicht nur umfassend ist er, sondern – dies wird gerade im Kontrast zum nicht vollzogenen „Brandopfer" an Isaak zu Beginn des Gedichts deutlich – auch endgültig. Hier geht es um eine irreversible Veränderung der belebten Welt, um das Ende, die Aufhebung von Zeit.[15] Anders als nach Abrahams Versuchung am Berg Moria folgt hier keine gerade durch den schweigenden Gehorsam begründete Verheißung eines Neuanfangs.[16] Oder doch?

Die Errinnerungslandschaft mit den nicht getanen Schreien der Lebenden und den getanen der Toten ist in den Rahmen einer kosmischen Vision gefaßt zwischen „Nacht" und „zerfetzter Sonnenfinsternis". Und sie hat Funktion innerhalb dieser Vision.

Die Anfangsstrophe zeigt eine in ihre Grundbausteine zerfallende, verfinsterte Welt, die von Schmerz und Tod gekennzeichnet ist, ja, deren Zerfall ursächlich mit dem Sterben verbunden ist. Die Erde scheint hier zu dem Zustand zurückzukehren – das ist als langsames Werden dargestellt –, in dem sie „am Anfang" (Gen. 1.1) einmal war, finster, wüst und leer. Die im

---

[14] In verschiedenen Briefen berichtet Nelly Sachs darüber, ein Mieter ihres Berliner Hauses, Paul Hofmann, sei später an leitender Stelle in Maidanek tätig gewesen (die Behauptung läßt sich nicht nachweisen). Siehe die Briefe vom 27.1.1946, 12.11. 1946 und 20.3.1947 in der Ausgabe: Briefe der Nelly Sachs (Anm. 12).

[15] Der Selbstkommentar (vgl. Anm. 5) engt hier den Zeitbegriff überraschend ein und ‚übersetzt' ihn in einer Weise, wie es zumindest Literaturwissenschaftler besser nicht täten: „*Zeit wegfällt* = Fleisch wird Staub / *zerfällt* fällt ab nur das Gerippe bleibt noch".

[16] „daß ich deinen Samen segnen und mehren will wie die Sterne am Himmel und wie den Sand am Ufer des Meeres; und dein Same soll besitzen die Tore deiner Feinde; / und durch deinen Samen sollen alle Völker auf der Erden gesegnet werden, darum daß du meiner Stimme gehorcht hast." (Gen. 22.17 f.)

Gedicht ver- und geborgenen „Schreie" nun setzen in dieser „Nacht" einen Prozess in Gang, der durchaus ambivalent gekennzeichnet ist, mit ähnlichem Profil wie die schmerzhafte und zugleich rettende Stummheit. Das Aufreißen des Verbandes bedeutet erneuten Schmerz, Wiederaufbrechen alter, ‚versorgter', vergessener Wunden. Wo aber die Schwärze[17] aufreißt, da wird es auch hell, und wenn es die Wunden selbst sind, die leuchten.

Genau hier, wo sich nach dem vom Menschen erzeugten Chaos, ja, Tohuwabohu, das sich dann in den Namen Maidanek und Hiroshima konkretisieren wird, eine wenn auch schmerzerfüllte Wiederholung der Schöpfung anzudeuten beginnt, nimmt die Schlußstrophe das Bild auf: Der Verband *ist* aufgerissen, die „Sonnenfinsternis" hängt in Fetzen, und die Wunde blutet. Eben diese Wunde aber, das „blindgequälte", „blutende Auge", Wahrzeichen, letzter Überrest jener ‚Brand-Opfer', soll hier als neues und keineswegs idyllisches, vielmehr vom Schicksal gezeichnetes Gestirn eine neuerliche Scheidung von Land und Meer beleuchten. Die Verbindung mit dem Auge läßt die erhoffte Trocknung als Tröstung erscheinen, als – auch – ein Stillen von Tränen. Ob diese stattfindet, ob Gott, der nur hier erscheint, tatsächlich noch einmal „das Wasser unter dem Himmel an besondere Örter" sammeln wird, „daß man das Trockene sehe" (Gen. 1.9), das bleibt freilich offen.

Nelly Sachs' Bilder haben eine große Assoziationskraft, gerade die oft so gewaltsam wirkenden Wortzusammenfügungen – das „Gott-Trocknen" gehört dazu – machen viel von der stark irrationalen Wirkung ihrer Gedichte aus. Und es ist keineswegs abwegig, sich auf diese Wirkung einzulassen. Das Ausschalten rationalen Denkens im Zustand der Angst, wie es in *Leben unter Bedrohung* wiederholt geschildert ist – „Nein, das Gehirn faßte längst nichts mehr" –, findet in Nelly Sachs' assoziativer, indirekter Sprechweise ein eindrucksvolles Bild. Aber das ist nur die eine Seite dieser Dichtung, die sehr viel bewußter gearbeitet ist, als sie auf den ersten Blick scheint. Es spricht viel dafür, sich nicht nur emotional von ihr bannen zu lassen, sondern sie auch sehr genau zu lesen und wiederzulesen, nach ‚Wegzeichen' Ausschau zu halten, die uns auf die Suche schicken.

Der mit deutlichem Gestus die zweite Gedichthälfte einleitende Vers, „*Dies* ist die Landschaft aus Schreien", verweist unüberhörbar auch auf das Gedicht selbst, in dem er steht. Als ganzes ist es Schrei, der verborgen und doch hörbar ist, hörbar sein kann, es ist verschwiegen und beredt. Für die Leser dieses und anderer Gedichte[18] von Nelly Sachs kommt es darauf an,

---

[17] Auch hier engt Nelly Sachs' Eigenkommentar durch eine Gleichung den größeren Bedeutungsspielraum ihres Bildes ein:"*schwarzen Verband* = Nacht".

[18] Diese Übertragung scheint mir deshalb zulässig, weil Nelly Sachs den Titel „Landschaft aus Schreien" wiederholt als Titel für Gedichtsammlungen vorgeschlagen hat. So für die von Richard Lionel zusammengestellte französische Werkauswahl, die dann aber unter dem Titel *Présence à la Nuit* veröffentlicht wurde (vgl.: Richard Lionel: Nelly Sachs und kein Ende. Begegnung – Übersetzung – Vermittlung: Ein Bericht. In: Nelly Sachs. Neue Interpretationen (Anm. 5). S. 301), so für eine Gedicht-Auswahl im Aufbau Verlag, die 1966 unter diesem Titel erschien.

auch die stummen Schreie hören zu lernen. Und die Dichterin überläßt uns dabei durchaus nicht nur unseren Zufällen, denn sie bringt die Schlüssel für die verschlüsselten Nachrichten in diese ein, ohne sie deshalb aber preiszugeben. Nicht immer allerdings finden wir sie.

Bettina Knauer

VATERBILDER

Zu einem Motiv im Werk Ilse Aichingers

I.

Mein Vater

Er saß auf der Bank,
als ich kam.
Der Schnee stieg vom Weg auf.
Er fragte mich nach Laudons Grab,
aber ich wußte es nicht.[1]

Peter Horst Neumann hat dieses Gedicht Ilse Aichingers meditierend nachgesprochen.[2] Die Trostlosigkeit und kalte Nüchternheit der „fünf Zeilen Prosa" ballt sich in einer „Schulmeisterfrage aus der alten Habsburgerzeit":[3] wo liegt Laudons Grab?

> Laudons Grab liegt auf den Friedhöfen des toten Wissens: in einem zerfledderten Lesebuch der Geschichte, in einem alten Lexikon. Aber wer weiß das noch, außer den verstorbenen Vätern, die draußen im Schnee sitzen auf der Bank und uns frieren machen mit Fragen, auf die wir die Antwort nicht wissen.[4]

Die „fünf Zeilen Prosa" sind symmetrisch um eine Mittelachse angeordnet. Die ersten beiden Zeilen skizzieren lakonisch eine sitzende Position des Vaters und eine bewegte, entgegenkommende Position des Kindes. Im letzten Zeilenpaar, das auf die „Schulmeisterfrage" des Vaters konzentriert ist, werden diese streng verteilten Positionen in eine Frage-Antwort-Situation überführt. In der Attitüde des Wissenden vollzieht der Vater ein Examen, welches das Kind

---

1 Ilse Aichinger: Verschenkter Rat. Gedichte. In: Werke. Taschenbuchausgabe in acht Bänden. Hg. von Richard Reichensperger. Frankfurt a. M. 1991. S. 25.

2 Peter Horst Neumann: Fünf Zeilen Prosa. Ein Gedicht von Ilse Aichinger. In: Ilse Aichinger. Materialien zu Leben und Werk. Hg. von Samuel Moser. Frankfurt a. M. 1990. S. 117-119.

3 Ebd., S. 118.

4 Ebd.

nicht besteht. Mit der ausbleibenden Antwort des Kindes ist zwischen beide die Stummheit der Beziehungslosigkeit gestellt. Im Angesicht eines absurden Examens gibt es kein Entgegenkommen mehr. Die Entfremdung, die durch den Weg des Kindes zum Vater noch aufgehoben werden sollte, ist nun zementiert als eine unhintergehbare Fremdheit. Der Trennstrich, den der hieratisch geschlossene Satz der dritten Zeile bildet, spiegelt die Vergeblichkeit aller Wege zum Vater. Sie machen uns nichts als frieren, konfrontieren mit Fragen, „auf die wir die Antwort nicht wissen". Diese Lesart des Gedichtes läßt keinen Trost.

Die Frage, was bleibt, sie scheint sich nach dieser radikalen Dekonstruktion menschlicher Beziehung zu verbieten. Aber Ilse Aichingers Dichtung kennt „Trostversuche".[5] Sie sind ihrem Werk eingeschrieben gleich „verschwiegenen Engel[n]".[6] In einer Charakteristik der Poesie Georg Trakls hat Aichinger den Grenzgang einer Dichtung skizziert, die in der Konfrontation mit dem Entsetzen und der Angst neue Anfänge erst eigentlich wieder möglich macht.

> [Trakls] Sprache ist seine Form der Askese. In ihr bewahrt sich, was von uns verlangt wird: eine Hineingenommenheit ins Äußerste, die die Möglichkeit hat, sich zu Hilfe und Leuchtkraft zu wandeln. Die Offenheit allen Möglichkeiten des Endes gegenüber, die Anfänge wieder möglich macht.[7]

Auch ihre eigene Blick- und Schreibrichtung bestimmt Ilse Aichinger von den „Möglichkeiten des Endes" her. In dem programmatischen Text *Das Erzählen in dieser Zeit* heißt es:

> Wenn wir es richtig nehmen, können wir, was gegen uns gerichtet scheint, wenden, wir können gerade vom Ende her und auf das Ende hin zu erzählen beginnen, und die Welt geht uns wieder auf. Dann reden wir, wenn wir unter dem Galgen zu reden beginnen, vom Leben selbst.[8]

Das Ende, das das Gedicht *Mein Vater* so trostlos markiert, bildet den Anfang für eine Erzählung mit dem Titel *Mein Vater aus Stroh*. Peter Horst Neumann hat auf eine enge Beziehung zwischen den beiden Texten hingewiesen.[9] Ich will diesen Wegweiser aufnehmen. Die Vaterbilder in Ilse Aichingers Werk und ihre Poetik der „schlechten Wörter" sollen den Weg gangbar machen.

In einer dramatischen Szene des Romans *Die größere Hoffnung* tritt der Vater mit harten „Stiefelschritten" auf, „sinnlos und so selbstsicher, wie es nur die Schritte der Verirrten sind".[10] In seiner Funktion als Offizier des Nazi-Regimes verlangt er von den verfolgten jüdischen Kindern, denen sich seine Tochter Ellen zugehörig fühlt, die Berechtigung, auf einer bestimmten Bank in einem Park sitzen zu dürfen. Ellen, der der Vater geboten hatte, ihn zu verges-

---

[5] Vgl. Aichinger: Flecken. In: Schlechte Wörter. Werke (Anm. 1), S. 18.
[6] Vgl. Aichinger: Der geheime Leonce. Zu Georg Trakl. In: Kleist, Moos, Fasane. Werke (Anm. 1), S. 99.
[7] Ebd., S. 98.
[8] Aichinger: Der Gefesselte. Erzählungen I. In: Werke (Anm. 1), S. 10.
[9] Neumann (Anm. 2), S. 119.
[10] Aichinger: Die größere Hoffnung. In: Werke (Anm. 1), S. 48.

sen, erkennt diesen hinter der Verkleidung der Macht. Mit einer stürmischen Umarmung durchbricht sie sein Gesetz.

> [...] sie war nicht mehr zu halten. Ihr Vertrauen umbrauste sie und ließ sie landen, in der Ödnis eines entlarvten Landes, mitten in der Qual und Bitterkeit ihrer Enttäuschung. Mit einem Sprung war sie an seinem Hals, und sie küßte ihn.[11]

Die „Ödnis eines entlarvten Landes" wird dem Kind zur Einfallstelle für seine Selbstbestimmung und existentielle Versicherung. Indem Ellen das Gebot des Vaters und das Gesetz eines perversen Machtgefüges unterläuft, beginnt sie „das Leben für sich und andere neu zu entdecken".[12] Mit der Macht des Vaters wird zugleich die „Phalanx der Benenner",[13] ihre symbolische und sprachliche Ordnung zum Schwanken gebracht: „Der babylonische Turm wankte", eine „unbekannte Macht entströmte [der] Machtlosigkeit" des Kindes.[14] Ellen ist im konkreten und übertragenen Sinne nun Herr der Lage, indem sie die Herrschaft des Vaters auflöst und seine Macht- wie der Kinder Opferposition durchbricht. Durch die Aufdringlichkeit ihrer Liebesbezeugung macht sie es zugleich möglich, daß den jüdischen Kindern die Flucht vor ihren Verfolgern gelingt.

> Die beiden Soldaten hatten sich verblüfft zurückgewandt, erhielten aber keinen Befehl, da Ellen ihren Vater wütend und zielbewußt umklammert hielt. Sie verbiß sich in ihn und ließ ihn nicht zu Wort kommen. Sie hing an seinen Schulterklappen wie ein kleines lästiges Tier. [...] Ihr Körper war geschüttelt von Schluchzen, dazwischen aber lachte sie, und bevor es ihrem Vater gelang, sich zu befreien, biß sie ihn in die Wange.[15]

Die Verbindung von Leiden und Lachen wird zum Zeichen für die außerordentliche Existenz des Kindes, das, indem es dem Gesetz der Macht widersteht, übersteht. Eine „Atemlosigkeit, eine ungeheure, laute Stille" schleicht sich ein, in der die Soldaten das Gefühl haben, „als wären sie widerlegt worden".[16]

In *Flecken*, einem Text aus dem 1976 erschienenen Band *Schlechte Wörter*, wird zur Herkunftserklärung beunruhigender weißer Flecken, die aussehen, „als hätte jemand gezuckerte Milch"[17] verschüttet, folgende Spekulation über den möglichen Verursacher angeführt:

> War es nicht doch ein Kind?
> Diese Kinder. Damit könnte man sich trösten, kurz ehe sie die toten Väter finden, wie sie nachlässig über die Schwelle treten, die Blicke über die Wände gleiten lassen, die Becher mit der Stärkung, die nicht reicht, erst in beiden

---

[11] Ebd., S. 50.
[12] Vgl. Aichinger: Das Erzählen in dieser Zeit. In: Der Gefesselte. Werke (Anm. 1), S. 11.
[13] Aichinger: Schlechte Wörter. In: Werke (Anm. 1), S. 14.
[14] Ebd., S. 49.
[15] Ebd.
[16] Ebd., S. 49.
[17] In: Werke (Anm. 1), S. 15.

> Händen halten, dann in einer, dann abstellen. In Sesselhöhe. Eben dorthin. Und dann noch einmal daran stoßen, ehe sie wieder nehmen, was ihnen gehört, und sich vorsichtig verziehen, Schritt für Schritt, mit dem Rücken zur Schwelle und dann darüber. Spiegelungen, ein Tanz.[18]

Beunruhigend sind die Flecken, weil sie eine „Hierarchie" ändern und damit auch „die Blickpunkte, von denen aus in Betracht gezogen wird, was in Betracht gezogen gehört."[19] Die Flecken „verändern die Vertikale. Die Hierarchie beginnt zu schwanken", die „Höhenmaße, die Zustände" schwinden.[20] Mit dem Tod des Vaters sind die Verhältnisse zum Tanzen gebracht. Selbstbewußt den „Becher der Stärkung" zurücknehmend, eröffnet sich dem Kind das Leben neu.

Die Flecken werden als „Trostversuche" angesprochen, als „Anfänge von Vorstellungen", die nicht übertrieben werden sollten.[21] Ilse Aichingers Protest und Widerstand ist leise, er kommt aus der Stille, „dem leisen Zittern [der] Atemzüge".[22] Anfänge werden gesetzt, Möglichkeiten für einen anderen, herrschaftsfreien Diskurs, der von der Position der Kinder, der Opfer, Ausgestoßenen und Unterdrückten her bestimmt ist. Das Wort „Spiegelungen", mit dem Aichinger den Befreiungsakt des Kindes lapidar umschreibt, akzentuiert die durch die Handlung des Kindes umgekehrte, aus der Hierarchie ver-rückte Blick- und Schreibrichtung der Dichterin. Spiegelungen, *Spiegelgeschichten* sind nahezu alle Texte Ilse Aichingers. Im Spiegel ihrer Texte wird die Möglichkeit eines anderen Lebens, einer anderen Ordnung sichtbar.

II.

Ein Spiegel des Gedichtes *Mein Vater* ist auch die Geschichte vom *Vater aus Stroh*. Dieser närrische, aber liebenswerte Vater, einst beschäftigt bei der alten Bahn, ist augenscheinlich von ganz anderer Beschaffenheit als der Vater des Gedichtes. Von Anfang an befindet er sich auf Sesselhöhe, die keinen Thronanspruch signalisiert, sondern ein dem Kind angepaßtes Größenverhältnis meint. Die Erzählung beginnt mit den Sätzen:

> In der alten Remise wohnt mein Vater, mein Vater hält sich auf dem Eis. Wer es nicht glaubt, kann ihn mit mir besuchen, er kann durchs Schilf schlüpfen und im Winter durch den Teer, er sieht ihn gleich von nahe, auf die Ferne geben wir nichts mehr. Mein Vater sitzt auf dem alten Sessel und ist ganz aus Stroh, er wärmt sich die linke Hand an einem Stück Mauer, die rechte an einem Eisenstück, das dort noch steht.[23]

---

[18] Ebd., S. 17f.
[19] Ebd., S. 15.
[20] Ebd., S. 16 u. S. 18.
[21] Ebd., S. 18.
[22] Aichinger: Die größere Hoffnung. In: Werke (Anm. 1), S. 49.
[23] Aichinger: Eliza Eliza. Erzählungen 2. In: Werke (Anm. 1), S. 13. Im folgenden mit unmittelbar im Text angeschlossener Seitenangabe zitiert.

Eisig war auch die Atmosphäre, die den Vater des Gedichtes umgab. Hier erfüllt das Eis ganz pragmatische Bedingungen. Denkt man nämlich an die Brennbarkeit des Strohs, sichert und konserviert das eisige Element die Konsistenz des Vaters. Seine leichte Entzündlichkeit aber ist nicht nur auf seine Materialität bezogen. Sie impliziert ein soziales Verhalten, eine Empfänglichkeit für seine Umwelt und für die Mitmenschen. Der Vater „hält sich auf dem Eis und ist von der Welt nicht abzubringen" (13). Sein Wissen ist praktischer Natur und gründet auf – wenn auch etwas außergewöhnlichen – Erfahrungen: Er „ist mit Amundsen gefahren, und er kennt die unteren Meere." Er ist „mit allem vertraut gewesen", hat „die Mühlen und Eulen auf den Strecken gekannt und genau gekannt." (13) Durch seinen Wohnort, eine alte Remise, rückt der Vater in den Bereich ausgemusterter, antiquierter Gegenstände, denen gleichwohl etwas Schützens- und Erhaltenswertes zukommt. Der Bild- und Wortbereich, der sich mit der Remise – ein Wagen- oder Geräteschuppen, ein Schutzgehölz oder eine Schutzpflanzung für Wild[24] – verbindet, liefert das Material, aus dem sich – neben seinen strohigen Anteilen und seiner ehemaligen Zugehörigkeit zur alten Bahn – die poetische Welt des Vaters konstituiert. Wilde Tiere kommen ihn besuchen, „Pflanzen und Farngewächse" zieren seine „Glasterrasse" (15), an alten Eisenstücken wärmt er seine Hand, und mitunter „stöbert" er in einer „Kiste mit Holz" (13).

Warum aber ist er aus Stroh? Ein Strohmann ist ein Agent, ein Unterhändler oder Vertreter, in geschäftlichen Dingen meint er eine vorgeschobene Person, die einem eigentlich Handelnden als Deckung dient.[25] Wir könnten es in dieser Geschichte also mit einem Ersatzvater zu tun haben, einer Mittlerfigur für einen namentlich nicht bekannten Mann. Doch nehmen wir den Strohmann zunächst in seiner Materialität wahr. Stroh ist ein geringes, relativ wertloses Material. Es gehört, analog zu den „schlechten Wörtern", welche Ilse Aichinger als ihr Sprachmaterial wählt, zu den Dingen, die der Zweckorientierung, den allgemeinen (Sprach-)Gebräuchen resp. dem Brauchbaren entgegengesetzt sind. Schlechte Wörter, schlecht-schlichtes Material, das heißt, in einer prägnanten Formulierung Peter Horst Neumanns, „reingewaschen von verfänglichen Gewißheiten, Meinungen und Ideologien".[26] In seiner Schlichtheit entfaltet das Material Stroh eine Aura des Besonderen, ja Heiligen. So formiert sich in der alten Remise um den Vater aus Stroh folgendes Bild:

> Esel, Rinder, kleine wilde Tiere kommen oft über die Schienen gesprungen und reiben sich schnuppernd und zitternd an seiner alten Uniform. Auch gehörnte und gestreifte Tiere, Hyänen sogar und Gazellen, und die Hirten hinterher. (15)

Kurz zuvor wird von den Erzählungen eines Müllers zur Weihnachtszeit berichtet. Über den engeren Zusammenhang der einzelnen Geschehnisse hinweg

[24] Vgl. Gerhard Wahrig: Deutsches Wörterbuch. Gütersloh 1971. Sp. 2915.

[25] Vgl. Jacob und Wilhelm Grimm: Deutsches Wörterbuch. Nachdruck München 1984. Bd. 19. Sp. 1671ff.

[26] Peter Horst Neumann, Genauigkeit im Ungewissen. In: Ilse Aichinger (Anm. 2), S. 208f. Hier: S. 209.

fügen sich Zeitangabe, Personal und Bewegungsabläufe zu einem Bild, das der Remise die Aura des Stalles zu Bethlehem verleiht. Das Stroh ist bereitet, nur der Hauptdarsteller, das Christuskind, fehlt.

Das Heilige und das Närrische gehören nicht selten zusammen. So muß das Kind den Spott ertragen, nur einen „Strohmann zum Vater" zu haben (15). Strohmänner sind auch Spottfiguren, Menschen ohne Macht und Geltung.[27] Sie bedürfen daher eines besonderen Schutzes. Das Kind ist zu diesem Zweck unermüdlich tätig. Dem Strohkopf des Vaters gilt seine besondere Beachtung. Ihn verteidigend erklärt es:

> Dabei sind Strohköpfe doch so schön, die Luft zieht leicht durch sie hindurch, auch die schwere Luft in der Remise, und mein Vater hat viele Gedanken. Das Eis gibt ihm zu denken, wenn es friert, die Glätte an den Scheiben, wenn es taut, und die Feuchtigkeit, wenn ihn die Glieder schmerzen. Die Hirten und die Tiere und der Müller, alles. Niemand denkt so viel wie er. (16)

Dieser Vater denkt gleichsam die Gedanken der Welt, alles weht durch seinen Kopf, so daß die scheinbare Leere zur unendlichen Fülle wird. Im Gegensatz zum Vaterbild des Gedichtes sind Denken und Gedanke hier nicht zur toten Wissensvokabel reduziert, sondern als Reichtum und Bewegtheit akzentuiert. Mit dem Vater aus Stroh möchte man reden. Seine Existenz bedeutet Entzükken, Glück, schließt aber auch Angst ein. „Denn", so das Kind,

> ich kann meinen Vater vor nichts schützen, nicht vor der unsinnigen und tatendurstigen Fröhlichkeit der andern und noch weniger vor seinen eigenen Wünschen. Meine Angst sind dabei die Sterne, weil mein Vater gern eine Reise zu den Sternen machen möchte, ich gebe es zu. (17)

Das Kind weiß nicht, oder besser, will nicht wissen, was das ist, „eine Reise zu den Sternen" (17), und vermag deshalb auch die Richtung nicht festzulegen. Normalerweise bezeichnet ein solches Unternehmen eine Bewegung in der Vertikalen. Das Kind aber kippt diese Vertikale und denkt bei der Reise an „das Samtige, die umgürteten Wiesen, Schilf und alte Jahre" (17f.). Damit ist der Strohmann mit seinen Wünschen gleichsam auf die Erde zurückgeholt, ist wieder verankert im Hier und Jetzt. In einem ungewöhnlichen Vergleich führt das Kind die Himmelserscheinungen auf die lebensweltlichen Bedingungen und materialen Eigenschaften des Vaters zurück:

> Tatsächlich sehen die [Sterne; B. K.] da oben auch weit entfernten brennenden und kreiselnden Heubündeln ähnlicher als allem anderen. Aber ich kann meinen Vater nicht fragen, ob er sie für seine Gefährten hält, und ich möchte ihn nicht einmal fragen können. Ich möchte nur, daß er noch eine Weile hier bleibt, hier auf seinem alten Sessel in der Remise, still und feucht, wie er ist, und selbst mit dem Modergeruch, der altem Stroh und alten Uniformen immer leicht anhaftet. (18)

Der Vergleich der Sterne mit Heubündeln dekonstruiert und entkleidet die Himmelszeichen ihrer transzendenten Bedeutung und nimmt Wunschvorstel-

---

[27] Vgl. Deutsches Wörterbuch (Anm. 25), Sp. 1673.

lungen der Apotheose zurück. Der Vater wird zum wirklichen Vater, wenn er nicht mehr zu den Sternen aufblickt, wenn das Oben als Verortung innerhalb eines hierarchischen Gefüges wegfällt. Wenn der Vater nicht aufblickt, dann muß auch das Kind nicht mehr aufblicken. In Form eines Postskripts wird am Ende der Erzählung die Vater- und die Kindschaft neu bestimmt:

> Habe ich vergessen, zu erwähnen, wie mein Vater zu den Eiszapfen neigt? Sie sind ihm lieber als alles Holz in seiner Kiste und ich bringe sie ihm, so oft ich kann. Ich breche sie von den Schuppendächern, wahllos, wie es kommt und die Hunde sind hinter mir. [...] Wenn mein Vater die Eiszapfen um sich hat, in Kreisen und Halbkreisen, hell wie Lanzenschäfte, aber klüger, ist er in seinem Glück. Er rückt dann den Kopf nicht mehr nach den Sternen und die Engel leuchten ihm. (18)

Die traditionellen Rollenverteilungen sind hier umgeschrieben. Mit Eiszapfen bildet das Kind einen magischen Bannkreis um den Vater, der ihn in seiner Konsistenz schützt. Die Geschichte des *Vaters aus Stroh* erzählt das Verhältnis der Vater- und Kindschaft neu, von der umgekehrten, spiegelbildlichen Seite her.

III.

Ilse Aichingers poetische Welten entwickeln sich aus dem materiellen Sprachkörper: Stroh ist ein Wort, schlecht-schlichtes Material, das vor aller Bedeutungshaftigkeit erst einmal als solches wahrgenommen werden muß. Ihr Werk beginnt umgekehrt, von unten, von den „bei der tödlichen Vielfalt/ der Möglichkeiten gerade so/ zueinander gegebenen Buchstaben“, wie es in dem Gedicht *Heu* heißt.[28] Das als Bedeutungsträger mißbrauchte Wort wird seiner Trägerlast entkleidet und erscheint in einer Ungenauigkeit, die es zum Opponenten gegen alle scheinbaren Gewißheiten werden läßt. Eine der Trägerlast in einem ganz konkreten Sinne enthobene Gestalt ist übrigens auch der grüne Esel. Lapidar heißt es von dieser Emblemfigur des Aichingerschen Werkes: „Mein Esel? Das ist ein großes Wort“.[29] In seiner Existenz ist das schlichte Tier ebenso unbestimmbar wie der Vater aus Stroh. Der Esel ist wie dieser ein Statthalter des Ungewissen.

Die beim Einzelwort beginnende Schreibrichtung Ilse Aichingers entfaltet sich in einer horizontalen Bewegung. Wort- und Bildfelder werden miteinander verflochten: Aus dem Stroh spinnt sich der Strohmann hervor, aus diesem das Strohfeuer. Das wiederum verlangt nach dem Eis, was wort-materialiter dann das Eisen entstehen läßt. Die Remise, ich habe das bereits ausgeführt, liefert das Wortmaterial Holz, Wild, Geräte. Die horizontalen Verschlingungen generieren den Text als eine eigenständige Sprachwelt.

---

[28] Aichinger: Verschenkter Rat (Anm. 1), S. 35.
[29] Aichinger: Mein grüner Esel. In: Eliza Eliza. Werke (Anm. 1), S. 80.

Am Ende, das ein neuer Anfang sein kann, ist eine närrische, ver-rückte Welt entstanden, die den Titel *Mein Vater aus Stroh* erhält. Im Zusammenhang der poetologischen Thematik des Textes ist diese Titelangabe entscheidend. Väter, das machen die verschiedenen Vaterbilder im Werk Ilse Aichingers unmißverständlich deutlich, sind Träger der Macht, die die Kinder vergißt, diese in ihrer Existenz sogar auslöscht, wenn sie sich in die hierarchische Ordnung nicht einfügen können. Wenige nur können sich wehren. Der Text *Schlechte Wörter* nennt noch einmal das Warum:

> Sie kommen zur Welt und werden sofort von alledem umgeben, was sie zu umgeben nicht ausreicht. Ehe sie den Kopf wenden können, werden ihnen, begonnen bei ihrem eigenen Namen, Bezeichnungen zugemutet, die nicht zutreffen. Sie sind schon in den Schlafliedern leicht nachzuweisen. Später wird das massiver.[30]

Im Akt des Bezeichnens wiederholt sich das hierarchische Vater-Kind-Verhältnis auf der Ebene der Signifikanten. Der patriarchalischen Ordnung entspricht eine Ordnung der Sprache, die den (Sprach-)Körper dem Wert der Signifikanz unterordnet. Eingegangen in die „Phalanx der Benenner"[31] ist seine materielle Komponente nur noch Träger der Bezeichnungslast. Anders Ilse Aichingers Wörter – wie Väter aus Stroh: sie sind machtlos und bedürfen des Schutzes. Es ist ihre Materialität, die sie verletzlich macht, und die ihnen zugleich die Aura des Besonderen und Einmaligen verleiht. Väter aus Stroh sind auch Strohmänner, die ihren Vertretungs-, ihren Wortauftrag in einer ganz besonderen Weise ernst nehmen. Sie geben Bürgschaft, leisten das Wort: für wen oder was sie dies tun, bleibt im Ungewissen. So könnte es sein, daß sie in ihren leeren Strohköpfen die Gedanken der Welt bewegen.

Ilse Aichingers Dichtung nimmt beim Wort. Ein Wort soll daher auch am Ende stehen:

> Heu
>
> Heu,
> Heu in den Kinderscheuern,
> wo zu verbrennen
> oder sich für immer zu verlieren
> gleich leicht ist.
> Gebündeltes Heu,
> Heu auf den Feldern,
> Heu als die bei der tödlichen Vielfalt
> der Möglichkeiten gerade so
> zueinander gegebenen Buchstaben,
> diese Richtung,
> aber keine andere.
> Heu, das im Wind fliegt,
> auf den dürren Stoppeln bleibt,

---

[30] Achinger: Schlechte Wörter. In: Werke (Anm. 1'. S. 13.
[31] Ebd., S. 14.

für immer von den anderen getrennt,
das den Schnee erwartet,
der ihm den Himmel nehmen wird,
sein unbewegtes, mattes Ebenbild.
Die Gewißheit, daß es keinen Trost gibt,
aber den Jubel,
Heu, Schnee und Ende.[32]

Geht es in diesem Gedicht um getrocknetes Wiesengras? Es geht um die „gerade so/ zueinander gegebenen Buchstaben". In der Bewegung des Gedichtes entfaltet das einzelne Wort seine autonome Bedeutsamkeit. Entbunden vom Bezeichnungsakt wachsen ihm gewissermaßen Flügel. Heu ist ein leichtgewichtiges Wort, das einem noch leichteren entgegenwartet und das „ihm den Himmel nehmen wird". „Schnee ist ein Wort", heißt es lapidar in einem gleichnamigen Text Ilse Aichingers.[33] Es gehört zu den Wörtern, „die nicht bezeichnen womit sie eins sind, weil sie es nicht bezeichnen. Die eins sind mit dem, was sie nicht bezeichnen, weil sie damit eins sind."[34]

Diese Wörter sind ganz nur sie selbst. Sie bilden die Maßstäbe, mit denen Ilse Aichinger ihre poetischen Welten ausmißt. In der Geschichte vom *Vater aus Stroh* wurde „alles in Stroh gemessen" (14) und damit auch das Verhältnis der Vater- und Kindschaft, das in dem Gedicht *Mein Vater* in der Absurdität eines Examens ausgelöscht wurde, neu vermessen. Stroh, Heu, Schnee sind Wörter, die sich schlicht und unauffällig einmischen und eine Gegenrichtung antreten. Die wunderbare Gewißheit ihres Seins ist der Jubel in der Dichtung Ilse Aichingers.

Die Erzählung *Mein Vater aus Stroh* und das Gedicht *Mein Vater* gehören zusammen. Der Weg vom trostlosen Ende des Gedichts zu den Möglichkeiten eines neuen Anfangs war umständlich, der Wegweiser, den Peter Horst Neumann aufstellte, führte jedoch in die richtige Richtung: *Ins Wort*.[35] Und vom Wort aus liest sich das Gedicht *Mein Vater* noch einmal anders. Es ist „Schnee", der zwischen den Zeilen auffliegt, als das Kind zum Vater geht. Ein Wort, eingeschrieben in umgekehrter Richtung – wider das (Fall-)Gesetz –, das „Anfänge wieder möglich macht".

---

[32] Aichinger: Verschenkter Rat (Anm. 1), S. 35.
[33] In: Aichinger: Kleist, Moos, Fasane. Werke (Anm. 1), S. 113.
[34] Vgl. Aichinger: Schnee. In: Kleist, Moos, Fasane. Werke (Anm. 1), S. 113.
[35] Vgl. den gleichnamigen Text in: Aichinger: Kleist, Moos, Fasane. Werke (Anm. 1), S. 112.

Andreas Lorenczuk

DER DICHTER, DIE VÖGEL, DIE MESSER

Zur Bildlichkeit zweier Gedichte aus Ernst Jandls *selbstporträt des schachspielers als trinkende uhr*

Nicht viele Gedichte Ernst Jandls beziehen sich explizit auf literarische Vorbilder. Den wenigen, die es doch tun, der *oberflächenübersetzung* eines Gedichtes von William Wordsworth[1] etwa oder dem Zyklus *der gewöhnliche rilke* (II, 191ff), scheint es kaum um eine differenzierte Auseinandersetzung mit der Geschichtlichkeit lyrischer Sprechweisen zu gehen, auch nicht um eine Positionsbestimmung eigener Autorschaft vor diesem Hintergrund, sondern um „Destruktion" und „Opposition" schlechthin, und wer sie mit anderer Erwartung liest, der erholt sich vom „Schock seiner ersten Lektüre"[2] so schnell vielleicht nicht.

Einem solchen Schock verdankt sich auch das Folgende. Ausgelöst hat ihn ein im März 1980 entstandenes Gedicht, insonderheit dessen letzte Verse. Es steht in dem Band *selbstporträt des schachspielers als trinkende uhr* an neunter Stelle und lautet:

der wahre vogel

fang eine liebe amsel ein
nimm eine schere zart und fein
schneid ab der amsel beide bein
amsel darf immer fliegend sein
steigt höher auf und höher
bis ich sie nicht mehr sehe
und fast vor lust vergehe

---

[1] Ernst Jandl: Gesammelte Werke. 3 Bde. Hg. v. Klaus Siblewski. Frankfurt/M. 1985. Bd. I. S. 321. Alle folgenden Jandlzitate im Text mit Band- und Seitenzahl dieser Ausgabe.

[2] Mit diesen drei Wendungen charakterisiert P. H. Neumann die Wirkung von der gewöhnliche Rilke. Seinen „Erholungsprozess" bildet der 1994 in Jena gehaltene Vortrag: Ernst Jandl „bearbeitet" Rilke. Eine Variante zum Typ des gedichteten Dichterbilds, der wiederum die folgenden Ausführungen angeregt hat (Peter Horst Neumann: Ernst Jandl „bearbeitet" Rilke. Eine Variante zum Typ des gedichteten Dichterbilds. In: Wolfram Malte Hues, Wolfram Mauser (Hgg.): „Verbergendes Enthüllen". Zur Theorie und Kunst dichterischen Verkleidens. Festschrift für Martin Stern. Würzburg 1995. S. 391-398.).

das müßt ein wahrer vogel sein
dem niemals fiel das landen ein (II, 566)

So gewaltsam-makaber wie das ganze Gedicht wirkt beim ersten Lesen auch die Verballhornung von Wilhelm Müllers *Das Wandern ist des Müllers Lust*: „Das muß ein schlechter Müller sein,/ dem niemals fiel das Wandern ein."[3] Mit dem Kalauer, daß es sich bei Jandls Amsel also um einen Wandervogel handeln muß, ist der Text allerdings nicht gleich als belanglose Romantikparodie ad acta zu legen, denn hier stockt man schon. Auf den „wahren Wandervogel" der Romantik nämlich, die Lerche, wird bereits ab der fünften Zeile gleichsam spukhaft-intertextuell angespielt. Zu Müllers Wanderer gesellt sich *Der frohe Wandersmann* Eichendorffs, der in der dritten Strophe singt:

Die Bächlein von den Bergen springen,
Die Lerchen schwirren *hoch vor Lust*,
Was sollt' ich nicht mit ihnen singen
Aus voller Kehl' und frischer Brust?[4]

Die Parodie gewinnt durch diese Anspielung an Genauigkeit. Beim Romantiker ist die Lust der Lerche mit der des Sängers identisch in der dankbaren Daseinsfreude aller geschaffenen Wesen. Das Gedicht Jandls scheint nun von dem von vorneherein zum Scheitern verurteilten Versuch zu handeln, diesen verlorenen Einklang von Ich und Welt mit Gewalt wiederherzustellen. Ein verzweifeltes Kochrezept zur Herstellung geglückten Weltbezuges („Man nehme eine Amsel...") könnte man es (vielleicht vorschnell) nennen, das im Verschwinden seines verstümmelten Objektes die *Lust* einer unmöglich geglaubten Ahnung der Transzendenz zu realisieren versucht. Für die Erfahrung des Transzendenten ist das (einer Lerche ja keineswegs eigene) Nicht-mehr-Landen der Amsel ein durchaus traditionelles Zeichen. Wiederum bei Eichendorff beispielsweise hätte Jandl einen aus Verzweiflung nicht mehr landenden Vogel finden können, in dem kurzen Gedicht *Durch!*, veröffentlicht 1837:

Durch!

Ein Adler saß am Felsenbogen,
Den lockt' der Sturm weit über's Meer,
Da hatt' er droben sich verflogen,
Er fand sein Felsennest nicht mehr,
Tief unten sah er kaum noch liegen
Verdämmernd Wald und Land und Meer,
Mußt' höher, immer höher fliegen,
Ob nicht der Himmel offen wär'.[5]

---

[3] Wilhelm Müller: Die schöne Müllerin. Mit einem Nachwort von Ute Wollny. Frankfurt/M., Leipzig 1994. S. 10.

[4] Joseph von Eichendorff: Gedichte. Versepen. Hg. v. Hartwig Schultz. Frankfurt/M. 1987. S. 226. Meine Hervorhebung.

Die Ähnlichkeiten des Motivs, die in einer fast identischen Zeile gipfeln, sind auffällig genug, um einen genaueren Blick auf Eichendorffs Text zu rechtfertigen. Sein Adler „muß" (wie objektiv auch Jandls Amsel) fliegen, weil ihm alle Bodenhaftung und Heimatverbundenheit („sein Felsennest") verlorengegangen sind. Da dieser Zustand jedoch jeglicher ornithologischer Wahrscheinlichkeit entbehrt, gibt sich die Ausgangssituation des Textes sogleich als eine „künstlich gemachte" zu erkennen, als sozusagen gewaltsame „Fälschung" der Wirklichkeit zum Zwecke der Allegorie. Deren Aussageabsicht ist gleichwohl nicht völlig klar. Ob mit „Sturm" und „Meer" politische Stürme oder das Meer menschlicher Leidenschaften gemeint sein mögen, ob mit dem verlorenen „Felsennest" auf die Geborgenheit des Gläubigen in der Kirche angespielt wird („Auf diesen *Felsen* will ich meine Kirche bauen..."), all das läßt sich dem Text ebensowenig mit letzter Sicherheit entnehmen wie sich über das „Gelingen" dieses Adlerfluges Gültiges sagen läßt. Die Kommentatoren sind sich jedenfalls nicht einig. Während Ansgar Hillach, den Konjunktiv der letzten Zeile gleichsam überspielend, auf eine Strophe aus *Götterdämmerung* hinweist („Was will ich noch hoffen?/ Hinauf, ach hinauf!/ Der Himmel ist offen,/ Nimm Vater, mich auf!")[6] und die Verirrung des Adlers damit als eine Art „felix culpa" zu lesen scheint, insistiert Hartwig Schultz auf dem Konjunktiv, erblickt eher ein Sinnbild ikarischer Hybris und sieht sich genötigt, den Titel „skeptisch-ironisch" zu lesen.[7] Das Heil, teilt uns die Allegorie demnach mit, ist aus eigener Kraft, außerhalb des „Felsennestes" der Kirche, nicht zu erreichen. Für unseren Zusammenhang interessant allerdings ist die Tatsache, daß (was die Kommentatoren zu erwähnen unterlassen) ein früheres Gedicht Eichendorffs gleichen Titels existiert, das die *geglückte* Weltenthobenheit des Dichterherzens zum Gegenstand hat. In diesem gänzlich unironischen *Durch!* redet der Dichter sein „freudig Herz" an: „Laß dich die Welt nicht fangen". „Himmelwärts" solle es vielmehr streben und „in die goldnen Saiten" christlicher Dichtkunst greifen, die wohl vermögend sei, „der Menschen Streit und Lust" zu „besprechen" im Sinne heilender Zaubersprüche:

Und eine Welt von Bildern
Baut sich da auf so still,
Wenn draußen dumpf verwildern
Die alte Schönheit will.[8]

Die Fähigkeit des christlichen Dichters, der gefallenen Welt kraft eines „gültigen" Vorrats von Bildern des Heils zu trotzen, wäre es dann wohl, die in der nun gleichsam aus poetologischer Notwendigkeit „unscharfen" Allegorie des zweiten *Durch!*-Gedichtes in Zweifel gezogen wird. Der Aufschwung des Dichter-Adlers, könnte man also lesen, ist ein verzweifelter Irrweg, eine Ga-

---

5 Ebd. S. 384. Meine Hervorhebung.

6 Joseph v. Eichendorff: Werke Bd. I. Hg. v. Jost Perfahl und Ansgar Hillach. München 1981. S. 254, 984.

7 Eichendorff (Anm. 4). S. 1070.

8 Ebd. S. 237. Erst posthum veröffentlicht, entstanden 1821 (ebd. S. 978).

rantie für die Wahrheitsfähigkeit des Dichterwortes gibt es nicht, und es steht nicht in seiner Macht, ein gültiges Zeichen der Transzendenz zu setzen. Aber auch für eine solche Lesart bleibt der Text einen sicheren Beleg schuldig, sie mag bestenfalles als Versuch hingehen, eine unklare Allegorie auf der Ebene poetologischer Überlegungen zu retten. Immerhin legen diese Überlegungen den Gedanken nahe, daß Jandls Gedicht ebenfalls von der Wahrheitsfähigkeit dichterischer Zeichen handeln könnte, trägt es das Thema „Wahrheit" doch schon im Titel. Der durch die Verstümmelung der Amsel bezweckte „wahre vogel" geht – was die bisherigen Ausführungen wohl schon vermuten lassen – auf wohlbekannte, traditionelle Vorbilder zurück.

Mit der Schere wird aus der Amsel nämlich ein Paradiesvogel gemacht, wie er seit der Renaissance als Faszinosum durch naturgeschichtliche, theologische und erbauliche Bücher fliegt. Man glaubte, einen tatsächlich fußlosen Vogel vor sich zu haben, ein wahres Wunder Gottes. Der Nürnberger Naturforscher und Emblematiker Joachim Camerarius verwendet wohl als erster den niemals landenden Paradiesvogel, der seine Eier auf dem Rücken ausbrütet, im Emblem Nr. XLIII der dritten Centurie seiner *Symbola et Emblamata...* (Nürnberg 1596)[9] als Sinnbild des weltentrückt Gott Schauenden, der sich um die unter ihm liegende Welt nicht mehr bekümmert: „Negligit ima". Camerarius liefert auch die Erklärung, warum der Vogel ihm und seinen Nachfolgern als so besonders schlagender Beweis für die Möglichkeit der Transzendenzerfahrung gilt, indem er ausführt:

> Hanc pedibus omnino carere constat, quamvis Aristoteles neget talem in avium genere reperiri, cum hirundines apodes [...] secundum eundem, pedes habent pilosos, sed ita minutos, ut his carere videantur.

Weil es diese fußlosen Vögel zweifellos gibt, obwohl die große Autorität in Sachen Naturwissenschaft, Aristoteles, dergleichen ausgeschlossen hatte, da die gemeinhin als fußlos bezeichneten Schwalben (wohl der Mauersegler, Apus apus) eben doch winzige Füße haben, weil hier also ein wissenschaftlicher Fortschritt vorliegt, der zugleich ein den antiken Heiden verschlossenes Wunder Gottes darstellt, das belegt, daß im Schöpfungsplan nichts unmöglich ist, darum ist der Paradiesvogel ein wirkliches und gültiges Zeichen der Transzendenz. Die wunderbare Kongruenz von Naturwissenschaft und Glaube ermöglicht es Camerarius, sein Emblem weniger zu erfinden als zu finden. Die im Paradiesvogel sichtbar bezeugte Totalität der Welterfahrung ist die Bedingung seiner Dichtung.

---

[9] Symbola et Emblemata. Nürnberg 1590-1604. Fotomech. Nachdruck in 2 Teilen. Hg. v. Wolfgang Harms und Ulla-Britta Kuechen. Graz 1986. So auch konfessionsübergreifend beliebt wurde das Sinnbild, daß etwa Maximilianus Sandaeus SJ es in sein Lexikon mystischer Grundbegriffe aufnahm, wo unter dem Eintrag AVIS PARADISIACA der Vogel als „Viua imago Mystici in Contemplatione altissimi suspensi", als lebendiges Sinnbild des Mystikers in gänzlich entrückter Betrachtung gepriesen wird (Pro Theologia Mystica Clavis.... Köln 1640. Fotomech. Nachdruck Heverlee-Louvain 1963. S. 213). Noch Jean Paul versieht nicht ohne Ironie seinen von irdischen Nöten allzu geplagten Dichter Siebenkäs mit „Paradiesvogel-Schwingen" (Jean Paul: Werke. Bd. 3. Hg. v. Norbert Miller. München 1975. S. 363.).

Leider wissen wir inzwischen, daß Aristoteles recht hatte und der Augenschein der nach Europa gebrachten, tatsächlich fußlosen Paradiesvogelbälge, von denen auch Camerarius spricht („qualis iam exiccata cum plumis apud nonnullos visitur"), trog. Jandls Gedicht reflektiert genau diesen Sachverhalt. Eine auf Totalität der Welterfahrung gerichtete Dichtung, wie sie auch noch Eichendorffs Lerche und (zweifelnd) sein Adler verkünden soll, ist nicht mehr möglich, wenn die in der Natur gesuchten Bilder über die bloße Körperlichkeit ihrer Gegenstände nicht mehr hinausweisen können. Der uns heutigen Städtern „verfügbare" Allerweltsvogel, die Amsel, ist eben eine Amsel und sonst nichts, schon gar nicht ein dichterischer Gegenstand per se.[10] Daß damit ein ganzer Traditionszusammenhang bildlichen Sprechens obsolet geworden ist, reflektiert Jandls Gedicht auch auf der Ebene seiner sprachlichen „Machart".

Es ist ein Beispiel für den subtilen Nuancenreichtum, den Jandl einer seit den Zyklen *tagenglas* (datiert 3. 77) und *gedichte an die kindheit* (12. 77) bei ihm vorherrschenden Stillage des gewollten „Primitivismus", eines „resoluten Unterbietens des traditionellen literarischen Sprachniveaus", abgewinnt.[11] In einem kurzen Text *zum zyklus „gedichte an die kindheit"* beschreibt er den Stil dieses Zyklus im Gegensatz zum „gastarbeiterdeutsch", der „heruntergekommenen sprache" von *tagenglas*, als eine „verkindlichte sprache":

> sie enthält fehlerhaftes, widersprüchliches und banales, wird aber [...] deutlich gesteuert durch eine der dauernden sprachschulung ausgesetzte intelligenz. (II, 351)

Auch *der wahre vogel* beginnt mit dem naiven Sprachgestus eines Kinderverses: „fang eine liebe amsel ein/ nimm eine schere zart und fein..." Die schlichten Parallelismen des Versbaues sowie die aufdringliche Banalität der

---

[10] Daß die Amsel gleichwohl ein bedeutungsschwangerer Symbolvogel der klassischen Moderne war, hängt mit der Tatsache zusammen, daß sie erst gegen Ende des vorigen Jahrhunderts ihre Lebensweise als scheuer Waldvogel aufgab und massiv als Kulturfolger in die Großstädte einzuwandern begann. Bei Trakl spielt sie deshalb noch die Rolle eines ominösen Todesboten aus einer fremden Welt („Elis, wenn die Amsel im schwarzen Wald ruft,/ dieses ist dein Untergang." Georg Trakl: Das dichterische Werk. München 1972. S. 49. Vgl. auch den „Gesang einer gefangenen Amsel", ebd. S. 75), während sie in der epigonalromantischen Dichtung der Zeit auch der überraschende Götterbote im Dickicht der Städte sein kann, etwa im Gedicht eines/einer gewissen A. M. Frey. Dort ist auf einem öden Hinterhof gerade ein Leierkasten verstummt: „Doch endlich thront die Stille wieder,/ Da wagt empor zu ihrem Thron/ Als ein Präludium ferner Lieder/ Die Amsel einen leisen Ton.// Und fortgezaubert sind die Schatten,/ fort ist der graue Leiermann!/ Ich träum' von Wald und grünen Matten,/ Und Gottes Atem weht mich an." (Licht und Schatten. Wochenschrift für Schwarzweisskunst und Dichtung. Hg. v. Hanns v. Gumppenberg. Jg. 1, 1911, Nr. 47.) Der kanonische Text für diese Ambivalenz des fragwürdigen „Himmelsvogels" Amsel ist natürlich Robert Musils Erzählung *Die Amsel*, in der der Bewohner einer tristen Berliner Mietskaserne auf das „Signal" eines nächtlichen Amselgesanges aufsteht und seine schlafende Frau für immer verläßt (Robert Musil: Nachlaß zu Lebzeiten. Hamburg 1978. S. 138, 139). (Für diesen Hinweis sei Dr. Wolfgang Schraml herzlich gedankt!)

[11] Vgl. Neumann (Anm. 2). Dort und in ders.: „Tagenglas". Versuch über Ernst Jandl. Mit Kommentaren zu 14 Gedichten. In: Merkur Nr. 342. Stuttgart 1976. S. 1049-1064 wird Grundlegendes über Bedingungen und Möglichkeiten dieses Jandlschen Idioms gesagt.

Adjektive („liebe amsel“, „schere zart und fein“) und der Reime auf „-ein“ erinnern an das angeblich kindgerechte Sprechen etwa des *Struwwelpeter.*[12] Die nächsten beiden Verse jedoch lassen sich solcher Intention nur noch mit Mühe unterordnen, weniger wegen des grausamen Inhalts (da geht es im *Struwwelpeter* nicht weniger bestialisch zu) als wegen der nur raffiniert zu nennenden Fehlerhaftigkeit der Grammatik. Der Wegfall des Plural-“e“ in „bein“ verdankt sich nicht nur einem künstlichen Reimzwang, sondern bildet auch die Verstümmelung dieser Organe formal nach. Die scheinbare Unbeholfenheit „fliegend sein“ ist eine dem neuen Zustand der Amsel völlig angemessene Parallelschöpfung zum „andauernden Präsens“, dem present continuous des Englischen, verrät also „sprachschulung“ in einer Fremdsprache, und das Fehlen des bestimmten Artikels (nicht: die amsel!) schließlich suggeriert, daß der erdenthobene Vogel kein im herkömmlichen Sinne bestimmbares Individuum mehr ist, sondern ein vom Sprecher für seine Zwecke geschaffener „Typus“. Dieser vierte Vers verläßt auch inhaltlich endgültig[13] die Sphäre des Kindlichen. Bei aller Beliebtheit von Flugträumen: Es müßte schon ein sehr verzweifeltes Kind sein, das das „Nicht-mehr-Landen-können“ als Gnade, als ein „Dürfen“ empfindet – der fliegende Robert im *Struwwelpeter* ist ein Schreckbild. Dennoch steht natürlich das ganze in diesen vier Zeilen entworfene „Experiment“ im Zeichen eines „kindlichen“ Weltbildes, das naiv einen unbeschwert-unmittelbaren Zugriff auf die Wirklichkeit und deren Veränderbarkeit nach eigenen Wünschen voraussetzt. Daß damit auf einer vorsprachlich-körperlichen Ebene der „naive“ dichterische Zugriff auf die Welt durch Sprache abgespiegelt wird, wie ihn z.B. Eichendorffs bereits erwähntes Gedicht *Durch!* zur Voraussetzung hat, scheint nicht nur nicht abwegig, sondern geradezu Bedingung für den durch Wechsel des Metrums angezeigten, scheinbar alogisch-unvermittelten Sprung von der „Bastelanleitung“ zum emphatischen Nachvollzug ihres Gelingens. Hier (Vers 5-7) fallen Adressat und Produzent der „Gebrauchsanweisung“ plötzlich zusammen in einem „ich“, das sich nicht mehr im Kinderreim-Ton, sondern unbeholfen (unreiner Reim!) in romantischen Klischees ausspricht. Im selbstgeschaffenen, nun aber als autonom erfahrenen Objekt – dem „künstlichen“ Paradiesvogel – erfährt dieses „ich“ die eigene Existenz als lustvolle Ich-Entgrenzung, anders gesagt: Hier wird jene „Selbsterlösung durch Poesie“ ins Bild gesetzt, die etwa Eichendorffs Gedicht vom freudig erdenthobenen Dichterherzen praktiziert, die aber bereits den katholischen Spätromantikern -wie wiederum Eichendorff in seinem Adler-

---

[12] Ausgerechnet in der Geschichte vom Schneider, der „mit der großen scharfen Scher'„ dem armen Konrad die Daumen abschneidet, reimen sechs aufeinanderfolgende Verse „hör/ mehr/ Scher'/ daher/ er/ wär'„. Jandls Reimschema mit nur zwei (rechnet man „höher“ als „unrein“) Reimen: aaaabbbaa, wobei noch zwei identische Reimpaare unterlaufen (sein/sein, ein/ein), kommt dieser Schlichtheit auf raffinierte, weil thematisch motivierte Weise nahe.

[13] Die Tatsache, daß Singvogelfang heutzutage in unserem Kulturraum geächtet ist, macht natürlich schon den ersten Vers verdächtig – Kinderverse aus dem letzten Jahrhundert könnten aber so anfangen.

Gedicht *Durch!* – aus religösen Gründen suspekt ist.[14] Die Müller-Parodie der letzten zwei Verse nimmt diesen „poetischen Aufschwung" jedoch sogleich zurück, indem sie die sprachliche Realisation als geborgt kennzeichnet, die Erfahrung aber als schlicht unmöglich. Der Konjunktiv „müßt" ist ein Irrealis. Opfer der Parodie ist damit weniger der Dichter Müller (oder die Romantiker insgesamt) als vielmehr das „ich" des Gedichtes selbst, das sich in seinem gescheiterten, gewaltsamen Versuch, sich ein traditionelles Dichtertum zu erschreiben, gleichsam mit fremden Federn geschmückt hat – Parodie als Desillusionierung.

Jandls Gedicht *der wahre vogel* handelt also von der Unmöglichkeit, auf überkommene Weise Dichter zu sein, indem es Schritt für Schritt die Möglichkeiten bildlichen, dichterischen Sprechens dekonstruiert, wozu es als „background-struktur"[15] eben jene poetischen Traditionen zitiert, gegen die es sich mit den sprachlichen Mitteln des „Primitivismus" wehrt, ohne ihnen entrinnen zu können.

So scheint denn Jandls Verhältnis zur Literaturgeschichte ein paradoxes zu sein: Einerseits ist sie abzuwehren, weil sie ein dichterisches „Zu-sich-selbst-kommen" – es sei denn in der Parodie – verhindert, andererseits kann Dichtung ohne sie überhaupt nicht gedacht, geschweige denn geschrieben werden.

Daß dieser Befund nicht nur für das Gedicht *der wahre vogel* gilt, sei mit einem weiteren, vielleicht komplementär zu nennenden Text aus dem gleichen Band illustriert. Diesmal rückt Jandl dem Problem der Tradition nicht mit der Schere, sondern mit dem Messer zu Leibe:

schweizer armeemesser

warum so viele tage, wenn
so wenig ich erinnern kann
von ihnen allen. krachend schlagen
die türen zu, o du gnadenloser
sturm. meine sittiche
flattern schreiend um meinen kopf
und ich perforiere
mit meinem schweizer armeemesser
die blinde haut der vorfahren
die sich über meine zuckende
gestalt will wickeln,
daß meinen augen doch
noch bleibe ein loch, um hinaus
aus dem schrecken zu gucken
in die ewige finsternis (II, 561)

---

[14] Vgl. z. B. Friedrich Schlegel: Philosophie der Sprache und des Wortes. In: Kritische Friedrich-Schlegel-Ausgabe. Bd. 10. Hg. v. Ernst Behler. Paderborn u. a. 1967. Besonders S. 396ff.

[15] Das Wort stammt aus dem titelgebenden Gedicht des Bandes, selbstporträt des schachspielers als trinkende uhr, 24. juli 1980: „so errichte er/ die background-struktur/ für sein heutiges gedicht." (II, 593)

Statt mit einem Experiment „kindlicher“ Weltsicht beginnt dieser Text mit einer fortgeschrittenes Alter voraussetzenden Reflexion über die Vergänglichkeit, allerdings nicht als bloße Wiederholung eines klischeehaften „Owê war sint verswunden alliu mîniu jâr“. Diese Klage bedarf ja gerade des Erinnerungsvermögens, das zwischen Einst und Jetzt zu unterscheiden vermag, und bildet gewöhnlich den Auftakt für Betrachtungen über den „Sinn des Lebens“. Jandls lakonische erste Verse verweigern diese Fortsetzung, denn die Frage nach dem „warum“ ist – der Punkt am Ende zeigt es an – rhetorischer Natur. Wer die eigene Biographie nicht (mehr) überblickt, kann sie gar nicht als sinnhaft erfahren, mehr noch – mit der eigenen Geschichte wird auch die gesamte Außenwelt unzugänglich: „krachend schlagen / die türen zu“. Daß der Sprecher, dem dieser Ich- und Weltverlust widerfährt, ein Dichter ist, wird spätestens deutlich, wenn er dessen Ursache durch eine emphatische rhetorische Figur benennt: „o du gnadenloser sturm.“ Es ist die allesverschlingende Zeit[16] selber, *tempus edax rerum*, der diese Apostrophe gilt, mit der Metrum und Ton des Gedichtes wechseln. Die deutlich durch den Aufeinanderprall zweier Hebungen markierte Zäsur im vierten Vers bildet das Zuschlagen der Türen metrisch ab und leitet zugleich eine Kette verstörender Bilder ein, die den in seiner „Innenwelt“ gefangenen Sprecher im wahrsten Sinne des Wortes „verwickelt“ zeigen in einen Kampf mit der Zeit. Als Chiffren einer bis zum existenzbedrohenden „schrecken“ außer Kontrolle geratenen Zeit, der das eigene Tun hilflos leidend unterworfen ist, lassen sich die intensiven Verben „zucken“ und „flattern schreiend“ lesen. Da der „sittich“ bekanntlich

> redet wie ein Mensch, und ist höchst wunderbar zu hören, wie manche von ihnen lieblich plaudern mit menschlicher Rede, und kaum magst du ihr Gespräch unterscheiden von dem eines Menschen,[17]

handelt es sich höchstens in zweiter Linie um das skurrile Bild eines aus den Fugen geratenen Kleinbürgerhaushalts. Vielmehr deutet das Schreien der Sittiche auf den Verlust der geordneten, die Zeit strukturierenden Rede, und das Gedicht belegt dies durch den metrischen Befund: Ab dem Wort „gnadenloser“, das auf der dritten Silbe nur noch einen Nebenton besitzt, wird das bis dahin streng alternierende Schema aufgegeben, und die Zahl der Senkungen steigt, deutlich erkennbar an (auch inhaltlichen Schlüssel-)Wörtern wie „armeemesser“, „vorfahren“, „zuckende“, „finsternis“. Die Bedrohung durch die Zeit spricht sich am deutlichsten aus im agressiv-körperlichen Bild der Usurpation des Eigenen durch die Macht des Gewesenen. Das in den ersten Versen seiner individuellen Biographie und damit seines individuellen Zugangs zur Welt entkleidete, „nackte Ich“ ist wie alle, die vor ihm waren. Der „Triumph“ der Zeit würde es „in die blinde haut der vorfahren ... wickeln“ wie in ein Lei-

[16] Der letzte Vers des Gedichtes Weihnachten von Eichendorff lautet: „O du gnadenreiche Zeit!“ (Eichendorff (Anm. 4), S. 383). Vielleicht eine bewußte Kontrafaktur?

[17] Der Physiologus. Übertragen und erläutert von Otto Seel. Zürich und München. 1960. S. 50f.

chentuch. Nach den Regeln der traditionellen religiösen Allegorie bricht – siehe Petrarcas *Trionfi* – nur die „Ewigkeit“ die Macht der Zeit,[18] weshalb ganz folgerichtig das Gedicht sein Ziel findet in der atheistisch-nihilistischen Version dieser Vorstellung, der „ewige[n] finsternis“. Das Mittel, mit dem der Sprecher diesen Ausweg aus der gleichmacherischen Zeit gewinnen will, ist allerdings ein paradoxes. Daß Sprache, Dichtertum im weitesten Sinne, von den „vorfahren“ kaum befreien kann, ist ja auch Thema des Gedichts *der wahre vogel*. Hier wie dort bleibt nur körperliche Aktion. Indem der Sprecher „die blinde haut der vorfahren“ (blind, weil die „vorfahren“ den Blick auf die „finsternis“ beispielsweise durch „Transzendenzlyrik“ à la Eichendorff verschleiern) mit dem modernen Universal-Schneidewerkzeug, dem berühmten „schweizer armeemesser“ zerstört (unzufälligerweise hat die Zerstörung des Bildträgers in der modernen Malerei Tradition!),[19] macht er sich seinerseits zum Instrument der Vergänglichkeit, usurpiert also – eine Funktion der Zeit, zu deren traditionellen Attributen als „Vater Chronos“ Schneidewerkzeuge wie Sichel und Sense gehören.[20] Kurz gesagt: Auch dieses Gedicht macht sich, wie *der wahre vogel*, Traditionen des bildlichen Sprechens zu eigen, um Traditionen bildlichen Sprechens zu destruieren. Auch seine Struktur ist paradox-aporetisch:[21] Die eigene Zeit, die eigene Sprache wird zunichte an überliefert-ewiger Zeit und Rede, und eben dieser Sachverhalt wird zur Bedingung des eigenen Sprechens, zur Bedingung des Gedichtes *schweizer armeemesser*. Jandls Lyrik erweist sich einmal mehr – wie soll man es anders nennen – als tragisch-heroisches Sprechen im Angesicht der Entfremdung jeder Rede.

Allerdings ist eine wie auch immer geartete „parodistische“ Struktur des Gedichtes *schweizer armeemesser* – anders als bei *der wahre vogel* – auf den ersten Blick nicht auszumachen. Dennoch sei es mit einem Text konfrontiert, der als eine Art historisches Bindeglied fungieren soll zwischen der fernen Sprache Eichendorffs und der zeitgenössischen Not Ernst Jandls. Es handelt sich um Rainer Maria Rilkes Gedicht *Am Rande der Nacht* (in: *Das Buch der Bilder. Des ersten Buches zweiter Teil*):

---

[18] Die Ausführungen zur Allegorie der Zeit stützen sich sämtlich auf das Kapitel „Vater Chronos“ in: Erwin Panofsky: Studien zur Ikonologie. Übersetzt von Dieter Schwarz. Köln 1980. S. 109-152. Zu Petrarcas Trionfi siehe besonders S. 116f.

[19] Gibt man eine poetologische Lesart des Textes einmal zu – ist es dann abwegig, bei „haut“ an „Pergament“ zu denken, zumal „perforieren“ eine Tätigkeit ist, die sich zwangloser auf „Papier“ als auf „Haut“ beziehen läßt?

[20] Vgl. Anm. 17.

[21] Daß „erinnern“ ein aporetischer Akt ist, spielen alle Gedichte im Umkreis der hier diskutierten durch. Dem schweizer armeemesser geht das Gedicht alles erinnern voraus: „er sich erinnere/ an was nicht sei/ keinen namen habe/ keine gestalt/ daher so gut wie jeden/ namen so gut wie jede/ gestalt annehmen könne“. Die Gedichte alles erinnern, schweizer armeemesser, morgen erinnern, kurzschwert,römisch, erkenntnis und vorstellung, der wahre vogel und schließlich das wappen (II, S. 560-567) bilden in diesem Sinne einen Zyklus, zu dessen vollständiger Interpretation dieser Aufsatz nur Prolegomena liefern kann.

Meine Stube und diese Weite,
wach über nachtendem Land,-
ist Eines. Ich bin eine Saite,
über rauschende breite
Resonanzen gespannt.

Die Dinge sind Geigenleiber,
von murrendem Dunkel voll;
drin träumt das Weinen der Weiber,
drin rührt sich im Schlafe der Groll
ganzer Geschlechter.....
Ich soll
silbern erzittern: dann wird
Alles unter mir leben,
und was in den Dingen irrt,
wird nach dem Lichte streben,
das von meinem tanzenden Tone,
um welchen der Himmel wellt,
durch schmale, schmachtende Spalten
in die alten
Abgründe ohne
Ende fällt...[22]

Es erscheint durchaus möglich, *schweizer armeemesser* als Kontrafaktur zu *Am Rande der Nacht* zu lesen, wobei es von Belang ist, daß Rilkes Gedicht seinerseits auf eine lange Tradition lyrischen Sprechens reagiert. Paul de Man formuliert in seiner Interpretation des Gedichtes[23] diesen Sachverhalt so:

> Einem Leser, der romantische und post-romantische Dichtung gewohnt ist, kommt diese Art von Gedicht sehr vertraut vor, sowohl durch das, was es behauptet, als auch durch die Gegensatzpaare, die es ins Spiel bringt. Es versucht, die Synthese, die Einheit von einem Bewußtsein mit seinen Objekten, zu evozieren und zu erreichen mit Hilfe eines expressiven Aktes, der von innen nach außen gerichtet ist, der diese Synthese herbeiführt und besiegelt.[24]

Möglich wird dieses synthetische Spiel bei Rilke durch die einleitende affirmative Aufhebung eines Gegensatzes. „Stube“ und „Weite“ sind eins, und unter dieser Voraussetzung kann das Gedicht in der Metapher des Musikinstrumentes das All, die Dinge und das sprechende (singende, tönende?) Ich für den Augenblick des Gedichtes zu einer prekären Sphärenharmonie über den „alten Abgründen“ zusammenklingen lassen. Das sprechende Ich erfährt diesen Vorgang durchaus als eine Überwältigung, als ein ihm aufgegebenes „Ich soll...“, das sich an ihm vollziehen wird. Aus einem gleichermaßen chaotischen wie vorsprachlich-unartikulierten Weltzustand – markiert durch Wörter wie „mur-

---

[22] Rainer Maria Rilke: Werke Band I.1. Gedicht-Zyklen. Frankfurt/M. 1980. S. 157.
[23] Paul de Man: Allegorien des Lesens. Aus dem Amerikanischen von Werner Hamacher und Peter Krumme. Frankfurt/M. 1988. S. 65-71. Was im folgenden zu Rilkes Gedicht gesagt wird, beruht auf dieser Interpretation.
[24] Ebd. S. 66.

ren", „weinen", „träumen", „irren", – entsteht für den Augenblick der Artikulation, dem das „Ich" als Geigensaite lediglich passives Instrument ist, die Ordnung einer gerichteten Bewegung. Dieses „Streben" findet jedoch kein Ziel außerhalb der Artikulation selbst. Nur um den „tanzenden Ton" erscheint die Welt als (rhythmisch) gegliederter Kosmos, als „Himmel", der sich „wellt". Die „alten Abgründe" sind durch das „Instrument" der Dichtersprache nicht zu überwinden, nur zu „benennen".

Jandls Gedicht widerspricht selbst dieser sehr transitorischen Synthese von Ich und Welt im Dichterwort emphatisch, indem es statt jeglicher Entgrenzung nur das andere Extrem gelten lassen will. Schrittweise „schlagen die Türen zu", der Erfahrungsraum des Sprechers ist schließlich ganz auf die eigene „gestalt" reduziert. Nicht „rauschende breite/ Resonanzen" erfährt er, sondern „gnadenlose[n] Sturm", dem „tanzenden Tone" entspricht Mißlaut („meine Sittiche/ flattern schreiend"), und die preziöse Wendung vom „silbern erzittern" erscheint in der Karikatur der arhythmisch „zuckende[n] gestalt". Fast genau folgt Jandls Text, das traditionelle Geschehen der überwältigenden Inspiration in eine Notwehrsituation gegen „fremde Rede" übersetzend, zerstörerisch-polemisch der Argumentation des Rilke-Gedichtes bis zum quasi-identischen Schluß. Die durch die aufdringliche Alliteration sprachlich „überinstrumentierte" Wendung „schmale, schmachtende Spalten" wird auf das reduziert, was jedes Schalloch einer Geige eben auch ist: „ein Loch". Systematisch wird die Euphonie Rilkes in dieser Formulierung zum Schweigen gebracht, wie überhaupt vor der klanglichen Metaphorik des Rilke-Textes Jandl verstummt: Sein Gedicht handelt vom Sehen, genauer gesagt von einem körperlich-banalen „gucken" als letztem Akt einer schweigenden, jeden Einklang mit den „Dingen" verweigernden Selbstbehauptung angesichts der „ewige[n] finsternis". Auch die beschnittene Amsel aus *der wahre vogel* ist ja – anders als Eichendorffs Lerchen – stumm, das Gedicht ein Experiment in der Transzendierung des Gesichtssinnes: „bis ich sie nicht mehr sehe..." Die Formulierung „blinde haut der vorfahren" schafft vor diesem Hintergrund eine subtile Korrespondenz zwischen beiden Texten: Wer sich den „vorfahren" und ihrer Sprache – und sei es im verzweifelten Experiment – anvertraut wie der Sprecher von *der wahre vogel*, der verliert den eigenen Blick auf die Welt und erblindet. Daß der Griff zum Schneidewerkzeug, der in *schweizer armeemesser* Befreiung zu versprechen scheint („daß meinen augen doch/ noch bleibe ein loch"), in *der wahre vogel* zur vergeblichen Wiederholung tradierter literarischer Muster führt, betont noch einmal die aporetische Struktur Jandelschen Schreibens. Gewiß, sein Gedicht ist sein Messer,[25] also ein Instrument der Zerstörung, der Unterbrechung des Zeit-Kontinuums sozusagen, nicht des

[25] Vgl. die von Hans Bender herausgegebene Anthologie Mein Gedicht ist mein Messer (Heidelberg 1955 und öfter). Nicht nur spaßeshalber sei auf den Umstand verwiesen, daß im Werk Paul Celans, der eine Teilnahme an dieser Anthologie bekanntlich ablehnte, eine „beschädigte" Amsel als gültiges Zeichen der Poesie existiert – ihr fehlt allerdings kein Bein, sondern ein Flügel: „ANREDSAM/ war die ein-/ flüglig schwebende Amsel,/ über der Brandmauer, hinter/ Paris, droben,/ im/ Gedicht." (Paul Celan: Werke in fünf Bänden. Frankfurt/M. 1983. Bd. 2. S. 298, Bd. 3. S. 177f.)

Einklanges wie Rilkes Musik-Instrument. Doch ist in dieser Funktion die Sprache der Lyrik ambivalent; indem sie – wie beispielsweise im folgenden Gedicht – das Kontinuum des unentrinnbar banalen Lebensvollzuges unterbricht, konserviert sie diesen zugleich, gibt ihm einerseits seine Berechtigung und Würde, verweist ihn aber andererseits in die tote Sphäre austauschbarer Musealität. Zwischen dem modernen *schweizer armeemesser* und etwa einem römischen Kurzschwert kann kaum noch unterschieden werden:

kurzschwert, römisch

daß nach zerschneiden
den verfaulten apfel
er in den küchenmüll
versenkt und diesen
zwei stockwerk tief
zur müllkammer des hauses
getragen habe, und er dies
niedergeschrieben habe
nach dem werk mit dem
apfel, doch erst dann
das weitere getan (II, S. 564)

Wer sich die eigene Zeit und die eigene Biographie erschreiben will wie in diesem Gedicht, dessen Zeit gerät aus den Fugen. Die winzige Zeitverschiebung, die darin besteht, daß sich der Dichter in einem scheinbaren Akt der Freiheit seine Handlungen im wahrsten Sinne des Wortes selbst „vorschreibt", entfremdet zugleich den Schreibenden sogar der eigenen unmittelbaren Vergangenheit: Gerade eben hat er einen Apfel zerschnitten, doch nun, auf dem Papier, ist der Vorgang in der „mittelbaren" Redeform des Konjunktivs so fern wie das Museumsstück einer fremden Epoche, das deshalb nur scheinbar unmotiviert als Titel über den Text montiert[26] werden kann.

Wenn ein Gedicht gleichsam unvermittelt ein antikes Schneidewerkzeug zum Titel hat, illustriert das noch einmal die poetologische Bedeutsamkeit des Bildfeldes „Messer" für die hier in Rede stehenden Texte Ernst Jandls. Parodie, Montage, „verstümmelte" Sprache sind ihre Waffen, den aus der Kulturgeschichte überkommenen Sprach- und Denkmustern eine eigene Sprache abzuringen. Daß und wie dieser Entstehungsvorgang des Jandlschen Idioms in den Texten selbst auf subtile Weise ausgebreitet und problematisiert wird und die „background-struktur" der Tradition aus ihnen präzise und ausführlich zu

[26] Vgl. zur Technik der Montage bei Ernst Jandl z. B. Karl Riha: Cross-Reading und Cross-Talking. Materialien zu einer satirischen Technik. In: ders.: Prämoderne – Moderne – Postmoderne. Frankfurt/M. 1995. S. 51-89. Besonders S. 78ff. Riha situiert hier Jandls Variante dieser Technik in der Tradition der Moderne und bemerkt unter anderem: „[...]vor allem die Lyrik des Wieners Ernst Jandl stellt sich als eine raffinierte Reprise, geradezu als ein >Musterbuch< moderner Textverfahren seit 1900 dar." (S. 78) Dem wäre nach dem bisher Gesagten wohl hinzuzufügen, daß das „Musterbuch" auch die „vormodernen" Textverfahren auf raffinierte Weise verzeichnet.

rekonstruieren ist, mag einigen Lesern Jandls, unter anderen dem hier schreibenden, Indiz für den Rang dieser Dichtung sein, der den Schock-Effekt der ersten Lektüre weit hinter sich läßt.

Abb. 1
Achim von Arnim-Bärwalde (1848-1891)
Supraporta „Daz haus Wiepersdorff vom Morgen.
Anno Dom. 1784“

Vom Enkel, einzigem Nachkommen von Freimund, des ersten Sohnes von Ludwig Achim von Arnim und Bettina, wohl nach 1876 nach nicht erhaltener Vorlage gemalt. Von Angelika Fischer, Berlin, photographiert.

Klaus Manger

SARAH KIRSCHS „WIEPERSDORF“

oh schöne Messingzeit! P. H. N.

Die elf unter dem Titel *Wiepersdorf* versammelten Gedichte veröffentlichte Sarah Kirsch in dem 1976 im Aufbau Verlag erschienenen Band *Rückenwind*, der im Jahr darauf, 1977, auch bei Langewiesche-Brandt erschien. Im selben Jahr siedelte, wenn das angesichts der kyrillisch beschrifteten Kisten, auf denen sie damals saß, das richtige Wort ist, siedelte also Sarah Kirsch von Berlin-Ost nach Berlin-West um.[1] Es wird bald die Jugend geben, die fragen wird, was da eigentlich dabei sei, die das Problem der Spaltung schon kaum mehr verstehen wird können. Wurde mit der Umsiedlung, mit der Übernahme in einen Westverlag der Wiepersdorf-Zyklus ein westdeutscher Zyklus? So ungern ich von österreichischer oder schweizer Literatur spreche, so ungern möchte ich diesen Zyklus einer solchen Ost-West-Zerreißprobe unterwerfen. Und ich glaube, er wehrt sich selbst gegen die Spaltung, weil er ihrer schmerzlich elegisch eingedenk ist. Als 1977 gewissermaßen die Hinterlassenschaft, ein Nachlaß bei Lebzeiten, von Sarah Kirsch, ihre *Musik auf dem Wasser*, bei Reclam Leipzig erschien, da beschränkte sich die Auswahl auf die Gedichte 2, 3, 4, 6, 8, 10, also auf sechs von elf. Es ist unfaßlich – ohne daß ich weiß, wer das für die 6000er Auflage zu verantworten hatte –, daß Gedichte daraus fehlen, und noch unfaßlicher, daß, da der Zusammenhang der Gedichte verlorenging, dabei sogar die Leseanweisung unterschlagen wurde.[2]

Als diese Leseanweisung verstehe ich das Eröffnungsgedicht, das ich weder als Motto noch als Vignette, sondern als den übrigen gleichrangig als

---

[1] Sarah Kirsch gehörte zu den Unterzeichnern des Protestbriefes gegen die Ausbürgerung Wolf Biermanns am 16. November 1976. Daraufhin wurde sie aus dem DDR-Schriftstellerverband und aus der SED ausgeschlossen. Nachdem sie den Ausreiseantrag gestellt hatte, siedelte sie am 28. August 1977 um. Vgl. das Gedicht *Umzug in die Stadt*, November 1977, ihr zweiter Text aus Westberlin nach *Der Rest des Fadens*. In: Sarah Kirsch: Drachensteigen. Ebenhausen bei München 1979. S. 16. Dazu die Photographie von Roger Melis: Berlin-Berlin. Schriftstellerporträts aus dreißig Jahren. Mit einer Einführung von Klaus Völker. Zusammengestellt und mit einem Nachwort versehen von Michael Davidis. Marbach am Neckar 1992. S. 73.

[2] Besorgt worden ist die Auswahl von Elke Erb, die den Band herausgegeben hat. Sarah Kirsch hatte an der Auswahl selbst keinen Anteil (Brief vom 25. Juli 1995).

Prolog oder, episch gemessen, als Prooimion erkenne. Mit dem letzten des Zyklus verbindet es die eigene Überschrift. Wie das erste *Wiepersdorf 1* heißt, heißt das letzte *11 Männliches Steinbild im Park*. Zugleich aber lassen sich die Zahlen gemäß der Eröffnung *Wiepersdorf 1* auch lesen als Wiepersdorf 2, 3 usw. Wir haben auf diese Weise folglich eine Reihe von zehn Gedichten, die ein elftes, immer noch unter dem Haupttitel, doch nochmals mit eigener Überschrift, schließt. Vielleicht fassen wir es aufgrund dieser Vorüberlegungen zu Recht als Epilog. Wenn ich bereits vorgreife und die elf Gedichte einen Zyklus nenne, so arbeite ich mit einer vorläufigen Unterstellung, beispielsweise wie Christine Cosentino (1990),[3] wie Christof Wingertszahn (1993).[4] Karl Corino sprach schon 1977 vom „vielleicht schönsten Zyklus der deutschen Nachkriegsliteratur".[5] Doch auch vor Enthusiasmus ist Arbeit gesetzt. Bevor wir hier werten wollen, müssen wir Kriterien finden, die eine Wertung erlauben. Aber soweit müssen wir auch noch gar nicht gehen, wenn wir die Gedichte nur erst kennenlernen und verstehen wollen. Denn aus diesem Versuch, sie zu verstehen, erwächst, denke ich, auch ihre Bewertung wie von selbst.

Ich sage, der Prolog beinhalte eine Leseanweisung. Da steht:

Wiepersdorf 1

Hier ist das Versmaß elegisch
Das Tempus Praeteritum
Eine hübsche blaßrosa Melancholia
Durch die geschorenen Hecken gewebt

Das Gedicht macht vier Aussagen unter dem vorausgesetzten „Hier ist". Denn es gibt Ort, Zeit, Versmaß und Ton oder Stimmung vor. Der Zeilenstil gliedert drei Satzaussagen, gestaltet aus dem Kontinuum eines Satzes heraus, der in die Kontinua von vier Versen entfaltet ist. Damit nehme ich die Beschreibung auf, die Friedrich Georg Jünger als Reiz des Versdichters, eine Erschwernis, aber auch Erweiterung und Vertiefung der Aussage, begreift, da er vom „doppelten *continuum*" von Vers und Satz spricht.[6] Also haben wir einen Satz in vier Versen. In Wiepersdorf 2, so fragt im Schülergespräch eine Schülerin, habe Sarah Kirsch mitten im Wort die Zeile gewechselt. Und die Dichterin gibt zur Antwort: „Da ist es gemacht, damit es noch mehr strömt: ‚... ließen herab / strömen'. Wenn man eine neue Zeile

---

[3] Christine Cosentino: „Ein Spiegel mit mir darin". Sarah Kirschs Lyrik. Tübingen 1990. S. 90-97: „Wiepersdorf"-Zyklus.

[4] Christof Wingertszahn: Zwischen Göttern und Zwergen. Sarah Kirschs elegischer Gedichtzyklus „Wiepersdorf". In: >Wir wissen ja nicht, was gilt<. Interpretationen zur deutschsprachigen Lyrik des 20. Jahrhunderts. Hg. v. Reiner Marx und Christoph Weiß. St. Ingbert ^{2}1995. S. 124-140.

[5] Karl Corino: „Hübsche blaßrosa Melancholia". Zum Wiepersdorf-Zyklus der Sarah Kirsch, in: Deutsche Zeitung vom 21. Oktober 1977.

[6] Friedrich Georg Jünger: Rhythmus und Sprache im deutschen Gedicht. Stuttgart 1952. S. 11.

anfängt, atmet man neu und dann regnet es noch mehr. [...] Es ist so gedacht ‚ließen herab' neu atmen ‚strömen' und dann prasselt der Regen so richtig."[7] Enjambements entspringen also rhythmischen Überlegungen, die Zeitmaß und Tempo bedenken. Diese Rhythmisierung, das Sprechen beziehungsweise Anordnen in Versen, dient zugleich als Leseanleitung. „Es soll immer ein bißchen atemlos sein, deshalb sind auch wenig Zeichen gesetzt."[8] Den Ort bestimmt das „Hier", das mehrfach wiederkehrt in diesen Gedichten und das am Anfang unverkennbar das „Wiepersdorf" aus dem Titel aufnimmt. Also hier, in den unter *Wiepersdorf* versammelten Gedichten, so die generalisierende Aussage, ist „das Versmaß elegisch / Das Tempus Praeteritum / Eine hübsche blaßrosa Melancholia / Durch die geschorenen Hecken gewebt". Nun spricht das Gedicht im Praesens, behauptet aber, Tempus sei Praeteritum. So fügt sich zu der Ortsangabe „Hier" äquivalent die Zeitangabe, ein implizites ‚jetzt' (wie in Wiepersdorf 6), aus dessen Position heraus die Vergangenheit heraufgerufen, erinnert, wenn nicht beschworen wird. Wie aber der Ort „Hier" auf den historischen *und* poetischen Ort weist, den Ort in der Mark *und* den Ort dieser Gedichte, so weist die temporale Vergegenwärtigung zugleich auf die Vergangenheit. Im Epilog werden wir gar ausblickend auf Zukunft gelenkt. Die Vergangenheit, die sich mit Wiepersdorf verbindet, ist aber für den Leser nicht nur diejenige, die sich mit dem historischen Ort verbindet und derer im Fortgang der Gedichte gedacht wird. Sie ist auch die vergangene Entstehungszeit der Gedichte, die mit einem Besuch des Ortes verknüpft ist, als Sarah Kirsch im Mai 1973 sich auf dem alten Gut aufhielt[9] und hier die Schatten der Vergangenheit beschwor. Mit dem Titel eines früheren Gedichts, das einem Band (1967/1977) den Namen gab, war auch „Wiepersdorf" ein *Landaufenthalt*. Das ehemalige Landgut der von Arnims war zu DDR-Zeiten ein Schriftstellererholungsheim. Heute ist es ein Künstlerhaus.[10] Es lag nahe, daß sich Sarah Kirsch

---

[7] Ein Gespräch mit Schülern. In: Sarah Kirsch: Erklärung einiger Dinge (Dokumente und Bilder). Ebenhausen bei München 1978. S. 5-51. Hier S. 6f.

[8] Ebd., S. 7.

[9] Vgl. das Postscriptum sowie Sarah Kirsch: Geschenk des Himmels. In: Annette von Droste-Hülshoff. Ausgewählt von Sarah Kirsch. Köln 1986. S. 9. Vgl. Wingertszahn (Anm. 4), S. 126f.
Christoph Perels belegt eindrucksvoll, wie Wiepersdorf, seit Eberhard Meckel (der Vater von Christoph Meckel), Günter Eich und Peter Huchel 1935 eine Fahrt dorthin unternommen hatten, zu einem Wallfahrtsort der Poesie wurde. Vgl. Christoph Perels: Bettines Gegenwärtigkeit in der Poesie des 20. Jahrhunderts. In: Herzhaft in die Dornen der Zeit greifen... Bettine von Arnim 1785-1859. Katalog der Ausstellung im Freien Deutschen Hochstift. Hg. v. Christoph Perels. Frankfurt am Main 1985. S. 281-293. Hier S. 287f. Günter Eich faßt Wiepersdorf auf als eines der *Abgelegenen Gehöfte* (1948), voller Naturgegenwart, elegisch, melancholisch, mit Unken und Krähen, wie Peter Huchel in *Gedichte* (1948) auch. Vgl. außerdem Sarah Kirschs märkischen Zyklus *Reisezehrung 1-8*. In: S. K.: Erdreich. Gedichte. Stuttgart 1982. S. 37-44, vor allem 6 und 7: „Die Schatten der Freunde / Zerstreuten sich in alle vier Winde." (S. 43)

[10] Zuletzt dazu: Schlösser und Gärten der Mark: Wiepersdorf. Hg. v. Freundeskreis Schlösser und Gärten der Mark. Berlin 1991. Vgl. Wingertszahn (Anm. 4), S. 137 Anm. 3. Jürgen Barber: Bettine von Arnim (1785-1859) zu Wiepersdorf. Aus Briefen. Frankfurter Buntbü-

dort ihrer Schriftstellerkollegin Bettine von Arnim erinnerte, die schon zwischen 1814 und 1816 mit ihren Kindern (zwischen 1812 und 1827 sieben) auf dem Gut lebte und dann nach Berlin zog, von wo aus sie von Zeit zu Zeit sich nach Wiepersdorf zurückzog, um an ihren Büchern zu arbeiten. In den Augenblick des Erinnerns hinein überlagert sich, was beide verbindet; somit erscheinen unter dem Namen des Gutes auch Reminiszenzen, die in Wirklichkeit nicht mehr daran gebunden waren. Die Gedichte bilden also keine Chronik.

Nach den Bestimmungen von Ort und Zeit seien noch wenige Andeutungen zum ‚elegischen' Versmaß und zur Melancholia gegeben. Die freirhythmische Anordnung von Versen, wie sie Sarah Kirsch im Gespräch mit Schülern vertritt, wehrt sich gegen die streng elegische Form von Distichen. Doch haben wir Anklänge an das getragene Sprechen der Elegie etwa in Wiepersdorf 2 oder 5. Darüber hinaus läßt sich ‚elegisch' freilich auch als Klageton ob einer durch Panzer gestörten Idylle verstehen (Wiepersdorf 6) und obendrein gattungstypologisch begreifen. So sind ja mit Orten verbundene Elegien etwa die *Römischen Elegien* Goethes, die *Duineser Elegien* Rilkes oder die das Bukolische miteinbeziehenden *Buckower Elegien* Brechts. In *Allerlei-Rauh*, der autobiographischen Chronik von 1988, spricht Sarah Kirsch von „Mecklenburger Elegien".[11] Die Gattungstradition, denke ich, sollte man nicht außer acht lassen. Und die „hübsche blaßrosa Melancholia", die hier noch kaum näher als vielleicht aus an Gegenwart gebrochener Erinnerung resultierende Wehmut erscheint, ist der Doppelbödigkeit des Ortes gemäß sowohl der französischen Gartenkunst geschorener Hecken (vgl. Abb. 2) verbunden[12] wie in die deutsche Verskunst als *textum* gewoben. Insgesamt bemerken wir eine „elegische Verfremdung",[13] die zu kritischer Auseinandersetzung mit Vergangenheit und Gegenwart herausfordert. In allen folgenden zehn Gedichten spricht ein lyrisches Ich, nur in diesem Prolog nicht. Nun könnten wir freilich sagen, es sei diesem „Hier" implizit.[14] Irgendeine Person muß doch hier sprechen. Da aber das Ich hier noch nicht

cher 7. Frankfurt an der Oder 1992. Hartwig Schultz: Erinnerungsstätte Achim und Bettina von Arnim im Künstlerhaus Schloß Wiepersdorf. Hg. v. Künstlerhaus Schloß Wiepersdorf und dem Freundeskreis Schloß Wiepersdorf 1993.

[11] Sarah Kirsch: Allerlei-Rauh. Eine Chronik. Stuttgart 1988. S. 58.

[12] Wingertszahn (Anm. 4, S. 135) denkt an „Kunstregulierungen der DDR-Parteiästhetik". Die ‚hübsche Blume' Melancholie trage der auf dem VII. Deutschen Schriftstellerkongreß 1973 proklamierten neuen „Vielfalt" auch in der DDR-Literatur Rechnung. Zudem scheine der Zyklus auch die Tragweite des kulturpolitisch propagierten „offenen" Meinungsaustauschs über die literarische Darstellung der Wirklichkeit ausloten zu wollen. Vgl. Birgit Lermen, Matthias Loewen: Lyrik aus der DDR. Exemplarische Analysen. Paderborn 1987. S. 31.

[13] Bernhard Böschenstein: Zwiegespräche im Widerruf. Rückblick auf die deutsche Lyrik der Moderne. In: Wo wir stehen. Dreißig Beiträge zur Kultur der Moderne. Hg. v. Martin Meyer. München, Zürich 1988. S. 100. Vgl. *Elegie 1/2* in: Sarah Kirsch: Zaubersprüche. Berlin, Weimar 1973. S. 23/24. *Eisland*. In: Sarah Kirsch: Erlkönigs Tochter. Stuttgart 1992. S. 10: „Elegien schreiben Landes Dichter o / Sommer so kurz so betrunken und aus."

[14] Vgl. das Gedicht *Hier* im selben Band *Rückenwind* (1977, S. 69), in dem auch der Zyklus steht: „Schönaug Hoffnung sind deine Namen / Schon wieder mein Meer weg das ferne / Erhabene Land setz doch den Fuß raus / Grenzepapiereachwas hier bin ich."

selbst in Erscheinung tritt, ist wohl um so nachdrücklicher gerechtfertigt, daß ich von Leseanweisung spreche. Der Eröffnung des Zyklus kommt so gewissermaßen der Rang einer Exposition zu. In Anlehnung daran will ich nach Ort, Zeit und Ich-Aussagen auch in den übrigen Gedichten fragen, um anschließend nochmals die Frage nach Elegie und Melancholie zu stellen.

2

Hinter Jüterbog öffneten sich
Der erste, der zweite Himmel, ließen herab-
Strömen, was sich gesammelt hat, siehe
Es wurde ein mächtiger blasenschlagender
Landregen draus, es goß sogar Schwefel.
Später in Wiepersdorf, als zwischen zwei
Windhosen die Möglichkeit war sich zu ergehen
Das liebe freie Land
Recht ins Auge zu fassen, war Freude
Freude. Die schönen Fenster im Malsaal
Öfters sechs mal vier kleine Scheiben, die Flügel
Von zierlichen Knebeln gehalten. Innen
Bizarres altes schlängelndes zipfelbemütztes
Kakteengewirr, außen
Maifrischer Park.
Die Steinbilder lächeln – ich ging
Gleich bis zum Zeus, der hielt den Blitz an der Stelle
Wo der Park mit dem Wald schläft. Englischer Rasen
Den bläuliches Waldgras verstrickt hat, es reckt
Noch ein Fliederbusch wirklich!
Vergißmeinnichtblaue Finger zum Himmel und
Selbstverständlich Unmassen Vögel ringsum
In Büsche und Bäume geworfen. Ich staunte
Vor Stunden noch enge im Hochhaus
In der verletzenden viereckigen Gegend, nun
Das – ich dachte bloß noch: Bettina! Hier
Hast du mit sieben Kindern gesessen, und wenn
Landregen abging
Muß es genauso geklappert haben Ende Mai
Auf die frischaufgespannten Blätter – ich sollte
Mal an den König schreiben

Tatsächlich wechselt das zweite Gedicht ins Praeteritum und markiert einen vergangenen Zeitverlauf: „Hinter Jüterbog öffneten sich" und „Später in Wiepersdorf". Es bedeutet Annäherung an den Ort und seine Geschichte. Aber was soll der erste, der zweite Himmel? Man verwies auf 2 Korinther 12, wo von den drei (bzw. mehr) Himmeln der Juden die Rede ist, Orten der Belohnung; „es goß sogar Schwefel" gemahnt jedoch über das biblische „siehe" hinaus alttestamentlich eher an Bestrafung, wie es angesichts von Sodom und Gomorrha Schwefel und Feuer regnet (1 Moses 19; Lukas 17, 29). Ist das nicht die Strafe für den in einen ersten und zweiten Himmel ‚geteilten Himmel' – in Anlehnung an Christa Wolfs Buch (zuerst 1963), als ein Schatten, im August 1961, über die Stadt gefallen war? Dieser geteilte Himmel wird zurückgelassen. Der Stadt, der geteilten, entkommen, bietet sich dann in Wiepersdorf, nach Regen und Sturm, die Aussicht auf „Das liebe freie Land". Lieb ist hier das Land und seine Freiheit.[15] Erst jetzt „war Freude / Freude": innen Kakteen, außen „Maifrischer Park". Das lyrische Ich ist angekommen. Zeitenthoben „lächeln" die Steinbilder, durativ präsentisch, als nun zum ersten Mal – im zentralen Vers dieses zweiten Gedichts – das lyrische Ich in Erscheinung tritt: „ich ging / Gleich bis zum Zeus". Jupiter tonans, der Donnerer Zeus, ist hier mythenbewußt blitzbewehrt. Und es scheint, als sei die erotische Konnotation des Gewitters miteinbezogen in diesen Ort der Freude, „Wo der Park mit dem Wald schläft". Rosen, Flieder, Vögel versetzen an einen Liebesort. Soeben war das lyrische Ich noch beengt im Hochhaus, in der Stadt; nun ist es in die offene Landschaft geraten: „öffneten sich [...] Himmel". Hier denkt es bloß noch „Bettina", erinnert sich ihrer Gegenwart mit sieben Kindern in Wiepersdorf, erneut das „Hier" des Anfangs aufgreifend, und bestätigt das Datum „Ende Mai" zu „Maifrischer Park". Der Leser sieht sich aus der Stadt mit in dieses Mailand versetzt. Die Öffnung hat sich unter dem mächtigen Landregen gewissermaßen kathartisch vollzogen. Und wem der auf die Blätter klappernde Regen als Katachrese, als störendes Bild, vorkommen mag, der sei daran erinnert, daß hier bereits das Schreibmaschinengeklapper auf die frisch aufgespannten Blätter eingesetzt hat, wie es im Gedicht *Kleine Adresse* in: *Gespräch mit dem Saurier* (1965) auch heißt: „Ach, warum bin ich Dichter, ackre den Wagen / der Schreibmaschine übers kleine Papierfeld". Wie schon Bettine von Arnims *Dies Buch gehört dem König* (1843) mahnt, sieht sich auch hier das Ich an den König zu schreiben gedrängt. Sarah Kirsch hat in ihrem Gespräch mit den Schülern erläutert, daß es um den politisch Verantwortlichen geht und es letztlich allgemeiner verständlich ist, wenn hier König, statt eines Staatsratsvorsitzenden, nicht nur als genauer Bezug, sondern auch als Kolorit stehenbleibt. Und was das Ich ihm schreiben sollte, kann sich doch nur implizit auf das Mißverhältnis von enger Stadt und freiem Land sowie auf den geteilten Himmel beziehen. Die Steinbilder lächeln, mit ihnen der Göttervater. Die Menschen aber, so meine kühne Folgerung, versteinern sie, wenn sie unlebendig werden? Dieses Bewegungsgedicht versetzt uns an den Ort, den die Überschrift verheißt. Es bedarf dieser Entfernung, dieser Distanz von der Stadt (wie schon bei Horaz)[16] nicht aus Motiven der Stadtflucht, sondern aus Gründen der Besinnung, um zu sich zu kommen. Wenn wir nun noch die Bewegung des lyrischen Ich verfolgen, läßt sich die Beobachtung bestätigen. „Ich ging / Gleich bis zum Zeus", „Ich

---

[15] Wingertszahn (Anm. 4, S. 136) erkennt hieraus ein freies Feld der Autonomie, die Möglichkeit natürlichen Schreibens in Opposition zu Formzwang und Repression („zierliche Knebel").

[16] Neben Horazens Sabinum wäre an Ciceros Tusculanum, Wielands Osmantinum, Arnims Wiepersdorf, Rilkes Duino, Brechts Buckow, Arno Schmidts Bargfeld oder Sarah Kirschs heutiges Tielenhemme zu denken.

staunte / Vor Stunden noch", – „nun / Das" und „Hier": „ich dachte bloß noch: / Bettina!" Schließlich: „ich sollte / Mal an den König schreiben".

Welchen Weg das Ich in der zweiten Hälfte des Gedichts in aller Konsequenz geht, wie sorgfältig dieser Weg auch bedacht und gekennzeichnet ist, wird in den drei Schritten deutlich, die jeweils mit einem Gedankenstrich markiert sind. „Ich staunte" ist bereits Erinnerung, liegt diesem Geschehen voraus. Jetzt aber vollzieht sich gleich im ersten Prozeß (von Vers 17 zu 26 zu 30) die Bewußtwerdung und Aktivierung der Dichterin und Schriftstellerin: „- ich ging [...] – dachte [...]- sollte schreiben."

3

Eine Bannmeile schöner frischer Wald
Mit Kuckucken Holztauben und Rotbrüstchen
Habe ich um mich gelegt: unempfindlich
Geh ich im Wind, und der trägt
Nicht einen Seufzer mir zu. Gepanzert
Und obendrein
Einen Minengürtel Einzelheiten
Zierlich drapiert will ich nun bleiben
Auf freiem Feld. Selbst wenn die harten
Hagelschläge mich treffen, der Donner.
Abends mal ich den Teufel noch schwärzer
Dreh Dornen in den Rosenkranz, jede
Verwünschung; und hoffe
So über den Winter zu kommen in diesem Frühjahr.

Der gewonnene Zufluchtsort liegt in der Natur: „Eine Bannmeile [...] Habe ich um mich gelegt". Das Perfekt besiegelt dies abgeschlossene Tun: das Resultat ist eine Gegenwart. Ich glaube nicht, daß es um ein Zeichen „hermetischer Abriegelung" geht.[17] Ziel ist ein Schutzort, wo das Ich sich nunmehr frei zu bewegen vermag. Unempfindlich geht es im Wind. Bedrohlichkeiten sind lediglich in „Gepanzert" und „Minengürtel" mitgedacht. Doch „zierlich drapiert" will das Ich nun bleiben „Auf freiem Feld". Es ist nicht das allzu voreilig assoziierte schlafende Dornröschen. Vielmehr wappnet dieses Ich sich gegen Hagelschlag und Donner, das Komplement zu

[17] Jürgen Egyptien: Im Park des Hermaphroditen. Sarah Kirschs ‚Wiepersdorf'-Zyklus. In: Text + Kritik. Heft 101: Sarah Kirsch. Hg. v. Heinz Ludwig Arnold. München 1989. S. 61-67. Hier S. 63. – Sonderbarerweise verknüpft der Autor ausgerechnet mit Sarah Kirschs Gedicht, das beispielsweise mit der alchemistischen Bedeutung des Hermaphroditen gar nichts im Sinn hat, sein normatives Verständnis von Literaturwissenschaft. In der Regel verlangt ein gegebener Sachverhalt nach einer wissenschaftlichen Fragestellung, nicht umgekehrt. Es geht nicht um Wissen, sondern um Verstehen. Hier werden jedoch der Dichterin „verschenkte Chancen" vorgehalten, weil sie die ziemlich an den Haaren herbeigezogene „intertextuelle Kommunikation" zwischen Jüterbog und der Zigeunerin im *Michael Kohlhaas* nicht nutze (ebd., S. 66). Ist es nicht so, daß die Dichter, statt irgendwelchen Erwartungen zu dienen, im allgemeinen nur zu dichten beabsichtigen?

Zeus' Blitzen, und wehrt sich mittels Dornen im Rosenkranz[18] und Verwünschungen. Mit solcher Zauberei hofft es zu überwintern – beispielsweise den Kalten Krieg, der herrscht, obschon es Mai und Frühjahr ist. Der Malsaal von Wiepersdorf 2 ist wohl der Ort, der jetzt dazu dient, den Teufel noch schwärzer zu malen. Die Bannmeile dient der Abwehr des Bösen. Das zuweilen berührte und auch nicht ganz unzutreffende märchenhafte Kolorit darf nicht darüber hinwegtäuschen, daß hier ein wehrbereites Ich zur Wahrung seiner selbst und zur Verwünschung des Bösen in der Lage ist. In dieser Bannmeile ist Gegenwart: geh ich – mal ich, im Wind, auf freiem Feld, Abends. Bettine schreibt ihrem Bruder Clemens Brentano im *Frühlingskranz* (1844) von ihrer „grünen Burg", wo sie ihren Brief fortsetzen will.[19] Das ist freilich ein folgenschwerer Hinweis, der uns der naiv immanenten Lektüre enthebt. Doch im Ernst wird keiner daran gezweifelt haben, daß natürlich die historische Zeit Bettines auch aus ihren eigenen Zeugnissen wenigstens ins Kolorit dieser Verse findet. In den folgenden Gedichten wäre es unmöglich, auf solche innerliterarischen Bezüge zu verzichten.

4

Der Kuckuck rief den ganzen Tag und die Lerchen
Fielen wie Steine herab. Als die Sonne
Hinterm gekrümmten Walde gegangen war
Zitternd kam nun ein Nachtwind auf, der die Gardinen
Ordentlich flattern ließ; die zerrissen
Am rauhen Stein der Balustrade.
Ich sah die Hecken geschoren und leer
Unter Buchen ziehen, die Bilder
Der arm- und kopflosen Götter sehr leuchten
Ach und der Schloßteich, das grüne Ufer, vergessen
Mit seinen Entenhäuschen, den Leichen
Der neugeborenen Katzen, ein staubiger Spiegel
Sah er mich an. Im Irrgarten steht
Jelängerjelieber und duftet herauf.
Hier trink ich das Tränklein Vergessen, hier spiel ich
Die Herrin der Bilder und Meubeln bis dann
Nach Tagen das Leben im praktischen Hochhaus
Mich wieder nimmt, in dem ich wie vorher
Bin, nur ein Name im Heidenkalender verstrichen

Das Gedicht scheint zeitlich an das vorausgehende sich anzuschließen. Folgt doch auf dessen „Abends" jetzt „ein Nachtwind". Zugleich hält es Tages-

---

[18] Im *Frühlingskranz* schreibt Bettine an Clemens: „Aber sei nur nicht ängstlich, daß ich keine Apfelblüte bin, weiß und rot und goldner Same darin, sondern daß ich vielleicht gar so eine Nessel bin oder Distel oder Dorn, wie du meinst, vor denen ich mich soll hüten." Bettina von Arnim: Clemens Brentanos Frühlingskranz aus Jugendbriefen ihm geflochten, wie er selbst schriftlich verlangte. Hg. mit Nachwort, Anhang, Anmerkungen und Textbereitung v. Heinz Härtl. Leipzig 1974. S. 25.

[19] Frühlingskranz (Anm. 18), S. 40.

rückblick im Praeteritum: „Als die Sonne gegangen war“. Die Lerchen fielen wie Steine herab. Bei Bettine findet sich: „und die Lerchen fielen nieder gar nicht weit von mir“.[20] An diesem Abend, in dieser Nacht, da sieht das Ich die Hecken, wie eingangs, geschoren, sieht die arm- und kopflosen Götter. Zum Handeln sind sie nicht in der Lage. Mit einem Vorblick auf Wiepersdorf 10 ist der Ort des Menschen zwischen Göttern und Zwergen, diese mit gewichtigem Kopf und jene kopflos. Und auch dieser menschliche Ort des Ich ist zentriert. Das Gedicht umfaßt neunzehn Verse. Zentraler Vers ist Vers 10. Wenn wir von dieser Achse drei Verse nach oben und unten gehen, erkennen wir den Schloßteich tatsächlich als Spiegel. Vers 7: „Ich sah“ steht in derselben Position am Versanfang wie Vers 13: „Sah er mich an“, ein staubiger Spiegel allerdings. Von hier schwenkt der Blick, mit ihm das Tempus, ins Praesens: „Hier trink ich das Tränklein Vergessen“. Es ist ein kurzes Abstandnehmen von der Vergangenheit, eine schauende Selbstversenkung, wohl als Theoria dem „praktischen Hochhaus“ auch so entgegenzusetzen. Jedenfalls ist in dieser Abgeschiedenheit vom städtischen Leben das Ich aktiv und frei. Hier trinkt es, hier spielt es. Noch immer ist es offensichtlich das Hier des Anfangs, diese Insel, in die das Ich eingetaucht ist, bevor es wieder hinweggenommen wird vom Alltag. Dann ist ein Name im „Heidenkalender“ verstrichen; mythisch ist er mit Zeus und Apollon, den arm- und kopflosen Göttern, eben nicht dem christlichen Heiligenkalender verpflichtet. Bevor jedoch die Rückkehr ins „praktische Hochhaus“ droht, erfolgt eine Versenkung in die Bedeutung des Ortes.

5

Ehrwürdiges schönes Haus
Mit dem zwiefachen Dach – doppelt
Allein bin ich da und dem Wetter, dem hellen
Dem knatternden Hagel, so mildem Mond
Ausgesetzt. Ach ich gedenke
Der rührenden Zeit, als fast eines Bruders
Zärtliche Hand mich morgens geweckt hat und fröhlich
Ein Tag der Zwilling des vorigen war. Was bin ich
Inzwischen umhergefahren. Und eifrig
War ich bemüht, Apollon zu fassen und gleichfalls
Ein hübsch klopfendes menschliches Herze erbeuten -
Vergebens. Deshalb
Hab ich nur mich, einen winzigen Knaben und die sich mehrende
Anzahl der Jahre und hin und wieder
Schön schwimmendes Wolkengetier

Während die übrigen Gedichte überwiegend beschreiben, erzählen, schildern, scheint dieses, dem erhabenen Versmaß angenähert, zu singen. Es ist fast ein Hexameter: „Ehrwürdiges schönes Haus / Mit dem zwiefachen Dach“. Es muß mit der Feierlichkeit der Rede eine besondere Aussage ver-

---

[20] Ebd., S. 40.

bunden sein, desgleichen mit dem Gedächtnis: „Ach ich gedenke / Der rührenden Zeit". Oder: „Anzahl der Jahre und hin und wieder / Schön schwimmendes Wolkengetier". Dieses Gedicht fehlt in der Reclam-Auswahl. Was ist ein „zwiefaches Dach"? Tatsächlich ist der Wiepersdorfer Mitteltrakt von einem horizontal gegliederten Mansarden-Dach (vgl. Abb. 1) gekrönt.[21] Ich meine aber, diese Deutung als einfach naturalistische Beschreibung greift zu kurz. Wir sehen das Ich im Zentrum seiner Betrachtung, die eine Selbstbetrachtung miteinschließt. Und wir gelangen insgleichen in den Mittelpunkt des elegischen Zyklus, dessen Gedichte 5, 6, 7 sich nochmals aus der Gegenwart des Geschehens nach rückwärts auf die unmittelbare Gegenwart und nach vorn auf die Zukunft beziehen. Natürlich sind die beiden ersten Verse dem historischen Haus gewidmet. Aber dieses verwandelt sich unter der Hand in eine tiefere Bedeutung. Ich möchte eigentlich sagen, es wird zu einer Metapher oder sogar zu einem Symbol. Unter dem geteilten Himmel ersteht mit einem Male das Haus mit dem „zwiefachen Dach", ein geteiltes Haus mit also unterschiedlichem Schutz, unterschiedlicher Gesetzgebung, Regierung, Ideologie. Nachdenklich, im Gedankenstrich angedeutet, wird das Ich seiner gewahr: „doppelt / Allein bin ich da". Mit dem elegischen „Ach" erinnert es die zärtliche Hand „fast eines Bruders". Es ist ein Liebesgedicht; der Zyklus ist überhaupt Liebesdichtung. Auch Bettines Briefe an ihren Bruder Clemens im *Frühlingskranz* sind Liebesbriefe. Ihrer wird hier offensichtlich gedacht. Aber das unmerkliche „fast" lenkt doch wie bei anderen Dichtern, etwa bei Trakl oder Celan, auf die Verwandtheit im Menschlichen. Die zärtliche Hand war nicht festzuhalten. Weder ließ sich Apollon fassen noch ein „hübsch klopfendes menschliches Herze erbeuten"; erneut mit Gedankenstrich folgt das von elegischer Wehmut getragene „Vergebens". Apollon dürfte hier der Gott der Schönheit und der Künste sein, auch der Musenführer. Ich denke beispielsweise an Tassos „Und wenn der Mensch in seiner Qual verstummt, / Gab mir ein Gott, zu sagen, wie ich leide."[22] Es stellt sich kein Liebhaber ein. Deshalb hat das lyrische Ich nur sich, einen Knaben, die Zeit und gelegentlich schöne Träume: „doppelt / Allein bin ich da". Man sieht sich gewiß zu Recht an das Liebesgedicht aus dem *West-oestlichen Divan* erinnert: „Fühlst du nicht an meinen Liedern, / Daß ich eins und doppelt bin?"[23] Den Liedern, gewissermaßen von Apollon begünstigt, gelingt das vom Ginkgoblatt abgeleitete „eins und doppelt", eine erfüllte Liebe. Dem Ich, das hier „doppelt / Allein" ist, ist diese Erfüllung nicht gegeben. Schmerzlich wird es sich im Gegenteil bewußt, daß es nach seinen zärtlichen Erfahrungen doppelt allein ist.

Unter dem zwiefachen Dach jenes Hauses indessen scheint ein zusätzlicher Schmerz das lyrische Ich zu bedrücken. Sei die politische Grenze auch

[21] Wingertszahn (Anm. 4), S. 128.

[22] Goethe: Torquato Tasso (1790), v. 3432f. Im *Frühlingskranz* (Anm. 18, S. 48) schreibt Clemens an Bettine aus Rüdesheim: „Bald werd ich die Gärten der Armide fliehen, bald bin ich bei Dir."

[23] Goethe: West-oestlicher Divan (1819): Buch Suleika VIII, 10: Gingo biloba, v. 11f.

mit eine Ursache der Liebestrennung, so wird auf der politischen wie privaten Ebene die Trennung, das doppelte Alleinsein, um so schmerzlicher bewußt und drängend. Paradigmatisch sehe ich mich erinnert an das eine liebende Paar, das aus zwei Häusern, zwei Feindeshäusern, stammt, an Romeo und Julia. Und ich bemerke die Steigerung, die aus dem einen Haus mit dem zwiefachen Dach sowie der doppelten, weil privaten und politischen Trennung oder Spaltung herrührt. Während Romeo (I,1) indessen in seinem den Winter vertreibenden Mai sagt: „Vergessen, lehrest du mich nie",[24] trinkt das Ich des Gedichts dieses Tränklein. Angesichts der „Herzensliebe" Romeos ist Julia leicht erschrocken. Ihr Bund ist ihr zu plötzlich: „Gleicht allzusehr dem Blitz," wie sie sagt, „der nicht mehr ist, / Noch eh man sagen kann: es blitzt." (II,2) Romeo möge nicht beim wandelbaren Mond seine Liebe schwören.[25] Im Gedicht ist das Ich dem ‚milden Mond' ausgesetzt. Die Gegenüberstellung zu schärferer Konturierung ist wohl deutlich, das elegische Ausmaß dieses Seufzens indessen auch. An die Ausgangsfrage anknüpfend halte ich fest: Ort ist das Haus mit dem zwiefachen Dach, Zeit die von Hagel und Mond. Allein ist das Ich da, gedenkt rührender Zeit. Und isolieren wir die Phrase am Ende von Vers 8 „Was bin ich", so antwortet darauf Vers 13 „Hab ich nur mich". Und dieses Ich führt die Liebeserfahrungen von Romeo und Julia, von Jussuf und Suleika aus dem *Divan*, von Bettine und Clemens, wenigstens sofern sie im *Frühlingskranz* literarisiert sind, mit. Doch ist es vor allem eigene Unruhe, Liebesunruhe: „umhergefahren", „eifrig", „bemüht", die es umtreibt, ein offensichtlich gleichfalls „hübsch klopfendes menschliches Herze" zu erbeuten – aber „Vergebens".

6

Nun beginnen die Frösche; Scharen
Weißflügliger Motten und größerer Schwärmer
Stürzen sich in mein Licht – nichts los
In diesem frühschlafenden Land-Strich hinter den Wäldern.
Mitunter wenn ich so wach bin, und
Angewidert vom Pflichtbewußtsein, lediglich ich
Bekam keinen Schlüssel, das Bargeld gezählt hab, renne ich
In flatternden Mondschein hin durch den Wald.
Der Mensch ist hier gut, das Geld stimmt immer:
Hier rollen nur gegen Morgen um vier
Drei Stunden Panzer vorbei und die Landschaft
Sieht am Tage verwunschen aus. Wo ein Weg war
Jetzt eine Schlucht. Schwarze Bauersfrauen auf Rädern
Rufen: es muß
Abwechslung geben.

---

[24] William Shakespeare: Sämtliche Dramen. Bd. III: Tragödien. München 1967. S. 281-368: Romeo und Julia. Übersetzt von August Wilhelm von Schlegel. Hier S. 290.
[25] Ebd., S. 308f.

Wo ich nach Seifenlappen frage im Konsum erfahr ich
Ein Haus und zwei Mann überfahren, es war
Eine mondlose Nacht.

Auch mit den Motten und Schwärmern dieses Gedichts, die „stürzen sich in mein Licht“, werden wir an den *Divan*, an *Selige Sehnsucht* und sein „Stirb und werde!“, erinnert.[26] Aber das Sterben bricht jetzt mitten in die Idylle ein, eine massiv gestörte Idylle, wie sie sich in den ins Licht stürzenden Schwärmern ankündigt. Ort ist wiederum „Hier“, hinter den Wäldern, die Zeit des Mondscheins, der Nacht und in scheinbarem Widerspruch von Vers 8 und 18 eine „mondlose Nacht“. Zunehmend durchmischen sich, wie wir sehen, in diesen Gedichten Orts- und Landschaftsbeschreibung sowie Natur- und Selbsterleben. Nicht einmal der Trost des Mondlichts bleibt. Die grausame Wirklichkeit von Spaltung, Gefährdung, geteiltem Himmel und zwiefachem Dach bricht ein. Die Zäsur liegt im mittleren Gedicht des Zyklus genau in der Mitte. Vers 9 sagt noch: „Der Mensch ist hier gut, das Geld stimmt immer“. Es muß eine Abwechslung vom üblichen Geschehen geben. Doch gleich nach dem Doppelpunkt – gewissermaßen auch hier: *et in Arcadia ego*[27] – bricht mit dem Kriegsgerät der Tod ein: „Ein Haus und zwei Mann überfahren“. Die Abwechslung, die es wirklich gibt, ist der Tod. Er macht selbst hier, hier in Wiepersdorf, in verwunschener Landschaft halt.

7

Ich sitze im Schloß – Edi und Elke
In ihrer Mühle. Abends
Haben sie und auch ich
Diese verstiegenen Falter
Seltsamer Farbe und Zeichnung
In unseren Räumen. Ich liege
Auf einem Biedermeiersofa, Edi
Gewiß auf dem Feld-Bett, die älteren Dichter
Wälzend und prüfend. Und Elke
Geht mit ihren verblichenen Schuhen
Noch um das Haus. Da sieht sie
Heute der Sperber an, da denkt sie
An mich hier in diesem
Volkseignen Schloß wo private
Unken Kummer mir vorschrein

Edi und Elke hat man mit Adolf Endler[28] und Elke Erb[29] identifiziert. Ich sehe dies für das Gedicht als unerheblich an, und es ist weniger brüskierend,

---

[26] Goethe: West-oestlicher Divan (1819): Buch des Sängers I, 17: Selige Sehnsucht, v. 18.

[27] Vgl. Erwin Panofsky: Et in Arcadia ego. Poussin und die Tradition des Elegischen (1936). In: E. P.: Sinn und Deutung in der bildenden Kunst (Meaning in the Visual Arts). Köln 1975. S. 351-377.

[28] Adolf Endler, 1930 in Düsseldorf geboren, studierte nach seiner Übersiedlung in die DDR 1955-1957 am Johannes R. Becher-Literaturinstitut in Leipzig, für das Sarah Kirsch 1963

als es vielleicht klingt. Doch verbindet mit den beiden vertraulich Genannten tatsächlich nur das gemeinsame Interesse.[30] Und wir bedenken zuerst, was uns die Gedichte selbst sagen, nicht, was wir wissen. Das uns vertraute Ich sitzt im Schloß, jene beiden in ihrer Mühle – romantisch, biedermeierlich verbrämt, wenn ich das Sofa gleich miteinbeziehe. Explizit wird der älteren Dichter gedacht, erstmals auch die Bedeutung von Literaturgeschichte reflektiert und überprüft. Über die genannten Dichtungen hinaus weist Sarah Kirschs frühere Stifter-Lektüre ins XIX. Jahrhundert.[31] In Wiepersdorf habe sie damals vor allem Prosa von Annette von Droste-Hülshoff gelesen.[32] Da stellen sich freilich manche vergleichbare Rollenspiele ein – zu Bettine in Wiepersdorf, zur Droste in Rüschhaus bei Münster oder im Fürstenhaus auf der Meersburg. Sie mögen alle in die Biedermeierzeit führen; doch auch dann bleibt uns nicht erspart, die Dissoziation von Biedermeier-Sofa und Feld-Bett wahrzunehmen, das jetzt schon nicht mehr, vor allem nach dem Zwischenfall der Panzer nicht mehr, an das liebe freie Feld gemahnen kann. Bei einem Rundgang ums Haus denkt man an sie, die derzeitige Bewohnerin, „hier in diesem / Volkseignen Schloß wo private / Unken Kummer mir vorschrein". In der Opposition von volkseigen und privat sind wir erneut auf politische Wirklichkeit gewiesen. Das Oxymoron vom volkseignen Schloß wird nun doch zu einem verwunschenen Ort, auf dessen Gefährdung die privaten Unken wie auf bevorstehendes Unheil vorausweisen. Eingedenk der rührenden Zeit in Wiepersdorf 5 begegnet in Wiepersdorf 6 gefahrvolle brutale wirkliche Gegenwart und scheint in Wiepersdorf 7 Unheil sich anzukündigen.

8

Hier ist das so: wenn die Störche
Endlich auf ihren Schornsteinen schlafen
Fangen die Frösche
Gierig zu schreien an.
Sie blühn auf, meine Lampe
Trifft ihre gelben beutligen Kehlen, ihr Rücken

---

bis 1965 ein Stipendium erhielt. Bis 1980 war er mit der Schriftstellerin Elke Erb verheiratet.

[29] Elke Erb, 1938 in Scherbach/Eifel geboren, siedelte 1949 mit ihrer Familie in den Osten Deutschlands über. Bis 1980 war sie mit dem Schriftsteller Adolf Endler verheiratet. 1977 gab sie bei Reclam Leipzig die Auswahl *Musik auf dem Wasser* mit Gedichten von Sarah Kirsch heraus. 1982 erschien von Elke Erb *Trost. Gedichte und Prosa*, ausgewählt von Sarah Kirsch, in Stuttgart.

[30] Die sogenannte Sächsische Dichterschule wird so nicht deutlich, mithin auch kein sympoetisierendes dichterisches Kollektiv. Vgl. Wingertszahn (Anm. 4), S. 136. Immerhin nimmt Sarah Kirsch das Gedicht unter dem Titel *Wiepersdorf siebter Abend* in ihren *Nachsatz* (Mahlow, Mai 74) auf zu Elke Erb: Gutachten. Poesie und Prosa. Berlin und Weimar 1975. S. 219.

[31] Vgl. das Nachwort von Elke Erb zu: Musik auf dem Wasser (1977, S. 84). Wieder in: Erklärung einiger Dinge (Anm. 7), S. 57 f.

[32] Ein Gespräch (Anm. 7), S. 5 f. Vgl. auch das Gedicht: *Der Droste würde ich gern Wasser reichen.* In: Zaubersprüche (Anm. 13), S. 55.

Durchstößt schwärzeste Wasser, licht
Liegt das im Pflanzengewirr. Wenn die Katzen
Immer zur selben Stunde schleichen
Fürchten die Mäuse
Für ihre süße fünfschwänzige Brut. Zu der Zeit
Rauche ich die dunkelsten Schwaden und fluche
Du Schönhäutiger Schwacher Verfuckter
Dichselberliebender schöngraues
Schielendes Aug ach geh weck

Ort ist zum letzten Mal „Hier“, die Zeit die Gegenwart. Mit Störchen und Fröschen, Katzen und Mäusen werden Stärkeverhältnisse in der Natur berührt. Das rauchende Ich flucht dem Schönhäutigen, Schwachen, Verfuckten. Ist das vielleicht eine Phantasmagorie? Jedenfalls gelingt mit diesem „Dichselberliebenden“ keine Begegnung. Ziemlich zischend, mit der sch-Alliteration, erwehrt sich das Ich, so verführerisch der Schönhäutige, sein schöngraues Auge auch sind; doch verfuckt und schielend richtet sich sein Blick nicht auf das sprechende Ich. Selbstverliebt ist er, ein Narziß, liebensunfähig. Deshalb scheitert hier offensichtlich eine Beziehung. So empört wie nachdrücklich klingt das abschließend auch phonetisch fauchende „ach geh weck“.

9

Dieser Abend, Bettina, es ist
Alles beim alten. Immer
Sind wir allein, wenn wir den Königen schreiben
Denen des Herzens und jenen
Des Staats. Und noch
Erschrickt unser Herz
Wenn auf der anderen Seite des Hauses
Ein Wagen zu hören ist.

Zu diesem Gedicht haben wir eine Vorstufe, deren Titel *Der 7. Abend* aufschlußreich für die Genese des Zyklus ist.[33] Die Folge von einer Woche oder auch längeren Zeiträumen gemahnt an der Droste *Geistliches Jahr*, Stunden-, Tages-, Feiertagsbesinnungen. Ort ist das Haus, die Zeit „Dieser Abend“. Und das einzige Mal im ganzen Zyklus spricht jetzt die erste Person Plural. Dieser Plural liegt in der Gemeinsamkeit von Bettine und lyrischem Ich begründet, trifft indessen vermittels des „immer“ eine generalisierende, wohl alle Schriftsteller und Dichter einbeziehende Aussage: „Immer / sind wir allein, wenn wir den Königen schreiben“. Damit bleibt alles beim alten, wie die Zwiesprache mit Bettine gesteht. Eine große Einsamkeit befällt, wer

[33] Vgl. das Postscriptum sowie Perels (Anm. 9), S. 290. – Ob der „7. Abend“ auch an die sieben Schöpfungstage „in ihrer ganzen Verkehrtheit“ erinnert, wie es in Bettines sozialkritischem Werk: *Dies Buch gehört dem König* (1843) heißt, läßt sich so nur vermuten. Vgl. Bettina von Arnim: Werke und Briefe. Bd. 3. Hg. v. Gustav Konrad. Frechen, Köln 1963. S. 31 und 33f.

den Mut zur Veränderung hat, die Bekenntnisse verlangt.[34] Die schon wiederholt berührte Dissoziation von Privatem und Politischem wird in der Wendung von den Königen des Herzens und jenen des Staats aufgenommen und weitergeführt. Hiermit wird endgültig zur Gewißheit, daß jenes „doppelt / Allein“ aus Wiepersdorf 5 sowie das „ach geh weck“ des vorigen Gedichts dieselbe Dissoziation vorbereiten. König des Herzens ist der Geliebte, König des Staats die politische Führung. Die Bemerkung führt die Reminiszenz an Bettines Königsbuch fort und impliziert nun sozialkritische, moralische, politische Appelle. Außerdem greifen die Verse das Gedicht Wiepersdorf 2 auf: „ich sollte / Mal an den König schreiben“. Das schreibende Ich sitzt auf der parkzugewandten Seite des Hauses. Es erschrickt beim Herannahen eines Wagens auf der anderen Seite. Ist es ein ängstliches Erschrekken oder Ausdruck hoffnungsfroher Erwartung? Das bleibt schwer zu sagen, schwer zu entscheiden. Es heißt ja: „Und noch / Erschrickt unser Herz“. Publizistisch hat man den Wagen als Stasi-Auto verstanden und ausgeschlachtet.[35] Aber erschrickt angesichts eines Stasi-Autos wirklich „unser Herz“? Sarah Kirsch selbst hat den Schülern erklärt, daß sie beim Schreiben nicht an das Stasi-Auto gedacht habe, aber auch zugestanden: „Gedichte verwandeln sich manchmal.“[36] Zudem ist sie auf genügend „Spielraum“ für den Lesenden erpicht.[37] Und dieser liegt zwischen der privaten und der politischen Dimension, ohne zu bevormunden. Die Bewegtheit der Gedichte überträgt sich in eine offene Anteilnahme des Lesenden an ihnen. Ich komme zum vorletzten Gedicht.

10

Der Hermaphrodit geht im Park spazieren
Ich verberge mich zwischen den Zwergen
Der mit dem Clowns-Mund, die Puderperücke
Vertraut mir: der Un-Mensch
Geht um die Zeit noch und wartet
Dort auf einen, endlos zu klagen. Ich danke
Mein Kleiner aus Marmor für diesen Wink, da leg ich
Dir meine Hand, ich muß mich bücken, liebvoll
Auf den großen gewichtigen Kopf und schlage
Schnell einen Bogen um jenes Wesen.

Ort für dieses und das letzte Gedicht ist „im Park“; beide Gedichte sprechen im Praesens. Die nähere Zeitangabe bleibt nach den Hinweisen auf Abend

[34] „Ja, das Volk ist die Warnungsstimme des Herrschers!“, sagt die Frau Rat zum Pfarrer, und die Schriftstellerin oder der Schriftsteller, ist zu ergänzen, bildet des Volkes Stimme. Vgl. Dies Buch gehört dem König. Zweiter Teil (Anm. 33), S. 207. Der platonische Traum, die Menschen würden weise regiert werden, wenn Philosophen auf den Thronen säßen (ebd., S. 57 u. ö.), sei indessen mitbedacht.

[35] Ein Gespräch (Anm. 7), S. 11f.

[36] Ebd., S. 12.

[37] Ebd., S. 13.

und Nacht ganz unbestimmt: „um die Zeit“- also eine offenbar wiederholbare Situation im Augenblick des Gedichts. Die mythische Szene vergegenwärtigt: den Spaziergang des Hermaphroditen, das sich vor ihm verbergende Ich, den Rat eines Zwergs. Der Hermaphrodit ist der „Un-Mensch“, wie ihn der clownsmündige Zwerg charakterisiert. Jener gehe noch, um auf einen zu warten, dem er endlos klagen kann. Damit wird erneut der Klageton der Elegie berührt. Die Vertraulichkeit des Zwergs zieht Dank auf sich. Schließlich legt das Ich seine Hand ihm auf den großen gewichtigen Kopf,[38] „liebvoll“, bückt sich und schlägt schnell einen Bogen um jenes un-menschliche Wesen. Wie früher schon gesagt, schlägt das Gedicht auch einen Bogen vom Zwerg mit dem gewichtigen Kopf zurück zu Wiepersdorf 4 mit den arm- und kopflosen Göttern. Der Hermaphrodit aber, der, weil er die in ihn verliebte Nymphe Salmacis zurückwies, mit ihr zu einem zweigeschlechtlichen Zwitterwesen vereinigt wird,[39] ist ein ganz und gar nicht anziehendes Wesen, dem man lieber ausweicht. Damit erscheint er als Gegentypus zu jenem Sichselberliebenden, den das Ich in Wiepersdorf 8 zurückweist. Vor beiden Gestalten, Narziß und Hermaphrodit, unwirklich mythisch wie die private Ungeliebtheit und die politische Abspaltung, weicht das lyrische Ich aus. Gescheiterte Liebesbegegnungen, Tod und Verderben tun sich in diesen Wiepersdorfer Elegien auf. Die dem Zyklus eingewebte Einsicht, diese Melancholie, „blaßrosa“ noch am Anfang, nimmt zu von Gedicht zu Gedicht.

11 Männliches Steinbild im Park

Leider leider werden die Damen
Immer schnurriger. Was die nicht mehr
Können und alles vermögen! Die trennn sich
Dreimal im Leben von Diesem und Jenem, die schleppen
Nur das Nötige mit die Kinder, die Arbeit
O wie mir graut!

Ich verstehe nicht, wieso sich in diesem Epilog ein Wandel von der elegischen zu einer satirischen Elegie vollziehen soll.[40] Wenn die Faustregel gilt, daß die Satire sagt, was sie verneint, und verschweigt, was sie bejaht, so wird doch mit dem doppelten „leider“ die vorher schon angestimmte Klage

[38] Mit der mehrdeutigen Geste werde die Götterwelt der Antike verlassen „zugunsten der kopflastigen Moderne“: Wingertszahn (Anm. 4), S. 137.

[39] Ovid, Metamorphosen 4, 288-388. Vgl. zum Mythos und seiner Rezeption Achim Aurnhammer: Androgynie. Studien zu einem Motiv in der europäischen Literatur. Köln, Wien 1986. Vgl. Jürgen Egyptien (Anm. 17), S. 65f.

[40] Wingertszahn (Anm. 4), S. 137 und 130, bezieht sich auf Schillers Abhandlung *Ueber naive und sentimentalische Dichtung* (1795/96); während die Idylle die Übereinstimmung des wirklichen Zustands mit dem Ideal darstelle, erscheine in der Satire der Widerspruch, und in der Elegie sei das Gemüt zwischen beiden geteilt. Der für Schiller konstitutive Gegensatz von Antike und Moderne, Natur und Kunst, Sinnlichkeit und Geistigkeit wird aber im Zyklus gar nicht thematisch. Vgl. Friedrich Beißner: Geschichte der deutschen Elegie. Berlin ^{2}1961. S. 140f.

fortgeführt. In der Überschrift hat man einen Hinweis auf versteinerte patriarchalische Strukturen gesehen,[41] das Ganze, auch die blaßrosa Melancholia, als „Frauenklage" verstanden.[42] Aber es ist nicht zu übersehen, daß die Frauen, die Damen, wenn es denn Frauenklage sein soll, in diese selbst mit einstimmen werden. Wie der Ort „im Park", so ist die Zeit „im Leben", und zwar jetzt ein Ausblick in die gewohnte Umgebung – mit aller Sorge ums Nötige, mit Kindern, mit Arbeit. War die Versenkung in die Idylle anfangs noch frohgemut, wurde sie, ihre Gegenwart, brutal gestört, ist der Ausblick jetzt vollends hoffnungslos: „O wie mir graut!" Die so nahe Bettine wird fehlen, die ‚schiefgegangene' Liebe[43] schmerzen. Wiepersdorf 1 und 11 enthalten auch eine Art ironisierender Distanzierung, die den anderen Gedichten zumindest oberflächlich fehlt, aber im vorletzten Gedicht mit dem geschlagenen Bogen angedeutet ist. Dem Dank dem Kleinen aus Marmor gegenüber – sein Wink läßt schließlich die endlose Klage umgehen – tritt jetzt die Hoffnungslosigkeit. Die ersehnte Verbindung kontrastieren lauter Unverbindlichkeiten, die allgemeine Sorge um das Nötige. Der Raum, wo Freude Freude ist, ist das nicht mehr.

Das Zyklische der elf Gedichte ist, denke ich, über die Korrespondenzen von Prolog, Epilog, von Ort, Zeit und Ich-Aussagen deutlich zutagegetreten. Im Wechsel der Tempora ist es freilich kein Film, also kein Kontinuum; vielmehr sind es, mit einem Wort von Sarah Kirsch, „Momentaufnahmen",[44] wie sie auch betont: „Das Optische interessiert mich überhaupt sehr".[45] Einzelne Momentaufnahmen, hier elf, konzentrieren sich um eine genau ins Zentrum verlegte Störung durch gewaltsame Todesgefährdung. Vielleicht kann man die einzelnen Momentaufnahmen auch in ihrer sonderbaren Mehrbödigkeit, ihrer erotischen, politischen, historischen, mythischen Verwobenheit – mit einem unschönen Wort von Robert Musil – ‚nicht-ratioïd' nennen,[46] folglich in ihnen ‚andere Zustände' erkennen, die, wie ich annehme, noch einmal von Schillers ‚ästhetischem Zustand'[47] zu unterscheiden sind.

---

[41] Cosentino (Anm. 3), S. 93.

[42] Wingertszahn (Anm. 4), S. 137. – Der Tenor der Melancholie zieht sich durch Ingeborg Drewitz' Monographie: Bettine von Arnim. Romantik – Revolution – Utopie. Düsseldorf, Köln 1969.

[43] Ein Gespräch (Anm. 7), S. 21.

[44] Ebd., S. 14 und 23. Vgl. auch *Lichtbilder* im früheren Band: Zaubersprüche (Anm. 13), S. 31-33.

[45] Ein Gespräch (Anm. 7), S. 15.

[46] Robert Musil: Skizze der Erkenntnis des Dichters (1918). In: Gesammelte Werke. Hg. v. Adolf Frisé. Reinbek bei Hamburg 1978. Bd. II. S. 1025-1030. Dieses nicht-ratioïde Gebiet ist das „Heimatgebiet des Dichters, das Herrschaftsgebiet seiner Vernunft" (S. 1028f.).

[47] Vgl. Schiller: Über die ästhetische Erziehung des Menschen in einer Reihe von Briefen (1795). Zwanzigster Brief. Schillers ‚ästhetischer Zustand' wird durch die Schönheit verknüpft; Musils ‚anderer Zustand' hingegen, wohl verwurzelt in der Liebe, sucht ihrem augenblicksweisen Gewahrwerden Dauer zu verleihen. Im Unterschied zu allen möglichen Parallelaktionen geschieht das offensichtlich in der Dichtung.

In seiner Preisrede auf Sarah Kirsch bei der Preisverleihung der Konrad-Adenauer-Stiftung hat Wolfgang Frühwald auf prägende Stilzüge der Preisträgerin hingewiesen:
– auf die Nähe zu archaischen Formen der Poesie, zum Zauberspruch, zum Märchen, zur Magie,
– auf die Mitexistenz mit dem Wort der Dichter von den Anfängen bis zur Gegenwart, so daß es ist, als vereine sich in zitatgeprägter Rede die Poesie der Jahrhunderte in einer neuen zeitlos gültigen Weise phantasiegeleiteten Sprechens,
– auf den Versuch zur politischen Maskierung und das Gespräch mit toten und lebenden Dichtern über alle Grenzen der Zeit, der Situation und der Gesellschaftssysteme hinweg.[48]

Der Spiegel, der das unentfremdete Bild des Menschen zeigt,[49] reflektiert das unverzichtbare Humanum. Man denke nur an die Mitte zwischen jenen arm- und kopflosen Göttern und dem kopflastigen Zwerg. Bei Bettine – „Und die Bettina ist mir so nah", sagt Sarah Kirsch[50] – halten die Frösche im Burggraben untereinander ein Gered von der Moral: „durch die ganze Froschtonleiter hör ich vornehmlich krächzen Moral, Moral, Moral."[51] Viele Menschen, heißt es im *Frühlingskranz* weiter, „steigen in die Tiefe und kehren nicht zurück und vergessen der Mitte, die allein lebendig ist, viele steigen in den Himmel und vergessen diese Mitte, in der doch Himmel und Erde sich umarmen".[52] Wir hören die Nachbarschaft zu der kosmischen Hochzeit bei Eichendorff: „Es war, als hätt der Himmel / Die Erde still geküßt".[53] Sarah Kirsch rückt diese vertikalen Bilder auch in eine horizontale Mitte, dorthin, „Wo der Park mit dem Wald schläft". Sarah Kirschs Elegien bilden ein Netz von Konvergenzen. Bedienen sich die Elegiker traditionsgemäß mancher Decknamen, um die Liebessehnsucht den Geliebten gegenüber ausdrücken zu können, so dient Sarah Kirsch darüber hinaus alles mögliche historische, literarische und mythische Personal zur exemplarischen Vertiefung des Rollenspiels, dem, wenn wir uns an Schillers Bestimmung des Elegischen halten, ein unerreichtes Ideal vorschwebt.[54] Und wollten wir nach einem stets im Auge zu behaltenden Mittelpunkt des Zyklus fragen, so wäre das wohl die bereits aus der Lektüreanweisung gewonnene

[48] Wolfgang Frühwald: Die „Endlichkeit dieser Erde". Laudatio auf Sarah Kirsch. In der Dokumentation: Verleihung des Literaturpreises der Konrad-Adenauer-Stiftung an Sarah Kirsch. Hg. v. Günther Rüther. Weimar, 30. April 1993. S. 8.

[49] Ebd., S. 8.

[50] Kunst und Alltag – alle Tage Kunst: Ein Gespräch mit Sarah Kirsch. In: S. K.: Erklärung einiger Dinge. Dokumente und Bilder (erw. 2. Aufl.; vgl. Anm. 7). Reinbek bei Hamburg 1981. S. 82f.

[51] Frühlingskranz (Anm. 18), S. 40.

[52] Ebd., S. 58f.

[53] Mondnacht, in: Joseph von Eichendorff: Werke. Hg. v. Wolfdietrich Rasch. München 1971. S. 271.

[54] „Der elegische Dichter sucht die Natur, aber als eine Idee und in einer Vollkommenheit, in der sie nie existiert hat, wenn er sie gleich als etwas da gewesenes und nun verlorenes beweint." Ueber naive und sentimentalische Dichtung: NA 20, 450f.

„hübsche blaßrosa Melancholia“. Welche Bedeutung vor diesem Hintergrund der politischen Welt zukommt, bringt Bettine von Arnim zum Ausdruck, da sie in *Goethes Briefwechsel mit einem Kinde* (1835) sagt: „Die Melancholie erfaßt Dich, weil keine Welt da ist, in der Du handeln kannst.“[55]

Postscriptum

Wie zum Gedicht Wiepersdorf 9 existieren auch zu den übrigen Gedichten des Zyklus Entwürfe. Sie finden sich in einem Heft, das Sarah Kirsch dem Deutschen Literaturarchiv in Marbach am Neckar geschenkt hat. Darin sind die Entwürfe zwischen dem 23. und 31. Mai datiert und formieren sich bereits merklich zum Zyklus. Während Wiepersdorf 2 noch die Überschrift *Im Malsaal* (24.5.), Wiepersdorf 3 *Der Urlaub* (31.5.), Wiepersdorf 4 *Auf dem Balkon* (31.5.), Wiepersdorf 5 *JA* tragen und somit noch als Einzelgedichte erscheinen, heißen Wiepersdorf 6 bis 9 schon *Der 4. Abend* bis *Der 7. Abend* (alle am 31. 5.). Auf einem auf den 5. 6. 73 datierten Blatt findet sich der wohl zeitlich nach den vorhergehenden Gedichten entstandene Entwurf zum als Leseanweisung verstandenen ersten Gedicht des Zyklus, hier zwar noch ohne die „Tempus“-Bestimmung im zweiten Vers, doch bereits durch den in zwei Verse gebrochenen dritten Vers gleichfalls in vier Versen: „Hier ist das Versmaß [*über gestr.*: die Stimmung] elegisch / Und eine hübsche blaßrosa / Melancholía ist / Durch die geschorenen Hecken gewebt.“

[55] Bettina von Arnim: Werke und Briefe. Hg. v. Gustav Konrad. Bd. 2. Frechen, Köln 1959. S. 181 unter dem 20. März.

Abb. 2
Achim von Arnim-Bärwalde (1848-1891)
Supraporta „Daz haus Wiepersdorff vom Abend.
Anno Dom. 1784"

Vom Enkel, einzigem Nachkommen von Freimund, des ersten Sohnes von Ludwig Achim von Arnim und Bettina, wohl nach 1876 nach nicht erhaltener Vorlage gemalt. Von Angelika Fischer, Berlin, photographiert.

Ulrich Fülleborn

RANSMAYRS „LETZTE WELT“: MYTHOPOESIE UND DAS UNVERFÜGBARE VON NATUR UND GESCHICHTE

Dieser Beitrag ist entstanden im Zusammenhang meines Buches *Besitzen als besäße man nicht. Besitzdenken und seine Alternativen in der Literatur*[1]. Aus äußeren Gründen konnte er dort nicht aufgenommen werden. Ich widme ihn mit den besten Wünschen zum 60. Geburtstag meinem Freund Peter Horst Neumann, der an meiner Arbeit über das Besitzdenken Jahre hindurch lebhaft Anteil genommen hat. Daß das Buch für ein breiteres Publikum geschrieben wurde, mag man wohl auch den folgenden Ausführungen anmerken, was jedoch dem Charakter dieser Festschrift, die den engen fachwissenschaftlichen Rahmen sprengt, nicht unangemessen scheint.

Das heute in der Öffentlichkeit am meisten diskutierte Problem unserer Gegenwart ist wohl das der Unterwerfung und fortschreitenden Ausbeutung der Natur durch den Menschen, der in Gefahr gerät, sich dessen, woraus er lebt, selber zu berauben. Noch vor gar nicht langer Zeit hat ein anderes Thema den ersten Platz im Bewußtsein der Öffentlichkeit eingenommen: Nicht das Schicksal der Natur schien am bedrängendsten, sondern die Geschichte, universal begriffen als Menschheitsgeschichte. Und nichts Geringeres stand in Frage als ihr Sinn und ihr Ziel. Marxistische Denker und Schriftsteller hauptsächlich fanden sich von der Idee der ‚Utopie‘ fasziniert, von der Vorstellung, daß der Mensch in gesellschaftlichen und ideologischen Kämpfen schließlich den Vollendungszustand der Welt herstellen könne. Daneben aber arbeitete sich eine aus bitteren Erfahrungen und weltanschaulichen Enttäuschungen skeptisch gewordene Phantasie an den Schreckensbildern einer ‚negativen Utopie‘ ab, deren Zielpunkt gleichbedeutend war mit dem Verlust sinnvoller menschlicher Lebensmöglichkeiten überhaupt. Dafür stehen George Orwells Zukunftsvisionen, vor allem in dem Roman *1984*, die inzwischen keineswegs endgültig widerlegt scheinen. Hinzu kamen jene apokalyptischen Endzeitszenarien, die sich aus der Furcht vor einer weltweiten atomaren Katastrophe, dem Atomkrieg oder dem Su-

[1] Frankfurt M. 1995.

pergau in globalem Maßstab, nährten. Vom schon eingetretenen Ende aller Geschichte, vom sogenannten Zeitalter der Posthistoire, schrieben wiederum andere, in der Überzeugung, daß überhaupt nichts Wesentliches mehr geschehe und geschehen könne. Für solche war dann die Überraschung besonders groß, als der ‚real existierende Sozialismus' in den Ländern Mittel- und Osteuropas und dem Sowjetimperium so unvorhergesehen und total zusammenbrach.

Neben alldem fand innerhalb der Intelligenz, speziell der literarischen, eine geistige Umorientierung statt, die wohl eine Art Reaktion auf jene anderen Denk- und Erfahrungsmuster darstellt. Ich meine die Neubewertung des Ästhetischen, die in der Philosophie wie der ‚tonangebenden' Essayistik erfolgte und über das Feuilleton als Multiplikator, die Werbung und das Diktat der Mode das allgemeine Leben erreichte und zumindest oberflächlich färbte. Gegenwärtig wird der Primat der Kunst vor dem Politischen und Ideologischen teils als äußerste Konsequenz des modernen Denkens, teils als wesentliches Element des postmodernen Diskurses angesehen, in welchem die Moderne überwunden oder aufgehoben sein soll. Daß er von den einen begrüßt, von anderen – vornehmlich in seiner trivialen Ausweitung und Verdünnung – abgelehnt wird, versteht sich von selbst.

Es sind die drei genannten großen Themen: Natur, Geschichte, Kunst, und zwar jeweils in ihrem Verhältnis zum Menschen, die der österreichische Schriftsteller Christoph Ransmayr (geboren 1954) in seinem zweiten Roman *Die letzte Welt*[2] überzeugend zur Darstellung gebracht hat. Dabei gelang ihm, nicht theoretisch oder lehrhaft, sondern in rein dichterischer Formung, eine radikale Absage an jene Einstellung zur Wirklichkeit, die ich mit ‚Besitzdenken' bezeichne. Besitzdenken als einseitige Ausrichtung des Bewußtseins auf materielle Besitztümer – eine besitzergreifende wie eigenmächtig verfügende Haltung – ist ohne weiteres verständlich; hier sei es jedoch vor allem begriffen als die Übertragung von Besitzkategorien auf Gegenstände, die nie Besitz werden können oder sollten. Ein solches Denken verführt dazu, die am Privatbesitz eingeübte Verfügungsgewalt über Sachen auf grundsätzlich nicht frei Verfügbares anzuwenden.

Ransmayr konnte sein komplexes Thema wohl nur ins poetische Werk setzen, weil sich ihm das Prinzip der Intertextualität, das besagt, daß Literatur aus Literatur entsteht und nicht unmittelbar aus dem Leben, als überaus fruchtbar erwies. In unserm Fall hat ein Autor der Gegenwart über die Distanz von zwei Jahrtausenden den Dialog mit einem der größten Werke der Weltliteratur gewagt, mit Ovids *Metamorphosen*, wo ihm die brennenden Themen der Gegenwart, eben Natur, Geschichte und – vielleicht weniger brennend, aber für den Schreibenden um so wichtiger – die Kunst begegneten und sich als unveraltete Weltthemen offenbarten. Es ist erstaunlich, wie aktuell sich das Resultat dieses Abenteuers, der Roman *Die letzte Welt*, darstellt und welch ungewöhnlich großen Erfolg das Buch sowohl beim breiten

---

2 Christoph Ransmayr: Die letzte Welt. Roman. Mit einem Ovidischen Repertoire. Nördlingen 1988.

Publikum und der literarischen Kritik wie auch schon bei der Literaturwissenschaft errungen hat.

Ovids mythisches Personal und Ransmayrs Romanhandlung

Der intertextuelle Zusammenhang zwischen den *Metamorphosen* und der *Letzten Welt* ist einerseits ungewöhnlich eng und dicht, anderseits weitet Ransmayrs erzählerische Phantasie den durch Ovid vorgegebenen Spielraum stark aus und erfüllt ihn kraft ihrer eigenen *auctoritas*, ihrer selbständigen schöpferischen Potenz, auch mit Neuem. Das heißt, daß mit ganz wenigen Ausnahmen nur Figuren aus den Verwandlungsmythen Ovids vorkommen; Ransmayr lebt vom Ovidschen Personal und dessen Schicksalen. Mit diesen hat er nun aber das Geschick des nach Tomi an der Schwarzmeerküste verbannten Publius Ovidius Naso verbunden, indem er jene aus dem Epos und viel älteren Mythen stammenden Gestalten und den historisch verbürgten Ovid auf ein und derselben Erzählebene vereinigt.

Ein erzählbarer Roman ist daraus jedoch erst durch die Einführung des jungen Römers Cotta geworden, der in seiner Person und in seinen Erinnerungen das Rom des Augustus mit Tomi, dem „Kaff“ am „Ende der Welt“, verknüpft. Die eigentliche Handlung besteht darin, daß Cotta nach Tomi reist, um dem von ihm verehrten Naso und seinem *Metamorphosen*-Werk nachzuspüren. Und was findet er? Weder den Dichter – der ist verschollen und wahrscheinlich tot – noch eine Handschrift. Aber dafür die Ovidschen Figuren, und zwar als die Bevölkerung von Tomi, womit es sich wie folgt verhält: Naso hat bei Ransmayr an seinen *Metamorphosen* in der Verbannung nicht weitergeschrieben, sondern sie mündlich zu Ende erzählt und dabei die Menschen seines Verbannungsortes zu seinen Figuren gemacht; er hat in Umkehrung des normalen Verfahrens seine Dichtung in die Wirklichkeit hineinerfunden. So trifft Cotta in dem schäbigen Küstenort die sehr lebendigen Spuren von Ovids Erdentagen an, nämlich das aus dem Epos stammende mythische Personal, zum Beispiel die Krämerin Fama, den Schlachter Tereus, die taubstumme Weberin Arachne usw. Außerdem entdeckt er aber auch in dem hoch im Gebirge liegenden Weiler Trachila, den der moderne Erzähler als letzten Zufluchtsort Nasos fingiert, einzelne Textfragmente der *Metamorphosen* auf kleinen steinernen Denkmälern, die des Dichters wahnsinniger Knecht Pythagoras – bei Ovid ist er als der berühmte Philosoph entsprechend der Überlieferung der Verkünder der Verwandlungslehre – auf solch kuriose Weise verewigen zu können meinte.

Meeresbilder, Gebirgsbilder: Die erhabene Natur als das Unverfügbare schlechthin

Cotta auf der Seefahrt von Italien zum Verbannungsort Nasos: dieses Handlungsmoment nutzt der Autor, um die thematische Relation ‚Natur und Mensch' zu exponieren. Auf nur zwei Seiten, es sind die ersten des Romans, ersteht das Bild eines Orkans, vor dessen Übermacht der einzelne in seiner tiefsten Erniedrigung erscheint. Endlich, nach siebzehn Tagen, findet sich Cotta entkräftet, wie von der tobenden See ausgespieen, im Hafen von Tomi wieder. Cotta hat also noch einmal davonkommen dürfen. Nicht so der griechische Held Ceyx, mit dessen aus Ovids *Metamorphosen* entlehnter Geschichte das Motiv der Meerfahrt schon bald wieder aufgenommen und zu einem katastrophalen Endpunkt, dem Untergang des Menschen in den entfesselten Kräften der Natur, geführt wird. Darüber hinaus ist das Meer in seiner bedrohlichen, unbeherrschbaren Gewalt für den Ort Tomi und seine Bewohner allgegenwärtig.

Auch die zweite Naturwirklichkeit, das Hochgebirge, wird gleich durch das Eingangskapitel ins Spiel gebracht. Auf der Suche nach Naso steigt Cotta hinauf in die hinter Tomi steil aufragenden Berge, hinauf zum Dorf Trachila. Von hier oben gesehen, quasi vom *point of view* der Natur, schrumpfen Menschen unten in der Tiefe – nämlich ein Prozessionszug – zu einer wirren Ansammlung „gesichtsloser Wesen" zusammen, die stumm über den Strand kriechen. Und Cotta selbst ist ebenfalls des aufrechten Ganges beraubt. Nur strauchelnd und krauchend gelangt er durch die steilen Kare nach Trachila, das kaum noch von fern an das Dorf erinnert, das es gewesen sein mag: Die Wildnis hat es zerstört und überwuchert. Bald droht die „furchtbare Einöde" (S. 82) des Gebirges vollends Macht über Cotta zu gewinnen. Das Motiv ‚Der Mensch und die Übermacht des Gebirges' wird wie das des Meeres noch über Steigerungsstufen weitergeführt. Nach einem Bergsturz, der die Landschaft zerstört und von Grund auf verändert hat, geht Cotta erneut ins Gebirge, das ihm jetzt endgültig eine „fremde Wildnis" geworden ist, in der er umherirrt, vom Wahnsinn bedroht, „ein Wanderer, ein Kriechtier, ein Insekt" (S. 226). Der Gang in die Berge, immer auf der Suche nach Ovid, geschieht noch ein letztes Mal ganz am Ende des Buches, und jetzt ohne Wiederkehr: Nachdem die Natur durch ein gewaltiges Erdbeben gesprochen hat, zieht sie den geistesverwirrten Römer geradezu magisch in sich hinein.

In den Meeres- und den Gebirgsbildern stellt Ransmayr also immer wieder die Konfrontation des Menschen mit der Macht der Natur dar. Aber anders als etwa in Hemingways *Der alte Mann und das Meer* oder den Gebirgs- und Eismeer-Abenteuern eines Reinhold Messner triumphiert nicht der Mensch über die Natur, sondern umgekehrt: Die Natur zeigt sich derart überlegen, daß ihr Sieg nie fraglich ist und der Mensch neben ihr in seiner Ohnmacht ganz als endliches, sterbliches Wesen erscheint. Wie die Götter Griechenlands bestimmte Begegnungsarten von Natur und Leben verkörperten, so stehen in unserm Roman das Meer und das Gebirge für zwei elementare Erfahrungsweisen des Naturhaft-Wirklichen.

Es genügt jedoch nicht, die Natur in ihren extremen Formen nur als menschenfeindlich und zerstörerisch zu verstehen – das wäre eine zu vordergründige Lesart des Romans –; Natur ist hier erzählerisch so inszeniert, daß sie als das Erhabene schlechthin, als das den Menschen unendlich Überragende erscheint. Wenngleich der zugrunde liegende Begriff von Erhabenheit im Zusammenhang mit der neuerlichen Karriere des Erhabenen im Umfeld postmodernen Denkens gesehen werden muß, bieten sich als Kontrastfolie für dessen genaueres Verständnis bei Ransmayr die Bestimmungen in Kants *Kritik der Urteilskraft* an.[3] Mit Kant pflegen sich in diesem Zusammenhang übrigens auch die postmodernen Philosophen auseinanderzusetzen, am nachdrücklichsten Jean-François Lyotard. Die Naturerscheinungen, die Kant als Beispiele für die Erzeugung des „Gefühls des Erhabenen“ anführt, sind, wie bei Ransmayr, vor allem die „ungestalten Gebirgsmassen, in wilder Unordnung übereinander getürmt,“ und „die düstere tobende See“. Aber für Kant sind die unermeßlichen und übermächtigen Naturgewalten nicht etwa an sich erhaben, vielmehr bieten sie nur den Anlaß dafür, daß sich die Idee der Erhabenheit im Betrachter einstellt, sofern er sich bewußt wird, ein Vermögen zu besitzen, das ihm jene Größe und Macht zu denken und ihr zu widerstehen erlaubt. Nach Kant ist demzufolge kein Naturding, nicht einmal der Sternenhimmel, als „Gegenstand der Sinnen [...] erhaben zu nennen“. Gemessen an der menschlichen Fähigkeit, Vernunftideen oder die ästhetische Idee des Erhabenen zu denken, sind sinnliche Erscheinungen wie das quantitativ riesige Gebirge und das dynamisch übermächtige Meer bei Kant nur chaotisch, gräßlich und keineswegs bewundernswert.

Von dieser subjektphilosophischen Position Kants setzt sich Ransmayr, der übrigens Philosophie studiert hat, klar ab. Zwar gleicht das Erscheinungsbild der erhabenen Natur bei ihm den von Kant genannten Beispielen durchaus, aber ihre Bewertung hat sich wesentlich verschoben: Sie besitzt bei ihm eine eigene Würde; sie muß als von sich aus erhaben, unabhängig von der Wahrnehmungsweise durch den Menschen, begriffen werden. Entsprechend werden die Menschen in der Begegnung mit der Natur gerade *ihrer* Würde völlig beraubt, um die es Kant, und nach ihm Schiller, hauptsächlich zu tun war. Anderseits kommt der Darstellung der Erhabenheit der Natur durch Ransmayr ebenfalls eine Bedeutung zu, die in der gewaltigen Erscheinung allein nicht aufgeht. Wie in der Moderne nach 1900 hat das Erhabene als das nicht direkt Darstellbare zu gelten, jedoch gegenüber Kant unter einem geänderten Vorzeichen. Denn es ist jetzt weit vom Subjekt und seinem Bewußtsein abgerückt und zum Signum einer Wirklichkeit jenseits aller anthropomorphen und ideologischen Überformungen erhoben. Was gegenständlich dargestellt werden kann – eben Gebirge und Meer –, verweist zeichenhaft, ähnlich dem Rilkeschen Engel, auf das bisher Verkannte, Mißachtete, Verdrängte und besonders das grundsätzlich nicht Verfügbare der ganzen Wirklichkeit, die mehr ist als das Ich.

Berücksichtigt man noch die große Bedeutung der Ästhetik des Häßlichen für die moderne Dichtung seit Baudelaire, so wird klar, daß der Begriff des Erhabenen eine Erweiterung zum Fremden, ganz und gar Unvertrauten

---

[3] Sie finden sich in der „Analytik des Erhabenen“, Par. 23-29; Immanuel Kant: Kritik der Urteilskraft. Hg. von Karl Vorländer. Hamburg 1959. S. 87-113 (die folgenden Zitate S. 90, 101, 94).

hin erfuhr und daß der Weg zwangsläufig zu den nicht mehr schönen Künsten führte. Als allgemeinster sprachlicher Ausdruck für das neue paradoxe Darstellungsziel bietet sich heute ‚das Andere', das Nichtidentische, durch eine unaufhebbare Differenz vom Subjekt und seiner possessiven Haltung und Sprache Getrennte an. Unter diesem Aspekt muß man auch das Ekelerregende und Grauenhafte sehen, das in Ransmayrs Naturdarstellungen einbezogen ist. Dazu gehören die großen Kolonien nackter weißer Schnecken, die in Trachila jene Steine aus Nasos Garten in Besitz genommen haben, auf denen die Sätze aus den *Metamorphosen* angebracht sind – Schnecken, die Pythagoras zu Tausenden verenden läßt, um die Textfragmente wieder freizulegen. Dazu zählt ferner das massenhafte Sterben der Menschen während der Pest von Aegina und die Inbesitznahme der Stadt durch zahllose Ameisenvölker, die sich schließlich in ein „neues Geschlecht von Aegina" verwandeln (S. 63f.), in eine gefährlich manipulierbare Masse von Arbeitern und Kriegern – eine grausige Parabel. Die ästhetisch schockierenden Motive Ransmayrs finden ihre Parallele unter anderem in den Romanen *Der Ekel* von Sartre, *Die Pest* von Camus und *Die Rättin* von Grass.

An das Ende der bisherigen Überlegungen möchte ich die These stellen, daß wir durch Text und Kontexte gehalten sind, alle bisher berücksichtigten Naturbilder in Ransmayrs Roman als Zeichen für eine im modernen Sinn erhabene Wirklichkeit zu lesen: Die Naturbilder verweisen auf das ‚Andere' der Menschenwelt. Hinsichtlich unseres Themas heißt das: Es gibt etwas, was uns entrückt ist, das mit unserm Ich, so wie es geworden ist, nicht identisch ist, auf das wir gleichwohl mit unserm Dasein bezogen sind. Wir werden ihm besser gerecht, wenn wir es aus unserer scheinbaren Verwandtschaft und Nähe entlassen. Von unserer Herrsch- und Ausbeutungssucht befreit es sich bei Ransmayr ohnehin allein, wie später gezeigt werden soll.– Nun erscheint die Natur in dem Roman aber noch in einer weiteren Bedeutung. Es ist diejenige, die sich der intensivsten Rückbeziehung Ransmayrs auf die Ovidschen *Metamorphosen* verdankt.

Der Mythos der ‚Verwandlungen' und der eschatologische Horizont von Ransmayrs Roman

„Keinem bleibt seine Gestalt" – so steht es exponiert bei Ransmayr (S. 15): ein Zitat, das sich eng an Ovid (Buch 1, V. 17) anschließt, aber so verallgemeinert ist, daß der Satz die Funktion einer thematischen Vorgabe gewinnt. Er formuliert sowohl für die dichterische Welt Ovids wie die Ransmayrs ein Gesetz, wonach es *sub specie naturae*, also von der alles Leben umfassenden Naturwirklichkeit aus gesehen, kein absolutes Ende geben kann. Als ‚Gestaltwandel' oder ‚Metamorphose' erscheint vor allem der Tod der menschlichen Individuen, der in Wahrheit jedesmal der Übergang in eine andere, meist tierische oder pflanzliche Wesensform ist. Somit fällt bei beiden Dichtern mit den Verwandlungen alles menschliche Leben zurück an die Natur und setzt sich in neuen Gestalten sogar erkennbar individuell fort:

Liebende bleiben zärtlich miteinander verbunden als Eisvogelpaar, der Gewaltmensch Tereus wird zum häßlichen Wiedehopf, seine Opfer leben verwandelt fort als Nachtigall und Schwalbe. So bedeutet jede Verwandlung Gericht oder Gnade.

In dem Verwandlungsmythos sind demnach die metaphysischen Träume der Menschheit vom Fortleben über den Tod hinaus und von einer ausgleichenden höheren Gerechtigkeit Sprache geworden. Mit seiner Hilfe wurde der Natur eine andere Seite abgewonnen als durch die Darstellung von Gebirge und Meer. Sie erscheint auch hier als dem Menschen überlegene Macht. Aber sie verweist nicht so sehr auf das Erhabene als das Fremde und Ichferne, als daß sie zum Inbegriff des Lebens mit seinem Werden und Vergehen wird, dem auch der Mensch zugehört.– In diesen Mythos der Verwandlung als eines ewigen Wechsels der Formen fügt sich nun der Untergang der „letzten Welt“ gleichfalls ein.

Das Ende ist der von Ransmayr erfundenen Romanwelt von Anfang an vorgezeichnet, und zwar wegen der eingeengten Lage Tomis auf dem schmalen Uferstreifen zwischen Meer und Hochgebirge. Trachila als das der Macht der Berge am unmittelbarsten ausgesetzte Dorf wurde, wie erinnerlich, von seinem Schicksal bereits ereilt: Cotta trifft es ruinös und von der Natur überwuchert an, und bei seinem zweiten Aufstieg läßt es sich, da inzwischen verschüttet, überhaupt nicht mehr finden. Dafür entdeckt Cotta, wie jetzt nachzutragen ist, die Reste der ebenso an die Natur zurückgefallenen Kupferstadt Limyra. Deren Knappen hatten „über die Jahrhunderte eine Kette von Bergen ausgehöhlt“, bis das letzte Erz abgebaut war und eine „von den Horizonten der Kupfergruben zerschnittene Bergflanke in sich zusammensank und die nahezu entvölkerte Stadt unter sich begrub“ (S. 228f.). Dieses Geschick liest sich als eine Präfiguration des Untergangs von Tomi: So wie Limyra am maßlosen Kupferbergbau zugrunde ging, stirbt Tomi buchstäblich an dem Eisen, das seine Bewohner seit je den Bergen abgerungen haben. In Tomi meint man sogar, sämtliche Grubenstädte würden eines Tages so enden. Die Stadt besteht denn auch nur noch aus einigen dürftigen Straßen und wenigen größeren Häusern; da fast alles aus Eisen erbaut wurde, ist alles vom Rost zerfressen und vieles schon von der Küstenflora überwuchert.

Der unausweichliche Untergang Tomis wird aber nicht mehr als geschehend erzählt, sondern nur von dem zuletzt wahnsinnig gewordenen Cotta als schon eingetreten halluziniert, und das genauso wie es von Naso in der Verbannung vorauserfunden worden ist und wie Cotta es auf den Textfragmenten in Trachila gelesen hatte:

> Das Schlachthaus war nur noch ein bemooster Felsen, an dem eine Schar Nebelkrähen ihre Schnäbel schärfte; die Gassen waren Hohlwege durch dorniges, blühendes Dickicht und ihre Bewohner in Steine verwandelt oder in Vögel, in Wölfe und leeren Hall. (S. 286)

Um auf die Bedeutung des hier Imaginierten ein zusätzliches Licht zu werfen, sei an eine vergleichbare Rückverwandlung von menschlicher Wirklichkeit in Natur erinnert. Adalbert Stifter war es, der in der Novelle *Der Hochwald* auch einen selbstverständlichen, gelassenen Sieg der Natur über die Menschenwelt dargestellt hat. Für die letztere steht dort eine Burg im Böhmerwald und der Dreißigjährige Krieg, der zerstörerisch in die friedliche Welt der Burgbewohner einbricht. Die Natur aber triumphiert in Gestalt des ewigen, unzerstörbaren Waldes, der die Spuren des Krieges zum Verschwinden bringt und die zur Ruine gewordene Burg in seinen Frieden aufnimmt. Eine ähnlich universale Bedeutung erreicht das erzählte Geschehen auch in Ransmayrs *Letzter Welt*.

Indes geht es bei Ransmayr nicht bloß um das Ende einer längst historisch gewordenen Welt. Der Titel seines Romans, der dessen Hauptthema signalisiert, erweist sich als mehrdeutig: Er bezieht sich nicht nur auf Tomi als eine räumlich „letzte Welt" am äußersten Rand des Römischen Imperiums und auf Tomi als eine zeitlich „letzte Welt", deren Untergang im Roman beschrieben wird. Er meint ebenso unsere heutige Welt als eine „letzte". Diese Bedeutung ergibt sich aus den Anachronismen, mit denen der ganze Roman durchsetzt ist und die das antike Rom und seinen zum Verschwinden verurteilten Außenposten Tomi mit unserer Gegenwart kurzschließen, so daß eine temporale Struktur entsteht, die auf das unausweichliche Ende unserer und einer jeden Menschenwelt hinweist. Demnach ist das zentrale Thema des Romans die Endlichkeit menschlicher Welten überhaupt. Und der Autor behandelt es so ernst, wie es außerhalb der jüdisch-christlichen Tradition sonst kaum geschieht. Das heißt, die Geschichte der Menschheit wird in einen eschatologischen Horizont gerückt, der hier bestimmt ist durch das Wirken der menschenfremden, erhabenen Natur.

Ransmayr beteiligt sich also nicht an der Erfindung von Untergangsszenarien, die sich mit dem Wort ‚Apokalypse' schmücken und dabei dem Geist der biblischen Apokalypse, der Offenbarung des Johannes, so fern stehen wie nur denkbar. Derlei Katastrophenbeschwörungen gehören eher in die Tradition des Kassandra-Motivs: Man will etwas Drohendes verhindern und ist sich seiner Machtlosigkeit bewußt. Dagegen erneuert Ransmayr, ohne Anleihen an die jüdisch-christliche Überlieferung erkennen zu lassen, wirklich den Geist der Eschatologie. Dem Buch liegt der Gedanke zugrunde, daß unsere menschliche Welt so wie jedes menschliche Einzelleben endlich und sterblich ist, daß aus ihrem Untergang jedoch auch eine ‚neue Welt' entstehen könne. Zwar kommt dem kulturkritischen Gedanken der Ausbeutung der Natur durch den Menschen, wie wir sahen, eine nicht geringe Bedeutung zu – das Motiv des schuldhaften Eindringens in die Tiefen der Erde, um ihr das Verderben bringende Erz abzugewinnen, hat Ransmayr übrigens von Ovid übernommen –, aber damit erweist sich die Natur nicht etwa als durch den Menschen zerstörbar: Sie schüttelt ihn gleichsam mit großer, gelassener Gebärde von sich ab. Der Gedanke, daß unser Tun ihr gefährlich sein könne, wird so zu einem fast lächerlichen Zeichen menschlicher Selbstüberschätzung. Nichtsdestoweniger darf man das dargestellte Ende der Welt als Gericht über die angemaßte Verfügungsgewalt des *homo technicus* gegenüber der Natur lesen. Der eschatologische Sinn des Romanschlusses erschöpft sich allerdings damit noch nicht.

Wie alle Figuren des Ransmayrschen Romans im Tode Verwandlungen erfahren, so ergeht es auch der Welt als ganzer. Auch ihr Ende ist eine Metamorphose in diesem Sinn. Obwohl die *natura triumphans* als eine vom Menschen befreite Natur erscheint, wird es nach dem Gesetz der Ovid-Ransmayrschen Metamorphose und dem der biblischen Eschatologie einen „neuen Himmel“ und eine „neue Erde“ geben (Offenbarung 21, 1). Das Überraschende an dem Romanschluß besteht nämlich darin, daß die überlebende Natur auf den Menschen bezogen bleibt und erst recht eigentlich menschliche Züge erlangt. Warum? Vielleicht weil sie in menschlicher Dichtung erfunden wurde und weil, der ‚Logik‘ dieser Erfindung zufolge, die Dichtung und ihr Repräsentant Naso in sie eingegangen sind und sie von innen her vermenschlichen:

> Aus Rom verbannt, aus dem Reich der Notwendigkeit und der Vernunft, hatte der Dichter die *Metamorphoses* am Schwarzen Meer zu Ende erzählt [...]. Und Naso hatte schließlich seine Welt von den Menschen und ihren Ordnungen befreit, indem er *jede* Geschichte bis an ihr Ende erzählte. Dann war er wohl auch selbst eingetreten in das menschenleere Bild, kollerte als unverwundbarer Kiesel die Halden hinab, strich als Kormoran über die Schaumkronen der Brandung oder hockte als triumphierendes Purpurmoos auf dem letzten, verschwindenden Mauerrest einer Stadt.

Naso ist also an dem Triumph der Natur über die Menschenwelt, den er als künftige Wirklichkeit erzählt hat, selber beteiligt, er feiert ihn geradezu mit. So vermutet es jedenfalls Cotta, und so hat es Ransmayr ‚phantasiert‘. Doch noch überboten werden die Bilder von Nasos eigener Metamorphose in Kiesel, Kormoran oder Purpurmoos durch jenen Gestaltwandel, den bei Ransmayr die Natur selbst erfährt: Aus dem gewaltigen Erdbeben, welches das Ende der „letzten Welt“ herbeiführt, gebiert sich zeichenhaft die Möglichkeit einer andern Welt:

> Befreit von allen Nebeln und Wolkenfronten der Regenzeit und umringt von geborstenen Graten, den Schuttbarrieren der Steinlawinen und verworfenen Steilhängen, ragte ein neuer Berg in den Himmel [...] Von einer großen Beharrlichkeit aus der Tiefe der Erde den Sternen entgegengestemmt, erhob sich dieses Massiv über die subtropische Wildnis der Küste bis in die toten, tiefblauen Regionen der Eiswolken.

Der Name aber, den Naso für den neuen Berg hinterlassen hat, lautet: „*Olymp*“ (Hervorhebung im Original). Das erst ist das stärkste eschatologische Zeichen, weil es nach der „letzten“ eine Welt verheißt, die kulturell wieder bei einem Götterberg beginnen könnte.

Diese Namensgebung, die überraschend einen Bezug zur griechisch-abendländischen Tradition herstellt, scheint mir eine der ingeniösesten Erfindungen des Ransmayrschen Romans: Der aus der Zerstörungstat der Natur geborene Olymp wird, dichtet man die mythischen Welten Ovids und Ransmayrs weiter, wohl nie mehr Götter beheimaten, die nach menschlichem Bilde geschaffen sind, sondern er wird in seiner Erhabenheit als ein Gipfel der „reinen Verweigerung“ (Rilke)[4] für das schlechterdings Andere, Unverfügbare, nur von ferne Leuchtende einstehen. Gleichwohl ist der Name „Olymp“ allein sinnvoll im Vorausblick auf die Möglichkeit eines künftigen Menschengeschlechts, das den Berg wahrnimmt und als Zeichen der göttlichen Sphäre verehrt. Der Roman verweist also im Bilde des Triumphs der Natur sehr wohl auf die Endlichkeit einer jeden Menschenwelt, er eröffnet aber gleichzeitig eine Perspektive auf ein Danach, das eine Welt erhoffen läßt, in der die Natur nicht wieder auf die alte Weise in *Besitz* genommen würde. Vielmehr wäre ein Olymp, wie er hier als Epiphanie poetisch erträumt ist, der Garant eines neuartigen, geistigen *Bezuges* zur Natur,[5] an dessen lebendiger Ausgestaltung die Kunst, so wie sie sich in diesem Roman versteht, einen wesentlichen Anteil hätte. Doch was vermag die Kunst in der heutigen Situation wirklich zu leisten, wenn wir Ransmayr als Gewährsmann gelten lassen?

Mythopoesie als Alternative zum Besitzdenken

Man könnte meinen, *Die Letzte Welt* als Gegenwartsdichtung wage mehr, als ihr zusteht. Sie dichtet an einem ehrwürdigen Mythos fort und benutzt ihn, um in Bildern von ‚letzten Dingen‘, vom *eschaton* der Welt oder aller Welten, zu sprechen, wie es die ‚Utopisten‘ verschiedener Couleur seit je und vornehmlich um 1900 taten. Tritt die Dichtung hier also nicht doch wieder mit der Philosophie und jedem Weltanschauungsdenken in Konkurrenz? Und nicht nur mit der Philosophie und den Ideologien, auch mit voraufklärerischen Praktiken, indem sie sich anheischig macht, alte Mythen zu erneuern? Es existiert ja in der Gegenwart, besonders soweit sie sich postmodern gibt, eine starke Tendenz zurück zum Mythos. Über Sinn und Unsinn solcher Bestrebungen und damit über die Möglichkeiten und Grenzen gegenwärtiger Kunst kann uns der schöpferische Umgang Ransmayrs mit dem Mythischen Klarheit verschaffen, nicht zuletzt da er demjenigen Ovids im wesentlichen entspricht.

Denn hier wie dort wird aus dem Mythos als traditionaler geistig-sinnhafter Lebenswelt, in der die Menschen als Kulturgemeinschaft aufgehoben waren, etwas anderes, Moderneres, nämlich Poesie, und zwar Poesie mit dem Akzent auf dem *poiein*, dem bewußten Machen und Erdichten. Wenn eine derartige Poesie überlieferte Mythen weiterdichtet oder neue schafft, so entsteht daraus, selbst bei höchstem Gelingen, nicht Mythos im ursprünglichen Sinn, sondern Mythopoesie, wie wir sie auch von der Romantik ken-

---

[4] Das bedeutende Gedicht *Ausgesetzt auf den Bergen des Herzens* kulminiert in dem Bild: „Und der große geborgene Vogel / kreist um der Gipfel reine Verweigerung“ (Rainer Maria Rilke: Sämtliche Werke. Besorgt durch Ernst Zinn. Bd. 2. Wiesbaden 1956. S. 95).

[5] ‚Besitz‘ und ‚Bezug‘ ist das antithetische Begriffspaar, das sich Rilkes Selbstdeutung und der entsprechenden Entwicklung seiner Dichtungspraxis verdankt; vgl. Fülleborn, Besitzen als besäße man nicht, Kap. 8.

nen. Mythopoesie bedeutet gegenüber einem voraufklärerischen Verhältnis zum Mythischen immer einen Verlust, weil der zum Einzelnen gewordene Dichter geistig ja nicht in einem gemeinsamen Mythos lebt und von sich aus keine allgemein verbindlichen Mythen schaffen kann. Mythopoesie ist auf der andern Seite aber mehr als Mythologie, sofern man darunter nur ein äußerlich überliefertes Bildungsgut begreift.

Sie ist zum Beispiel mehr als Mythologie, wenn Ransmayr als Mythopoet die „Erfindung der Wirklichkeit“ beansprucht.[6] Dichtung gleich Mythopoesie und Mythopoesie gleich Erfindung der Wirklichkeit: in diesen Gleichsetzungen zeigt sich sowohl die bewußte Beteiligung des modernen Dichter-Ich am schöpferischen Akt wie auch der mehr als subjektive Wirklichkeitsanspruch des so Erfundenen. Mit dem Theorem der Wirklichkeits*erfindung* grenzt sich Ransmayr sehr entschieden von dem Realismus des 19. Jahrhunderts ab, ja von jedem Realismus, der die Wirklichkeit als gegeben nimmt. Gerade dort, wo sich die Mythopoesie des Romans *Die letzte Welt* am weitesten von der Wiedergabe empirischer Realität entfernt, besteht ihr Urheber am nachdrücklichsten darauf, daß es sich dabei nicht um leere Phantastereien, sondern eben um Wirklichkeitserfindung handelt. Das stärkste Zeichen hierfür hat er gesetzt, indem er Tomi mit den Figuren aus den Ovidschen *Metamorphosen* bevölkerte, so als lebten sie dort wie wirkliche Menschen, weil Naso „eine kahle Steilküste, an der er Heimweh litt und fror, zu *seiner* Küste gemacht und zu *seinen* Gestalten jene Barbaren, die ihn bedrängten“ (S. 287).

Aus diesem Beispiel läßt sich ableiten, daß Mythopoesie das Leben lebbarer und die Welt bewohnbarer machen kann. Sie vermag auch die Wirklichkeit der menschlichen Tiefenseele zu erkunden, indem sie an alten Mythen weiterdichtet; und sie rückt spielerisch die Vergangenheit in die Nähe der Gegenwart, wenn sie Naso vor einem Strauß von Mikrophonen seine Aegina-Parabel sprechen und Busse durch Tomi fahren läßt. Vor allem aber führt moderne Dichtung als Mythopoesie an das schlechthin Undarstellbare heran, und zwar in Bildern, die auf das erhabene Andere und das absolut Fremde verweisen. Insofern bildet sie eine Parallele zur Gleichnissprache Kafkas, die auch auf ein letztlich „Unfaßbares“[7] hindeutet. Schließlich und endlich ist Mythopoesie als Erfindung der Wirklichkeit nach Ransmayr „die Methode der Schreiber von Zukunftsromanen“.[8] Damit stellt sich eine weitere intertextuelle Beziehung her: Es zeigt sich, daß in der auf die Zukunft ausgerichteten Wirklichkeitserfindung Ransmayrs der Musilsche „Möglichkeitssinn“ gewissermaßen Urständ feiert, dessen Funktion es ebenfalls war,

---

[6] Eine Formulierung aus Ransmayrs erstem Roman: Die Schrecken des Eises und der Finsternis. Frankfurt M. 1987. S. 21. Sie ist als Teil einer Poetik des Autors zu lesen. Vgl. auch: Die letzte Welt. S. 287.

[7] Vgl. die Parabel *Von den Gleichnissen*; Franz Kafka: Nachgelassene Schriften und Fragmente II in der Fassung der Handschriften. Hg. von Jost Schillemeit. Frankfurt M. 1992. S. 531f.

[8] So auch in dem Roman: *Die Schrecken des Eises und der Finsternis* (Anm. 6). S. 20.

künftige Wirklichkeiten zu entwerfen.[9] Daß der Roman *Die letzte Welt* zugleich ein Zukunftsroman ist, haben wir gesehen. Er ist es, indem er das direkt und konkret nicht Darstellbare des möglichen Endes auch unserer Welt im erfundenen Mythos von Tomis Untergang erzählt. Es scheint, als sei die moderne Mythopoesie, die bei Ransmayr für die Dichtung überhaupt steht, der einzige Weg, Möglichkeiten dieser Art sprachliche Wirklichkeit werden zu lassen.

Die Neubewertung des Ästhetischen, von der oben die Rede war, hat also einen guten Grund. Denn der Kunst bleibt es vorbehalten, in ihren freien Spielen Wirklichkeiten zu phantasieren, d. h. für unsere innere Anschauung zu erschaffen, die von großem allgemeinem Belang sind. Dabei verzichtet sie bewußt darauf, mit den Wahrheitsansprüchen von Philosophie und Wissenschaft zu konkurrieren. Allemal liefert sie keine geschlossene neue Weltanschauung. Gleichwohl leistet sie einer bloßen Ästhetisierung des Wirklichen keineswegs Vorschub, und sie weicht auch nicht ins Unverbindliche und Beliebige aus. Sind doch ihre ‚Wirklichkeiten', wie sie zum Beispiel im zeitgenössischen Roman mythopoetisch erfunden werden, für den Leser durchaus ernst zu nehmende Möglichkeiten des Denkens, die zur Überprüfung an der Erfahrung und gegebenenfalls zur Realisierung in der Lebenspraxis auffordern.

Als Resultat der Betrachtung des Gegenwartsromans *Die letzte Welt* läßt sich festhalten, daß es über alle kurzatmigen bewußtseins- und literaturgeschichtlichen Veränderungen hinweg erstaunliche Kontinuitäten gibt. Erstaunlich erscheint nicht nur der gelungene Brückenschlag über zwei Jahrtausende von Ransmayr zu Ovid. Ebenso waren die Zusammenhänge zwischen der modernen Dichtung des frühen 20. Jahrhunderts und der *Letzten Welt* nicht unbedingt zu erwarten. Sie betreffen vor allem die Abwehr der besitzergreifenden Einstellung gegenüber der Natur und des geschichtsphilosophischen Verfügens über Zukunft im Sinne eines ungebremsten Fortschrittsglaubens. Doch während die Werke Rilkes, Kafkas, Musils noch immer als schwierig gelten, hat der Roman Ransmayrs nicht zuletzt ob seiner Lesbarkeit einen so starken Widerhall beim breiten Publikum erfahren. Offensichtlich sind die heutigen Autoren fähig geworden – als ein weiteres Beispiel dafür wäre Adolf Muschgs großer Parzival-Roman *Der rote Ritter*[10] zu nennen –, auf der Grundlage der zu Beginn unseres Jahrhunderts erst mühsam und gegen die Erwartungen der Leser errungenen neuen Anschauungs- und Denkweisen weniger esoterische Werke zu schreiben, ohne deshalb weniger anspruchsvoll zu sein.

Es scheint, als bezeuge die Dichtung hier einmal jene bewußtseinsverändernde Kraft, an der man immer zu zweifeln geneigt ist. Denn was sich

[9] Robert Musil: Der Mann ohne Eigenschaften. Roman. Hg. von Adolf Frisé. Hamburg 1978. Vgl. besonders das berühmte 4. Kapitel des ersten Buches: „Wenn es Wirklichkeitssinn gibt, muß es auch Möglichkeitssinn geben". Darin ist die Rede von einem „bewußten Utopismus" (S. 16).

[10] Frankfurt M. 1993.

literarisch im Zeitraum von kaum hundert Jahren an geistiger und ästhetischer Umorientierung zu vollziehen vermochte, erreicht nun ein Publikum, das Organe entwickelt hat, die es ihm ermöglichen, unvertrauten Denkwegen in der zugänglicher gewordenen dichterischen Form zu folgen. Daß die Literatur, die solches bewirkt, zugleich den Ansprüchen der Zunft der Kritiker und Literaturwissenschaftler genügt, kann als ein weiteres Indiz dafür gelten, daß sich gewisse Gemeinsamkeiten in der mentalen Einstellung herausgebildet haben.

III.

Gudrun Kuhn

„SCHON SEH' ICH DAS LAND!"

Über Stille und Ankunft in Mendelssohns Konzertouvertüre opus 27 *Meeresstille und Glückliche Fahrt* nach Goethe

> Die Leute beklagen sich gewöhnlich, die Musik sei so vieldeutig; [...] und die Worte verstünde doch ein Jeder. Mir geht es aber gerade umgekehrt. Und nicht blos mit ganzen Reden, auch mit einzelnen Worten, auch die scheinen mir so vieldeutig, so unbestimmt, so mißverständlich im Vergleich zu einer rechten Musik, die Einem die Seele erfüllt mit tausend besseren Dingen, als mit Worten.[1]

Ohne Worte schrieb Mendelssohn *Lieder*. Ohne Worte vertonte er Goethes Gedichte *Meeresstille* und *Glückliche Fahrt*. Ohne Worte setzte er Stille und Ankunft in Klänge um. Aber was ist es, was sich da musikalisch ereignet – einsetzend mit einer „verschleiernden"[2] Introduktion und endend mit einem ins Anfangspiano zurückflutenden Pauken- und-Trompeten-Finale? Programm-Musik, die zwei berühmte Gedichttitel illustrierend vereinnahmt – die geniale Anmaßung eines ehemals auch in Weimar gefeierten Wunderkinds? Oder doch mehr: eine musikalische Gedicht-Interpretation?

Die Differenzierung in Textvertonungen im eigentlichen Sinn und instrumentale Nachdichtungen[3] – wie wichtig sie auch ist für die Beurteilung von symphonischen Werken, die sich an literarische Vorlagen oder Motti anlehnen – läßt sich auf Mendelssohns Konzertouvertüre nur bedingt anwenden. Goethes Gedichte konnten beim literarisch (und vor allem beim musikalisch) interessierten Publikum als bekannt vorausgesetzt werden: der Komposition von 1828 gehen die beiden Versionen als Klavierlied (Schu-

---

[1] In: Paul und Carl Mendelssohn Bartholdy (Hg.): Mendelssohn. Briefe aus den Jahren 1830 bis 1847 von Felix Mendelssohn Bartholdy. Leipzig. [7]1899. Bd.II. S.229. Zit. n. Elfriede Glusman: Taubert und Mendelssohn: Gegensätzliche Haltungen zu Dichtung und Musik. In: Gerhard Schuhmacher (Hg.): Felix Mendelssohn Bartholdy. Darmstadt 1982. S.219-228; S.225.

[2] Mathias Thomas: Das Instrumentalwerk Felix Mendelssohn-Bartholdys. Eine systematisch-theoretische Untersuchung unter besonderer Berücksichtigung der zeitgenössischen Musiktheorie. Göttingen 1972. S.194.

[3] Vgl. Peter Horst Neumann: Nachwort zu: Franz Schubert. Goethe-Lieder. Frankfurt am Main. Insel-Bücherei Nr.284. [5]1987.

bert) und Chormotette (Beethoven) voraus. Mendelssohns ausgeklügelte Zitationsverfahren[4] rechnen ganz offensichtlich mit dem entsprechenden Kenntnisstand seines Publikums. Auf eine „Präsentation“[5] der Texte konnte der Komponist unter diesen Voraussetzungen verzichten, seine Vertonung durfte sich ganz auf das Instrumentale beschränken. Eine Beschränkung, die es ihm dennoch erlaubte, strukturell und thematisch sehr genau und interpretatorisch kongenial dem Text zu folgen.

Meeresstille

Tiefe Stille herrscht im Wasser,
Ohne Regung ruht das Meer,
Und bekümmert sieht der Schiffer
Glatte Fläche ringsumher.
Keine Luft von keiner Seite!
Todesstille fürchterlich!
In der ungeheuern Weite
Reget keine Welle sich.

Goethe gestaltet Meeresstille aus drei Perspektiven: Raum, Zeit und Emotion. Räumliche Assoziationen entfalten sich gleichzeitig mit akustischen durch das Anfangsepitheton „tief“. „Stille [...] im Wasser“ konnotiert zusätzlich das Fehlen hoher (=tosender) Wellen; Raum- und Hörwahrnehmung überlagern sich wechselseitig. Innerhalb dieses zugleich meßbaren („Fläche“, „Seite“) und unermeßlichen („ringsumher“, „Weite“) Raumes wird Stillstand sprachlich manifest durch negierte Bewegung: „keine Luft“. Der zweifach beschworenen Stille („Tiefe Stille“, „Todesstille“) entspricht die zweifach verneinte Regung („ohne Regung“, „reget keine Welle sich“).[6] Lastende Windstille bildet auch der schwere trochäische Gestus mit alternierend zwei- und einsilbiger Kadenz ab. Die Reimbindung läßt innerhalb des fortlaufend gestalteten Druckbildes zwei parallel gebaute Vierzeiler erkennen: die Verse 1,2 und 5,6 setzen die Naturschilderung jeweils in zwei gleich gestaltete Sätze um; 3,4 und 7,8 geben dazu ein zeilenübergreifendes Resümé.

Der Zustand der Regungslosigkeit wird in 1 und 2 durch die Mittelstellung des einsilbigen Verbs markiert, dem der Zustand und der Ort semantisch als Parallelismus, syntaktisch jedoch als Chiasmus zugeordnet sind:

---

[4] Vgl. dazu: Arnd Richter: Mendelssohn, Beethoven, Hegel & Marx. Zur Poetik der Ouvertüre Meeresstille und Glückliche Fahrt. In: Neue Zeitschrift für Musik 7/8 (1988).

[5] Neumann (Anm. 3). S. 71.

[6] Die Wiederholung ist jeweils mit einer semantischen bzw. syntaktischen Augmentierung gekoppelt. Vgl. auch Hans Jürgen Geerdts: Zu Goethes Gedichten „Meeresstille“ und „Glückliche Fahrt“. In: Hans Jürgen Geerdts: Zu Goethe und anderen. Studien zur Literaturgeschichte. Leipzig 1982. S. 53-66; S. 54.

(1)	Zustand/Subjekt	VERB	Ort/Adverbiale
	Tiefe Stille	*herrscht*	*im Wasser*
(2)	Zustand/Adverbiale	VERB	Ort/Subjekt
	Ohne Regung	*ruht*	*das Meer*

Eine solche stilistische Formung, die den linearen Ablauf der natürlichen Sprache stört, erzwingt ein Rezeptionsverhalten, das divergierende Raum- und Zeitvorstellungen simultan ins Bewußtsein ruft; sie unterbricht damit den Lesefluß, bildet ab, wovon gesprochen wird.

In den Versen 5 und 6 fehlt das Verb; sie sind durch Satzzeichen als Ausrufe gekennzeichnet. Immanent ist diesen Ausrufen wie auch den beiden Schlußzeilen ein Subjekt, vielleicht das lyrische Ich, das im letzten Vers von *Glückliche Fahrt* erstmals heraustritt, vielleicht auch der „Schiffer" (3) selbst, der die Windstille „bekümmert" wahrnimmt. Nur einem menschlichen Empfinden kann die in den Anfangsversen als souverän personifizierte Natur „fürchterlich", „ungeheuer", dem Tod vergleichbar erscheinen. Der Mensch mit seinem Wunsch, seinerseits die Natur zu beherrschen, ist ins Naturgeschehen nicht integriert. Was der Schiffer „sieht", ist eine unterschiedslose „glatte Fläche", ein Nichts – wie die Stille, die er ‚hört'. Das Nichtvorhandene jedoch wird im Gedicht präsent, „Stille herrscht" – zur Sprache gebracht in der Schichtung unterschiedlicher Wahrnehmungs- und Ausdrucksaspekte.

So ist in der Textur bereits ein strukturelles Schema für die Partitur erkennbar: Raum als begrenzte Weite, Zeit als negierte Bewegung, widerständige Emotion. Mendelssohns musikalisches Material entfaltet sich im Adagioteil der Ouvertüre genau nach diesen Parametern.

Tiefe wird – wie schon in Beethovens Kantate *Meeresstille und glückliche Fahrt*[7] – durch die „außergewöhnlich tiefe Lage"[8] des Anfangsakkords textentsprechend umgesetzt; das für die ganze Ouvertüre konstitutive Zentralmotiv, ein „abwärts geführter D-Dur-Sextdreiklang mit punktiertem Rhythmus sowie Durchgangsnote g in seiner Mitte",[9] ist in den Kontrabaß gelegt und leitet abwärts von d zu fis, Flöten erscheinen erst Takt 8-12, und da in tiefer Lage. Weite deutet sich, auf diesem Untergrund aufbauend, in Takt 5 an. Die rhythmische Gestalt des Zentralmotivs wird spiegelbildlich entgegengesetzt in der 1. Violine nach oben, im Kontrabaß nach unten geführt: der Raum dehnt sich aus, die Streicher erreichen in Takt 29 mit einem Oktavsprung sogar das d'''.

In diesen musikalischen Raum hinein setzt Mendelssohn Figuren des Stillstands. Bewegungslosigkeit suggeriert der stehende Baß der Violincelli (Takt 1-8 und Takt 21-24) sowie der stehende Diskant der Violinen (Takt

---

[7] Kantate für gemischten Chor und Orchester, opus 112.

[8] Richter (Anm. 4), S. 20.

[9] Thomas (Anm. 2), S. 192.

29-36).[10] Aber auch das Zentralmotiv selber entfaltet zwar als Melodiefigur musikalische Zeit, wirkt jedoch insgesamt zeitaufhebend. Richter hat in diesem Motiv ein Zitat aus Beethovens Kantate (Takt 93) erkannt.[11] Ihm entspricht dort allerdings lediglich der erste Teil einer dreitaktigen Wendung: vertont wird der dritte Vers von *Glückliche Fahrt*: „löset das ängstliche Band". Die Punktierung nach den Silben lö- und ängst- entspricht dem daktylischen Muster der Gedichtvorlage, gibt also eindeutig Bewegung wieder, die in einen Höhepunkt auf der Dominante a („Band") einmündet. In Mendelssohns Adagioteil dagegen vermittelt das musikalische Zitat – gerade auf der Folie der Beethovenschen Primärverwendung – trotz des rhythmischen und melodischen Verlaufs den Eindruck von Ruhe. In Takt 1f. ist es in den Halteton der Violincelli eingebettet, die mit ihrer d-Oktave den Sextakkord harmonisch und intervallisch umschließen; in Takt 10f. (Klarinette) und Takt 12f. (Violincello) ertönt es, von Terzklängen der Violinen bzw. Violen schwach unterstützt, beinahe freischwebend zwischen dissonant irritierenden Klängen der Flöten (Takt 9 und 11f.) und vor dem Septsprung der 1. Violine (Takt 13); in Takt 36f./37f. löst es sich stufig aus dem siebentaktigen stehenden Oktavzweiklang der 1. und 2. Violine. So wie im Gedicht Bewegung lexikalisch anwesend ist, aber jeweils negiert wird, suggeriert also Mendelssohns Zentralmotiv Stillstand als in sich abgeschlossene, harmonisch und tektonisch im Ganzen aufgehobene Bewegung.

Anders die Vertonung der emotionalen Bewegtheit eines latent vorhandenen Subjekts. Während die besprochenen Passagen ausdrücklich mit der Anweisung sempre piano bzw. sempre pianissimo versehen sind, erscheinen andere Teile der Komposition – eingegliedert in die gleichbleibend leisen Ruhefiguren – mit genauen Zeichen für eine dynamische Gestaltung. Dabei sind auch abrupte Wendungen vorgesehen: z.B. ein subito einsetzendes Pianissimo in Takt 16 (nach einem fast zweitaktigen Crescendo) und mehrere Sforzati. Und in Takt 22 läßt Mendelssohn keinen Zweifel daran, wie er diese dynamischen Vorschriften verstanden wissen will: „espress."! Es ist die klagende, „bekümmert[e]" Stimme, ein menschlicher Ausdruck, der sich in die erhabene Naturschilderung mischt, und dies mit den traditionellen Mitteln musikalischer Gefühlssprache: Seufzerfiguren, Vorhalten, Dissonanzen.[12] Schon Schubert hatte in seinem Klavierlied *Meeresstille* (D 216) die Textstelle „bekümmert" in solcher Weise ausgestaltet.[13] Bei Mendelssohn

---

[10] Auch Schubert verwendet in seiner Liedvertonung von *Meeresstille* (opus 3 Nr. 2, D 216) weit auseinanderliegende Akkorde in der Klavierbegleitung. Vgl. dazu Dietrich Fischer-Dieskau: Auf den Spuren der Schubert-Lieder. München 1976. S. 69: „Wie eine Zeichnung sieht das Notenbild des Liedes aus. In den vertikalen Arpeggi wird in der Tat [...] absolute Bewegungslosigkeit verwirklicht." und Peter Gülke: Franz Schubert und seine Zeit. Regensburg 1991. S. 118.

[11] siehe Anm. 4

[12] Richter (Anm. 4) verweist vor allem auf „chromatische Durchgänge" zur Erzeugung von „harmonischen Spannungen (z.B. Streichersatz, Takte 12-16)" sowie auf „Tritonus- und Septimensprünge" (z.B. Takt 22-24). (S.20).

[13] Vorhalt (Takt 9f.), punktierte Seufzerfigur (Takt 10), kühne harmonische Wendung (Takt 9)

steht das Espressivo-Motiv (Takt 22f.) der 1. Violine mit seiner aufsteigenden Septime im Sforzato und der synkopisch verzögerten chromatischen Abwärtsbewegung im Diminuendo in spannungsreichem Gegensatz zu dem zwei Takte später einsetzenden Zentralmotiv: die sehnsüchtige Bewegung des Subjekts stört die Bewegungslosigkeit der Naturszene, die Synkope läuft der vertikal gleichmäßigen Zeitgliederung entgegen. Und in Takt 29ff. widersetzen sich die auf unterschiedlicher Tonhöhe immer wieder neu ansetzenden aufwärtsstrebenden Figuren der tieferen Streicher und Fagotte dem ruhigen Halteton der Violinen. Natur und Mensch erscheinen disparat im polyphonen musikalischen Geschehen.

Es ist also die Struktur des Gedichts (nicht einfach eine Stimmung!), die Mendelssohn zum Klingen brachte: ein sich simultan ausspannendes Gewebe aus Strängen unterschiedlicher semantischer Felder, unauflöslich miteinander verflochten wie empfindendes Subjekt und empfundenes Objekt in Goethes Wendung „Todesstille fürchterlich!".

Glückliche Fahrt

Die Nebel zerreißen,
Der Himmel ist helle,
Und Äolus löset
Das ängstliche Band.
Es säuseln die Winde,
Es rührt sich der Schiffer.
Geschwinde! Geschwinde!
Es teilt sich die Welle;
Es naht sich die Ferne;
Schon seh' ich das Land!

Aufbruch und glückende Reise hebt Goethe in erster Linie durch das veränderte Versmaß von der Phase des bedrückenden Wartens ab: zwei Daktylen, bei denen in einem auftaktigen Beginn die zweite Senkung des zweiten Metrums an den jeweils folgenden Versanfang gestellt wird. Für die erste Verszeile entsteht so die Wirkung eines unvermittelten Einbruchs: „Die Nebel zerreißen"! Als Mittel der Verknüpfung einzelner Verse setzt Goethe sowohl Reim (2/8; 4/10; 5/7;) wie auch anaphorische Parallelismen (5/6; 8/9;) ein. Daraus ergibt sich eine unkonventionelle, nicht sofort durchschaubare Binnengliederung. Zweifach gebunden sind nach diesem Schema die Zeilen 5: „Es säuseln die Winde" und 8: „Es teilt sich die Welle". Darin eingebettet ist „der Schiffer", der seinerseits durch parallelen Satzbau mit den Versen 5, 8 und 9 verknüpft ist: Mensch und Natur bilden jetzt eine Einheit, das „Geschwinde! Geschwinde!" in Vers 7, das je zwei Anaphernpaare trennt, läßt sich auf die Aktivitäten der Natur wie des Menschen beziehen.[14] Zu diesem zusammenhängenden Hauptteil (5-9) verhalten sich die vier Ein-

[14] Die Reimbindung macht allerdings auch noch eine andere Gliederung möglich: die reimlose Zeile 6 (Schiffer) ist eingebettet in das Reimpaar „Winde" (5) – „Geschwinde" (7).

gangsverse als in sich abgeschlossener Satz wie eine Einleitung: sie bilden mit dem aus der Antike überlieferten Bild von der Entfesselung der Winde den Übergang von der Stille zur segelblähenden Brise. Und die letzte Zeile gibt dem Gedicht mit dem Hinzutreten eines lyrischen Ichs eine ganz neue Wendung. Durch die Reimbindung „Band" (4) – „Land" (10), werden Anfangs- und Schlußteil miteinander verzahnt, gleichzeitig markieren diese Substantive – einsilbig in betonter Position – jeweils einen Abschluß der rhythmischen Bewegung. Vers 9 erhält dazu eine Zwischenstellung: formal verweist ihn die Anapher in den Mittelteil (8,6,5), inhaltlich konkretisiert sich die nahende „Ferne" im anschließenden Schlußvers als „Land".

Ein verwirrendes Zusammenspiel divergierender Formelemente! Die Lesewirkung: hektischer Aufbruch und zielgerichtete Vorwärtsbewegung, chaotisches Durcheinander und geordnete Wellenbewegung, alles mögliche, nur eines nicht: Stillstand!

Entscheidend für die Interpretation von *Glückliche Fahrt* ist der letzte Vers. Nach Geerdts läßt „das ‚Ich' des Dichters [...] in dem seltsamen Widerspiel von Schiffer und lyrischem Held, in der Relation zwischen dem Objekt und dem Subjekt die große Spannung des Ideengehalts erkennen."[15] Diesen „klassischen" Ideengehalt bestimmt er als Antinomie von Freiheit und Ausgeliefertsein an die Naturgewalten sowie als „Manifest der Hoffnung, diese noch wirkende Antinomie aufzuheben!"[16] Die letzte Zeile stehe so in einem übergeordneten Verhältnis zu beiden Gedichten und betone „die bewußte Überwindung des Gefahrbringenden durch die Aktivität des schöpferischen Individuums".[17]

Das Ich der letzten Zeile hebt sich, wie ich meine, nicht gänzlich vom Schiffer (dem in seiner unmittelbaren Tätigkeit befangenen Menschen) und der Natur ab: als sehendes Wesen steht es in Analogie zu dem „Schiffer" aus *Meeresstille*. War es das Nichts der „glatten Gläche ringsumher", die grenzenlose Leere gewesen, die den Blick des Schiffers in die Weite gehen ließ, rückt für das Ich der *Glücklichen Fahrt* der Horizont heran: „Es naht sich die Ferne". Die Natur bleibt dem Menschen gegenübergestellt, aber sie neigt sich ihm zu.[18]

Wenn aber der Schiffer nur im Einklang mit der Natur vorwärtskommt, vermag die glückende Schiffahrt insgesamt als Metapher – und darum bedarf es am Schluß dieses vorausblickenden Ichs – eines harmonischen Weltentwurfs zu stehen: das angestrebte „Land" ist ja nicht menschenleer, die Fahrt auf dem Meer hat Zweck und Ziel. Ihr (mögliches) Glücken ist in den Augenblick der Ankunft gestellt, der noch ferne, aber schon sichtbar ist, dessen Nahen aber zuversichtlich erwartet wird.[19]

---

[15] Geerdts (Anm. 6), S. 56.

[16] Ebd., S. 66.

[17] Ebd., S. 57.

[18] ... wie die Wolken in *Ganymed* und wie die Berge in *Auf dem See*!

[19] Für die in die Antike zurückreichende Tradition der Schiffahrtsmetapher seien stellvertretend Ciceros gubernator-Staatsmann genannt und Senecas autarkes Ich, das seinen cursus per medias tempestates nimmt.

Und Mendelssohn? Im wesentlichen folgt er auch bei der Vertonung von *Glückliche Fahrt* der Goetheschen Gliederung: der Schlußteil des Adagios (ab Takt 45) malt die vier Einleitungsverse, das Aufkommen der Winde, aus, leitet dabei in den Anfangsteil des Molto Allegro e vivace über, um dann nach einer groß angelegten Steigerung (bis Takt 99) den Beginn der Fahrt musikalisch umzusetzen.[20] Die grandiose Schilderung von Windsäuseln und Wasserbewegungen weist Mendelssohn schon hier[21] als Ahnherrn aller späteren Rhein(gold)- und Moldauklänge aus. Von solchen Wellen der Bläser umspielt, wandelt sich das Zentralmotiv – in intervallischer Variation, aber in seiner Abwärtsrichtung und rhythmischen Gestalt unverändert – von einer Figur der Ruhe zu einer der gleichmäßigen wellenteilenden Alla-Breve-Bewegung. Als vielstimmiges Unisono (marcato) in insistierender Wiederholung (erstmals Takt 107-111) und als Dolce-Zwischenspiel (erstmals Takt 185) erscheint es jeweils zwischen Haupt- und Seitenthema, markiert Meeresruhe (statt Meeresstille), die Bedingung einer glücklichen Fahrt. Der Hauptteil des Gedichts, diese glückliche Fahrt selber, wird nach den Regeln der Durchführungskunst durchlaufen, nicht ohne durch dissonante Aufwärtswendungen in den Flöten und der ersten Violine (z.B. Takt 286ff.) an die beklemmende Situation des Schiffers in *Meeresstille* zurückzuerinnern.

Und nun (ab Takt 441) folgt der „Anhang", die „Apotheose"[22] mit ihrer Allegro-maestoso-Coda: „Ein Paukensolo leitet in den Stretta-Anhang über, der die glückliche Ankunft schildert. Abwärts laufende Skalen verdeutlichen das Ankerwerfen."[23] Nun, so naturimitatorisch wie in einem barocken Charakterstück muß man sich das wohl nicht ausmalen! Aber „Ankunftsfanfaren" hat Mendelssohn in den „Anhang" seiner Ouvertüre gemischt, darüber läßt sich nicht hinweghören: eine Schlußcoda, wirkungsvoll genug – und nichts Außergewöhnliches in der entsprechenden musikalischen Gattung.

Ein „Anhang" auch zur poetischen Vorlage? Ich will eine Interpretation versuchen, die an die Traditionen anknüpft, der die musikalischen Elemente dieses Schlußteils verpflichtet sind. Trommelschlag und Trompetenklänge, verbunden mit markantem Vierertakt, wecken Assoziationen an Militärkapellen. Im Kontext des frühen 19. Jahrhunderts freilich nicht an irgendwelche! Vielmehr fühlt man sich an jene irritierenden Momente erinnert, wo sich aus dem grossen symphonischen Ensemble plötzlich und unvermittelt die wie von fernher klingende Marschmelodie erhebt, mitten hinein in die Humanitätshymne: „Wandelt Brüder, eure Bahn, / Freudig, wie ein Held zum Siegen"! Es sind die großen utopischen Entwürfe, der Chorsatz der *Neunten*, der Schlußchor des *Fidelio*, in die Beethoven solche Zeichen ge-

---

[20] Der Gestus dieses Mittelteils: ‚flirrende Erwartung (Holzbläser!) über einem öden Ort' greift auf musikalische Topoi zurück, die am eindringlichsten bei Haydn (Introduktionsteil der *Schöpfung*) und Gluck (*Che puro ciel* aus *Orfeo ed Euridice*) vorgeprägt sind.

[21] ... und nicht erst durch die (berühmtere) Gestaltung des Wellenmotivs in *Die schöne Melusine*, Konzertouvertüre Nr.4 F-Dur op. 32.

[22] Thomas (Anm. 2), S. 197.

[23] Ebd., S. 200.

setzt hat, Militärmärsche ja, aber zu verstehen als vorweggenommene Siegesmärsche einer (vielleicht einmal) befreiten Menschheit. Ihre Semantik haben all diese gewaltigen Töne ein- für allemal gewonnen aus jenem großen Moment im *Fidelio*, in dem das dem Befehlshaber vorbehaltene Trompetensignal zum bürgerlichen Hoffnungssymbol geworden ist.[24]

Bei Mendelssohn steigt das Trompetensignal (496ff.) aus der Stille einer Generalpause auf, nach dem Aufruhr der Pauken, den drängenden Hörnerstößen und den immer schneller werdenden Abwärtsläufen der übrigen Instrumente. „Ankunftsfanfaren“ gewiß, aber deswegen noch lange keine Begrüßungskapelle am Ufer (nach erfolgtem Ankerwerfen). Wenn der Komponist im Schlußteil der *Glücklichen Fahrt* den bewunderten Dichter mit den musikalischen Zeichen des nicht weniger bewunderten Musikervorbilds vertont, wird es Moses Mendelssohns Enkel um mehr zu tun gewesen sein als um ein Genrebild in Tönen: die sich nahende Ferne im Gesichtskreis des Ich, Advent und utopische Landnahme im „Vor-Schein“ kämpferischer Musik.[25]

In den Schlußtakten der Komposition behält Mendelssohns Zentralmotiv sein Gewicht. Es bildet, in den Notenwerten um die Hälfte verkürzt, den Abschluß des Trompetensignals und leitet dann als Tuttifloskel in den Schluß über.[26] *Meeresstille* und *Glückliche Fahrt* sind so gewissermaßen leitmotivisch miteinander verflochten: die Figur der Ruhe wird zur Figur der Erfüllung, das ‚noch nicht‘ zum ‚schon‘. Indem Mendelssohn durch den Einsatz eines – wenn auch melodisch variierten – Leitmotivs beide Teile seiner Gedichtvorlage miteinander verknüpfte, verzichtete er auf einen schrof-

---

[24] “Dieses Signal [...] kündet buchstäblich nur die Ankunft des Ministers an, [...] doch als tuba mirum spargens kündet es bei Beethoven eine Ankunft des Messias an.“ Ernst Bloch: Das Prinzip Hoffnung. Frankfurt am Main 1967. S. 1296.

[25] Mit dem Vorurteil vom braven, unpolitischen Konformisten Mendelssohn hat vor allem Riehn aufgeräumt: Rainer Riehn: Das Eigene und das Fremde. Religion und Gesellschaft im Komponieren Mendelssohns. In: Musik-Konzepte 14/15 (1980). S. 123-146.
Die Behauptung eines außermusikalischen Sinns musikalischer Zeichen bedarf einer prinzipiellen Rechtfertigung. Ich verweise auf die grundlegende Arbeit von Hans Heinrich Eggebrecht: Zur Geschichte der Beethoven-Rezeption. Zweite ergänzte Auflage. Laaber 1994. Eggebrecht hat nach einem „diachronischen Durchgang durch das überlieferte Rezeptionsmaterial“ auf „Konstanten“ (“Wortfelder der Rezeptionssprache“) aufmerksam gemacht (S. 115), die er als als Ergebnis einer von den Werken ausgelösten „ästhetischen Identifikation“ deutet, die selbst „kein geschichtlich bedingter Prozeß“ (S. 120) ist. Diese Konstanten bilden den „Kern“ der Wirkungs- und Rezeptionsgeschichte. Gleichwohl lagere sich um diesen Kern eine „Hülle“ an, und in ihr „ereignet sich die Geschichte“ (S. 123). „In welcher Art und Weise jedoch das ästhetisch Verstehbare und Verstandene zur Lebenswirklichkeit gelangt, ist Sache der lebenswirklichen Praxis, zu der diese Musik durch dasjenige aufruft, was sie in ihren ästhetischen Entscheidungen unentschieden läßt.“ (S. 133). Unentschieden läßt – so Eggebrecht (vor allem S. 87ff.) – Beethovens Musik eine Transzendierung ihres Gehalts ins Utopische. Zitieren aber ist bereits eine Handlung in der „Lebenswirklichkeit“, und in diesem Sinn macht Mendelssohn eindeutig, was vielleicht bei Beethoven ins Offene zielte.

[26] H. E. Jacob deutete es wohl nicht zuletzt wegen dieser Stretta-Verwendung als Zitat aus dem Schlußchor des *Fidelio*. (ders.: Felix Mendelssohn und seine Zeit. Frankfurt am Main 1991. S. 137.)

fen Gegensatz. Vielmehr übernahm er die utopische Perspektive, die im „Ich" von Goethes Schlußzeile angelegt ist, in welcher Geerdt den „Schlüssel zum Verständnis [der] Einheit" der „Zwillingsgedichte" sieht.[27] Einheit stiftet nicht zuletzt Mendelssohns Zurückgehen ins Pianissimo. Die Schlußkadenz will – so Thomas – vielleicht „beziehungsreich den Bogen zum Adagio schlagen".[28] Eine solche Rückerinnerung aber würde diesem einen höheren Wert einräumen als jeder Jubelfanfare. Aus den Adagios kommen nämlich jene Kräfte, die den musikalischen Ort für Utopie bereiten, „Aufenthalt im Unerhörten", wie es Bloch formulierte.[29] Vom „Marschrhythmus der Gewißheit" hebt dieser eine „adagiohafte, eine immanenteste Form des Gebets" ab: „Plötzlich eintretende Ruhe [...] ist musikhaft überall diktiert, wo Mündung erscheint, nicht mehr fliehender Inhalt."[30]

Weder Goethe noch Mendelssohn laufen ein in den Port der sichern Ewigkeit, der das Ziel barocker Schiffer gewesen war. Sie rücken beide das Ende ihrer Fahrten in den Spannungsraum zwischen Abfahrt und Ankunft: das bewegte und bewegende Meer als Nirgends-Ort. Für Goethe scheint dabei Meeresstille im vorausschauenden Entwurf des selbstbewußten Ich überwunden zu sein. Mendelssohn dagegen steht in der christlich-jüdischen Tradition, aus der auch Bloch seine Visionen von Ankunft geschöpft hat: seine Rückbesinnung auf Stille streift die Ahnung eines mystischen Raumes. In seinem letzten großen Werk, dem Oratorium *Elias*, hat er später noch einmal „ein stilles sanftes Sausen" zum Tönen gebracht: „Und in dem Säuseln nahte sich der Herr."

[27] Geerdts (Anm. 6), S. 56; Bereits das Gedicht *Meeresstille* sei „auf diese Einheit hin orientiert", sei „auf diese Pointe hin konzipiert" worden.

[28] Thomas (Anm. 2), S. 200.

[29] Ernst Bloch (Anm. 25), S. 1289.

[30] Ernst Bloch: Tendenz – Latenz – Utopie. Frankfurt am Main 1978. S.182. Die Stelle bezieht sich auf die unterschiedlichen Teile von Leonores sogenannter Hoffnungsarie in Beethovens *Fidelio*.

Jürgen Lehmann

DER „REINE TON" UND DIE „INNERE SPRACHE"

Vladimir F. Odoevskijs *Russische Nächte* und ihre Beziehung zur deutschen Romantik

In der umfänglichen, aspektreichen, bislang aber bestenfalls ansatzweise erforschten Rezeption der deutschen Romantik in Rußland haben die Musik und die Musikästhetik – verglichen mit Dichtung und Philosophie – eine eher untergeordnete Rolle gespielt. Die die Musik betreffenden Passagen in Schellings oder Hegels Systementwürfen, in Wackenroders oder E.T.A. Hoffmanns dichterischen bzw. theoretischen Schriften waren zwar nicht unbekannt, zu einer intensiven Auseinandersetzung in Kunst und Ästhetik ist es in der ersten Hälfte des 19. Jahrhunderts jedoch nur selten gekommen.[1]

Als eine der wenigen Ausnahmen darf Vladimir Fedorović Odoevskij gelten, der gleichermaßen als Komponist, Musikkritiker, Musiktheoretiker und Musikhistoriker hervorgetreten ist. Kaum jemand in Rußland hat sich in der ersten Hälfte des 19. Jahrhunderts so intensiv mit diesem Gegenstand beschäftigt, niemand in Rußland hat dabei romantisches Musikverständnis so kongenial rezipiert und weiterentwickelt (z.B. bei der Erforschung russischer Volksmusik, im Suchen nach einer russischen Volksoper, im Engagement für die Pflege russischer Kirchenmusik). Erstaunlich sind die kenntnisreichen Äußerungen zur deutschen Musik, z.B. zum selbst in Deutschland erst in den späten 20er Jahren wiederentdeckten Johann Sebastian Bach.[2]

Breiten Raum in Odoevskijs Werk beansprucht das Verhältnis von Musik und Dichtung. Dabei läßt die Behandlung dieses genuin romantischen Themas eine unübersehbare Affinität zu E.T.A. Hoffmann erkennen. Ähnlich wie bei

[1] Vgl. dazu: F. Siegmann: Die Musik im Leben und Schaffen der russischen Romantiker. Berlin 1954.

[2] Odoevskij (1803-1869) ist eine der vielseitigsten und anregendsten Figuren in der russischen Geistesgeschichte des 19. Jahrhunderts. Sproß eines der ältesten Adelsgeschlechter Rußlands war er in vielfältigen Funktionen im Staatsdienst tätig, einflußreich jedoch vor allem als Philosoph, Kritiker und Künstler. Odoevskij ist einer der wichtigsten Vermittler deutscher Kultur. Fast alle seine kunsttheoretischen und künstlerischen Arbeiten verraten eine intensive Kenntnis der gesamten deutschen Romantik. Er gehört zu den bedeutendsten russischen Schellingianern.

diesem ist die Musik sowohl Gegenstand kunsttheoretischer bzw. musikkritischer Abhandlungen als auch Sujet *und* Strukturprinzip literarischer Texte. Die intensive Auseinandersetzung mit *musiktheoretischen* Arbeiten Hoffmanns lassen Kritiken und Aufsätze zur Klassik erkennen, z.B. die zu Beethovens 5. Sinfonie oder zu Mozarts *Don Giovanni*.[3] Die eigene positive Bewertung der genannten Werke wird mehrfach und explizit mit Hinweisen auf die entsprechenden Schriften Hoffmanns legitimiert.

Die *dichterische* Orientierung an Hoffmann zeigt sich am deutlichsten im 1844 erstmals erschienenen Novellenzyklus *Russkie noči* (*Russische Nächte*), der – trotz gegenteiliger Behauptungen des Erzählers – seine Affinität zu den *Serapionsbrüdern* nicht verleugnen kann. Den neun Kapiteln (*Nächte*) sind drei Vorworte und ein Epilog beigefügt. Die komplizierte Rahmenkonstruktion verbindet hinsichtlich Thema und Aufbau recht verschiedene Erzähleinheiten: Zwischen die Gespräche von vier Personen geschoben, behandeln diese Einheiten Probleme der Kunst, der Naturwissenschaft, der Philosophie u.a. Sie werden von Faust, der Mentorgestalt des Kreises, verlesen, um dann erörtert zu werden. Anders als Hoffmann akzentuiert Odoevskij die Spannung zwischen Fragment (Binnenerzählung) und synthetisierendem Ganzen (Rahmen). Die Synthetisierung ist der die anderen Gesprächsteilnehmer dominierenden Faustgestalt übertragen; die die *Serapionsbrüder* bestimmende, durch Gleichberechtigung aller Teilnehmer geprägte Kommunikationsgemeinschaft ist nur in Ansätzen erkennbar. Was die hier vor allem interessierende Thematik, also das Verhältnis von Sprache und Musik betrifft, so wird sie insbesondere im Kontext der den Erzählband durchziehenden Sprachreflexionen behandelt, deren wichtigster Bestandteil eine tiefgehende und umfassende Sprachskepsis ist.[4] Die hierauf bezogenen Ausführungen sind sicher nicht allein auf Hoffmann beziehbar, sondern artikulieren Grundpositionen romantischer Sprachreflexion. Was sie mit Hoffmann verbindet, ist die Art und Weise ihrer künstlerischen Gestaltung. Ähnlich wie Hoffmann bindet Odoevskij die Problematik von Sprache und Ausdruck an bestimmte Künstler, deren Existenz in besonderer Weise von der Musik geprägt ist.

In den *Russkie noči* geschieht dies in zwei Erzählungen (6. und 8. Nacht), in deren Mittelpunkt zwei deutsche Musiker stehen: Johann Sebastian Bach und Ludwig van Beethoven. Innerhalb des Zyklus erscheinen sie als Gegensätze: Beethoven als Inkarnation des gefährdeten, des kranken Künstlers, Bach als Gestalt gewordene harmonische Verbindung von Kunst und Religion. Während von Bach ein Abriß des ganzen Lebens gegeben wird, beschränkt sich die Beethoven gewidmete Erzählung auf dessen letzten Lebensabschnitt. Gleichwohl sind beide Novellen, bei aller Gegensätzlichkeit in Struktur und Zeichnung der jeweiligen Künstlergestalt, Variationen *eines* Themas: Sprache und Musik. Beethoven und Bach verkörpern Möglichkeiten und Gefahren, die mit der Verschmelzung beider Bereiche verbunden sind. Im Kontext dieser Pro-

---

[3] Vladimir F. Odoevskij: Muzykal'no-literaturnoe nasledie (Musikalisch-literarisches Erbe). Moskva 1956. S. 92-95, 111/112, 243-245.

[4] Vgl. dazu: Bodo Zelinsky: Russische Romantik. Köln, Wien 1975. S. 235ff.

blematik ist Odoevskijs Wahl nicht zufällig. Er versteht beide Komponisten weitgehend als Instrumentalmusiker, also als Repräsentanten einer Musik, die sich von den Bindungen an die Materie gelöst und zur „reinen Kunst“ geläutert hat. Wenn Odoevskij also von einer ursprünglichen und notwendigen Verbindung von Sprache und Musik, Dichtung und Musik spricht, dann betrifft das nicht die Verbindung von Wort und Ton im Rahmen einer musikalischen Lyrik, wie wir sie bei Tieck, Eichendorff oder Brentano finden; es betrifft nicht Herders Konzeption einer ursprünglich musikalischen Sprache, die er im Volkslied zu erkennen glaubte; es betrifft auch nicht Vorstellungen, wie sie Novalis in seinen Ausführungen zur *Tonschriftkunst*[5] entwickelt hat. Musik, Instrumentalmusik, ist entmaterialisierte, geistige Kunst und als solche ist sie auch nicht mehr an bestimmte, einzelne Organe wie die menschliche Stimme gebunden. Entsprechend negativ wird, z.B. in der Bachnovelle, die Vokalmusik beurteilt. Am Beispiel des Gesanges, mit dem der italienische Musiker Francesco eine späte, verbotene Liebe bei Bachs Gattin Magdalena erweckt, wird die verderbliche, die Sinne reizende Verschmelzung von bedeutungshaltigem Wort und Ton demonstriert, wird die Trennung von Wort und Ton als Akt der Reinigung vorgestellt.[6] Verbunden damit ist die Akzentuierung des amimetischen Charakters von Kunst schlechthin; die Musik erfährt in diesem Zusammenhang natürlich eine besonders hohe Einschätzung.

Besonders deutlich auf E.T.A. Hoffmann ist die Beethoven-Novelle bezogen, und zwar in dreifacher Hinsicht: erstens durch das aus den *Serapionsbrüdern* (*Rat Krespel*) stammende Motto, zweitens durch die Verbindung der Beethovencharakterisierung mit Passagen aus Hoffmanns berühmter *Rezension zur 5. Sinfonie* von 1810 und drittens durch Korrespondenzen zwischen Beethoven und Künstlergestalten wie dem Baron v. B., Serapion und Kreisler. Die Novelle behandelt die letzte Lebensphase Beethovens; in ihrem Mittelpunkt steht ein Gespräch, das der Komponist kurz vor seinem Tode mit seiner letzten Schülerin und Betreuerin Luise führt. In unübersehbarer Orientierung an Hoffmanns Rezension von Beethovens 5. Sinfonie (April/Mai 1810) erscheint dieser als von Leiden und Schmerz bedrängter, weil auf das Unendliche, Ungeheure und Unermeßliche ausgerichteter Künstler, als ein Künstler, dessen existenzielle Gefährdung aus seiner – mit Hoffmann zu sprechen – Hingabe an das Unaussprechliche resultiert.[7] Die Erfahrung des Unendlichen artikuliert

---

[5] Vgl. Novalis Schriften: Die Werke Friedrich von Hardenbergs. III. Bd. Das philosophische Werk II. Hg. von Richard Samuel in Zusammenarbeit mit Hans-Joachim Mähl und Gerhard Schulz. Stuttgart/Darmstadt 1968. S. 283. Zum Motiv des Singens im Kontext der Relation Musik-Dichtung vgl. auch: Peter Horst Neumann: Lieder jenseits der Menschen. Das Motiv des Singens bei Celan und in neuerer deutscher Poesie. In: Das musikalische Kunstwerk. Festschrift für Carl Dahlhaus. Hrsg. von H. Danuser u.a. Laaber 1988. Insbes. S.768-770.

[6] Korrespondierend dazu bezeichnet in der Beethoven-Novelle die Titelfigur „die Stimmen, de[n] Gesang, die Proben der Oratorien und Opern“ als „Hölle in meinem Gehör“. Fürst Wladimir F. Odojewskij: Russische Nächte. Mit einem Nachwort von Heinrich A. Stammler. Deutsch von Johannes von Guenther und Heinrich A. Stammler. Zürich 1984, S. 166/167. Nach dieser Ausgabe wird im folgenden zitiert.

[7] E.T.A. Hoffmann: Schriften zur Musik. Aufsätze und Rezensionen. Darmstadt 1978. S. 34.

sich im Innern des Künstlers als eine besondere Form von Inspiration, die als „Sprache des inneren Tons“ an die Musik gebunden ist:

> Ich kann nur jene Begeisterung verstehen, wenn die ganze Welt sich für mich in Harmonien verwandelt, wenn jedes Gefühl und jeder Gedanke in mir zu tönen beginnen, wenn alle Kräfte der Natur zu meinen Werkzeugen werden, wenn mein Blut in den Adern kocht, wenn ein Schaudern über meinen Körper läuft und sich die Haare auf meinem Haupt sträuben[...].[8]

Gefühl und Gedanke verlieren in diesem Zustand des Enthusiasmus jeglichen Bezug auf Gegenständliches; sie sind als bestimmte Gedanken bzw. Gefühle nicht mehr identifizierbar, werden zum „reinen Ton“. In dieser Eigenschaft sind sie zugleich Bestandteil eines anscheinend selbstbezüglichen Systems von Zeichen. In Beethovens Beschreibung ist dies identisch mit der Musik als neuer, jegliche Sinnlichkeit und Materialität transzendierender „reiner Tonsprache“, die nicht zu begreifen, bestenfalls zu erahnen ist.

> In meiner Einbildung schweben ganze Reihen harmonischer Klänge; originale Melodien überschneiden einander und verschmelzen zu einer geheimnisvollen Einheit; aber wenn ich es ausdrücken will, ist alles verschwunden[...].[9]

Ebenfalls unerklärbar sind die diese Sprache bestimmenden, den Zusammenhang, die Harmonie der Einzeltöne verbürgenden Gesetzmäßigkeiten. Ausdruck dessen ist u.a. das Unvermögen des Künstlers Beethoven, diese Sprache einer bestimmten Instanz zuzuordnen. Sie ist zum einen Manifestation des Überirdischen, zum anderen eine Bildung „nach den innersten Gesetzen der Natur“.[10] Mögliche Beziehungen zwischen beiden Instanzen sind nicht ausgeführt; eine bei dem Schellingianer Odoevskij naheliegende Verbindung von Natur und Geist, Natur und Gott in Gestalt dieser Sprache wird nicht einmal angedeutet. Die erwähnte „Hingabe an das Unaussprechliche“, Unendliche ist unmittelbare und nicht vermittelbare Erfahrung. Beethovens Problem ist der „Abgrund[...], der zwischen dem Gedanken und dem Ausdruck gähnt“,[11] also die Diskrepanz zwischen der Erfahrung des Unendlichen und seiner Verendlichung in Gestalt seines Kunstwerkes. Weder die Universalität der Harmonien noch die sich als Sehnsucht manifestierende Bezogenheit des Musikers auf das Unendliche finden ihnen entsprechende Formen der Realisierung. Eine Veräußerlichung, Objektivierung durch die Schrift, durch ein Instrument oder durch die Kunstfertigkeit des Virtuosen ist unmöglich. Die von Beethoven erfahrene Musik bleibt notwendig innerlich, er selbst hört nur noch die geistige, nicht real erklingende Musik:

---

[8] Russische Nächte (Anm. 6), S. 168/169.

[9] Ebd., S. 167.

[10] Ebd., S. 168. Als solche wäre sie Manifestation eines ganzheitlichen Naturverständnisses, wie es in einer Fülle naturphilosophischer Entwürfe der Romantik artikuliert worden ist – Beleg dafür, daß in die Gestaltung der Novelle recht verschiedene Konzeptionen eingegangen sind.

[11] Ebd., S. 166.

> Mit diesen Worten näherte sich Beethoven dem Fortepiano, auf dem es keine einzige heile Saite mehr gab, und schlug mit bedeutender Miene auf die leeren Tasten. Sie klapperten monoton auf dem trockenen Holz des zerstörten Instrumentes, derweil aber glitten die allerschwierigsten Fugen für fünf oder sechs Stimmen durch alle Geheimnisse des Kontrapunktes und breiteten sich von allein unter die Finger des Schöpfers des *Egmont*, während dieser seiner Musik so viel als möglich Ausdruck zu verleihen suchte... Schließlich legte er seine ganze Handfläche stark auf die Tasten und hörte auf. „Hörst du das?“ sagte er zu Luise, „das ist ein Akkord, den zu verwenden sich bis jetzt noch niemand erkühnt hat. So! Ich vereinige damit alle Töne der chromatischen Tonleiter in eine Harmonie und beweise den Pedanten, daß dieser Akkord richtig ist. Aber ich höre ihn nicht, Luise, ich kann ihn nicht hören! Kannst du begreifen, was es bedeutet, die eigene Musik nicht zu hören?[12]

Beethovens Taubheit erscheint von daher nicht als organisches Leiden, sondern als notwendige Folge der erwähnten Diskrepanz von *Gedanke* und *Ausdruck*. Der nur geistige Ton ist als realer Klang nicht erfahrbar, nicht hörbar, auch nicht für den Komponisten.[13] Die Taubheit ist so ein Teil der die gesamte Existenz Beethovens bestimmenden Leiden, deren Ursache die beschriebene Diskrepanz ist. Odoevskijs Beethoven ist der universalen Musik-Sprache und dem durch sie erzeugten unendlichen Gefühl ausgeliefert; er beherrscht sie nicht, er ist unfähig, diese Erfahrung mittels Besonnenheit, Distanz und Kunstfertigkeit (techné) in eine Form zu bringen. Das bewirkt eine bis zum Wahnsinn gehende Unruhe und innere Zerrissenheit sowie extreme soziale Isolierung. Odoevskij entfernt sich mit den zuletzt genannten Merkmalen von Hoffmanns Beethovenrezensionen. Wird dort die Verbindung von Einbildungskraft und Besonnenheit gerühmt[14], so stilisiert Odoevskij Beethoven zum

---

[12] Ebd., S. 164/165.

[13] Die zitierte Passage läßt deutliche Übereinstimmungen mit Passagen aus E.T.A. Hoffmanns Erzählung Der *Baron v. B.* erkennen. Ähnlich wie der auf dem zerstörten Flügel spielende Beethoven kann der die Geige völlig falsch spielende Baron nur noch den „geistigen Ton“ vernehmen: „Er [der Baron v. B., J.L.] nahm mir das Instrument aus der Hand, setzte den Bogen dicht am Frosch an! – Nein! – hier fehlen mir wahrscheinlich die Worte, es auszusprechen, wie es sich nun begab.
Dicht am Stege rutschte er mit dem zitternden Bogen hinauf, schnarrend, pfeifend, quäkend, miauend – der Ton war dem zu vergleichen, wenn ein altes Weib, die Brille auf der Nase, sich abquält, den Ton irgendeines Liedes zu fassen.
Und dabei schaute er himmelwärts, wie in seliger Verzückung, und als er endlich aufhörte, mit dem Bogen auf den Saiten hin und her zu fahren und das Instrument aus der Hand legte, glänzten ihm die Augen und er sprach tief bewegt: ‚Das ist Ton – das ist Ton!‘“ E.T.A. Hoffmann: Die Serapionsbrüder. Darmstadt 1976/79. S. 751. Hingegen sind die von Charles E. Passage angeführten Hinweise auf Hoffmanns *Ritter Gluck* wenig überzeugend. Charles Passage: The Russsian Hoffmannists. The Hague 1963. S. 95ff.

[14] E.T.A. Hoffmann: Schriften zur Musik. S. 37: „Nichtsdestoweniger ist er, rücksichts der Besonnenheit, Haydn und Mozart ganz an die Seite zu stellen. Er trennt sein Ich von dem innern Reich der Töne und gebietet darüber als unumschränkter Herr. Wie ästhetische Meßkünstler im Shakespeare oft über gänzlichen Mangel wahrer Einheit und inneren Zusammenhanges geklagt haben, und nur dem tiefern Blick ein schöner Baum, Knospen und Blätter, Blüten und Früchte aus einem Keim treibend, erwächst: so entfaltet auch nur ein sehr tiefes Eingehen in die innere Struktur Beethovenscher Musik *die* hohe Besonnenheit

romantischen Künstler, der im Suchen nach neuen, unerhörten Bereichen der Kunst alle Möglichkeiten künstlerischer Realisierung aus dem Blick verliert. Die Frage nach dem Verhältnis von „Gedanke“ und „Ausdruck“ und in Verbindung damit nach den Konstituenten einer neuen Sprach-Kunst in Form der Musik permutiert zur genuin romantischen Frage nach den Voraussetzungen und Gefahren einer auf das Innere reduzierten ästhetischen Existenz. Die Affinität zu E.T.A. Hoffmann geht dabei keineswegs verloren. Die für ihn zunächst wichtige Zeichnung der Beethovengestalt in den Hoffmannschen Rezensionen verändert Odoevskij in Orientierung an bekannten Künstlergestalten aus Hoffmanns Erzählwerk. Zu nennen sind vor allem Serapion, der Baron von B. und Kreisler. Mit Serapion verbindet den Beethoven Odoevskijs der extreme Subjektivismus, die Reduktion des Ästhetischen auf eine besondere Form innerer Erfahrung. Die Übereinstimmung mit dem Baron v. B. ergibt sich aus beider Fixierung auf den reinen inneren Ton und die vergeblichen Bemühungen, ihn als Klang zu materialisieren.[15] In diesem Zusammenhang sind auch die Korrespondenzen zur Kreisler-Figur zu sehen: Odoevskijs Beethoven und Hoffmanns Kreisler leiden an der Diskrepanz zwischen dem reinen, nach den innersten Gesetzen der Natur gebildeten Ton und den fehlenden Möglichkeiten seiner Realisierung.[16]

Ebensowenig wie die Zeichnung Beethovens ist diejenige Bachs an der historischen Gestalt orientiert: Auch Bach wird als Repräsentant eines bestimmten Kunstverständnisses vorgestellt. Er ist der Gegentyp zu Beethoven. Anders als dieser ist der Kirchenmusiker von Beginn an auf eine *bestimmte* Vorstellung vom Unendlichen, nämlich auf die göttliche Instanz, bezogen. Bach wird zur Inkarnation einer allein durch die Musik erreichbaren Verschmelzung von Kunst und Religion.[17] Die Odoevskijs Beethoven so bedrängende Diskrepanz zwischen „Gedanken und Ausdruck“ erscheint in der Bachnovelle als durch die Kunst aufhebbar; dem innerlich zerrissenen Beethoven wird der harmonische Bach gegenübergestellt. Auch in diesem Zusammenhang ist das Verhältnis von Musik und Sprache von besonderem Gewicht, sind doch die genannte Verschmelzung sowie die daraus resultierende Restitution eines goldenen Zeitalters auf das Finden bzw. Erfinden einer unbekannten Sprache gegründet, eine Sprache, die auch hier nur Musik, Instrumentalmusik sein kann. Abweichend von der Beethovennovelle wird hierbei die o.g. Sprachskepsis umfassend, in Rahmen und Binnenerzählung berücksichtigt: sowohl der die Biogra-

---

des Meisters, welche von dem wahren Genie unzertrennlich ist und von dem anhaltenden Studium der Kunst genährt wird.“

[15] Vgl. Anm. 12

[16] Vgl. dazu u.a. Kreislers Probleme mit dem Stimmen der Gitarre im ersten Abschnitt des *Kater Murr*. E.T.A. Hoffmann: Die Elixiere des Teufels. Lebens-Ansichten des Katers Murr. Darmstadt 1988. S. 337ff.

[17] Auch hierbei sind Korrespondenzen zu musikästhetischen Positionen Hoffmanns unübersehbar; als ein Beispiel sei der Aufsatz *Alte und neue Kirchenmusik* genannt. (E.T.A. Hoffmann: Schriften zur Musik. Nachlese. Darmstadt 1963. Insbesondere S. 212). Die Gestalt Bachs ist allerdings weniger eindeutig auf das Werk Hoffmanns beziehbar. Vielmehr ist der deutsche Kirchenmusiker ganz offenkundig einer ganzen Reihe von romantischen Künstlergestalten verpflichtet, z.B. Wackenroders Joseph Berglinger.

phie Bachs vortragende zweite Rahmenerzähler, als auch der innerhalb der Biographie die o.g. Utopie vom goldenen Zeitalter formulierende Instrumentenbauer Albrecht haben Probleme, den Bereich des Inneren bzw. das Unendliche umgangsprachlich auszudrücken. Ihr defizitäres Sprechen wird dabei ambivalent bewertet: es ist einerseits Indiz für die Diskrepanz zwischen Gedanke und Ausdruck, es verweist andererseits auf eine zu ahnende, Inneres und Äußeres verbindende, das Unendliche bestimmbare, vollkommene Sprache.

Das Verhältnis von Sprache und Musik wird also auf zwei Ebenen, im Rahmen und in der Binnenerzählung entfaltet. Im hier besonders kunstvoll strukturierten Rahmen verliest Faust, die Hauptgestalt der erwähnten Gesprächsrunde, ein Manuskript, in dem ein konturloser Ich-Erzähler eine weitere Erzählfigur vorstellt, von der er die Bach-Biographie gehört hat. Dieser Biograph, eine merkwürdige Mischung aus Sammler, Sprachforscher, Kunstenthusiast und Philosoph, trägt Kunstwerke aller Zeiten und aller Weltgegenden zusammen:

> Das Ziel all seiner Bemühungen war – zu beweisen, daß unter diesen Strichen und in diesen Tonfolgen eine geheimnisvolle Sprache verborgen sei, eine Sprache, bisher noch so gut wie unbekannt, die allen Künstlern gemeinsam sei – eine Sprache, ohne deren Kenntnis niemand, seiner Ansicht nach, die Poesie jemals zu fassen vermochte oder ein künstlerisches Werk oder gar schließlich den Charakter eines Poeten.[18]

Kunstwerke sind folglich Bestandteile *eines* Textes und zugleich „Vorschein“ (im Blochschen Sinn) eines noch verborgenen Sprachuniversums. In dieser Eigenschaft sind sie notwendig fragmentarisch und intertextuell strukturiert, sind sie Antwort und auf Antwort bezogen:

> zur vollkommenen Beherrschung der *innerlichen* Sprache der Künstler ist es unumgänglich nötig, alle Werke der Künstler ohne Ausnahme kennenzulernen und nicht etwa nur der berühmten, weil nämlich, setzte er fort, „Die Kunst aller Zeiten und aller Völker ein einziges, geschlossenes harmonisches Werk bildet; ein jeder Künstler fügt seinen besonderen Strich, seinen Ton, sein Wort hinzu; ein Gedanke, den ein großer Künstler angefangen, wird häufig von einem mittelmäßigen zu Ende geführt; und ebenso häufig geschieht es, daß ein dunkler Gedanke, der in einem gewöhnlichen Mann entstanden, durch die Kunst eines Genius erst sein beständiges und strahlendes Licht erhält; noch häufiger aber geschieht es, daß Poeten, die durch Raum und Zeit weit voneinander getrennt sind, dennoch miteinander sprechen, wie das Widerhallen des Echos zwischen den Klippen im Meer: die Lösung der >Iliade< ruht in der >Comedia< von Dante; Byrons Poesie ist der beste Kommentar zu Shakespeare; das Geheimnis Raffaels soll man in Albrecht Dürer suchen; das Straßburger Münster ist ein Anbau zu den ägyptischen Pyramiden; Beethovens Symphonien sind der zweite Teil von Mozarts Symphonien[...]. Alle Künstler

[18] Russische Nächte (Anm. 6), S. 208.

> befassen sich immer nur mit dem einen, und alle sprechen die gleiche Sprache: darum versteht einer unwillkürlich den anderen.[19]

Sind die Kunstwerke einerseits Fragment,[20] so sind sie andererseits in sich vollendet, da sie als einzige grundlegende Gegensätze wie Geist und Natur bzw. innere und äußere Welt vereinen. In diesem Zusammenhang wird auch der Gegensatz von Kunst und Leben ebenso gegenstandslos wie der Unterschied zwischen Kunstwerk und Biographie. So ist die Präsentation dieser Einheit von Kunst und Leben auch mit Hilfe von Künstlerbiographien möglich und vornehmlich dies ist die Begründung für das Schreiben der Bach-Biographie.

Der beschriebene Kontext erklärt zugleich die Besonderheiten der biographischen Gestaltung, die konsequent die o.g. Identität von Kunst und Leben herausarbeitet. Jedes lebensgeschichtliche Faktum wird mit musikalischen Begriffen und Kategorien vorgestellt: Magdalena, die Ehefrau, ist ein „so schlanker und so unumgänglich notweniger Ton",[21] die einzelnen Personen der Bachfamilie werden als „nur getrennte Töne des gleichen Akkords"[22] vorgestellt. Besonders deutlich zeigt sich dieses Gestaltungsprinzip an Bach, der zu einer von historischen und lebensweltlichen Gegebenheiten gleichsam gereinigten Kunstfigur[23] wird, vergleichbar dem oben erwähnten „reinen Ton". Letzterer wird insbesondere durch die Parallelisierung von Instrument- bzw. Orgelmusik und Charakterentwicklung akzentuiert:

> Das häufige Orgelspiel und das unablässige Nachdenken über dieses Instrument waren danach angetan, den gleichmäßigen, ruhigen und majestätischen Charakter Bachs noch stärker zu entwickeln. Dieser Charakter spiegelte sich in seinem ganzen Leben wider oder, besser gesagt, in seiner ganzen Musik. Zwar kann man in seinen frühen Werken noch einen gewissen Tribut wahrnehmen, den er dem zu seiner Zeit herrschenden Geschmack zollte; in Folge aber schüttelte Bach auch diesen Schutt, der ihn noch an das tägliche Leben fesselte, ab, und seine ruhige Seele äußerte sich nunmehr voll und ganz in seinen majestätischen Melodien und fand in ihnen ihren gleichmäßigen und leidenschaftslosen Ausdruck. Mit einem Wort, er wurde zu einer Kirchenorgel, die zur Stufe des Menschen erhoben worden war.[24]

Bei einer solchen Zeichnung der Kunstfigur Bach verwundert es nicht, daß auch die kommunikative Funktion der Sprache von der Musik übernommen wird.

---

[19] Ebd., S. 209/210.

[20] Das Verhältnis von Fragment und Ganzheit ist thematisch und strukturell (Binnenerzählung – Rahmen) bedeutsam für die *Russkie noči*. Dies sowie die unübersehbaren Bezüge zur frühromantischen Auffassung von Fragment und System verdienten eine eigene Untersuchung.

[21] Russische Nächte (Anm. 6), S. 247.

[22] Ebd., S. 216.

[23] Als solche ist er bar jeglicher Individualität; auch die von Zelinsky versuchte Einordnung der Novelle in die Tradition des deutschen Bildungsromans erscheint deshalb höchst problematisch. Zelinsky (Anm. 4), S. 264.

[24] Russische Nächte (Anm. 6), S. 251.

> Wenn aber Sebastian dann wieder zu seiner Magdalena hereinkam... setzte [er] sich augenblicklich an sein Klavichord und spielte oder sang ihr seine neuen Kompositionen vor: dies war das gewöhnliche Gespräch zwischen den beiden Ehegatten; ein anderes pflegten sie nie zu führen.[25]

Die vom Rahmenerzähler vollzogene Reduzierung Bachs auf eine rein musikalische Existenz ist der Versuch, die in den musikalischen Kunstwerken vollendete Synthese von Kunst und Leben auf eine andere, allerdings unvollkommenere Weise zu vollziehen. Zu dieser Eigenschaft ist auch diese neue Biographieform Annäherung an den vom Biographen erwähnten universalen Text, der – in unübersehbarer Korrespondenz zu Friedrich Schlegels progressiver „Universalpoesie“ – nicht nur die Kunstwerke und Künstler verschiedener Völker und Epochen, sondern verschiedenste Gattungen in sich vereinen soll.

Die Binnenerzählung erweitert diese ästhetische um eine geschichtsphilosophische Argumentation, in deren Rahmen der universale Text auf einen bestimmten Weltzustand bezogen wird. Ihren deutlichsten Ausdruck findet diese Korrespondenz in einer Vision von Bachs wichtigstem Lehrer, dem Instrumentenbauer Albrecht:

> Aber es gibt für die Menschenseele noch eine höhere Stufe, die sie nicht mehr mit der Natur teilt, ein etwas, das sich dem Meißel des Bildhauers nicht fügt und das nicht von den flammenden Worten des Dichters gesagt werden kann – jener Grad nämlich, da die Seele im Triumph ihres Sieges über die Natur und im ganzen Glanz ihres Ruhmes sich dennoch vor der höchsten Gewalt demütig beugt und mit bitterem Leiden nur dieses ersehnt: sich zu den Füßen ihres Thrones hinzuwerfen und sich wie ein Wanderer inmitten der prunkvollen Genüsse des fremden Landes nach der Heimat zurückzuwünschen; das Gefühl, das auf dieser Stufe entsteht, nannten die Leute *unausdrückbar*; die einzige Sprache für dieses Gefühl ist die *Musik*: auf dieser höchsten Stufe der menschlichen Kunst vergißt der Mensch die Stürme der irdischen Pilgerschaft; hier glänzt wie auf den Gipfeln der Alpen ewig die wolkenlose Sonne der Harmonie; einzig ihre unbestimmbaren und grenzenlosen Töne umfassen die schrankenlose Seele des Menschen; nur sie können die Elemente der Trauer und der Freude, die der Sündenfall des Menschen getrennt hat, wieder in eines verschmelzen – nur in ihnen wird das Herz wieder jung und vermag wieder jenen Zustand zu erreichen, da der erste unschuldige Mensch in seiner ersten Wiege der Unschuld lag.[26]

Die Kunst als universaler Text ist Präfiguration einer verlorengegangenen und wiederherzustellenden Einheit von Geist und Natur, Gott und Mensch. Ihre reinste und höchste Form ist die Musik in Form der Instrumentalmusik. In ihr ist die Differenz von Inhalt und Ausdruck aufgehoben; amimetisch, entmaterialisiert und zugleich unbestimmbar ist sie besonders eng auf das Absolute bezogen. Im Herstellen einer besonderen Beziehung zwischen Mensch und Gott ist sie Sprache, Sprache der Kunst und der Religion. Verwirklichen kann Bach die von Albrecht artikulierte Utopie letztlich nur in sehr bedingter Weise.

---

[25] Ebd., S. 250.
[26] Ebd., S. 243/244.

Zwar eröffnet seine Musik den Zugang zum Absoluten, zwar ist sie „Versprachlichung“ der menschlichen Sehsucht nach dem Unendlichen, doch wird dies mit einem schwerwiegenden Bruch zwischen Künstlerexistenz und Lebenswelt erkauft. Auch wenn Bach „Gedanke“ und „Ausdruck“ im Kunstwerk zu vereinen vermag, bleibt seine Musik eine Sprache des Inneren, die einseitig auf das Absolute bezogen ist. Sie vollzieht genau so wenig eine Synthese von Kunst und Leben wie der von Beethoven in seinem Innern gehörte „geistige Ton“. Dies wird vor allem am Schluß der Bach-Biographie herausgestellt. Beide, Beethoven wie Bach, verkörpern in Odoevskijs Gestaltung eine Reduktion des Künstlers auf die Innerlichkeit. Bei aller Größe demonstrieren sie ein Künstlertum, dessen „Sprache“ ihre wichtigste, die verbindende Funktion weitgehend verloren hat und bei aller Vollendung die Gespaltenheit der Welt eher festschreibt als überwindet.

Rudolf Stephan

ZUM VERSTÄNDNIS DES „ZWEITEN QUARTETTS OP.10" VON ARNOLD SCHÖNBERG

I.

Das *Streichquartett op. 10 in fis-Moll* von Arnold Schönberg ist eines der größten Werke der Tonkunst aus der Zeit unmittelbar vor dem ersten Weltkrieg. Es ist die Zeit des hervorbrechenden Expressionismus, eine in jeder Hinsicht vergangene Zeit. Wir versuchen hörend, aufmerksam und genau hörend zu verstehen – das Werk, die Zeit und den Menschen, der dieses Werk in für ihn ebenso verzweifelter wie glücklicher Zeit hervorgebracht hat. Verzweifelt war seine persönliche Situation – eine Ehekrise –, glücklich war er als Künstler: bei frischester Inspiration auf der Höhe und im Vollbesitz seiner Gestaltungskraft.

Doch zunächst einiges Allgemeine zur ersten Annäherung. Arnold Schönberg, 1874 geboren im 2. Wiener Stadtbezirk, der Leopoldstadt, kam, wie so viele der großen Komponisten, aus kleinsten Verhältnissen. Er bildete sich als Autodidakt im Geiste der klassischen Tradition, deren letzter Repräsentant, Johannes Brahms, damals in Wien noch lebte. Brahms starb 1897, kurz bevor Gustav Mahler sein Amt an der Hofoper antrat. Bei Alexander von Zemlinsky, einem hervorragend ausgebildeten und gebildeten Musiker, den Brahms noch gefördert hatte, der später dann freilich in Mahlers Bann geriet, bekam er bedeutungsvolle Winke, befreundete sich herzlich mit ihm (und heiratete dann dessen Schwester). Um diese Zeit lernte er die Bestrebungen der damaligen Moderne kennen, und hier waren es vor allem der Lyriker Richard Dehmel und der als Komponist auf der Höhe des Ruhms stehende Richard Strauß, die nachhaltig auf ihn wirkten, Dehmel wegen seiner ethisch-moralisch akzentuierten Befreiung aus gesellschaftlichen Konventionen, Strauß wegen seiner unwiderstehlichen Brillanz. Aber bald sollte er sich von Strauß, der ihn übrigens erfolgreich gefördert hat, innerlich abwenden. Schönberg wollte alles bloß Äußerliche, Dekorative, Gefällige meiden. Ihm erschien – und mit dieser Ansicht stand er keineswegs allein – die Straußische Musik gerade in ihrer Brillanz als innerlich unwahr. Schönbergs *Kammersymphonie für 15 Soloinstrumente in E-Dur op. 9* von 1906 zeigt denn auch eine schicksalhafte Bindung in der Abwendung: die Weiterentwicklung und enorme Steigerung der Straußischen Polyphonie, verbunden freilich mit konzentriertester Formung bei durchweg dissonanzenreichem, instrumental gepreßtem Klang, der als Umkehrung des Wohlklangsprinzips angesehen werden darf. – Die Kammersymphonie erschien damals, obgleich noch tonal, als ein Werk wahrhaft Neuer Musik.

Hat sich Schönberg damals von dem bewunderten Strauß innerlich abgewandt – die äußere Abwendung sollte erst später erfolgen –, so gewann er allmählich Zugang zur Musik des als Mensch von ihm hoch verehrten Mahler, dessen (scheinbare) musikalische Primitivität ihn jedoch zunächst befremdet hatte. Schönberg, damals dreißigjährig, war weniger überzeugt von dem, was Mahler sagte (also komponierte), als von dem, was er (durch seine Komposition) zeigte: seine Seele, seinen Kampf um Harmonie, Wahrheit. Er hat sich in einer Schönberg überzeugenden Weise ausgedrückt, nicht bloß irgend etwas brillant oder effektvoll gesagt. Er hat der höchsten Aufgabe des Künstlers genügt. „In Wirklichkeit gibt es für den Künstler nur ein Größtes, das er anstrebt: sich auszudrücken". „Sich ausdrücken" heißt: seine Seele, sein Wesen, seine Befindlichkeit offenbaren. Dieser Vorgang kann freilich nicht willentlich – etwa durch bewußte Formung – herbeigeführt, allenfalls befördert werden.

> Jede Formung ... ist nicht ganz frei von Bewußtseins-Akten. [Und] die Kunst gehört aber dem Unbewußten. Man soll sich ausdrücken! Sich unmittelbar ausdrüken! Nicht aber seinen Geschmack, oder seine Erziehung oder seinen Verstand, sein Wissen, sein Können. Nicht alle diese nichtangeborenen Eigenschaften. Sondern die angeborenen, die triebhaften.

Mit diesen Worten stellte sich Schönberg 1911 dem Maler Wassily Kandinsky, der sie begeistert aufnahm, vor. Schönberg radikalisiert hier die Ausdruckslehre des Erzwagnerianers Friedrich von Hassegger, die ihrerseits wieder von der damals mächtigen Vorstellungswelt Darwins geprägt war. Wichtig ist für Schönberg, wie für so manchen Künstler seiner Generation, etwa den Wiener Architekten Adolf Loos, vor allem die Überzeugung, daß der wahre Mensch, das Eigenste des Menschen, durch Kulturkonventionen überformt ist, es also Aufgabe des Künstlers sein muß, die Überformung abzutragen, um so diesen wahren Kern wieder hervortreten zu lassen.

Schönberg ging also, konsequent wie er war, den Weg der Entkonventionalisierung. Er sah damals bei der ihm eigenen Radikalität beinahe in allem Konvention, die es zu durchbrechen gelte: in der Wiederholung, in der thematischen Arbeit, überhaupt in der Formung, in der Verwendung der Instrumente, schließlich sogar in der Tonalität. Und so wurde dies alles nach und nach abgestreift. Auf seinem Weg, der auch einer ins eigene Innere war, setzte sich ihm alsbald an die Stelle der realen Welt mehr und mehr eine andere, die als geistige aufgefaßte jenseitige, in welcher sich die vom Irdischen gelöste Menschenseele bewegt, sei es um selbst die höheren Sphären zu erleben (wie im *Zweiten Quartett*), sei es, um nach dem Tod sich auf ein neues Leben vorzubereiten (wie in der *Jacobsleiter*). Dieser Weg führte Schönberg (wie auch sonst manchen Expressionisten) sehr weit weg vom normalen Bewußtsein, weit ab von der dem Äußeren zugewandten, zeitüblichen Kunst.

Das 2. *Quartett*, das selbst einen Weg zeigt, markiert eine entscheidende Station auf Schönbergs Weg, eine Station freilich, die weniger als Rastplatz, denn als Wegkreuz zu beschreiben wäre. Der Weg der Entkonventionalisierung der Tonsprache hat zunächst durch das Wegfallen von allem Rhetorischen, aller Breite und Massenhaftigkeit zu knapper, höchst konzentrierter Formung geführt. Zunächst in der Besetzung: der durchaus symphonische Inhalt des Werkes ist dem Quartett anvertraut (der Klangkörper also aufs Äußerste reduziert), dazu ist alles Thematische konzentriert. Konzentriert heißt hier: es herrscht bei außerordentlichem Gedankenreichtum größte motivisch-thematische Dichte bei größtmöglicher Knappheit. Diese wiederum setzt voraus, daß sich alle musikalischen Entwicklungen rasch abspielen, die thematischen, und die harmonischen. Dies führt zu klanglichen Verdichtungen, die nicht leicht zu durchhören sind. Und dabei ist so gut wie jede Einzelheit des Tonsatzes in irgend einer Hinsicht bedeutungsvoll. Daher die Notwendigkeit größter Aufmerksamkeit. Unthematische Zwischenglieder oder Übergänge gibt es überhaupt nicht mehr. Und selbst Begleitfiguren können sich jederzeit zu thematischen Gestalten entwickeln.

Der 1. Satz ist ein freier Sonatensatz, aber der Gegensatz zwischen Exposition (und Reprise) einerseits und Durchführung andererseits, ist kaum mehr kenntlich, da überall Themen und Motive durchgeführt (oder besser: verarbeitet) werden. Abschnitte sind allerdings wohl erkennbar, vor allem dank der sehr ausgearbeiteten Disposition verschiedener Tempi und Tempoveränderungen (Beschleunigungen, Verlangsamungen, plötzlichem Wechsel). Durch dieses Mittel wird für den Hörer die Harmonik als formbildender Faktor entlastet. Vielleicht ist es gut, sich gleich das allererste Motiv einzuprägen.

Der 2. Satz ist ein Scherzo (in d-Moll): hier werden drei Themen – genauer: ein Thema und zwei Motive – exponiert und sogleich verarbeitet – und auch das Trio bietet neue Gedanken (nebst Durchführung) und Reprise. Bei der Rückführung zur Reprise des Scherzos erklingt, motivisch wohl vorbereitet, in einer Nebenstimme das volkstümliche Lied vom lieben Augustin. Man hat versucht, dieses Zitat programmatisch zu deuten und die Worte des Liedes „alles ist hin“ auf die Tonalität, auf die Tonkunst ganz allgemein, aber auch auf die Ehekrise bezogen. Wem die Musik als Musik nichts sagt, mag sich mit dergleichen Überlegungen abgeben. Die Musik selbst ist beredt; seinem Charakter nach ist der Satz jedoch eher gespenstisch als volkstümlich.

Hier noch einige knappe Bemerkungen zu den folgenden Sätzen, die dann in der zweiten Annäherung nach der ersten Aufführung besprochen werden sollen.

Der 3. Satz ist eine Folge von Variationen über ein Thema, das aus Motiven der beiden vorangehenden Sätze gebildet ist. Der 4. wiederum ein freier Sonatensatz. Diese beiden Sätze sind zugleich Vertonungen von zwei Gedichten Stefan Georges, *Litanei* und *Entrückung*. Die *Litanei* steht in es-Moll, der letzte Satz, der das Reich der Tonarten verläßt – er ist auf weite Strecken hin „atonal“ –, endigt aber gleichwohl in einer Tonart, in Fis-Dur.

II.

Die beiden letzten Sätze des Quartetts, Vertonungen bedeutender Dichtungen, lenken unseren Blick auf den Dichter Stefan George, eine herausragende Gestalt, die dem aktuellen, kommerziell orientierten Kunstbetrieb fernblieb und ihm ein strenges, verpflichtendes Kunstideal vor Augen stellte. Die Dichtungen, durch kunstreichen hohen Stil ausgezeichnet, machten gerade darum auf Schönberg so großen Eindruck, weil er selbst um einen neuen hohen Stil rang, einen, der sich von allem Alltäglichen, das den wahren Künstler nichts angeht, frei weiß. Der Künstler ist der Seher, der Hohepriester (der Kunstreligion), die Anhänger sind, nach hohem Vorbild, die Jünger, die eine Gemeinde oder einen Kreis bilden, indes die Außenstehenden von Clique sprechen. Diese Welt ist, wie überhaupt die des Kults der großen Persönlichkeit, versunken, aber geblieben sind die Dichtungen, deren Glanz noch heute ungetrübt ist.

Als Schönberg mit der Lyrik Georges bekannt wurde, war er künstlerisch an einem entscheidenden Punkt angekommen. Auch persönlich fand er sich in einer Situation, die ihn besonders für fremde Eindrücke empfänglich machen mußte, im Zustand der Erschütterung. Der Inhalt der beiden Gedichte macht da einen bestimmten Zusammenhang wahrscheinlich: verschmähte Liebe: ‚Nimm mir die Liebe, gib mir dein Glück' heißt der Schlußvers der *Litanei*. In der Vertonung klingt Kundrys Lachen bemerklich nach, in der Tonart des Satzes, es-Moll, Tristan. Es ist zu vermuten, daß diese beiden zitierten Zeilen, Veranlassung zur Vertonung gegeben haben.

Die Litanei gilt musikalisch als Variationssatz. Was aber als Thema figuriert, ist eine Zusammenstellung mehrerer Motive, die zusammen keinen in sich geschlossenen Komplex, kein Thema im traditionellen Sinne bilden, sondern eher als vorläufige Zusammenstellung, die etwas erwarten läßt, erscheint. Tatsächlich sind die Motive auch aus den beiden vorangehenden Sätzen dem beispiellos konzentrierten Hauptsatz des Quartetts und dem Scherzo, in dessen Trio das gerade damals sehr beliebte Lied O *du lieber Augustin* verwoben ist, wohlbekannt. Es wäre also durchaus nicht abwegig, diesen dritten Satz als verselbständigte Durchführung, die auf das Scherzo folgt, zu betrachten. Dann wäre der Teil der als ‚Thema' für die folgenden Variationen gilt, das Durchführungsmodell, die Variationen wären die Durchführungsabschnitte. So betrachtet erklärt es sich zwanglos, warum im letzten Teil des Satzes eines der Motive des Modells fehlt und durch ein anderen, das der ersten gesungenen Worte, den fallenden es-Moll-Dreiklang, der zuerst auf die Worte ‚Tief ist die Trauer' gesungen wurde, ersetzt wird. Wird diese Bedeutung anerkannt, so kann nicht mehr davon gesprochen werden, daß die formale Anlage des zweiten Quartetts hinter die des einige Jahre älteren ersten und der ersten Kammersymphonie „zurückfalle". Im Gegenteil. Die einsätzige Anlage erscheint jetzt als wieder aufgelöst, ohne daß doch die alte Ordnung, die Unabhängigkeit der Sätze, wiederhergestellt worden wäre. Aus den Teilen der einsätzigen Form werden selbständige Sätze. Die Verschränkung bleibt jedoch erhalten.

Zum Inhalt der *Litanei* nur ein Wort. Das Subjekt des Gedichts ist ein Pilger – bei George wohl ein Pilger zu dem mit bedeutenden Kunstwerken geschmückten Heiligtum Ellora in Indien in der Provinz Haidarabad, der erschöpft am Ziel seiner Pilgerschaft angekommen, das Haus des Herren, den Tempel, betritt. Was er erbittet, ist Linderung seiner Qualen, Licht (der Erkenntnis) und Abschied von der Liebe: ‚Töte das Sehnen, schließe die Wunde‘, – wer denkt da nicht sogleich an Amfortas? – ‚nimm mir die Liebe, gib mir dein Glück‘! Schönberg hat das Gedicht insofern umgedeutet, als er die im Zyklus bei George deutlichen inhaltlichen Bezüge vernachlässigte. Sie sind im Quartett schlechterdings nicht mehr vorhanden. Geblieben ist jedoch der hinweisende, weiter weisende Charakter. Auch bei George steht das Gedicht nicht ganz am Ende eines Zyklus oder einer Gedichtgruppe, sondern nur beinahe am Schluß; es folgen noch zwei Gedichte. In diesen wird deutlich, daß der Wahn, wenn nur im Innern das Heil gesucht wird, zur Rüste geht, und, nachdem der Sturm die Erde sauber gefegt hat, ein Lobgesang gelernt sein soll. Schönberg hat jedoch nicht die Georgesche Lösung gewählt, eine Lösung, die ihn zweifellos in die Nähe der *Gurre-Lieder* zurückgeführt hätte, sondern eine andere. Er hat das Gedicht *Entrückung*, das den Georgeschen Maximin-Zyklus beschließt, hier ans Ende des viersätzigen Quartetts gestellt. Durch das vorangehende Gedicht *Litanei*, wird die *Entrückung* in einen gänzlich anderen Zusammenhang gerückt. Jetzt erlebt nicht ein Trauernder – einer der um den vorzeitigen Tod eines geliebten Menschen trauert – die Vision einer Vereinigung mit dem entschwundenen Toten, sondern der Pilger, der das Heiligtum nach langer Pilgerschaft erschöpft in größter Verzweiflung betreten hat. Die Gewährung der ‚Entrückung‘ ist die Antwort der Gottheit auf sein Flehen. Das Gedicht selbst, das zur Tradition der Elevationsgedichte gehört – George hat ein solches von Baudelaire ins Deutsche übertragen – gewinnt durch diese Transposition ganz außerordentlich. Der Vorgang wird in die Sphäre der von George teilweise übertragenen *Göttlichen Komödie* von Dante gerückt. Der Gedanke der Auffahrt am Ende der Pilgerschaft, der des kristallenen Glanzes, des heilgen Feuers und der heiligen Stimme über der letzten Wolke, mag dem Übergang ins Empyreum, den zehnten Himmel, entsprechen.

Was die Dichtung darzustellen sucht, besser: ahnen machen möchte, die Musik Schönbergs versinnlicht es durch nie gehörte Klänge. Der *Litanei* des Verzweifelten entsprach das ekstatische es-Moll, der Loslösung vom Irdischen entspricht die Loslösung von den Fesseln der Tonalität. ‚Ich fühle Luft von anderem Planeten‘, diese unendlich oft zitierten Worte sprechen doch nur von dem Geahnten, vom so oft von Schönberg angedeuteten ‚Vorgefühl‘. Erst die folgende Stelle ‚Ich löse mich in Tönen, kreisend webend, ungründigen Danks und unbenamten Lobes, dem großen Atem wunschlos mich ergebend‘ bringt die erste Stufe, die der Aufgabe des Willens. Es folgt vom höheren Standpunkt aus, der Rückblick. Schließlich der weitere Aufstieg ‚ich steige über Schluchten ungeheuer, / ich fühle, wie ich über letzter Wolke / in einem Meer kristallenen Glanzes schwimme‘.

Dies ist die zweite Stufe: das Eintauchen in den kristallenen Glanz, die letzte schließlich das Aufgehen im Feuer, d.h. im Licht und in der heiligen Stimme. Auf die Worte ‚Ich bin ein Funke nur vom heiligen Feuer' wird die Musik der ersten Worte, ‚ich fühle Luft von anderem Planeten' wieder aufgenommen. Was dort nur geahnt wurde, jetzt ist es Wirklichkeit: das Aufgehen im All.

In einem berückend schönen Nachspiel leitet Schönberg dann den Hörer wieder zurück, und zwar mit einer Musik, die den Eindruck gänzlicher Befriedung erweckt. Sie führen auch zurück in den Bereich der Tonarten, nach Fis-Dur.

Überlegungen dieser Art stehen dem musikalisch gebildeten Hörer von heute recht fern. Aber wir wissen, daß Schönberg, der Komponist und Dichter der *Jacobsleiter* und der *Glücklichen Hand*, der Maler der *Visionen* solche oder ähnliche Gedanken hegte. Er hat Georges Poesie umgedeutet, hat sie aus dem engen Kreis in kosmische Weiten transponiert und auf diese Weise aus ‚innerer Notwendigkeit' das Neue geschaffen. Das *Zweite Quartett* Schönbergs zeigt, wie die *Zweite Symphonie* Mahlers mit der sie musikalisch nichts zu tun hat, ohne darum schon Programmusik zu sein, den Weg der Menschen. In den *Gurre-Liedern* verlöscht die Individualität im natürlichen Kreislauf, im Quartett im obersten Himmel.

Einführung, gesprochen anläßlich der zweimaligen Aufführung des Quartetts im Rahmen der Konzertreihe „Musik im Landtag" am 26. April 1995 in Mainz. Mit dieser Reihe weist die „Akademie der Wissenschaften und der Literatur" auf die Ergebnisse der von ihr im Namen der „Konferenz der deutschen Akademien der Wissenschaften" betreuten musikalischen Gesamtausgaben hin. Die Ausführenden waren das „Nomos-Quartett" (Hannover) und Elisabeth Börner (Sopran).

Jürg Stenzl

DER ANDERE WOZZECK

Zu Manfred Gurlitts Büchner-Oper (1926)

I.

Über Manfred Gurlitts *Wozzeck* schreiben gleicht Don Quijotes Kampf gegen die Windmühlen. Mit einer unbekannten Wozzeck-Oper steht man unweigerlich Alban Bergs Vertonung desselben Stoffes und des weitgehend gleichlautenden Textes gegenüber. Seit der Uraufführung von Bergs Oper durch Erich Kleiber am 14. Dezember 1925 in Berlin hat sich dieses 1914-22 entstandene Meisterwerk in einem solchen Maße auf den Opernbühnen der ganzen Welt durchgesetzt, daß sogar Büchners Text von dieser Musik kaum mehr zu trennen ist: Wer im Sprechtheater den *Woyzeck* sieht und mit Bergs Oper vertraut ist, hört unwillkürlich Bergs Töne mit. Dem Hörer von Gurlitts *Wozzeck* tönt – ob er dies will oder nicht – der „andere *Wozzeck*" von Alban Berg mit.

Pech für Gurlitt, könnte man, nicht ohne Zynismus, sagen. Wie dieser Komponist denn überhaupt als einer der größten Pechvögel der Musikgeschichte erscheint. Vier Monate nach der heftig umstrittenen Berg-Uraufführung in Berlin gelangte sein 1921-25 komponierter *Wozzeck* am 22. April 1926 im Stadttheater Bremen zur Uraufführung. Zudem wurde auch Gurlitts Oper bei der Wiener Universal Edition verlegt. Doch das ist bloß eine von Gurlitts Pechsträhnen. Bei seiner zweiten Oper ergab sich eine weitere Verdopplung, allerdings im Krebsgang: Gurlitts Oper nach Jakob Michael Reinhold Lenz' *Soldaten* hatte am 9. November 1930 in Düsseldorf ihre erfolgreiche Premiere. 1965, 35 Jahre später, erklang in Köln erstmals Bernd Alois Zimmermanns gleichnamige Oper. Zwei der überragenden Opern dieses Jahrhunderts beruhen auf Libretti, welche *auch* Manfred Gurlitt komponiert hat. Nicht nur er, sondern jeder andere Komponist dieses Jahrhunderts sähe sich angesichts derartig erdrückender Gipfel im Panorama der Musiktheatergeschichte in jener aussichtslosen und gleichzeitig berührenden Position von Don Gurlitt-Quijote. Auch in andern Fällen von Zweitvertonungen in der Neuzeit überlebte nur jeweils eines der konkurrierenden Werke. Die bekanntesten Beispiele sind die beiden *Manon*-Opern von Massenet und Puccini und die beiden *La Bohème*-Opern von Puccini und Leoncavallo. Doch bereits im frühen 19. Jahrhundert hat Rossini eine der erfolgreichsten Opern des späten 18. Jahrhunderts durch seine Zweitvertonung zu einer Musiklexikonleiche degradiert: Giovanni Paisiellos *Il barbiere di Siviglia*.

Berg kann man nicht vergessen oder auszublenden versuchen. Dennoch stellt sich die Frage, was für eine Art Oper Gurlitt geschrieben hat. Wie verstand, wie las *er* Büchners Fragment, was für eine Opernkonzeption entwickelte er auf der Basis der weitgehend gleichen Textvorlage? Die Bedeutung von Bergs *Wozzeck* wird durch den Versuch, Manfred Gurlitts Werk gerecht zu werden, in keiner Weise geschmälert. Wer Gurlitts Oper kennt, wird sie nicht zu den überragenden deutschen Opern aus der Zwischenkriegszeit zählen, aber sie würde auch heute gelegentlich aufgeführt und geschätzt – wenn es eben den einen *Wozzeck*, den *Wozzeck* von Alban Berg nicht gäbe!

II.

Bevor wir uns dem Werk zuwenden, ein paar Informationen über Manfred Gurlitt. Er ist schon lange bevor er 1972 im fernen Japan verbittert starb, in Deutschland fast völlig vergessen worden. Als 1958 seine bereits 1933 komponierte Zola-Oper auf Max Brods Libretto *Nana* in Darmstadt uraufgeführt wurde, gehörte Gurlitts Musik seit einem Vierteljahrhundert einer anderen Zeit an. Außerhalb Deutschlands war er, mit Ausnahme Japans, ohnehin nie bekannt geworden.

Manfred Gurlitt, ein Vetter des bekannten Freiburger Musikforschers Willibald Gurlitt, wurde 1890 in Berlin in die Familie des Kunsthändlers Fritz Gurlitt und seiner Frau Annarella, der Tochter des Bildhauers Max Imhoff, geboren. Gurlitt war demnach generationsmäßig von den Vätern der Neuen Musik Arnold Schönberg und Igor Strawinsky etwa gleichweit entfernt wie von deren ersten Söhnen. Ernst Krenek und Kurt Weill waren zehn, Hindemith und Orff fünf, Milhaud und Honegger zwei Jahre jünger als Gurlitt, Berg bloß fünf Jahre älter. Zu seinen Vorfahren gehören der Klavierkomponist Cornelius Gurlitt d.Ä. (1820-1901), dessen Sohn, ein Kunsthistoriker gleichen Vornamens, und der Landschaftsmaler Louis Gurlitt (1812- 1897), sein Großvater.

Manfred Gurlitt studierte in Berlin bei Engelbert Humperdinck Komposition. Als Dirigenten nahm er sich die beiden führenden Wagner-Dirigenten Felix Mottl und Karl Muck zum Vorbild. Bereits mit 18 Jahren korrepetierte er an der Berliner Hofoper, mit 21 Jahren assistierte er im Bayreuth von Frau Cosima, wurde 1911/12 zweiter Kapellmeister in Essen und 1912/14 in Augsburg. Damit begann eine für jene Jalıre typische Theaterkapellmeister-Karriere, denken wir etwa an Anton Webern. Von 1914-1927 wirkte er als erster Kapellmeister am Theater Bremen, dem Uraufführungstheater seines *Wozzeck*, diese Bremer Jahre erscheinen rückblickend als sein bedeutendster Lebensabschnitt. Dort setzte er sich nachhaltig für das zeitgenössische musikalische Schaffen ein und trat auch als Pianist auf. 1927 kehrte er in seine Geburtstadt Berlin zurück, wirkte als Dirigent an der Staatsoper und im Rundfunk und unterrichtete gleichzeitig an der Hochschule. Obwohl er nicht, wie er eingestuft wurde, „Halbjude" war, erhielt er 1933 durch die Nationalsozialisten Arbeitsverbot. Als diese Fehleinschätzung „korrigiert" wurde, konnte er in die Reichsmusikkammer eintreten und – nach München übersiedelt – Filmmusiken schreiben. Schließlich gelang ihm mit seiner zukünftigen vierten Frau, der japanischen Sopranistin Hisako Hidaka, die Emigration in deren Heimat. Dort mußte er, wie alle Emigranten, neu beginnen, doch die deutsche Diplomatie blieb ihm auf den Fersen, erwirkte 1942 gar seine Entlassung. Durch sein Wirken in der Kaiserlichen Musikakademie, im Rundfunk und als Dirigent, ab 1953 als Gründer und Leiter der „Gurlitt-Oper Tokyo", wurde er schließlich zu einer höchst einflußreichen Persönlichkeit, welche die abendländische Musikkultur in Japan so nachhaltig wie wenige andere prägte. Doch die angestrebte Rückkehr nach Deutschland scheiterte, einen „wiedergutmachenden" Erfolg konnte es nach 1950 in Europa für den Sechzigjährigen nicht mehr geben.

Dies ist die durchaus typische Biographie eines Komponisten, der seine Jugend- und Ausbildungszeit während der letzten Jahre der Moderne eines Debussy und Strauss absolvierte und seine ersten Engagements während des Durchbruchs der „Neuen Musik" von Strawinsky und Schönberg antrat. Die glanzvollen Karrieren der jüngeren Komponisten der Neuen Musik – Hindemith, Krenek und Weill – verliefen, allerdings in Großstädten, parallel zu Gurlitts Tätigkeit in Bremen und Berlin. 1923 hatte er am Kammermusikfest der IGNM mit seinen *Fünf Liedern für Sopran und Kammerorchester* auf sich aufmerksam gemacht – und erste negative Kritiken erhalten. Mit *Wozzeck* und den *Soldaten* war er dann durchaus erfolgreich, doch es handelte sich um „Provinzerfolge". Pfiffe in einer Großstadt sind, selbst heute noch, einträglicher als Lobeshymnen im Abseits.

Auch Gurlitt wurde durch die Nationalsozialisten um die Ernte des zäh errungenen Ansehens als Komponist gebracht, das er in Berlin auch als Opern-und Rundfunkdirigent festigen konnte. Doch im Unterschied zu den deutschen Komponisten, welche nach Amerika emigriert waren, blieb er dann im fernen, exotischen Japan von den Trägern der abendländischen Musikkultur, den Sängern, Dirigenten, Komponisten, Impresarios und Verlegern, abgeschnitten, so sehr er sich dort auch um die Verbreitung genau dieser abendländischen Musik bemühte.

Eine durchaus „typische" Biographie, in welcher Generationszugehörigkeit, Arbeitsort und deutsche Geschichte sich charakteristisch verknotet haben. Jedermann wird das Unrecht, das Manfred Gurlitt in Deutschland angetan wurde, bedauern. Doch allein mit der Einsicht, daß Gurlitt durch die Doppelvertonungen von *Wozzeck* und den *Soldaten* auch doppelt Pech gehabt habe, ist ein fundiertes Urteil über Gurlitts *Wozzeck* nicht zu gewinnen. Die Musikgeschichte – und erst recht die Rezeptionsgeschichte der einzelnen Werke – folgen andern Kriterien als jenen der Gerechtigkeit. Das muß für Manfred Gurlitt in Japan, das, wie seine einstigen braunen Gegner ab 1933 in Deutschland, auch zu den Kriegsverlierern zählte, schwer einsehbar gewesen sein. Die Bitterkeit des sechzigjährigen Gurlitt ist nur zu verständlich.

III.

Gurlitts kreativste Zeit, die Jahre 1914-1927 in Bremen, fanden ihren Höhepunkt in der Uraufführung des *Wozzeck* von 1926. Als „koordinierter 1. Kapellmeister" hatte er begonnen, 1924 erhielt er den Titel eines „Generalmusikdirektors", und bei seiner Abschiedsvorstellung und einem Abschiedskonzert wurde er 1927 mit Ovationen gefeiert. Für seine Person aber noch aufschlußreicher ist seine leitende Tätigkeit – zusammen mit dem aus Gottfried Benns Biographie bekannten Dr. Fritz Oelze – in der von beiden im Mai 1920 gegründeten „Neuen Musikgesellschaft" für wenig bekannte alte und neue Musik. Hier trat Gurlitt bis 1927 nicht weniger als 48 Mal als Pianist und Dirigent auf. Das Repertoire reichte von Debussy, Ravel, Wolf, Pfitzner und Mahler – 6., 7. und 9. Sinfonie – über Schreker und Skrjabin zur Neuen Musik von Strawinsky, Schönberg (op.9, 11, 15) und Hindemith, und schloß auch eine ganze Reihe von Gurlitts eigenen Werken mit ein. Angesichts einer derartigen Programmierung kann von „Provinz" schwerlich die Rede sein! Die Verve, mit welcher Gurlitt sich für Neue Musik einsetzte, erinnert durchaus an den Geiger und Bratscher Hindemith, dessen Amar-Quartett in dieser „Neuen Musikgesellschaft" in Bremen übrigens in der Saison 1923/24 bereits Hindemiths Quartett op. 32 (1923) spielte.

Der Gurlitt dieser Jahre wird als ein Mann von heißblütigem Temperament und kalter Intellektualität geschildert, dessen herrisches Selbstbewußtsein in Beruf und Privatleben die „besseren Kreise" der Hansestadt nicht weniger schockierte als seine politischen Überzeugungen, galt er doch bei ihnen als „linkester Sozialist". Dazu kam ab 1919 seine Liaison mit der Gemahlin eines Kapitänleutnants, welche unter dem Pseudonym Maria Hartow dem Ensemble angehörte. 1924 wurde sie, nach ihrer und Gurlitts Scheidung, seine zweite Gemahlin; sie sang Gurlitts *Wozzeck*-Marie und ihr, „meiner besten Frau und liebsten Freundin", ist die Oper gewidmet. Laut dem Bremer Stadtklatsch Ende 1926 sollen die beiden in makabre Orgien verwickelt gewesen sein. Die Intendanz dementierte zwar im Februar 1927, und Gurlitt reichte Strafklage gegen Unbekannt ein. Was da auch immer los gewesen ist – daß die Zeit für einen Ortswechsel, für eine Flucht aus Bremen reif war, steht außer Frage. Bremen war eben nicht Berlin...

Große musikalische Aufgeschlossenheit allem Neuen gegenüber und eine Persönlichkeit, wie wir sie als großstädtischen Künstlertypus der zwanziger Jahre kennen, so erscheint uns Manfred Gurlitt in Bremen nach dem Ersten Weltkrieg. Daß dieser Komponist zum Büchnerschen *Wozzeck*-Fragment griff, um daraus eine Oper zu machen, überrascht nicht. Wenn in einem Literaturlexikon von Gerhard Hauptmanns „Naturalismus“ in den *Webern* von 1892 zu lesen steht, die Hauptantriebskraft Hauptmanns sei „ein starkes Mitleiden mit den sozial Unterdrückten, sowie dem in seiner Triebhaftigkeit und den Bedingungen der Umwelt befangenen Menschen“ gewesen, „der sich vergeblich aus seiner Abhängigkeit zu befreien“ versuche, dann beschreibt dies fraglos auch die zentrale Intention des „linkesten Sozialisten“ Manfred Gurlitt in seinem *Wozzeck*.

IV.

Gurlitts Oper ist eine „Geschichte vom Soldaten“ namens Wozzeck, allerdings nicht in Form eines russischen Kunstmärchens, das Strawinskys Textautor Charles Ferdinand Ramuz in ein Westschweizer Gewand kleidete. Gurlitt schuf ein „Sozialdrama“, das er als Tragödie begriff: „Musikalische Tragödie in 18 Szenen und einem Epilog“ lautet der Untertitel seiner Oper. Gurlitts Oper ist ein Stationendrama, eine Folge von Einzelszenen ohne Übergänge. Knapp, direkt, konkret und sachlich, ohne – genauer: fast ohne – Emphase und Gefühlsappell. Das Werk ist so nüchtern und unmittelbar wie in jenen Jahren die „Zeitopern“, „Songspiele“ und „Lehrstücke“ von Krenek, Hindemith und Kurt Weill. Bergs *Wozzeck* dagegen ist eine große, dramatische *Sinfonie*, für welche Schönbergs Idee der Entwicklung und Durchführung zentral ist.

Gurlitts andersartiger Ansatz läßt sich bereits aus der Auswahl und Anordnung der Büchnerschen Szenen ablesen. Wie Berg verwendete auch er die – wie man seit 1920 weiß – korrumpierte Büchner-Fassung von Karl Emil Franzos, ließ aber nur sechs Szenen aus. Er verzichtete zwar, im Vergleich zu Berg, auf die Szene beim Doktor und die zweite Wirtshausszene, dafür vertonte er vier bei Berg fehlende Szenen, darunter den Wahnmonolog (10. Szene) und die Szene des Messerkaufs beim Juden (14. Szene). Bergs Szenenauswahl und Anordnung in drei Mal fünf Szenen macht die Fragmentensammlung von Büchner zu einem geschlossenen Drama und jeden Akt zu einer kohärenten, mehrgliedrigen Einheit. Gurlitts Oper, mit einer Gesamtspieldauer von bloß 80 Minuten, besteht aus 18 in sich abgerundeten Sätzen und dem Epilog. Dieser Epilog ist mit der ersten Szene durch das vom Chor gesungene Thema „Wir armen Leut!“ verbunden. Erste Szene und Epilog bilden demnach einen Rahmen, welcher das Thema des sozialen Mitleids als das für Gurlitt Zentrale hervorhebt. Der Epilog ist denn auch eine „leidenschaftlich bewegte“, rein instrumentale „Klage um Wozzeck“. Kurz vor deren Ende öffnet sich der Vorhang ein letztes Mal und gibt, über einem stehenden es-moll-Akkord, den Blick frei auf „eine Menge Volks“ das sich „zum Teil am See beschäftigt“, zum Teil „bewegungslos in gedrückter Haltung“ verharrt. Der Chor singt, „Wie eine tiefe Klage“ zwei Mal im Unisono jenes Thema „Wir armen Leut“, das in der ersten Szene der Chor aus dem Orchestergraben sang. Daraufhin hört man es, „aus weiter Ferne“, ein drittes Mal, einen Halbton tiefer, von einer Altstimme gesungen. Die

„Geschichte vom Soldaten Wozzeck" ist eine Armeleutgeschichte; Wozzeck ist bloß ihr geschundenster, bemitleidenswertester Repräsentant, Opfer des – wie wir oben zitiert haben – in seiner Umwelt und seiner Triebhaftigkeit befangenen Menschen.

Diese „Klage um Wozzeck" mit einem drei Mal nur wenig variierten Thema von 11 Takten ist aber, wegen ihrer etwas gestrigen Emphase, für Gurlitts *Wozzeck*-Musik gerade nicht charakteristisch. Bemerkenswert ist allerdings, daß Gurlitt auch in seinem instrumentalen Epilog keine sich entwickelnde, durchführungsartige Musik schreibt, sondern eine Musik, die ein einmal Erklungenes variantenartig nochmal sagt, sich – gleichsam im Mitleid erstarrt – im Kreise dreht.

Ungewöhnlicher ist die Art, wie das „Wir armen Leut" in der ersten Szene verwendet wird: Wozzeck rasiert seinen Hauptmann, im Orchester beginnt eine Presto-Fuge, das genaue Äquivalent zum „verhetzten" Wozzeck und dem Hauptmann, dem es schwindlig wird. Bereits im 7. Takt singt der Chor „Wir armen Leut!" und wiederholt dieses Motiv noch weitere sechs Male, jedes Mal in Unisono-Oktaven. Wozzecks „so müssten wir donnern helfen", „es kommt einem so die Natur" und „aber ich bin ein armer Kerl!" werden vom Chor im Orchestergraben mit einer absteigenden, „wie ein Choral" im Pianissimo zu singenden Klage auf „Ah" kommentiert. In dieser Szene wird *vorgeführt* – Wozzeck als Barbier – *charakterisiert* – die Geschäftigkeit der Orchesterpolyphonie – und *kommentiert* – der Unisono-Chor im Orchester. Hinter der dramaturgischen Avanciertheit steht allerdings die Musik zurück; sie ist funktionell, typisierend, doch eigenständige Bedeutung kommt ihr nicht zu. Gurlitts Oper ist das Werk eines eminenten Theaterpraktikers.

V.

In einem Brief an seinen Verleger Emil Hertzka umriß Gurlitt seine Intention bereits am 16. April 1921 mit den folgenden Worten:

> Mein Wozzeck stellt einen völlig neuen Opernstil dar: absolute Abkehr vom ‚Motiv' und absolute Überwindung des großen Orchesters. Ich glaube, einmal dadurch, daß jede Scene musikalisch neu aufgebaut und in sich geschlossen ist, einen großen musikalischen Reichtum (Erfindung) zu äußern, dann durch ein rein kontrapunktisches, sehr polyphones, aber kleinstes Kammerorchester absolute Verständlichkeit der Worte zu erreichen. Jede Scene ist klanglich anders, durch jedesmal veränderte Orchesterbesetzung erreicht.

Diese Sätze sind mehr als eine bloße Absichtserklärung im Hinblick auf ein im Entstehen begriffenes Werk; sie lesen sich wie Abschnitte eines opernästhetischen Manifestes von Busoni, Krenek, Hindemith, Weill oder – hätte er damals an so etwas wie Oper gedacht – Strawinsky. Absolute Abkehr vom – in Anführungsstrichen! – ‚Motiv' und großen Orchester heißt Abkehr vom Leitmotiv und der Orchestermelodie, den tragenden Elementen des Musikdramas von Wagner und seinen Nachfolgern bis zu Strauss und Schreker. Die Absicht, in sich musikalisch reiche, jeweils „neu aufgebaute" Szenen mit kammerorchestralem Orchestersatz zu schreiben, zielt nicht in erster Linie auf die Regeneration der Nummernoper. Gurlitt will vielmehr den transparenten, linear angelegten Orchestersatz, beispielsweise von Hindemiths *Kammermusiken* op. 24 (1921/22), auf die Oper übertragen und damit größtmögliche Textverständlichkeit erreichen. Wer Gurlitts *Wozzeck* gerecht werden will, wird sein Augenmerk infolgedessen auf die Charakteristik einer jeden einzelnen Szene richten, wird die Frage zu beantworten haben, ob Gurlitt den von ihm in seinem Brief an Hertzka benannten „großen musikalischen Reichtum (Erfindung)" zu realisieren vermochte.

Ferdinand Pfohl, der konservative Uraufführungskritiker der *Hamburger Nachrichten*, zielte in diese Richtung, als er schrieb:

> Das Orchester ist ja das eigentliche Musikinstrument der deutschen Opernkomponisten geworden. Und das ist es auch im Wozzek [sic] Gurlitts: ein Orchester der Atonalität, der Dissonanz in ihren feinsten Vergeistigungen und Brechungen; ein Orchester, das mit unfehlbarer Sicherheit den Urton und den rhythmischen Herzschlag des Bühnenvorganges trifft, Grundstimmung und Farbe jeder der kaleidoskopartig wechselnden, in Stoff und Charakter vielfältig verschiedenen, in ihren Tönungen und Spiegelungen vielfach schillernden Szenen auffängt. Mit einer blendend virtuosen, unendlich feinfühligen Instrumentation, in den einzelnen Szenen wechselnd, charakterisiert dieses Orchester Szene, Stimmung; tastet es die Seele der handelnden Personen ab.

Anhand von zwei weiteren Szenen sei Gurlitts Verfahren näher erläutert, der 2. Szene, *Freies Feld*, zwischen Wozzeck und Andres und der 7. Szene, *Mariens Stube*.

In beiden *Wozzeck*-Opern ist *Freies Feld* die zweite Szene und sie sind – sieht man von dem durch Berg eingeschobenen Lied von Andres ab – textgleich. Während Berg hier eine „Rhapsodie über eine Folge von drei Akkorden" mit dem Lied des Andres verbindet, schreibt Gurlitt eine elfteilige Chaconne von bloß 34 langsamen 6/4-Takten über ein viertaktiges Thema. Dieses wird zuerst einstimmig von den gedämpften, tremolierenden Violinen gespielt, in der 2. Variation harmonisiert und in der 3. und 4. Variation mit Gegenstimmen versehen. Dabei variiert Gurlitt hier (und anderswo) das Thema intervallisch und/oder rhythmisch. Es geht ihm nicht um die Wiedergewinnung der barocken Form, sondern um die Neugestaltung von deren Prinzip. Die Idee der Chaconne – ein variiertes, gleichzeitig unverändertes Modell – ist ihm Mittel, den „Ton" einer Szene zu differenzieren, ihn der jeweiligen Situation anzupassen, ohne deswegen den einmal für eine Szene gewählten Charakter zu verlassen. Dieselbe Konstellation läßt sich an der Instrumentation dieser Szene ablesen: Gedämpfte Streicher und das Klavier zeichnen die Grundfarbe, den spezifischen Klang dieser Szene; er wird in deren Verlauf durch Piccolo und Baßklarinette, durch Akkorde der gedämpften Posaunen mit Flatterzunge und einer kleinen Trommel hinter der Bühne differenziert.

Ist auch für diese 2. Szene eine Art differenzierte Statik, ein Naturbild als Psychoporträt, charakteristisch, ist die 53 Takte „in wechselndem, nervösem Tempo" zu spielende 7. Szene nichts anderes als ein Accompagnato-Rezitativ. (Ihr entspricht die 3. Szene von Bergs 2. Akt textlich genau, bloß daß Gurlitt den anstößigen Satz strich: „Mein Vater hat's nicht gewagt, wie ich zehn Jahr alt war..."). War in der 2. Szene die Chaconne-Idee ein Mittel, um ein differenziertes szenisches Bild musikalisch zu gestalten, ist hier die Musikalisierung einer dramatischen Auseinandersetzung intendiert, für welche „großer musikalischer Reichtum (Erfindung)" als hinderlich erachtet wird. In Gurlitts Oper wechselt die Bedeutung der Musik, vor allem die Bedeutung der Orchestermusik, sozusagen von Szene zu Szene. Die Baßlinie und die gehaltenen Akkorde spielen die Streicher; Flöte, Trompete und Posaune setzen interpunktierende, gestische Akzente.

Bei Berg ist in dem, was das Orchester spielt, das ganze Drama Büchners enthalten, mit rein musikalischen Mitteln „auskomponiert"; das hat Peter Petersens „semantische" Analyse der *Wozzeck*-Partitur Bergs bis in feinste Details nachgewiesen. Das Außerordentliche von Bergs *Wozzeck* besteht ja gerade darin, daß Berg sozusagen eine „sinfonische Dichtung" *Wozzeck* komponierte, die gleichwohl von größter theatralischer Wirkung, die echte Opernmusik ist. Das haben jene Regisseure gemerkt, die für Bergs *Wozzeck* das Orchester auf die Bühne stellten oder – wie Christoph Nel in Basel – die Oper um das Orchester herum spielen ließen. Niemand würde auf die absurde Idee kommen, bei Gurlitts *Wozzeck* etwas Analoges zu versuchen.

VI.

Etwas über sieben Minuten dauert die längste Szene, jeweils eineinhalb Minuten dauern die vier kürzesten: Gurlitts „Stationendrama" setzt sich aus Momentaufnahmen, geradezu aus „opéras minute" zusammen, wie sie Darius Milhaud in diesen Jahren neben Miniatursinfonien für kammermusikalische Besetzungen schrieb. Gurlitts Szenen gleichen oft „flashes", Filmausschnitten von einer Knappheit, die eine Entfaltung von musikalischem Reichtum kaum zuläßt. Für die Musik derartiger kurzer Szenen gibt es eigentlich bloß ein Kriterium: Trifft sie auf Anhieb und genau das Wesentliche des Büchnerschen Textes? Ein Beispiel dafür wäre die 14. Szene, der Messerkauf beim Juden.

Aufgebaut sind diese 36 Takte auf einem rhythmisch-harmonischen Ostinato von Strawinskyscher Machart, über den eine einstimmige melodische Phrase von sieben Takten im Fagott gelegt wird. Auf unterschiedlichen Tonstufen wird sie noch drei Mal gespielt, beim letzten Mal variiert und erweitert, bevor sie, genau wie beim ersten Mal, die Szene abschließt. Gurlitt verwendet nicht nur das Fagott in parodistischer, an Strawinsky und Prokofieff gemahnender Absicht; auch die Führung der Singstimme des Juden mit großen Intervallen macht aus diesem einen Typus. Wie denn überhaupt Gurlitt beinahe allen Personen außer Wozzeck und Marie einen Zug ins Groteske, Marionettenhafte verleiht. Besonders auffallend ist das in der 6., der längsten Szene dieser Oper zwischen dem Doktor und dem Hauptmann. Die wie ein Uhrwerk im Orchester abschnurrende, fugierte Polyphonie scheint die beiden karikierten Personen an ihren automatisierten Fäden zu führen; beiden Figuren ist alle Subjektivität abhanden gekommen. Streng linear ist dieser ins tiefe Register gelegte Satz für je vier Bratschen, Celli und Kontrabässe, Trompete, Bassklarinette und Fagott.

Problematisch wird Gurlitts Vorgehen dort, wo der Komponist von Mitleid für seine Titelfigur sozusagen übermannt wird. Wenn in der 16., der Kasernenszene, Wozzeck neben Andres in seinen Sachen kramt, findet er auch „zwei Herzen aus Gold", die einst in seiner Mutter Bibel lagen. Darauf steht: „Leiden sei all' mein Gewinnst, Leiden sei mein Gottesdienst". Gurlitt vertont diese zitierten frommen Sprüche „mit tiefer Ergriffenheit" (so die Vortragsanweisung). Indem Gurlitt religiöse Sentimentalität ungebrochen musikalisch nachvollzieht, damit gar den „Ton" dieser Szene durchbricht, bringt er sie um ihre beklemmende Wirkung, selbst wenn der musikalische Satz für Streicher, Klavier, Baßklarinette und „Vibracello" genauso linear gehalten ist wie in anderen Szenen. (Mit „Vibracello" bezeichnet Gurlitt hier und anderswo eine von einer Violine, einer Bratsche und einem Violoncell im Unisono zu spielende Stimme.)

Doch möglicherweise bin ich mit dieser Beurteilung der Kasernenszene bereits in so etwas wie die „Gurlitt-Wozzeck-Falle" geraten. Wie emphatischer, unmittelbarer Ausdruck in Verbindung mit diesem Text von Büchner klingt, für uns klingen sollte, das wissen wir. Wie ein „alter Ton", das f-moll einer Märchenerzählung und das C-dur, wenn vom Geld die Rede ist, in einer modernen Opernpartitur wirken, wissen wir – aus Bergs *Wozzeck*. Chancenlos ist Gurlitt nicht dort, wo er seinem ganz anders gearteten Opern- und *Wozzeck*-Verständnis folgt. Wenn er Wozzecks Wahn in eine knappe Szene von kaum zweieinhalb Minuten Dauer zu fassen versteht, folgt ihm jeder Hörer – auch heute. Nur dort, wo Gurlitt ausdrucksmäßig in Alban Bergs Gefilde gerät – aus welchen Gründen auch immer – entstehen für uns durch Bergkonditionierte Operngänger Schwierigkeiten. Diese für uns problematischen Passagen – beispielsweise die „Klage um Wozzeck" – könnten genau jene sein, bei welchen Gurlitt seinen sozialen Überzeugungen, seinem Mitgefühl besonders beredten Ausdruck geben wollte.

Und doch zweifle ich nicht daran, daß, wenn ein Regisseur und ein Bühnenbildner Gurlitts Folge von 18 scharf gefaßten Stationen dieses *Wozzeck* in ebenso prägnante Bilder umzusetzten verstünden, wenn ein Dirigent die eminente Theaterwirksamkeit dieser Musik erfaßte und Gurlitts Instrumentation in ihrer Transparenz hörbar machte, daß einem solchen Team mit dem „anderen", mit dem „zweiten *Wozzeck*" von Manfred Gurlitt ein bewegender Opernabend gelingen kann. Kein Opernabend gegen Alban Berg, sondern ein Opernabend mit dem musikgeschichtlichen Pechvogel Manfred Gurlitt.

Literaturhinweise

Thomas Daniel Schlee schrieb im Programmheft zur konzertanten Aufführung des *Wozzeck* am 23. Oktober 1985 im Wiener Konzerthaus (Musikalische Leitung: Lothar Zagrosek) *Über Manfred Gurlitt – Anmerkungen zu einem Schicksal/Zum Werk.*

Das Programmheft der Bremer Theater zur Aufführung am 8. Januar 1987 (Musikalische Leitung: Gerhard Schneider, Inszenierung: Arno Wüstenhöfer), herausgegeben vom Dramaturgen Dietmar Schwarz, enthält zwei informative Aufsätze von Klaus Blum: *Manfred Gurlitt und Bremen* (S. 2-8) und von Claus H. Henneberg, Anthony Beaumont: *Gurlitt und Berg: Zwei ‚Woyzeck'-Vertonungen* (S. 10-13) sowie einen *Vollständigen Textvergleich mit Hinweisen auf die musikalische Struktur beider Opern* (S. 31-92).

Die Monographien über Gurlitts *Wozzeck* und *Soldaten* für *Pipers Enzyklopädie des Musiktheaters*, Bd. 2, München 1987, S. 620-623 verfaßten Rudolf Stephan und Michael Mäckelmann.

Das jüngste Porträt Gurlitts schrieb Peter Petersen für das von Hanns-Werner Heister und Walter-Wolfgang Sparrer herausgegebene Loseblatt-Lexikon *Komponisten der Gegenwart*, München 1992 (2 S.).

Im Pressearchiv der Universal Edition Wien befinden sich eine Reihe Kritiken, darunter auch jene von Walter Schrenk für die verlagseigenen *Musikblätter des Anbruch* 8 (1926), S. 227f.; Schrenk schrieb auch die etwas ausführlichere Kritik in der *Deutschen Allgemeinen Zeitung* vom 24. April 1926.

Peter Petersens erwähnte „semantische Analyse" von Bergs *Wozzeck* wurde als Sonderband der *Musik-Konzepte*, München 1985 veröffentlicht.

Nachtrag: Während der Drucklegung ist Gurlitts *Wozzeck* – unter der musikalischen Leitung von Gerd Albrecht – auf CD erschienen (Capriccio 60 052-1).

Nike Wagner

„VOM PURPURWORT, DAS WIR SANGEN“

Es gibt ein Sprüchlein aus baltischen Gegenden, das uns eine Methode der Erkenntnis angesichts der nicht immer einleuchtenden Manifestationen neuer und neuester Musik an die Hand gibt: „Was wir nicht verstehen, erklären wir uns.“ Der Komponist Arnold Schönberg hielt das für eine fromme Lüge: „Alles, was wir nicht verstehen, halten wir für einen Irrtum.“ Er wußte, wovon er sprach, wurde seine Musik doch längstens, wenn nicht heute noch, vom Publikum unter die Irrtümer gerechnet, deren traurige Folgen die Musik immer noch zu tragen hat.

Wir alle kennen die Ratlosigkeit, von der auch die gutwilligsten Besucher zeitgenössischer Konzerte befallen werden, wenn sie die Gescheitheit dessen, was sie auf dem Podium hören – oder eben nicht hören -, dem Programmheft entnehmen müssen. Werden vertonte Texte gebracht, so ergeht es ihnen meist nicht besser. Die Dunkelheit jener Lyrik, zu der die modernen Komponisten notorisch gerne greifen, hilft nicht weiter. Und derart türmt sich eine Unverständlichkeit über die andere.

Zur zaghaften Begrenzung dieses Zustands und in dem Bewußtsein, daß Kunst, als ästhetische Mitteilung sui generis, sich niemals restlos erklären läßt, sei hier der Vorschlag gemacht, dem Verstehensreiz zu folgen, den drei prominente Komponisten zweifellos aussenden: Anton Webern, Pierre Boulez und Heinz Holliger.

An ihrer Arbeit lassen sich drei verschiedene Umgangsformen von Musik mit Dichtung vorführen, die, jede auf ihre Weise, etwas von den Belastungen und Brüchen anschaulich machen, die unsere Musiksprache, unsere Musik und unsere Sprache, seit den beiden Weltkriegen geprägt haben. Es handelt sich hier jedoch nicht darum, eine logische historische Fortsetzung zu zeigen, Musikgeschichte in Gestalten sozusagen, sondern es handelt sich um Modelle, um Beispiele, wie man sich den „Zweikampf der geheiligten Giganten“ – so Boulez – nach dem Zusammenbruch des tonalen Systems hier und der Lösung von Sinn und Syntax dort vorgestellt hat. Und man lasse sich in keinem Falle täuschen durch die scheinbar so abweisenden Klänge und die scheinbar so technoide Haltung von Komponisten wie Webern, Boulez und Holliger. Es geht auch diesen Komponisten, nicht anders als einem Beethoven, immer um das Schicksal der Musik überhaupt, um den „flux mondial“, wie Boulez sagt (was im Deutschen nichts Geringeres als der Gang des Weltgeistes wäre), um existentielle Randerfahrungen, um die geistige Ordnung unserer Welt. Auch wenn sie kein „Credo“ mehr komponieren, sondern eine todgetränkte Landschaft wie bei Georg Trakl, den Webern vertont hat, eine hermetische Wortanordnung wie bei Stéphane Mallarmé, dessen Porträt Boulez komponiert oder einen Niemandsgesang wie Paul Celan, den Holliger für gemischten Chor hergerichtet hat.

Im Sommer 1919 schwärmt Anton Webern dem anderen Mitschüler Schönbergs, Alban Berg, von seinen Bergtour-Erlebnissen vor: „Ich war am Hochschwab. Es war herrlich, weil mir das nicht Sport ist, nicht Vergnügen, sondern was ganz anderes: Suchen von Höchstem... Natur ist mir höchste Metaphysik, Theosophie.“ Unvermittelt geht es dann weiter:

> Ich habe vier Lieder nach Trakl-Gedichten geschrieben. Mit Begleitung von Es-Klarinette, B-Klarinette, Baß-Klarinette, Geige und Violincello in verschiedenen Kombinationen: bis auf eines alle mit drei Instrumenten. Vor zwei Jahren habe ich schon einen Trakl in dieser Art komponiert; das habe ich wieder aufgegriffen und so jetzt einen Cyklus von vorläufig fünf Traklliedern mit dieser kleinen Besetzung fertig.

Es handelt sich um die drei Else Lasker-Schüler zugeeigneten Gedichte *Abendland*, *Nachts* und den *Gesang einer gefangenen Amsel*. Ein sechstes Gedicht Trakls mit dem Titel *Die Sonne* kommt 1921 hinzu. Alle entstammen der Sammlung *Sebastian im Traum*, einem Buch, das 1915 erschienen ist und das Webern besaß.

Eine Affinität Weberns, dieses naturmystisch inspirierten Bergsteigers und hochdisziplinierten klaren Geistes zu jenem exzessiven, halbwahnsinnigen Salzburger Apotheker, der 1914, als Sanitäter an der Front eingesetzt, das Grauen der Schlacht von Grodek hinter sich, 27jährig Selbstmord beging, ist nicht offensichtlich. Vorher hatte Webern Rilke vertont und vor allem Georges formstrenge Gedichte, die der neuentwickelten musikalischen Sprache der Wiener Schule, die in die Phase der Atonalität eingetreten war, als zusammenhangstiftendes Element willkommen sein mußte. Inneres Chaos dagegen haben wir bei Trakl, obsessionelle Bilder von Verwesung, Schwermut, Abstieg, Verfall und Gottesferne, vollgesogen mit schweren, sinnlichen Farben, symbolisch chiffriert und vieldeutig verrätselt, voller geheimer Analogien und Querverweise in den Themen und Motiven. Formal freilich sind Trakls Gedichte einfach und die Satzglieder meistens parataktisch angeordnet. Hauptwörter dominieren, oft fehlt das Verb, häufig sind Ausrufe und isolierte Einzelzeilen.

Was hat sich also an Webern verändert, so daß Adorno schreiben konnte, Trakl sei der ihm „wahrhaft gemäße Dichter“?

Zunächst: Webern befindet sich kompositorisch in einer gewissen Krise. Die Trakl-Lieder fallen stilistisch in die Zeit nach jener äußersten zeitlichen Verkürzung und Verknappung der Mittel, die in den Cellostücken op. 11 die Webernsche Musik schon fast an den Rand des Schweigens gebracht hatte. Dort wurde fast nur mehr Klangfarbe hingehaucht, hingetupft, von musikalischen Bewegungen kaum mehr eine Spur, ein point of no return sozusagen. Dieser Aphorismen-Stil war nicht zu steigern, etwas mußte sich ändern.

> Insgeheim dehnt sich Weberns Musik; er bewältigt auf seine Weise, was Schönberg im *Pierrot lunaire* und den Liedern op. 22 erstmals registrierte. Daß auf dem reinen Punkt sich nicht beharren läßt, wenn nicht die spirituelle Reduktion von Musik zum physischen Verkümmern werden soll,

so kommentierte Adorno die Lage. Gedichttexte dürften dieser Notwendigkeit zur Entspannung vom non plus ultra des atonalen Frühstadiums entgegengekommen sein, denn sie geben gewisse eigene Längen vor.

In den produktiven Prozess kann niemand hineinhören, wir wissen nicht, was Webern bei Trakl inspiriert hat. In jedem Falle aber hat er eine geistige Wahl getroffen, die ihn unter die berühmten Opponenten jener Wiener Sprachkultur einreiht, die man, grob gesagt, als eine Mischung aus Feuilletonplauderei, Seelenschmus und Ästhetizismus klassifizieren könnte und die in Karl Kraus ihren größten Feind gefunden hatte. Zu dieser Gegenkultur, die auf einer existentiellen Verbindlichkeit zwischen „Wort und Wesen“ bestand, gehörten der Schönberg-Kreis in Wien und der Innsbrucker Kreis um die Zeitschrift *Der Brenner*, die Trakls Forum bildete. Erinnert man sich an die autoritären Formen, die sowohl Schönberg wie Kraus ausbildeten und erinnert man sich, daß Webern auch Kraus' Gedichte vertont hat, so ist die Wahl Trakls für einen Webern kein persönlicher Zufall. Kraus hat Trakl verehrt und umgekehrt – das dürfte Legitimation genug gewesen sein. Spezifische Übereinstimmungen mit dem Welt- und Formgefühl Trakls drängen sich dennoch auf. Sie gruppieren sich um Stichworte wie Natur, Geistlichkeit, Einsamkeit, Brüchigkeit, Vieldeutigkeit, Schlichtheit des Äußeren bei großer Komplexität des Inneren.

Aus der Gedichtsammlung hat Webern sich nun nicht die extremsten Trakl-Gedichte herausgesucht – wie etwa das schaurige *Grodek*, den *Siebengesang des Todes* oder die *Vorhölle*, deren Titel für sich stehen mögen; er hat jene gewählt, die entweder ziemlich kurz sind wie *Nachts* – vierzeilig -, oder der *Gesang der gefangenen Amsel* – neunzeilig -, oder solche, die ihn thematisch angezogen haben.

Der Einsame beispielsweise ist ein Traklscher Topos, mit dem sich der notorisch verfemte Außenseiter-Künstler jener Zeit identifizieren konnte. Die frühen religiös-katholisch-geistlichen Prägungen bilden bei beiden österreichischen Künstlern ein Reservoir, aus dem sich die seelische Ausdrucksnot speiste. (Nach den Trakl-Liedern komponierte Webern die *Geistlichen Lieder*.) Deutliche Christus-Assoziationen haben wir im *Gesang der gefangenen Amsel*: Ölbaum, Dorn und *Strahlender Arme Erbarmen*. Ganz sicher aber war Webern, der die *Letzten Tage der Menschheit* erlebt hat, die Kraus der Nachwelt im Drama überlieferte, fasziniert, wie Trakl den Untergang der steinernen Städte und der „sterbenden Völker“ in seinen Endzeitvisionen des *Abendland*-Gedichts von 1914 schon vorweggenommen hatte. *Die Sonne* dann, das später vertonte Gedicht, dürfte als Naturbild von größter Stille und Einfachheit attraktiv gewesen sein. Fasziniert mußte Webern auch vom Nicht-Naturalismus dieser Natur sein, die zwar Wald und Hügel, Fischer und Kahn, Traube und Korn aufweist, aber zugleich trügerisch ist in ihrer Idyllik. So einfach ist es eben nicht mehr in komplexen Zeiten. Den lyrischen Haltungssturz, den Trakl in der letzten Zeile inszeniert, wenn mitten in der Nacht „Sonne aus finsterer Schlucht bricht", macht Webern denn auch kompositorisch deutlich. Unvermittelt bricht das Cello aus seinem pianissimo aus, die Singstimme fällt in ein schnelles Tempo und die Tonintervalle springen wie aufgescheucht, alles in einen Takt zusammengepreßt. Man schreckt auf, wo man sonst vielleicht ruhig weitergelesen hätte.

Warum aber „klingt" der Webernsche Trakl trotz allem nicht so, wie man sich das vorstellt? Da ist nichts Dumpfes, keine Farbschwere, kein mythologisiert-religiöses Leiden im Ton, sondern eher ein Helles, Zickzackartiges, meistens Zartes, mitunter Heftiges. Diese Musik scheint unabhängig vom Semantischen, ja sie scheint manchmal antisemantisch vorzugehen, wenn Worte, die Tiefe suggerieren („Schlucht"), durch einen Intervallsprung in die Höhe getrieben werden, oder in dem Gedicht *Nachts*, das vom Ineinander von Liebesnacht und Umnachtung spricht, ein unvermutetes Tempo, nämlich „sehr lebhaft" angeschlagen wird.

Webern hat in der Tat jede Verdoppelung der lyrischen Aussage vermieden, das „typisch Traklsche" ist nicht da. Und dennoch kann man nicht sagen, daß die Verszeilen und die inhaltlich zusammengehörigen Worter irgendwie zerrissen oder die Affekthöhepunkte oder die Atemeinheiten vernachlässigt worden wären. Wir kennen auch den physiognomischen Gesangstypus, der, wenn es etwa heißt" „Langsam reift die Traube, das Korn", die Melodielinie schwer herabfallen läßt, um sie auf den letzten beiden Worten pointiert wieder anzuheben. Webern komponiert in einem gewissen Sinne durchaus noch „am Text entlang". Aber eben – wir haben keinerlei Lautmalerei, nur einzelne Tonmomente, Gesten, ein Eigenleben der musikalischen Partikel. „Akustische Netzwerke" sind über die Gedichte gestreift, sagte der Musikologe Harald Kaufmann. Kleinste dissonierende Sekundschritte und große Intervallsprünge schaffen „Verwebungsbezüge". Entweder im Zugleichklang oder im Nebeneinander auftretend, kennzeichnen diese hochexpressiven Mittel das Fortschreiten wie das Innehalten der Musik. Sie wandern auch, als Wiederholungen, durch die Instrumente, als wollten sie dem offenen Gebilde Halt geben; offen deshalb, weil die Singstimme autonom geführt wird wie jedes einzelne Instrument und nirgends ein Zentrum oder eine Abhängigkeit spürbar ist.

Der Schock der Fremdheit, den Weberns kompositorisches Eigenleben ausstrahlt, täuscht jedoch, ist ein Oberflächenphänomen. Wie uns Musikologen nachweisen können, existieren in den Mikrostrukturen motivische Minizentren, sogenannte „akustische Kleintypen", die das Gedicht, das Wort für Wort, Zeile für Zeile, Bild für Bild abgesungen wird, zerbröckeln lassen; durch das Wiedererkennen dieser Typen aber, die auf immer neue Wörter und Silben gesungen werden, wird der Semantik des Gedichts eine neue Sinn-Schicht verliehen. Wie Trakls Sprache mit ihren niemals eindeutigen Wörtern innerhalb eines eigenen Verweisungssystems lebt, so lebt die

Webernsche Musik in ihrem Eigenbezug. Doch gerade ihre motivische Vieldeutigkeit ist fähig, der Polysemantik bei Trakl ein Analoges an die Seite zu geben. Die Trakl-Vertonungen hinterlassen deshalb den stärksten Eindruck, weil ihnen der stärkste Ausdruck gelingt – und daran war der Stilwelt des Expressionismus am meisten gelegen. Webern, der durch die „Subtilität und konstruktive Gewalt seiner Musik“ – so Adorno – die „kreatürliche Ursprungsmacht des bloßen Lautes wiederhergestellt hat“, konzentriert und komprimiert den „Wohllaut und weichen Wahnsinn“ der Traklschen Verse und führt ihnen damit eine zusätzliche Intensität zu. Nach Webern liest man Trakl anders. Nicht unähnlich übrigens ergeht es dem Leser, der zu Trakls vielleicht schönstem Gedicht, dem *Winterabend* – Webern hat es ebenfalls vertont – Martin Heideggers Deutung hinzugezogen hat. Als wäre Philosophie Musik, wird er diese Deutung bei jeder künftigen Lektüre mithören.

Nach dem Krieg wird einiges anders. Schönberg, Berg, Webern sind zu geistigen Vaterfiguren geworden. Hinter den Stand ihres musikalischen Denkens konnten die Söhne schlecht zurückfallen. Diese neue Problematik bedenkt 1959 eine Schriftstellerin, die sich in die dichterisch-musikalische Symbiose mit einem jungen Komponisten – Hans Werner Henze – begeben hatte. Es ist Ingeborg Bachmann. Das „vorlaute Reden“ über Musik und Dichtung solle man lassen, meinte sie. „Wir haben ja aufgehört, nach ‚poetischen‘ Inhalten in der Musik zu suchen, nach ‚Wortmusik‘ in der Dichtung.“ Die Künste scheinen auseinander getreten, „wenig Blicke“ würfen sie einander zu, sie lägen nicht mehr in den „alten Umarmungen“. Damit reflektiert sie die Vergangenheit – Webern beispielsweise, bei dem die „alte Umarmung“ nur noch in höchst emanzipierter Weise stattgefunden hatte (dazu vielleicht der Kraus-Aphorismus: „Sie sagte sich: Mit ihm schlafen – ja, aber nur keine Intimität!“) -, und sie reflektiert auch die Aktualität der späten Nachkriegszeit. Den geistigen Ansprüchen auf Reinheit sei eine „schuldig gewordene Sprache“ nicht mehr gewachsen und den technischen nicht mehr die Stimme. Dennoch hoffte Ingeborg Bachmann – wie die junge Komponistengeneration – auf eine neue Vereinigung der beiden Medien: „Steht nicht an jeder Wegkehre der Musik auch eine neue Dichtung?“, fragt sie. „Bringt nicht eine neue Nachbarschaft die neue Befeuerung?“

Neue Befeuerung bringt jener Komponist, der sich einen älteren Sprachnachbarn ausgesucht hat und frei ist von der „schuldig“ gewordenen deutschen Sprache: Pierre Boulez. Es ist nachgerade atemberaubend, wie kongruent die Ästhetik eines Stéphane Mallarmé, dessen Werk ins letzte Drittel des 19. Jahrhunderts fällt, mit derjenigen des 1925 Geborenen ist.

Gegen Ende der fünfziger und in der Mitte der sechziger Jahre denkt Boulez öffentlich über Ton und Wort und deren Synthese nach. Wie für Webern war auch für ihn der Sprechgesang, den Schönberg im *Pierrot lunaire* gefunden hatte, eine Schlüsselerfahrung und der Ausgangspunkt seiner Überlegungen. Er sah das Dilemma, für das Schönberg historisch noch einmal einen Ausweg gefunden hatte. Doch das Prosodieren, zu nahe am gesprochenen Wort, war abgenutzt und das gesungene Wort mußte unweigerlich in der Konvention enden. Boulez rebelliert. So gehe es nicht weiter. Eine „Zerstückelung des Gedichts" tue not. „Wenn Ihr den Text verstehen wollt, dann lest ihn oder laßt ihn Euch vorsprechen, es gibt keine bessere Lösung... wir lehnen eine ‚musikalische' Lektüre oder vielmehr, eine Lektüre mit Musik ab", sagte er 1958 mit der ihm eigenen rabiaten Klarheit. Die radikalen Wandlungen des musikalischen Vokabulars hätten sowieso die literarische Sprache längst abgehängt; möglich seien für einen Musiker nur noch jene Dichter, die in der Sprache selbst gearbeitet haben – Mallarmé eher als Rimbaud, Joyce eher als Kafka. Als Ahnherrn beschwört er Novalis, nach dem „Sprechen um des Sprechens willen die Formel der Befreiung ist..."

Da sind wir schon bei der „poésie pure", deren Dichter Mallarmé ist, dessen Ahnenreihe wohl auch bei Novalis beginnt und sich über Baudelaire fortsetzt. Wie Boulez jede prätendierte „Natürlichkeit" in den Kunstgebilden ablehnt, so haben wir bei der radikalen Modernität eines Mallarmé auch keine Spur mehr von einer Bekenntnis- oder Erlebnislyrik: „Sie weinen also nie in ihren Versen?" wurde er gefragt, und seine Antwort war: „Und ich schneuze mich auch nicht!" Wir haben einzelne Dinge, aber keine zusammenhängende Realität mehr bei Mallarmé, und möglichst auch kein Subjekt, kein lyrisches Ich. Literatur bestand für ihn darin, „den Herrn Soundso zu beseitigen, der sie schreibt." Obwohl Mallarmé äußerlich einen ruhigen Bürger abgab, könnten solche Formulierungen durchaus vom unruhigen citoyen und Polemiker Boulez stammen – nicht anders als andere programmatische Äußerungen des Dichters. Mallarmé träumte von einer Freiheit der Sprache, die ihr die „Urblitze der Logik" zurückgeben würde, oder er bezeichnet die Dichtung als „schweigenden Aufflug ins Abstrakte" oder nennt sein Idealgedicht das „schweigende Gedicht, aus lauter Weiß". Die „poésie pure" Mallarmés interessiert sich nicht mehr für Sprache als Mitteilung, sondern nur noch für deren eigene Materialität, für ihre Schönheit. Diese manifestiert sich in der strengen Form der Gedichte (Sonette, Alexandriner) oder in der Musikalität seiner Prosa mit ihren übereinanderkomponierten Gedankenlinien. Um einen verstehbaren Sinn geht es dieser Poesie nicht, sondern um eine Suggestion von Sinn, die zu einem vielfältigen Verstehen animieren soll.

Wo aber die Sprache entlastet ist von kommunikativer Funktion, kann Sprachreiz, Sprachklang, Sprachmagie zurückkehren. Auch hier korrespondiert dem Symbolisten ein serieller Boulez, der sich von der Fusion zwischen Wort und Ton, vom „Aufsprühen eines Phonems" einen „schöpferischen Rauschzustand" verspricht. Dieser aber ähnelt nicht mehr jenem „Taumel des Komponierens", von dem Schönberg behauptete, daß er ihn ergriffe, wenn eine Gedichtzeile ihn interessierte. Nach Schönberg, so will es der Diskurs, wird der Rauschzustand „organisiert": mit technischer Präzision und sensibelster Klangintelligenz sowohl für Wörter als für Noten.

Schon 1953/54 reorganisiert Boulez das Verhältnis seiner „monstres sacrées" Musik und Dichtung. Mit dem berühmten *Marteau sans Maitre* hat er sich abgesetzt vom Vorbild Schönberg und dessen theatralischem Sprechgesang im *Pierrot lunaire*, wo die Stimme grundsätzlich noch die Instrumente dominierte. Boulez benutzt im *Marteau* zwar ebenfalls den Gesang und das Sprechen, aber er komponiert sie so, daß die Texte teils im Vordergrund stehen, teils von der Musik aufgesogen werden. Direkte Präsentation wechselt also mit indirekter. Er spielt alle Metamorphosen, die ein Text bezüglich der Musik haben kann, durch: ein normales Vertonen des Textes, eines, in dem dieser die musikalischen Großabschnitte artikuliert, dann ein periodisches Herausheben der Stimme aus dem Ensemble und schließlich ihr Verschwinden in die Instrumente, in die Anonymität.

1960/62 entstand dann ein Werk, das weitere Konsequenzen aus dieser Neuorganisation zog: *Pli selon pli* – auf fünf Gedichte von Mallarmé. In diesem Orchesterwerk mit Sopran entfaltet Boulez Falte um Falte, Gedicht um Gedicht ein Porträt des Dichters. Den Text setzt er als gelesen voraus, so daß dem Sinn des Ganzen ein vielleicht variantenreiches, aber doch unmittelbares Verständis garantiert wäre.

Für dieses neuerliche Zusammenkommen von Text und Musik realisiert Boulez diesmal zwei grundsätzliche Möglichkeiten: die Inschrift und das Amalgam. Bei den Inschriften hört man den gesungenen Text, beim Amalgam werden die Strukturen vermählt. Die „Struktur" ist sein Lieblingsbegriff in jener Schaffensperiode, etwa gleichbedeutend mit einer inneren Organisation, die sich auf die Anordnung der Dauern, die phonetische Regulierung und die hierarchische Einteilung der verschiedenen formalen Komponenten auswirkt. Zu „hören" ist dieses Strukturenamalgam zwischen Musik und Text im eigentlichen Sinne nicht, irgendwie teilt sich dem Ohr nur eine klanglich reizvolle Dichte und etwas fesselnd Konsequentes mit, ohne daß man diese Eindrücke näher definieren könnte.

Den mittleren Teil von *Pli selon pli* bilden drei Sonette. Boulez komponiert sie mit geringerem Instrumentaleinsatz und einer Stimme, die den Text ganz oder teilweise artikuliert. Am Anfang und am Ende, als Rahmen, stehen Gedichtfragmente mit großen Orchestergruppen, deren schillernder Farbcharakter häufig von exotischen Instrumenten bestimmt wird. Eines heißt „Don" – Geschenk, Gabe –, wobei Boulez den Sinn, den dieses Wort bei Mallarmé hat, „Don du poète", umwandelt in „Don de l'œuvre", Werk-Geschenk. Die Endzeilen heißen „Tombeau" – Grab, aber ihr Sinn bleibt rätselhaft: „ein seichtes Bächlein / verleumdet / der Tod."

Schauen wir uns den ersten Satz an, das „Werk-Geschenk", das Boulez als ein „Blinzeln in die Zukunft" bezeichnet hat. Es sind suggestive Sprachzeilen, in denen die Textworte zum Teil graphisch übereinandergestapelt erscheinen. Dieses Übereinanderstapeln gibt dem Komponisten die Möglichkeit, sie als gesprochene Einschübe zu behandeln, wobei er der Interpretin freistellt, ob sie sie sprechen, wie sie sie sprechen oder ob sie sie weglassen will. Andere – gesungene – Textteile teilt er in drei Abschnitte ein, und man darf sie in freier Reihenfolge selber kombinieren. Insgesamt präsentiert er drei vokale Typen: den Sprechgesang zu Anfang – dann, nach einem längeren Instrumentalabschnitt, ein hingezogenes syllabisches Singen auf langen Noten mit der Bezeichnung „senza tempo", wobei die Instrumente der Stimme „wie ein Echo" folgen, schöne, geheimnisvolle, eingesenkte Klänge

– und dann, in ebenfalls frei zu koppelnden Zitaten, eine ornamentale Stimmbehandlung, ein Auf und Ab von Achtelnoten.

Der Freiheit der sinnenthobenen Wörter korrespondiert eine Freiheit der musikalischen Faktur. Indem Boulez die Worte als Inschriften, als Zitate, fungieren läßt oder die poetische Struktur der kompositorischen amalgamiert, gelingt es ihm, ein Paradoxon wahrzumachen – eine absolute Musik mit eigener Semantik zu schreiben und gleichzeitig Musik und Dichtung aufeinander zu beziehen. Die Dichtung bildet den Kern der Musik, aber sie ist teilweise in ihr verschwunden und steuert sie nur noch indirekt. „Centre et absence", Mittelpunkt und Abwesenheit befiehlt die Poetik Mallarmés demjenigen, der an die Fusion der beiden Phänomene geht. Dann erscheine die „Idee" – gleichsam als ästhetisches Drittes. Denn „jede dieser Erscheinungen", Musik und Dichtung also, „neigt sich zur anderen und geht, nachdem sie in ihr verschwunden, mit Anleihen wieder aus ihr hervor: zweimal vollendet sich im Oszillieren eine Gattung in ihrer Ganzheit." „Poésie pure" / „musique pure". Der Strukturbegriff, von dem aus Boulez die herkömmlichen Beziehungen von Dichtung und Musik erweitert hat, ermöglichte ihm, diese Beziehung als die „Quelle einer wahrhaften Begegnung" zu definieren.

In die Bachmannsche Metaphorik rückübersetzt, hieße das: aus der alten Umarmung gelöst, die nichts mehr hergibt, wirft man sich bei der Hochzeit der Strukturen, die Boulez veranstaltet, zwar nur noch „entfernt Blicke" zu – deren außerordentliche Innigkeit aber beruht auf der Befreiung beider von äußeren Zwängen und Konventionen. Weltabgekehrt, haben sie nur einander noch etwas zu sagen.

Eine andere mentale Welt repräsentiert der Oboist und Komponist Heinz Holliger, Jahrgang 1939. Die Klanglichkeit seiner frühen Jahre ist zwar deutlich an Webern und Boulez geschult, auch er vertonte Trakl, war zeitweilig Schüler von Boulez, und in seinem Extremismus ähnelt er den Vorgängern. Doch ist es ein anderer Extremismus – weder der des komprimiertesten Ausdrucks wie bei Webern noch der der ästhetisch reinsten Selbstbezogenheit wie bei Boulez. Holliger ist der Extremist der klanglichen wie körperlichen End- und Grenzzustände.

Nach eigenen Worten versucht Holliger immer, seine Musik an die Ton-Grenzen zu treiben, das Material so auszuschöpfen, daß er nachher etwas Neues anfangen muß. Und die Körperlichkeit der Spieler treibt er ebenfalls gern an die Grenze ihrer Leistungskraft, bisweilen werden auch die Instrumente demontiert. Als wäre die Lyrik, die ihn anzieht, ein Abbild dieser Grenzerkundungen, wählt er sich mit Vorliebe die extremen Dichter aus oder die Dichter der Extremerfahrungen, der Todesnähe. Nach Trakl ist es Nelly Sachs, später Samuel Beckett, dann der wahnsinnige Hölderlin der Turmjahre, und eben Paul Celan, der Dichter des jüdischen Schicksals, der existentiellen Gefährdung überhaupt, des Religiösen nach dem Ende der Religion, der Poet der esoterischen Chiffren und surrealistischen Bilder.

Holliger und Celan – wo mögen die nach Zeit, Raum, Herkunft und Erfahrung derart verschieden konditionierten Künstler sich treffen – wie liest der Schweizer den jüdischen Czernowitzer, der deutsch schrieb und in Frankreich lebte?

Celans Name steht grundsätzlich für jene Verklammerung von Widersprüchen, die jedes Dichten nach Auschwitz bedeutete, zumal von der Opferseite: in einem Auschwitz wurden seine Eltern umgebracht und er selbst ist ein Davongekommener, den der Selbstmord eingeholt hat. Dem Menschen, der in einer derartigen Qual verstummt, gibt nun wirklich kein Gott mehr zu sagen, was er leidet. Er muß es selber tun. Ästhetisch wirkten sich diese Widersprüche zwischen einer Erfahrung, die sich nicht mehr bedichten läßt, und der Notwendigkeit, sich dennoch zu artikulieren – „wer redet, ist nicht tot“ sagte Gottfried Benn – als ein Sprechen am Rande des Schweigens, des Verstummens, des Umschreibens von Leerstellen aus. Celan selber hat klargestellt, daß die Sprache für ihn nichts mehr mit „jenem Wohlklang gemein hat, der noch mit und neben dem Furchtbarsten mehr oder minder unbekümmert einhertönt“, daß er jede Ästhetik einer Sprachautonomie ablehnt. Niemals sei die Sprache schlechthin am Werk, „sondern immer nur ein unter dem besonderen Neigungswinkel seiner Existenz sprechendes Ich, dem es um Kontur und Orientierung geht.“ Gerade dieser existentielle Neigungswinkel des Celanschen Ichs aber ist es, der seine Sprache und Bilder so eigen macht, mit ihren Wortneufügungen, Vorstellungssprüngen, Paradoxien, Dunkelheiten. Daß seine Sprache dadurch einen magischen Reiz und eine Offenheit gewinnt, die an die sprachtheoretisch entgegengesetzten symbolistisch-surrealistischen Ästhetiken erinnert, läßt sich nicht leugnen – trotz jener immer fühlbaren inhaltlichen Dimension dieser Dichtung, von der man zunächst nur versteht, daß man sie nicht versteht.

Von linguistischer Seite wurde gesagt, daß die Celansche Sprache einer Metasprache ähnele, die in Gefahr sei, ihre Basis zu verlieren, nicht nur weil sie unverständlich ist, sondern weil prinzipiell der Eindruck entsteht, sie wolle sich aus dem Wort, aus der Sprache selbst zurückziehen. Wie der Komponist Holliger oft mit den Rändern des klanglichen Verlöschens experimentiert, so durchzieht die Thematik des Schweigens und Verstummens das gesamte lyrische Werk Celans, direkt thematisiert oder indirekt, im graphischen Arrangement oder durch interne Aussparungen. Schweigen und Verstummen aber haben gewissermaßen doch noch eine Sprache, solange der Tod nicht eingetreten ist. Es ist der Atem, der Hauch. Pneuma bedeutet beides, und Pneuma bedeutet auch Seele. *Atemwende* heißt ein anderer Gedichtband Celans, und der „Atem“ gehört zu den zentralen lyrischen Chiffren des Dichters.

Im Begriff des „Atems“ nun, könnte man sagen, kommen Celan und Holliger zusammen. „Pneuma“ heißt eine Komposition Holligers, oder „Cardiophonie“, oder „Atembogen“. Diese Obsession mit dem Atem, mit dem Atmen, resultiert naturgemäß aus der physischen Erfahrung des Bläsers, seiner Anstrengung, seiner Abhängigkeit. Atemnot darf ihn nicht befallen. „Der Atem ist mein Lebenselement“, schrieb Holliger. „Ich spreche mit Atem, ich blase mit Atem, ich strukturiere Phrasen mit meinem Atem.“

1971 hat Holliger ein Gedicht aus Celans *Niemandsrose* von 1963 vertont, *Psalm* heißt es, ein Chorstück für 16 Stimmen a cappella. „Niemand knetet uns wieder aus Erde und Lehm, / niemand bespricht unseren Staub. / Niemand", so beginnt dieser Psalm und endet mit den Worten: „Mit / dem Griffel seelenhell, / dem Staubfaden himmelswüst, / der Krone rot / vom Purpurwort, das wir sangen / über, o über / dem Dorn." Dazwischen steht ein Lobpreis dieses Niemand und das Bekenntnis der Sprechenden: „Ein Nichts / waren wir, sind wir, werden / wir bleiben, blühend: / Die Nichts-, die / Niemandsrose." Peter Horst Neumann hat den „Schöpfungsmythos", der hier offensichtlich im Spiel ist (Erde und Lehm) in seinen Anklängen an den jüdischen Mythos analysiert. Jüdische und christliche Bilder überlagern sich in diesem Gedicht. Der gekreuzigte Christus ist Jude; Dornenkrone, Jude im Dorn; Krone und Purpur lassen den Purpurmantel des Königs assoziieren, aber die Krone ist rot vom Purpurwort, rot vom Wortblut, vom Leid, das dennoch singt. Im „Wir" sprechen die Stimmen aus der Totenperspektive. Sie klagen – wo doch eigentlich der Psalmist um sie klagen müßte. Doch da ist nur der Niemand, dessen Rosenblätter aus Nichts „wir" sind, und dieses „Wir" will diesen Niemand loben und ihm entgegenblühen, obwohl er nur als Abwesender da ist. Haben nur die Toten – die jüdischen Toten vielleicht – dieses merkwürdige Nichts-Sein in Vergangenheit, Gegenwart und Zukunft, oder teilen die Lebenden diesen paradoxen Zustand als ein Totsein der Lebendigen? Wie jener Niemand, als der unnennbare jüdische Gott, bei Celan seine grammatikalische Bejahung als großgeschriebenes Nomen bekommt – bei gleichzeitiger inhaltlicher Negation?

Holliger hat diesen Text „richtig" vertont. „Richtig" heißt hier: er hat das Gedicht Celans wortgetreu von Anfang bis Ende vertont, alles Erklingende entstammt dem Gedicht, kein fremder Ton ist beigefügt. „Richtig" heißt auch: Holliger ist sich als Komponist treugeblieben, indem er seinen eigenen Weg, seine eigenen „idées fixes" der Klanggrenzen und der Materialerschöpfung und der Todesaura hier weiterverfolgt, er unterwirft sich dem Dichter nicht. „Richtig" heißt aber auch, daß er der Aussage des Gedichts – so schillernd immer sie sich gebärdet, hat sie doch einen Grundton – gerecht wird. Auf eine ganz unheimliche Weise gelingt es dem Komponisten, den paradoxalen Kern der Aussage zu realisieren – das „Wir" der lebenden Toten oder der toten Lebenden zum Ausdruck zu bringen. Ihren Zwischen- oder Doppelzustand zwischen Nicht-mehr-Stimme und Noch-nicht-Stille komponiert er als Atem-Stück, das alle Arten des Tonlosen bis knapp zum Tonhaften ausschöpft: das Hauchen, das lautlose oder zischende Pfeifen, Zungengeräusche mit Mundresonanz, bloße Lippenbewegungen, stotterndes Flüstern, Murmeln, Stöhnen, den zitternden Unterkiefer, das gepreßte Einatmen, die verkrampfte Kehle, Seufzer, unterdrückte Schmerzensrufe, bis zur mimischen Umsetzung von Worten, wenn der Kopf auf die Brust sinkt, die Augen sich schließen. Am Ende erstarren Dirigent und Chor in Unhörbarkeit und im Dunkel. Das Schweigen ist immer mitkomponiert, während fast alles Gesungene ausradiert wird, von den Worten bleiben meistens nur die Geräuschränder.

Polyphon übereinandergelagert, entsprechen die Stimmen dem Plural-Ich des Gedichts – was durch die rein chorische Besetzung ja schon unterstrichen wird. Natürlich aber verstehen wir den Text wieder nicht, obwohl nichts außer Original-Celan vertont wurde. Darin besteht die Raffinesse dieser Komposition. Holliger hat einen semantischen Umgang mit dem Gedicht unterlaufen, indem er es in seine kleinsten materiellen Partikel, in seine Phoneme aufgelöst hat. Aus diesen Phonemen rekonstruiert er den Psalm als seinen Text, als Musik-Text. Fast ausschließlich werden die Konsonanten der Wörter zu Gehör gebracht – wahrscheinlich, um den Charakter einer Sprachkomposition zu verhindern. Noch wahrscheinlicher aber ist, daß Holliger an die Eigenheiten des geschriebenen Hebräisch gedacht hat, das die Vokale ebenfalls wegläßt, sie gerade eben nur durch Punkte markiert.

„Das Gedicht ist stimmlos und stimmhaft zugleich. Es ist zwischen beiden. Es muß erst Stimme werden“, hat Paul Celan 1965 gesagt. Eine genauere Umsetzung dieser Poetik, die sich bewußt ist, daß das Grauen des millionenfachen Mordes die Stimme verschlagen muß und doch die Hoffnung nicht aufzugeben ist, daß das menschliche Instrument Stimme wieder auferstehen wird – eine genauere und wörtlichere Umsetzung dieser Poetik in Musik als die Holligers läßt sich nicht denken. Auch wer nichts weiß vom Text und nichts von der Entwicklung der Musikgeschichte, wird sich dem erschreckenden, wenn nicht entsetzlichen Höreindruck dieses Stückes nicht entziehen können. Das Unsagbare erhält wirklich Stimme, die Toten scheinen zu reden, durch Totenhaare streicht der Wind. Es ist, als würden die Photographien, die wir von den Konzentrationslagern kennen lebendig und als würden die Leichenberge zu flüstern und zu tönen und sich zu unterhalten anfangen. Daß wir keine Gruselfilm-Assoziationen haben, davor bewahrt uns sowohl das Durchsäuertsein von Existentiellem, das den Kunstcharakter der beiden Medien prägt, die hier zusammenfanden, wie die metaphysische Hartnäckigkeit der beiden Künstler, des Dichters und des Komponisten. Beider Psalm ist ein Lobgesang, kaum wahrnehmbar mehr, aber doch ein Credo, ein credo quia absurdum.

In die Liebesmetaphorik, die Ingeborg Bachmann für das Verhältnis von Musik und Dichtung gefunden hat, scheint dieses röchelnde Nichts- und Niemandsrosenblühen nicht mehr zu passen. Es sei denn als Gleichnis für die allerälteste Umarmung – für die Gottesliebe, die den geschundenen Geschöpfen nach dem Versagen der Menschenliebe bleibt. Verstümmelt das Wort, verstummt die Musik, haben beide nur noch den Atem, oder die Seele, um gemeinsam heimzukehren.

Quellen:

Arnold Schönberg: Mahler. Das Verhältnis zum Text. In: ders.: Stil und Gedanke. Aufsätze zur Musik. Hg. v. Ivan Vojtech. Frankfurt/Main 1976.
Pierre Boulez: Dichtung – Mittelpunkt und Ferne – Musik. Ton, Wort, Synthese. In: ders.: Werkstatt-Texte. Berlin 1972.
Ders.: Begleittext zur Schallplatte Pli selon pli, CBS 72770. 1969.
Ulrich Mosch: Musikalisches Hören serieller Musik. Diss. Phil. Berlin (TU) 1990 (Ms).
Georg Trakl: Das dichterische Werk. Hg. v. Friedrich Kur. München 1972.
Theodor W. Adorno: Impromptus. Frankfurt/Main 1968.
Ders.: Klangfiguren. Musikalische Schriften I. Frankfurt/Main 1959.
Harald Kaufmann: Zum Verhältnis zweier Musen. Über das Wort-Ton-Problem. In: ders.: Spurlinien. Wien 1969.
Anne C. Shreffler: Webern, Trakl, and the decline of the West: Webern's Setting of Abendland III. In: German Literature and Music. Houston Germanic Studies 8. München 1992.
Ingeborg Bachmann: Musik und Dichtung. In: dies.: Werke. Bd. IV. München 1978.
Hugo Friedrich: Die Struktur der modernen Lyrik. Hamburg 1956.
Peter Niklas Wilson: Ein sensibler Extremist. In: Neue Zeitschrift für Musik. Mai 1968. Nr. 5
Dietlind Meinecke (Hg.): Über Paul Celan. Frankfurt/Main 1970.
Clytus Cottwald: Ein Lobgesang mit durchschnittener Kehle. In: Melos 40. 1973.
Peter Horst Neumann: Zur Lyrik Paul Celans. Göttingen 1968.

Für
Peter Horst Neumann
zum 60. Geburtstag

Gesänge
auf
zwei seiner Texte

Siegfried Thiele

16 zeilig Lp.G 632/70
III/18/2

Barfuß
Ruhig (♩ ca 86)
Alt-blockfl.
Violine
Bariton (Tenor)
Klavier
con sord.
Im si-chel-rei-fen Gras, an dei-nen Soh-len mei-ne, ein an-de-res Be-

grei- fen, hand- fern, als wir üb- ten der Schrit-te Leich-te-sten, den schwe-re-lo-sen
Gang, im Rük-ken, die uns trug und trägt und tra-gen wird als Staub: ich war dein
Weg, du warst du warst mein Grund.
poco rit.
rit.

Allegorische Spinne
Bewegt (♩ ca 108)
Alt-Blockfl.
Viol.
Klavier
Es hängt ihr Netz am un-ge-schütz-ten Ort.

Wer sich ver- fängt, ver- west am leich- ten Fa- den. Wer sich be- freit, zer- stört
den schö- nen Text.

6
weniger bewegt (♩ ca 84)
Kein and-rer hat ihn je ver-stan-den.
riten.
August 95

Verzeichnis der Schriften Peter Horst Neumanns

A. Bücher

1. Jean Pauls „Flegeljahre". Göttingen 1966 (Palaestra 245).
2. Zur Lyrik Paul Celans. Göttingen 1968 (zweite, erweiterte Auflage 1990).
3. Wort-Konkordanz zur Lyrik Paul Celans. München 1969.
4. Der Weise und der Elefant. Zwei Brecht-Studien. München 1970.
5. Der Preis der Mündigkeit. Über Lessings Dramen. Stuttgart 1977.
6. Die Rettung der Poesie im Unsinn. Der Anarchist Günter Eich. Stuttgart 1981.

B. Aufsätze

1. Streckvers und poetische Enklave. Zur Entstehungsgeschichte und Form der Prosagedichte Jean Pauls. In: Jean-Paul-Jahrbuch 1967. S. 13ff.
2. Wortnacht und Augennacht. Zu einem Gedicht Paul Celans. In: Neue Rundschau, Heft 1, 1968. S. 88ff.
3. Legende, Sage und Geschichte in Achim von Arnims „Isabella von Ägypten". Quellen und Deutung. In: Schiller-Jahrbuch 1968. S. 296ff.
4. „Das Schaf" oder K.H.L. Pölitz' Jean Paul-Kritik „mit den Zähnen". Zur Wirkungsgeschichte Jean Pauls. In: Text und Kritik. Sonderheft Jean Paul. 1970. S. 75ff.
5. Ich-Gestalt und Dichtungsbegriff bei Paul Celan. In: Etudes Germaniques, Nr. 3, 1970. S. 299ff.
6. „Atemwende" von Paul Celan. In: Dietlind Meinecke (Hg.): Über Paul Celan. Frankfurt a. M. 1970. S. 75ff.
7. Zur Gottesfrage in der modernen Literatur. In: Civitas, Nr. 8. Luzern 1972. S. 591ff.
8. Einige Bemerkungen über Oper und Volkslied und die Idee der Einheit von Musik und Dichtung. Von Lessings „Laokoon"-Fragmenten bis zu Richard Wagner und Heinrich Heine. In: Jean-Paul-Jahrbuch 1972. S. 103ff. (Nachdruck unter dem Titel: Volkslied und Oper. Der Gedanke der Einheit von Musik und Dichtung von Lessings „Laokoon"-Entwürfen bis zu Heine und Richard Wagner. In: Adolf Haslinger (Hg.): Deutsch heute. Linguistik – Literatur – Landeskunde. München 1973. S. 68ff.)
9. Versuch über die Dialektik von Wissen und Nicht-Wissen in der modernen Literatur. Als Beispiel eine Erzählung von Ilse Aichinger. In: André Mercier (Hg.): Kunst heute. Betrachtungen im Lichte zeitgenössischer Tendenzen. Kulturhistorische Vorlesungen der Universität Bern. Bern, Frankfurt am Main 1973. S. 91ff.
10. Morgensterns Galgenlieder als poetologische Modelle betrachtet. In: Sprachkunst, Nr. 1/2, 1973. S. 53ff.

11. „Text“ und „Gedicht“. Versuch einer terminologischen Unterscheidung. In: Germanisch-Romanische Monatsschrift, Heft 1, 1973. S. 1ff.
12. Voreingenommenes über „Masante“ von Wolfgang Hildesheimer. In: Merkur, Nr. 300, 1973. S. 494ff.
13. Dichtung als Verweigerung. Versuch über Günter Eich. In: Merkur, Nr. 315, 1974. S. 743ff.
14. Die patriotischen Hymnen im Ritus der Macht. In: Merkur, Nr. 318, 1974. S. 1045ff.
15. Der kleine Heilsweg der Fanny Hill. Über den ideologischen Charakter pornographischer Romane. In: Neue Rundschau, Heft 1, 1975. S. 78ff.
16. „Akazien sind keine Akazien“. Schwierigkeiten mit unpolitischen Gedichten. In: Neue Rundschau, Heft 3, 1975. S. 448ff. (Nachdruck in: Reformatio. Evangelische Zeitschrift für Kultur und Politik, 29. Jg., Heft 10, 1980. S. 601ff.)
17. Die Werkchen als Werk. Zur Form- und Wirkungsgeschichte des „Katzenberger“-Korpus von Jean Paul. In: Jean-Paul-Jahrbuch 1975. S. 151ff.
18. Heimat und Sprache. Laudatio auf Oskar Seidlin. In: Oberschlesischer Kulturpreis des Landes Nordrhein-Westfalen 1975. Würzburg 1975. S. 9ff.
19. Arnold Schönbergs Lieder nach Texten von Stefan George und Francesco Petrarca. In: Freiburger Universitätsblätter, Heft 50, 1975. S. 45ff.
20. Goethes Ballade vom „Untreuen Knaben“, das Lied vom „König in Thule“ und die erste Walpurgisnacht. In: G. Gillespie, E. Lohner (Hg.): Herkommen und Erneuerung. Essays für Oskar Seidlin. Tübingen 1976. S. 143ff.
21. „Ein heißes Herz in einem kalten Menschen“. Nach der Lektüre der frühen Tagebücher Bert Brechts. In: Merkur, Nr. 338, 1976. S. 690ff.
22. Das Wort des Herrn und die Sprache seiner Diener. Über religiöse und politische Bekenntnislyrik. In: Neue Rundschau, Heft 4, 1976. S. 585ff. (Nachdruck in: Reformatio. Evangelische Zeitschrift für Kultur und Politik, 29. Jg., Heft 2, 1980. S. 76ff.)
23. „tagenglas“. Versuch über Ernst Jandl. Mit Kommentaren zu vierzehn Gedichten. In: Merkur, Nr. 342, 1976. S. 1053ff.
24. Wertsache Buch. Reiner Kunzes „Die wunderbaren Jahre“. Mit einem Anhang über Wolf Biermann. In: Merkur, Nr. 343, 1976. S. 1185ff. (Nachdruck in: H. Feldkamp (Hg.): Reiner Kunze. Materialien zu Leben und Werk. Frankfurt a. M. 1987. S. 219ff.)

25. Schönberg, George, Petrarca. Zur Textwahl von Opus 4 bis Opus 24. In: R. Stephan (Hg.): Bericht über den 1. Kongreß der Internationalen Schönberg-Gesellschaft Wien 1974. Wien 1978. S. 140ff.
26. Der Erzähler als Biograph. Versuch über „Mozart" von Wolfgang Hildesheimer. In: Merkur, Nr. 356, 1978. S. 79ff.
27. Vier Gründe einer Befangenheit. Über Ingeborg Bachmann. In: Merkur, Nr. 367, 1978. S. 1130ff. (Nachdruck in: Chr. Koschel, I. v. Weidenbaum (Hg.): Kein objektives Urteil, nur ein lebendiges. Texte zum Werk Ingeborg Bachmanns. München, Zürich 1989. S. 217ff.)
28. Schönheit des Grauens oder Greuel der Schönheit. (Über Celans „Todesfuge"). In: W. Hinck (Hg.): Geschichte im Gedicht. Frankfurt a. M. 1979. S. 229ff.
29. Zwei Aufsätze über Romane von Adolf Muschg: 1.) Kalliope im Kimono. Über „Im Sommer des Hasen". 2.) Satire und Melancholie. Über „Albissers Grund". In: J. Ricker-Abderhalden (Hg.): Über Adolf Muschg. Frankfurt a. M. 1979. S. 101ff., S. 226ff.
30. Zur musikgeschichtlichen Bedeutung Goethescher Gedichte. In: G. Schnitzler (Hg.): Dichtung und Musik. Kaleidoskop ihrer Beziehungen. Stuttgart 1979. S. 122ff.
31. Restauration der Zukunft? Über Eichendorff und den heutigen Gleichstand linker und rechter Ratlosigkeit. In: Aurora 39, 1979. S. 16ff. (Nachdruck in: Neue Rundschau, Heft 2/3, 1980. S. 165ff.)
32. Singen als symbolische Handlung. In: Merkur, Nr. 383, 1980. S. 326ff.
33. Das Eigene und das Fremde. Über die Wünschbarkeit einer Theorie des Zitierens. In: Akzente, Heft 4, 1980. S. 292ff. (Nachdruck in: Th. Elm, G. Hemmerich (Hg.): Zur Geschichtlichkeit der Moderne. Festschrift für Ulrich Fülleborn. München 1982. S. 43ff.)
34. Die Sinngebung des Todes als Gründungsproblem der Ästhetik. In: Merkur, Nr. 390, 1980. S. 1071ff. (Gleichzeitig in: Ramon Sugranyes da Franch (Hg.): Le sens de la mort. Vom Sinn des Todes. Défis et dialogues 5. Fribourg 1980. S. 23ff.)
35. Textveränderung durch Musik. Über die Goethe-Lieder von Luigi Dallapiccola. In: Schweizer Beiträge zur Musikgeschichte. Bd. 4. Bern 1980. S. 171ff.
36. Gestörte Vertraulichkeit. Nützliche Irritationen beim Goethe-Lesen. In: G. Schnitzler (Hg.) in Verbindung mit G. Neumann und J. Schröder: Bild und Gedanke. Festschrift für Gerhart Baumann. München 1980. S. 242ff.
37. Gibt es eine Kunst des Abschiednehmens? Eine literarische Abschiedsvorlesung mit Beispielen aus Lessings „Nathan" und Goethes „Iphigenie". In: Akzente, Heft 1, 1981. S. 79ff. (Gleichzeitig in: Universitas Friburgensis. Bd. 39. Fribourg 1981. S. 48ff.)

38. Günter Eich. In: K. Weissenberger (Hg.): Die deutsche Lyrik 1945-1975. Zwischen Botschaft und Spruch. Düsseldorf 1981. S. 230ff.
39. Wolfgang Hildesheimer: Der Erzähler als Biograph. Die Konsequenz einer literarischen Entwicklung. In: Acta Hohenschwangau 1981. München 1982. S. 38ff.
40. Zwei Gedicht-Interpretationen. In: M. Reich-Ranicki (Hg.): Frankfurter Anthologie. Bd. 6. Frankfurt a. M. 1982. S. 105ff. und S. 141ff. 1.) Gottfried Keller „Die Ehescheidung". 2.) Joachim Ringelnatz „Liebesgedicht".
41. Der unmanierliche Dichter oder Individualstil und Experiment. Über Ernst Jandl. In: Akzente, Heft 1, 1982. S. 25ff.
42. Über Ingeborg Bachmanns Gedicht „Böhmen liegt am Meer". In: W. Hinck (Hg.): Gedichte und Interpretationen. Bd. 6. Stuttgart 1982. S. 83ff. (Nachdruck in: Andreas Thalmayr (alias H. M. Enzensberger): Das Wasserzeichen der Poesie. Nördlingen 1985. S. 206ff. Ebenfalls in: Chr. Koschel, I. v. Weidenbaum (Hg.): Kein objektives Urteil, nur ein lebendiges. Texte zum Werk Ingeborg Bachmanns. München, Zürich 1989. S. 382ff.)
43. Generalstreiklektüre. Über Wilhelm Raabes literarischen Rang und Nachruhm. In: Jahrbuch der Raabe-Gesellschaft 1982. S. 40ff.
44. Zwei Gedicht-Interpretationen. In: M. Reich-Ranicki (Hg.): Frankfurter Anthologie. Bd. 7. Frankfurt a. M. 1983. S. 29ff. und S. 195ff. 1.) Lessings „Lob der Faulheit". 2.) Alfred Margul-Sperber „Auf den Namen eines Vernichtungslagers".
45. Beim Spiegelfechten. Gedichte (eigene) im Kommentar. In: Merkur, Nr. 418, 1983. S. 461ff.
46. Trakl als Briefschreiber. In: Jahrbuch für Internationale Germanistik, Bd. 12, 1984. S. 37ff.
47. Rilkes „Archaischer Torso Apollos" in der Geschichte des modernen Fragmentarismus. In: L. Dällenbach und Chr. L. Hart-Nibbrig (Hg.): Fragment und Totalität. Frankfurt a. M. 1984. S. 257ff.
48. Zur Rolle Petrarcas im Klavierlied des 19. Jahrhunderts bis zu Arnold Schönbergs George-Liedern op. 15. In: Petrarca-Preis 1980-1984. Red. Frank Lucht. München 1984. S. 95ff.
49. In memoriam Oskar Seidlin. In: Aurora 45, 1985. S. 1ff.
50. Hildesheimers Ziel und Ende. Über „Marbot" und die Folgerichtigkeit des Gesamtwerks. In: Text und Kritik 89/90, 1986. S. 20ff.
51. Zwei Gedicht-Interpretationen. In: M. Reich-Ranicki (Hg.): Frankfurter Anthologie. Bd. 10. Frankfurt a. M. 1986. S. 115ff. und S. 259ff. 1.) Ludwig Uhland „Der gute Kamerad". 2.) Guntram Vesper „Tagebuch Anfang Februar".

52. Laudatio auf den Huchel-Preis-Träger Guntram Vesper. In: B. Rübenach (Hg.): Peter-Huchel-Preis 1985. Baden-Baden 1987. S. 38ff.
53. Nachwort zu: Franz Schubert: Goethe-Lieder. Frankfurt a. M. 1987. S. 69ff.
54. Naturlyrik heute. Laudatio auf Wulf Kirsten. In: B. Rübenach (Hg.): Peter-Huchel-Preis 1987. Baden-Baden 1987. S. 23ff.
55. „Judas Wüstenlieder sind unsere deutschen Volksgesänge". Über das Lorelei-Gedicht und Heines Selbstverständnis als Deutscher und Jude. In: Merkur Nr. 469. 1988. S. 199ff.
56. Nachwort zur Werkausgabe Joseph von Eichendorff. In: Joseph von Eichendorff. Werke Bd. 5. München 1988. S. 609ff.
57. Wunschbild des glücklichen Dichters. Über „Anakreons Grab" von Goethe. In: M. Reich-Ranicki (Hg.): Frankfurter Anthologie. Bd. 11. Frankfurt a. M. 1988. S. 46ff. (Nachdruck in: M. Reich-Ranicki (Hg.): Verweile doch. Frankfurt a. M. 1992.)
58. „Lieder jenseits der Menschen". Paul Celan und das Ende des Singens in der modernen Lyrik. In: H. Danuser, H. de la Motte-Haber, S. Leupold u. N. Miller (Hg.): Das musikalische Kunstwerk. Festschrift für Carl Dahlhaus. Laaber 1988. S. 767ff.
59. Anmerkungen zum gestörten Verhältnis zeitgenössischer Poesie und Musik. In: C. Dahlhaus und N. Miller (Hg.): Beziehungszauber. Dichtung und Sprache. Bd. 7. München 1988. S. 9ff. (Gleichzeitig in: Otto Kolleritsch (Hg.): Zum Verhältnis von zeitgenössischer Musik und zeitgenössischer Dichtung. Wien, Graz 1988.)
60. Vorwort zum Katalog der Ausstellung: Joseph von Eichendorff. „Ich bin mit der Revolution geboren". Hg. v. S. von Steinsdorff u. E. Grunewald. Eichendorff-Gesellschaft Ratingen-Hösel 1988. S. 5.
61. Eichendorff im Technischen Zeitalter. Zu seinem 200. Geburtstag. In: Aurora 48, 1988. S. 13ff.
62. Deutung Shakespeares aus den Geist der Musik. Der Briefwechsel zwischen Guiseppe Verdi und Arrigo Boito. In: Ein Büchertagebuch. Buchbesprechungen aus der FAZ. Frankfurt a. M. 1988. S. 234ff.
63. Verständigungsproben. Anmerkungen zu Gedichten von Alfred Kolleritsch. In: Literatur in Graz seit 1960. Das Forum Stadtpark. Wien 1989. S. 59ff.
64. Günter Eich. In: W. Killy (Hg.): Literatur Lexikon. Autoren und Werke deutscher Sprache. Bd. 3. Gütersloh, München 1989. S. 195ff.
65. Hamlet will schlafen. Über Hildesheimers Roman „Tynset". In: V. Jehle (Hg.): Wolfgang Hildesheimer. Materialien. Frankfurt a. M. 1989. S. 205ff.
66. Voreingenommene Bemerkungen über „Masante" von Wolfgang Hildesheimer. In: V. Jehle (Hg.): Wolfgang Hildesheimer. Materialien. Frankfurt a. M. 1989. S. 264ff.

67. Fünf Zeilen Prosa. Ein Gedicht von Ilse Aichinger. In: S. Moser (Hg.): Ilse Aichinger. Materialien. Frankfurt a. M. 1990. S. 117ff. – Darin auch die Nachdrucke zweier Rezensionen zu Büchern von Ilse Aichinger: „Genauigkeit im Ungewissen" und „Ein anderer Fleiß ist das Warten". S. 208ff. und S. 270ff.
68. Mythen der Inspiration aus den Gründerjahren der Neuen Musik. H. Pfitzner, A. Schönberg, Th. Mann. In: J. Kukertz, H. de la Motte-Haber, C. M. Schmidt, W. Seidel (Hg.): Neue Musik und Tradition. Festschrift für Rudolf Stephan. Laaber 1990. S. 441ff.
69. Vorgriffe auf die Unsterblichkeit. Das Scheintod-Motiv bei Jean Paul. In: Aurora 50, 1990. S. 207ff.
70. Frei zu sein für [die] Dinge. Über Alfred Kolleritschs „Im Vorfeld der Augen". In: K. Bartsch, G. Melzer (Hg.): Alfred Kolleritsch. Dossier 1. Graz 1991. S. 135ff.
71. Weilheimer Rede auf Wolfgang Hildesheimer. In: Weilheimer Hefte, Nr. 31, 1991. S. 6ff.
72. Hildesheimer als bildender Künstler. In: Weilheimer Hefte, Nr. 31, 1991. S. 20ff.
73. Schaffen und Wegschaffen. Von den Maßstäben der Kritik. Lobrede auf Hans Wollschläger. In: Jahrbuch der Henning-Kaufmann-Stiftung 1987/88. Marburg 1991. S. 49ff. (Nachdruck in: R. Schweikert (Hg.): Hans Wollschläger. Eggingen 1995. S. 88ff.)
74. Dichtung – in Worten vermessene Zeit. In: H. Kößler (Hg.): Zeit. Fünf Vorträge. Erlanger Forschungen, Reihe A, Bd. 59. Erlangen 1991. S. 75ff.
75. Vom Unwert des Wissens. Lobrede auf Ilse Aichinger. In: Jahrbuch der Bayerischen Akademie der Schönen Künste, Nr. 5, 1991. S. 287ff.
76. Was muß ich wissen um zu verstehen? Paul Celans Gedicht „Die Schleuse", ein Gedicht für Nelly Sachs. In: Celan-Jahrbuch, Nr. 4, 1991. S. 27ff.
77. Wohin mit den Göttern? Eine klassische Frage und die Antworten der Romantiker. In: Aurora 51, 1991. S. 81ff.
78. Vorwort zum Ausstellungskatalog: Joseph von Eichendorff. Handschriften und Dokumente im Besitz der Eichendorff-Gesellschaft. Universitätsbibliothek Trier, Katalog 23, bearbeitet von D. Haberland. Trier 1992. S. 3.
79. Der Guricht im Palimpsest. Wolfgang Hildesheimer und Stefan George. In: Merkur, Nr. 524, 1992. S. 1001ff.
80. Der Drachen alte Brut. Ein Fundstück zu Goethes Mignon-Ballade. In: Aurora 52, 1992. S. 129ff.
81. Goethes Mittagsschlaf auf dem Papst-Thron und Jean Paul als „Chinese in Rom". In: Aurora 52, 1992. S. 137ff.

82. I „Flegeljahre“ di Jean Paul: il frammento necessario. In: L'Asino d'oro. Anno III, 1. Torino 1992. S. 17ff.
83. Anmerkungen zu einer Fäkalie. Zu einem Gedicht von H. M. Enzensberger. In: M. Reich-Ranicki (Hg.): Frankfurter Anthologie. Bd. 16. Frankfurt a. M. 1993. S. 183ff.
84. Übersetzungsprobleme, deutsch-polnisch. Zu einem Gedicht von Tadeusz Różewicz. In: Merkur, Nr. 544, 1994. S. 649ff. (Nachdruck unter dem Titel: Steinerne Brüder. Übersetzungsprobleme deutsch-polnisch. In: W. Grössmann, K.H. Roth (Hg.): Literarisches Schreiben aus regionaler Erfahrung. Westfalen, Rheinland, Oberschlesien und darüber hinaus. Paderborn 1996. S. 480ff.)
85. Ein Land aus Gedächtnis und Sprache. Wulf Kirstens Gedichtband „Stimmenschotter“. In: F. J. Görtz, V. Hage, U. Wittstock: Deutsche Literatur 1993. Jahresüberblick. Stuttgart 1994. S. 181ff.
86. Hans Wollschlägers Edition der „Kindertodtenlieder“ von Friedrich Rückert. In: R. Schweikert (Hg.): Hans Wollschläger. Eggingen 1995. S. 181ff.
87. Ernst Jandl „bearbeitet“ Rilke. Eine Variante zum Typ des gedichteten Dichterbilds. In: W. M. Fues und W. Mauser (Hg.): „Verbergendes Enthüllen“. Zu Theorie und Kunst dichterischen Verkleidens. Festschrift für Martin Stern. Würzburg 1995. S. 391ff.
88. Trauer als Text. „Eine Reise nach Klagenfurt“ und Uwe Johnsons Nekrologe auf Günter Eich und Hannah Arendt. In: Johnson-Jahrbuch 2, 1995. S. 240ff.
89. Singend verkannt? Wilhelm Müller und das literarische Rezeptions-Dilemma der Sangverslyrik. In: Aurora 55, 1995. S. 169ff.
90. Lobrede auf Wolfgang Frühwald. Zur Verleihung der Eichendorff-Medaille 1992. In: Aurora 55, 1995. S. 249ff.
91. Ingeborg Bachmanns Fragment „Das Gedicht an den Leser“ – eine Antwort auf die „Sprachgitter“-Gedichte Paul Celans. In: Celan-Jahrbuch 6, 1995. S. 173ff.
92. Fragezeichen „Flimmerbaum“. Zu einem Gedicht aus „Die Niemandsrose“. In: Celan-Jahrbuch 6, 1995. S. 227ff.
93. Etwas über Hans Magnus Enzensberger. In: Merkur, Nr. 553, 1995. S. 364ff.
94. Translatio. Transgressio. Günter Eichs Poetik des Übersetzens von Nicht-Übersetzbarem. In: U. Stadler (Hg.): Zwiesprache. Beiträge zur Theorie und Geschichte des Übersetzens. Stuttgart, Weimar 1996. S. 314ff.
95. Über Ernst Jandls Gedicht-Zyklus „tagenglas“. In: Text und Kritik 129, 1996. S. 37ff.

96. Zu Wolfgang Hildesheimers letzten Collagen. Nachwort zu: Schönheit als Therapie. Wolfgang Hildesheimers letzte Collagen. Frankfurt a. M. 1996.

C. Aufsätze und Rezensionen in Zeitschriften und Tageszeitungen

Etwa 100 Artikel in: Stuttgarter Zeitung, Zürichsee-Zeitung, Süddeutsche Zeitung, Frankfurter Allgemeine Zeitung, Die Zeit, Neue Zürcher Zeitung, Nürnberger Zeitung.

D. Poesie

Gedichte. Sprüche. Zeitansagen. Hermann Wiedenroth: Bargfeld 1994.

Pfingsten in Babylon. Gedichte. Salzburg 1996.

Nachweis

ILSE AICHINGER: An Peter Horst Neumann
Der Text ist in veränderter Fassung abgedruckt in: I. A.: Kleist, Moos, Fasane. Werke. Taschenbuchausgabe in acht Bänden. Hg. Richard Reichensperger. Frankfurt a. M. 1991. S. 112.

ERNST JANDL: kleine körperliche biografie

FRIEDERIKE MAYRÖCKER: die Schlachtbärin
Erstdruck in: F. M.: Gute Nacht, guten Morgen. Gedichte 1978-1981. Frankfurt a. M. 1982. Mit freundlicher Genehmigung des Suhrkamp-Verlages.